Ritter Moritz

Der Jülicher Erbfolgerkrieg

Ritter Moritz

Der Jülicher Erbfolgerkrieg

Inktank publishing, 2018

www.inktank-publishing.com

ISBN/EAN: 9783747768143

DER

JÜLICHER ERBFOLGEKRIEG.

BEARBEITET

VON

MORIZ RITTER.

AUF VERANLASSUNG UND MIT UNTERSTÜTZUNG SEINER MAJESTÄT DES KÖNIGS VON BAYERN MAXIMILIAN II.

HERAUSGEGEBEN DURCH DIE HISTOR. COMMISSION BEI DER KÖNIGL. ACADEMIE DER WISSENSCHAFTEN.

MÜNCHEN.
M. RIEGER'SCHE UNIVERSITÄTS-BUCHHANDLUNG.
(GUSTAV HIMMER.)
1877.

Vorbemerkung.

Ich habe die dem zweiten Band dieses Werkes vorausgeschickte Bemerkung, dass der grössere Theil der aus ausserdeutschen Archiven stammenden Acten nicht mir, sondern den Herrn Prof. Cornelius und Dr. Stieve zu verdanken ist, bei Ausgabe des dritten Bandes zu widerholen. Wie unter den zahlreichen Abschriften und Auszügen, welche mir Herr Professor Cornelius übergeben hat, wol an erster Stelle die Sammlung der Aerssen'schen Berichte zu nennen ist, so möchte ich noch unter den von Herrn Dr. Stieve gesammelten und verarbeiteten Acten mit besonderm Dank die Berichte des Cardenas hervorheben, nicht nur weil sie zu den werthvollsten Beiträgen des zweiten und dritten Bandes gehören, sondern auch darum, weil sie mit voller Sachkenntniss ausgewählt und mit Ueberwindung grosser durch schlechte Schrift und verwickelte Satzbildung bereiteter Schwierigkeiten widergegeben sind.

Moriz Ritter.

1. Die Würtembergischen Räthe (Jäger, Engelshoven, Buwinkhausen, Welling, Faber, Kielmann), Gutachten über die Verhandlungsgegenstände des Schwäbisch-Haller Unionstags. (z. Th.)

Dec. 29.

Veranlassung der Unirten zu einem Schutzbündniss mit auswärtigen Mächten. — Nähere Bestimmung dieses Bündnisses; die Jülicher Sache als nächster Zweck desselben. — Gewinnung der geringern Stände für dieses Bündniss und die Jülicher Assistenz. — Austrag des Jülicher Erbstreites. — Restitution Donauwörths. — Beziehungen der Union zu den östreichischen, böhmischen etc. Ständen.

An dritter und fünfter Stelle wird es sich um Verbindung mit fremden Mächten und um die Jülicher Sache handeln. Hinsichtlich ersterer hat „man bis dahero jeder zeit nicht unbillich bedenkens gehabt, sich mit denselben anderst als uf ein gemaine correspondents de non offendendo einzulassen, oder auch das sie der union uf den notfal mit einer summa gelts anlehensweis, wie hiebevor jetzigem könig in Franckreich beschehen, zu hülf kommen möchten. Demnach sich aber anjetzo befindet, das sich die paepetische staent zusamen gethan und ein union gemacht, auch im werck sein sollen, den Römischen bapst und Spanien, wie auch Lottringen und Florentz darein zu bringen — neben disem lest sich auch anjetzo das Gülchische wesen dahin ansehen, das es one kriegsgewalt und gemaine zerrüttung des reichs nicht wol zu tractieren, noch auch (one) der samptlichen evangelischen staenden nachteil oder auch verlust derselben und gantzer union reputation, forcht und ansehen zu verlassen sein möchte: da nun solchem unhail wol remediirt, und die landen gaentzlich erhalten werden können, wurde es der union und deren verwanten staenden, ja dem gemeinen evangelischen wesen zue merklicher versicherung, ansehen und wolfart unzweifenlich geraichen — wan aber sollich des gegenteils vorhaben sowol diser Gülchischen landen als auch sonsten irer gemachter und von auslaendischen gestaerckter union halben von den unirten staenden allein schwerlichen zuruck getriben und bestaendiglich erhalten werden kan — bevorab da die restitution der stat Donawört allem

1. ansehen nach nicht erfolgen solte — unangesehen die unirte chur- und fürsten sich alberait zur defension diser landen nach inhalt des alhie jüngsten gemachten abschiets erbotten und nicht wol wider zurück werden kommen können, so ist nunmer nach gestalt vorangeregten des gegenteils intent, so von tag zue tag gesterckt würt, nicht wol ein bessers mittel, als das Franckreich, als dessen k. w. sich alberait willig erklaert und nicht ungenaigt ist, nicht allerdings ausser acht gelassen wurde.

Wiewol nun de modo huius coniunctionis noch zur zeit nichts gewisses zu schliessen, sonder furst Christians zue Anhalt f. g. relation vor allen dingen zu erwarten, und sich alsdan darnach zu richten sein würt, da aber i. k. w. sich willig und der sachen gemaess resolvieren solten, so möchte in genere darvon zu reden der union traeglich und dem gemainen wesen hoch vorstaendig sein, da man sich bederseits ad mutua auxilia nicht zwar in craft der union, sonder vielmer zue deren versicherung per modum correspondentiae verbunden und uf ein gewisse anzal an gelt oder volgk, so in des schickenden teils solt und uf des andern erfordern und under seinem gubernament, wie auch uf ein bestimbte anzal von monaten verglichen, und, da sich die sachen nicht besser anlassen wolten, zue naechst künftigem früeling dem werck in den Gülchischen landen ein anfang gemacht und hierzue die alberait angebottene 35 monat gebraucht hette. Uf welchen fal gaentzlichen darvor zu halten, es wurden sich der könig in Engellant sampt den unirten Staden, weil sie one das an Franckreich dependieren und alberait in eventum hierzue verwilligung gethon, nicht allein leichtlich und one der union schaden conjungieren, sonder auch der gegenteil andere gedancken fassen und sowol die Gülchische landen als Tonawört desto eher verlassen und sonsten auch von demjenigen, welches er sich vorgesetzt, damit man also bederseits in ruhe und frieden verpleiben möge.

Und obschon die geringere staent bei der union sich ongern mit Frankreich und andern einlassen und den grossen costen, gefar und weitlaeuffigkeit, so daraus entstehen könnte, scheuwen möchten, so ist aber hingegen zu bedencken, das man weder die Gülchische lant noch dise union gegen Spanien und dessen adhaerenten one gleichmaessige frembde hülf defendieren würt können, sonder vielmer zu besorgen, das man die oberhant gegen so maechtige zusamen gethone feint aller enden verlieren und darzue das gelt vergebens und mit grossem schaden, schimpf und spot on werden möchte, dardurch alsdan dem gegenteil noch vil mer in die evangelische zu setzen, und dasjenig, was er durch Jesuiterische consilis laengst im sin gehabt, erst recht zu effectuieren erwünschte gelegenheit an hant geben wurde, uf welchen fal dan die geringere staent nicht allein sich, sonder auch in craft der union die höhere einen weg als den andern und darzue mit vil grösser gefar und uncosten wurden defendieren müssen: welches alles aber verhoffentlich durch solche und dergleichen assistents vermitten, und also ein schwert durch das ander in der schaiden gehalten werden könte." . . . Wenn jedoch die „geringere staent sich weder mit Franckreich noch auch mit einiger hulf zue dem Gulchischen wesen einlassen wollen," so ist der Herzog von Würtemberg „in nichts mer, als was zue Friederichsbühel pure und onconditionirt versprochen worden, verbunden." Dec. 29.

Auf alle Fälle muss man (zugleich) auf endgültige Beilegung der Jülicher Sache bedacht sein. Da ist nun die kaiserliche Cognition in der Hauptsache — doch salva possessione apprehensa — nicht zu umgehen. Es mögen daher Churbrandenburg und Neuburg sich erbieten, ihre Ansprüche dem Kaiser vorzutragen, jedoch dass derselbe nicht nur durch seine Räthe, sondern vornehmlich durch unparteiische Reichsstände erst gütliche Unterhandlung, dann, beim Misslingen derselben, rechtliche Entscheidung vornehmen lasse. Die Unirten hätten von Hall aus diese Sache durch ein Schreiben an den Kaiser zu betreiben. Der Churfürst von der Pfalz hätte dem Kaiser das bei der Prager Gesandtschaft geforderte Bedenken abzustatten. Das Haus Sachsen wird sich, wenn man in Hall die Vertheidigung des Besitzes der possidirenden Fürsten beschliesst, eher auf die bisher zurückgewiesene Vergleichshandlung einlassen. „Uf den fal aber berürte assistents bei den unirten staenden nicht zu erhalten" wäre, so hätte etwa Anspach und Landgraf Moriz, oder im Namen der Unirten der Markgraf von Baden, „als dessen f. g. die sach wol verstehet und der religion halben angenaemb ist," den Churfürsten von Sachsen für den Weg gütlicher Verhandlung zu gewinnen zu suchen.

Bei dem vierten Puncte kommt die Restitution Donauwörths in Frage. Es „ist leicht zu erachten, es werden die Kai. M. und dero raet seithero durch der paepstischen ligisten zuesprechen ein ander hertz gefast und darauf die versprochene restitution nicht vorgehen zu lassen sich vorgesetzt haben. Darumben auch zue einigem ferrern schriftwechseln und urgieren geringe hofnung vorhanden, sondern nunmer villeicht uf ein ander mittel zu gedencken sein möchte, dadurch man sich der stat gewiss machen könte. Sintemal aber an dem Gülchischen wesen zuvorderist alles haftet, und vor glücklicher erledigung desselben nicht wol etwas

1*

1. gewisses zu statuieren, so ist gleichwol nicht gering zu achten, das i. M. die Tonawörtische restitution je einmal versprochen und darumb one ausflucht kaiserlich zu halten schuldig.“ Also nochmaliges Schreiben der Unirten an den Kaiser mit Verlangen der Restitution. Bleibt dieses, wie zu besorgen ist, fruchtlos, so kann „man alsdan nach befundenen dingen, was weitter zu thuen sein wölle, sich vereinbaren, darzue die vorstehende Gülchische expedition aldan desto besser nachrichtung und anlass geben wurt.“

Der sechste Punct betrifft die Beziehungen zu den böhmischen, mährischen, schlesischen und östreichischen Ständen. Wenn sich diese Stände nicht mit vereinten Kräften beschützen, so dürften sie in Sachen der Religionsfreiheit vielleicht nichts mehr erlangen und des schon Versprochenen verlustig werden. Nun will sich Böhmen mit Oestreich zur Zeit nicht verbinden und zeigt wenig Lust zur Verbindung mit der Union. Schlesien will ohne Böhmen sich in nichts einlassen. Die Oestreicher haben dasjenige, was man ihnen versprochen, bis zur Stunde noch nicht wirklich erlangt. In Böhmen ist der Landtag noch nicht zu Ende, und man weiss nicht, wie die Sachen dort ausgehen werden. Bei dieser Lage der Dinge können jene Lande den Unirten wenig Hülfe leisten. „Wan dan den unirten staenden nicht zu raten, durch übermaessige einmischung derjenigen, so zuvor in grossen und gefaerlichen weitlaeuffigkeiten stecken, sich und ire vires zu distrahieren und dannenhero mer schaden als nutzen zu erlangen, so wolte uns beduncken, es hetten die Unirte solchen landen noch in etwas, bis man irer zue besserem vorteil habhaft sein könte, zuegesehen.“ Man suche zur Zeit das Verhältniss der Union zu jenen Landen so zu regeln, dass kein Theil sich zu feindseligen Handlungen (auch nicht Steuerbewilligung oder -Erlegung) gegen den andern bewegen lasse, keine dem andern feindlichen Truppen durch seine Lande ziehen lasse, dass man sich Nachrichten über bevorstehende Gefahren zeitig mittheile, Steuern nur mit der Bedingung, dass sie nicht gegen „die freunt und correspondierende“ gebraucht werden, bewillige und überhaupt gute Correspondenz und Nachbarschaft halte. — O. D.[1]

Stuttgart. Unionsacta V f. 31. Orig.

[1] Die Räthe stellen das Concept dieses Bedenkens dem Herzog unterm 29. December zu und bemerken: die Frage der zu leistenden Jülicher Hülfe sei wol zu erwägen. Die bei der Stuttgarter Versammlung bewilligte Hülfe belaufe sich für den Herzog auf 64,000 fl. Man könne „einig medium, wa man mit obiger zue diser sach bewilligten hülf in- oder ausserhalb lants aufzukommen gelegenheit haben möchte, nicht befinden. Werden demnach e. f. g. über die alberait zue Strassburg bei dem Graviset vertröste 20,000 fl. notwendig noch zu gedencken oder jemant dero diener förderlich nachgedencken und würckliche anstellung

zu bevelhen haben, wo der überrest aufzubringen." Ferner werde es sich bei der Jülicher Sache vornehmlich darum handeln, Sachsen vom Kaiser zu trennen. „Dan one dieselbe separation . . . bede inhabende fürsten ire possessionem vor der gegenteil mererm habenden gewalt schwerlich erhalten oder durchtringen werden könten." (f. 29.)

2. Moriz Landgraf von Hessen, Instruction für Asmus von Baumbach und Reinhard Scheffer zum Schwäbisch-Haller Unionstag. Januar 3.

Aufnahme der Jülicher Sache unter die Unionsangelegenheiten als Bedingung für des Landgrafen Eintritt in die Union. — Restitution Donauwörths; zu betreibende kaiserliche Resolution bezüglich der Hofprocesse und Widerstand gegen die Execution unbefugter Hofprocesse. — Jülicher Sache: Austrag des Hauptstreites, und bis dahin Schutz der Possidirenden oder Vereinbarung einer unpräjudicirlichen Possession. — Religionsbeschwerden der Oestreicher etc. — Einladung Sachsens und verschiedener Hansestädte zur Union. — Bündniss der Union mit auswärtigen Mächten.

1. Der Landgraf hat seinen Beitritt zur Union dem Churfürsten von der Pfalz unter der Bedingung in Aussicht gestellt, dass „die Gulchische sach auch darunter (unter der Union) gemeint" sei. Ueber diese Bedingung konnte er, da die Sache erst in Schwäbisch-Hall entschieden werden muss, keine schliessliche Erklärung erlangen. Wenn nun der Landgraf beim Unionstag auf seiner Bedingung eifrig besteht, so dürfte das bei Sachsen Anstoss erregen, „als wolten wir diese sach gleichsamb vor andern treiben." Lässt er sie aber fallen, so wird für ihn selber die Rechnung auf den Beistand der Unirten ungewiss, „sonderlich da bei diesem Gulchischen unwesen und dessen wiewol unverhoftem widdrigem ausschlag auch wir als der nechstgesessene und wegen der Dortmundischen handlung und bisdahero geleister assistenz hirunder mitbegriffener furst angefochten werden solten. Und wurde uns uf solchen fal viel vertraeglicher sein, das wir aus der union plieben, als das wir zur selben viel spendiren und contribuiren, auch Kai. M. und das Haus Sachsen daruber offendiren und, wan es zum notfal und treffen kaeme, von einem und dem andern verlassen werden solten. Wie dan wir an unserm ort solchs umb so viel mer zu bedencken haben, weil wir dem Gulchischen und Burgundischen wesen am nechsten, den andern Unirten aber am weitesten abgesessen, auch mit solchen nachbarn fast merer teils umbringt und umbgeben seint, mit denen wir eins teils schwere rechtfertigungen und irrungen haben, teils auch papisten und also gethan seint, das wir von denselben nicht allein keines favors oder assistentz, sondern vielmer allerlei ungelegenheit zue gewarten." — Um nun weder seine Bedingung zu vernachlässigen noch zu hart zu urgiren, will der Landgraf, dass seine Gesandten dieselbe durch

2. Churbrandenburg vertreten lassen, wozu letzterer um so mehr Ursache hat, da er bei seiner Erklärung für die Union jenen Vorbehalt nur stillschweigend gemacht hat. Wenn dann Churbrandenburgs Forderung abgeschlagen wird, und „i. l. uf einen solchen fal aus der union pleiben wurden, sollen die unsern dergleichen auch thun."

2. Die Donauwörther Sache und die Angelegenheit der Hofprocesse sind „vor eine gemeine und uf die union qualificirte sach umb so viel mer zu halten, das auch unsers erachtens eben das Donawerdisch wesen die union so weit und sonderlichen auch die stette darzue gebracht" hat. Das kaiserliche Restitutionsdecret hinsichtlich Donauwörths wird an den von Baiern geforderten Executionskosten scheitern. Uebernehmen die Unirten die Kosten, so bestätigen sie das bisher als nichtig bestrittene Verfahren gegen die Stadt. Um also zur Restitution zu kommen, wird man „einen andern ernst und zwang anwenden müssen, wie wir uns dan auch beduncken lassen, es solte ein solchs den stetten nicht zuwider, sondern vielmer lieb und genem sein. Jedoch wolte sich uf solchen fal, und wan die fursten in dem zun stetten tretten, geburen, das sie, die stette, auch dergleichen bei den fursten in den Gulchischen sachen theten und denselben assistirten. Darbei aber zue besorgen, wan man mit dem Donawerdischen und Bairischen kriegswesen begriffen und zugleich auch in den Gulchischen sachen one anderer potentaten starcke und gewisse hantbietung helfen solte, das dadurch . . an einem und dem andern ort desto weniger ausgerichtet werden möchte . . Aber wie dem allen, so sollen die unsere von den maioribus nicht absetzen, sondern da dieselbe uf eine nachmalige schickung an Kai. M. oder dergleichen interpellation umb fernere process und execution, oder auch in eventum uf andere ernste mittel gen wurden, sich mit denselben conformiren und vergleichen."

In der Angelegenheit der Hofprocesse hat man beim Kaiser weiter auf eine schliessliche Entscheidung zu dringen. Für den Fall, dass die unbefugten Hofprocesse fortgeführt werden bis zur Achtserklärung und deren Execution gegen nicht parirende Stände, werden die Unirten, bevor sie den Fürsten von Anhalt mit so bedrohlichen Vorstellungen an den Kaiser absandten, schon Massregeln bedacht haben. Daher werden des Landgrafen Gesandte der andern Meinung anhören und sich mit ihnen vergleichen.

3. Ueber die Frage, „wie den Gulchischen sachen, allerseits praetendenten zu guten und one geferliche weiterung, rat zue schaffen sein möchte," muss schon vor dem Beitritt des Landgrafen und Chur-

brandenburgs zur Union wegen der erwähnten Vorbehalts berathen werden. Nach dem Eintritt beider Fürsten muss weiter darüber verhandelt werden. Da ein gütlicher Austrag der Hauptsache wegen der Vielheit der Prätendenten und der Union der Lande schwer sein dürfte, so wird man darüber zu berathen haben, „wie und durch was process die haubtsach zwuschen allerseits interessenten zu recht ausgefurt, und welcher gestalt inmittelst die Possidenten bei einmal rechtmessig erlangter possession manutenirt, oder was sonstet vor ein unparteisch und den Possidenten, wie auch den ubrigen Interessenten unnachteiliges und unpraejudicirlichs interim getroffen werden möchte. Januar 3.

Dan soviel den itzigen am kaiserlichen hof angefangenen edictalprocess und kurtz verschiener tage gegen Churbrandenburgk und Pfalz Neuburgk sub gravi praeiudicio ergangenes und insinuirtes decretum competentiae[1] betrift, ob wir wol solche angegebene competentiam fori und darbei vorlauffende iuridica et processionalia uf irem wert und unwert beruhen, auch wegen dessen darunder versirenden Saechsischen rechtens und interesse lieber andere darvon judiciren und urteilen lassen wolten, so ist doch aus den bewusten intercipirten schreiben und andern communicirten advisen und nachrichtungen so viel zu spuren und zu befinden, das nicht allein erzherzog Leopoldus sich einer eventualbelenung uf die Gulchische lande, und welcher gestalt man dieselbe aus der ketzer hende pringen musse, berumet, sondern auch das kaiserlich und Oesterreichisch interesse, wie nicht weniger des reichshofrats an tag gegebene widdrige affection und partialitet mit einlauffen wil.“ Soll doch der Hofrath noch bei Lebzeiten des letzten Jülicher Herzogs dem Kaiser in einem Bedenken nicht allein gerathen haben, die lande uf numer begebenen totsfal zum wenigsten iure administratorio vel retentionis in handen zue behalten,“ sondern auch alle Prätensionen (die sächsische einbegriffen) daraufhin angefochten haben, weil den betreffenden kaiserlichen Privilegien die Zustimmung der Churfürsten fehle. Dazu kommen die Rücksichten auf die Absichten, welche Papst und Spanien auf die Jülicher Lande gefasst haben. Auch der in dem letzten Decret des Hofraths bestimmte unerhört kurze Termin von zwei Monaten dient zur Rechtfertigung des Verdachtes gegen ihn. „Dieweil dan nicht allein Brandenburgk und Pfalz Neuburg, sondern auch Sachsen selbstet und den andern evangelischen praetendenten ser viel und hoch daran gelegen, das

---

[1] Acten II. Nr. 245. Ritter, Sachsen und der Jülicher Erbfolgestreit S. 30. Mit diesem Decret wird das Schreiben Churbrandenburgs an den Kaiser, 1609 Nov. 16, zusammenhängen. (Londorp I S. 84.)

2. sie sich diessfals wol fursehen und dem reichshofrat nicht zue viel verhengen, . . so hielten wir es darfur, es solte kein unebener wegk sein, das bei Kai. M. und Sachsen durch legationes, intercessiones und dergleichen wege die sach dahin unterbawet und beschickt, darmit von der Kai. M. ein gewisser rechtlicher und unverwerflicher process mit zuziehung etlicher chur- und fursten citra praeiudicium Caesareae Maiestatis in reliquis causis competentibus, sodan auch ein unparteiisch und den Possidenten, wie auch den andern evangelischen praetendenten unvergreifliche und unschedliche possessionsinterim angeordnet und verfast,[1] inmittelst aber, und bis zue solcher verfassung die Possidenten bei irer rechtmessig erlangter possession umb so viel mer defendirt und gehanthabt werden möchten, das der von Leopoldo underm schein angegebener aelterer kaiserlichen possession, commission und sequestration vorgenommener und bis noch beharter gewaltthaetiger nebenprocess und via facti nullo iuri justificirt werden mag . . .

Wofern dan die andere Unirten sambtlichen oder per maiora uf die manutentionem possessionis und hiezu gehorige defensifmittel schliessen wurden, und aber ein solches wider unser erbverbrudert- und erbvereinigtes haus Sachsen nicht gemeint noch gerichtet, sondern demselben vielmer oberwenter massen, wie nicht weniger dem ganzen evangelischen wesen gantz vertraeglich, auch inen allerseits daran gelegen, das durch die vorhabende sequestration diese herliche lande, die got der almechtig nicht one sonderbare schickung allein evangelischen interessenten — ausserhalb der Burgawischen praetension — bescheret, nicht in paebstische, daruf Spanien vor lengst practisirt und gelauret, oder solche hende geraten, daraus sie einer oder der ander evangelischer chur- und furst, wer der auch were, schwerlich widerumb pringen und erlangen möchte, als sollen auch die unsere in dem und was auch von den churfurstlichen Brandenburgischen weiter vorgebracht und darauf in deliberation gezogen werden möchte, sich von denselben, und andern Unirten nicht absonderen, sondern denselben sich conformiren und bequemen.[2] Da aber bei diesen consultationibus

[1] In einer Nebeninstruction (Jan. 5) sagt der Landgraf: dieser Vorschlag habe, da die Unirten vermuthlich auf die Erhaltung, nicht Veränderung des gegenwärtigen Besitzstandes zielen, wenig Aussicht. Jedenfalls sollen die Gesandten sich bestimmt vorbehalten: „das wir hierdurch widder Sachsen nichts zu handlen gemeinet, auch die possession lenger nicht manuteniren helfen können, bis das Sachsen durch ein richtig und unparteiisch recht den andern interessenten obsiege."

[2] Am 2. Januar schickt Gr. Johann von Nassau dem Lgr. Moriz über seine in der Jülicher Sache zu leistende Unterstützung folgendes Gut-

etliche iuridica circa merita et processum causae principalis movirt und geratschlagt werden solten, gleichwie wir dan bisdaheren bedenckens gehabt, einem oder dem andern, sonderlichen aber unsern erbverbrudert- und erbvereinigten teilen Sachsen und Brandenburgk, hierin vorzugreiffen und einem vor dem andern recht zu geben, viel weniger desselben rechtliche noturft zu dirigiren oder zu verhindern, also sollen auch die unsere hirin gewarsamb und nicht

Januar 3.

---

achten: diejenigen, welche dem Landgrafen rathen, er möge sich der Jülicher Sachen nicht mehr als andre evangelische Stände annehmen, werden sich ohne Zweifel auf das zu berücksichtigende Ansehen des Kaisers, auf die Erbeinung mit Sachsen und auf die in Rücksicht auf die Achtserklärung und die Nachbarschaft der Jülicher Lande zu gewärtigenden Gefahren und Unkosten berufen. Solche Rathschläge aber pflegen in gefährlichen Dingen die Diener des Fürsten, auch gegen besseres Wissen zu ertheilen, weil sie die Verantwortlichkeit für den Ausgang scheuen, und darum muss in solchen Sachen der Fürst „die resolution, bei welcher die conscientia, vocation und reputation und ein tapferes gemüt, welche nicht allemal bei den togatis consiliariis zu finden, in acht genommen sein wil, bei sich selbsten nemen." Jene Gründe nun belangend, so sucht der Kaiser die Jülicher Lande dem Haus Oestreich mit List und Gewalt zu gewinnen. Es würden, wenn also die Jülicher Lande „in frembde haende" kommen, die Niederlande vom Reich getrennt. Dem zu widerstehen, fordert das gemeine Wol. Es ist des Landgrafen Beruf, die Religion und Freiheit des Vaterlandes mit Gut und Blut zu vertheidigen. Durch seine Nachbarschaft, seine Vermittlung in Dortmund, seine Tüchtigkeit ist der Landgraf mehr noch als andre zum Eingreifen berufen. Durch die Erbvereinigung ist er nicht nur Sachsen, sondern auch Brandenburg verpflichtet, und „es halten sowol e. g. als auch alle dero raete darvor, . . das Brandenburgk eine gute und Sachsen eine böse sach habe." Man hat auch mehr auf Recht und gemeines Bestes als auf einzelne Fürsten zu sehen. Der Landgraf hat von Brandenburg „wegen der religion, wie auch weil dessen leut nicht Spaniolisirt," mehr Beistand als von Sachsen zu erwarten. Man hat sich schon mehrfach „der erbverein halben, da doch die sach nicht von so grosser importantz gewesen, trennen müssen." Einer etwaigen Acht-erklärung gegenüber hat man auf die gerechte Sache zu sehen. Man weiss ja, dass der Kaiser sich den spanischen und jesuitischen Anschlägen dienstbar machen muss. In Jülich tritt übrigens der Landgraf Gefahren entgegen, die demnächst auch seinen Landen drohen. Lässt er aber, „wie fast deroselben geraten werden wil," von den Sachen ab, so ist seine Reputation bei Frankreich und andern fremden Mächten geschmälert, ja es müsste „entlichen die gantze Deutsche nation in solche verachtung notwendig geraten, das man wünschen möchte, das wir nie Deutschen geboren." (Marburg. Ausw. Sachen. Jülich.) In einem Postscript bemerkt der Graf: er habe dies Bedenken gesandt, damit der Landgraf es nach Befinden „dero reten, welche etwas kleinmütig, sehen lassen könne, und sie dannenhero etlicher masen bewogen würden, e. g. sich desdo weniger zu opponiren." Das „bewuste geld" habe er Tags vorher bis zur bergischen Grenze bringen lassen. Da es im voraus engagirt sei, so waere Nachsendung nöthig. (A. a. O.) — Ueber die sonstigen damaligen Pläne des Landgrafen in der Jülicher Sache vgl. Gr. Johann von Nassau an Gr. Wilhelm Ludwig von Nassau. 1610 Jan. 8. (Groen v. Pr. II 2 S. 404.)

2. extra terminos boni publici zue weit gen, sondern unsern diesfals gethanen vorbehalt in acht haben."

4. Was die Unirten in Sachen der Religionsbeschwerden von Oestreich, Kärnthen und Steiermark bisher vorgenommen und weiter vorzunehmen gedenken, werden die Hessischen vernehmen und sich darnach richten. Obgleich die Union nur die Unirten in sich befasst, so ist es doch christlich und löblich, wenn man „durch geburliche mittel sich der betrangten annemen könte."

5. Die Hessischen werden des Landgrafen Verhandlungen mit Sachsen und einigen Hansestädten um ihren Beitritt zur Union berichten. Wollen die Unirten mit Chursachsen durch eine Gesandtschaft weiter hierüber handeln und ihn ersuchen, dass er in der Jülicher Sache sich zu einem unverdächtigen Austrag verstehe, so wird der Landgraf das nicht widerrathen. Was er dabei weiter thun kann, will er thun.

6. Der Landgraf kennt die Motive für und wider ein Bündniss der Union mit fremden Mächten, und „was es mit solchen auswertigen, wiewol nicht ungewönlichen, butnussen vor eine sonderbare und nachdenckliche gelegenheit hat. Nachdem wir aber auch hinwiderumb bedencken, das es mit diesem verstentnus und union nicht die meinung hat, das man dardurch eine unruhe im reich anfangen und frembde potentaten und deren frembt auslendisch kriegsvolck den stenden des reichs uber den hals ziehen wölle, sondern allein das man sich gegen einem grossern und unpillichen gewalt desto besser versichern möge, zu dem auch offenbar und am tage, welcher gestalt das ganze pabstumb unsere widdersachere nicht allein unter sich im reich, sondern auch die im reich mit den auswertigen, ein solch starck und vertraulich verstentnus haben, das sie alle mit einander, inlendisch und auslendisch, gegen die evangelische gleichsamb vor einen man sten, als könten wir nicht sehen, warumb man uf der evangelischen seiten von auswertigen gutherzigen und wolmeinenden potentaten sich absondern solte, in betrachtung unser gegenteil, das pabstumb, wegen ires anhangs starck und der sachen einig, dargegen aber die evangelische schwach und misshellig, und daheren umb so viel mer von nöten, da man je zue ufgetrungener beschutzung und erhaltung unser waren christlichen religion und freiheit eine union und verstentnuss machen und ufrichten wil, das die also gefast und gesterckt werde, darmit man in den sachen fortkommen und nicht zu eusserstem unserm und der posteritet, ja des ganzen evangelischen wesens schimpf und nachteil darunder erligen und succumbiren möchte: wie dan

die unsere in irem voto dahin lenden und sich in dem mit den andern vergleichen sollen." — Signatum am 24. December anno 1609.

Marburg. Kriegs- und Friedenssache. Allianzen. Orig.

3. Friedrich IV., Instruction zu dem Haller Unionstag. Januar 5.

Zunächst ist die Aufnahme des Churfürsten von Brandenburg und des Landgrafen Moriz in die Union nach Massgabe der Unionsverfassung zu vollziehen. Sollte wider Verhoffen hinsichtlich der Kriegsdirection ausserhalb der Lande der Unirten ein Anspruch erhoben werden, da über dieselbe für zehn Jahre in einem Nebenabschied doch schon verfügt ist, so vergleichen sich die Gesandten nach Möglichkeit mit dem Gutachten der Vorstimmenden. Kommt man nicht vorwärts, so können die Gesandten entweder die Verlängerung der Union über zehn Jahre, oder die Bildung einer besonderen Direction für die sächsischen Kreise, sobald dort noch mehrere Stände werden beigetreten sein, als Mittel zum Ausgleich vorschlagen. Doch wäre hierüber nur unter den Fürsten zu verhandeln. Da die meisten Vorbehalte der Wetterauer und fränkischen Grafen erledigt sind, und sie nur deren Einrückung in die Aufnahmeacte begehren, so wird der Beschluss über ihre Aufnahme keine Schwierigkeit haben. Die Gesandten werden sich dabei der Majorität anschliessen. Hierbei ist zu berathen, ob und wie dem die Union betreffenden Gesuch der Freiherrn Philipp von Pappenheim und Georg Ludwig zu Freiburg von Justingen zu willfahren sei. Da fast alle von den Städten gemachten Vorbehalte in der Aufnahmeacte der drei ausschreibenden Städte, erledigt sind, so wird auch ihre Aufnahme keine Schwierigkeit haben. Nur werden vorher von den Städten und Grafen ihre Ansprüche hinsichtlich der Voten zu vernehmen und solche Entscheidungen darüber zu treffen sein, dass die Grafen und Städte sich nicht zu beschweren haben, und das wol begonnene Unionswerk nicht geschwächt werde. Hierbei ist das Anerbieten der Städte dass sie mit den Fürsten gerade keine Stimmengleichheit begehren, wol zu beachten, und dahin zu streben, dass sie es beim Gnadenberger Vergleich lassen. Bezüglich der Grafen wäre das, was in dieser Sache zu Schwäbisch-Hall zu Protocoll genommen, wider aufzunehmen. Da aber hierin nichts Bestimmtes festzustellen ist, so werden sich die Gesandten nach Gelegenheit mit der Mehrheit vergleichen.

Hierauf Proposition der vier im Ausschreiben befindlichen Puncte. 1. Die Behandlung des Churfürsten von Sachsen ist, damit man sehe, dass der Mangel nicht an den Unirten liege, und weil die Städte auf den Churfürsten sehen, trotz seiner bisher vermerkten geringen Neigung nicht ausser Acht zu lassen. Nach Bericht über des Churfürsten Antwort auf des Markgrafen von Culmbach letztes Schreiben und über dasjenige, was Dänemarks versprochene Anmahnung gewirkt hat, vernimmt man die etwaigen Vorschläge Churbrandenburgs und Hessens. Dem, was insgemein für gut angesehen wird, haben die Churpfälzer beizustimmen. Will man zum Ueberfluss einen dem Churfürst angenehmen Fürsten an ihn senden, so ist Baden, der

3. ohnehin dazu geneigt ist, vorzuschlagen. Wie inmittelst Braunschweig, Lüneburg, Holstein, Pommern, Mecklenburg für die Union zu gewinnen seien, haben Churbrandenburg und Hessen zu begutachten, und wäre ihnen eventuel die Behandlung derselben aufzutragen. Bezüglich der Hansestädte muss man sich vorsehen, dass man einerseits Braunschweig nicht beleidige, anderseits sie nicht veranlasse, zum Schaden des Gemeinwols andere Unterstützung zu suchen. Erscheint von den Städten kein Abgeordneter, so referiren die Gesandten, was ihretwegen dem Churfürsten im vergangenen Juni. (a. St.) und später durch Dr. Hartlieb berichtet ist. Wird dann die Zuziehung der Städte zur Union für rathsam erachtet, so wäre die Verhandlung dem Churfürsten von Brandenburg, dem Landgrafen Moriz und Nürnberg anzutragen. Da auch die Elsasser Ritterschaft den Churfürsten mehrmals um Aufnahme in die Union und Schutz ihres Kirchenwesens, falls sie gegen den Religionsfrieden beeinträchtigt werden sollte, ersucht hat, von ihm aber an dem nächsten Unionstag gewiesen ist, so wäre ihr Abgeordneter zu hören, und dann zu bedenken, ob und wie ihnen zu willfahren sei. Dabei wäre zuvörderst „ire gelegenheit" und was sie leisten wollen, zu erkunden, und anzudeuten, dass die Union sich nicht auf alle Privatstreitigkeiten erstrecke, sondern nur auf Unternehmen in Religionssachen, die mit Gewalt und gegen den Religionsfrieden zur Unterdrückung der Evangelischen und Beförderung der Papisten in's Werk gesetzt werden.—Hierauf ist zu berathen, ob und wie weit man sich mit benachbarten wolgesinnten Mächten wie Frankreich, England, Dänemark, den Staaten, Venedig, der Schweiz in „gute correspondenz" einlassen solle. Weil hierfür Anhalts Verrichtungen in Frankreich gute Anleitung geben werden, so wird mit seinem Beistande ein besonderes Memorial darüber gefertigt werden. 2. Der Donauwörther Sache sollen sich alle evangelischen Städte ihres Gewissens und Standes wegen, zur Verhütung verderblicher Folgen annehmen. Ob dies aber gegenwärtig, und wie es geschehen solle, darüber sind die Vorstimmenden, besonders die Städte, zu vernehmen. Nach dem zu verlesenden Schreiben des Kaisers darf man auf die versprochene Restitution Donauwörths nicht hoffen. Da die Uebernahme der Kosten zu Schwäbisch-Hall abgewiesen, ebenso am Reichstag und seitdem mehrmals als schimpflich und nachtheilig von allen evangelischen Ständen verworfen ist, so sieht der Churfürst nur noch gewaltsame Mittel, um der Stadt zu helfen. Da aber das Gleiche in der Jülicher Sache der Fall ist, in dieser aber die benachbarten Mächte Beistand anbieten, und nach Behauptung der Jülicher Lande für die Evangelischen nicht nur die Restitution Donauwörths, sondern auch die Erledigung der übrigen Beschwerden leichter und „fast one schwertstreich" hoffentlich zu erlangen sein wird, so wäre, besonders den Städten, zu bedenken zu geben, ob man nicht zunächst die Jülicher Sache durchführen solle. Kommen dann Nebenmittel zur Sprache, so könnte das vom Grafen von Fürstenberg[1] überbrachte Anerbieten des Königs Matthias, und „ob

[1] Bezieht sich dies auf die bei Beckmann, Geschichte Anhalts II S. 321, erwähnte Sendung?

man sich der Bömen, als die dieser gewaltthaetigen execution wegen ser wider Baiern offendirt, zu gebrauchen," berathen werden. Da übrigens der Churfürst sich über diesen Punct noch mit Anhalt benehmen wird, so kann dasjenige, was darüber ferner bedacht wird, in einem besondern Memorial verfasst werden. 3. Ueber die Jülicher Sache erhalten die Gesandten gleichfalls ein besonderes Memorial. 4. Bezüglich der Oestreicher, Böhmen, Mährer, Schlesier, Steirer, Kärnther wäre zunächst zu erwarten, ob sie etwas begehren, und hierüber zu beschliessen. Es könnte auch über die Vorschläge der Oestreicher in Betreff der Deposition einer Summe Geldes berathen werden. Doch wäre auch über diesen Punct das Gutachten Anhalts, der darüber mehr unterrichtet ist, zu vernehmen. — Das kürzlich gestellte Begehren des Markgrafen von Baden, es möge seines Streites mit Fortunats Kindern gedacht werden, ist zu proponiren, und haben sich die Gesandten hierin dem gemeinen Beschluss anzuschliessen. Die von Anspach, Baden, Anhalt vorzulegende Feldordnung, Kriegsbestallung, Artikelsbrief etc. sind zu ersehen, und ist darüber mit der Majorität zu beschliessen. — Signatum Heidelberg . . den 26. Decembris anno 1609.

München. St. A. $\frac{\text{K}}{\text{gr}}$ 116/2 f. 383. Orig.

4. Johann Sigismund Churfürst von Brandenburg, Instruction für Adam von Putlitz, Friedrich Pruckmann und Andreas Sartorius zum Schwäbisch-Haller Unionstag. (z. Th.) Januar 5.

1. Lage der Dinge in Jülich. Feindseligkeiten Leopolds. Am kaiserlichen Hof soll die Achtserklärung schon vollzogen sein. Vereitlung der Vergleichsversuche zu Cöln. „Es ist numer kein hofnung ferners, in guete aus den sachen zu kommen." Wie es am kaiserlichen Hof mit Handhabung der Justiz aussieht, ist der Versammlung bekannt, ebenso was der Churfürst in der Jülicher Sache von dort zu erwarten hat. Man hat dort bereits „andern, mit welchen sie laut der beilag mit n. 3 ein auswechslung der lande zu sonderm vorteil des baepstischen hauffens zu treffen im werck, . . den gewin der sachen zuerkant." Darstellung des Verfahrens des Hofraths gegen Churbrandenburg. Bei ihrem durchaus willkührlichem Verfahren verlassen sich die Räthe auf die Zusage Leopolds, sie schadlos zu halten. Leopold ist gegenwärtig der eigentliche Kaiser, er stützt sich wieder auf Baiern und die übrigen Papisten. Gegen dieses Unrecht hilft kein Bitten und Erbieten. Demnach ersucht der Churfürst die Unirten um ausreichenden Beistand, wozu diese besondere Ursache haben, in Anbetracht dass sie zum Theil an den Landen selber interessirt sind, da, wenn ein anderer als Churbrandenburg sich ihrer bemächtigte, sie von einem bösen Nachbar und dem Uebermuth der Papisten leiden würden, besonders aber in Betrachtung dass man dem Churfürsten die Widerwärtigkeiten wegen der evangelischen Religion zufügt, indem letzterer ein übergrosser Vortheil zuwächsen wird, „wen wir der lande hern bleiben." Wird der Beistand der Union

4. bewilligt, so ist der Churfürst zum Eintritt in die Union bereit, und sollen die Gesandten die Eide in seinem und ihrem Namen ablegen. Wenn aber gar keine oder ungenügende Hülfe, oder bloss die Unterstützung etlicher Stände zugesagt wird, und die Gesandten des Churfürsten diesen Entschluss nicht zu ändern vermögen, so nehmen sie ihren Abschied mit der Zusage, ihrem Herrn zu berichten, damit er sich bei dem nächsten Convent resolvire. Es sollen nämlich die Städte diesem Ansuchen Churbrandenburgs nicht sehr gewogen sein: eine Stimmung welche sie ändern dürften, wenn sie sehen, dass der Churfürst bei seiner Bedingung beharrt. Auch das sollen die Gesandten „austrucklich abhandeln," dass die Union auf das Brandenburger Churfürstenthum „und demselben incorporirte lande . . . zu verstehen sei." Ferner müssen sie vorbehalten, dass Churbrandenburg über noch beitretende Stände des ober- und niedersächsischen Kreises die Direction erhalte.

2. Ueber den Stand der Donauwörther und sonstiger im vorigjährigen Anbringens Anhalts an den Kaiser berührter Angelegenheiten mangelt es dem Churfürsten an Bericht. Die Räthe sollen sich mit dem gemeinen Beschluss vergleichen. Der Churfürst glaubt nicht, dass man etwas erreichen werde, wenn man nicht, wie die Ungarn, Böhmen u. a., die Sache mit Ernst angreife. — 3. Ausgleich der Jülicher Prätendenten. Der Churfürst hat den Dortmunder Vertrag stets fest gehalten und wird es auch ferner thun. Was die Verhandlungen des Landgrafen Moriz und Anspachs mit Sachsen geholfen haben, mögen diese Fürsten selbst berichten. „Es neme uns auch dasselb gar nicht wunder, wan es an deme were, dass, wie die schrift sub. lit. 3 gebe, ein auswechslung der lande solte vorhanden sein." Mit Zweibrücken ist ein Vertrag geschlossen. Burgau hat einen solchen ausgeschlagen und alles auf des Hofraths Erkenntniss gestellt. Selbst mit Leopold ist eine Vergleichshandlung versucht, deren Ausgang bekannt ist. Der Churfürst begehrt nichts „als ein unparteiisch, fodderlichst gericht so durch chuer-, fursten und stende des reichs, zufordderst aber durch i. M. selbst, wie das herkommens, ... bestellet werden mochte." — 4. Hinsichtlich der ihrer Religion wegen bedrängten östreichischen, steirischen, kärnthischen und krainischen Stände ist es dem Churfürsten bedenklich, zu weit zu gehen, da sie ihn keineswegs zur Betheiligung an diesen Sachen aufgefordert haben. Hat man doch an der Jülicher Sache mehr als zu viel zu thun. Man möge sich erst über die Sachlage erkundigen, und sehen, wie zu helfen ist; dann wird der Churfürst das seinige auch dabei thun. Die Gesandten werden sich übrigens dem Majoritätsbeschluss fügen. — 5. Sachsen zur Union zu bringen, daran verzweifelt der Churfürst. Ueber Zuziehung anderer Stände zur Union. — Geschehen zu Schmalkalden am 26. Decembris des jars 1609.

Berlin. XXXIV n. 155 a 8. Cpt. Pruckmann.

Januar 5. **Russy an Heinrich IV. (z. Th.)**

14. Anhalt ist in der Nacht des 29. Decembers im Haag angelangt und am 31. abgereist.[1] In der Versammlung der Staaten hat er

die gute Entschliessung der in der Jülicher Sache interessirten Fürsten und die Erklärung des Königs Heinrich, dass er zur Unterstützung der bezeichneten Fürsten allein soviel leisten wolle wie sie zusammen, mitgetheilt. Gleich darnach besuchte er den Russy und eröffnete ihm sein Anbringen und die Antwort der Staaten: letztere sei allgemein gehalten, „neantmoyngs telle, que les Estats, ayant entendu les conseils que prendront les roys, ils ont promis de faire tout devoir de procurer l'avancement de leurs affaires.“ — Die Gesinnung der Staaten ist ausgezeichnet.“ Car ces messieurs, ayant levé le masque, ont accordé entr'eulx d'asseoir six cens mil livres d'extraordinaire sur leurs provinces, en deliberant des contributions necessaires de ceste année pour les charges de l'estat, et ce pour subvenir aux frais de la guerre de Julliers.[2] — De La Haye ce XIV jour de Janvier 1610.

Paris. Bibl. nat. Ms. fr. 15954.

[1] Vgl. Marbault an Du Plessis. 1610 Juni 2. (Du Plessis-M. X S. 495.) Winwood an Salisbury. 1610 Jan. 3. (Winwood, memorials III S. 99.)

[2] Diese Contribution wird auch erwähnt in Winwoods Bericht vom 9. Jan. (Memorials III S. 102.)

6. Villeroy an Boissise. (z. Th.) Januar 18.

Man muss Sachsen zu gewinnen suchen, indem man ihm einen Antheil an der Erbschaft einräumt,[1] oder sich zu einem starken Krieg entschliessen. Zu letzterm ist der König entschlossen, aber nur, wenn auch die Fürsten das ihrige dabei thun. Der alte Herzog von Neuburg und sein Sohn unterhandeln immer insgeheim mit dem Kaiser aus Furcht vor dem Hause Brandenburg. Bongars wird dem Boissise berichtet haben über die Eifersucht zwischen Anhalt und dem Landgrafen Moriz.[2] [3] Das verspricht keine tüchtige Leistung von Seiten der Fürsten. „Quoy estant il seroit aussi a propos de tendre a un accord par le moyen d'un partage que d'entreprende defendre des gens qui n'ont l'industrie ny le courage de se sauver qu'en mettant les affaires de leurs amis en peril sans aucune resource.“[4] — De Paris le XVIII jour de Janvier 1610.

Paris. Bibl. nat. Dupuy 765.

[1] Am 8. Januar schreibt Villeroy unter Bezugnahme auf die Werbung des Gr. Mansfeld (darüber Ritter, Sachsen und der Jülicher Erbfolgestreit S. 41.): Boissise möge sich bei den Unirten erkundigen, wie sie über die Möglichkeit, den Chf. Sachsen zu gewinnen, denken. Bedingung dafür wäre wol, dass man ihm einen Antheil an der streitigen Erbschaft gäbe: „a quoy pour mon regard je ne ferois grande difficulté, pourveu que l'empereur et les siens n'y eussent aucune part.“ Allein derartige Vorschläge gegenwärtig zu machen, muss der Gesandte sich wol hüten. Vorher muss er den Muth und die Absichten der Fürsten kennen lernen. (P. Bibl. nat. Dupuy 765. f. 14.)

[2] Am 29. Jan. schreibt Villeroy an Bongars: es scheint, dass man in Deutschland die Zeit, welche drängt, unnütz verliert. Die Streitigkeiten zwischen Lgr. Moriz und dem F. Anhalt werden alles verwirren, wenn nicht der erstere über diese kleinen Zwiste hinwegsieht. Er muss nachgeben, denn er ist der klügere, in der Jülicher Sache nächst den Erben

der am meisten interessirte; er liebt die öffentliche Freiheit und hat mehr Achtung vor den Rathschlägen des Königs. (P. Mém. de Bongars VII f. 165.)

[3] Ueber Streitigkeiten Anhalts mit Lgr. Moriz und andern spricht auch Kolbinger in einem Brief an Abraham von Dohna vom 18. Jan.: „fürst Christian hat (der Jülicher Sachen wegen) in kurtzer zeit vil schwerer postreisen gethan, wenig effectuirt und noch weniger danks tam apud aequos quam iniquos erstochen, Ich kann mich nit genugsam verwundern, wie doch etliche, darunder auch nahe verwanten, disem frommen löblichen fürsten so gehessig, neidisch und ufsetzig sein können, dem sie doch weder ingenii noch animi bonitate, noch rerum usu et experientia das wasser biettea mögen, ja vil mer got dank sagen solten, das er eine solche qualificirte hohe person dem vatterlant verlihen hat. Aber da legt sich die religion, balt dort die grammatik, jenseit die angemaste juristerei in weg. Was P. anlangt, muess ich mit seufzen beklagen, das sie nit mer die leut hat, wie a. 1599 und hernach, welche sie vor grosser beschwernus mit verstendigem getreuem rat bei zeitten warnen können. Mir hat einer diser tagen zu entbietten lassen, man werde das zeughaus alhier dermassen ufreumen, das Kolbinger fürthin nicht vil darmit bemühet sein dörfe. Sed aliis inserviendo nobis tandem misere pereundum erit. Sed communi causae omnia anteponenda sunt. Ja wan es ufrichtig gemeint wiert.“ (M. pf. 113/3 f. 397.)

[4] Am 18. Jan. schreibt Villeroy an Bongars: die Sendung des Boissise nach Hall wird hoffentlich Churbrandenburg und Lgr. Moriz zu andern Entschlüssen bewogen haben, wodurch man auch in Frankreich seine Entschliessungen beschleunigen könnte. Die Zeit ist kostbar, der König vom besten Willen erfüllt. Aber bei der Unentschlossenheit und Langsamkeit der andern wird er sich nicht übereilt engagiren. Dass dieselben, wenn sie Boissise gehört haben, ihr Verfahren ändern, wünscht Villeroy mehr als er es hofft. „Et faut que je vous dye que leur société en affaire de consequence est fort dangereuse. Dieu veuille que je me trompe. Jls sont foibles . . . . et variables et trop envieux et mal conseillés pour bien faire.“ (P. Bibl. nat. Mém. de Bongars VII f. 163.)

Januar 21. **7.** Bongars an Villeroy. (z. Th.)

„Je ne fis jamais voyage plus inutile pour le service du roy ny plus fascheux pour moy, qui, outre les incommoditez du temps, des chemins, du pais et de ma santé, ay eu le malheur de faillir m^r. l'electeur de Brandebourg et encores ay le desplaisir de voir mon travail si mal employé.“[1] Abreise von Cassel am 28. December 1609. Ankunft in Halle, als Churbrandenburg schon nach Anspach gereist war. Bongars hatte dem Churfürsten ohnehin nicht mehr viel zu sagen, da seine in Düsseldorf und Cassel vorgetragenen Werbungen demselben mitgetheilt waren, und er, wie der König gewünscht, sich eben den Fürsten und den Geschäften näherte. Er reiste also weiter[2] nach Frankfurt, wo er krank ist, von wo er aber nach 3—4 Tagen weiter nach Heidelberg zu reisen gedenkt. — De Francfort le 21. de Janvier 1610.

Paris. Bibl. nat. Ms. fr. 15,922 f. 19.

[1] Ueber Bongars' Sendung vgl. Acten II n. 247. Die Werbung an die Fürsten in Düsseldorf verrichtete Bongars am 1. December 1609 (Bg. VI J 9/3 f. 133), die an den Lgr. Moriz am 21. Dec. (Acten II n. 285.)

2 Von Leipzig aus richtete Bongars am 6. Jan. 1610 an einen Ungenannten (sächsischen Rath?) folgendes Schreiben: bedauert, dass Adressat von Leipzig abreiste, als er ankam. „Suave et quod apud nos regi ipsi dixit Richardotus legatus ab Alberto archiduce: iuvenem esse Leopoldum optima familia editum nec pro dignitate familiae opulentum, innoxium nec factionibus quibus distrahitur Christianus orbis addictum. Ei si ducatus Juliacensis concedatur, consultum iri paci publicae, eaque ratione satisfactum Caesari. Hunc hominem ita pro merito rerum duriter excepit tam absurda et iniqua proponentem, ut aetate atque pudore et moerore confectus ad Albertum archiducem rediens in itinere vitam finierit. Sed graviora etiam comes Zolleranus regi proposuit quae scribenda non puto." (D. 8803. X. Buch Jülichische Sachen a. 1609 f. 524.)

8. Franz van Aerssen an Oldenbarnevelt. Januar 24.

Vortrag vor dem König über Oldenbarnevelts Aufträge. — Der König über das Jülicher und ein umfassenderes Unternehmen, über welche beide er mit Oldenbarnevelt die letzten Vereinbarungen zu treffen gedenkt. — Derselbe über seine Verhandlung mit den deutschen Fürsten bezüglich des umfassenden Unternehmens. — Ueber die geringe Widerstandskraft Spaniens und die in Deutschland betriebene Liga. — Ueber die mit England zu führenden Verhandlungen. — Weitere Erklärungen des Königs bezüglich der Ausführung und Zweckmässigkeit des umfassenden Unternehmens. — Die französisch-niederl. Regimenter; Condé; indische Compagnie. — Aerssens Meinung über die kriegerischen Aussichten. — Verschiedenes.

Hat Oldenbarnevelts Schreiben vom 13. und 14. empfangen und am 22. den Inhalt derselben dem König vorgetragen, nämlich: den auf Rath des Königs herbeigeführten Abbruch der Verhandlungen mit den Gesandten der Erzherzoge, die Absicht der letztern, diese Verhandlungen wider aufzunehmen mit Betheiligung der Könige von Frankreich und Spanien bei Entscheidung der streitigen Puncte, Auftrag an Aerssen, diese Absicht zu hindern, „avec les raisons y jointes qu'a leur depart, (départ des députés des archiducs) on resouldra sur les legations de France, d'Angleterre et de Duysseldorp." Ferner Bericht über die Antwort der Staaten an den sächsischen Gesandten und den Fürsten von Anhalt, desgleichen über den Entschluss der Staaten „de seconder s. M. en la manutention des princes, mesmes qu'elle se peut asseurer d'eux qu'ils ne luy manqueront point en ses ulterieures ouvertures pour le bien public, l'exhortant de l'entreprendre avec grande vigueur, insistant a ce que les deux regiments françois puissent estre laissés a la disposition de m^{rs} les Estats, pour par ce moyen les induire a faire de grands efforts, a quoy vous, monsieur, tiendrés tousjours la bonne main." Schliesslich Bezeugung des Wunsches, dass die Sache Condé's zu des Königs Zufriedenheit beigelegt werde, und einige Worte „pour la (s. M.) desmouvoir de l'entreprinse des Indes."

8. Aerssen hatte seine zweistündige Audienz vor dem Könige ganz allein: das letztere deshalb, weil der König an einem Katarrh litt, „tombé sur l'oreille gauche en les dents," und weil er dem spanischen Gesandten die seit vier Tagen nachgesuchte Audienz verweigert hatte. In seiner Antwort bezeugte der König seine grosse Zufriedenheit mit dem Verhalten der Staaten, und besonders mit dem Verhalten Oldenbarnevelts, dessen Einfluss er den Entschluss der Staaten, ihm (dem König) zur Seite zu stehen, zuschrieb: nunmehr möge Oldenbarnevelt baldigst — vor oder gleich nach dem 20. Februar — eintreffen, „pour travailler en destail de toutes choses necessaires, et pour les affaires de Cleve et autres ouvertures plus generales, tant par ou la guerre doibt estre commencée qu'avecq quelles trouppes, en quel temps, a quelles conditions, quel sera le partage, quels les limites? son opinion portant que l'affaire de Cleve est trop particulier, qu'il en faut faire un universel [1] pour commencer la guerre par le Luxemburch de commun concert, en surprennant ou assiegeant Charlemont ou le Namur, ayans m^sgrs les Estats le mesme jour a attaquer Venloo et Ruermonde, pour conjoinctement aprés entreprendre Maestricht; que ceste resolution est necessaire pour une fois asseurer les Estats de l'un et de l'autre; que Dieu la benira attendu la justice de la cause, estant entreprinse pour brider la domination et ambition injuste du roy d'Espagne.

Et encor que s. M. se trouve assés puissante, joinctement avec m^sgrs les Estats, pour faire heureusement reussir ce dessein, neantmoins desire elle y attirer tous les princes et amis qu'elle peut, pour fortifier le party et affoiblir les ennemis, a quoy l'occasion des affaires de Cleve peut servir de plausible et beau pretexte, quoyque la vraye cause se doibt imputer a la seureté commune de tous ceux qui a bon droict peuvent et doibvent suspecter la puissance Espagnolle. Pour a quoy parvenir elle a envoyé vers les princes protestans d'Allemaigne, avec lesquels m^r de Boissise a charge de traicter, pour sçavoir d'eux sy, aprés le secours receu de s. M. et leur entier establissement procuré par iceluy au faict de Cleve, ils n'entendent pas d'ayder reciproquement s. M. en la continuation de ceste querelle, soit que les Espagnols assaillent par revenge le royaulme de s. M., ou qu'elle, mesnageant les occasions, entreprenne de nous affranchir tous de la perilleuse craintc et voisinage d'Espagne, et ce avec quelles trouppes et pour quel temps ils se disposeront de la seconder, ayant certes m^r le

[1] Vgl. Aerssen an Du Plessis. 1610 Januar 2. Du Plessis X S. 493

prince d'Anhalt donné peu d'esperance de le pouvoir obtenir d'eux au dela du reste de l'année dans laquelle les princes seront affermis dans leur possession pleniere de la succession des estats de Cleve, du moins de ne pouvoir attendre par aprés que l'entretenement de deux regiments de lantsknechts pour un certain temps limité. Mais avant que de promettre[1] definitivement aulcun secours a ces princes, s. M. est bien contente qu'ils tirent la premiere utilité de cette union. Ce neantmoins elle entend et desire que les princes s'obligent d'entretenir au service de s. M. un pareil secours qu'elle leur departira, et ce pour autant qu'elle en aura de besoin. Sur quoy on attendra la response de m.r de Boissise, que m.r le prince d'Anhalt a promis de procurer favorable par son entremise, et ne croit pas s. M. que ces princes se puissent ombrager de ses propositions, d'autant que, pour faire cesser leurs jalousies et craintes panniques, elle se resoult de commencer d'abord la guerre en Louxembourch, par ou ils la verront occupée serieusement. Januar 24.

Et pourra l'Espagnol estre surprins, sy de trois endroicts et de trois diverses armées il se trouve assailly a la fois, veu que le roy d'Espagne ne les archiduqs n'ont pas faict estat que ne s. M., prince qu'ils croyent trop addonné a ses plaisirs et de trop d'aage, ne m.grs les Estats, peuples sortis trop nouvellement d'une longue continuation de misere, soient pour se jetter derechef et sy tost en une grande guerre. Et croit s. M. qu'ils font ce jugement la pour le rude traictement qu'ils font a leurs gens de guerre, qu'ils offensent en telle sorte, comme sy jamais ils n'en deussent avoir de besoin, ou que d'ailleurs, en frappant du pied, on les peut faire sortir de terre en un moment. Et pourra reussir ce dessein de s. M. de tant plus facilement, que le roy d'Espagne, n'estant qu'un oyson et valet du ducq de Lherma, se trouve desnué de tous moyens et se pourra veoir embarassé inopinement du costé d'Italie, ou il aura besoin de porter ses efforts comme a une nouvelle guerre qui luy menasse de coupper la veine jugulaire de sa pretendue monarchie, sans plus penser a ceste illegitime usurpation. Et ne vous devés donner aulcune peine qu'il a donné charge de se faire renouver[2] dans la ligue des princes catholiques qui se doibt conclurre a Wirtsburch, par laquelle il entreprend la defense de Leopold ouvertement, au prejudice de tous les princes qui ont leur droict a ceste succession tres clair, d'autant que ceste sienne

[1] lies: de faire promettre.

[2] lies: recevoir.

2*

8. procedure et declaration justifiera la cause et entreprinse des autres princes, qui s'y opposeront pour la conservation et de la dignité de l'empire et de la liberté de leurs estats, estant aussy ceste intervention en ceste ligue de petite consideration et suitte, veu que luy necessiteux et bayant seul, par le moyen et a l'exclusion toutesfois des collegues, aprés ceste succession, les autres se dechargeront le plus qu'ils pourront de leurs contributions, dont il ne pourra naistre que honte et ruine en la posterité d'un sy mauvais dessein. S. M. a advis que l'electeur de Couloigne avance peu pres de l'empereur pour le faire intervenir et signer ceste ligue, craignant que le roy d'Espagne se vueille seulement servir de son nom et attirer a soy tout le prouffit ou mesmes que le roy Matthias, poussé par ceux de la religion, sous ce pretexte le surprenne en ceste occupation pour le despouiller finalement de tout l'empire. S. M. a bien veu la lettre de Leopold a Ferdinand, mais n'a jamais sceu faire que l'ambassadeur de Saxe l'ait voullu lire, disant que cela se faict pour divertir son maistre du respect qu'il porte et dojbt a l'empereur.

Pour revenir au dessein que s. M. a de faire la guerre, elle dit qu'il ne luy reste que le roy de la Grande Bretagne a considerer, vers lequel elle est d'advis que m^{grs} les Estats envoyent au plustost avec charge a vos ambassadeurs de luy recommander entre autres choses la manutention de ces princes, y estant m^{r} de la Bauderye allé de sa part, lequel d'abord le doibt recercher d'une ligue offensive et defensive, non que s. M. ait esperance de l'obtenir, sachant tres bien que c'est un prince qui est trop adonné au repos, ains pour par ceste recerche le mettre en necessité de proposer a son tour et comme pour responce une defensive, ce qui sera proprement, ne voullant ou ne pouvant rien faire, le mettre neutre, qu'en[1] ceste occurrence et occasion s. M. estime un avantage assés grand, ne craignant pas qu'engagé de parole pour la defense des princes et pour ceste ligue, il puisse traverser s. M. en ceste entreprinse, qui assemblera son armée et la portera sur les confins, comme pour passer a Juilliers, et tout a coup la destournera vers la Meuse, ou elle espere, secondée de m^{grs} les Estats et les princes comme il faut, de pouvoir frapper et achever son coup, avant que l'autre en puisse avoir le vent. Toutesfois seroit encor bien contente et vaudroit bien mieux pour tous, sy on le pouvoit embarquer en ceste action; mais ne le pouvant obtenir, que c'est assés qu'il ne gaste rien.

---

[1] lies: ce qu'en.

Mr d'Espernon est remis avec s. M. et doibt arriver dans deux jours. Il mande d'avoir bien recognu Thionville, pousse et presse s. M. d'entreprendre ceste guerre et y apporte toutes les facilités qui s'y peuvent imaginer. Toutesfois s. M. est resolue de n'esventer nullement ce dessein que par le coup, duquel nul ne sçait a parler que douteusement,[1] excepté s. M., mr de Suilly, Villeroy, vous et moy, jugeant que msgrs les Estats doibvent embrasser ceste occasion, qu'elle exploictera en personne avec une ou plussieurs puissantes armées sans marchander, pour, ayant acquis la Meuse, entreprendre par aprés sans bruict la coste maritime de Flandre, enfermer par ce moyen l'archiduq entre luy, et nous joindre ainsy de frontiere pour secours et seureté mutuelle: dont s. M. parlera plus a plein a vous a vostre venue, m'ayant recommandé iterativement de l'accelerer par le renvoy de mon homme avec les advis cy-dessus specifiés, qu'elle m'a permis de vous consigner de sa part comme resolution formelle, sy vous persistés, comme elle se persuade que ferés, de la voulloir seconder, puisque vous en tirerés la principale utilité, estant tres certain que le roy d'Espagne n'a faict treve avecq vous que pour mieux attendre ses avantages par les occasions au dedans de vostre estat, ou par les occupations intestines de ce royaulme, pour vous en frustrer du secours, que ceste entreprinse seule peut verser sur la teste de l'archiducq le fruict de ses mauvaises intentions. S'il estoit question de ne traicter que du faict de Cleve, s. M. craint que msgr le prince d'Anhalt soit peu propre pour commander en general, et estant jalouse de sa reputation, malaisement se lairroit elle porter pour soubsmettre ses trouppes a un estranger assés neuf au mestier, dont la houte tomberoit sur luy, sy elles reçoyvent quelque escorne. Et partant juge elle a propos de remedier a ces petites jalousies qui gasteroient toute l'affaire, de faire de ce particulier un faict general, aller a tout en personne de son costé et tirer de l'utilité de l'evenement de ceste entreprinse, vous exhortant serieusement de vous y bien disposer. S. M. a et peut pretendre plussieurs justes causes, et msgrs les Estats celle de l'inobservation de leur treve par l'usurpation attentée au nom du roy d'Espagne par l'archiducq Leopold. Elle a opinion que l'archiducq vous renvoyera de nouveaux deputés, qu'elle n'est pas d'advis qu'on doibve recevoir, ains au contraire se resouldre a decider genereusement toutes disputes par la poincte de l'espée, ne desirant

Januar 24.

[1] So z. B. La Force in seinen Schreiben vom 9. und 15. Jan. 1610. (Mém. et correspondance II S. 249, 250.)

8. pas que m^{sgrs} les Estats facent un seul pas, a quoy elle ne leur monstre l'exemple la premiere; que c'est ceste occasion qu'on a cy devant declaré de tant desirer comme necessaire au bien publiq. Maintenant elle connoistra sy on est capable de la bien mesnager, puisqu' aprés elle peutestre ne se presentera jamais si belle. Le marquis de Spinola se retire en ceste conjecture fort a propos vers Espagne, soit pour procurer le payement de ce qui luy est deu, soit pour aller consulter et du faict de m^{sgrs} le prince et de la guerre de Cleve. Mais vous estans bien resolus avecq s. M. par concert et traicté, qu'elle le fera prendre au retour, soubs pretexte qu'on luy detient son parent, mais en effect pour laisser l'archiducq sans chef et plein de division, en ce que le conte van den Berge ne voudra point obeyr a don Lois de Valasche, ne cestuy-cy a l'autre, qui pourra faciliter les entreprinses des confederés, joinct que de toute l'année il ne sçauroit passer un seul homme d'Espagne ou d'Italie vers les pays, voullant fermer toutes les passages, et que d'ailleurs en moins d'un an la Meuse peut estre conquise."

Der König äusserte sich in seiner Antwort weiter über die zwei französischen Regimenter in den Niederlanden (sie sollen nur eventuel an den König zurückgegeben werden) und über Condé:[1] die Rückkehr des Prinzen sei nicht zu hoffen. Zwar habe er (der König) alles gethan und thue alles, um den Bruch zu verhüten. Allein er habe sichere Nachricht, „qu'il a cy devant convenu avec don Pedro pour, en se retirant, se saisir d'Orenge." [Aerssen bemerkt dazu: „peu en croient, connoissans ce prince peu propre pour conduire une affaire de longue haleine, mais dient qu'on le charge de (ce) cy pour rejetter ainsi son pretexte d'honneur, comme avenu avant son mariage."] Vorschlag der Erzherzoge, den Prinzen für sechs bis acht Monate in einem neutralen Ort, z. B. Prag, oder Breda unterzubringen, während welcher Zeit sie über seine Aussöhnung verhandeln wollen. Antwort des Königs: bitte Condé in geziemender Weise um Gnade, so werde er sie erhalten. Aber die Sache müsse rasch entschieden werden. Die Princessin möge sich

[1] Aufnahme Condé's in Brüssel und Absichten Spaniens, des Erzherzogs Albert und Spinolas. Vgl. Acten II n. 281 Anm. 1. Bentivoglios Denkschrift über Condé. Opere di B. (Milano 1806) I S. 409 fg. Stelle aus des Pequius' Bericht vom 4. Februar 1610. Henrard (Vgl. Acten II n. 269 Anm. 1.) S. 203. — Ueber den Fortgang der Verhandlungen zwischen Frankreich, Erzh. Albert und Condé, über die Sendung des Marquis v. Coeuvre und über die Betheiligung des Brüsseler Nuntius und Spaniens vgl. unten n. 16; ferner: Bentivoglio an Borghese. 1610 Jan. 16, Jan. 23, 30. (Siri II S. 94, 98, 100.) Denkschrift Bentivoglios S. 413 fg. Henrard S. 59 fg.

begeben „en tel lieu qu'on voudra. — S. M. m'a dit sçavoir fort bien (c'est par le moyen d'un des confidens de m[r] le prince que s. M. a gaigné) qu'on proposera de faire aller m[r] le prince a Breda, que l'archiducq et le marquis Spinola en ont traicté avecq luy, mais avecq intention non pour revenir, ains pour corrompre la garnison du lieu par le moyen des François et l'argent que l'Espagnol luy fera fournir, pour se saisir de ceste place et la tenir en neutralité apparente, mais en effect a la devotion du roy d'Espagne, ayant ces choses a se faire soubs son nom. Et partant s. M. desire qu'on y vueille penser, par ce qu'il y a des grands qui s'en meslent." — Betreffend die indische Compagnie versicherte der König, keinen Schritt thun zu wollen zum Nachtheil der Staaten, und ohne vorher mit Oldenbarnevelt sich über den Plan besprochen zu haben. Januar 24.

„Je croy qu'ayant tout escript, vous me demanderés volontiers ce que j'estime et juge de ces mouvemens qui s'eslancent tant a coup et de tous costés.[1] Certes, monsieur, je vous diray en un mot ce que le poete disoit d'une armée de fourmis[2]:

[1] Seine Meinung über die kriegerischen Aussichten spricht Aerssen am 16. Jan. in einem Schreiben an van de Barcke aus: die Gründe, welche den König zum Krieg treiben, sind „la retraicte de m[r] le prince de Condé mesnagée par l'Espagnol pour disputer la primogeniture de m[r] le dauphin; le sejour de m[r] d'Espernon a Mets, qui est de tant plus suspect a s. M., qu'en mesme temps qu'il s'en est rendu maistre il a envoyé tous ses enfans a Naples; et le mescontentement quasi universel du royaulme qui ne se peut lever que par une bonne occupation." Dem gegenüber bietet die Jülicher Sache und das Bündniss mit Savoyen eine gute Gelegenheit. „Jl ne reste que la resolution de m[rs] les Estats.. C'est une grande question et qui sera espineuse a plusieurs, mais en conscience, que doibt l'estat plus desirer qu'une guerre ouverte de ceste monarchie contre celle d'Espagne?" — Am 19. Jan. schreibt Aerssen an Oldenbarnevelt: van der Myle wird berichten über die am französischen Hof vernommenen Berathungen und Vorschläge. Seit seiner Abreise scheint man nur noch eifriger zu werden, „et n'y semble rester que vostre venue et une forte resolution de m[rs] les Estats." Condé gibt nun einen andern Grund seiner Abreise an: „disant l'avoir faicte pour conserver sa qualité de premier prince, et tient des discours sur sa pretendue primogeniture sy ou desavantage de m[r] le dauphin, qu'il est necessaire que s. M. s'arrache ceste espine du pied, avant qu'elle la foulle en sa posterité. Ceste seule consideration pousse les plus portés a la paix pour changer de maxime." Der König wagt nicht recht auf den Vertrag mit Savoyen zu bauen, wol aber Villeroy. Sully schreibt Villeroys Begünstigung der savoischen Verbindung trotz der dem König nachtheiligen Bedingungen der Absicht zu, durch unvorhergesehenen Mangel an Mitteln die „entreprinse de la Meuse," und damit zugleich die Kräftigung der Staaten und der reformirten Partei zu vereiteln. Um so fester besteht er darauf, dass der König vor allem und mit allen Kräften gemeinschaftlich mit den Staaten die Niderlande anzugreifen habe. — Vgl. ferner Aerssen an Du Plessis. 1610 Jan. 29. (Du Plessis X S. 528.)

[2] Nicht Ameisen, sondern Bienen. Georg. IV 86.

8. Hi motus animorum atque haec certamina tanta
Pulveris exigui iactu contacta (sic!) quiescunt.

Sy m^r. le prince revient, nous serons plus paisibles que jamais, s'il ne revient pas, peutestre que la consideration de l'avenir nous pourra emporter, car tous y ont leur visée, et m^r. de Villeroy plus chaudement que tous.

Le roy a pacifié la sedition des prescheurs.[1] Jl leur a rendu conte de ce dessein de Cleve, qu'il regarde l'estat et non la religion. Les Jesuistes ont changé de ton; peutestre se desguisent ils, attendant l'occupation de s. M., qui neantmoins m'a asseuré d'en avoir du contentement . . . . M^r. de Suilly me dit hier que devés venir, et au plustost et avecq tout pouvoir, sans devoir rien par aprés rapporter a vos provinces pour n'esventer rien du secret, voulant tenir la main, a ce que s. M. entreprenne la guerre avec la puissance qu'il faut, ou ne s'en mesler pas. Que, pour la faire dignement, elle a besoin une armée de vingt ou vingt et cinq mil hommes de pied, de cinq a six mille chevaux, cinquante canons, et luy en personne a la teste. Mr de Villeroy parle un peu plus retenuement" . . . . Am Morgen des gegenwärtigen Tags abermals vom König beschieden, welcher ihm mittheilte: Coeuvre berichte, er halte den Prinzen Condé für ganz ergeben der spanischen Partei. Auf seine Mahnung an den Prinzen, zurückzukehren, sei ihm zur Antwort geworden: „que, quand le roy offriroit la moictié de son royaulme, qu'il ne pourroit accepter son offre avant le huictiesme de Fevrier, dans lequel temps il attend nouvelle d'Espagne, ayant donné sa parolle de ne prester l'oreille a aulcune ouverture auparavant." Der Prinz, so erzählte der König weiter, habe gedroht, sich ganz dem spanischen König zu übergeben, wenn er ihm nicht un-

---

[1] Vgl. Marbault an Du Plessis. 1609, 1610 Jan. 2. (Du Plessis X S. 467, 495.) Aerssen an Du Plessis. 1610 Jan. 2. (A. a. O. S 493.) Schreiben von Du Plessis a. a. O. S. 503, 527, 530. Becher an Trumbull. 1609 Dec. 28. (Winwood, Memorials III S. 101.) Perrens, l'église et l'état sous le règne de Henri IV. etc. I S. 351 fg. Aerssen berichtet am 5. Jan.: „Le roy a rabbattu de fort grands subsides a son peuple, a faict rejetter ses nouveaux edicts, et croit par ce moyen faire cesser et les mescontentements et les predications seditieuses . . . . Le peuple de cette ville, qui parloit haut, a desia esté au Louvre pour crier „vive le roy" et le remercier de ceste bonne procedure." — Cardenas berichtet am 27. Jan.: „Mucho cuydado pone este rey en tener contenta la nobleça y al pueblo, y ha soltado una gran cantidad de dacios de lo que sele pagava, y hechase bien de ver en todo lo que a esta parte toca, ba con temor y cuydado y deseando tener contentos a los suyos; los que se juzga acudiran al principe de Condé, pone diligencia en ganalles la voluntad." (P. Arch. nat. Mon. hist. K 1462 n. 19.)

erfüllbare Bedingungen, wie die Einräumung von Sicherheitsplätzen, gewähre. Der Erzherzog Albert zeige den Wunsch, den Prinzen mit dem König zu versöhnen: „mais le marquis Spinola l'en destourne et pousse mr. le prince dans des conseils desesperés, estant devenu amoureux de mme. la princesse — je vous dis, monsieur, ce que j'ay de la bouche du roy —, et partant insiste fort a le persuader de voulloir aller en Espagne.“ Die Prinzessin habe dem Spinola lebhafte Vorstellungen gegen die Reise nach Spanien gemacht. Gleichwohl habe Spinola nach Coeuvres 'Bericht vorigen Mittwoch mit dem Prinzen über dieselbe sechs Stunden lang unter Zuziehung von Rochefort und Keeremaus berathen. Anstalten des Königs, dem Prinzen den Landweg nach Spanien zu verlegen; Bitte an die Staaten, um ihre Mitwirkung zur Verlegung des Seewegs. Januar 24.

„On commence a entrer en quelque ombrage de mr. de Savoye, mais on en parle encor assés sobrement, quoyque mr. de Villeroy persiste tousjours que ce prince ne manquera point, s'il voit que s. M. vueille entreprendre serieusement les affaires de Savoye. On ne vous conseille pas d'envoyer aulcuns ambassadeurs a Duysseldorp[1] jusques a ce que s. M. ait eu responce de mr. de Boissise, pour lors, tout vous ayant esté communiqué, prendre une generalle resolution avec vous, car les princes semblent peu unis, et Leopold travaille pour demembrer le duc de Nieuburch.“

Haag. Reichsarchiv. Cop.

[1] Im Dec. 1609 langte der dänische Gesandte Dr. Jonas Charisius in Düsseldorf an. (Bericht der würtembergisch-badischen Gesandten. Dec. 23. St. Pfalz E 35 fasc. 6.) Im Jan. 1610 suchten die possidirenden Fürsten bei England und den Staaten um endliche Abfertigung ihrer Gesandten nach Düsseldorf an. (Winwood an Salisbury. 1610 Januar 9. Winwood, memorials III S. 102.) Absicht der Staaten, diese Sendung zu verzögern. (Winwood an Salisbury Jan. 20, Febr. 7. A. a. O. S. 104, 108.)

9. Philipp III. an Cardenas. Januar 27.

Hat dem Bericht vom 30. December 1609 über Condé erhalten und ist sehr zufrieden mit des Gesandten Auftreten. „Aviendose el dicho principe querido amparar de mi, no por cosa de desservicio ni offensa de su rey, sino por guardar su honra en caso tan grave, no puedo dexar de admitirle y favorezerle en esta ocasion, y assi escrivo a mi tio, lo haga, y no consienta que sele haga violencia en nada. Pero será bien que digays a ese rey, quando y como mejor os pareciere, que esto se haze por saver que el principe es de su sangre y tener ocasion de ser yo medianero entre los dos, por lo que deseo su gusto y quietud, y que, sino lo hiziera assi, me pareciera, que faltava a la amistad y hermandad que con el tengo, y por esta causa he holgado de que se baya a aquellos estados . . . El dicho principe me avisa, que está con resolucion de no bolver a Francia en vida de este rey por la poca seguridad que tiene de sus promesas, antes desea emplearse en mi servicio y me pide, le reciba debaxo de mi protection. Y yo lo hago de buena gana, porque lo que conviene es, que no se concierte con ese rey por la poca seguridad que se puede tener de sus promesas, y no reconoce ni agradece ninguna buena obra, antes, como sabeys, sin respecto de la paz y amistad ha hecho y haze lo que le está bien. Y assi escrivo al conde de Añober, que queda en lugar del marques de Guadaleste, que con mucho secreto lo encamine con el principe."

Paris. Archives nat. Mon. hist. K 1452 n. 95. Cpt.

Januar 27. **10.** Cardenas an Philipp III.

He dado quenta a v. M., a instancia deste rey el archiduque trataba de componer al principe de Condé. Esto ha ydo bien mas a priesa de lo que yo quisiera, pues, quando esta escrivo, está este rey casi desauciado de componerse; y yo deseava, se dilatase el effecto y se mantubiese la esperança. He hecho lo que he podido desde aqui, y, aunque me puedo engañar, me parecia, abia paño para mas de un año, y mi deseo hera solo, pasara el verano. El mismo principe se quexa de la priesa que en esto le ha dado el archiduque, y que a todas oras le ablava, y acá se conoce bien, el archiduque lo desea. Yo ando con tiento, que aunque el rey no me ha ablado, ha dado al nuncio muchas quexas y dichole, es muy bien avisado de lo que a Flandes escrivo, y que tengo como valordo al que aqui sirbe al archiduque sin osar tratar de nada; que en Marimon, recien llegado el principe a Flandes, el archiduque estubo cerca de entregarsele, y lo hiziera, sino fuera por la contradicion del conde de Añober y secretario Mancicidor, pero que se resolvió solo a dalle passo y no admitille, y en todo el consejo no hubo mas contradicion, siendo los demas de opinion, sele entregasen; que un dia despues llegaron despachos mios, y todos los ministros de v. M., marques de Guadaleste y Espinola y el conde de Añober y Mancicidor no solo contradixeron, pero que gritaron, hasta el frayle confesor se bolbió baliente. Que son las mismas palabras que el nuncio me refiere, el rey le dixo, encareciendole mucho, me apretase. Y yo le respondí: a lo que ayudaria y procuraria es a la composicion, y otra cosa juzgava no combenia, y esto esperava v. M. lo aprovaria. Al nuncio le pareció, tengo razon, y he tenido por combeniente dar a entender al nuncio, v. M. gusta, se trate de composicion, cumpliendo en el modo y en todo con la reputacion del archiduque, y siendo desta manera, mientras el rey no obligue a otra cosa, v. M. huelga de hazelle buena correspondencia. En este estado queda, y el rey siente el caso mas cada dia, y hechasele de ver en la salud.

Paris. Archives nat. Mon hist. K 1462 n. 13. Cop.

11. Cardenas an König Philipp III. Januar 27.

Gespräch mit dem König über Churcölns Reise zum Kaiser, — mit der Königin über die Infantin Anna (spanische Heirath!), — mit Villeroy über denselben Gegenstand.

Audienz beim König zum Zweck der Weihnachts- und Neujahrswünsche. Verbindliche Aeusserungen des Königs über den König von Spanien und dessen Gemahlin. Dann erkundigte er sich nach Neuigkeiten aus Deutschland.

Dixele: que se espera allí el elector de Colonia, y el emperador muestra holgar de su venida. Replicóme: sí, porque es de su humor, y meteranse a hablar en destilaciones y margaritas y secretos de piedras, y con eso se acabará; vos lo vereys. Mucho es menester mirar por aquello, que allí se comiença gran fuego. — Repliquéle: con que se procure a una por los principes christianos mirar por la religion catolica y matalle, se puede esperar, no passará adelante. — Bolvió: yo hago lo que puedo y lo hago encomendar a Dios; no sé lo que se quiere por los otros; no me toca mas. — Respondí: señor, querran los demas lo que yo digo, y v. M. si lo quiere, se puede esperar buen fin. — Replicó: plegue a Dios.[1]

Nach dieser Audienz nahm Cardenas auf Andringen des Herrn, der ihn geleitete, eine zweite Audienz bei der Königin. „En entrando vi sobre el bufete donde estava arrimada, un retrato de la ynfanta doña Anna mi señora; parecióme luego, tenia todo misterio.“ Auf des Cardenas Glückwünsche antwortete die Königin „mas desembaraçadamente que otras vezes, que antes siempre parecia, hablava con miedo y miraba a los que estaban en la pieza, y agora muy contenta y riendose y con gran despejo.“ Nach etlichen Complimenten sagte sie:

Embaxador, mirad vuestra infanta de España. — Bolví, haciendo lo que devia con el retrato, y dixe: está muy bueno y parece a s. a. — Bolvió la reyna riendo: pues saved, quel vellaco del delfin decia: estaria muy buena en avito de dama francessa, que la pintassen ansi! — Respondí: Jesus, dizelo de veras v. M.? — Sí, os prometo. — Repliqué: v. M. no le bendrá avito de dama francessa, qu'es ynfante y no ynfanta. — Replicó: ynfante? no es muger? — Respondí: llamase doña Anna, pero es el ynfante doña Ana, y esto es cierto, como lo digo a v. M. — La reyna se puso colorada como una grana, dixo: no sé —, y subiendo los ombros calló, y yo le alabé el quarto en que estava para el tiempo y me despedí con esto.

Dizenme, han entendido despues lo que respondí a la reyna, y que hacen ruydo con ello entre si el rey y sus ministros sin

[1] Eingehenderes Gespräch des Nuntius mit Villeroy über die deutschen Verwicklungen. (Ubaldini an Borghese. Jan. 5. Siri II S. 58.)

11. querer, se sepa. Pero deven de tener gana de decir algo, que lo mesmo le passó con el rey o la reyna al marques de Guadaleste, a lo que me han dicho; no sé lo que respondió. El nuncio me ha preguntado que respondí a la reyna, quando me mostró el retrato de la ynfanta; he dicho, no me acuerdo; y a me dicho, le pidió melo preguntase Villaroy. Y despues desto Villaroy me dixo si me havia parecido bien el retrato; y dixe: mucho bien; y replicóme: que le dixistes a la reyna del? — Dixe: me parecia muy bien —, y respondíle, a lo en que s. M. me hablaba no se me acuerda por cierto. Preguntéle, si melo decia por algo. — Respondió: no; desseaba saver lo que havia passado, que nos holgamos mucho de ver el retrato. — Repliquéle: creo yo muy bien esso y mas de v. s., que sabe quan bien está a la christiandad el deudo y amistad de nuestros amos, y pues v. s. acompañó a la reyna doña Isabel en España, y era ya secretario destado, y a mi me haze tanta merced, bien deve de querer a España. — Y dixome: quiero mucho a España y quiero a Francia como a mi natural y a mis reyes como a tales y querria tener ayudas. — Repliquéle: Dios oslas dará. — Bolvió: plegue a Dios, que son menester —, y preguntóme particularidades, alabó mucho el gobierno quel rey mi señor padre de v. M. tenia en lo de estado; refirió algunas cosas muy particulares etc. A mi parecer tenia harta gana Villaroy de embolverse comnigo en platicas, y yo tube por conbiniente proceder como he referido.[1] — En Paris 27 de Henero de 1610.

Bemerkung auf der Rückseite (Resolution des Staatsraths): „que se deve aprovar no haver dicho a los otros lo que havia passado con la reyna, aunque con ella pudiera mostrarse mejor cortesano etc.“ —

Paris. Archives nat. Mon. hist. K 1462 n. 8. Orig.

[1] Am 27. Januar berichtet Cardenas ferner: Peckius berichtet Tags vorher, dass Coton, der Beichtvater des Königs, ihn ersucht habe, er möge den Cardenas antreiben, die Heirathsangelegenheit zur Besprechung zu bringen: es scheine (sagte Coton dem Peckius) „que era yo recio de condicion, que queria llevar las cossas muy por entero: que a la reyna le havia dicho, que eran hombres sus hijas de v. M., que ya tenia yo al rey con una brida, pues estava el principe de Condé en poder de v. M., que, que (sic!) queria mas que apretar las cossas, seria venir a que la christiandad se abrassase.“ Peckius wünschte die von Cardenas der Königin gegebene Antwort zu erfahren. Derselbe wich aber aus, „porque aunque le veo celosso del servicio de v. M., *anda tan assido del presidente Joanin* y esta temerosso deste rey, encareciendo la ymportancia que es dalle contento, que esto me obliga y otras mil cossas y lo que el me dize de lo quel archiduque le manda a yr con tiento en todo. Respondile que viesse al padre de la compañia y le dixesse: yo procuraria hacer siempre buenos officios dandome para ellos materia este rey, y

que juzgava, si el procediesse de manera que obligasse a v. M., podia haver occassion, para que se acrescentasse la amistad y aun mas questo. De ocho dias aca me ha dicho el mesmo Pedro Pequius y el numptio que Villaroy y el chanciller les han dicho: que aunque *La Diguera y otros soldados hablan y han hablado en inquietudes y movimientos junto a Italia, que el rey nunca le ha pasado nada por pensamiento, y que ha de mantener la pas que tiene con v. M. y espera de yr muy en aumento.* El numptio ha hecho muy gran caudal destas palabras, y yo le he respondido que, por lo que ymporta al rey de Francia, las creo." -- Bemerkung auf der Rückseite (Resolution des Staatsraths): „que se puede aprovar lo que respondió, y advertirle, que no meta prendas mas de oyrlo que le dixeren, porque ya otra vez por aquellos propios archiduzes se movió semejante platica, y el rey negó haverse hecho con su sabiduria." (P. Arch. nat. Mon. hist. K 1462 n. 12.)

12. Cardenas an Philipp III. Januar 27.

Ueber den am 9. Januar zugeschriebenen Auftrag des Königs Philipp konnte Cardenas wegen eines Unwolseins des Königs Heinrich erst nach Verlauf von sieben Tagen mit letzterem reden. Bei der Audienz zunächst Entschuldigungen Heinrichs darüber, dass dem Erzherzog Maximilian bei seinem 15—20 Tage dauernden Aufenthalt in Lyon nicht die seinem Stand gebührende Auszeichnung widerfahren sei. Dann Gespräch über die entlassenen Soldaten der Erzherzoge, von denen viele in des Königs Dienst getreten seien. Auf Heinrichs Frage, ob Spinola vom Könige von Spanien Urlaub erhalten habe, erwiderte Cardenas: „que lo havia oydo, pero que pensava suplicar al archiduque, le entretuviesse agora. Replicó con gran furia: pues si tiene licencia d'España, quereys vos quitalle que no vaya? Dixele, que convenia aora, estuviesse alli, hasta que se viese, como se asentaria el trato de Amberes y otras cosas. Respondió: dexadle andar; que se os da a vos deso? Repliquéle: pareceme que conviene esto al servicio del archiduque, y ansi selo suplicaré. — Preguntóme que era la causa que venian tantos Españoles de Flandes. Respondíle que trayan licencia del archiduque, y por yr a su natural yvan algunos. Replicóme: vos veys los que traen licencia del archiduque, porque les days a quatro y a seis reales; pero como atropellays a los que no la traen, no van a vos los que vienen sin ella, sino vienen a mi, y aunque no les doy sino un real o dos, son muchos los reales que les doy; y no tiene oy el archiduque quatro mil Españoles efetivos de que se pueda valer, y vos lo vereys, que aquello está muy desabrigado." — Heinrich kam auf Deutschland: der Kaiser werde mit Churcöln, wie er schon gesagt habe, nur über „fundiciones y quintas esencias" handeln; des Churfürsten Absicht, den Kaiser und Matthias zu versöhnen, sei unausführbar. „Alemania arderá aora en guerras civiles que seran peores que las que huvo en Francia. Dizenme (Worte Heinrichs) quel emperador no vivirá un año, si el fuera como su aguelo Carlos quinto, pudiera esperarse, mexoraran las cosas. Respondíle: espero en Dios que lo hará, y Dios dió mas de un nieto a Carlos quinto, y de Dios es la causa. Replicó: bien, bien, bien, alla vereys lo que pasa. — Bolvió a preguntar si tenia nuevas de Flandes, que siempre muestra gran deseo que yo le able en las cosas del principe de Condé, y a mi me ha parecido no hablalle en ellas, si el no me obliga. — Con esto me despedí del." — De Paris a 27. de Henero de 1610.

Paris. Archives nat. Mon. hist. K 1462 n. 9. Orig.

Januar 27. 13. Cardenas an Philipp III.

Aseguranme, va muy adelante la correspondencia que este rey tiene con el duque de Baviera y el elector de Colonia, y que se aprieta el procurar este rey, sea rey de Romanos el de Baviera.[1] Y le ofrece, le asistirá, y el a este rey el acudiile y, debaxo de nombre de los rumores presentes, apretar, en biendose con fuerças, sele haga en su persona la elecion. He avisado a don Baltasar de Çuniga. — Bemerkung auf der Rückseite (Resolution des Staatsraths:) „que será bien avisar esto a don Baltasar de Çuniga y a Yñigo: que el haga lo mismo de todo lo que entendiere de las cosas de Alemania y tornar a procurar a don Baltasar que tenga la mano en no gastar sino en caso mas forçoso; y si las cosas de Alemania dieren lugar a ello, será s. M. muy servido de que de los 250,000 ducados[2] que sele embiaron remita la mitad al conde de Fuentes y avise de lo que supiere."

Paris. Archives nat. Mon. hist. K 1462. n. 14. Cop.

[1] Am 30. Dec. 1609 berichtet Cardenas: „Este rey, me afirman, tiene nueva correspondencia con el eletor de Treveris y que, fiandose en esta y en que acudirá a lo que quisiere el marques de Brandemburg, aprieta al duque de Baviera, pues el eletor de Colonia no le faltará, se procure ganar otro y gozen de la ocasion destar el emperador y su hermano desavenidos para sacar en si la elecion de rey de Romanos, y se sirvan de la union de los catolicos a este fin, y, siendo esto, el les ayudará y asistirá sin embarcarse con los protestantes. He avisado a don Baltasar de Çuniga, y este rey se teme harto que el valor y inteligencia de don Baltasar ha de descubrir lo que se trata y encaminar lo que al servicio de v. M. convenga." (A. a. O. 1461 bis n. 159.)

[2] Vgl. Gindely II S. 62. Anm.

Januar 28. 14. Ernst Markgraf von Brandenburg und Wolfgang Wilhelm Pfalzgraf von Neuburg an Hessen-Cassel.

Nachdem die Fürsten dem Landgrafen wiederholt über die beabsichtigte Werbung des Grafen Johann von Rittberg geschrieben, können sie jetzt Bestimmteres mittheilen: der Graf hat in beiliegendem Schreiben der Stadt Bielefeld seine kaiserliche Commission mitgetheilt „und dabei ein und anders wegen aufschlagung kaiserlicher mandaten und dergleichen gesonnen."[12] Seine Absichten scheinen demnach zunächst gegen jene Stadt und die Grafschaft Ravensberg gerichtet zu sein. Die Fürsten bitten daher, da sie nicht genug Truppen haben, um überall zu helfen, den Landgrafen nochmals, er möge dem Grafen als seinem Vasallen alle Thätlichkeiten gegen sie und die Jhrigen untersagen und, da der Graf sich an das Verbot nicht kehren möchte, zugleich Anordnungen treffen, dass im Notfall von seinen Landen aus die Grafschaft Ravensberg und besonders Bielefeld mit Truppen gegen den Grafen unterstützt werden können. — Datum Dusseldorf den 28. Januarii a. 1610.

Marburg. Ausw. Sachen. Jülich.

[1] Das Schreiben vom 10. Jan.: dem Grafen seien in Sachen seiner kaiserlichen Commission Mandate zugekommen. Die Stadt solle ihm berichten, ob die in Düsseldorf anwesenden Fürsten die Publication derartiger Mandate ihr und andern untersagt haben. — In einem Schreiben vom 22. Januar übersendet die Stadt dies Schreiben den Fürsten und fügt hinzu: der Graf habe zu Rittberg eine grosse Zahl geworbener Truppen in Bereitschaft, die er täglich vermehre. Nach verschiedenen Zeitungen sei es auf Bielefeld und die Grafschaft Ravensberg abgesehen. Da der Graf die Stadt in 3–4 Stunden erreichen könne, so sei sie in steter Angst vor einem Ueberfall: „das wir umb leib und guet, und e. f. gg. die grafschaft Ravensberg und stat Bielefelt aus handen gebracht werde." Die Bürger können die Stadt nicht schützen, denn dieselbe sei „fast weit begriffen," umfasse viele geistliche und adeliche Höfe, habe eine ungenügende Besatzung (manschaft), und es seien „die burger gemeinlich unvermögene leute." Es sei auch „kein sonder vorrat und munition, das man kriegsvolck bewerben konte, nicht vorhanden." Die Stadt bittet also „wegen gewisser eusserster not und gefar" um Verfügung, dass ihr, etwa von der Mark aus, beigesprungen, oder dass ein Fähnlein Truppen in sie gelegt werde. „Dan . . e. f. gg. bestalte soldaten, so alhie ufm Sparenberg, Ravensberg und Vloto liegen, betreffent, sollen wir nicht anders verstehen, . . dan das dieselbe gehorte besser verwären und uns in der stat nicht werden behilflich sein konnen."

[2] Mit der Commission des Gr. Rittberg ist die des Gr. Lippe zu vergleichen. Acten bezüglich der letztern in Appellatio tertia der . . . hern Ernsten marggrafen . . . und hern Wolfg. Wilhelmen etc. 1610. S. 17 fg. (Abdruck dieser Schrift bei Meyer I S. 544.)

15. Villeroy an Boissise. (z. Th.) Januar 29.

Man erwartet Nachricht „pour sçavoir ce que nous debvons esperer de ces princes afin de fonder sur cela nostre derniere resolution." Diese muss beschleunigt werden, wenn die Gegner nicht zuvorkommen sollen. Dass Spanien aus der Flucht Condés Nutzen ziehen will, hat den König in der Absicht bestärkt, seine Waffen zur Schwächung des Hauses Oestreich zu brauchen. Gleichwol darf dies den Fürsten nicht gesagt werden; „s'ils aperçoivent que nous feussions contraincts de faire en ces occasions de Cleves ce dont ils ont besoin de nous sans doubte ils feroient les rencheriz a couvrir la verité de ceste necessité presente." Spanien will sich Condé's bedienen für den Fall eines Wechsels der Dinge in Frankreich, das soll verhindert werden. Englische Angelegenheiten. Der König Jacob ist so friedebedürftig wie nur je; er wird sich nur zum Scheine an den kriegerischen Verwicklungen betheiligen, übrigens aber seinen Einfluss für eine friedliche Beilegung der Jülicher Sachen verwenden. Winwood soll nach Düsseldorf gehen, sobald Boissise dort ist.[1] Er und Boissise werden so thun, als ob sie in ihren Absichten und Rathschlägen sich vertraulich zusammenfänden. Allein wenn Winwood bemerkt, dass Boissise für den Krieg ist, so wird er ihn nach Kräften zu hindern suchen; also muss ihm glauben gemacht werden, dass Boissise ebenso wie er den Krieg vermeiden möchte und nur für denselben sich verwende, insofern die sonst wachsende Macht Spaniens und die Rücksicht auf die Interessenten ihn zwinge. Schlägt Winwood die Zuweisung eines

Theils der Erbschaft an den Churfürsten von Sachsen vor, um ihn mit den protestantischen Fürsten zu vereinigen — es ist besser, dass der Vorschlag von ihm als von Boissise komme — so erwidert Boissise: alles was zur Erhaltung der alten Einigung der Fürsten diene, und als solches von ihnen gebilligt werde, werde auch von seinem König genehmigt werden. Die Hauptsache ist, dass die Jülicher Lande nicht an Oestreich kommen. Spanien hat Leopold alle Hülfe versprochen, welche aber in Wirklichkeit nicht so gross sein wird als nach dem Gerüchte. Der König von Spanien spricht auch von seinem Eintritt in die Ligue der deutschen katholischen Fürsten und trachtet noch immer nach der Kaiserkrone. Entsprechen die katholischen Churfürsten diesem Wunsch, so ruiniren sie die katholische Religion im Reich. Denn der König Heinrich muss dann mit der Gegenpartei gehen, da sie doch, wenn sie besseres Einverständniss mit ihm hielten, gemeinschaftlich mit ihm die Religion schützen könnten. Boisisse soll sie bei Gelegenheit darüber aufklären. „Si avec nous ils veulent empecher l'usurpation que pretendent faire les imperialistes en Cleves, nous pourvoirons aprés facilement d'un commun accord au reste." Die Staaten haben dem König von neuem versichert, dass sie alles thun werden, was der König will, „soit pour le faict de Julliers, soit pour favoriser les propositions que vous sçavez qu'ils ont faictes; dont s. M. est contente. Elle ne l'est pas moins du costé de Savoye, de sorte qu'il ne nous reste plus qu'a sçavoir quel est le courage et le pouvoir des Allemans pour fonder nostre susd. derniere resolution."— De Paris le XXIX Janvier 1610.

Beiliegend ein Brief des Königs für Landgraf Moriz. Der König spricht demselben sein Vertrauen aus: Boissise werde sich um gutes Einvernehmen mit ihm bemühen.

Paris. Bibl. nat. Dupuy. 765 f. 23. Cop.

1 Vgl. n. 8. S. 25. Anm.

Januar **16.** Heinrich IV., Instruction für den Marquis von Coeuvre nach Flandern.[1]

Die Erzherzoge haben dem König durch Peckius vorstellen lassen, er möge ihnen zugeben, dass sie den Prinzen Condé vor sich liessen, um ihn zur Rückkehr zum König zu bewegen. Der König nahm dies Anerbieten gerne an und versprach, dem Prinzen sein Vergehen zu verzeihen, wenn er sich ihm vertrauensvoll unterwerfe. Er verstand dies so, dass wenn der Prinz die Rückkehr weigere, die Erzherzoge ihm weder den fernern Aufenthalt in ihren Landen gestatten noch zugeben würden, dass er, wenn er sich anderswohin begäbe, seine Gemahlin mitnähme, weil er diese unwürdig behandelt, und ihr Vater und Frau von Angoulême verlangen, dass sie zu ihnen zurückkomme. Am 7. Januar berichtete Peckius dem König, dass die Erzherzoge dem Prinzen vergeblich zur Rückkehr zum Gehorsam gegen den König zugeredet haben: wolle aber der König ihm erlauben, dass er sich auf ein Jahr, oder so lange als man für gut befinde, nach seinem Gouvernement in der Guyenne begeben, ohne inzwischen vor dem König zu erscheinen, so können die Erzherzoge ihn vielleicht hierzu bewegen, indem sie ihm für die Erfüllung des Zugestandenen ihr Wort verbürgen. Peckius selber gab dem König zu, dass solche Bedingungen gegen seine Würde seien. Der König liess den Erzherzogen dann (durch Peckius) nochmals sagen: er sichere dem Prinzen Verzeihung all' seiner Vergehen zu. „Et dautant qu'il fonde malicieusement les craintes qu'il a fait contenant[2] avoir de sa vie, revenant en France, sur le subject de m^{me} sa femme, sad. M. est contente qu'il la laisse avec m^{me} la princesse d'Orange sa soeur a Bruxelles ou a Breda pour tel temps que bon luy semblera et que lesd. ambassadeurs[3] luy en donnent la parolle et les assurances de la part de s. M. qui seront necessaires affin de luy oster toutes sortes d'excuses de reconnoistre ce qu'il doit a s. M." Geht der Prinz auch darauf nicht ein, so erwartet der König, dass die Erzherzoge ihm den Aufenthalt in ihrem Lande untersagen. „Davantage sad. M. desire que loursd. a. ne permettent que led. prince enleve m^{me} sa femme suivant la parolle qu'elles en ont ja donnée au s^{r} de Berny." Denn der Prinz möchte seine Gemahlin zum Vorwand seines Ungehorsams brauchen, der König aber wünscht ihre Rücksendung zu ihrem Vater und m^{me} d'Angoulême. — Diese letzte Verhandlung zwischen den Erzherzogen und dem Prinzen wird der Marquis von Coeuvre befördern und, wenn sie misslingt, noch einmal selber in Gegenwart Bernys und andrer geeigneter Zeugen den Prinzen zur Annahme des königlichen Anerbietens zu bewegen suchen, mit der schliesslichen Erklärung: wenn er nicht alsbald zurückkehre, so werde er als des Hochverraths schuldig angesehen und gegen ihn verfahren werden „par les voies ordinaires en cas semblables." „De laquelle declaration et protestation faitte par led. marquis de la part de s. M. il retirera et rapportera acte signé de ceux qui seront presens, auquel sera aussy employé (sic) la responce que fera led. prince." — de Janvier 1610.

Paris. Bibl. nat. Ms. français 17825 f. 400.

[1] Vgl. n. 8 S. 22 Anm. 1.
[2] lies: contenance.
[3] lies: archiducs.

17. Moriz Landgraf von Hessen an Markgraf Ernst und Pfalzgraf Wolfgang Wilhelm. Febr. 5.

Hat das Schreiben der Fürsten vom 28. Januar empfangen. Der Landgraf erkennt den Grafen Rittberg nicht mehr als Vasallen an und wechselt keine Schreiben mit ihm, so lange der Process „super privatione feudi" währt. Bezüglich der wirklichen Hülfe kann er, da über eine solche der Haller Unionstag sich hoffentlich schlüssig machen wird, sich nicht wohl abgesondert erklären. Er schlägt den Fürsten vor, die von Bielefeld gewünschten Verfügungen zu treffen.[1] — Datum Cassel 26. Januar 1610.

Marburg. Ausw. Sachen. Jülich.

[1] An demselben Tag schreibt der Landgraf über dieselbe Sache an Johann v. d. Burg: Auf des Landgrafen frühere Vorschläge zur Hintertreibung von Rittbergs Werbungen erfolgte keine Entschliessung. Man

hätte gern gesehen, dass er etwas thue; wie man ihn aber der Kosten wegen entschädigen wolle, davon war keine Rede. Nunmehr hält sich der Landgraf an den Unionsabschied und überlässt es dem Directorium der Kriegssachen, das einzelne zu verfügen. (A. a. O.)

Febr. 7. **18.** Franz von Aerssen an Oldenbarnevelt. (z. Th.)

Sully über die Aussichten eines von Frankreich und den Staaten gemeinschaftlich zu unternehmenden Kriegs. — Berathung des Conseils, ob Krieg gegen Spanien zu führen, und nach welcher Seite der Hauptangriff zu richten sei. — Vertrauliche Aeusserungen Sullys an Aerssen über dieselbe Sache.

Man sagt, in Folge der Verzögerung der Gesandtschaft der Staaten bleibe alles in der Schwebe. Sully bemerkte indess vor zwei Tagen im Vertrauen: „que toute ceste premiere chaleur s'evaporera a son advis en fumée par les artifices de ceux qui craignent d'offenser la cour de Rome et par l'inclination mesme du roy, qui en ses procedures lentes faict assés connoistre qu'il desire peu la guerre; estimant mal a propos de dilayer les resolutions a vostre venue, puisque le particulier se peut bien reserver, et que cependant les preparatifs se devroient faire, tant plus que la saison commence a aprocher. Toutesfois croit avoir s. M. sy fort obligée a ceste entreprinse, que malaysement il s'en pourra demesler, sy en vos conferences vous luy mettés la bride sur le col, en declarant que serés prests de faire ce que s. M. voudra faire, non avecq pareilles forces — car on sçait que cela vous est impossieble — mais avec les moyens que pourrés, lesquels on fait monter icy — et s'en contentera on — a douze mil hommes de pied et deux mil chevaux, et ceux de s. M. a vingt, ou vingt et cinq mil hommes de pied et quatre a cinq mil chevaux, croyant que ceux qui font semblant de desirer la guerre, et neantmoins frappent des coups sourds pour l'empescher, n'esperent autre moyen pour en divertir s. M. que les difficultés qui en seront meues de la part de m.rs les Estats, lesquels a son opinion n'en devroient faire cognoistre aulcune, d'autant que toute l'utilité de ceste guerre se portera de leur costé. Mais se plaignoit de voir sy longuement trainer ceste resolution, attendu qu'il faut du temps pour lever les hommes.

Le 3., sur les nouvelles qu'eut le roy de Bruxelles qu'il ne faut plus s'attendre au retour de m.r le prince, s. M., ayant deliberé tout le matin de ce qu'auroit a faire, se porta sur l'apresdiner a l'arsenal." Dort Berathung in Anwesenheit der Königin, des Kanzlers, Sullys, Villeroys und Lesdiguieres', „pour prendre une finale resolution." Die genannten Räthe hielten sämmtlich den

Krieg für rathsam. Allein die drei ausser Sully sprachen dafür, dass die gesammte Macht, mit der des Herzogs von Savoyen vereint, zur Eroberung Mailands verwandt werde: das Unternehmen sei leicht, da der Herzog von Savoyen in Folge des jüngst von Fuentes unternommenen Vergiftungsversuches („comme led. duc l'a mandé par ses dernieres depesches") Spanien doppelt fürchte, da er von dem Unternehmen seine Vergrösserung erwarte und ungeduldig auf die Zusicherung der erforderlichen französischen Streitkräfte harre, um den Krieg zu beginnen. Mehrere italienische Fürsten werden dem Herzog beistehen. Nur durch Festsetzung in Italien könne Frankreich den Papst und die Cardinäle auf seiner Seite halten. Die spanischen Niederlande werden von selber fallen, wenn man sich Mailands bemächtige, da dem König von Spanien alsdann der Weg zur Sendung von Hülfstruppen abgeschnitten sei. — Sully wandte dagegen ein: der Herzog von Savoyen sei unbeständig, unfähig den durch den Verlust von Bresse erlittenen Schimpf zu vergessen, durch zu viele Interessen an Spanien gebunden, zu schwach für das Unternehmen. Die italienischen Fürsten wünschen weder den Krieg Frankreichs und Spaniens in ihrem Lande, noch eine solche Vergrösserung der savoischen Macht. Wolle der König durchaus in Italien Fuss fassen, so möge er doch vorher das dringendere und leichtere Unternehmen gegen Luxemburg ausführen, bei dem er auf den Beistand der Staaten vertrauen könne, und bei dem wie die Auslagen so auch der Gewinn ihm zukommen werde. Habe er dort die Gränzen gesichert, so könne er seine Streitkräfte ferner nach Belieben verwenden. Inzwischen könne er den Herzog von Savoyen durch Verhandlungen hinhalten, oder ihn, wenn er deren überdrüssig werde, ignoriren. „Il expliqua lors ses conceptions en destail vers le Luxembourch, dont je vous ay amplement escript cy devant."

Febr. 7.

„Mais sur ces contestations le conseil ne se peut onques accorder, qui fut cause qu'on se separa sans resolution. Car les uns croyoient qu'on peut entreprendre la guerre devers les Pays-bas et ayder au duc de Savoye sy puissamment qu'il le demande, l'autre au contraire qu'il est impossible au roy, et quand il seroit aysé, que ce luy seroit dommageable. Et la dessus me dit m^{r}. de Suilly avanthier qu'il a opinion que l'année se passera sans rien faire par l'artifice de nos ennemis couverts, qui destournent ses conseils toutes et quantes qu'il les donne pour entreprendre sur les Pays-bas, sachant qu'ils haïssent nostre religion et craignent nostre aggrandissement, et partant conseillent a s. M. de faire la guerre de Savoye, non qu'ils la desirent, mais pour par ce moyen

3*

embrasser[1] le roy a une entreprinse, pour laquelle les moyens luy manqueront, ou de le jetter en une guerre de confusion et desordre pour le faire revenir a la paix. Ce neantmoins, sy secondé par m.rs les Estats il peut emporter la balance pour rompre et du costé de Savoye et du costé des Pays-bas, me dit qu'il sçaura bien parer a leurs artifices et porter toutes les forces et efforts pour la conqueste de la Meuse, sans se peiner beaucoup, sy le duc de Savoye gaigne ou perd. Il m'y adjousta qu'il ne voit autre expedient pour ayder a maintenir les princes en leur possession que par la guerre ouverte, d'autant qu'eux s'ombrageront sans doute du secours que le roy et m.rs les Estats leur voudront envoyer en corps, et s. M. ne leur accordera jamais de le faire en argent: ainsi seront ils cause de leur propre perte, sy par la guerre ouverte on n'entreprend de leur oster par une diversion forte les ennemis de dessus les bras. Il m'exhorte pour la fin de vous conjurer, Monsieur, d'abreger vostre deliberation, de venir au plustost, d'applaudir a tout et de croire que c'est icy le temps pour asseurer vostre estat ou jamais.

Hag. Reichsarchiv. Cop.

[1] lies: „embarquer."

Jan. 12 bis Febr. 13. (14.) 19. Protocoll der Tagsatzung zu Schwäbisch Hall.

(z. Th.)

Churpfalz (Herzog von Zweibrücken, Graf Solms, Camerarius, Löfenius); Churbrandenburg (persönlich); Neuburg (persönlich, Pfalzgraf Wolfg. Wilhelm, August); Zweibrücken (persönlich); Anspach (persönlich); Culmbach (Gesandte); Hessen-Cassel (Baumbach und Schäffer); Würtemberg (persönlich); Baden (persönlich); Anhalt (Fürst Christian); Oettingen (persönlich); Gesandte von Strassburg, Nürnberg, Ulm, Worms, Speier, Landau, Weissenburg im Elsass, Nördlingen, Schwäbisch-Hall, Heilbronn, Memmingen, Kempten, Rothenburg, Windsheim, Schweinfurt, Weissenburg im Nordgau.

Januar 12.

(In dieser und den folgenden Sitzungen sind die Städtegesandten nicht anwesend.)

Da zur Zeit weder Gesandte von Churbrandenburg, Hessen,

[1] Die Fürsten votiren theils persönlich, theils durch Räthe. In den weniger wichtigen Sitzungen erscheinen bloss die Räthe. Pfgr. Wolfgang Wilhelm votirt neben Neuburg besonders; aber sein Votum wird nicht gezählt.

Anhalt, noch diese Fürsten selber angelangt sind, so beraeth man vorläufig über die Erklärungen der Wetterauer und fränkischen Grafen bezüglich ihres Eintrittes in die Union.[1 2] Jan. 12 bis Febr. 13. (14.)

---

1 Ueber die Verhandlungen der Union mit den Wetterauer und fränkischen Grafen ist folgendes nachzutragen: am 4. Juli 1608 berichtet Friedrich IV. dem Mgr. Anspach: Etlichen Wetterauer Grafen, welche sich letzter Tage in Heidelberg befanden, hat der Churfürst Eröffnungen über die Union gemäss der verabredeten Instruction gemacht. Sie erwiderten, dass zur Berathung dieser Sache baldigst ein Grafentag ausgeschrieben werden solle. (M. pf. 117/5 f. 198.) Im Februar 1609 hielten die Ausschreibenden und Adjuncten der Wetterauer Grafen einen Tag zu Friedberg und übersandten dem Chf. Pfalz am 28. Februar zwei Schriftstücke. Das erste enthält Vorschläge der Grafen zu den einzelnen Unionsartikeln; darunter folgende: 1. man nehme im Eingang neben dem Kaiser und den friedliebenden Ständen auch diejenigen aus, denen ein Unirter durch Eid oder Dienst verpflichtet ist, soweit nämlich deren hieraus fliessendes Recht sich erstreckt. Ebenso ist neben dem Landfrieden auch der Religionsfriede „exceptive" zu nennen. 2. Man stelle es in der Unirten Willkür, ob sie in Privatstreitigkeiten mit andern Unirten sich gütlicher Verhandlung unterziehen oder am zuständigen Orte klagen wollen, besonders „in causis mandatorum super constitutionibus pignorationum de captivis et arrestis." (Mehrere Vorschläge bezüglich des Verfahrens im Austrag.) 4. Soll nicht aus Räthen der Unirten ein ständiges Collegium gebildet werden, welches alle Vorgänge, die für die Unirten insgesammt und insbesondere von Interesse sind, zu erfahren sucht, dieselben den Unirten zur Berathung, Beförderung oder Abwehr mittheilt und überhaupt sein Bedenken giebt über das, was bei den jeweiligen Ereignissen für das gemeine Wesen nützlich oder schädlich, nöthig und thunlich ist? In diesem Rathe wäre zwischen den Grafen und den übrigen Ständen eine „billigmessige gleichheit der stimmen" zu halten. 5. Da die Union ein vertrauliches Werk sein soll, so ist vor allem auf billige Gleichheit der Stimmen zu sehen und zum mindesten den Grafen und Städten die gleiche Zahl der Voten mit denen der Churfürsten und Fürsten jederzeit einzuräumen. 6. Sollen nicht die von der Oeffnung befreiten Festungen von jedem Unirten genannt werden? Sollen nicht die Grafen und Herrn jeder einen Platz ausnehmen dürfen, für den die Gestattung der Oeffnung in ihrer Willkür steht? 8. Ist die zehnjährige Dauer der Union „a dato unionis oder aber des endlichen schlusses" zu rechnen? Wird man zur Erlegung der ersten 30 Monate nicht eine Frist von einem Jahre geben? — Die zweite Schrift enthält die Bedingungen der Wetterauer Grafen für ihren Beitritt zur Union. Zum Theil werden hier die obigen Vorschläge widerholt. Hinzugefügt wird vornehmlich folgendes: 1. wenn die Unirten die Unionshülfe leisten, sollen dann nicht ihre mitunirten Lehensherrn auf die Lehenshülfe verzichten? 2. Wenn während der Dauer der Union eine Reichssteuer bewilligt wird, so sind die gleichzeitigen Unionsbeiträge einzustellen. 3. In die Aufnahmeacte ist die gegenseitige Versicherung zu setzen, dass, wenn nach Ablauf der Union ein Unirter wegen der Union angefochten werde, sämmtliche Unirte ihm, besonders wenn es ein geringerer Stand sei, dieselbe Hülfe zu leisten haben, wie wenn die Union noch bestünde. 4. Im Falle des Bundeskriegs sind bei Besetzung der Commandos die unirten Grafen und Herrn vor den Nichtunirten zu berücksichtigen. 5. Wenn die fränkischen Grafen und die Reichsstädte der Union nicht beitreten, so sind auch die Wetterauer Grafen nicht verbunden. — Bei Uebersendung dieser Schriftstücke wird noch ausdrück-

19. Januar 14—25.

Verhandlungen der unirten Fürsten mit den Wetterauer und fränkischen Grafen.

Am 14. Januar fertigen die unirten Fürsten auf die Erklärung der Wetterauer Grafen vom 29. August 1609, „Vorschläge und Bedingungen," folgende Antwort aus: I. (Vorschläge)

---

lich bemerkt, dass die Wetterauer Grafen vor ihrer definitiven Entschliessung sich mit den fränkischen Grafen verständigen werden. (M. pf. 343/11 f. 10.) Ueber diese Erklärung der Wetterauer Grafen schreibt F. Christian von Anhalt am 23. März an Pfgr. Wolfgang Wilhelm von Neuburg: „Was den vorschlag mit dem generali consilio anlanget, kombt dasselbe consilium anfenglich von mr Brederodio, Stadischem agenten. Es ist aber notabilis differentia inter status Germaniae et Belgii, und mochte vielleicht nicht ratsamb sein, die fundamenta aristocratica in rationem popularem zu vorwenden, dahin es dan endlichen mit der angedeuteten paritet kommen wurde. One massgebung, solte wol nicht undienlich sein, wan man gedachte graffen nicht ehe beantwortet als von der zusammenkunft aus, und dass man zuvor mit den stetten richtig worden were." Denn verhandelt man mit ihnen und den Städten zugleich, so werden sie in ihrem Anspruch auf Parität der Vota bestärkt. (M. pf. 343/11 f. 49.) An demselben 23. März schreibt Würtemberg an Churpfalz: da die Grafen ihre Lehensherrn, d. h. vornehmlich Geistliche, eximiren, so würde man, wenn man mit letztern demnächst etwa zu thun hat, ihres Beistandes nicht sicher sein. Dies, und dass „sie sampt den raichsstaetten gleiche vota mit den fürsten haben wollen," kann nicht zugestanden werden. Da sie indess nicht leicht darin nachgeben dürften, so räth der Herzog, man möge die Verhandlungen mit ihnen einstellen, bis mehrere Fürsten zur Union getreten sind, und bis der Unionsconvent, der bevorsteht, bedacht hat, ob und wie sie aufzunehmen seien. (M. pf. 116/3 f. 108.) Am 29. Mai 1609 erliess die Haller Unionsversammlung eine (mir nicht vorliegende) Antwort auf die beiden Schriftstücke der Wetterauer Grafen. Letztere geben darauf am 29. August eine doppelte Replik, einmal bezüglich ihrer „Vorschläge," sodann bezüglich ihrer „Bedingungen" ein. Die wichtigern Punkte daraus sind folgende: (die Numerirung entspricht der bei dem Actenstück vom 23. Februar beobachteten): I. 1. Wird als selbstverständlich aufgegeben. Doch mögen in der Aufnahmeacte die Unirten ausdrücklich zum Schutz der Grafen verpflichtet werden, falls diese von ihren Lehensherrn während oder kurz nach dem Ende der Union unter dem Vorwande der Felonie angefochten werden sollten. Da die Union den Schutz „der gesambten evangelischen stende wider unbillichen gewalt" bezweckt, so möge es bei der blossen Nennung des Landfriedens sein Bewenden haben. 2. Kann bei Vereinbarung der Aufnahmeacte erledigt werden. 4. Wird aufgegeben, in der Hoffnung dass sich künftig ein anderer Weg zur Ausführung des Planes werde finden lassen. 5. Dass man diesen Punct bei Vereinbarung der Aufnahmeacte erledige, wird angenommen, mit dem Vorbehalt dass, wenn die Wetterauer Grafen dann nicht befriedigt werden, sie hinsichtlich des Nichtbeitrittes zur Union freie Hand haben. 6. Die Erläuterung der Fürsten wird angenommen. Doch möge in Bezug auf dieselbe, sowie auf die nähere Bezeichnung der Festungen das nöthige in die Aufnahmeacte gebracht werden. 8. Bei Vereinbarung der Aufnahmeacte wird man hoffentlich für die ersten Bundesbeiträge erträgliche Termine zugestehen. II. 1. Ist durch die Erklärung der Unirten erledigt. 2. Sollte eine Reichssteuer bewilligt werden, so hätten die Unirten zu

1. Es genügt die Erklärung, dass die Grafen wenn sie der Union wegen von ihren Lehensherrn widerrechtlich ihrer Lehen privirt werden sollten, von der gesammten Union zu unterstützen seien. 2. Es bleibt bei den Unionsbestimmungen. Ueber die Vota in dem Revisionsverfahren wird man sich erklären, wenn die Hauptfrage der Vota gelöst sein wird. 5. Man wird dem Vorrang der Fürsten so weit Rechnung tragen, dass sie „zum wenigsten etwas mer in votis" haben als die Grafen und Städte zusammen. Es soll in der Union alles Misstrauen bei Seite gesetzt und gutes Vertrauen in

Jan 12 bis Febr. 13. (14.)

---

berathschlagen, was sich erschwingen und verantworten lasse. 3. Die hierüber gegebene Erklärung könnte in einer noch etwas deutlichern Fassung der Aufnahmeacte einverleibt werden, 4. Man nimmt die Erklärung an, dass die Besetzung der Aemter nach gesammtem Rath der Unirten und nach gebührlicher Gleichheit geschehe. Die Vereinbarung über die vorstehenden und sonstige dazu gehörige Vorbehalte hat am nächsten Unionstag zu geschehen. (M. pf. 343/11. f. 51.)

Gleichzeitig mit den Wetterauer Grafen verhandelte man mit den fränkischen Grafen. Am 21. Januar 1609 schreiben letztere an Anspach: auf die vom Markgrafen am 18. August 1608 dem Gr. Wolfgang von Hohenlohe vorgetragene Einladung zur Union hat der Graf die ihm übergebenen Puncte den correspondenzverwandten Grafen und Herrn unter dem Sigel des Geheimnisses anvertraut. Diese haben bei ihrer gegenwärtigen persönlichen Zusammenkunft in Schwäbisch Hall befunden, dass die Union gemeinnützig und, weil auf Erhaltung und Handhabung des Land- und Religionsfriedens zielend, den Reichsgesetzen gemäss sei. Sie sind nicht ungeneigt, nach gründlichen Eröffnungen der Union beizutreten. Da demnächst die Wetterauer Grafen eine Tagsatzung halten sollen, welcher dieselbe Sache mit weitern Informationen ohne Zweifel wird vorgebracht werden, so werden sie zu diesem Tage Jemanden aus ihrer Mitte abfertigen, der sich über die Sache mit den Wetterauer Grafen unterreden soll. Darnach werden sie sich resolviren. (M. pf. 116/3 f. 13.) Am 10. August 1609 schreibt Anspach an Churpfalz: die zu Schwaebisch-Hall vereinbarte Antwort auf das Bedenken der fränkischen Grafen und Herrn bezüglich ihres Eintritts in die Union hat der Markgraf nach seiner Rückkehr von Hall dem Gr. Wolfgang von Hohenlohe zur Mittheilung an seine Standesgenossen gesandt. Diese haben darauf ihre endliche Erklärung verschoben, weil sie vorher von den mit ihnen correspondirenden Wetterauer Grafen welche sich am 11. versammeln sollen, deren Ansicht vernehmen wollen. (M. pf. 116/2 f. 100.) Am 12. November 1609 geben die fränkischen Grafen dem Mgr. Anspach eine weitere Erklärung ein, welche, wie es scheint, mit der Erklärung der Wetterauer Grafen vom 29. August übereinstimmte und gleich dieser den weiteren Verhandlungen des Schwäbisch-Haller Convents von 1610 zu Grunde gelegt wurde.

2 Auf Grund der Vorverhandlungen waren die Wetterauer und fränkischen Grafen nach Schwäbisch-Hall eingeladen. Als Bevollmächtigter der ersteren erschien ein Graf von Hanau. Ausserdem erschienen ein zweiter Gr. Hanau, die Grafen Wolfg. von Hohenlohe, Friedrich Magnus v. Erbach, Ludwig v. Löwenstein, Gottfried v. Castel, Philipp Ernst v. Löwenstein, die Herrn Eberhard, Jörg, Albrecht, Karl, und Konrad v. Limburg und ein Herr v. Seinsheim. (Zweibrücken an Churpfalz. Jan. 12. M. pf. 116/4 f. 31.)

19. allen Verhandlungen gehalten werden. Und so erwarten die Fürsten, dass die Grafen des schwäbischen, fränkischen und Wetterauer Kreises je ein Votum annehmen. 6. Die Festungen der Grafen sind von der Oeffnung befreit. Bezüglich der Orte aber, „so sich wider kriegsgewalt nicht sonders ufhalten können," wäre den Unirten die Oeffnung zu gestatten, oder eine Caution zu geben, dass ihnen durch dieselben kein Schaden zustehen solle. 8. Für die Erlegung der ersten 45 Monate wird den Grafen die Frist von sechs Monaten gewährt. Aber im Falle der Noth haben sie dieselben sofort zu erlegen. II. Die „Bedingungen" sind erledigt ausser der dritten und vierten; für jene aber finden sich in der Union die nöthigen Anordnungen, und über diese wird man sich einigen, wenn man nach Aufnahme der Grafen über die Kriegsverfassung beräth — An demselben Tag gleichlautende Erklärung der unirten Fürsten an die fränkischen Grafen als Antwort auf die Resolution vom 12. November 1609. (M. pf. 343/11 f. 80.)

Am 18. Januar erwidern die Wetterauer Grafen: 1. die Erklärung ist der Aufnahmeacte oder dem Abschied einzuverleiben. 2. Vorschläge bezüglich des Austrags. In dem Revisionsverfahren sollte man jedem Stande ein Votum gestatten. Der in der Erklärung vom 23. Februar 1609 unter n. 4 gemachte Vorschlag wird erneuert. 5. In Anbetracht der grossen Zahl gräflicher Familien, des hohen Reichsanschlags, der hergebrachten Ordnung an den Kreistagen und in den sonstigen Bündnissen (z. B. dem schwäbischen und schmalkaldischen), in Anbetracht dass die Union ein vertrauliches Werk ist, und es in derselben sich nicht nur um Ehre, Leben und Gut der Einzelnen, sondern vor allem um die Religion und die Freiheit und den Frieden des Vaterlandes handelt, dass endlich der Schutz und die Gefahr allen Verbündeten gleichmässig zu Theil wird, möge bei Vertheilung der Stimmen ein gleiches Verhältniss gewahrt werden. Nach dem Vorschlage der Unirten würden die Wetterauer Grafen weit geringer erscheinen als die Städte. Der Vorrang der Fürsten würde durch die Gleichheit der Stimmen nicht gefährdet werden, es würde vielmehr das Vertrauen und die Willfährigkeit der Grafen zunehmen, und der Bund nach Ausweis der Erfahrung dadurch beständiger werden. Man erbittet also für den gesammten Grafenstand jedesmal die gleiche Zahl der Vota mit denen der Churfürsten und Fürsten. 6. Ueber die Caution und Gegencaution kann man sich vereinigen. 8. Wird angenommen mit der Bemerkung, dass die Grafen im Jahr 1611 „die alsdan wider fellige zweijaerige anlag, benantlichen 30 monat, auch richtig machen wollen." Sollte während der Union eine Reichssteuer gefordert werden, so werden die Unirten erwägen, was zu erschwingen ist. Die Wetterauer Grafen dürften eine zweifache Steuer kaum aufbringen können. — Die Aufnahmeacte wird mit dem Vorbehalt angenommen werden, dass die nicht anwesenden und „teils noch nicht gar consentierende" Wetterauer Grafen, desgleichen andere zu ihrem Verein gehörige oder noch gezogene Grafen, „nechst fürgehender aigenhaendiger underschreibung . . one sonderbare handlung eingenommen werden mögen und sollen." — Einen Tag vor dieser Erklärung (17. Januar) geben die fränkischen Grafen ihre Resolution ein, welche der der Wetterauer in n. 5 und 6 entspricht. Das Anerbieten unter n. 8 nehmen die fränkischen Grafen an, mit der Bitte, „den ersten und nachfolgenden termin noch in etwas zu prorogiern." (M. pf. 343/11 f. 66, 74.) Jan. 12 bis Febr. 13. (14.)

Am 22. Januar erwidern die unirten Fürsten den Wetterauer und fränkischen Grafen: auf den Antrag hinsichtlich der Vota kann nicht willfährig geantwortet werden ohne Beeinträchtigung des fürstlichen Vorrangs, ohne Anstoss bei andern Fürsten, die dadurch vom Eintritt in die Union abgeschreckt werden möchten. Die Union kann „sowol respectu personarum als onerum und der hülfleistungen nit allerdings pro aequali foedere gehalten werden." Da weiterer Schriftenwechsel nichts hilft [in der Schrift an die Wetterauer Grafen wird hinzugefügt: da ausserdem auch „des uberreichten gewalts halben etwas mangel sich erzeigen wil,"] so schlägt man vor, es möge sich die Union und die Grafen über eine bestimmte gegenseitige Hülfeleistung vereinigen, für den Fall dass der eine oder andere Theil „wider dero religion und libertet mit gewalt angefochten wurde." Die Fürsten sind bereit, die Vereinbarung so einzugehen, als ob die Union mit den Grafen geschlossen wäre. — Hierauf zweite Erwiderung der Grafen am 24. Januar; am 25. Januar mündliche Entgegnung der Fürsten, dann, noch am 25. Januar, Schlusserklärung der Wetterauer und fränkischen Grafen. Erstere bemerken: sie sind über die vorgeschlagene besondere Vereinigung nicht instruirt. Auch scheint den Fürsten die Verständigung mit den Wetterauer Grafen nicht genehm zu sein, da in derselben Zeit, wo man mit den fränkischen Grafen und den Städten, welche die letzten Vorschläge der Fürsten ebenfalls berühren, über diese Vorschläge conferiren will, die Verhandlungen zwischen Fürsten und Städten zum Abschluss gebracht sind. Man nimmt demgemäss die Erklärung ad referendum. — Aehnlich die fränkischen Grafen. Sie sprechen ihren Zweifel aus, ob das vorgeschlagene besondere Bündniss den Grafen von Nutzen sein werde. (M. pf. 343/11 f. 64. St. Unionsacta IV.)

19. Januar 12—22.

Verhandlung der unirten Fürsten mit den Reichsstädten.

In der Sitzung vom 12. Januar wird u. a. auch beschlossen, die Aufnahme der Reichsstäde, deren Bevollmächtigte erschienen sind, in die Union vorzunehmen. Die Gesandten der drei ausschreibenden Städte werden ersucht, den betreffenden Abgeordneten die nöthigen Aufklärungen zu geben und ihnen die Aufnahmeacte mitzutheilen. (Bericht Zweibrückens. Januar 12. M. pf. 116/4 f. 31.) Am 17. Januar erklären die Gesandten der ausschreibenden Städte den Fürsten: auf die am 15. gepflogenen Verhandlungen über die Vorbehalte der Reichsstädte, die zu dem Unionstag beschrieben sind, haben mit deren Abgeordneten die Gesandten der drei Städte die ihnen aufgetragene Besprechung gehalten. Das Ergebniss ist folgendes: 1. Worms, Speier, Nördlingen, Rothenburg, Schwäbisch-Hall, Windsheim, Schweinfurt erklären sich als Festungen. Erst wenn sie von einem Feinde angegriffen werden, dessen Macht ihre Vertheidigungskraft übersteigt, so wollen sie einem darum ansuchenden Unirten die Oeffnung gegen die bestimmte Caution gewähren. Weissenburg, Landau, Memmingen, Kempten, Weissenburg im Nordgau wollen auf die nunmehr gegebenen Aufklärungen den unirten Ständen gegen die bestimmte Caution die Oeffnung gewähren, wenn dieselbe nur im äussersten Nothfall begehrt wird, wenn der Unirte dem sie gestattet wird, nicht mehr Volk hineinführt, als er im Gehorsam halten kann, wenn den Truppen zur Erhaltung der Disciplin „obriste haubtleut und kriegsraet zuegeordnet und vorgesetzt werden", und dem Magistrat in der Stadt und ihrem Gebiet das „Directorium" bleibt. Insgesammt bitten die Städte um Mittheilung der beiden entworfenen Cautionsformulare zur Prüfung. Die Gesandten von Heilbronn müssen über diesen ganzen Punct an ihre Herrschaft, die darüber nicht speciel unterrichtet war, referiren. 2. Bezüglich der Voten haben die Städte an frühere Bündnisse, besonders das Schmalkaldener und das schwäbische, erinnert, bei welchen die Voten der Fürsten denen der Städte gleich waren, oder sie nur um ein geringes übertrafen. Da nun die Union schon zehn fürstliche Voten haben soll, so möge man den Städten neun Voten und dann fernerhin immer die um ein Votum geringere Zahl einräumen. Denn die Reichsstädte sind bei der Steueranlage vor vielen andern Ständen belastet. Das Fundament der Union soll gutes deutsches Vertrauen sein, und dies werden die Städte gerade bei der Gewährung dieses Punctes erkennen. Den Städten Speier und Worms hat man bei ihrer Aufnahme in die Union ohnehin gesagt, ihr Vorbehalt eines besondern Votums werde keine Schwierigkeit machen. Die Grafen und Herrn mit den Städten so zu verbinden, dass sie zusammen ein Votum weniger haben als die Fürsten, wie man vorgeschlagen hat, wird wol beiden Theilen bedenklich sein, weil erstere im Reich ein besonderes Collegium, und zwar den Städten gegenüber ein vornehmeres, bilden, und bisher über die Voten nur zwischen den Fürsten und Städten verhandelt ist. 3. Die Erläuterungen zu den drei übrigen Vorbehalten werden acceptirt, doch bitten die vier fränkischen Städte, dass derselben im Abschied gedacht werde. 4. Nördlingen, Schwäbisch-Hall, Heilbronn, Memmingen bitten um Erledigung der in ihren Erklärungen an Wärtemberg, Baden und Ulm gemachten Vorbehalte und Erwähnung der demgemässen Bestimmungen im Abschied. (M. pf. 116/4 f. 65.)

Jan. 12 bis Febr. 13. (14.)

Erwiderung der Fürsten (o. D.): längeres Libelliren scheint unnöthig und dem Zweck der Tagsatzung hinderlich zu sein. Grundlage der Union ist das Vertrauen und die gegenseitige Verpflichtung, welche stärker ist als alle a formulae cautionum." Da die Execution gegen Donauwörth und ähnliche Processe gegen andere Städte eine wichtige Ursache der Union gewesen sind, so werden die Städte um so fester auf die guten Gesinnungen der Fürsten gegen sie rechnen. 1. Der Punct bezüglich der Oeffnung ist erledigt. Aber die als Festungen angegebenen Städte müssen sich auch mit den zur Vertheidigung nöthigen Mitteln bereit halten mit Zuziehung und Einrathen der dem gemeinen Kriegswesen vorgesetzten Unirten. Gegen Nachtheile, die aus der Oeffnung entstehen könnten, sichert die Unionsacte. Künftig auftauchende Zweifel können stets durch Unionsabschiede gelöst werden. Ein Entwurf, wie die Caution zu fassen wäre, wird übergeben. 2. Die Gleichheit der Voten widerspricht dem Vorrang der Fürsten, und dass sie in ähnlichen Bündnissen stattgefunden habe, weiss man sich nicht zu erinnern. Die Ursache des Untergangs des schwäbischen Bundes ist bekannt, daher man ihm nicht nachahmen soll. Im schmalkaldischen Bund hatten die oberländischen und Hansastädte zusammen sechs Stimmen. Zu einem andern Vergleich, als auf Grund der Billigkeit, haben die Fürsten sich nicht erboten, und die Städte haben selber den Steueranschlag, der bei den Fürsten bedeutend höher ist, als Grundlage für die Bestimmung der Voten anerkannt. In dem Einnahmebrief der Städte finden sich ohnehin gegen das Ueberstimmen etliche Vorbehalte. Um jedoch weitere Zögerungen zu vermeiden, machen die Fürsten noch folgenden letzten Vorschlag. [„Allerdings de verbo ad verbum das mittel zu setzen, so in der schrift an die

19. graven und herren zu finden"[1]] 3. Die verglichenen Puncte sollen in den Abschied kommen. 4. Die von den schwäbischen Städten gewünschten Erläuterungen sind zum Theil leicht aus der Unionsacte zu entnehmen, können aber in den Abschied gebracht werden. Diese Städte mögen zur Vermeidung der Visitationskosten ihre Bundesbeiträge nach Ulm erlegen. Sollte der Stadt Hall aus der bei ihr gehaltenen Versammlung der Unirten Schaden erwachsen, so werden sich diese der Union gemäss erweissen. (M. pf. 116/4 f. 97.)

Am 21. Januar geben die Städtegesandten folgende „Erinnerungen" hierauf ein: 1. Die Städte, welche sich als Festungen angegeben haben, werden sich auf's beste versichern, bezüglich des angedeuteten Einrathens der dem Kriegswesen vorgesetzten Stände werden sie sich gebührlich verhalten. Man bittet für den Fall der Oeffnung um Erläuterung bezüglich der Provianttaxe, ferner darüber, dass dem Magistrat das „Directorium" bleibe, und dass die Caution sich auch auf das zur Stadt gehörige Landvolk und in Speier auf das Kammergericht erstrecke. Man bittet ferner um Mittheilung „der andern cautionsformul." 2. Nach dem, was über die Voten vorher gehandelt und selbst in die Aufnahmeacte gekommen ist, hatten die Städte gehofft, die Zusage billiger Ausgleichung werde ihnen durch Ertheilung besonderer Voten erfüllt werden. Statt dessen haben die Fürsten einen neuen Modus vorgeschlagen, beruhend auf Absonderung der Stände; dieser aber dürfte den Zweck billiger Gleichheit verfehlen, Zwietracht stiften und die Verhandlungen aufhalten. Das angegebene Mittel des Ausschlags durch einen Ausschuss dürfte besonders sein Ziel nicht erreichen. Dass Reichsstädte an Reichstagen der Meinung der höhern Stände „deferiren" müssen ist den Städten nicht bekannt. Der vorgeschlagene Modus dürfte auch die Hansa- und andre Städte von der Union abschrecken. Demgemäss widerholen die Städte ihren vorigen Antrag hinsichtlich der Voten. Im äussersten Fall wollen sie zugeben, dass die Vota der Fürsten die der Städte stets um zwei übertreffen. (M. pf. 116/4 f. 87.) Hierauf am 22. Januar Schlusserklärung der Fürsten: 1. Bezüglich der Oeffnung bleibt es bei dem, was darüber erklärt ist. Da die Oeffnung nur in Nothfällen vorkommen soll, so können nicht alle künftigen Fälle vorher bedacht werden, sondern bleiben zweifelhafte Fälle dem Ausschlag der Union vorbehalten. Man erklärt ein für alle Mal, dass man es in dieser Sache treulich meine und ist zu weitern mündlichen Erläuterungen bereit. Die von den als Festungen angegebenen Städten auszufertigende „formula cautionis indemnitatis" wird „auf gemeine

[1] Vgl. die Schrift vom 14. Januar.

approbation bei dem directorio begriffen werden." 2. Der Vorschlag bezüglich der Vota wird angenommen.[1] (M. pf. 116/4 f. 93.) Jan. 12 bis Febr. 13. (14.)

Januar 18—19 (29).

Aufnahme Churbrandenburgs und Hessen-Cassels in die Unión.

Januar 18. Baden und Anspach zeigen in der Fürstenversammlung an, dass Churbrandenburg zum Eintritt in die Union bereit sei, aber folgendes vorbehalte: 1. „das die mark Brandenburg auch mochte eingenommen werden." 2. Dass ihm die Nebenabschiede (von Ahausen?) mitgetheilt werden. 3. Dass seine Verträge und Erbeinungen ausgenommen seien. — Dies wird zugestanden mit dem Bemerken, dass der dritte Punkt in der Unionsacte schon vorgesehen sei.[2] Am 19. Januar theilt Churpfalz mit, dass Churbrandenburg seinen Eintritt in die Union vollzogen habe. Hinsichtlich der hessischen Gesandten wird in der Sitzung vom 25. Januar bemerkt, dass sie noch Instructionen erwarten. Erst

---

[1] Nach ihrem Beitritt zur Union brachten die Gesandten von Nördlingen, Schwäbisch-Hall und Heilbronn noch folgende Bescheinigung des Unionsdirectoriums (Febr. 13.) aus: sie haben sich bei der Aufnahme in die Union vorbehalten, dass dieselbe der Pflicht ihrer Stadt gegen den Kaiser, den Rechten und Herkommen der Bürger und Unterthanen unabbrüchig sei, und dass ihrer Stadt alle Vortheile, deren sich die andern Unirten erfreuen, gleichfalls zu gute kommen. — Diese Bescheinigung wurde verlangt, weil die Aufnahme des darin erwähnten Vorbehalts in den Unionsabschied Tags vorher auf Schwierigkeiten gestossen war. (M. pf. 116/4 f. 171.)

[2] Der Beitritt zur Union war zwischen Churbrandenburg und dem Lgr. Moriz als gemeinschaftlicher Schritt besprochen. Ueber die dem Beitritt des erstern vorausgehenden Verhandlungen ist folgendes zu bemerken. Am 13. Januar berichten die hessischen Gesandten: sie sind am 12. mit den Churbrandenburgern in Hall angelangt. Am gegenwärtigen Tage, als Baumbach seine Werbung vor Anspach verrichtete, sagte der Markgraf discursweise: beharre der Landgraf bei seiner auf die Jülicher Sache bezüglichen Bedingung des Eintritts in die Union, so werde das bei den Städten „ein grosses absehens geberen." Denn diese halten die Jülicher Sache „zwar vor eine gemeine evangelische, aber jedoch nicht proprie in die union gehörige." Er (der Markgraf) habe bei ihnen so viel unterbaut, dass sie für diese Sache „verhoffentlich eine gewisse summa gelts gegen den früling heimlich darleihen möchten, mit deren widererstattung es auch seine gute gelegenheit gewinnen könte." Dasselbe zeigte der Markgraf den Churbrandenburgern an und rieth ihnen jene Bedingung sehr ab. Diese aber sagten den Hessischen, sie müssen bei derselben verharren, und sie wüssten nicht anders, als dass ihr Herr auch dabei beharren werde. (Marburg. Kriegs- und Friedenssachen. Allianeen.) Am 20. Januar berichten dieselben: die Churbrandenburger hatten den Vortrag, mit dem ihres Herrn Bereitschaft zum Eintritt in die Union in der Unionsversammlung angezeigt werden sollte, verfasst und dem Befehl des Churfürsten gemäss dem Mgr. Anspach gezeigt. Da dieser die bewusste Bedingung in demselben fand, so machte er mit dem Mgr. Baden dem inzwischen selber eingetroffenen Churfürsten Gegenvorstellungen. Es wurde demselben erklärt, dass die Fürsten sich „ad partem et extra

19. am 29. Januar kann Churpfalz erklären, dass die hessischen Gesandten die zum Vollzug der Unionsacte erforderliche Vollmacht übergeben haben. Seit dem 30. Januar wohnen die Hessen den Sitzungen bei.

Januar 17.

Bericht Anhalts über seine französische Gesandtschaft, vorgetragen in der Versammlung der churpfälzischen Abgeordneten.

Anhalt trägt vor: „König (sei) anfenglich ser kaltsinnig gewesen, sonderlich dero eigner person halben, welche ser verhasset gemacht, weiln dero communiciert, was sie zu Prag mit dem Kaiser des Nevers wegen tractiert. Gantze Pragische handlung nicht annemblich. Auch könig Matthiae tractation mit Fürstenberg [1] missfaellig gewesen, und also seine person unwert.

König hette Gülchischen zustant gewust, ire uneinigkeit und zu frühe werbung, item das sie ein misstrawen in ihn setzen, als wan der könig iro privatnutzen hierin sucheten. Darzu komme, das (durch) Zollern auch ein flohe dem könig in ein or gesetzet worden, contra quam scriptum est. Es seien auch die Saechsischen sachen pari passu dem könig angebracht, als hetten sie etwas apparentz. Loefenii widerlegung sei wol zu statten kommen. Mansfelt sei auch darzu kommen, und hette man sich beforcht, Engellant und Dennemark nemen sich der sachen an. Das auch Bongarsius geschrieben, das stette nichts werden thun, auch die unionsverwanten, weiln sie nur uf die acquisita gericht. — Daher könig das werck bedacht, gehen zu lassen.

Obige impedimenta seien anfangs im weg gelegen. Villeroy affectioniere dieses werck nicht ser. Da sie es zuvor gewust hetten, weren sie zuruck gezogen; derwegen sie gezwungen worden, runt zu gehen. König hette i. f. g. in die Tuileries fordern lassen, aber sonderlich das mistrawen urgiert. In werender proposition sei nuntius papae darzu kommen, wie auch Pralin aus Niderland. Andern tags raete besucht; und Villeroy wie auch der Sillery

---

unionem — „welches vielleicht bei dem fürstlichen Stutgartischen beilager geschehen sein mag“ — für eine sechs Monate lang auf ihre alleinigen Kosten zu unterhaltende Hülfe von 4000 M. z. F. und 1000 z. Pf. entschieden und diesen Entschluss dem K. Frankreich durch Anhalt mitgetheilt hätten, worauf dieser sich zu gleichem Beistande bereit erklärt habe, mit dem Bemerken: statt auf sechs Monate solle man sich auf so lange verpflichten, als die Hülfe nöthig sei. Darauf ist nun der Churfürst Tags vorher ohne die bewusste Bedingung in die Union getreten. Die Hessen hatten erwartet, die Churbrandenburger würden der Schmalkaldener Abrede gemäss vor jener Entscheidung sich mit ihnen benommen, oder des Landgrafen Resolution erwartet haben. (A. a. O.)

[1] Vgl. N. 3. Anm.

weren uf einem weg gangen, das nemblich der könig die mittel Jan. 12
nicht wolte zum fenster hinaus werfen. Wan man verneme, was bis
fürsten thun wolten, mochten i. M. sich auch vernemen lassen. Febr.
Sully hette geraten, das sie runt und oeffentlich solten heraus gen. 13. (14.)
Wurden viel ausrichten.

König hette gefragt, ob es ernst, das fursten der sachen sich wollen annemen. Darauf er proposition, credentz und gewalt fürgezogen, welches auch geschehen. Darauf der könig befohlen, das i. f. g. mit den raeten solten conferiren, welches (geschehen) im beisein Sully, Sillery und Villeroy. Jeanin proponiert: das fursten sich durch den ban würden schrecken (lassen). Secundo, wan Neuburg etwas mittel zu dem accordo sehe, das es vielleicht möchte accordieren dem könig zu nachteil. Welches i. f. g. abgeleinet, also das sie geschlossen, einen gesanten heraussser zu schicken. — Tertio urgiert: weiln die hülf uf sechs monate gericht, und man nicht wissen könte, wie balt sich das wesen verweilen möchte, hetten sie gefragt, ob es uf merere zeit zu schliessen? Darauf geantwortet: weiln der könig es nur vor ein werck von 14 tagen gestelt, das man in sechs monaten wol würde richtig werden. Hette keinen befelch ferners zu schliessen. Were nicht ratsamb, ein grosses continuirlich werck daraus zu machen. Da es in einem halben jar nicht könte ausgefüret werden, könte man fernere mittel bedenken. — 4. Was vor befelch der reciprocation halben i. f. g. hetten, wan über demjenigen, so könig bei dieser sachen theten, Spanien Frankreich molestiern wolte, was man thun wolte? Darauf sich entschuldigt, das sie nicht instruiert, und von der reciprocation nichts geredet worden. Da sie vom könig vorbracht, würde man sich auch gefast gemacht haben. Reciprocatio sei nit nötig, auch wenig iro damit gedient. Der könig hette auch erwenung gethan, wan schon fürsten wolten die Gülchische sache abandonniern, konten sie weniger nicht thun ratione status, müsten sich der sachen annemen. König hette von Staden keine reciprocation begert. Fürsten weren so redlich, das sie es an inen (nicht) würden ermanglen lassen. — Entlich dabei geschlossen, das Boissise auch disfals etwas solle verhandlen. 5. Entlich, da der numerus nicht bastant, sondern vermert werden müsste, was man zu thun gemeint?

Raete seien der mainung, Spannien werde sich dieser sachen cum effectu annemen. König sei ambiguus gewesen und hette dafür gehalten, das Leopoldus werde quittieren, oder Albertus werde stark sich des werks annemen. — Der könig hette begert, wan er helfe, werde man ime zusagen, das man den Huguenotten nicht solle helfen wider ime.

19\. Darauf etwas zu papier gebracht und durch Villeroy i. f. g. zugestelt worden neben den credentialen.

König hette ratsamb gefunden, das sie iren weg nacher Düsseldorf solte nemen. Sei nicht geheimb gehalten, sondern alsbalt spargiert worden. Mansfelt hette noch nit audientz gehabt. I. f. g. hetten in besucht, aber nichts sonderliches vernemen können. Nachdem, der könig zu dem succurs incliniert, haben sich auch raete mutiert und Saechsische rationes verworfen.

Mit des Königs Billigung reiste der Fürst weiter nach dem Haag.

Wie i. f. g. ankommen, hette man eben von diesen sachen reden sollen. Barnefelt ratsamb befunden, das auch mit den deputierten der Staden geret, welches geschehen, da i. f. g. inen referiert, was bei Frankreich resolviert, und exhortierte sie, das sie wolten dieser sachen sich annemen. Barnefelt so viel vertrostung gethan, weiln der könig volck schickete, wolten sie auch schicken, wie printz Moritz angedeutet, ongeferlich 8000 man. Zu Düsseldorf hetten i. f. g. königs resolution in generalitet angezeigt. Pfalz Neuburg (sei) im werk gewesen, mit Leopoldo zu tractiern,[1] und hette so viel erhalten, das ein landtag uf den 2. Januar ausgeschrieben worden, contra rationes status, dieweil stende allein daruf dringen, das arma deponiert, wie Leopoldus urbietig sei. Pf(alzgraf) Wolf(gang) hernacher ankommen, ser uf die pacification gedrungen, und vorgeben, das sie solche in vier tagen wolten zuwegen bringen. Sei aber hernacher divertiert und hette rat begert, da dan i. f. g. dahin gangen, das er mit nacher Hal solte reisen, mit Churbrandenburg und andern stenden sich zu underreden. Welches acceptiert, aber oftmals zweiflig gemacht, und vorgeschlagen, das auch etliche von der lantschaft mit zu ordnen, welche ser daruf getrungen. Begerten kein kriege, die lande kontens nicht ertragen. Vornembste ursach das pf. W. Wilhelm kommen: damit conferentz mit Leopoldo verhindert und der landstende (versamlung) zerschlagen, und damit ein recht medium concludendi getroffen werde."

Januar 25. Beginn der Hauptverhandlung.

(Neben den Fürsten sind auch die Städte vertreten.)

Churpfalz: man hat Tags vorher beschlossen, (nach den bisherigen Vorverhandlungen) dem werk heut ein anfang zu machen. Demgemäss wird der erste Punct des Ausschreibens (Erweiterung der Union) zur Berathung gestellt, und dabei gefragt, ob man über die Correspondenz mit Frankreich nicht erst dann berathen soll, nachdem man vorher den anwesenden französischen Gesandten gehört hat.

[1] Hotmann an Winwood. 1609 Dec. 8. Winwood an Salisbury. Dec. 19. (Winwood, memorials III S. 92, 93.)

Diese Frage wird bei der Umfrage bejaht; zugleich werden hinsichtlich der für die Union noch zu Gewinnenden Vorschläge gemacht und Berichte erstattet. Jan. 12 bis Febr. 13. (14.)

Churbrandenburg bemerkt: er habe Gesandte an Holstein, Pommern, Mecklenburg geschickt. Ersteres wolle sich nicht ohne Dänemarks Wissen entscheiden. Die beiden letztern haben sich noch nicht schliesslich erklärt. Bezüglich Sachsens erinnert Neuburg: seine Gewinnung werde sehr wichtig sein sowol für das Auftreten der Evangelischen an den Reichstagen, als für die Herbeibringung andrer Stände, wie auch wegen seines hohen Anschlags. Man möge sich also ferner bemühen, dies Haus zu gewinnen. Ebenso Anspach, Würtemberg, Baden, Anhalt, die Städte. Dagegen Culmbach: Sachsen habe seine Räthe und „Scribenten" noch nicht zum Geheimniss verpflichtet. Was man also mit ihm verhandle, möchte an den kaiserlichen Hof und sonst ausgebracht werden. „In dessen betrachtung, und (weil) allem ansehen nach schwerlich etwas zu erlangen, drumb mer an sich zu halten, und die sach der zeit zu bevelen, es sei den das G(ülchisch) wesen an seinen ort gebracht und mit Sachsen gehandlet, da dan per indirectum etwas versucht werden konte."

Ueber die Hansestädte[1] sagt Neuburg: „in Rothenburg habe man gemeint, in ruhe zu stehen, weil sie fursten verwand und

[1] Im Laufe des Jahres 1609 zeigten Braunschweig und Bremen eine gewisse Neigung zum Eintritt in die Union. Der Rath der ersteren Stadt schreibt am 11. September an Joh. Hartlieb: die Stadt ist „gentzlichen gemeint, neben den andern correspondirenden erb. Hansestetten in bewuste union uf erbare billichmessige conditiones zu dretten." Darum bittet sie um Mittheilung der Bedingungen, unter denen die drei ausschreibenden Reichsstädte eingetreten sind, um sich darauf desto besser entschliessen zu können. (M. pf. 117/1 f. 266.) An demselben Tag schreibt Bremen an Lübeck: der Secretär der Stadt Braunschweig wird dem Lübecker Rath berichtet haben, weshalb Churbrandenburg und Hessen-Cassel nur zur Zeit noch vom Eintritt in die Union abgehalten werden, und dass der H. Lüneburg ihr wahrscheinlich schon beigetreten ist. Wenn letzteres sich bewahrheitet, so wird der Lübecker Rath auf dem vorherigen Beitritt sämmtlicher niedersächsischer Fürsten hoffentlich nicht mehr so sehr bestehen, da es sich vornehmlich darum handelt, den Beistand der Fürsten zu gewinnen, die in und ausser dem Reich „bei wiederwertigen potentaten und fursten viel vermögen." (Marburg. Ev. Unionshandlungen 1604–10.) Als jedoch Lgr. Moriz den Bremer Rath durch Joh. Zobel zur Beschickung des Schw. Haller Tags aufforderte, erwiederte derselbe am 18. November: er könne den Unionstag nicht beschicken, bevor er den Erfolg der Unterhandlungen Churbrandenburgs zur Gewinnung der niedersächsischen Fürsten für die Union und die Erklärungen der andern verwandten Städte, denen er das Bevorstehen jener Verhandlungen mitgetheilt, vernommen habe. Bei dem Convent der Hansestädte im vergangenen Mai haben diejenigen, welche um

19. sonst allerhand schwere sachen mit frembden potentaten haben. Gut aber wer, das man sie erlangen kont wegen der guten mittel. Drumb es nit aus handen zu lassen. Das sie subject, und mit inen kein unio geschlossen: sondern was ire commercia belangt, derenhalben ire bundnussen angesehen, von Kaisern und fursten confirmirt. So seien sie auch vom Kaiser ad contributionem ersucht worden uber das, was sie den fursten geben. So weren sie nur einzunemen quoad imperium." [1] Nur sei das Verhältniss zu dem Herzog von Braunschweig zur Zeit so, dass man die Wahl habe entweder den Herzog oder die Hansestädte, nicht beide zusammen, aufzunehmen. Man möge versuchen, zwischen dem Herzog und der Stadt Braunschweig zu vermitteln. Aehnlich votiren Churbrandenburg, Anspach, Würtemberg, Anhalt, die Städte. — Baden regt in seinem Votum zugleich an: die übeln Zeiten seien eine Strafe Gottes, man müsse also vor allem Gottes Nachsicht und Segen anrufen, und deshalb sollen die Unirten gemeine Gebete anstellen.

Churpfalz schliesst: die Anstellung der Gebete möge im Abschied verfügt werden. Auf die von Chursachsen gegen die Union eingewandten Bedenken wäre insgemein eine Widerlegung zu verfassen. Mit den Fürsten der sächsischen Kreise möge Churbrandenburg die begonnenen Verhandlungen fortsetzen. Die Hansestädte sind sehr wichtig, und es wäre „ein grosser nachteil, da sie solten abgefangen werden. Wiss auch, was deswegen fur practiken vor handen gewest, sonderlich vom Spanischen ambassador zu Prag." Die grösste Schwierigkeit ihrer Gewinnung liegt in dem Braunschweiger Streit, um dessen Vermittlung Churbrandenburg und

---

die Unionsangelegenheit wussten, dem Gr. Friedrich von Solms etliche Bedingungen des Eintrittes der Hansa in die Union übergeben, um darauf die Resolution des Chf. Pfalz zu erlangen. (Vgl. Acten II Nr. 131 S. 248 Anm.) Auch diese müsse der Rath erst erwarten. Ohnehin fürchte er durch Beschickung des Haller Tags ohne Wissen der verwandten Städte bei diesen anzustossen, bei den Unirten aber die Vermuthung eines Zwiespalts in der Hansa zu erwecken. Die am kaiserlichen Hof rechthängigen Sachen der Stadt Braunschweig sollen ferner, wie man höre, den Churfürsten zur Abgabe ihres Gutachtens vorgelegt werden. Wenn nun hohe päpstlich gesinnte Personen, besonders am kaiserlichen Hof befindliche, von jener Beschickung etwas vernähmen, so dürfte daraus grosse Ungnade und Gefahr für Braunschweig entstehen. Inzwischen werde der Rath aber seine begonnenen Bemühungen bei den verwandten Städten fortsetzten, und die Erfolge derselben dem Landgrafen durch eine besondere Gesandtschaft baldigst berichten. (A. a. O.)

[1] „Zu verstehen, das es uf die ungelegenheit im reich (nicht ausserhalb) verstanden." — Dath.

Anspach sich bemühen mögen. Ueber Frankreich und die andern fremden Mächte wird man handeln, nachdem man den französischen Gesandten vernommen.

Jan. 12 bis Febr. 13. (14.)

Am Nachmittag schreitet man zum zweiten Puncte des Ausschreibens vor. Man beräth vor allem über die vom Kaiser versprochene und nicht geleistete Restitution von Donauwörth.[1] Kurpfalz verliest das kaiserliche Handschreiben vom 16. December 1609. (Acten II Nr. 282.) Man ist einig, dass der gegen Donauwörth geführte Process nichtig sei, das folglich der Kostenersatz für die Execution denjenigen zur Last falle, die das ungerechte Verfahren bewirkt haben (Würtemberg: „dem decernenten oder exequenten,") und dass die Restitution ungesäumt vor sich gehen müsse. Um letztere zu erreichen, schlägt Neuburg ein abermaliges Schreiben an den Kaiser vor; bleibt das ohne Erfolg, so kann man die Sache an's churfürstliche Collegium bringen, weiter kann man die Contributionen zurückhalten. Churbrandenburg (mit ihm die übrigen Fürsten) erklärt, die gütlichen Mittel werden nichts fruchten. Bezüglich der gewaltsamen Mittel erklärt Churbrandenburg: „ob nun Unirte dahin stimmen, wollen s. chf. g. sich darzu bequemen, was einem unirten churfursten geburet."

Aus den Voten der mit Churbrandenburg übereinstimmenden Fürsten ist folgendes hervorzuheben Anspach: es wird „zu sehen sein, wie religion und freiheit erhalten werde. Und schliess dahin, weil man sich gnugsamb verwart, das mittel an hand zu nemen, so die natur weiset, damit der stat geholfen werde." Würtemberg: „weil alle media vergeblich, so muss man sich der stat de facto mechtigen."

Baden (persönlich): „wer jung und unerfaren, het lieber zuvor andere gehört. Er könne über die Donauwörther Sache nur im Zusammenhang mit den allgemeinen Zuständen des Reichs sprechen. Was nun erst nach dem religionsfrid fur ein guter status gewesen, und fur gut ordnungen gewesen, daruber auch feind erschrocken, wer bekant, und het oft gehört, das dergleichen imperium nit gewesen, wie dan sub Ferdinando, Maximiliano und Rudolfo ein solcher stand gewesen, derselb andern weit vorzuziehen, da glieder dem haupt gefolgt und hingegen, das es also aureum saeculum gewesen. Nachdem aber dasselb weder dem pabst noch Spanien gefallen, der ein sein geistliches, der ander weltliches dominium erstrecken wollen, hetten sie es dahin bracht, das er's

1 Vgl. Stieve, der Kampf um Donauwörth. (München 1875) S. 400 fg.

4*

19. nit sagen mag. Bewust were, wie man mit den geringen stenden procedirt, da man commodum iurisdictionis an sich ziehen wollen, mit den höhern wer es so weit kommen, das ire sachen an kaiserlichen hof gezogen worden, da sie doch nit gehört, und gehalten worden, als wan sie geringe. Item hetten nit dorfen volk annemen. Item das man kein underschid halten wollen under den r(eichs-) und Oster(reichischen) stenden. Item het kein furst votum haben sollen, er sei dan belent. Item dorft furst kinder nit verheiraten one Kaisers willen. Sie also nit sovil von der krankheit als dem remedio zu reden.

Donawertische sach belangent, sei selbe nit allein und nur ein kleiner fluss, der von anders herkommen. Derwegen uf den ursprung sehen, welcher von Rom, Spanien herkommen und dem Kaiser obtrudiret . . . Muss also wider papisten practiken mer gesehen werden, als uf ein particularwerk. Der papisten schriften weisen aus, das sie der evangelischen undertruckung suchen, und wer executio schon geschehen, wan es got het haben wollen. Lenger also zuzusehen, kön er nit raten: entweder muss manlich zu kempfen, oder schaendlich zu dienen sein." Auf gütliche Mittel zum Ausgleich der Donauwörther Sache setzt der Markgraf nicht die mindeste Hoffnung. „Nun mussen stend welen, ob sie religion lieber verlieren, oder als oberkeit, so das schwert nicht umbsonst tregt, manlich und deutsch begegnen wollen. Dan da es nit geschicht, wurden sie nit feiern, sondern bei dieser occasion und praetext[1] gebrauchen, das herz fassen und das lang gehabte intent mit schaden ins werk richten. Freund in und aus reich werden abgeschnitten werden, da man doch mit confusion hernegst wird zur wer greiffen mussen. Drumb muss man sachen so weit bringen, das dem ursprung gewert werde, damit, wan sie uns ubel wollen, doch nit schaden können."

„Wie es aber geschehen sol, wolle er sich mit andern vergleichen. Wan er sein meinung anzeigen solt, wolt ers in der eng thun, weils secreta secretissima sein sollen . . . Inen legen dise obstacula im weg: das es wider Kai. M., 2. das man wurde krig ins land ziehen, 3. man wurd succumbiren mussen." Dagegen ist zu erwidern: 1. man ist dem Kaiser Gehorsam schuldig, so lange er „concediren wurd, so reichsconstitutionen gemess . . 2. Da wir nit die ersten, wurd ein hauptkrig ervolgen. 3. Der ausgang des krigs stunde bei got. Weil es aber ein rechtmessige defension, und die eusserste notturft, so hoft er, got werd die mittel geben. Und

---

[1] „praetext des Gülchischen wesens." — Dath.

hat nie so ser an mediis als an der resolution gemangelt, und hat niemand der katz die schel wollen anhenken." Jan. 12 bis Febr. 13. (14.)

Anhalt: seine Meinung ist, „das von diesen puncten nit wol etwas zu concludiren vor erledigung der Gulchischen sachen. Drumb er sich mit den vorgehenden votis vergleich. Deutet an, das, wen man sachen nachdenke, kein zweifel, als das universalis mutatio vorhanden. Theologice zu reden, wiss man, wie wenig das Christentumb ein ernst. Drumb got sein zorn ergehen lassen werde. Die hauptpuncten rei publicae were justici. Befind man, wie dieselb an hof und cammer beschaffen. Deren sich auch der geringe zu beclagen. Und weil das haupt schwach, so hetten die raet iren lauf. Weren sub utraque: nemen gelt von beden parteien. Wan man auch zuruck gehe, von ersten Osterreichischen Kaisern wurd man finden, das sie nur das irige bedacht. Weisen privilegia domus Austriacae aus. Affinisationes [1] (sic?) weisens aus. Item pacificationes mit den Turken, da mit den stenden nichts tractiert noch gedacht worden. Exactiones weisens auch aus. Item erschopfung der Deutschen manschaft. So wurd man finden, ex quo consilio es herkommen. Die, die nit papstisch, het man zu keim bevelch gezogen, als mit dem hern graven zu Solms geschehen. Item weren stend am hof lang ufgehalten worden. Wie man sich auch gegen stetten gehalten, wiesen exempla aus. Man het stend gegen einander verwickelt, als jetzt mit Gulch geschicht. Welche mutation des haus Osterreich gnugsamb beweist, das sie auch confoederationes machen mussen. Hab man sich also zu einer mutatien gefast zu machen und sich also vorzusehen. Vor und nach diser union wer er der meinung gewesen, das man damals armiren sollen, weil aber occasiones sich verloren, hat ers negst fur unnotig gehalten. [2] So were auch uf momenta rerum gut achtung (zu) geben."

Dass man nun bezüglich Donauwörths zur Gewalt greife, „hat grosse difficulteten. Vires unionis weren erst im zunemen. Gehör vil zum krig. Hingegen wurd bellum civile movirt. Zu dem so hat man noch kein gewissheit der andern assistenz. So hat gegenteil gross vorteil, sonderlich wan G(ulchische) sach derselb ausfuren thete. Sie wurden sterker, wir geringer; erlangten ir intent, hie stund man im zweifel; und dorften Leopoldum oder Albertum one ein andern respect ins reich setzen. Sei vornemblich dahin zu

---

[1] „alienationes in Italia." — Dath.

[2] „Erinnerte sich, das (er) gleich nach Ahausischem abschiet der meinung gewesen, das man solte armiren, hernacher (hab er) alhier in loco solches widerraten, weil occasiones verseumt." — Dath.

19. sehen, das Spania nit wachse. Wer der meinung, das dieses dem vatterland am bequembsten, das er dahin sehe, das man (?) media ergreif, da vil das meiste bei den sachen thue.[1] 2. das er uf solchen weg gehe: der gegenteil der fursten (?) suchet nit mit Gülch sich reich zu machen, sonder absolutam potestatem et arbitrium pacis et belli, ausrottung ketzer, eroberung (?) der geistlichen guter, — —[2] der fursten und stende, und was zur undertrückung muglich,[3] zu suchen. Denk (?), per viam facti könne vil erhalten werden. Derwegen solche modos zu finden, dadurch vis unionis zu behalten, und etwas extraordinarie zu thun. Welches er melde, weil G(ulchische) sachen one dises (?) nit wol remediirt werden können. Doch wol er sich mit andern gern bequemen." — Mit diesem Votum stimmt Oettingen.

Culmbach: der Stand der Dinge im Reich ist nunmehr genügend ausgeführt. Zu helfen ist nur „durch solche mittel, die eine kraft haben." Die Restitution von Donauwörth muss thätlich erwirkt werden. Doch ist diese Sache mit der Jülicher zusammen zu behandeln, „in hofnung, wan das G(ülchische) wesen gestilt, es wurd mit Donawert weniger muhe bedorfen."

Strassburg und mit ihm die übrigen Städte rathen, im Gegensatz zu Churbrandenburg und seinen Nachfolgern, von thätlichen Mitteln in der Donauwörther Sache ab. „Weil das G(ulchische) wesen zur weiterung ausgebrochen, das sich nit wol wurde thun lassen, die vires zu disjungiren." (Strassburg.) Sie rathen zu einer schriftlichen Replik an den Kaiser. Bleibe die erfolglos, so sollen, meint Nürnberg, die Churfürsten keinen Reichstag und Niemand eine Contribution dem Kaiser bewilligen.

Januar 26.

Churpfalz: Tags vorher ist man in der Donauwörther Sache zu keinem Schluss gekommen. Auf die gegenwärtige Tagsatzung hat „menniglich ein aug geschlagen, sonderlich weil sovil stend dazu erschinen, auch ein königlicher gesanter zur stell. Da also kein rechtschafne resolution gefast, wer merkliche gefar zu

[1] „Ob man wol viel leiden muss vom kaiserlichen hof, sei es der stein, aber derjenig, so in werfe, sei Spanien. Derwegen vatterlant und union am nützlichsten, das man solche media anneme, da viel (Viele) helfen und sachen helfen ausfüren, welche er weiters wolte deliberiren, wan liberius davon zu reden." — Dath.

[2] Unleserliches Wort.

[3] „Abnemen der geistlichen gutter, renovirung der gravaminum und, wo es möglich, translatio imperii ad peregrinos." — Dath.

gewarten . . Da man kein würklichkeit erzeigt, wurden kaiserliche offendirte raet nur animirt, ein grosseres anzufangen, daran es inen an gelegenheit nit mangelt, wie reichsstaetten bewust, was der staet wegen noch im köcher stecke. Da solches den bösen raeten nit genommen wurde, so werden process erfolgen; wurden auch pabstische stend animirt, ire ligam zu sterken und etwas wider die union anzufangen, sonderlich zu verhindern, das sie nit zuneme. So wurd es auch bei auslendischen ein seltsamb ansehen gewinnen, wurd auch ire consilia endern, und causirn, das man sich kunftig zu inen nichts zu versehen. Desgleichen weren die in votis angezogene occasiones nit aus acht zu lassen. Dan bewust, wie so lang verfaste anschleg der papisten, zu wasser worden, bei denen es also bewand, da man resolvirt, sie ir intent zurucksetzen mussen. Wie es mit Osterreich bewand, wust man." Jan. 12 bis Febr. 13. (14.)

Da nun der Kaiser in seinem Schreiben die Restitution Donauwörths verweigert hat, so ist zu berathen: 1. wie ihm zu antworten ist; 2. ob, da alles Schreiben umsonst sein wird, der Stadt thätliche Hülfe zu leisten ist, „weil in causa Gulich arma an der hand;" 3. ob von dieser Sache zu reden ist, indem man zugleich etwas über die Jülicher Sache handelt, oder ob beides bis nach Anhörung des französischen Gesandten zu verschieben ist.[1]

Für die thätliche Hülfe sprechen hierauf dieselben Fürsten, die sie Tags vorher empfohlen. Baden bemerkt:[2] „was er gestern de secretis secretissimis gemeldet, het er verstanden: wan ein ausschuss gemacht, er solche media vorschlagen wolt, das dem wesen zu helfen; und het es de modo belli generalis verstanden..

---

[1] Dathenus: da die Prager Gesandtschaft ohne Erfolg geblieben, so ist zu berathen „was dan mit Donawert, hofprocess, und reformation der raete am kaiserlichen hof weiter anzufangen." Soll man ein Schreiben an den Kaiser verfassen, nachdem die ansehnliche Gesandtschaft nichts geholfen? „Obs nit erspriesllicher, mit einer wirklichen hulfe die sache zu favorisiren, oder aber was man doch in eventum zu thun bedacht, wo man jetzunt nicht wirkliche hulfe thun wolle? . . Man könte etwa von diesen drei mitteln deliberiren: 1. sich zu erkleren, dem Keiser keine contribution mer zu geben; 2. keinen reichstag zu consentiren; 3. zu berathschlagen, wie man sich gegen die hofprocess könnte schutzen. Es were aber furs ander auch zu deliberiren, ob nit in particulari, wie obgedacht, Donawert zu helfen, sondern vielmer ex fundamento dem gantzen beschwerlichen wesen zu remediren."

[2] „Er hette angedeuttet uf secreta secretissima, de modo belli gerendi. Weil aber andere nit one das Gulichsche wesen hievon zu tractiren vermeinen, so wolle ers nit widerraten. Man solte nur sehen, das bellum evitando wir nit in den krieg mitten hinein kemen. Eine gute sache könne wol male agendo verdorben werden. Im Schmalkaldischen krieg sei es so gangen." — Dath.

19. Wol man den Krieg ins reich selbst kommen lassen, wurd man verursachen, was man sonst durch gutte resolution verhutten können." Anhalt: vom kaiserlichen Hof sei kein Heilmittel zu erwarten, „in ansehen das Kai. M. wissen, wie ire leut beschaffen.[1] Hab inen auch unders gesicht gesagt, das sie sie umb land und leut gebracht. Haben auch gelitten, das er es i. M. selber repraesentiret. Nichts weniger wurd es darbei gelassen. Jetzt sei es offendirt, und wurden nichts underlassen. So sei man schuldig, darauf zu sehen, i. M. selbst zu retten."[2]

Neuburg räth zu einem scharfen Schreiben an den Kaiser.[3] „Im fal abschlagens (sei) die stat nit hulflos zu lassen." Da auch Würtemberg (mit ihm Anhalt[4] und Oettingen[5]) gerathen hat, man möge, wenn die Vorbereitungen zur Gewalt getroffen seien, vom Kaiser nochmals schriftlich die Restitution Donauwörths fordern, so schliessen die Städte sich diesem Theile des würtembergischen Votums, soweit es nämlich einfach (ohne den Vorbehalt!) ein Schreiben an den Kaiser empfiehlt, und zugleich dem Neuburger Vorschlag an. Zur Anwendung der Gewalt sagt Nürnberg, sei die Union zu schwach, so lange nicht die vorher bezeichneten und noch zu gewinnenden Stände ihr beigetreten seien. Man schrecke durch thätliches Vorgehen andere vom Beitritt ab.

Bezüglich der churpfälzischen Frage, ob von der Donauwörther und Jülicher Sache zusammen zu handeln sei, erklärt Anspach: „Gulchische sach belangent, were nunmer (d. h. zugleich mit der Danauwörther Angelegenheit) davon auch zu reden." Anhalt: bezüglich der Art des gewaltsamen Verfahrens sei „ein solcher weg zu suchen, wie mit erzwingung der muri zu faren, und neben Donawert auch andere gravamina genommen werden, wie in der Gulchischen sach sich finden wurde." Baden: „weil kein rechte resolution zu nemen, man rede dan vom Gulchischen wesen, so möcht er leiden, das solcher punct auch zugleich mit tractirt wurde."

[1] „J. Kai. M. habe selbst ire raet accusirt, aber da sei kein remedium." — Dath.

[2] „Kai. M. (habe) gesagt, das sie durch sie (die Räthe) umb dero konigreich, leut und lande gebracht, auch leiden mogen, das es inen von i. f. g. angezeigt. Seien dadurch so hoch offendiret, das sie sich werden raechen. Man sei verpflicht, Kai. M. von dero servitut, drin sie bei disen ubel qualificirten reten stecken, zu defendiren." — Dath.

[3] Ferner zur Verweigerung von Steuern und Reichstagen. — Dath.

[4] „Das schreiben an Kai. M. nit eher abgehen zu lassen, bis man gefast, wie Wurtenberg votirt." — Dath.

[5] Auch Culmbach. — Dath.

Churbrandenburg (mit ihm Culmbach): man möge über beide Puncte handeln, nachdem man den französischen Gesandten gehört. — Dagegen Nürnberg: man möge die Puncte in der Ordnung des Ausschreibens, zunächst also die Donauwörther Sache erledigen. Jan. 12 bis Febr. 13. (14.)

Churpfalz schliesst: dass, dem Kaiser schriftlich zu antworten sei, ist beschlossen. Bezüglich der thätlichen Hülfe ist nichts Bestimmtes vorgeschlagen. „Und weil solcher punct abgesondert des dritten nit kan tractirt werden, so stund zu bedenken, ob vom 3. puncten ein anfang zu machen."

Hierauf empfehlen Churbrandenburg, Neuburg und Zweibrücken ihre Jülicher Angelegenheit und treten dann ab.

Am Nachmittag Einführung des französischen Gesandten, der folgende Werbung vorträgt: nach Beendigung der Bürgerkriege in Frankreich bemühte sich Heinrich IV. um den Frieden der gesammten Christenheit. So wurde mit seinem Beistand (consilio et auctoritate) der niederländische Waffenstillstand geschlossen; es wurde Italien durch die Versöhnung zwischen Papst und Venedig von der Gefahr des Kriegs befreit. Am eifrigsten aber trat er als Erhalter der auf vielfache Weise geschmälerten Wolfahrt und und Freiheit Deutschlands auf, sowol wegen der alten Verbindung zwischen den französischen Königen und den deutschen Fürsten, als besonders wegen der von letztern ihm in den schwierigsten Zeiten erwiesenen Dienste. Als er daher vor etlichen Jahren vieles zum Verderben der deutschen Stände geschehen sah — Verheerung ihrer Lande, Einnahme der Städte, Beförderung der Zwistigkeiten unter den Fürsten — ermahnte er dieselben, zur Abwehr dieses Unrechts sich zu vereinigen, und empfahl dies um so mehr, da er voraussah, dass die Jülicher Lande Anlass zu Streitigkeiten in Deutschland geben würden. Wie er sich nach des Herzogs von Jülich Tode zum Schutz der rechten Erben geneigt zeigte, dürfte bekannt sein. Er wolte es alle europäischen Fürsten wissen lassen, dass er in dieser Sache, in der es sich um Deutschlands Wol handelt, die legitimen Erben, seine Freunde und Verbündeten, nie verlassen werde. Um jedoch keinen Krieg unbesonnen hervorzurufen, billigte er sehr den Dortmunder Vertrag. Wegen der Anschläge benachbarter Fürsten auf den Erwerb der Jülicher Lande legte er zur Erhaltung jenes Vertrages einige Fähnlein Reiterei an seine Gränzen. Und da die possidirenden Fürsten nachlässig zu werden schienen, während andere Kriegsrüstungen gegen sie veranstalteten, ermahnte er dieselben, sich gegen unerwartete Unterdrückung vor-

19. zusehen. Darüber kam der Fürst von Anhalt nach Paris mit der Erklärung: die unirten Fürsten seien entschlossen, den Besitz der Jülicher Erben mit den Waffen zu vertheidigen, falls Frankreich ihnen die gehoffte Hülfe leiste. Die gute Aufnahme seiner Anträge hat der Fürst der Versammlung berichtet. Da er zugleich gebeten hatte, der König möge den Unirten seine Aufträge und Rathschläge durch einen besondern Gesandten vorbringen lassen, so ist zu dem Zweck Boissise abgeordnet. Die Versammlung möge nun sorgen, dass die Jülicher Lande ihren verwandten Fürsten nicht entrissen werden. Der König wird die Unirten mit allen bereit stehenden Mitteln gegen jedes Unrecht vertheidigen, ohne dem Kaiser oder dem Rechte einen Abbruch zu thun, noch seinen eignen Vortheil zu suchen, nur um Deutschland, der Vormauer der Christenheit, Friede und Wolfahrt zu sichern, seinen verbündeten Fürsten, die ihm gute Dienste erwiesen haben, ihre Rechte zu wahren, mit der Bedingung, dass die Unirten gleich ihren Vorfahren, in des Königs Freundschaft und Bündniss treu verharren. (117/2 f. 174.)

Der Gesandte erhält von Dr. Camerarius eine Vorantwort. Die Versammlung verschiebt die Berathung über den Inhalt der Werbung auf den folgenden Tag.

Januar 27.[1]

Würtemberg, Baden, Anhalt (sämmtlich in Person nebst ihren Räthen, Oettingen, Gesandte von Culmbach.)

Churpfalz: die für den Vormittag angesetzte Berathung über die Jülicher Sache konnte nicht fortgehen, „weil stette noch nicht resolviert, aus ursachen das sie gesanten nit gehort, von Gulchischen sachen nichts gewust.“[2] Die Fürsten haben nunmehr über folgendes zu beschliessen: 1. was werden die Fürsten thun, wenn die Städte sich ihnen nicht anschliessen? 2. Soll man nicht „ad partem“ mit den Städtegesandten handeln, um sie besser zu informiren?

Bezüglich des ersten Punctes erklärt ein Rath im Namen des Herzogs von Würtemberg: „sein her wuste sich des Stutgardischen abschiedes wol zu erinnern, darin underschiedliche anhenge gemacht;

---

[1] Diese Sitzung nach dem Protocoll des Dathenus. —

[2] Würtemberger Protocoll: die Städtegesandten haben „vorgewendet nit allein des legati Franciae anbringen nit vernommen (wegen undeutlichen Sprechens, vgl. f. 743), sondern auch teils von dieser sach kein wissenschaft oder instruirt.“ (St. Unionsacta V f. 748).

liessen es darbei."[1] Baden (ähnlich Anspach und Anhalt): Jan. 12
auf Grund des Stuttgarter Abschieds und der französischen Anerbietungen ist dem Gesandten Frankreichs eine bestimmte Erklärung zu geben. Denn es ist die höchste Gefahr im Verzug, da man Leopolds Rüstungen zuvorkommen muss, und da die Franzosen „anfangs gar hitzig, aber balt erkalten werden" (Anhalt). Man kann auch nicht mehr zurück, „wo man nicht gar underliegen wolte." (Baden.) Der Culmbacher Gesandte erklärt: es „lasse es sein her beim Stutgardischen abscheit; sei uf merers nit instruirt. Hielte, das er sich vielleicht ad maiora mochte accommodiren. Fursten werden selbsten vires unionis bedencken, und das cassa nicht enerviert, dieweil hieoben auch etwas mochte angesponnen werden gegen fursten, so sich der sachen annemen, damit man auch gewalt widerstehen konte." Oettingen wird dem Beschlusse der Fürsten folgen.

bis
Febr.
13. (14.)

Bezüglich der Städte bemerkt Culmbach: „ligt inen im weg, das sie (des französischen) gesanten anbringen nicht vernommen und in Gulchischen sachen nicht informiert, auch Caesar und churfurst zu Sachsen im wege." Man ist einig darüber, dass man die Städtegesandten durch abgesonderte Conferenzen zu informiren suchen solle. Denn sie tragen Scheu, diese Dinge „in pleno" zu verhandeln, „dorfen auch sorgen, das ire vota vor den Kaiser kommen mochten." (Baden.) Wie, für den Fall dass die Städte an der Jülicher Hülfe sich nicht betheiligen, der dadurch entstehende Ausfall zu ersetzen sei, wird späterer Berathung vorbehalten. Es sei, bemerkt Anhalt, „nicht wol draus zu kommen, ehe der anschlag gemacht, welcher auch bei directorium ufzusetzen."

Man bespricht ferner, dass man von Seiten der beiden Interessenten versichert sein müsse über die Anzahl der Truppen, die sie stellen, und die Zeit, für welche sie dieselben unterhalten werden, ferner dass man sie „ad partem" zu ermahnen habe, sie mögen nicht jeder für sich, sondern gemeinschaftlich die Verhandlungen über die Jülicher Sache führen und die Regierung in Düsseldorf besser bestellen. Man beräth über die Versicherungsacte, welche beide interessirte Fürsten für den Ersatz der Unionshülfe auszustellen haben.[2]

[1] Würtemberger Protocoll: „sonsten i. f. g. des (Stuttgarter) abschiets sich noch und der bewilligung zu erinnern; bei demselben erbieten es bewende. Beden fürsten heimbzustellen ires volgks halb anstellung zu machen, wie sie sich befinden stark gnug zu sein. Dem anschlag nach, was bewilligt sei, werd das facit bald zu machen sein." (f. 749.)

[2] Ergebniss dieser Berathung ist eine Schrift der unirten Fürsten

19. Januar 29.

(Es fehlen die Städtegesandten, desgleichen Churbrandenburg, Neuburg, Zweibrücken.)

Churpfalz (Camerarius): man hat Tags vorher mit den Städten verhandelt. „Denen man ire dubia in den Gulchischen sachen benommen, wie sie dan bekennen mussen, das sachen merklicher importanz. Allein weil merer teil nit instruirt und inen (nicht) geburt, ohne befelch etwas einzugehen, habens derwegen ad referendum genommen. Reinische stet aber hetten sich fast wilferig zu einem anleihen pro posse gegen versicherung erklert." Man bat die Gesandten, sich die nöthigen Instructionen alsbald kommen zu lassen. Sie erwiderten, sie können darüber nur mündlich berichten: „Ad partem hab man inen an hand geben, das sie sich den craisen nach in kurzem zusamb beschreiben möchten, könd man zu inen abordnen. Stund also zu bedenken, wie der abgang zu ersetzen, da bei den stetten nichts zu erhalten sein sollt."

Es werden darauf Vorschläge gemacht, wie man die Städte zur Betheiligung gewinnen könne.. Würtemberg bemerkt: „der staet halben wer auch zu eilen, möcht sonst den stetten schreiben von Prag einkommen." Baden: „so gar hart in sie zu setzen sei auch nit ratsamb. Vermein, man sol sie (die Städte) durch ein nebenabschid versichern, da sie deswegen solten angegriffen werden." Culmbach hofft, es werde noch „nachrichtung von Sachsen einkommen, dardurch Nurnberg zu anderer resolution

---

und fürstlichen Gesandten an Churbrandenburg und Neuburg vom 28. Jan.: man bezieht sich auf die bezüglich der Jülicher Sache gegebenen Erklärungen Frankreichs und auf die zu hoffenden gleichartigen Anerbietungen der Staaten und Englands. Es wird von Frankreich und den Staaten vorausgesetzt und von den unirten Fürsten — wenn sie ihre für die possidirenden Fürsten in Aussicht genommene Hülfe in's Werk setzen und zu weitern Beschlüssen vorschreiten sollen — für nöthig gehalten, dass Churbrandenburg und Neuburg sich verpflichten, ihre Truppen, die sie zur Zeit in Bestallung haben (etwa 5000 M. z. F. und 1300 z. Pf.) mit allem Zubehör (Artillerie, Munition, Proviant u. s. w.) so lange ferner zu unterhalten, als es nöthig ist. Zweitens: da die unirten Fürsten die Kosten ihrer Hülfe nicht aus dem Unionsfonds, sondern aus eigenen Mitteln bestreiten, so mögen Churbrandenburg und Neuburg erklären, ob sie behufs Widererstattung beiliegende Obligation ausfertigen wollen. — Nach der hier erwähnten Obligation sollen sich Brandenburg und Neuburg verpflichten, den namentlich aufgeführten Unirten die zur Vertheidigung der Possession aufgewandten Gelder in drei Jahren zu bezahlen, oder, wenn sie nach Ablauf dieser Zeit von einem und dem andern längern Ausstand bewilligt erhalten, sich der Zinsen wegen mit demselben zu verständigen. Verpflichtung bei fürstlichem Wort und „bei verpfaendung und sonderbarer hypothec . . aller unser fürstentumb, herschaften und landen." (St. Unionsacta V f. 311, 309.)

kommen möchte." Bezüglich des Beschlusses in der Hauptfrage, der bei dieser Absonderung der Städte zu fassen sei, erinnert Baden an die Verbindlichkeit der Majorität. Worauf Culmbach erklärt: „es könt angeordnet werden, das man sich der maiorum gebrauche, und ein gemeinen schluss mache als wan staet gewilligt hetten." — Endlich wird bestimmt, es solle in einer Plenarversammlung Beschluss gefasst werden, und es dann den Gesandten der Städte überlassen bleiben, ihn ad referendum zu nehmen. Man hofft, dass die Gesandten der nächsten Städte den Bescheid noch während der Tagsatzung bringen können.[1] Vor der Plenarversammlung soll nochmals mit den Städtegesandten „ad partem" darüber verhandelt werden, wie und wann die Städte zur Annahme des Beschlusses zu gewinnen seien. Verweigern sie die Annahme, so sollen gleichwohl die übrigen Unirten den Beschluss durchführen. Es soll auch den Städten die „schadloshaltung" zugesichert werden, „damit sie desto ehe zufrieden."

Jan 12 bis Febr. 13. (14.)

Es wird ferner berathen über die Beantwortung des französischen Gesandten. Anhalt bemerkt: „wer er (der Gesandte) heut bei im gewesen und umb abfertigung gebetten. Het schon acht tag gewart. Der konig mus ein gewisse resolution haben. Het vorgeschlagen, weil sein propositio generalis gewesen, das man im auch ein solche antwort gebe." Man beschliesst: „F(ranzösischer) gesanter wer schriftlich zu beantworten; und solt etwas zu papir gebracht werden, in genere, damit stet umb sovil weniger, bedenckens trügen." In dieser allgemeinen Antwort ist nach Anhalts Bemerkung zu erwähnen, „das man im werk ad particularia zu schreitten mit dem gesanten."

Hierauf Verlesung der übergebenen Antworten Churbrandenburgs und Neuburgs auf die Schrift der Fürsten vom 28. Januar (S. 59 Anm. 2)[2]

---

[1] Churpfalz bemerkt dazu: „es könnens aber nur die Fraenkischen (Staedte); die sehen allein uf Nurnberg und dorften vergebens reisen."

[2] Churbrandenburg erklärt: 1. die von ihm geworbenen Truppen will er so lange als nöthig unterhalten und mit dem nöthigen Proviant, Munition und Artillerie (8 halbe Carthaunen, „deren ein jeder 25 pfund schiessen sol," 8 Feldschlangen „von 16 pfund eisen," 10 Stück Feldgeschütz, „so 8 oder zum wenigsten 6 pfund eisen schiessen," 8 Stück „von cammern, auch von 6 oder 8 pfund;" dazu 1600 Zentner Pulver und die nöthigen Kugeln oder, wenn nöthig, noch mehr) versehen. 2. In Anbetracht des gemeinen evangelischen Interesses, das bei der Jülicher Sache in Frage kommt, und der grossen Ausgaben, die der Churfürst dabei bestreitet, möge man ihm nur einen Revers zumuthen, der dahin geht, dass er und seine Nachkommen jedem unirten Fürsten oder dessen Nachkommen im Bedürfnissfalle die gleiche Hülfe zu leisten

19. Am Nachmittag zeigen die Gesandten von Kempten den Churpfälzern an: „das sie zu verreisen willens, und hetten denen von Ulm gewald ufgetragen. Allein begert, weil inen zu dem Gulchischen wesen neben dem, so zu der union in nervum zu legen, die begerte 35 monat und also in allem 95 monat zu erlegen zu schwer fallen wolt, man wolt inen gestatten, das sie ein monat oder 20 aus dem nervo nemen möchten. Und solte an inen nichts ermanglen, gestalt es auch schon in parato were. Wolten sich auch, was ire hern und obern zu thun gemeint, gegen dem directorio innerhalb 14 tagen erkleren." Es wird erwidert, man werde alsbald mit den Städten weiter handeln, um von ihnen Vorschläge bezüglich der Jülicher Hülfe zu vernehmen. Man werde sich auch bemühen, „das die interessirte fursten den herleihenden gnugsame versicherung thun, wie auch die stet, da sie diser contribution halben angefochten werden solten, schadlos von den Unirten gehalten werden sollen. Darauf sie begert: man wolte die versicherung nur general stellen und der Gulchischen land darinnen nicht gedenken." [1]

haben, welche der betreffende Unirte gegenwärtig leistet. (St. Unionsacta V f. 288). — Neuburg erklärt: 1. er will die Truppen, die er gegenwärtig in Bestallung hat, so lange unterhalten, bis die Truppen der Unirten in's Feld ziehen. Darauf will er so viel Volk unterhalten, dass dasselbe mit dem von Churbrandenburg übernommenen zusammen 4000 M. z. F. und 1000 z. Pf. beträgt. Da indess die Kosten dem Herzog unerschwinglich sind, so bittet er, die unirten Fürsten mögen ihm als Anlehen entweder den Sold eines Theils seiner Truppen, oder die Summe von 300,000 fl. in monatlichen Raten bezahlen. Mit Lieferung von Geschütz und Munition möge man den Herzog bei seiner Unvermögenheit verschonen und mit dem, was Churbrandenburg angeboten, zufrieden sein und von Seiten der unirten Fürsten „desto mer hinabordnen." Doch ist der Herzog nicht „ungenaigt, an pulver etwas vorrats zu verschaffen." 2 In Anbetracht des gemeinen evangelischen Interesses, und weil der Herzog sich schon über sein Vermögen angestrengt hat, möge man mit einem Revers zufrieden sein, dass der Herzog und seine Erben den Unirten, wenn sie widerrechtlich bedrängt werden, „nach dero vermögen und proportion mit succurs, als jetzo derselben geschicht, ebenmaessig wider zu hülf kommen." (f. 290.) — Nach der Inhaltsangabe beider Erklärungen in dem Protocoll des Münchner Staatsarchivs hatten dieselben noch einen dritten Punct bezüglich Sachsens: „Sachsen wegen wiss er (der Chf. Brandenburg; ebenso Neuburg) kein ander mittel, als das im ein revers geben werde wie Zweibrucken, und das man sich eines rechtlichen austrags vergleiche."

[1] Nach dieser Erklärung scheinen die Kemptener geneigt, die Hülfe für die Possidirenden zu bewilligen. Ueber Ulm schreibt Fürst Christian am 5. Febr. an Churpfalz: Ulm hat die 35 Monate bewilligt mit dem Vorbehalt, dass nichts davon in den Abschied komme. Hoffentlich werden die andern Städte das gleiche thun. (M. pf. 116/4 f. 121.) Schon am 17. Nov. 1609 bemerkt die Stadt Ulm in einem Schreiben an ungenannte Fürsten, indem sie auf das Gesuch eines Darlehens für die Possidirenden sich entschuldigt, dass sie jüngst dem H. Neuburg ein Darlehen bewilligt habe. (M. pf. 116/2 f. 318.

Januar 30. Jan. 12 bis Febr. 13. (14.)

(Die Städtegesandten fehlen; desgleichen Churbrandenburg, Neuburg, Zweibrücken.)

Churpfalz: Tags vorher ist in der Jülicher Sache mit den Gesandten der drei ausschreibenden Städte weiter verhandelt. Sie beharren auf mündlicher Relation. Die nahe benachbarten Städte hoffen die Gesandten noch zur Einsendung ihrer Resolution während der Tagsatzung zu bringen; die entferntern sollen sie an Churpfalz einsenden. „35 monat wer inen, sonderlich unvermögenden zu schwer, und also umb nachlass gebetten. Daruf es dahin gestelt, das in pleno von diser Gulchischen sach geret werden solte. Der schadloshaltung wer inen vertröstung beschehen, und das unvermögende nit zu hoch beschwert werden möchten." Da nun die Fürsten beschlossen haben, das Werk durchzuführen und für einen etwaigen Abgang von Seiten der Städte einzutreten, „het man sich zu erkleren, damit, wan in pleno hievon etwas solt proponirt werden, es also zu moderiren, damit stet nit ursach haben, uf irer meinung zu beharren."

Man verständigt sich nun darüber, dass in der Plenarversammlung den Städtegesandten die mündliche Relation zuzugestehen sei. Man will von den Städten zunächst die vollen 35 Monate verlangen, dann, wenn sie bei ihrer Weigerung beharren, sich zu Concessionen verstehen. Dass die Fürsten für den dadurch entstehenden Ausfall eintreten wollen, darf ihnen nicht gesagt werden. — Anhalt meint: „stet könten gewonnen werden, wan man inen Frankreichs erbieten generaliter anzeigte: dahin das der konig sovil schicken wolte als die Unirten selbst, damit sie sehen, das man den last nit allein trage."

Im Zusammenhang mit diesem Gegenstande werden die Antworten Churbrandenburgs und Neuburgs (S. 61 Anm. 2) in Berathung gezogen. Da Churbrandenburg und Neuburg sich auch über die Abfindung Sachsens[1] erklärt haben, so bemerkt

[1] Mit diesem Gegenstand hatte sich schon die Sitzung vom 22. Jan. beschäftigt in Folge eines Schreibens des Mgr. Culmbach, in dem er anzeigt, dass H. Johann Georg von Sachsen ihn in Hof besuchen werde, und anfragt, ob er mit ihm über die Jülicher Sache verhandeln solle. — Der Mgr. Culmbach hatte nämlich den H. Johann Georg am 8. Jan. eingeladen, um, da der Chf. Brandenburg am 30. Jan. bei ihm zur Kindtaufe eintreffen werde, eine Verständigung in der Jülicher Sache zu versuchen. (D. 8803. X. Buch Jülicher Sachen a. 1609. Vgl. Ritter, Sachsen und der Jülicher Erbfolgestreit S. 44 fg. Irrig ist dort bemerkt, der Chf. Brandenburg sei auf der Reise nach Schw. Hall zu der Conferenz in Hof gekommen. Es geschah vielmehr bei der Rückreise von Hall.)

19. Würtemberg: der vorgeschlagene Revers werde Sachsen nicht zufrieden stellen (ebenso Anhalt); die beiden Fürsten mögen also darauf bedacht sein, dass „S(achsen) mit in possessionem kommen möchte.“ Anhalt: „Churb(randenburg) und N(euburg) zu erinnern uf weitere mittel zu gedenken.[2,3] Bezüglich der allgemein gehaltenen Antwort auf das allgemein gehaltene Anbringen des französischen Gesandten wird beschlossen, dass dieselbe unter Zuziehung der Städte anzunehmen sei. Würtemberg bemerkt dabei: „und wer man im werk, mit dem gesanten etwas specialius zu handlen.“

Hierauf am Nachmittag eine Plenarsitzung, in welcher Camerarius den lateinischen Entwurf der Beantwortung des französischen Gesandten verliest. Die Fürsten nehmen denselben an. (Anhalt votirt: „weil man in Frankreich etwas nachrichtung (haben) muss, wie das anbringen acceptirt worden, drumb der gesant angemant, und weil das concept general, so liess ers dabei.“) Die Städte: da ihnen von der Gesandtschaft nichts bekannt gewesen sei, so möge die Antwort im Namen der Fürsten allein gegeben werden. — Die Antwort so beschliessen die Fürsten weiter, soll, um den Gesandten zu ehren, ihm durch einen Fürsten, und zwar den Herzog von Zweibrücken, übergeben werden.[1]

Hierauf treten die Jülicher Interessenten ab, und Churpfalz proponirt: der dritte Punct des Ausschreibens

---

1 „Zu erinnern, ob nicht Chursachsen in simultaneam possessionem zu nemen.“ — Dath.

2 Culmbach: wenn die von Brandenburg vorgeschlagenen Mittel zur Güte nicht verfangen, ist als letztes der Simultanbesitz vorzuschlagen. Hessen: mit dem blossen Simultanbesitz wird sich Sachsen schwerlich begnügen. Churpfalz: „das auch andere mittel anzudeuten, sonderlich die simultanea possessio, und von Sachsen ire gedanken zu vernemen, und alles zur friedlichkeit zu richten, damit Sachsen gewonnen, und sachen leichter gemacht werden.“ — Dath.

3 Die Antwort ist allgemeiner Natur: Eifer des Königs für den Frieden der Christenheit und die Würde und Freiheit Deutschlands. Beunruhigung des Reichs durch auswärtige Mächte und verdorbene Menschen, die die Justiz als Vorwand benutzen. Um gegen deren verderbliche Anschläge Deutschland, und die Christenheit gegen Zerrüttung zu schützen, sagt der König seine Hülfe zu. Dank der unirten Stände (electores, principes et ordines). Erinnerung an ihre dem König in seinen Nöthen erwiesenen Dienste. Entschluss des Königs, die possidirenden Fürsten im Besitz der Jülicher Lande zu schützen. Die Unirten nehmen die von ihm angebotene Hülfe an. Rechtmässigkeit des zu schützenden Besitzes. — Die unirten Fürsten bestätigen die vom F. Anhalt dem König gemachten Anträge. Wie für das von den Fürsten und dem König gemeinschaftlich anzugreifende Unternehmen das einzelne zu bestimmen sei, darüber ist mit dem Gesandten besonders zu verhandeln. (M. pf. 342/5 f. 103.)

ist zu erledigen unter Verständigung der Fürsten mit den Städten. Es handelt sich in dieser Sache um die Abwendung allgemeinen Elends. Frankreich hat sich in derselben, um das Wol Deutschlands besorgt, „statlich erboten," und sich bei andern Mächten verwandt: er will so viel leisten, als die Possidirenden und die Unirten zusammen, und ebenso stellen andere Mächte alles Gute in Aussicht. Wenn man also gegenwärtig einen guten Entschluss fasst, so kann sicher „was statlichs ausgericht und der fried und sicherheit erhalten werden." Dies haben die Städtegesandten wol verstanden, aber sie haben „ire bevelch nit allerdings eröffnet." Durch gegenwärtige Berathung im Plenum wünscht man nun zu etwas Sicherem zu kommen.

Jan. 12 bis Febr. 13. (14.)

Anspach: „Het G(ülchische) sach nie anderst verstehen können als für ein gemeine sach, und halte davor, das, wans erhalten wurde, das religion erhalten wurde. Weis aus, was Spania fur ein aug gehabt, weisens auch pacta mit Spanien und Gulch aus. Spanien auch jeder zeit judicirt, das er nimmermer meister in Niderland sein konte, wan er Gulch nit hette, wie er sich dan derselben paess oft gebraucht. So sei es auch nichts neues, das geschlossen, das man unden am Rhein und oben an Donawert anfangen solt, dan sie des ubrigen meister sein konten." Bewahren dagegen die Evangelischen die Lande, so haben sie mehr Vota im Fürstenrath, „und het man sich der Staden zu gebrauchen. Sei also ausser zweifel, das man scholdig, sich diser sach anzunemen, und erklere sich gewissens wegen dazu." Es ist zweckmässig, die Hülfe für Jülich der für Donauwörth, darüber noch nicht entschieden ist, vorgehen zu lassen. „Erklere sich auch zu demjenigen, so Anhalt Frankreich schon angedeuttet." Würtemberg: die Jülicher Sache ist nicht „zur union gehörig." Gleichwol ist nicht abzusehen, wie man sich der Sache „allerdings entschlagen" kann. Die Vertheidigung eines gerechten Besitzes ist billig, und die Erhaltung der Lande für die (protestantischen) Fürsten, bringt den (protestantischen) Ständen grossen Vortheil. Zu dem Zweck wäre (gegenwärtig) eine kräftige Resolution zu fassen. Sonst dürften die Gegner einen andern Plan durchführen, um durch den Besitz der Jülicher Lande „der union ein antidotum zu machen." Es könnte, wenn ein Unirter wider den Religionsfrieden angegriffen würde, die Vertheidigung zu spät kommen. „Und obwol G(ulchisch) sach kein religionssach, so concernir es doch mediate; dan Leopoldus schreibt, das er gemeint, land ex faucibus haereticorum zu erretten. Daruf intent zu spuren, und wurd keinem interessenten, sondern domui Austriae gegönt . . . Zwar das werk hab ansehen zur weiterung.

19. Weil aber Unirten ein feinen nervum, und Frankreich so vil thun wil als interessenten und Unirten; so het man auch nachrichtung, das andere potentaten das irig auch thun werden." — Somit möge man sich der Jülicher Sache „nit entschlagen. Wol gern leisten, was dero quota sein wurde." Die Hülfe für Jülich kann dann auch Donauwörth zu gute kommen.

Baden: erinnert, dass die Berathung über die Donauwörther Sache auf die Verhandlung bezüglich Jülichs verschoben ist. „Weren schon statliche rationes vorkommen, und wan er importanz bedenk, und lieb gegen religion und libertet, so hof er, man werd befinden, wan er sich etwas ufhalten werde, das ers gut gemeint. Halt davor, das weder mit Don(auwörthischem) noch Gulchischem wesen uf specialia, als generalfeind zu sehen. Pabst beger uns under geistliches, und Spanien unter weltliches joch zu bringen. Brauchen occasiones und sonderlich jetzt mit Gulch. Het lieber gesehen, das man hochste not in acht genommen und resolviert (haette), sach dismal recht in acht zu nemen und zu begegnen, das nach arbeit desto ruiger man sein möchte. Schreck in aber, das er sehe, das man bei diser gefahr nit ponderire, oder sich förchte, indem dort man sich erst gefar uf den hals lege. Wol nit gern zu krig raten; hingegen wer es schuldig, zu raten, wan man occasion gibt dem gegenteil per moram. Weil aber etliche nit darzu verstehen wollen, muss ercleren, das es zu spaet sein möcht, da den gravaminibus durch dis werk rat zu schaffen. Und könt nit anderst sein, als des G(ülchischen) wesens sich anzunemen wegen der billigkeit und gerechten sach." Ueber die Absichten der Gegner habe Anspach gesprochen. Sei Spanien Meister der Lande, so werde man, da es seine Bundesgenossen „im reich und villeicht in reichsraeten" habe, nicht mehr sagen können, „wir seien rechte Deutsche." Erhalte man (den Evangelischen) die Lande, so sei den Gegnern, „das meiste practica benommen." Es werde der „union ein reputation und accession ervolgen, neben dem auch der stat Donawert, die uf unserer sel lieg, geholfen. Wurden auch andere potentaten ein aug uf uns haben, freundschaft continuiren, weil sie sehen, das man libertet dapfer in acht neme. Hingegen wurd man reputation verlieren; dan kein einziger denken wurd, das Unirten weder bei sich noch andern etwas thun würden, da sie so gute occasion aus handen liessen. So concernire es religion, und wurden viel tausend selen dem pabst aus dem rachen gerissen, da man hingegen auch den unserigen schaden zuefügen könd. Wurden auch Osterraicher, Ungarn, Bemen wieder under das joch gebracht durch uns."

Anhalt: freut sich, dass man von weitern Verhandlungen

mit dem kaiserlichen Hof nichts mehr erwartet, besonders hinsichtlich Donauwörths, „desgleichen das es dahin gestelt, das kein andere spes mer als via facti." Man hat beschlossen, die Sache Jülichs, Donauwörths und der Beschwerden zusammen zu behandeln. Ueber die Wichtigkeit der Sachen ist genügend geredet. „Das einzige obstaculum sei respect mit Sachsen." Allein die Union will keines Interessenten Recht berühren. Die chursächsischen Räthe merken auch, dass man am kaiserlichen Hof nicht aufrichtig mit ihnen verfährt; die Reise Chursachsens (nach Prag) ist aufgeschoben. Nur wenn man kräftig voranschreitet, dürfte Sachsen sich weisen lassen. „Andere consequentias belangent, wer occasio gross und stund in medio praeventionis, und wurd man in unione können vortkommen, das man zu hoffen, es wurden sich vil andere sachen geben. Im gegenspil wer gefar . . . Bestehe auch occasio in der assistenz, die man zu gebrauchen. An Frankreich sei vil gelegen, und het gespurt, da konig nit solt under augen gangen werden, er dorft wider abgewendet werden; und stehe nun in unserer erklerung . . So were auch Osterreich, Bemen und andere zu bedenken, und kön man sich des gebrauchen. Pontificii weren selbst discordes, hetten ire sachen nit so weit bracht, wie sie angesehen werden wollen. Occasiones werd man etwan auch in Italia bekommen können. So het Spanien selbst grosse ungelegenheit im land mit den Moren. Erinnere und bit, man wolle das momentum nit faren lassen, sonst möcht es zu spaet werden." Jan. 12 bis Febr. 13. (14.)

Culmbach: „Halt davor das ein succurs zu thun, und sei nur ein anlehen dazu gegen eine assecuration." Werde man deshalb angefochten, so sei dagegen Schutz durch die Unionsverfassung gewährleistet. Sachsen werde hoffentlich mit Churbrandenburg auszugleichen, wenigstens über den Zweck der Unionshülfe zu beruhigen sein. Hessen: die Union und jeder Patriot soll in dieser Sache Hülfe leisten. Das Recht Sachsens will man nicht schädigen, sondern vielmehr es schützen gegen die Papisten, die ihm die Lande so wenig gönnen, wie den andern. Oettingen: „Weil man gemeint sich diser sachen anzunemen, damit heut oder morgen der stat Donawert auch geholfen werden möge, so lass ers dabei auch bewenden."

Von den Städten schliesst sich nur Speier dem Votum der Fürsten an: wenn die Gegner obsiegen, so werden die religiösen und weltlichen Beschwerden der Evangelischen, gehäuft werden. „Sonderlich wer Speier mit Papisten uberheuft, da sie Jesuiter mussen nemen, die sich meren, denen man zusehen mussen, das sie ein kirchen gebaut." Strassburg erklärt: wenn ein ein-

5*

19. maliges Anlehen verlangt wird gegen Assecuration, so will man darüber berichten; die Stadt wird sich gegen den Churfürsten von der Pfalz zur Zufriedenheit erklären.[1] — Die Jülicher Sache ist wichtig für die Religion, aber sie ist nicht in die Union zu ziehen. Denn letztere soll nicht gegen den Kaiser gerichtet sein. Der Kaiser hat aber in der Jülicher Sache seine Autorität eingesetzt. Die Interessenten selber sind nicht einig. Von ihnen hat schon Sachsen es „der stat verwiesen, das sie am hof sich der sachen angenommen. So sein in (der) stat handelsleut, so in Sachsen zu handlen." Die geistlichen Churfürsten haben sich durch abmahnende Schreiben an Frankreich und andere in die Sache gemischt. „Het das ansehen, ob man sich den stenden opponiren wolle." Leopold ist Strassburgs nächster Nachbar. „Wan es ubel ausschlagen wurde, wurden sie in beschwerung kommen, da sie sich negsten schadens im krieg erinnern, und konten nit. vil helfen. Wan auch Frankreich sich solte heraus thun, musten sie ein vorrat haben; so stehe on das uf union ein grosse summen." Nürnberg, Worms, Ulm, Nördlingen, Rotenburg nehmen das Vorgebrachte „ad referendum," einige mit der Bemerkung, dass die Resolution ihrer Herrn noch während der Dauer der Tagsatzung ankommen werde. Alle betonen, dass die Sache nicht in die Union gehöre. Nürnberg[2] bemerkt weiter: die aus der Vielheit der Interessenten, besonders

[1] Bei der Conferenz zwischen fürstlichen und städtischen Abgeordneten vom 28. Jan. (Vgl. S. 60) erklären die Strassburger Gesandten: ihre Instruction besagt, dass die Jülicher Sache alle Evangelischen angehe, und dass „bede interessenten nit zu verlassen, aller obstacula ongehindert": allein die Sache sei keine Unionssache, und es sei verabschiedet, dass kein Stand sich über sein Vermögen angreifen solle. (St. Unionsacta V.) Aehnlich sprechen sich die Abgeordneten von Worms, Speier und Weissenburg im Elsass aus. (A. a. O.)

[2] In der Conferenz vom 28. Januar bemerken die Nürnberger: ihre Herrschaft könne „nit befinden, wie bei inen etwas zu thun, bevorab weil schon etliche anlenungsweis bei inen was bekommen." Unter den Gründen dieser Haltung wird noch angeführt: der Kaiser nehme sich der Jülicher Sache mit Ernst an, und seine Motive, die er angebe (die ihm zustehende Cognition, die noch bei Lebzeiten des verstorbenen Herzogs durch Commissarien und „ob metum armorum" ergriffene Possession) haben vielen Schein. Den „geringern staenden" gebühre es aber nicht, „wider i. M. sich einzulassen," auch nicht durch geheime Hülfeleistung, da solche doch auskomme, wie noch der jüngste Haller Abschied den Gegnern zugekommen sein solle. Komme es darüber zu Anfechtungen, so müssen zunächst die geringern Stände herhalten. Greife man die Stadt Nürnberg nicht selber an, so könne man ihre Handelsleute pfänden. — Abgesehen von der Gesandtschaft an Sachsen (siehe folgende Anm.) wird dann eine weitere an den Kaiser und die geistlichen Churfürsten und Fürsten empfohlen, mit dem Gesuch, dass bei der Cognition Churfürsten und Fürsten zugezogen werden möchten. (A. a. O.)

von Sachsen, zu besorgende Gefahr habe Strassburg bezeichnet. Jan. 12 bis Febr. 13. (14.)
Die Kosten der Hülfe werden für die Union unerschwinglich sein und dürften andere vom Beitritt abschrecken. Vor allem mache es die Stadt bedenklich, „das Kai. M. sich diser sach ernstlich angenommen und so starke achtsprocess ausgehen lassen, das auch deren, so wechsel gethan, nicht verschont; daher zu erachten, was stet vor gefar zu gewarten.“ [1] — Ulm erklärt: „das ire hern zuvorderst gesehen uf Kai. M. und in acht genommen, das daher denen, so sich zur assistenz bewegen lassen, grosse ungnad entstehen wurd. So hettens auch widerwertigkeiten der interessenten in acht genommen, daher sie keinem praeiudiciren wollen. Zugleich wer nachbarschaft wegen Burgau, gegen dem (die) stat sich alles nachbarlichen willens erbotten.“ [2]

Churpfalz: die Bedeutung der Jülicher Sache ist unwiderleglich gezeigt. „Weil dan sachen also beschaffen, het P(falz) sich schuldig befunden, libertet und religion sich anzunemen und diesen puncten ins ausschreiben zu bringen, weil gefar vor der hand, wie zu remediiren. Het auch gehoft, man wurd also iustruiren, das man ein schluss het machen können. P(falz) halt, das mans gegen got und posteritet sonst nimmermer zu verantworten haben wurde, da man sach solte verlassen. Sein also der meinung, sich dieser sach wurklich anzunemen.“ Man wird Sachsen auf jede Weise zu gewinnen suchen. Da aber der Erfolg nicht sicher ist, so ist darum „dise gemeine sache“ nicht zu verlassen, weil man das sächsische Recht nicht schädigen will. „P(falz) wil an im nichts erwinden lassen, auch das eusserst; und wan diso sach erhalten, werden sich media wegen Donawert und anderer reichsstet finden. Stellens also endlich dahin, weil man bei stetten spurt, das teils sich nit absondern, andere resolution befördern wollen, so bleib es dabei. Die weitentsessene wollen es dahin dirigiren, damit solche erklerung förderlich entweder zu den ausschreibenden stetten oder directorium einkommen möchte in 14 tagen nach diesem convent.

[1] Man möge von dem Convent aus eine ansehnliche fürstliche Gesandtschaft an Sachsen schicken, um dieses Haus in der Jülicher Sache auf die Seite der Union zu bringen, indem man es neben den beiden interessirten Fürsten zur Possession zulasse. Wolle den so geordneten Stand der Dinge Jemand angreifen, dann sei derselbe zu vertheidigen, und werde die Stadt dazu ein Anlehen nicht verweigern. „Hetten gemessenen bevelch, ire vota uf besagte media zu richten.“ — Dath.

[2] „Derwegen (seien sie) instruirt uf media wie Nurnberg.“ — Dath. — Auch in der Conferenz vom 28. Jan. schliesst sich Ulm im wesentlichen dem Nürnberger Votum an; ebenso Nördlingen, Rothenburg, Schw.-Hall, Landau, Heilbronn, Memmingen, Kempten, Windsheim, Schweinfurt, Weissenburg i. N.

19. Der assecuration halben, wan ein stat deswegen solt angefochten werden, wolt man etwas in abschied bringen, das denselben uf alle fael kraft der union beigesprungen werden solte."

Hierauf treten die Städte ab. In der Versammlung der Fürsten wird der Entwurf ihrer Antwort auf Churbrandenburgs und Neuburgs Erklärungen (S. 61. Anm. 2.) vorgenommen. Bei dieser Berathung erinnert Anspach: man könne (in Bezug auf den Ausgleich mit Sachsen) „das mittel einer possession auch vorschlagen." Anhalt (mit ihm Culmbach, Hessen, und Oettingen): „simultaneam possessionem einzurucken, ufs wenigst das beide auch ratione Sachsen possedirten." Darauf Pfalz: „zweifeln, ob medium simultaneae possessionis jetzt schon vorzuschlagen. Kont indefinite gesetzt werden: es wurden sich mittel an hand geben, und das Ch(ur) B(randenburg) den fursten mer media an hand geben, und ob sie gleich etwas schwer, so solt er doch das gemeine wesen bedenken." — Diese allgemeine Fassung wird angenommen. [1]

---

[1] Dem H. Neuburg erwidern die unirten Fürsten unter dem 30. Januar: 1. Hinsichtlich der Truppen und Zubehörs möge Neuburg eine Erklärung abgeben, welche der Churbrandenburgs entspricht. Das Anlehen wird abgeschlagen. 2. Der Herzog möge die Obligation, wie die Unirten sie vorgelegt haben, genehmigen, da „dise ansehenliche hülf zue erhaltung so statlicher lant geschicht, und, da die staet, wie zu hoffen, auch darzue sollen vermöcht werden, es one solche caution ires teils gar nicht möchte zu erhalten sein." 3. Bei der vorstehenden Zusammenkunft in Hof will der Herzog dem Haus Sachsen einen Revers wie dem H. Zweibrücken vorgeschlagen wissen. Allein abgesehen davon dass der erwähnte Revers noch gar nicht ausgestellt ist (und man erwartet, dass die Ausstellung noch während der Tagsatzung erfolge), dürfte derselbe bei Sachsen, welches vorher so missvergnügt darüber war, „das man auch zue einiger simultanpossession sich nicht vermerken lassen wollen," wenig Eindruck machen. Es wären daher „zuvorderist Saechsischen teils zutraegliche mittel zu begeren und sonsten gradatim diser seits also zu gehen, das, wie schwer es auch sonsten fallen möchte, jedoch status rei publicae und des gemeinen evangelischen wesens in acht genommen werde." Man ist bereit, in dieser Sache andere und hoffentlich fruchtbarere Vorschläge des Herzog entgegenzunehmen. — Dem Chf. Brandenburg wird erwidert: 1. wird mit Lob des Eifers des Churfürsten acceptirt. Man bittet, die Zahl der Zentner Pulver um einige Hundert zu vermehren und einige halbe Carthaunen mehr zu liefern. 2. und 3. wie in der Antwort an Neuburg. (St. Unionsacta V f. 297, 294.) — Am 31. Januar replicirt Churbrandenburg: 1. einverstanden. Der Churfürst will liefern: 12 halbe Carthaunen, 4 Feldschlangen, 18 Stück Feldgeschütz, 2000 Zentner „entweder pulver oder aber salpeter." 2. Einverstanden. Nur möge der für den Beginn der „verpensionierung" angesetzte Termin von 3 auf 6 Jahre gesetzt werden. Der für Zweibrücken bestimmte Revers kann von Seiten des Churfürsten jeden Augenblick gegen einen Gegenrevers, dass Zweibrücken sich dem Dortmunder Vertrag anschliesse, ausgestellt werden. 3. Die Aufnahme Sachsens in den Simultanbesitz dürfte ihren Zweck nicht erreichen,

Februar 3. Jan. 12 bis Febr. 13. (14.)

(Es fehlen die Städte und die Jülicher Interessenten.)

Churpfalz: der französische Gesandte hat eine Schrift übergeben. Der Punct derselben bezüglich der Fortsetzung der Hülfe und der dem König eventuell zu leistenden Gegenhülfe ist ohne Zuziehung der Jülicher Interessenten zu behandeln (Anhalt: „damit man sich gegen interessenten und gesanten kont vernemen lassen.")

Anspach (mit ihm Würtemberg und Baden): der Fortsetzung des Krieges, wenn sie nöthig ist, wird man sich nicht wol entschlagen können; „weiln jedoch stette so schlecht hernacher gehen wollen, sehe er nicht, wie man sich zu ercleren." Anhalt: „diese puncten (seien) in Frankreich hart getrieben, endlich hette man abgelassen und dafür gehalten, das sie nit mer zu urgiren. Continuation wegen . . . (hab) der könig sich verwundert, das man es extraordinarie gewilligt: (man) hette den könig vornemblich

denn die Landstände würden darin eine Verletzung ihrer Unionsprivilegien und des Dortmunder Vertrags sehen, die gegenwärtig in der gemeinschaftlichen Regierung hervortretenden Uebelstände würden vermehrt werden, Frankreich endlich und die Staaten haben sich „ront erklaeret, ausser der beden possidirenden fürsten und deren hern principaln sich niemant weitter disfals anzunemmen." Uebrigens bittet der Churfürst um weitere Rathschläge, wie Sachsen zu gewinnen sei. Er hofft auch, wenn man einmal in Hof beisammen sei, werde „der margkt kramen lernen." 4. Der Churfürst verlangt, dass Neuburg zu einer der seinigen gleichen Leistung zur Vertheidigung der Possession vermocht werde. — Neuburg erwidert am 1. Februar: 1. In der alle Reichsstände angehenden Sache erwartet er einen Beistand, der ihn nicht unter unerschwinglicher Last erliegen lässt. Der Unterschied seiner Mittel von denen Churbrandenburgs ist bekannt. Das äusserste, was er zu leisten vermag, ist folgendes: er will mit Churbrandenburg zusammen zu gleichen Theilen 4000 M. z. F. und 1000 z. Pf. unterhalten. An Pulver hat er 500 Zentner gekauft und ist bereit im Falle des Bedürfnisses noch 300 Zentner zu beschaffen. Die Lieferung von Geschütz möge man ihm nicht zumuthen. Wegen des Anlehens steht der Herzog bereits anderweitig in Unterhandlung. Für den Fall aber dass es ihm dort fehl schlägt, bittet er die Unirten nochmals, ihm ein Darlehen, wenn auch nicht in der vollen in der vorigen Schrift angegebenen Höhe, zu gewähren. 2. Wenn die Fürsten auf der Obligation bestehen, so will der Herzog sie nicht verweigern, „doch das dise schult schierist von den landen wider bezalet und dem künftigen successori, wan sich die erschöpfte und verderbte lant wider etwas erholet haben, leidenliche fristen und termin nach gelegenheit der summen gelassen werden." 3. Ueber den Zweibrückener Revers wie Churbrandenburg. Dem Haus Sachsen gegenüber kann man nicht wol weiter gehen, als „das die baide gewalthaber die possession auch in der chur- und fürsten zue Sachsen namen manutenieren und erhalten sollen, dergestalt da schierist i. chf. und f. gg. mit recht etwas zuerkant wurde, das sie auch den uncosten proportionabiliter zu tragen schuldig sein solten." (A. a. O. f. 300, 305.)

19. bewogen, sich einzulassen; da man abstehe, werde der last auf dem könig gelassen. (Darauf habe er) repliciret: das sie (s. k. w.) es selbsten vor ein werk de 15 jours gehalten, und also 3 monat ersparet werden; das per gradus zu gehen und nicht alles uf einmal zu erhalten. . . Reciprocation belangent, sei underscheit, ein assistentz zu leisten oder krieg anzufangen. Hette Staden secours geleistet, wurde eben diese meinung haben. Hielten es vor ein schwer werck; da aber Spanische anfingen, etwas succurs zu praestiren. König hette begert zu wissen, was man thun wolle; darauf sie entschuldigt wegen mangel instruction. Und weil sie selbsten sich nit erclert, weren es nit benötigt (?) wider dero reputation; und weiln sie Staden one einige reciprocation hulf gethan, also auch hier zu halten; hette kein bedenkens bei Teutschen, weiln sie vor sich selbsten könig securierten. Da aber darauf getrungen werden solte, muste man sich in etwas ercleren, mit der proportion das diejenigen, so den meisten nutzen hetten, auch den meisten last tragen solten." Der Culmbacher Gesandte: „sei instruirt, da dergleichen (Begehren der Fortsetzung der Hülfe) vorkomme, anzuzeigen, das es an den 6 monaten genug, und sie ferners einzuwilligen bedenkens, weiln cassa schwach, und man anderer orten es auch bedorfen mochte . . . Solte es lenger verweilen, tragen dieselben (die Interessenten?) billich den meisten costen. Interessierte werden umb so viel weniger zur gutte verstehen wollen . ., und stette mochten dardurch abgeschrecket werden von irem erbieten." Hinsichtlich des andern Punctes wie Anhalt.

In Bezug auf die dem Gesandten zu ertheilende Antwort wird demgemäss beschlossen: wegen Fortsetzung der Hülfe sei „in specie nichts weiters zu verwilligen, sondern wan man wirt sehen, wie sich expedition anlassen (wird), auch leichtlichen wurt vergleichen konnen, was ferners zu thun. Gegenhülf . . belangent, in generalitate zu bleiben neben ableinung, das es nit nötig, sie auch genugsamb gefasst. Sollen sich aber aller favor und beistants versehen, weiln sie solches vor diesem gespuret. Und weiln es in specie von Staden nicht begert, wurt er es auch alhie nit urgiren." — Der hessische Gesandte bemerkt dazu: er sei ohne Instruction, doch werde sein Herr sich gewiss zur Zufriedenheit erklären.

Februar 4.

(Es fehlen die Städtegesandten.)

Man beräth (diesmal in Anwesenheit der Jülicher Interessenten) abermals über die übergebene Schrift des französischen Gesandten. — Bezüglich der Fortsetzung der Hülfe bemerkt Churbrandenburg: „das eine continuation von noten, wo man nit in die ungelegenheit des Reesischen zugs wollė fallen." Aehnlich Neuburg, mit dem Zusatz: „ob nit durch k. w. interposition gelindere process zu erhalten." Die Uebrigen erklären sich gegen eine bestimmte Zusage, obgleich sie die Beschränkung des Krieges als unthunlich anerkennen. Sie wollen die allgemeine Erklärung: man werde sich nach Befindung der Umstände weiter zu einigen wissen. Denn bestimmte Verpflichtungen in dieser Hinsicht fallen den Unirten schwer, „weil stette nur semel pro semper geben, und man gegen Beiern gefast sein muss." (Anspach.) Würtemberg möchte seine den Gegnern benachbarten Lande nicht unverwahrt lassen, und ist besonders auch für seine burgundischen Lande besorgt. Anhalt erinnert: die Sache sei „underschitlich bevorwortet worden von wegen interessirten und Unierten, welche letztere uf ein gewisse zeit limitate tractiren lassen; ob sie wol ein weiteres begeren, hetten sie es darbei gelassen, nam secours komm nit alzeit.... Man werde one das die Unierten erreichen. Stette mochten abgeschrecket werden. Hette auch gegen k. w. der stette ungewissheit angezeigt." — Bezüglich der Gegenhülfe erklärt Churbrandenburg: Spanien und Erzherzog Albert werden schwerlich Anlass zum Kriege nehmen, „weiln in der friedenstractation Pfaltz- und Brandenburgische heuser ausgenommen, und das man Spanien und Oesterreich nicht beleidigt." Jedenfalls kann die Hülfe nur geleistet werden, wenn im Reich und in Jülich Friede herrscht. „Weren desfals 8000 zu fuss und 1000 zu ross anzubieten." Anhalt: „Vom königlichen gesanten zu vernemen, wie der könig begere assistirt zu werden. Hette bei der tractation rationes allegirt, warumb nit uf reciprocation zu dringen. Befinde, das sie notig, dieweil er (es?) dardurch astringirt, da im reich etwas vorgehen solte. Wer uf ein anzal zu setzen und defensive. Da nicht in specie gegangen. Eines, was die interessenten ratione der landen wolten thun, das andere was Unierte ires teils thun wolten, dazu stette zu ziehen, uf welchen fal es fursten zuwachsen (würde). Der reciprocation halben hette er in praesentia der chur- und fursten etwas anzuzeigen, darzu er sich erbotten."

Jan. 12 bis Febr. 13. (14.)

Churpfalz schliesst: es „sei zu richten uf den weg, wie von Anhalt in Frankreich angezeigt. In generalibus zu verpleiben, ser gut. Da ad specialia gegangen, werde Pf(alz) sich nicht absondern."

Bezüglich des französischen Ansinnens, dass kein Friede ohne des Königs Zustimmung geschlossen werden dürfe, erklärt Würtemberg: das dürfe sich nur auf die Jülicher Verwicklungen beziehen. „Das wort 'consensus' sei etwas hart; hielten ratsamer, das one

19. 'vorwissen' nichts solt begriffen werden." Ebenso Anhalt, Culmbach („moderation zu brauchen, das man nicht astringirt, eben des konigs consens einzuholen"), Hessen. Baden ist für den Znsatz: „man wolte verhoffen, wan könig solte sehen, das ein guter Friede geschlossen werden könne, sie werden iro solches nit zuwider sein lassen." Hessen bemerkt noch: man müsse freie Hand behalten für einen Vergleich mit Sachsen. „Solle jedem frei stehen, so gut er kan, zu tractiren; man wolle aber keine uniones, keine pacta oder vertraege eingehen, die dem könig zuwider."

Es wird bei dieser Berathung von den hessischen Gesandten im allgemeinen noch erklärt: sie haetten Befehl gehabt, sich mit der Majorität in dem Fall zu conformiren, dass die Jülicher Sache zur Unionssache gemacht werde. Da indess für Jülich nur eine ausserordentliche Hülfe bewilligt sei, so könnten sie allein vorbehaltlich der Ratification ihres Herrn votiren. — Im Auftrag des Herzogs von Zweibrücken wird angezeigt: der Herzog habe sich an gegenwärtiger Verhandlung nicht betheiligt, weil sein Revers noch nicht ausgefertigt sei. Wenn dies geschehen, werde er sich der Majorität anschliessen.[1]

An demselben Tage (Februar 4) findet eine geheime Sitzung statt, welcher beiwohnen der Herzog von Zweibrücken, der Churfürst von Brandenburg, Herzog von Neuburg, Markgraf von Anspach (zugleich mit Vollmacht für Culmbach), Herzog von Würtemberg, Markgraf von Baden, Fürst von Anhalt, Camerarius und Ketteler.

Anhalt: gegenwärtige Sitzung ist auf Grund der Bestimmung der Union anberaumt, nach der geheime Sachen unter den Fürsten ohne Zuziehung der Räthe verhandelt werden sollen. — „Iro intention (sei) alzeit dahin gangen, das sowol die Gulichische als andere gemeine sachen mit nutzen und vorteil ausgefüret und erhalten. Und damit man es besser einneme, hielte er, das es dahin zu setzen, das man uf ein mal aus der hauptsachen und von teglicher beschwert komme, des kriegs los werde, die lande vom verhergen erhalten, und der krieg aus Teutschlant transferiert, und nichts desto weniger die Gulichische sowol als gemeine sachen uf den füssen und in gutem stant erhalten und conserviert werden. Sie hetten der ausfürung des kriegs nachgedacht und befunden, das die recuperatio der orter und manutention der Interessenten

[1] Am 8. Febr. erklärt Zweibrücken: da der Revers nunmehr ausgestellt sei, so werde er die Beschlüsse der Unirten vollziehen helfen. mit Verwahrung des Rechtes seiner Mutter.

in die lenge mochte unmüglich fallen. Recuperatio darumb schwerer, weiln gegenteil sich mit zwei dritteil sterker als Unirte, Interessenten und könig auch Staden kan zu felt begeben und also bataille liefern, dardurch er diversion stehet (sic!); wie man dan nachrichtung, das er uf 6 regiment werben sol. Manutention belangent, ob schon got gnade verleihen solt zur recuperation, sei er nicht versichert, das sie nit alle jar etwas widerumb werden understehen, weiln sie alzeit armiert in der naehe. Ob von assistierenden so oft hülf zu erwarten, auch interessenten zu erhalten, sei ser zweiflig. Man hette zwar nicht allerdings am friden zu verzagen; aber ir intent, wie zeittungen geben, weise ein anderes aus, inmassen sie dan von irem scopo nit abliessen.

Jan. 12 bis Febr. 13. (14.)

Derwegen sie sachen vor diesem nachgedacht, ob es nit dahin zu richten, das Frankreich gegen Spanien in die haar zu hetzen, und vermugt werden konte, ime den krieg anzukünden. Obwol solches umb vieler ursachen willen ser schwer, hetten sich doch media sehen lassen, und hetten sie auch in irer verhandlung bei Frankreich, als auf der reise bei den Staden soviel vermerkt, das von dieser proposition nicht zu desperieren. Mochte bei dem gesanten zu versuchen sein, wan man mit ime abgedruckt, ob Frankreich zu vermögen, das er den krieg mit Spanien anfange, also das Interessierte und Unierte sich erbotten uf nachfolgende zwei conditiones ir volck, so sie one das dieses jar uber im felt erhalten mussen, mit Frankreich zu conjungiern und Spannien in seinem lant anzugreiffen: 1. wofern die Gulichische lande allerdings recuperiert, und Interessenten possedierende in dieselbe sicherlich gesetzet, 2. uf den fal man sich keines kriegs ins vatterlant zu befaren oder sonsten von Beiern oder anderstwo unmerklicher einfal vorhanden. Da man dieses vermittelst gewisser zusage Frankreich anerbotten, hielte er, das könig darzu verstehen mochte, wiewol dieses ser schwer, und einer sondern dexteritet dazu vonnöten; weiln er sich erinnert, wie schwer dieser secours erstlichen gewesen, und dass alle darvon desperiert, jedoch entlichen erhalten worden, hoffete sie, dieses auch leichtlichen werde auszubringen sein, dieweiln er 1. befunden, das, wofern könig sich in reputation und securitet wil erhalten, er arma an die hant nemen muss. 2. König sei offendiert per Spanien in vielerlei wege, sonderlich neulichen propter Condaeum; müsse sich notwendig vindiciern. 3. Auch occasio durch die praevention vorhanden, weiln könig under dem schein dieser assistenz noch 10 m. man werben konne und noch einmal so stark armieren, und, indem man in dem Gülichischen anfaengt und daselbsten heraus falle, er an einem andern ort angreifen konte. Spanien sei

19. ubel versehen, hielte schlechte guarnison, liesse vestungen abgehen und einfallen. Underthanen in Artois werden revoltiren, sobald man etwas anfange.

Zudem wan der könig wurfel uflegt, müssen Staden mitspielen. I. f. g. hetten mit printz Moritz und graf Wilhelm daraus geret, zu vernemen, da dergleichen practiciert, ob Staden auch darzu werden verstehen; ursach genommen aus irem originalschreiben an Aerssens, darin sie sich erclert, das sie in Gulchischen sachen alles thün wolten, was der könig ratsamb befunden. Printz Moritz hielte es Teutschlant, Niderlant und Frankreich ein gewünschtes werk, und das dardurch allein wolfart und libertet zu erhalten. Hette uf ir gutachten nach vorhergangener beprüfung auch mit Barnefelt daraus conversiert occasione der Gulichischen sachen und befunden, das er darzu ser disponiert, auch sicherheit und appuy allein uf diesem werk bestinde, das sein consilia jederzeit dahin gangen, wie Spanien aus dem lant zu bringen: Frankreich hette aber vor diesem nit darzu verstehen wollen; weiln er aber nun sehe, das trefves kein laengern bestant haben könten, und commercia gesperret, das solches allein der weg den inconvenientien vorzukommen, und dardurch Spanien nicht allein jenseit der Maas, sonder auch dela les monts gebracht werden könte, das auch Venetianer darzu verstehen würden. Und (habe) also i. f. g. ermant, diese sachen alhie zu proponieren und tractation zu treiben, mit erbietung, an seinem ort desgleichen zu thun.

Weiln man dan nunmer des secours wegen mit Frankreich zur richtigkeit werde kommen können, und morgen Churbrandenburg verreisen musste, die sachen aber einer solchen facilitet, und uber das ein so statliche gelegenheit sich praesentiere, des kriegsvolcks aus Gulchischen landen los zu werden und der union reputation zu machen, auch gegenteils vorhaben zu confundiren, hetten sie dieses proponiert, der Unierten meinung zu vernemen, wie man sich dieser occasion bequemblichen zu gebrauchen wider Spanien, weiln der stein von denen geworfen wirt, der meinung, da dieses bei Frankreich erhalten, man sich erbieten sollte, dieses jar aus (sic!) beiderseits kriegsvolck zu conjungiern und in künftigem jare den halben teil zu erhalten. Da solches in gemein vor ratsamb gehalten, weren sie erbottig, reise uf sich zu nemen und noch zu rechter zeit zu dero ufgetragenem beruf sich einzustellen." [1]

---

[1] Der Fürst hatte diese Proposition vorher (am 4. Febr.) den churpfälzischen Räthen vorgelegt. Löfenius erklärte darauf: „Anhalt werde seine gedancken bereits wissen. Hette etliche puncten zu papier

Churbrandenburg (durch Ketteler): die Bedenklichkeiten bei dem vorgeschlagenen Unternehmen (Macht des Gegners, zweifelhafter Ausgang des Krieges, Alter König Heinrichs) werden überwogen durch den Nutzen, der dem gemeinen Wesen daher entstehen würde. „Weiln aber sachen ferneren nachsinnens wol würdig, wolten sie (es) dahin gestelt sein lassen, mit dem erbieten, das sie sich von demjenigen, so ratsamb gefunden werden mochte, nicht wolten absondern. Vermeinten, es doch besser under der hant geschehen konte, damit es nit das ansehen, das man sich offentlich wider Spanien ercleren wolte, sonderlich weiln man noch nit spüren könte, ob sich Spanien der Gulchischen sachen anneme.“ Bei einem über das Unternehmen zu fassenden Beschluss möge man die gegenwärtigen schweren Leistungen Churbrandenburgs berücksichtigen und darnach seine künftigen ermässigen. Jan. 12 bis Febr. 13. (14.)

Neuburg: diese Dinge „übertreffen iro verstant.“ Es ist ein gutes Werk, wenn dadurch das Vaterland gesichert wird. „Dieweiln es aber zu weiterm bedenken gestelt, lassen sie es iro teils auch darbei. Allein were zuzusehen, was Spanien bei diesem werck thun würde de facto, heimblich oder öffentlich, ob auch Frankreich sich der sachen werde annemen, und (Spanien) wider den gemachten frieden Frankreich ins lant fallen, oder ob er zuruck halten mochte propter belli eventum dubium. Sie erinnerten sich der langwierigen kriege, und das dardurch die Gulchischen lande ufs eusserste verhergt und verderbet worden. Besorgen, es mochte der kriegslast denselben widerumb zuwachsen. Ob solchem vorzukommen, und ob dieses jar die lande werden erobert werden können, mochten sie gern vernemen. Darbei zu bedencken, ob man auch friede in Teutschlant werde können haben. Da Frankreich mit gutem gewissen krieg anfangen könte und dasjenige, so er erbotten, praestiren, Engellant, Staden das irige darzu thun solten, und man sich Spanien in gemein opponiern wolte, wolten sie es nit widerraten.“ Doch sind alsdann die Leistungen, wie Brandenburg bemerkt hat, anders zu vertheilen.

Anspach: „alle sicherheit in Teutschen landen bestunde darauf, das Spannien in krieg gesetzet. Müste bekennen, das Frankreich nit ursachen, frieden zu brechen, weiln er denselbigen bei Staden helfen befurdern. Dieweiln er aber anjetzo vor sich selbsten

gesetzt. Hielte, das niemaln so gute gelegenheit geben sei; das könig in Frankreich, Engellant und Staden alle darzu werden verstehen müssen. Were aber caute zu gehen und in allerhöchstem geheimb zu halten. Secundo das Neuburg nichts davon solle wissen, weil er materia möchte misbrauchen.“

19. dazu geneigt, were occasion nicht ausser acht zu lassen. Und weren sachen leicht, weiln die zeit geendert, haus Osterreich zertrent und geschwecht, also das sie in dergleichen fellen nichts thun können, wan könig evangelischen beistehen solte. In Italien sachen also beschaffen, das secours der orts abgeschnitten, und also Spannien geschwecht. Da Frankreich, Engellant, Staden, Teutsche fursten an underschietlichen orten in angreiffen solten, were er leicht aus dem lant zu bringen. Und da dieses mittel nit gebraucht, wurde nimmer friede in Gulichischen landen sein, weiln er den pass nit wurde verlassen, solang er die Niederlande innen hette, sondern dieselbe lande jederzeit ein zanckeisen bleiben. Hielte also diesen vorschlag nötig, nützlich und leicht ins werck zu richten. Weiln der krieg nicht lang werde continuiren, solte man nicht allein dieses jar die assistenz verwilligen, sondern auch ufs kunftig jar gantz continuiren; und Anhalt zu ersuchen, solches bei Frankreich zu verrichten. Der uncosten werde wol angelegt sein."

Würtemberg: es handelt sich um einen Krieg mit dem vornehmsten Potentaten der Welt, bei dem er (der Herzog) sich um so mehr vorzusehen hat, da er „ratione Mumpelgartischen appertinentzen vasallus" ist. Anders als durch Krieg sind aber die Bedrängnisse Deutschlands schwerlich abzustellen. „Stelte es dahin, das occasion an die hant zu nemen, uti Anspach, und Anhalt zu ersuchen, auch diese verrichtung uf sich zu nemen; doch unvorgreiflichen."

Baden: „muste bekennen, das es die wichtigste proposition, die in materia status vorkommen konte, und würde sich so leicht nicht resolviren können, wan er nicht zuvor diesen sachen reiflichen nachgedacht, wie sie dan dieses auch in votis neulichen gedacht. Maxima, das der papisten resolution allen rationibus politicis nach niemaln anderst gewesen als evangelische zu eradiciren. Und obschon etliche wenige anderer opinion, müsten sie doch papst, Spanien und asseclis folgen. Weiln dan solches bekant, und Gulichische lande nit können sicher bleiben, weiln Spannien armiert, und man alle jar gleicher gestalt würt armieren müssen, gebe er zu bedenken, ob es ratsamb und thuenlich, zu erwarten, was Spannien thun wolle. Sei unvonnöten. Man wisse, was bishero furgangen, und wie er des passes nit kön entraten, auch sonsten nach der monarchie trachte; werde also von Gülchischen sachen nicht absetzen, und da ers heimblich thete, were es geferlicher als offentlich. Da got die gnade wolte geben, das dieses ins werk gerichtet, würde er darfür halten, das es an der zeit, da Eseohiel von schreibt, von Gog und Magog." Wenn Frankreich, England, die Staaten und die Union sich gegen Spanien verbünden, so wird es unterliegen. Die Stände der spanischen Niederlande gewinnt man mit der Erklärung, man wolle sie frei machen wie die Holländer. Entreisst man dann auch die Lande dem König von Spanien nicht vollständig, so wird man ihn doch nöthigen, die Fremden daraus zu entfernen. Frankreich ist zum Bruche des Friedens mit Spanien berechtigt durch die vielen Attentate Spaniens gegen den König, den Dauphin und das Land. — Hoffentlich werden die Jülicher Lande im laufenden Jahre noch erobert werden. Man sichert sich durch die Bedingung, dass Friede im Reich herrsche. Die Uneinigkeit im Hause Oestreich lässt von dorther nichts befahren. Da Frankreich mit Savoyen sich verbündet hat, so kann der Krieg leicht nach Italien übertragen werden. „Derwegen zu hören was königlicher gesanter darzu werde sagen, und da er hofnung gebe, Anhalts f. g. zu ersuchen, die verrichtung uf sich zu nemen."

Jan. 12 bis Febr. 13. (14.)

Anhalt: „weiln er proposition gethan, möchte affection in praeoccupiren. Wolte aber solches uf ein seit setzen. Und hielte dieses vor ein gross, wichtig und geferlich werk: gross, wegen des mercklichen nutzen, wichtig wegen allerhant umbstende und ungewissheit, geferlich, da es solte auskommen. Könte noch zur Zeit nichts gewisses assecuriren, sondern besorge, das wegen dieser langwirigen tractation könig möchte nicht mer in fervore sein, dieweiln sachen in Frankreich also beschaffen, das stets zu ermanen und zu exhortiren. Das hauptwerck bestünde darauf, wie es von Frankreich zu erhalten. Hette solches uf zwei puncten gestelt: versicherung der Gulchischen lant und diversion des kriegs. Bei dem ersten sei eben der uncosten, welcher bei der recuperation müste angewendet werden, als könig von Spanien solte angreiffen. Da aber mit Frankreich geschlossen, weren media praeventionis vorhanden, und muste Albertus im lande widerstand thun, konte Gülchischen sachen nicht abwarten. Diversio medium, das von allen alten nützlichen practiciert worden, und ser leicht zu werck zu richten. Da Spanien dieses jar angegriffen, werden sich kaufleute finden, die ihn in seinem lant angreiffen. Frankreich könte wol in die lenge nit leben, were aber in fervore und disponiert. Da es nachmaln zu erhalten, were es ser nutzlich. Bei Staden hette es kein bedenken."

Churpfalz: die Sache ist (von den Vorstimmenden) „uf ferner bedenken gestelt."

Fortsetzung der Berathung am Nachmittag.

Churbrandenburg (durch Ketteler): „schliessen dahin,

19. dass sie wollen darbei zusetzen, was ir vermögen sein werde. Und weiln geret worden, das dieses volk uf den winter dem könig zu erhalten, weren sie willig; und das andere jar den halben teil." — Neuburg: das Unternehmen kann nur unter folgenden Bedingungen vor sich gehen: Sicherung der Jülicher Lande vor Ueberzug der Truppen, Regelung der Leistungen nach der Matrikel, keine widerrechtlichen Tractate, heimliche oder öffentliche Einmischung Spaniens in die Jülicher Sachen, Friede im Reich, Verpflichtung, einen guten Frieden, sobald er sich bietet, nicht zu verschmähen. Wer unbillig handelt, dem sollen alle Unirten widerstehen. — Auf diese Weise möge mit dem französischen Gesandten über die Sache gehandelt, und dann Anhalt an den König gesandt werden. — Anspach: „hielte, das dieser vorschlag nützlich, nötig und billich zu ersehen, weiln man one das den könig werde müssen reciprocieren. Was gesanter heut vorgetragen, werde nicht zu separiren sein, sonderlich der continuation wegen. . . Hielte, weiln man dahin gangen, das man sich dieser sachen anzunemen, derwegen auch in puncto continuationis uf solchem fall dem könig ein gewisses anzubieten. Wolte sich a maioribus nit absondern." — Würtemberg: „were dahin zu trachten, das das kriegswesen aus dem vatterlant abgewant und anderswo transferiert (werde). Uf solchen fal die ubrige zeit das kriegsvolck dem könig in Frankreich zu gönnen, und (würde) also moles belli uf die exteros gezogen. Werden sich Engellant und Staden vielleicht conjungiern. — Derwegen mit gesanten discursweise darvon zu handlen und Anhalts f. g. ufzutragen, mit dem könig zu tractiren. Wolte sich sonsten von übrigen nit absondern. Aber wegen der grafschaft Mümpelgart und angehörigen landen konten sie nicht darzu verstehen, da etwas in Burgunt angefangen, wegen der lehen, soviel dieselbe belangt." — Baden: „man dörfe nicht warten, bis er (Spanien) Gülich angegriffen; er habe es gethan . . . . Schliesse dabei, weiln gesanter anleitung gebe, das mit ime daraus conversiert (werde), und (man) doch sich nit einlasse, es sei dan das Engellant und Staden darzu verstehen, und uf erschwingliche mittel, und wan in Gülich richtig, und friet im reich. Sei leichter — und hielte nicht, das gesanter genugsame instruction — per Anhalt dem könig vorzutragen." — Anhalt: „nötig, ehe man mit dem königlichen gesanten tractiert oder resolviert, in Frankreich zu ziehen; were zu papier zu setzen, wie man sich verglichen uf den eussersten fal sowol dieses jares als kunftig und folgendes jar. König hette selbst hierzu anlass geben. Ob aber Boissise deswegen gnugsamb gevolmechtigt, und ob er sichs werde annemen, daran zweifle er."

Churpfalz (Camerarius): „wichtigkeit dieser consultation ausgefürt, notwendigkeit nützlichkeit similiter. Recapitulatio praecedentium . . . . . Maiora: weiln dieses in die puncten des gesanten einlauft, das der continuation und reciprocation abgeholfen (werde), da anjetzo (sic!) recuperation der Gülchischen lande geschehen, (könne) mit dem kriegsvolk dem könig hülf geleistet (werden), und hernacher der halbe teil. Were zu papier uf approbation zu setzen." Jan. 12 bis Febr. 13. (14.)

Februar 6.

(Die Städtegesandten sind nicht anwesend.)

Churpfalz (Löfenius) legt ein von Neuburg ihm übergebenes Schreiben des letztern an den Kaiser bezüglich der Jülicher Sache vor, „darin er umb empfangnus der lehen bittet und seiner gemahlin ins deducirt."

Der Churbrandenburger Gesandte: das ist gegen den Vergleich seines Herrn mit Neuburg, „das keiner sich bei Kai. M. einlassen solte one den andern." Das kann dem Kaiser zum Anlass dienen, in der Sache zu erkennen. Stellt Neuburg das Gesuch der Belehnung, so kann er auf seine Abweisung rechnen. In den Bemerkungen des Schreibens über die Rechtsfrage aber wird die Jurisdiction (des Kaisers) prorogirt und Anlass zum Zwiespalt gegeben. „Het sein her kein andres finden können, als das N(euburg) den Kaiser alzeit an der hand haben (woll)." Das Begehren, der Kaiser möge den gütlichen oder rechtlichen Austrag der Sache befördern, ist „allem dem zuwider, was seithero gehandelt worden."— Man erklärt einstimmig, die Uebergabe der Schrift sei Neuburg zu widerrathen. — Würtemberg bemerkt: „er het Neuburg dissuadirt vor diesem, das lehen zu suchen." Da in diesem Schreiben Neuburg die Belehnung begehrt „als unicus successor, so volgt, das solche petitio den andern praejudicirlich." Unverständlich ist das im Schreiben angedeutete rechtliche Verfahren: „appellatio seie anfangs, und sag, Kai. M. und raet seien suspect. Daher er investituram nit begeren kön, weil cognitio causae darzu gehört." Baden erklärt: ein den andern unpräjudicirliches Gesuch um die Belehnung (zu seinen Rechten) hätte man Neuburg nicht verdenken können, weil Brandenburg und Zweibrücken die Belehnung ebenfalls nachgesucht haben. Dagegen Brandenburg: „das er lehen empfangen wollen, weil er vom Dortmundischen vertrag noch nichts gewust gehabt." Anspach: „diser tag wer gehandelt, das under interessenten nichts widerwertiges vorgehe. Nem in also wunder. Wer aber bei den Neuburgischen nichts neues. Sein her

19. halt nit davor, das es dem Dortmundischen vergleich gemess. Geb offens bei Sachsen . . . Protestirt wegen des hauses Brandenburg." Churpfalz: „hette dieselbe (die Schrift) ongern vorgebracht. Wer also den fursten zu suggeriren . ., Neuburg zu undersagen, nit also widerwertig und abgesondert zu handlen."[1]

Februar 8.

(Anwesend: die Fürsten, Camerarius, Ketteler, Jäger.)

Berathung über den Nebenabschied. Dabei bemerkt Anhalt: „sei gestern bei dem (französischen) gesanten gewesen, in von der continuation zu bringen. Hette aber soviel vernomen, das er entlich nicht weiter daruf würde[2] dringen: aber müste alle andern sachen ad referendum setzen. Besorge, das uf solchen fal der könig durch raete, die es nicht gern sehen, mochte abgehalten und stutzig gemacht werden. Solte nun geworben werden uf solche ungewissheit, were ser bedenklich. Secundo hette (er) in tentiert, ob Frankreich mit gutem gewissen sich könte wider Spanien einlassen. Hette Badens gestrige vota angezeigt, dardurch der könig gnugsamb verursachet. Der könig hette im zu seinem abschiet gesagt: er wolte diejenige, so in vor einen faigneant hielten, ehe sie vermeinen, das widerspiel weissen."[3] Bezüglich

[1] Ueber ein anderes apartes Vorgehen Wolfgang Wilhelms berichtet Boissise am 31. Januar: der Pfgr. Wolfg. Wilhelm hat an den Gesandten folgende Anträge gestellt: 1. während der Versammlung möge eine Vereinbarung über seine Rechte, oder doch unter den Parteien eine Abrede über die Schiedsrichter getroffen werden. (Der Gesandte erwiderte, er sei dazu nicht beauftragt, auch sei eine solche Verhandlung, bevor man den Usurpator aus den Landen getrieben, nicht zeitgemäss.) 2. Es möge zwischen ihm und der Tochter des Chf. Brandenburg eine Heirath getroffen werden. 3. Der König möge ihm ein Anlehen bewilligen. (Der Gesandte entgegnete, der König könne ihm nicht zugleich Truppen und Geld stellen.) 4. Der König möge es genehmigen, dass Anhalt das Commando über die ganze Armee, die französischen Hülfstruppen einbegriffen, erhalte. (Der Gesandte erwiderte, der König habe Anhalt seine Meinung erklärt, „qu'il commandast aux forces entretenues par les princes interessés et confederez.)" — Der Gesandte wünscht über diese Puncte des Königs Befehl zu erhalten. „Bien qu'il n'y ait apparence en ces demandes, toutesfois il sera bon . . que s. M. les entende, afin qu'elle face jugement de l'esprit de ce prince." (P. Bibl. nat. Dupuy 765 f. 18.) König Heinrich billigt es am 12. Febr., dass der Gesandte die Anträge des Pfalzgrafen abgewiesen habe. (A. a. O. f. 24.)

[2] lies: wolte.

[3] Nach dem Protocoll der Berathungen der churpfälzischen Gesandten (f. 182. Febr. 8.) berichtet Anhalt über diese Sache also: „wegen kriegs mit Spannien hette er (der Gesandte) gesagt, der könig (habe) überflüssige ursach den frieden zu brechen; es wern aber des königs letzte wort gewesen: es hette in jederman vor ein faigneant gehalten, wolte aber das contrarium erweisen, ehe man es versehe. Und hetten i. f. g. so viel verstanden, das er etwas befelchs hette. Hette auch sich erklert, das er gnugsame volmacht (habe.)"

der Hälfe, die man dem König für den Krieg mit Spanien auf die zwei nächsten Jahre, und zwar im zweiten Jahre mit 4000 Mann zu Fuss und 1000 zu Pferd leisten will, bemerkt er: „hielte das man weiters werde gehen müssen, könig zu contentiren, und weiter als zwei jar werde gehen müssen, sonderlich weil schon etliche vota auf 5000 zu fuss und 1000 zu ross gangen." — Demgemäss erklärt Churpfalz: es solle statt des „zweiten Jahres" gesetzt werden „die folgenden Jahre."[1] Jan. 12 bis Febr. 13. (14.)

Februar 10.

(Die Städtegesandten sind anwesend.)

Churpfalz (Camerarius): man muss beschliessen, „was mit frembden potentaten in acht zu nemen, und wie man sich im reich selbst versehen könne, das keinem nichts wideriges widerfare." Da man mit dem französischen Gesandten schon verhandelt hat, und hinsichtlich der Staaten „es an seinen ort zu stellen sein wurd," so handelt es sich bezüglich der fremden Mächte nur noch darum, „wie Engelland und Denemark zur correspondenz zu bringen, und

[1] Am 8. Februar wird von den unirten Fürsten in dieser Sache eine Vollmacht für F. Christian von Anhalt ausgestellt, folgenden Inhalts: um den öffentlichen Frieden und die Ruhe in den Landen der Fürsten zu erhalten, muss die Quelle des Unfriedens verstopft werden. Daher haben die Fürsten dahin geschlossen, dass „une telle magnanime resolution comme est elle-cy dessus" leicht auszuführen ist, wenn Frankreich, die Staaten und die Fürsten in gutem Einverständniss von verschiedenen Orten den König von Spanien angreifen, besonders in den Niederlanden. Nur so kann man im Reich und den niederländischen Provinzen das spanische Joch abwehren, oder doch die gemeinen Angelegenheiten in erträglichern Stand setzen. Unter dem Vorwand der Jülicher Hülfe hätte der König eine grössere Armee aufzustellen um den Erzh. Albert ungerüstet zu überfallen. Diesem Unternehmen würden des Erzherzogs Unterthanen nicht sehr entgegen sein, wenn man sie zugleich belehrte, dass man sie von den übermässigen Lasten der Garnisonen und Abgaben befreien wolle. Weiter ist für diesen Fall bestimmt, dass, wenn der König und die Staaten den offnen Krieg mit Spanien beginnen, die unirten und die possidirenden Fürsten, falls sie im Reich keinen sie angehenden Krieg haben, und die Jülicher Lande vom Kriege befreit sind, dem König für das laufende Jahr ihre Feldtruppen, nämlich 8000 M. z. F. und 2200 z. Pf. stellen und unterhalten, dass sie, wenn der Krieg mit Spanien länger dauert, und ihre Hülfe länger nöthig ist, ihm für die folgende Zeit 4000 M. z. F. und 1000 z. Pf. unterhalten werden. Für den Fall, dass Boissise über diese Dinge nicht eingehend genug instruirt war, soll Anhalt als Gesandter der Fürsten vernehmen, ob der König und die Staaten zu dem offnen Kriege mit Spanien wahrhaft entschlossen sind, damit alsdann der König und die unirten Fürsten die Könige von England und Dänemark zur Theilnahme an dem Unternehmen einladen. Anhalt hat sich erboten, sich noch vor der zum Marsch der Truppen bestimmten Zeit nach Frankreich zu begeben. — Zum Zeugniss dessen haben die Fürsten dies Actenstück ausgefertigt, desgleichen eine allgemeine und besondere Vollmacht für den Fürsten. Würtemberg nimmt aber von seiner Verpflichtung die Lande aus, die er von Burgund zu Lehen trägt. (P. Bibl. nat. Dupuy 765 f. 50. Cop.)

6*

19. hetten zu helfen, wan cui periculum fiat. Und weil das Gulchische wesen mit einlauft, wer auch deswegen favor zu erlangen."

Im allgemeinen erinnern darauf Anspach, Baden, Anhalt, Culmbach, Oettingen, dass fremde Mächte nicht als Unirte aufzunehmen seien, sondern dass blosse Correspondenz mit ihnen einzugehen sei. Baden erläutert dieses dahin: „das man im notfal vergwist, einnander nit lassen wol. Wil man uf gewisses gehen, an gelt oder volk stellen, will er sich vergleichen. Das best wer, in genere zu bleiben." Anhalt (mit ihm Oettingen): „wan mit auslendischen diser correspondenz wegen zu tractiern, und deren zu geniessen, wurt man sich zur reciprocation erbieten mussen. Obs der union gelegenheit und also (die Kräfte) zu verteilen, wer zweiflig. Halt also, das — —[1] in generalissimis (?) correspondentiae zu bleiben, bis das durch ein anfang weiter gelegenheit, etwas neher zu kommen." Culmbach: „sei behutsamb zu gehen und scopus unionis in acht zu nemen, sonderlich weil auslendische sich der reichsconstitutionen nit gebrauchen." — Anders votirt Hessen: „sein her het disen puncten erwogen, das es nutzlich und notig, das union erweitert wurde, welches geschehen kan, wan man auslendische in die union neme. Weil liguisten under sich ein solch vertrauen haben und uniones auch ausser reich haben und vor ein man stehen, drumb es dis orts auch nit verbotten. Weil aber vorher geschlossen, (die Fremden) noch zur zeit nit in union zu nemen, sondern nur zu correspondiren, so wolt er sich von andern nit absondern." — Die Gesandten der Städte sind über diesen Punct, da er nicht im Ausschreiben gestanden, nicht instruirt und nehmen alles ad referendum. Strassburg bemerkt: „das reichstaet dises puncten halber sich dahin erklert und geschlossen, mit den auslendischen correspondenz zu halten." Aehnlich Schwäbisch-Hall. Nürnberg (mit ihm Ulm, Nördlingen, Rotenburg) erinnert: „hetten inen generalcorrespondenz vorbehalten, oder das uf den fal stet unverbunden sein solten. Dabei sie nachmal beharren thun, weil unio allein uf handhab der reichsconstitutionen und erhaltung der stend im reich angesehen. Drumb sie zu einer nehern correspondenz nit verstehen konten, sondern liessens bei den generalissimis." Speier: wird sich den Fürsten accomodiren.

Churpfalz erinnert schliesslich: es handle sich nicht darum, „das man frembde potentaten in union ziehen wol, sonder was zu

[1] Unleserliches Wort.

guter correspondens dienlich, das man sich nichts wideriges zu befaren, sonder vorteil zu gewarten. Dahin man es auch gestelt sein last, sonderlich weil man mit dem vorrat nit ser gefast." Jan. 12 bis Febr. 13. (14.)

Bezüglich Englands und Dänemarks sprechen die Fürsten für eine Gesandtschaft, welche zunächst den König Jacob, darnach erst Christian zu besuchen hätte. Denn letzterer hat „der union halben geantwort,[1] das er sich nit einlassen könt, weil er nit wiss, was Engelland thun wurd." (Churbrandenburg.) Die Gesandtschaft an England ist zu beschleunigen, da der König sich empfindlich gezeigt hat, dass man sich vor ihm an Frankreich gewandt habe. „E(ngland) sei den stenden mit verwandschaft (naeher) zugethan, als andere" (Würtemberg). — Das Anbringen der Gesandten bei beiden Königen soll nach der allgemeinen Ansicht Aufklärung über die Union enthalten, gute Correspondenz bezwecken, und eine Hülfe in der Jülicher Sache erwirken. Anspach meint hinsichtlich der Correspondenz: es sei auch „zu bitten, sich reciproce einer hulf zu vergleichen." Dagegen Anhalt: „was mit E(ngland), D(aenemark) und Staden zu tractiren, stund uf insinuation unionis, und das man einander advertirt, da etwas vorging, und was man sonst zu verhinderung thun könt." — Man beschliesst, England um seine Verwendung bei Sachsen, damit dies sich mit der Union verständige, anzugehen. In dieser Hinsicht bemerkt Würtemberg: der König von England sei „zu informiren (?), weil Dennemark, Sachsen, Hansestet von im dependiren, das er gute officia interponiren wolle." Bei der zweiten Umfrage: der König könne der Union nützen, ohne beizutreten, „weil er selbst andeuttung geben, das sie (sic!) mitl (für) das Braunschweigisch wesen finden wurde. Da es nun geschehe, wurd B(raunschweig) und (stat) B(raunschweig) und Hansestet sich ehe zu (union) bequemen. Drumb im das werk zu recommendiren."

Man beräth zugleich über Venedig und die Schweiz. Nach der ersten Umfrage über diese Dinge bemerkt Churpfalz: es stehe zu bedenken, „ob der letzt punct (betreffend die Stände von Oestreich und Böhmen) hieher auch zu conjungiren, weil es nur umb ein correspondenz zu thun. In Prag wer schon in eventum mit den Bemen und Schlesiern etwas gehandelt und uf's papier bracht worden, welches dienen wurde zu kunftigen schickungen, wohin es zu richten. Und möchte selbe begriffene correspondenz abgelesen werden."

[1] Bei Gelegenheit einer von Churbrandenburg an ihn geschickten Gesandtschaft. (Erwähnt in der Sitzung vom 25. Jan. Protoc.)

19. Man redet hierüber zunächst im allgemeinen. Baden erklärt: man müsse die östreichischen Lande in zwei Classen theilen: „Ungern und Bemen praetendiren freie wal, die andere wollen und sollen underthanen sein. So seiens doch nit sovil als underthanen, sonder als religionverwante anzusehen. Mit dem könig in Ungarn (sei) selbst zu handlen; möcht er zu desperation bracht werden, wan man hinder im mit den seinen handlen solte . . . Ungern und Bemen seien selzame völker. Da mans aber dahin bringen könt zur correspondenz, so kont es nit schaden. Aber vil hulf zu versprechen, wer nit ratsamb." Anhalt: „dise cron (Böhmen) wer gleichwol mit P(falz) in erbeinigung, und sei on das verbunden, nichts vorgehen zu lassen. Doch wer nit undienlich, den begrif zu Prag abzulesen, und da er approbirt, het man ihn in abschid zu bringen, wan sich gelegenheit geben wolt, mit den Bemen zu handlen, das es uf dise weis geschehen solte." Bezüglich der Oestreicher sei früher folgender Vorschlag gemacht: sie steuern für die Union 100,000 fl., deren letztere sich bedient, wenn sie in Gefahr ist, ohne dass die Oestreicher es zugleich sind. Im umgekehrten Fall unterhält die Union zur Unterstützung der Oestreicher 3000 Mann zu Fuss auf drei Monate. Ein derartiger Ansatz könnte in den Abschied gebracht werden, damit auf Begehren man auf Grund desselben sich vertragen könne. Churpfalz: „der Bemen wegen het man vermeldet, wan man plenipotentz hette gehabt, sich mit inen zu vergleichen, das sie sich accommodirt hetten, sonderlich weil sie das vorhandene statutum wider ufheben konten. Hetten sich auch erklert alles zu halten, als wan sie es schon unterschriben."

An demselben Tag (? das Datum fehlt in dem Protocoll) Sitzung, in welcher der churpfälzische Gesandte, Anspach, Würtemberg, Baden, Anhalt, Oettingen erscheinen.

Anhalt zeigt an, dass der französische Gesandte die vereinbarten Artikel nicht vollziehen zu können erklärt habe, sondern sie, trotz aller Gegenvorstellungen, durch einen Courier dem Könige zur Genehmigung, deren Ertheilung er übrigens als sicher bezeichne, gesandt habe. Man beräth nun, 1. ob man den Gesandten noch ferner um sofortiger Vollziehung ersuchen solle, 2. ob die Truppenwerbung alsbald vorzunehmen, oder bis zur erfolgten Genehmigung des Königs aufzuschieben sei.

Das erste wird bejaht. — „Da es sich im 3. und 5. puncten (Fortsetzung und Gegenhülfe) gestossen, hette er (der Gesandte) gesagt, da disfals keine satisfaction geschehe, das er's muste referiren und nicht konte schliessen. Daraus folgt, wan difficulteten genommen, das er könne schliessen." (Churpfalz). Man

beschliesst, dass bei der Verhandlung dem Gesandten angedeutet Jan. 12
werden solle, man werde durch den Punct der Gegenhülfe die bis
Vereinbarung sich nicht zerschlagen lassen. — Der Beschluss über Febr.
die Truppenwerbung wird vertagt, bis man weitere Erklärungen 13. (14.)
von dem Gesandten haben wird.

Man verhandelt demgemäss durch Deputirte mit dem Gesandten. Dieser bleibt dabei, dass der Vertrag erst dem Könige vorzulegen sei, und versichert, dass derselbe „alles verwilligen und sein versprechen halten" werde. [1]

---

[1] Boissise berichtet am 10. Febr. an Heinrich IV.: am 1. Februar erklärte er den Fürsten die Puncte über die der König vor der Ausführung seiner dem F. Anhalt gegebenen Zusagen aufgeklärt sein will. Der Punct betreffend die Fortsetzung der Hülfe der Union über die sechs Monate der laufenden Jahres machte besonders Schwierigkeiten. Endlich bewilligten sie die Hülfe für die Dauer des Krieges. Nachdem auch die übrigen Puncte fast ganz nach des Königs Wunsch entschieden waren, verlangten die Fürsten die Ausfertigung eines Vertrags im Namen des Königs. Der Gesandte entgegnete, er müsse über die vereinbarten Artikel erst des Königs Resolution einholen. Sie aber beriefen sich auf des Königs Versprechen gegen Anhalt, dass er einen Gesandten mit der Vollmacht zur schliesslichen Vereinbarung der fraglichen Artikel an die Versammlung senden wolle: ohne diese werden ihre Rüstungen verzögert, der Feind werde zuerst im Felde sein und sie aus dem Jülicher und Clever Land verjagen. Am gegenwärtigen Tag hat man sich endlich dahin geeinigt: der Vertrag wird gefertigt und an den König gesandt, der sich darüber entschliessen wird. Ohne des Königs baldige Hülfe werden die Fürsten dem Leopold weichen müssen. Sie werden auf des Königs Zusage und des Gesandten Wort zwei Regimenter Infanterie und 800 Reiter aufstellen, „attendant que la saison soit plus advancée pour tenir en campagne le reste de la cavalerye qu'ils doibvent soudoyer." Sie bitten, dass, wenn dies in's Werk gesetzt ist, der König die beiden französischen Regimenter in den Niederlanden nach Düsseldorf vorrücken lasse, um sich den feindlichen Truppen, deren baldiges Einrücken unter Bouquoy man erwartet, entgegenzustellen. Sie bitten den König ferner, er möge ein Regiment Landsknechte von 2000 Mann werben lassen und es dem Gr. Nanteuil untergeben, er möge den F. Anhalt als einzigen Oberbefehlshaber, auch über die französischen Hülfstruppen, anerkennen. Die Gegner der Fürsten rüsten mit grossem Eifer. Da ihre Capitaine meistens Lothringer sind, so bitten die Fürsten den König, er möge den H. Lothringen zur Neutralität ermahnen. Würtemberg bittet den König, den Schutz seiner durch die Nachbarschaft der Franche Comté bedrohten Grafschaft Mümpelgart zu übernehmen. Churbrandenburg ist vor vier Tagen nach seinen Landen zurückgereist. Da der Chf. Sachsen dieselben mit einem Einfall bedroht, wird er nicht in die Jülicher Lande kommen. Vorstehende Verhandlung zu Hof. Boissise hat dem Chf. Brandenburg gesagt, „qu'il ne doibt faire difficulté d'offrir aud. duc de Saxe quelque part en la succession." Led. electeur de Brandebourg est bon prince et croit conseil et se tient grandement redevable à v. M. de son assistance." Boissise ist von Churpfalz nach Heidelberg geladen. (P. Bibl. nat. Dupuy 765 f. 20.) – Vgl. das Protocoll der Verhandlungen zwischen Boissise an den unirten Fürsten vom 12. Febr. (v. Mörner, Kurbrandenburgs Staatsverträge n. 16.) — Am 12. Febr. schreibt Bongars, der sich in Hall eingefunden hatte, an Heinrich IV.: der König hat das Geschick

19. Man beschliesst darauf, die Werbungen, im Vertrauen dass die Ratification des Königs nicht ausbleiben werde, fortzusetzen. Anspach bemerkt dabei: „man sei schuldig, wan Frankreich schon nicht beistehen solte, (sich) der sachen anzunemen und im namen gottes fortzufaren." Aehnlich hat Baden schon in einer früheren Sitzung (Februar 8.) bemerkt: „mit der werbung fortzufaren und inmittelst mit Engellant und Staden zu tractiren. Und wo Gülchisches wesen gelassen, sei man ruinirt disseits. Man könne one eussersten schimpf, schaden und nachteil nicht nachlassen." — Es wird zugleich eine Gesandtschaft an König Heinrich beschlossen, die ihm u. a. den Beschluss der Unirten, an den vereinbarten Artikeln festzuhalten, eröffnen soll.

Februar 11.
(Die Städtegesandten sind anwesend.)

Man beschliesst, das für Böhmen entworfene Concept für die Verhandlungen mit den Ständen von Böhmen, Mähren, Schlesien, Oestreich bei Gelegenheit als Memorial zu gebrauchen. Mehrere Städte bemerken, dass man sich der Stände (nur) durch Interposition anzunehmen habe. Mehrere Fürsten erinnern, dass es gut wäre, mit den Oestreichern den Vertrag hinsichtlich der 100,000 fl. abzuschliessen. Gegen Verhandlungen mit den Ungarn erklären sich Würtemberg, Baden und Churpfalz. Ersteres bemerkt: „Ungarn weren selzamb. Hetten den Oesterreichern nit vil geholfen; weniger wurdens den Deutschen thun." Von den Schlesiern sagt Churbrandenburg: sie „wurden schwerlich zu gewinnen sein, weil sie mit andern ser verbunden."

Später bringt Neuburg einen doppelten Vorschlag ein: der erste hat den Zweck den Artikel der Unionsacte bezüglich der Bundeshülfe deutlicher zu bestimmen,[1] der andere enthält

---

der Fürsten gegenwärtig in seiner Hand, welches, wie es sich wende, für die ganze Christenheit besonders Frankreich, bedeutsam sein wird. „Nous sommes a la crise de l'estat d'Autriche." Ungarn, Böhmen, die östreichischen Erblande haben beschlossen, keinen Landesherrn von der Grazer Linie anzunehmen. Die andre Linie ist aber noch verfaulter als die von Graz. „Si v. M. en veult voir la fin, elle la verra bientost en fortifiant ceste union et par elle les resolutions desd. pais hereditaires d'Austriche." Boissise wird über alles Nöthige Bericht abstatten. (P. Bibl. nat. Ms. fr. 15922 f. 54.)

[1] In demselben wird ausgeführt, dass die Anordnungen der Unionsacte zur Abwehr eines plötzlichen Ueberfalles nicht ausreichend seien, zumal da man über die Kriegsbestallung noch nicht völlig im reinen sei. Baiern z. B. könne, zumal da er Donauwörth besetzt halte, auch gegen

Bestimmungen über gemeinschaftliches Verfahren der Unirten im Falle künftiger Achtprocesse des kaiserlichen Hofs. — Man befindet, dass für beide Fälle die Vorschriften der Union ausreichen. — Ueber die von Neuburg betonte Gefahr eines plötzlichen Angriffs bemerkt Anhalt: „rat nit gern zur sicherheit. Considerir aber, das under catholischen st(enden) allein Baiern vorhanden. Die geistlichkeit thet nichts ausserhalb Wurzburg. Können andere on underthanen hülf nichts thun. Hetten auch iren nervum zur union noch nicht. So wer ganz Oesterreich separirt, und het keiner ausser Leopold zur union verstehen wollen. Spanien kön sie auch noch nit attaquirn (?). Wurden also ire mittel noch schlecht sein. Hetten Frankreich, Staden, Ungarn, Bemen und Osterreich wider sich. Da sie, sonderlich Baiern, etwas anfangen wurden, wurden selbe auch movirt. So hab man vorteil mit landvolk und reutterei; so hab union zugenommen, und der nervus noch gantz. So sei kundschaft der vornembsten stuck eins, die man under den pabstischen haben kan. Wer auch mit Baiern also geschaffen, da man ein wenig darauf wendet, kön man alles erfaren. Hir wer man uf den peinen, ir hulf wer ungewiss, uf Italia wer sich nicht zu verlassen, Frankreich kön Lottringen abwenden. Müssen befarn, man wol wider Donawert etwas anfangen, und wurden an zwei orten nit können pastant sein. Lottringen, als er in Frankreich gezogen, hat nichts movirt. Wer also der meinung, das kundschaft in acht zu nemen, und sich nit irr machen zu lassen, wan gleich Baiern zwei regiment hette, dan Baiern im rechnung macht, es wurd Donawert gelten, und wurd sich nur defendiren. Da sie sich sterken wollen, wurd man es gleich inen; dan keme alsdan union zu hulf." Jan. 12 bis Febr. 13. (14.)

Kaufbeuern als Executor bestimmt sein solle, Neuburg, Auspach, Oettingen, Nördlingen oder andere benachbarte Stände leicht überfallen, ehe man zur Abwehr gerüstet sei. Der bairische Kreis, in dem ausser Neuburg, Wolfstein und Regensburg kein Evangelischer sei, schütze den H. Neuburg gegen solche Gefahren gar nicht. Demgemäss möge man für jeden Unirten eine Anzahl verbündeter Stände bestimmen, die ihm in dringender Noth, bis zur Anstellung der Bundeshülfe durch das Directorium, auf gemeine Kosten beizustehen haben. — Nach Zurückweisung dieses Vorschlags erklärt Neuburg in einer neuen Eingabe vom 12. Februar: er sei rings von papistischen Landen, besonders bairischem Gebiete, umgeben und, seitdem auch Donauwörth in bairischen Händen, gleichsam in steter Belagerung. Unter dem Schein einer Musterung oder der Verstärkung der Garnisonen in Donauwörth oder Ingolstadt könne man sein Hoflager mit dem Zeitaufwand einer Nacht überfallen. Wenn nun die Unirten aus den Tags vorher angeführten Gründen dem Neuburger Antrage nicht Statt geben, so möge doch im Abschiede bestimmt werden, wer von den Unirten dem Herzog in einer plötzlichen und dringenden Noth zur Hülfe kommen solle. (M. pf. 343/8 f. 83, 86.)

19. Churpfalz schliesst: es bleibt bei der Union. „Versteh es aber, das sie zu practisirn; und anjetzt zu erholen, das jeder in guter bereitschaft halt, lehenleut auch amptleut in bereitschaft stel."

Februar 12.

Der Abschied wird verlesen. Beim zweiten Punct desselben, welcher die Gesandtschaft an die Staaten, England und Dänemark betrifft, erinnern die Städte, dass sie die Gesandtschaft nicht bewilligt haben. Nürnberg (mit ihm Rotenburg) fügt hinzu: „hof, staet solten nit daran gebunden sein." — Ebenso protestiren die Städte am folgenden Tag, da die Instrüction an die Staaten, England, Dänemark verlesen wird: „wolten sich nit einlassen." Das Schreiben an Joh. Bapt. Lenk wird von den Städten ad referendum genommen.

Februar 13.

(Zweibrücken, Anspach, Würtemberg, Baden, Anhalt, Löfenius, Camerarius.)

Anhalt: nach den Zeitungen verstärkt sich der Feind mit zwei Regimentern. Die Abfertigung der Gesandtschaft nach Frankreich ist daher nöthig. Camerarius: man hat Neuburg angezeigt: die Gesandschaft könne nicht abgehen, bevor man über die Assecuration im reinen sei. Bleibe es nicht bei der für dieselbe aufgesetzten Form, so werden die Städte abgeschreckt. Aber von den Neuburgern wurde erwidert: man verlange unmögliches von ihrem Herrn; derselbe sei darüber „ser bewegt." — Man beschliesst, die Assecuration nochmals zu urgiren, und, wenn Neuburg sie verweigere, sich zu verwahren, dass man die Erstattung der Unkosten, wenn sie nicht gütlich erfolge, sich selber verschaffen werde. Denn, so wird allgemein bemerkt, die bewilligte Hülfe selber könne man, nachdem man so weit gegangen, nicht mehr rückgängig machen. Löfenius bemerkt: „Neuburg hette kein ursach, das fürsten gelt vorstrecken, lant und leut in gefar setzen, er allein den nutzen hette." Anspach: „wuste dergleichen freuntschaft nicht in Teutschland, als iro geleistet." Würtemberg: (Neuburg) „sehen es darfur an, als wan man (es) muste thun." Baden: „undankbarkeit thue im wehe."

Darauf trägt Anhalt dem Herzog von Neuburg im Namen der Unirten vor: die Abfertigung der Gesandtschaft nach Frankreich dürfe nicht verschoben werden. Denn die Gegner sollen im Brabantischen Vorbereitungen treffen zu einem Anschlag auf Goch und Gennep. Auch von Seiten der Fürsten sei die Vornahme der

Kriegsrüstungen nöthig? Aber man könne, „sonderlich ratione Churpfalz aus mangel instruction one erholung fernern bescheits in einem oder anderm nicht verfaren," wenn nicht die Assecuration vollzogen werde. Nachdem nun die Fürsten nicht nur die sechsmonatliche, sondern im Nothfall noch längere Hülfe bewilligt haben und dabei Land und Leute in schwere Ausgaben und Gefahren setzen, erwartet man, „es solte von Neuburg zu danck vermercket . ., also auch assecuratio unverweigerlich zu thun kein bedenckens mer vorhanden sein, sonderlich weiln man der stette wegen in zweifel, und da sie vernemen solten, das auch diese assecuratio generalissima verweigert, wol gar abwendig gemacht werden dörften." Neuburg lässt durch Heuchelin erwidern: die Fürsten werden hoffentlich nicht auf der Forderung bestehen, dass der Herzog „vor die zukünftige hülf dero herzogtumb Neuburg verschreiben solten. . . . . Da Neuburg in specie hypoticiert und verschriben, (würden) iro alle mittel benommen, andere zu assecuriren und gelt ufzubringen. Werden es nicht können adimpliren, wan sie schon ser verschriben und iriges, so sie zugesagt, leisten oder halten können . . Könten es auch nicht thun wegen des lasten, so sie hetten, ir volk zu erhalten, . . weiln uf widerwertigen fal sie ganz verderbt und ruiniret, weiln dieses auch vor ein gemein werk zu halten, und per revers man genugsam gesichert, und uf glück oder unglück man allezeit bei kunftigem successore gesichert." Anhalt erwidert: Neuburg fürchte, die Assecuration werde ihm andere Anlehen verhindern. Aber „dieweiln nur in genere alles hypothecirt, und solches die special(hypothek) nicht hinderte, wolten fursten nochmaln darfur halten, das sie es bei der begriffenen assecuration werden lassen, sonderlich weiln auch Churbrandenburg solches eingegangen . . . Keme inen nochmaln schmerzlich vor, das solche ire hohe freuntschaft nicht anderst wolte erkennet werden. Ersuchten sie derowegen, weiln sie anderst nit konten, ratione Churpfaltz, Culmbach, Hessen und stette, sich selbsten lenger nit ufzuhalten." Neuburg beharrt dabei, „das sie Neuburg in specie nicht obligiren konten, und were diser punct im verglichenen recess bereit verabschiedet . . Verhoffen einen glücklichen ausgang, und solle uf solchen fal kein Unirter gefart werden, weiln die lande darzu genugsamb. Churbrandenburg hette iro nichts vorgreiffen konnen und hernacher gern revociert, weiln sie sachen nicht nachgedacht. So wurden auch stette wegen der prioritet zu keinem anleihen zu bringen sein." Anhalt besteht auf seiner Forderung.

Jan. 12 bis Febr. 13. (14.)

Februar 14.

(Anspach, Würtemberg, Baden, Anhalt, Oettingen, Räthe.)

Churpfalz: am gegenwärtigen Tage ist nochmals mit Neuburg über die Assecuration gehandelt. Der Herzog beharrte bei seiner Weigerung, worauf man erklärte, „da es nicht zu erhalten, das diejenige mittel, so entlich zu erholung der vorleibung dienlich, werden in acht müssen genommen werden.“ — Man bestätigt darauf den für diesen Fall am vorigen Tage gefassten Beschluss.

Drei nach Materien gesonderte Protocolle: München Staatsarchiv pf. 117 2. Dazu ein von Dathenus geführtes Protocoll (citirt: Dath.) a. a. O. Würtemberger Protocoll: Stuttgart Unionsacta V.

Febr. 13. **20.** Schwäbisch-Haller Abschied.

Unterzeichner: Johann Herzog von Zweibrücken (für sich und für Churpfalz), Philipp Ludwig Herzog von Neuburg, Joachim Ernst Marggraf von Anspach, Johann Friedrich Herzog von Würtemberg, Georg Friedrich Markgraf von Baden, Christian Fürst von Anhalt (für sich und seine Brüder), Gottfried Graf von Oettingen, Gesandte von Churbrandenburg, Hessen-Cassel, Culmbach, und den Städten Strassburg, Nürnberg, Ulm. (Die Gesandten dieser drei Städte unterzeichnen mit Vollmacht von Worms, Speier, Weissenburg, Landau, und den unirten fränkischen und schwäbischen Städten.)

1. Nach Absendung der Gesandtschaft der Unirten an den Kaiser, ergab sich wenig Aussicht auf Berücksichtigung der von den Gesandten vorgebrachten Anträge, vielmehr wurde gleichsam im Angesichte dieser Gesandten Donauwörth dem Herzog von Baiern gänzlich übergeben. Innerhalb und ausserhalb des Reiches, besonders in der Nachbarschaft der Jülicher Lande, lassen sich überhaupt die Dinge immer gefährlicher an. Aus diesen und andern Gründen hatte der Churfürst von der Pfalz, nachdem er sich mit den Unirten benommen, eine persönliche Versammlung derselben auf den 4. October 1609 ausgeschrieben. Da man aber bald darauf in Prag mit der Unionsgesandtschaft eine eingehendere Verhandlung eröffnete und Aussicht gab, die Sachen sorgfältiger zu behandeln, wurde die Tagsatzung, weil man bis zur Eröffnung derselben über den Stand der Dinge in Prag nicht aufgeklärt sein konnte, bis auf weitere Berufung verschoben. Allein hinterher zeigte es sich, dass man die Gesandten nur mit guten Worten hatte entfernen wollen: die Hofprocesse gingen vorwärts, die Donauwörther wurden aufs äusserste bedrängt, alles, worüber die Unirten sich beschweren, suchte man festzuhalten und durchzuführen, und an verschiedenen Orten des Reichs wurden starke Truppenwerbungen

angestellt. Darum hat Churpfalz auf Bitten einiger vornehmer Unirter die persönliche Versammlung abermals auf den 11. Januar 1610 ausgeschrieben. Febr. 13.

Vor Verlesung der Proposition begann man zunächst mit den Wetterauer und fränkischen Grafen und den Vertretern schwäbischer und fränkischer Reichsstädte über ihren Eintritt in die Union zu verhandeln. Mit den Grafen vermochte man nicht völlig übereinzukommen; es soll daher die Verhandlung mit ihnen zu gelegener Zeit vom Churfürsten von der Pfalz wider aufgenommen werden. Mit den Städten hat man sich unter folgenden Bedingungen geeinigt: a) Worms, Speier, Nördlingen, Rotenburg, Schw.-Hall, Windsheim und Schweinfurt erklären sich für stark genug befestigt, um selbständig einen ziemlich starken Angriff abzuwehren: wenn derselbe aber über ihre Widerstandskräfte gehe, so seien sie bereit, „gegen annemung der bedachtén caution dem ansuchenden unirten stant die oefnung zue thun." Weissenburg, Landau, Memmingen, Kempten und Weissenburg im Nordgau erklären ihres Theils, dass sie bereit seien, „do die gesuchte oefnung allein auf den eussersten notfal gemaint, und inen nit mer kriegsvolck, als sie mechtig sein möchten, eingelegt, guete disciplin und ordnung erhalten, auch dem magistrat der stat das directorium gelassen wurde, gegen verglichener caution die oefnung zue thun." Die Gesandten von Heilbronn endlich müssen in diesem Puncte wegen mangelnder Instruction ihrer Herrschaft die Erklärung vorbehalten. Demgemäss ist es nun, abgesehen von den drei ausschreibenden Städten, den Reichsstädten anheim gegeben, ob sie sich als Festungen erklären wollen, oder nicht. Im erstern Falle müssen sie sich mit genügendem Proviant und Kriegsbedarf „nach einraten und guetachten derjenigen stent, so dem kriegswesen vorgesetzt," versehen halten und haben die Oeffnung nur „auf den unverhoften notfal" zu gewähren gegen die zwischen ihnen und den Unirten vereinbarte Caution. Im Fall der Oeffnung bleibt das „Directorium" der Stadt, das Commando den Truppenführern, erstere hat sich mit letztern zu benehmen. Die Taxe der Lebensmittel ist „nach moderirtem kriegsgebrauch" zu bestimmen. Was sonst die Unionsverfassung in diesem Puncte der Oeffnung festsetzt, ist auch zu Gunsten des Landvolks und der Zugewandten des öffnenden Standes, in Speier zu Gunsten des Kammergerichtes anzuwenden. Wo sich Zweifel ergeben, entscheiden sämmtliche Unirte. b) Die Vota sollen fortan, so lange nicht dieser Beschluss durch einen andern geändert wird, so geregelt sein, dass die Fürsten immer zwei Stimmen mehr haben als die Städte. — Auf diese Bedingungen haben die Gesandten

20. von Nördlingen, Schwäbisch-Hall, Heilbronn, Memmingen, Kempten die Unionsacte vollzogen, wobei abermals erklärt ist, dass die Union keinem Stand an seinen Rechten und Verträgen nachtheilig sein soll.

Da inzwischen der Churfürst von Brandenburg eingetroffen war, so vollzog nun auch dieser „vor sich, dero churfurstentumb und die marck Brandenburg," indem er seine Erbverbrüderungen mit andern Fürstenhäusern dabei ausnahm, seinen Eintritt in die Union. Dasselbe geschah im Namen des Landgrafen Moriz durch dessen einige Tage später eintreffende Gesandte; es wurde dabei die sächsischs-brandenburgisch-hessische Erbeinigung ausgenommen.

2. Hinsichtlich des ersten Punctes der Proposition haben die Unirten erwogen, dass die über alle Lande, besonders über Deutschland, eingebrochenen schweren Zeiten göttliche Strafen für Sünde und Unbussfertigkeit sind, und dass das rechte Mittel zur Abwendung derselben in Gebet und Bekehrung besteht. Darum soll in allen Gebieten der Unirten unverzüglich ein gemeines Gebet angeordnet werden, dass Gott die Strafe abwende und die Rathschläge der Unirten zu seiner Ehre, zum Gedeihen der wahren Religion, zum Wol des Vaterlands, der Freiheit desselben und der Justiz gereichen lasse. Durch solche Gebete sollen die Unterthanen mit dem Geiste der Union erfüllt werden. Da ferner die fest untereinander verbündeten Papisten auf nichts als auf Zwietracht unter den Unirten losarbeiten, so haben diese um so sorgfältiger alle Hindernisse der Einigkeit in geistlichen wie in politischen Dingen zu beseitigen und alle nachbarlichen Irrungen, besonders wo sie nicht von grosser Bedeutung sind, auszugleichen zu trachten. Nochmals wird verordnet, dass die Unirten sich ihrer Quote nach mit Geld, Kriegsleuten und Kriegsbedarf gefasst halten, damit „man nit allein einen unversehenen uberfal aufhalten, sondern, do es die notturft, auch effective und würcklichen etwas verrichten und dardurch zue sicherheit und reputation gelangen möge." Die Unirten dürfen in ihren Landen der Gegenpartei keine Durchzüge noch Werbungen noch Ausfuhr von Kriegsbedarf gestatten, sollen ihnen die Zufuhr von Kriegsbedarf nach Kräften verhindern und, „do es one hinderung .. der commercien immer thuenlich, alle practicken und wechsel, als dardurch im Teutschlant fast allein die unruhe fomentirt, abstellen und verbieten."[1] — Da die Union „vornemblich allen evangelischen stenden zue guetem angesehen" ist, und

[1] Verfügung des Chf. Pfalz an seine Amtleute zur Arrestirung durchgeführten Kriegsbedarfes und Geldes, wenn beides nicht als des Unirten gehörig ausgewiesen wird. 1610 Febr. 22. (M. pf. 116/4 f. 181)

die „pabstische und Spanische erneuerte liga" die Bereitschaft zum Widerstand dringend erfordert, so muss man sich nur noch fleissiger bemühen, „die im reich gesessene" zur Union zu ziehen. Die in dieser Richtung geführten Verhandlungen mit dem Hause Sachsen sind nicht auszusetzen; die Bedenklichkeiten Sachsens sind nach Massgabe beiliegender Schrift zu beseitigen.[1] Mit Holstein, Pommern, Mecklenburg und andern benachbarten Ständen, welchen der Febr. 13.

[1] Gemeint ist ein Schreiben der Haller Versammlung an Chursachsen (Febr. 9.) folgenden Inhalts: auf das Schreiben der vorigen Haller Versammlung und die Werbung des Culmbacher Gesandten, betreffend die Restitution Donauwörths und die Abstellung der Gravamina, hat sich der Churfürst am 18. Juli 1609 erklärt. Darauf wird folgendes geantwortet: 1. obgleich der Churfürst, wie seine Erklärung besagt, für die Restitution Donauwörths sich beim Kaiser durch seine Gesandten abermals verwandt hat, und im Angesicht der Gesandtschaft der Unirten, ist Donauwörth dem H. Baiern als Pfandschilling gänzlich eingeräumt. Zusage des Kaisers vom 20. Sept. 1609 (Acten II n. 200 S. 419) und Nichterfüllung derselben. Es ist für alle evangelische Stände schimpflich und nachtheilig, wenn sie so um das kaiserliche Versprechen gebracht werden. Zur Nichthaltung desselben dürften den Kaiser vielleicht seine Räthe und andere am Hof befindliche Intriganten drängen. Diese Leute suchen nur dem Papst und seinem Anhang Vortheil zu schaffen, sollte auch der Kaiser darüber die ihm noch gebliebene Herrschaft verlieren. Sie hören nicht auf, die evangelischen Stände zu beschweren, z. B. gegenwärtig Hagenau, Münster im St. Gregorienthal, Worms, Heilbronn, Landau. Sie rechnen für das Gelingen ihrer Anschläge auf die mangelnde Vereinigung der Evangelischen. Aber ihnen nicht zu widerstehen, halten die Unirten für unverantwortlich. Sie bitten den Churfürsten, mit ihnen zur Abstellung der Beschwerden durch erlaubte Mittel zu rathen und zu helfen. 2. Der Churfürst deutet an, er sei bei den Berathungen der Unirten über die Beschwerden übergangen. Allein dieselben haben, als sie sahen, dass Donauwörth und andern Bedrängten durch Schreiben und Gesandtschaften nicht zu helfen sei, dass die Beschwerden vermehrt, und die Einigung der evangelischen Stände gehindert werde, in aller Eile, als der Gefahr am nächsten gesessene, sich zusammengethan und das zu ihrem und ihrer Freunde Schutz Nöthige beschlossen. Die Chf. Sachsen und Brandenburg wurden vor $1^1/_2$ Jahr vom Chf. Pfalz zu einer Zusammenkunft ihrer aller Räthe nach Hof im Vogtland eingeladen, um bezüglich Donauwörths und der andern Beschwerden das nöthige zu bedenken. Aber der Chf. Sachsen verstand sich nicht dazu. So schloss man denn unter sich die Union ab, damit man des verderbten Regiments am kaiserlichen Hof entledigt, gegen die Hofprocesse gesichert werde, und damit Donauwörth geholfen werde. Die Union ist nur gegen unbillige Gewalt gerichtet, entspricht dem Beispiel der Vorfahren, auch derjenigen des Churfürsten selbst, ja dem Beispiel der Gegner, die längst ihre Liga gegen die Evangelischen geschlossen haben und mächtig genug sind, diese, wenn sie nicht zusammenhalten, zu unterdrücken. Alle evangelischen Stände sollen der Union beitreten, dann wäre des Papstes, der Jesuiten und ihres Anhangs Unternehmen, die evangelischen Stände bei ihrer Uneinigkeit erst einzeln, dann sämmtlich zu unterdrücken, wol abzuwehren. Der Churfürst wird also gebeten, er möge sich auf die vom Mgr. Culmbach ihm vorgebrachte Einladung zur Union nunmehr definitiv, und zwar willfährig erklären. Churbrandenburg und Culmbach

20. Churfürst von Brandenburg den Beitritt zur Union schon aus eigenem Antrieb empfohlen hat, desgleichen mit dem Erzbischof von Magdeburg, wird der genannte Churfürst die Verhandlungen nunmehr im Auftrage der Union führen. Da dem Beitritte des Herzogs von Braunschweig dessen Verhältniss zur Hansa, besonders zur Stadt Braunschweig, im Wege steht, so werden im Auftrage der Union, Churbrandenburg, Anspach und Nürnberg (die Gesandten dieser Stadt haben den Auftrag ad referendum angenommen) die den sämmtlichen Evangelischen gefährlichen Streitigkeiten zwischen dem Herzog und der Stadt Braunschweig auszugleichen oder doch in bestimmte Schranken zu weisen suchen, desgleichen über den Eintritt des Herzogs und der Stadt in die Union verhandeln. Mit den Hansastädten insgemein werden Churbrandenburg und Anspach die begonnenen Beitrittsverhandlungen fortsetzen. Die Beitrittsverhandlungen mit Hessen-Darmstadt werden Churpfalz und Baden fortführen. Hinsichtlich der Einladung der übrigen evangelischen Städte bleibt es bei den Bestimmungen des vorigen Schwäbisch-Haller Abschiedes. Zwei Abgeordnete der Stadt Regensburg [1] haben

werden auf Ersuchen der Versammlung hierüber eingehender mit ihm verhandeln. Nach versprochener Geheimhaltung soll er über die Union vollständige Aufklärung erhalten. (M. pf. 116/4 f. 112. Vgl. Haeberlin XXIII S. 270.)

[1] Neuburg, Nürnberg, Ulm berichten der Versammlung am 12. Jan über die Erklärung Regensburgs vom Juli 1609 (Acten II n. 164) und bemerken weiter: auf diese Erklärung sei von Neuburg, Nürnberg und Ulm am 14. Oct. erwiedert: der geheime Rath möge die fragliche Mittheilung machen und die Sachen also befördern, dass man die Resolution der Stadt vor oder bei der bevorstehenden Unionsversammlung habe. Der gewünschte Vergleich mit Baiern könne die Verhandlung nicht füglich verzögern. — Hierauf habe der geheime Rath sich am 29. Dec. entschuldigt, dass die Mittheilung noch nicht geschehen sei wegen Tod, Krankheit und Abwesenheit mehrerer Mitglieder der beiden Räthe und der Gemeinde, dass sie aber gleich nach Weihnachten (a St.) nach den ordentlichen Wahlen zum Rath und den Stadtämtern geschehen solle. (M. pf. 116/4 f. 52.) Am 26. Dec. 1609 berichten Richius und Philipp Camerarius, welche mit den Geheimen von Regensburg über dieselbe Angelegenheit verhandelt hatten, an Churpfalz und Nürnberg: die Geheimen sollen für den Beitritt sein; sie wünschen, dass die Entscheidung darüber noch während des Unionstags getroffen werde. Die kürzlich geschehene Avocation etlicher Frankfurter Bürger an den kaiserlichen Hof, die Furcht, man werde also auch gegen andre Reichsstädte verfahren, als ob sie selber die Justiz nicht handhaben wollten oder könnten, endlich die neue Liga, in welcher Baiern und vermuthlich auch der B. Regensburg sein soll, haben das Werk sehr befördert. Die Geheimen glauben in diesen Dingen Gründe zu finden, um sich vor dem Kaiser, auf den sie neben Baiern bis dahin am meisten gesehen, zu rechtfertigen. Auch die ihnen eröffnete ansehnliche Zahl der Unirten, die ihnen noch unbekannt waren, hat sie ermuthigt. Also hoffen die Gesandten auf eine willfährige Resolution noch vor Schluss des Unionstages. (M. pf. 117/1 f. 230.) — Die im Schw.-Haller Abschied erwähnten Gesandten von Kämmerer und Rath zu Regensburg theilten am 8. Febr. 1610 mit:

gegenwärtiger Versammlung erklärt, dass sich im Rath die Majorität gegen den Beitritt zur Union entschieden habe; man möge also damit zufrieden sein, dass die Stadt das der Union zum besten Gereichende sich angelegen sein lasse, alles ihr Nachtheilige, was sie erfahre, zeitig berichte und die Wachen verstärke. Als Neuburg und die Gesandten von Nürnberg und Ulm darauf Gegenvorstellungen machten, bemerkten die Abgeordneten: wenn sie die ganzen „capita generalia unionis“ unter Zusicherung der Geheimhaltung dem innern Rathe schriftlich und den Widerstrebenden des äussern Rathes und Ausschusses der Bürgerschaft mündlich mittheilen dürften, so dürfte eine weitere Verhandlung nicht undienlich sein. Bei der Wichtigkeit der Stadt ist nun diese Mittheilung in Bezug auf den innern Rath bewilligt; dem äussern Rathe dagegen und dem Ausschusse sind nur allgemeine Vorstellungen und weitere Aufklärungen über die Gefahr der Stadt und die Zweckmässigkeit der Union vorzutragen. Will der (innere) Rath solche Vorstellungen unter Zuziehung von Gesandten Neuburgs, Nürnbergs und Ulms machen, so möge er jene Stände um die erforderliche Abordnung ersuchen. — Ein Antrag Georg Ludwigs von Freiberg, Freiherrn zu Justingen, auf Einnahme in die Union ist wegen mangelnden Reichsanschlags und vieler Privatstreitigkeiten dieses Herrn mit Stillschweigen übergangen. Febr. 13

Betreffend die „besterckung der union ausserhalb reichs,“ ist schon bei der vorigen Tagsatzung „nit für ratsam gehalten worden, das frembde potentaten und herschaften, dieweil die union vornemblich auf des reichs ordnungen und constitutiones gegründet, in dieselbe directo genommen, sondern es einzig bei einer gueten und vertreulichen correspondenz hinc inde gelassen, und dieselbe

---

als man nach den Neuwahlen die Unionsangelegenheit dem äussern Rath und dem Ausschuss der Gemeinde nach vorhergehendem Gelübde der Verschwiegenheit im allgemeinen mitgetheilt, haben sich die meisten und vornehmsten dem Bündnisse abgeneigt geäussert. (M. pf. 116/4 f. 44.) Auf weitere Vorstellungen von Neuburg, Nürnberg und Ulm entgegneten die Gesandten: ihre Vollmacht erstrecke sich über das bereits Vorgebrachte nicht hinaus. Der Eintritt Regensburgs in die Union werde bei der Minderung des Verkehrs eine neue Steuer zur Aufbringung der Bundeslasten erfordern. Diese aber werde in der Bürgerschaft, soviel sie auch gethan haben, um sie für die Union zu gewinnen, bedenklichen Widerstand finden. Die Papisten würden, sobald sie von dem Eintritt in die Union hören würden, die Sache an den kaiserlichen Hof bringen, worauf Mandate, beschwerliche Processe, ja eine „verenderung im regiment,“ erfolgen könnten. Wenn indess die Kämmerer die „generalia capita unionis“ nach Angelöbniss der Geheimhaltung dem gesammten innern Rath schriftlich übergeben und „den noch unaccommodirten des eussern rats und des ausschuss“ mündlich vortragen dürften, so würde das hoffentlich nützlich sein. (St. Unionsacta V f. 159.)

20. erhalten werden solte, damit man aufs weinigst umb sovil versichert, das sich irethalben keines widerigen zue befaren, sondern vielmer alles favors, nutzen und beförderung zu vertrösten sein möchte." Da indess die „neue Ligisten sich starck bemühen, die auslendischen potentaten auf ire seiten und zue irem favor zu bringen, ist vor ratsam ermessen worden, dis orts den vorsprung zue nemen und sich zue bemühen, wie der könig in Gross-Britanien, Dennemarck (dan sovil die k. w. in Frankreich anbelangt, hat es mit demselben könig seinen gewissen weg,) die herschaft Venedig, wie auch die Aitgenossenschaft in Schweiz also zue disponirn, das sie dieser christlichen union gewogen und erspriesslichen favor erzeigen, auch auf den fal, wo nit die hülfliche hant bieten, doch zum wenigsten sich also in terminis halten, das sich die union dannenhero keiner gefar zue besorgen." Demgemäss werden Churpfalz und Würtemberg an den König von England eine ansehnliche Gesandtschaft, bestehend, wo möglich, aus einem fürstlichen Haupte und einigen ihrer Räthe, doch mit Vermeidung grosser der Union zuwachsender Kosten, abfertigen. Da im Hinblick auf die Jülicher Sache nicht gezögert werden darf, so sollen die Gesandten abgehen, sobald man Nachricht hat über den Erfolg des französischen der Jülicher Sache wegen nach England abgeordneten Bevollmächtigten. Aufgabe der Gesandtschaft wird nach Ausweis beiliegender Instruction [1] sein: „das sie k. w. diese löbliche union zum besten recommendire und, wohin sie eigentlich gemeint und angesehen, zu erkennen gebe, zum andern einer correspondenz halben tractation pflege und von s. k. w. verneme, was sie bei den Gülchischen

[1] Die Instruction (Febr. 14.) ist an England, Dänemark und die Staaten gerichtet und enthält folgendes: Ursachen und Zweck der Union. Ihre Stärke. Gegenbündniss der Katholischen, welches vornehmlich durch die Gunst fremder Mächte der Union gefährlich ist. Daher Absicht der Unirten, sich mit fremden Mächten in eine „vertreuliche correspondenz" einzulassen. Eine solche wird dem König (den Staaten) auf folgende Bedingungen vorgeschlagen: man sucht von beiden Seiten das einander Nachtheilige nach Möglichkeit abzuwenden; geräth der eine Theil in Krieg, so lässt der andere den Gegnern desselben in seinen Landen keine Werbungen noch Durchzüge zu, thut ihnen überhaupt keinerlei Vorschub. — Absicht der Unirten den Possidirenden zum Schutz ihres Besitzes beizustehen. Bitte an den König von England (an Dänemark und die Staaten „mutatis mutandis"), er möge gleichfalls Hülfe leisten, den König von Dänemark zur Hülfeleistung disponiren und vor allem den Churfürsten von Sachsen vom Verfolg der Hofprocesse in der Jülicher Sache abmahnen, und ihn zum gütlichen Vergleich mit den evangelischen Interessenten und zum Eintritt in die Union ermahnen. Schliesslich ist König Jacob zu ersuchen, er möge sich für Beilegung des Streites zwischen dem Herzog und der Stadt Braunschweig verwenden, da dieser Streit beide Theile und die Hansestädte hauptsächlich vom Eintritt in die Union abhalte. (M. pf. 342/9 f. 277.)

sachen zue thun gemeint." Der König ist ferner zu ersuchen, die an ihn gerichteten Vorstellungen auch beim König von Dänemark zu befürworten, besonders aber den Churfürsten von Sachsen bezüglich Jülichs, der Union und anderer gemeiner evangelischer Angelegenheiten etwas entgegenkommender zu stimmen, endlich auch sich um die Vermittlung des Braunschweigischen Streites zu bemühen. Die gleiche Werbung wie in England haben die Gesandten, nachdem sie dort etwas Gedeihliches ausgerichtet, dem König von Dänemark und den Staaten vorzutragen, und ist es dem Churfürsten von Brandenburg, und dem Herzog von Neuburg anheimgestellt, ob sie der Jülicher Sachen wegen eine Gesandtschaft ihrerseits beiordnen wollen. Churpfalz und Würtemberg schliesslich oder die Gesandten, mögen entscheiden, ob letztere von England zuerst nach Dänemark oder zu den Staaten reisen sollen. — Dieser ganze (die auswaertigen Mächte betreffende) Punct ist von den Gesandten der Städte wegen mangelnden Befehls ad referendum genommen. — Zu der sehr wichtigen Erstattung von Berichten aus Rom, Italien und angrenzenden Landen ist im Namen der Union ein Beauftragter in Venedig zu halten, über dessen Person aber man sich nicht geeinigt hat. Was nach Ausweis beiliegenden Schreibens in Sachen der Union, Jülichs und der Passagen mit Venedig zu verhandeln ist, soll einstweilen und versuchsweise durch denjenigen verrichtet werden, der schon vorher von etlichen Unirten nach Venedig gesandt ist.[1] Mit der Schweizer Eidgenossenschaft muss man sich wenigstens so weit zu einigen suchen, dass sie den Gegnern der Union oder der possidirenden Fürsten keine Werbungen, noch Durchzüge, noch sonstige Vortheile gestatte, und alles für die Union Bedrohliche derselben mittheile. Eine Verhandlung hierüber soll baldigst von Strassburg eröffnet, und dann unter Zuziehung von Churpfalz, Würtemberg und Baden fortgesetzt werden.

Febr. 13.

[1] Die unirten Fürsten und der Gr. Oettingen tragen dem J. B. Lenk unterm 14. Febr. auf: er soll der Signorie vortragen, wie die possidirenden Fürsten mit ihren Verbündeten sich zum Widerstand gegen das Unternehmen, sie gewaltsam ihres Besitzes zu berauben, rüsten müssen, und wie deren Gegner im vorstehenden Frühling Truppen und Kriegsbedarf aus Italien und Spanien gegen sie heranziehen werden: für solche Expeditionen möge die Signorie in ihren Landen die Passage sperren, den Gegnern der Fürsten keine Werbungen gestatten und alles den letztern Nachtheilige nach Möglichkeit verhindern. Sie möge Nachrichten über die militärischen Bewegungen einziehen und dieselben den Auftrag gebenden Fürsten zeitig mittheilen. Entsprechende Dienste habe dann die Signoire von diesen Fürsten zu gewärtigen. — Lenk hat sich zugleich im Vertrauen zu erkundigen, ob, wenn demnächst die gesammte Union der Jülicher Sache wegen eine Gesandtschaft an die Signorie abfertigen sollte, ein namhaftes Ergebniss zu gewärtigen sei. (M. pf. 342/9 f. 281.)

7*

[illegible] Hülfleistung [illegible] Hofprocesse [illegible] und vori- [illegible] soll „die [illegible] bezahlte [illegible] übertrug [illegible] gleich nach ent- [illegible] aufnahmen." [illegible] die Unter- [illegible] [illegible] anzuordnen. — [illegible] beiliegende [illegible] [illegible]

[illegible] Stände der [illegible] Gesammtheit den [illegible] die Hauptvermahner [illegible] die Zahl bestellte

[illegible] Churpfalz [illegible] [illegible] Fürsten: [illegible] Weissenburg [illegible], [illegible] Heilbronn [illegible], Memmingen [illegible], [illegible] Weissenburg im Nordgau [illegible] — [illegible] Städte: [illegible] fl. 40 kr. (sic! Es macht [illegible] 15,974 fl. 40 kr. (sic! Es [illegible] Ansatz der Münzwerthe: Ungrische [illegible] Französische Kronen = 2 fl. Spanische „dopple oder [illegible] Spannische oder Italienische = 1 fl. 13 b." Gold- [illegible] Reichsthaler = 1 fl. 6 b. Guldenthaler = 1 fl. 3 b. [illegible] „Fünf Bennzler = 1 fl." Zwanzig Dreikreuzer [illegible] Halbbatzen 1 fl. (M. pf. 349/9 f. 284.)

Regirung am kaiserlichen Hofe, erschöpfend darlegten, die Hoffnung gehegt, der Kaiser werde seine und des Reichs gefährliche Lage einsehen und die Vorschläge der Gesandtschaft zur Hebung der Beschwerden ausführen. Die kaiserliche Resolution bestärkte diese Hoffnung. Allein die Zusage der Restitution Donauwörths ist nicht erfüllt, die Hofprocesse werden strenger als je geführt, und die kaiserliche Regirung wird keineswegs gebessert. Die Unirten müssen daher annehmen, „das nunmer an dem kaiserlichen hof etwas gewiriges durch schreiben oder schickung zu erlangen, einige hofnung nit mer ubrig sei. Haben demnach obgemelter stat restitution wie auch andere beschwerden dahin gestelt, bis künftig zur besserung thuenliche und bequeme mittel sich an die hant geben möchten, jedoch, das under dessen von solcher gemeinen sach nit abzusetzen, sonder sich derselben würklich anzuenemen, vereinbaret und verglichen." Um nichts zu versäumen, ist daher auch nochmals beiliegendes Schreiben an den Kaiser[1] abgefertigt, welches Churpfalz so zu besorgen suchen wird, dass es — was sonst nicht leicht geschieht — in des Kaisers Hände geliefert wird. Es soll auch in jedes Unirten Archiv nach Documenten, die zur Bestreitung der widerrechtlichen Hofprocesse dienlich sind, gesucht, und solche dem Churfürsten von der Pfalz eingesandt werden zur Mittheilung an anderen Orten. Febr. 13.

4. Hinsichtlichtlich der Jülicher Sache ist von den Fürsten und fürstlichen Gesandten „und etlichen stenden dafür gehalten, obwol diese sach vermög jüngst alhie deswegen gemachten abschiets eigentlich nit für ein unionswerck zu erachten, jedoch dieweiln es damit solcher gestalt bewant, das dahero dem ganzen evangelischen wesen, und also auch der union, grosser nutz und vortel, wie auch im widerigen schaden, nachteil und gefar entstehen und zuewachsen kan, das auch billich alle evangelische stend sich mit rat und etwas würcklichem zuethun derselben anzuenemen. Welches gleichwol die abgeordnete der erbarn reichsstet, aldieweil sie disfals nit genuegsam befelcht, ad referendum auf sich genommen, und sich erbotten, bei iren hern und obern es dahin zue richten, das disfals derselben resolutionen dem directorio innerhalb vierzehen tagen schriftlich uberschickt werden sollen." Jedenfalls soll die fragliche Hülfeleistung keinem Interessenten, also auch weder Sachsen noch Zweibrücken, an seinen Rechten nachtheilig sein; man beabsichtigt nur, dass „diese so statliche und der paess, wasserstroem und anderer bequemlicheit halben so wol gelegene lande den

[1] Das Schreiben (Febr. 6.) bei Londorp I S. 87.

20. evangelischen interessenten, denen sie von rechts und billigkeit wegen gebüeren, zuekommen und bleiben mögen, und den frembden auch widerigen, so ein aug darauf geschlagen, möchte begegnet, und deroselben schedlich vornemen verhindert und abgehalten werden; inmassen dan auch hiemit verabschiedet wurdet, da wegen dieser hulfsleistung der beschehenen an- und vorleihungen an gelt ein oder der ander unierte stant durch acht und executionsprocess angefochten oder wurcklichen verfolgt werden solten, die uberigen denselben beizuespringen und die hant zue bieten auch zu beschutzen, schuldig sein sollen." — Die vereinbarte in Hof zu haltende Conferenz zwischen Herzog Johann Georg von Sachsen und dem Churfürsten von Brandenburg und dem Markgrafen von Culmbach ist von den beiden letztern als eine Gelegenheit zu ergreifen, um das Haus Sachsen von den für alle Evangelischen so nachtheiligen Hofprocessen abzuziehen und zu innigeren Beziehungen zu den Unirten zu führen.[1]

5. Mit den Ständen von Oestreich, Böhmen, Mähren und Schlesien wird Christian Fürst von Anhalt im Auftrag der Union und

---

[1] Churpfalz, Anspach, Würtemberg, Baden, Anhalt und Oettingen richten unterm 10. Febr. ein Schreiben an Chursachsen: Weitläufige Ausführung, dass in der Jülicher Sache nicht der Kaiser urtheilen könne, sondern nur ein stellvertretender Fürst, weil der Kaiser für sich und sein Haus Ansprüche an die Jülicher Lande erhebe, und dass als Beisitzer des Gerichtes nach deutschem Rechte nicht kaiserliche Räthe, sondern nur Standesgenossen der Interessenten fungiren dürfen. Dies Fürstengericht muss in Deutschland — also nicht in Böhmen, das wol zum römischen Reich, aber nicht zu Deutschland gehört — und unter Beobachtung des vorgeschriebenen Verfahrens gehalten werden. Bestechlichkeit der kaiserlichen Räthe, ihre Willkür und gefährlichen Absichten gegen die evangelischen Stände. Sie und Erzherzog Leopold suchen die Jülicher Lande allen evangelischen Interessenten zu entreissen und nachher in denselben alle Evangelischen auszurotten. Der Churfürst möge also zugeben, dass der in der Jülicher Sache begonnene Process der kaiserlichen Räthe eingestellt, und die Sache einem ordnungsmässigen Fürstengericht überwiesen, oder — was bei der gegenwärtigen Lage des Reichs am nützlichsten zu sein scheint — zu gütlichem Vergleich geführt werde. Für beide Auswege steht ihm der Rath, und für den Fall der Noth die Hülfe der Unterzeichneten zu Gebote. Dieselben sind gegen ihn ebenso gesinnt wie gegen Brandenburg, Neuburg und Zweibrücken. Sie massen sich über die Frage der Erbberechtigung kein Urtheil an, haben aber grosses Interesse daran, dass das auf Occupation der Lande gerichtete Vorhaben der Papisten vereitelt werde, sind auch erbietig, demjenigen Evangelischen, dem die Lande in ordnungsmässigem rechtlichem Verfahren zugesprochen werden, „im notfal zur execution behülflich zu erscheinen." (M. pf. 342/9 f. 249. Vgl. Haeberlin XXIII S. 181.)—Bereits am 20. Jan. hatten dieselben Fürsten dem Chf. Sachsen Vorstellungen gemacht gegen seine Absicht, „wegen der Gülchischen sachen in kurtzem nacher Prag sich zu begeben," und gegen die Fortsetzung der in der Jülicher Sache begonnenen Hofprocesse. (St. Unionsacta V f. 279.)

nach Massgabe beiliegender Schrift[1] „etwas correspondenz zu erhandeln“ suchen. Den Oestreichern könnte vorgeschlagen werden, sie möchten „ein summa gelts zue der union hinderlegen, dern sie (die Unirten) sich in notfellen zu gebrauchen hetten, und das hingegen die Unierte urbietig weren, wan sie, die Oesterreicher, ange- Febr. 18.

[1] Gemeint ist ein Memorial für die Verhandlungen mit den Ständen von Oestreich, Böhmen, Schlesien, Mähren vom 14. Febr. (M. pf. 342/9 f. 296.) — Am 15. Febr. schlägt F. Christian dem Chf. Pfalz vor, er möge diese Verhandlungen dem Mgr. Johann Georg von Brandenburg, der an den betreffenden Orten wol bekannt und gelitten sei und bei seiner Rückreise (er war damals in Schw.-Hall) ohnedies dort hinkommen werde, übertragen. Die Unirten seien damit einverstanden. (M. pf. 116/4 f. 177.) Demgemäss erhält der Markgraf am 26. Febr. vom Chf. Pfalz folgende mit dem erwähnten Memorial übereinstimmende Instruction an die evangelischen Stände von Oestreich, Böhmen, Mähren und Schlesien: 1. die Unirten und die genannten Stände mögen beiderseits die nöthigen Anordnungen treffen, um alles, was die Papisten gegen die evangelische Religion vornehmen, zu erkunden, und sich das Erkundete gegenseitig mittheilen. Die Stände richten ihre Mittheilungen an Churpfalz, die Unirten an die Stände oder ihre Directoren. 2. Wenn gegen den Religionsfrieden und seinen „rechten verstant“ oder gegen die „freiheiten und concessionen“ der Stände Unruhen erweckt werden, und von Jemanden, welches Standes er auch sei, ohne weiteres oder unter dem Schein des Rechtes, die Unirten und ihre Unterthanen oder die Stände und ihre Unterthanen in ihrer evangelischen Religion oder im Besitz ihrer Kirchen, Schulen und Consistorien gestört werden, oder wenn die Stände oder ihre Unterthanen von Jemanden „wegen reformation der stift und clöster“ verletzt werden, so werden die Unirten und die Stände gegen einander in keinerlei Weise etwas Nachtheiliges vornehmen, in ihren Gebieten zum Nachtheil des andern Theils keine Werbungen, Musterungen noch Durchzüge gestatten, dieselben vielmehr durch Mandate, Sperrung der Pässe, Abschneidung der Transporte und alle möglichen Mittel verhindern; sie werden einander in ihren Gebieten Werbungen und den Einkauf alles Nöthigen gestatten. Sie werden künftig bei der Bewilligung von Steuern die sichere Vorsehung treffen, dass dieselben weder direct noch indirect gegen ihre „Correspondirenden“ gebraucht, sondern, wenn diese angegriffen werden, zum Schutz der gemeinen evangelischen Sache zurückbehalten werden dürfen. — Den östreichischen Ständen ist endlich vorzuschlagen: sie mögen bei der Union eine Summe hinterlegen, welche die Unirten in Nothfällen gebrauchen dürfen, wohingegen die Union den Oestreichern, wenn sie gewaltsam angegriffen werden, gestatten wird, von diesem Geld in ihren (der Unirten) Landen eine bestimmte Zahl von Truppen zu werben. (M. pf. 116/4 f. 199.) — In diesen Zusammenhang gehört auch folgendes Schreiben des Chf. Pfalz an Rosenberg vom 22. Febr.: hat Rosenbergs Schreiben vom 6. Oct. 1609 und seinen dem Ludw. Camerarius mündlich aufgetragenen Bericht erhalten. Entschuldigung der verspäteten Antwort. Lob der auf den gemeinen Frieden und Wolstand gerichteten Gesinnung Rosenbergs, die er jüngst in den böhmischen Händeln bethätigt hat. Auch der Churfürst hat stets die Eintracht zwischen dem Kaiser und den Ständen, vor allem aber die Verbindung aller evangelischen Stände und ihrer Glaubensgenossen erstrebt. Diese letztere ist bei den gegenwärtigen Gefahren so nöthig, wie nur je, zumal da in den Jülicher Landen Brandenburg und Neuburg unter dem Vorwand der kaiserlichen Autorität ihres rechtmässigen Besitzes

20. fochten und mit gewalt betrangt wurden, inen alsdan zue gestatten, das sie von solchem deponirtem gelt eine gewisse anzal volcks in dero lant und gebieten werben lassen möchten." Verhandlungen mit dem König und den Ständen von Ungarn über eine Correspondenz erscheinen zur Zeit nicht rathsam; auch die Anknüpfung mit den Ständen von Steiermark und Kärnthen ist noch etwas zu verschieben. Der östreichische Landtag wird Gelegenheit bieten, in diesen Dingen klarer zu sehen. Zu Gunsten der bedrängten östreichischen Stände, besonders der Städte, ist übrigens beiliegendes Schreiben an König Matthias gerichtet.[1] An die böhmischen Stände ist ein Schreiben gerichtet, um sie vor Zwiespalt zu warnen, und mit Rücksicht auf die in Böhmen vorgehenden für die benachbarten Unirten bedrohlichen Werbungen.

6. Es sind der Versammlung verschiedene im Ausschreiben nicht aufgeführte Puncte vorgetragen, zu deren Behandlung besondere Räthe verordnet sind. Dieselben haben beiliegendes Gutachten vereinbart, und ist von der Versammlung darauf folgendes beschlossen: 1. Strassburg beschwert sich gegen den Grafen Hanau-Lichtenberg, der die Stadt am Kammergericht und am kaiserlichen Hof wegen Landfriedensbruch verklagt hat und die ausgebrachten verschiedenen Processe trotz dem Intercessionsschreiben der Unirten verfolgt. Es wäre nun der Graf nach Heidelberg oder Stuttgart zu beschreiben, und ihm durch Churpfalz, Würtemberg und Worms im Namen der Unirten vorzustellen: die Stadt Strassburg habe „ja nicht principaliter den krieg gefürt, sondern allein auf der evangelischen stent ansuchen . ., keiner feintlicher oder freuntlicher meinung, assistenz. . geleistet, derohalben die requisita pacis publicae sich auf gemelte stat nit appliciru liessen." Auch der Stadt Strassburg und andern benachbarten Fürsten und Herrn sei in dem bewussten Kriegswesen grosser Schaden zugefügt, sie alle könnten daher ähnliche Klagen anstellen. Allein gegen solche Klagen spreche der Umstand, dass sie Zwiespalt unter den evangelischen Ständen

---

gewaltsam entsetzt werden sollen. Den beiden Fürsten werden ihre Freunde in und ausser dem Reiche beistehen. Rosenberg aber würde sehr wol thun, wenn er sorgte, dass den Gegnern derselben verwehrt würde, in Böhmen Truppen aufzubringen und dieselben in's Reich gegen evangelische Fürsten zu führen, und wenn er, falls es ihm möglich ist, die schlesischen, mährischen und östreichischen Stände zu gleichem Verhalten bewöge. Der Churfürst versichert dafür, dass er und andere evangelische Reichsstände sich in vorkommenden Fällen den böhmischen Ständen gegenüber gleichartig verhalten und alle guten Beziehungen mit denselben unterhalten werden. Hoffentlich werden hierüber an Rosenberg und andere evangelische Stände von Böhmen demnächst weitere Eröffnungen gelangen. (M. pf. 116/4 f. 182.)

[1] Raupach, Cont. III S. 272.

verursachen, und dass der Krieg beigelegt und „alles was dernt- Febr. 13.
wegen vorgeloffen, cassirt" sei. Also möge der Graf die Processe zurückziehen. Zum mindesten möge er den Process am kaiserlichen Hof einstellen oder auf das Kammergericht übertragen. Denn wol habe der Kaiser in der fraglichen Klagesache Jurisdiction; aber es sei auch bekannt, wie es mit den Reichshofräthen stehe. Jedenfalls habe schliesslich gegen widerrechtliche Urtheile die Union der Stadt Strassburg beizustehen. 2. In Sachen einer Beschwerde Landaus gegen den Bischof von Speier und einige Capitelsherrn zu Landau ist an den Churfürsten von der Pfalz und den Bischof von Speier im Namen der Unirten ein Schreiben gerichtet.[1] 3. In einem andern Schreiben ersuchen die Unirten den Churfürsten von der Pfalz, das von den Wormser Abgeordneten geklagte Einschleichen der Jesuiten in Worms und die Absicht derselben, unter dem Beistand des dortigen Bischofs ein Collegium in der Stadt zu bauen, nach Möglichkeit zu hindern.[2] 4. Auf die zweimaligen Anträge des

---

[1] Das Schreiben der Unirten an Churpfalz (Febr. 9.) enthält folgendes: die Landauer Gesandten haben berichtet, dass in Landau seit dem Passauer Vertrag die Protestanten zu ihrer ausschliesslichen Religionsübung den vordern Theil der Kirche, die Katholischen für ihre Religionsübung den Chor inne gehabt haben, dass aber neuerdings auf Antrieb des Landauer Capitels (es soll aus vier Personen bestehen) der Bischof von Speier mit Berufung auf alte Stiftungen, die befolgt werden müssten, von der Stadt verlangt habe, sie solle an drei Altären der Vorkirche das Messelesen gestatten. Bei diesem Beginnen, welches der Bischof während der Haller Versammlung mit besonderem Ernst, ohne Zweifel zum Despect der Unirten, fortgesetzt hat, wird er trachten, schliesslich die ganze Kirche für das Papstthum zu gewinnen. Da nun die Bürgerschaft in Landau durchaus evangelisch ist, so könnten die Eingriffe so weniger unruhiger Pfaffen leicht zu Ungeduld und Thätlichkeit führen, und das Ganze mit einem Process wie in Donauwörth enden. Daher beiliegendes Mahnschreiben der Unirten an den Bischof, von seiner Neuerung abzustehen. Wenn trotzdem der Bischof fortfährt, die Stadt gegen den Religionsfrieden zu bedrängen, oder gar zu Thätlichkeiten schreitet, so möge der Churfürst kraft der Union und auf deren Kosten die Stadt bei ihrer Religionsübung schützen. (M. pf. 342/9 f. 306.)

[2] Die Unirten an Churpfalz (Febr. 9): die Gesandten der Stadt Worms haben berichtet, dass mehrere Jesuiten, nachdem ihnen in ihrer Stadt der Bischof eine Behausung „zum roten kolben" eingeräumt, nunmehr „eigen feuer und rauch, des rats als der oberkeit onersucht, zu halten keinen scheu tragen, der intention,.. andere ihres ordens mer heimblicher weis zu sich zue bringen und, wie sie (die Gesandten) glaublich berichtet, etliche pfaffenheuser zuesamzubrechen und ein Jesuitisch collegium anzurichten." Um Rath gefragt, haben die Unirten darauf hingewiesen, dass der Rath von Worms allen Handwerkern bei namhafter Strafe verbieten könnte, zu dem Bau des Collegiums sich gebrauchen zu lassen, dass er auch den Jesuiten keine Materialien noch sonst irgend welche Förderung zukommen lassen sollte. Aber grössern Nachdruckes wegen möge auch der Churfürst an den Bischof von Worms schreiben: da die Jesuiten aller Orten Unheil an-

20. Herzogs von Neuburg hinsichtlich Kaisersheims sind ihm beiliegende Antworten ertheilt.[1] 5—8. Weiter finden sich in den Beilagen ein

---

gerichtet haben und noch überall, wo sie hinkommen, anzurichten suchen, da sie ausser dem Papste keine Obrigkeit, auch den Kaiser nicht, anerkennen und daher „des religionfriedens billich nit geniessen können noch sollen, wie sie dan one das under der gemeinen clerisei wie auch der stat Worms rachtung nit begriffen," so möge der Bischof die anwesenden Jesuiten aus Worms entfernen, keine neuen hineinkommen lassen und einen etwaigen Plan, ein Collegium in der genannten Stadt zu bauen, beseitigen. Denn er, der Churfürst, könne sowol seiner der Stadt benachbarten Unterthanen wegen, damit sie nicht verführt werden, als auch zum Schutze der Stadt Worms das Eindringen so friedhässiger Leute nicht gestatten. — Neben diesem Schreiben möge der Churfürst auch sonst auf Mittel zur Beseitigung jenes Unheils bedacht sein. Er ist dabei auch besonders interessirt wegen seiner der Stadt nahe gelegenen Schule Neuhaus. (M. pf. 342/9 f. 312.) — In dem erwähnten Gutachten der Unirten an die Wormser Gesandten heisst es: der Bischof dürfte gegen die angerathene Inhibition am Kammergericht Processe ausbringen. Aber diese „könten so lang ufgehalten werden, bis got andere mittel schicken möchte." (St. Unionsacta V f. 165.)

[1] Antrag des Herzogs von Neuburg an die Unionsversammlung (Jan. 26): der Herzog hätte die kaiserlichen Räthe und Diener, welche in das Kloster Kaisersheim gelegt sind, um das Kloster seinem Gehorsam zu entziehen, schon vorher gewaltsam entfernt, wenn er nicht stets auf einen gütlichen Ausweg gehofft hätte. In diesem Sinn hat er von den Anträgen der Unionsgesandtschaft in Prag und seiner eigenen daselbst beschäftigten Gesandten ein gutes Ergebniss erhofft; es haben in derselben Absicht die Unirten dem H. Baiern geschrieben, er möge den Abt von Kaisersheim zu gütlicher Verständigung disponiren, sie würden dann das gleiche beim H. Neuburg zu bewirken suchen. Allein trotz der damaligen willfährigen Antwort des H. Baiern, und obgleich beim vorigen Unionstag abermals an ihn geschrieben ist, hat Neuburg von des Abtes Entschliessungen nichts vernommen. Vielleicht suchen die Gegner durch Zögerung „die possession zu erlangen." Aber der H. Neuburg kann nicht wol länger der in sein Kloster gelegten Bewachung und so vielen Kränkungen, besonders der Vorenthaltung des Schutzgeldes und der Jägerazung, zusehen. Er bittet also die Unionsversammlung in dieser durch ihre Folgen auch andere Fürsten angehenden Sache um ihr Gutachten, wie er zu seinem Rechte kommen soll. Er rechnet dabei auf den Beistand der Unirten. (St. Unionsacta V f. 451.) Die Unionsversammlung erwidert am 10. Febr: der Herzog von Baiern hat das vorige Schreiben der Unirten nicht beantwortet; desshalb bei ihm anzumahnen, würde aber nicht reputirlich sein. Neuburg ist widerrechtlich seines Besitzes entsetzt; aber gegenwärtig dagegen thätlich einzuschreiten, ist nicht rathsam; vielmehr möge der Herzog die Sachen so lang im gegenwärtigen Stand lassen, bis in der Jülicher Sache ein guter Ausgang gewonnen ist. Wenn dann „zur execution ratione Donawert zu greiffen sein wirt," so wird sich auch die Kaisersheimer Sache berichtigen lassen. Inzwischen möge der Herzog den Process (am Kammergerichte) fortsetzen, und kann ihm seine Einziehung von Gefällen des Klosters nicht verdacht werden. (M. pf. 342/9 f. 319.) Der Herzog replicirt an demselben Tag: durch längeres Zusehen werden ihm seine „iura possessoria" entzogen. Auch verweigert der Abt ihm Leistungen, zu denen er durch besondere noch nicht aufgehobene Verträge verpflichtet ist. Der Herzog ist daher entschlossen, seine Rechte zur Geltung zu bringen, und sollten ihm darüber Ungelegenheiten entstehen, so

Gutachten für den Markgrafen von Baden und ein Schreiben an Erzherzog Albert in Sachen der Eik'schen Kinder, eine Antwort an die freie Ritterschaft im Unterelsass, die um Rath gebeten hat in Bezug auf ihre Beschwerden, eine Erwiderung an Freiherrn Philipp von Pappenheim, der in Streitigkeiten mit seinem Vetter Alexander um Rath nachgesucht hat, und eine Erklärung an die evangelischen Strassburger Capitularen [1] auf ihr früheres Gesuch betreffend ihren Unterhalt. 9. Im Hinblick auf allerhand ausserordentliche Ausgaben, die bevorstehen, ist beschlossen, dass zunächst der für die Gesandtschaft nach Prag bewilligte Monat, soweit er noch nicht erlegt ist, ferner bis zu künftigen Ostern von sämmtlichen Unirten noch ein Monat aus den Unionsvorräthen entnommen und dem Nürnberger Rath in Verwahr gegeben werden solle.— Geben Schwebischen Hal den 3. Februarii anno 1610. Febr. 13.

München. Staatsarchiv pf. 342/9 f. 218. Cop. — Lünig, pars sp. tom. IV 154

rechnet er kraft der Union auf den Beistand der Unirten. Gefälle des Klosters hat übrigens der Herzog nicht an sich gezogen, sondern nur „diejenige iura mixti imperii, welche durch die ufkundung des temporalvertrags . . i. f. g. heimgefallen" sind. (f. 321.) Am 14. Febr. widerholen darauf die Unirten ihren Rath: eine Thätlichkeit seitens des Herzogs könne andere Massregeln hervorrufen, mit denen man bisher habe zurückhalten müssen. Zur Zeit aber seien die Unirten an andern Orten genügend beschäftigt. Wenn übrigens dem Herzog „einiger unbilliger und widerrechtlicher gewalt" zugefügt werde, so werde ihm der unionsmässige Beistand geleistet werden. (f. 323.)

[1] Erklärung der Unirten an die evangelischen Capitularen von Strassburg (Febr. 10.): die Capitularen mögen zunächst beim Chf. Sachsen und andern evangelischen Ständen, die sie schon angegangen haben oder noch angehen sollen, um Antworten nachsuchen. Nach Einsicht derselben werden die Unirten auf Mittel bedacht sein, wie den Capitularen nach Ablauf der 15 Jahren ihre „participation" zu wahren sei. Ueber die Frage der Erhöhung ihres Unterhaltes haben sie zu den frühern weitere Vorschläge zu machen und auch „anderer evangelischer staent mittel und bedencken zue suchen." Die Erklärungen dieser Stände werden sie dann ebenfalls den Unirten mittheilen. (M. pf. 342,9 f. 329.)

21. Erster Schwäbisch-Haller Nebenabschied. Febr. 14.

(Unterzeichner: Zweibrücken (zugleich für Churpfalz,) Anspach (zugleich für Culmbach,) Würtemberg, Christian Fürst von Anhalt (zugleich für seine Brüder.)

Stuttgarter Beschlüsse hinsichtlich der Jülicher Hülfe. Anerbieten Frankreichs, vorgetragen bei gegenwärtiger Tagsatzung. Darauf[1] haben „wür beneben dem hern graven zue Oetingen vor

[1] In einem ersten Abschied vom 3. Februar beschliessen die unirten Fürsten (darunter Churbrandenburg und Neuburg) nebst Oettingen:

21. uns und in der übrigen unirten staende namen, so künftig hierzue tretten möchten," den Interessenten[1] (Churbrandenburg und Philipp

es sollen Einzelne aus ihrer Mitte deputirt werden, um die Verhandlungen mit dem französischen Gesandten zum Schlusse zu führen, unter Vorbehalt der Zustimmung sämmtlicher Fürsten zu den vereinbarten Beschlüssen. (St. Unionsacta V f. 526.) Es wurden deputirt der H. Würtemberg und Anhalt. Sie sollten nicht zugleich im Namen von Churbrandenburg und Neuburg verhandeln. (Zweiter Nebenabschied. Febr. 15. St. Unionsacta V f. 512.)

[1] Die Vereinbarung der unirten Fürsten und der beiden Interessenden ist in dem eben citirten Abschied vom 3. Februar enthalten, der folgendes bestimmt: 1. Churbrandenburg und Neuburg werden die 5000 M. z. F. und 1300 M. z. Pf., die sie in den Jülicher Landen geworben haben, so lange auf ihre Kosten unterhalten, bis das Hülfsheer der Unirten, das 4000 M. z F. und 1000 M. z. Pf. beträgt, „hinunder kommet." Nach dem angegebenen Zeitpunct sind Churbrandenburg und Neuburg nur noch verpflichtet, jeder 2000 M. z. F. und 600 M. z. Pf. so lange zu unterhalten, „als die andere hülfe underhalten würt." Der Ueberschuss ihres Volkes soll alsdann unter die Truppen der Unirten eingereiht werden. 2. Die Kosten des auf sechs Monate bewilligten Hülfsheers der Unirten von 4000 M. z. F. und 1000 M. z. Pf. sollen ihnen fünf Jahre „nach geendetem offenem krieg .. durch den oder die besitzere der landen, denen die adsistenz zum besten kommen, eintweder par wider gezalt oder aber von der zeit an verpensionirt werden, wie man sich dessen vergleichen würt." 3. Da die Gesandten der unirten Städte von ihren Herrschaften noch Resolution erwarten, „was sie bei den sacheu zu thuen gesonnen," so wird man sich nach Kräften bemühen, dass die Städte „mit vorleihen oder in andere weg" zu der bewilligten Hülfe beitragen. 4. Für die vorstehende Verhandlung zu Hof sind alle practicabeln Vorschläge zur Gewinnung des Hauses Sachsen hervorzusuchen und „gradatim" vorzubringen. Als äussersten Antrag proponire man: Churbrandenburg und Neuburg führen die Jülicher Regirung „im namen des künftig bass befuegten, welcher derselb aus Churbrandenburgs, Pfalz-Neuburgs oder aber derjenigen mittel, so mit ibrer bederseits chf. und f. gg. des güet- und rechtlichen austrags halben in verain stüenden, sein würde." Man suche auch einen rechtlichen Austrag in möglichster Uebereinstimmung mit dem in Planen bedachten mit Sachsen zu vereinbaren. — Dem H. Zweibrücken soll noch während der Haller Versammlung der ihm bewilligte Revers, vom Chf. Brandenburg, H. Neuburg und Pfgr. Wolfg. Wilhelm vollzogen, übergeben werden, wogegen er den ausbedungenen Gegenrevers auszustellen hat. 5. Ein Ausschreiben über die Ursachen der Jülicher Expedition werden Churbrandenburg und Neuburg schleunigst entwerfen lassen und den assistirenden Fürsten mittheilen. Wird es dann für nöthig befunden, so hält man eine Versammlung von allerseits Räthen zu Mühlhausen in Thüringen ab, um sich über den Entwurf schliesslich zu einigen und die Publication zu befördern. Das Ausschreiben muss man „fertig haben," zur Zeit wann das Kriegsvolk im Anzug ist. 6. Ueber die Verhandlung mit dem französischen Gesandten. (Vgl. die vorhergehende Anm.) 7. In Bezug auf Geschütz und Munition lässt Churbrandenburg es bei seinem vorigen Erbieten und bei Anhalts „gethonem vorschlag." Churbrandenburg liefert 1000 Zentner Pulver, 1000 Zentner Salpeter, 500 Zentner Blei, 500 Zentner Lunten. Neuburg liefert 1000 Zentner Pulver, 500 Zentner Blei, 500 Zentner Lunten. „Wegen der uncosten und verlags, so sowol des abgangs halben als zue anderer underhaltung

Ludwig Herzog von Neuburg) und dem französischen Gesandten Boissise[1] gegenüber uns verpflichtet, 4000 Mann zu Fuss und 1000 Mann zu Pferde „uf unsern costen und i. ll. und f. gg. (den Interessenten) zue secours zue werben, ufzuebringen und nit allein sechs monat, sondern so lang es von nöten sein würt, zu erhalten,“ so zwar, „das uns auch diejenige vorlag und contribution, so von andern unirten staenden, und sonderlich den staetten, darzu geschossen werden möchte, zue gutem und auch ersetzung des abgangs geraichen sol, gestalt wir dan nicht allein besagten abgang der staette vor die sechs monat uf uns genommen zu ersetzen, sondern auch diese hülf ferners und so lang zue continuiren versprochen, als es die not erfordern möchte, uf mass mit der k w. in Franckreich gesanten verglichen und abgehandlet worden.“ Dagegen ist von den beiden Interessenten eine genügende Assecuration auszustellen, dass in fünf Jahren „nach vollentem ofnem krieg“ die bewilligten 35 Monate „und was ferners vermög des pfennigmeisters richtiger rechnung zue diesem assistentswerck angewendet werden möchte, uns oder unsern erben und nachkommen“ erstattet werden. — Die erforderliche Obligation von Churbrandenburg geleistet, von Neuburg verweigert. Vorbehalt gegen letztern wie in den Abschied vom 13. Februar.[2] — Nach eingelegter Verwahrung Febr. 14.

des geschützes und munition erfordert würde, haben i. f. g. Neuburg, das sie solche jetzo mit und beneben dem churfürsten tragen sollen, sich beschwert befunden.“ Demnach ist beschlossen: was Churbrandenburg und Neuburg „in disem kriegswesen zue erhaltung der gemeinen posses“ aufwenden, das soll ihnen in leidlichen Terminen wieder erstattet werden, und sollen sie „derowegen auf den (Jülicher) landen ire versicherung haben.“ Beide Fürsten übernehmen es auch, „in gemeinen costen zu stellen . . was bei obgedachter expedition i. chf. und f. gg. teils des generalstats aempter halben erfordert würt, wie in gleichem den verlag uf kuntschaft, und das proviantwesen, item der schantzgräber lon und was wegen gebrauchlicher materialien und kriegsinstrumenten die notturft erfordern würt.“

[1] Ueber die Vereinbarung mit dem französischen Gesandten vgl. oben S. 87. Anm. 1.

[2] Dieser Abschied enthält folgendes: Churbrandenburg hat den zur Hülfe bereiten Fürsten eine Obligation zugestellt, dahin gehend, dass er die bei jener Hülfe aufgewandten Kosten nach „vollentem offentlichen krieg“ erstatten werde, „bei verpfendung obangeregter und aller i. l. furstentumb-, herschaft- und landen.“ Nachdem man nun, ohne zu ahnen, dass Neuburg die von ihm auszustellende Obligation erschweren werde, in den Verhandlungen über die Hülfe fortgefahren ist, und in dieser zugleich „das gemeine wesen“ angehenden Sache sich mit Frankreich, den Staaten und andern so weit eingelassen hat, dass man ohne Schmälerung der Reputation nicht mehr zurück kann, spricht der H. Neuburg, der doch jene ansehnlichen Lande für sich allein zu erwerben beabsichtigt, die bestimmte Weigerung aus „universalem hypothecam zu verschreiben.“ Demnach haben Unterzeichnete beschlossen und diesen Beschluss am gegenwärtigen Tag dem H. Neuburg vorgetragen,

21. ist der Vergleich mit dem französischen Gesandten von letzterem, dann „von uns den Unirten (sowol), als Interessirten und der abwesenden gesanten" unterzeichnet und mit demselben und mit einer im gesammten Namen ausgestellten Instruction Christof Burggraf von Dohna an Frankreich abgefertigt.[1]

---

dass sie die bewilligte Hülfe leisten werden, aber „nach vollentem offentlichen krieg" behufs Rückerstattung der aufgewandten Kosten „uns und unsern mitverwanten alle fügliche mittel zu gebrauchen vorbehalten haben wolten": auf diesen Vorbehalt hin, so erklärten sie weiter, möge Neuburg die zur Fortführung der Angelegenheit der Hülfe verfassten Schreiben und Instruction an Frankreich mit ausfertigen. Herzog Philipp Ludwig hat darauf ohne Widerspruch die Ausfertigung vorgenommen. Unterzeichnete aber haben sich verbündet, dass, wenn vor Ende des Kriegs H. Philipp Ludwig ihnen (allen und jeden) keine genügende Assecuration leisten werde, sie sich „mit rat und that" beistehen werden, damit „einem jeden under uns und denjenigen unirten fürsten und staenden, so dazu künftig contribuiren möchten, seiner auslag volnstendige bezalung erhalten werde; und was also hierumb erlangt würde, das solches alles sambt costen und schaden, so hierunder ufwachsen möchten, pro rato eines jeden auslag getheilt werden, auch unser keiner in einiche abgesonderte handlung one wüssen und guten willen aller übrigen hierumb sich einlassen sol noch wil." (St. Unionsacta V f. 562.)

1 Instruction der unirten Fürsten für Dohna (Febr. 12): Dank für des Königs Resolution auf Anhalts Anbringen und für die Bekräftigung derselben durch die Sendung des Boissise. Die deutschen Stände werden dafür der Krone Frankreich gegenüber in ihrer von den Vorfahren ererbten Affection verharren. Dohna berichtet weiter über die bisherigen Verhandlungen, besonders die mit Boissise. Da letzterer den Artikel bezüglich der „reciprocation" erst dem König zur Genehmigung vorlegen zu müssen erklärt hat, so wird dem König die mit Boissise getroffene Vereinbarung zur Ratification übergeben. Im Vertrauen auf die gegebene königliche Erklärung, werden übrigens die Fürsten ihre Werbungen vornehmen und den Anzug der Truppen auf die bestimmte Zeit anberaumen, ohne die Ratification abzuwarten, um deren Beförderung jedoch gebeten wird. Da die Gegner stark rüsten, ihre Truppen z. Th. schon im Anzug sein sollen, und den interessirten Fürsten die Abwehr derselben bis zum Anzug der Hülfsarmeen schwer fallen dürfte, da ferner der Jülicher Besatzung die Pässe, besonders die nach Brabant, zu verlegen, die Zufuhr zu sperren und ihre Befestigungsarbeiten zu hindern sind, so möge der König seine beiden niederländischen Regimenter, für die Zeit bis zur Ankunft seiner Hülfsarmee, in die Jülicher Lande und den Dienst der interessirten Fürsten beordern. — Die unirten sowol, wie die interessirten Fürsten haben dem F. Anhalt das Commando über ihre Truppen in den Jülicher Landen übertragen. Da die Einheit des Oberbefehls nöthig ist, so möge der König auch seine Hülfstruppen dem Fürsten unterstellen. — Erzh. Leopold hat nach glaublichen Nachrichten in Lothringen Werbecommissionen ertheilt. Der König möge dies durch ein Schreiben an den H. Lothringen abstellen oder doch aufhalten. Ein zu gleichem Zweck gefertigtes Schreiben der Fürsten an Lothringen hat Dohna bei der Durchreise durch Nancy zu übergeben. — Unter die Artikel der Vereinbarung mit Boissise ist Würtembergs Begehren bezüglich seiner burgundischen Lande, besonders des Schutzes von Mümpelgart, aufgenommen. Der

Zur Vollziehung des gefassten Beschlusses hat man die Bestallungen für Reiter und Fussoldaten nebst zugehöriger Capitulation und Patenten vereinbart.[1] Febr. 14.

Die gesammten Unirten sind verpflichtet, Jeden, welches Standes er sei, ob zur Union gehörig oder nicht, der „dieses kriegswesens halben" angefochten wird (besonders mit Achtserklärungen) „zue schützen . . und schadlos zu halten." Im Hinblick auf die demnächst beginnenden Werbungen sollen Unterzeichnete in den nächsten vierzehn Tagen 16 Monate in Heidelberg einliefern. Es steht dann in des Churfürsten von der Pfalz Ermessen, das Geld „an gehörige ort" zu schaffen, „doch one derselben gefar und risico." Als Pfennigmeister, zu Empfang und Verrechnung der bewilligten

Gesandte wird für die Ratification auch dieses Punctes sorgen. Er wird dem König den Beschluss, eine Gesandtschaft an England zu schicken, mittheilen und ihn bitten um Aufschluss über La Boderie's Verrichtungen und um sein Gutachten, wie man bei England und den Staaten verfahren solle. — Er wird auf baldige Abfertigung dringen und seine Rückkehr nach Heidelberg beschleunigen. Er wird über seine Verrichtungen alsbald an den Chf. Pfalz berichten. (St. Unionsacten V f. 549. Das Orig. Schlobitten n. 120.)

[1] Eine Bestallung des Chf. Pfalz für zwei Regimentsobersten (Febr. 14.) enthält folgendes: der Churfürst bekennt in seinem und anderer Fürsten und Stände Namen, dass er den Philipp Fuchs und Meinhard von Schönberg zu Obersten zweier Infanterieregimenter, die er den an den Jülicher Landen interessirten Fürsten zum besten werben lässt, unter folgenden Bedingungen bestellt hat: 1. Etat des Obersten (für ihn, 10 Diener, einen Schreiber, Feldprediger, Feldscherer, Tambour, Pfeifer) monatlich 602 fl. 2. Etat der hohen Aemter (Oberst-Lieutenant, Wachtmeister, Reg. Schreiber, Quatiermeister, Profoss, Lieutenant, zwei Jungen, drei Trabanten, drei Stallknechte): 361 fl. 3. Etat des Hauptmanns (Hauptmann mit vier Dienern, ein Lieutenant, ein Fähnrich, ein Feldwebel, zwei Rottmeister, ein Capitän über's Gewehr, ein Waibel, ein Musterschreiber, ein Feldscherer, zwei Tambours, zwei Pfeifer): 420 fl. — 4. Das Regiment wird in 10 Fähnlein zu je 200 M. eingetheilt, in jedem Fähnlein sind 100 mit langen Spiessen und den gewöhnlichen guten Harnischen und Rüstungen Versehene und 100 Musquetiere. Monatssold eines Fähnleins tüchtiger Soldaten: 1,780 fl. 5. Der Oberst empfängt 3000 fl., die er als Laufgeld für sein Regiment ausgiebt, ferner 1000 fl. für seine und der Seinigen Zehrung bei der Werbung und Musterung. 6. Monatliche Musterung der Truppen durch Oberst und Hauptleute; dazu öftere Revision und Zählung der Mannschaft durch die Commissarien der Unirten 7. Die Annahme neuer Knechte zur Ausfüllung entstandener Lücken geschieht durch den Unionscommissar. 8. Der Oberst hat den Soldaten gute Waffen zu liefern und wird „dieselbe hernacher den knechten uf leidliche ziel und der billigkeit abziehen." 9. Als Abzugsgeld wird, wenn der Dienst mindestens einen Monat gewährt hat, ein halber Monatssold gezahlt. 10. Die Münze wird berechnet nach Frankfurter Währung. 11. Die Unirten werden den Obersten und sämmtliche Kriegsleute, wenn sie wegen dieses Unternehmens mit Achtserklärungen oder sonst angefochten werden, schützen und schadlos halten. (M. pf. 117/2 f. 489.)

Beisteuern wird der churpfälzische Kammerrath und Verwalter zu Amberg, Gottfried Saugenfinger, vorgeschlagen. Wenn junge Herrn aus fürstlichen (z. B. dem Würtemberger) oder andern Häusern als „aventurierer" den Krieg mitmachen wollen, so steht es bei dem Fürsten von Anhalt, den fürstlichen Personen 3—400 fl., gräflichen Personen 40—50 fl. als „vortel und zuebuoss" zuzuwenden.

Mit den Gesandten der Reichsstädte hat man sich darüber geeinigt, dass ihre Obern innerhalb vierzehn Tagen nach geendigter Tagsatzung ihre Resolution in Sachen der Jülicher Hülfe dem Unionsdirector einsenden sollen. Die Gesandten sind vor ihrem Abzug nochmals zu ermahnen, die Resolution zu befördern und die Sache zu befürworten. Nach Empfang einer günstigen Resolution haben dann einzelne Fürsten mit den Städten je eines Kreises „de modo assecurationis" eine Vereinbarung zu treffen. Da die hessischen Gesandten wegen Mangels an Instruction die Beschlüsse über die Jülicher Hülfe ebenfalls ad referendum genommen haben, so haben sie sich zu verwenden, dass die Resolution ihres Herrn auch innerhalb vierzehn Tagen beim Unionsdirector einkomme. Sollte dieselbe ungünstig ausfallen, so wird Zweibrücken unter Zuziehung eines oder mehrerer churpfälzischer Räthe mit dem Landgrafen persönlich unterhandeln. — Signatum Schwaeb. Hal den vierten monatstag Februarii anno 1610.

Stuttgart. Unionsacta V f. 555. Orig.

Febr. 15.

22. Zweiter Schwäbisch-Haller Nebenabschied

(Unterzeichner: Zweibrücken (zugleich für Churpfalz), Neuburg, Anspach (zugleich für Culmbach,) Würtemberg, Christian Fürst von Anhalt. Friedrich Pruckmann für Churbrandenburg, Baumbach und Scheffer für Hessen-Cassel. Gottfried Graf von Oettingen.)

Die in dem Hauptabschied nicht enthaltenen Beschlüsse werden bezeichnet und auf die darüber verfassten Nebenabschiede (vgl. n. 21 und die Anmerkungen) verwiesen. Folgende Bestimmungen, welche unter n. 21 nicht angegeben sind, werden nachgetragen. 1. Zwischen beiden possidirenden Fürsten ist beiliegender Interimsvertrag (Febr. 6) vereinbart.[1] 2. Den dem Herzog von Zweibrücken zukommenden Revers haben Churbrandenburg und Neuburg ausgefertigt[2] und dem Churfürsten von der Pfalz bis zur Einlieferung der ausbedungenen Gegenerklärung übergeben. Unter Erklärung seiner Bereitwilligkeit, bei der von den Unirten bewilligten Jülicher Hülfe das Seinige zu leisten, hat Zweibrücken einen Revers darüber verlangt, dass dies ihm, seiner Mutter oder seinen Brüdern an ihren Ansprüchen unabbrüchig sei. Derselbe ist ausgestellt und von Pruckmann im Namen des Churfürsten von Brandenburg, sowie von Herzog Philipp Ludwig und Pfalzgraf Wolfgang Wilhelm unterzeichnet. — Signatum Schwaebisch Hall . . den funften Februarii anno 1610.

Stuttgart. Unionsacta V f. 513.

[1] Auszug bei v. Mörner, Churbrandenburgs Staatsverträge n. 15. — Bei den Verhandlungen, welche am 5. und 6. Febr. zwischen den unirten Fürsten und den beiden Possidirenden gepflogen werden, wird darüber gestritten, in wie weit bei Meinungsverschiedenheiten der beiden in Düsseldorf residirenden Fürsten den Landständen und den assistirenden königlichen und fürstlichen Gesandten der Ausschlag zustehen solle. Gegen ein entscheidendes Votum der Landstände erklären sich Brandenburg und Neuburg, ebenso stimmen anfänglich beide gegen den Ausschlag der Gesandten, bis sich nach längerem Eindringen der Fürsten erst Brandenburg und zuletzt Neuburg in diesem Puncte fügt. — In Betreff der Berufung der Landstände empfiehlt Churbrandenburg die Verschiebung des Landtags, „weil man besorgt, der schluss möcht zum besten nit ausschlagen, und dörften etwan der lantstende viel unterdessen sich an den Leopoldum henken.“ Bezüglich dieser Frage und bezüglich der Räthe und Amtleute, die sich den Possidirenden nicht unterworfen haben, bemerkt Neuburg: „die unaccommodirte raete und unaccommodirte lantstende hangen an einander; und weil fast alle im hertzogtumb müssen abgesetzt werden, so seie es (die Absetzung der Räthe und Amtleute) mit rat der lantstende desto besser zu verantworten.“ — Churbrandenburg besorgt dagegen Zwiespalt aus dem Zusammentreffen der widersaetzigen Räthe und der Landstände. Uebrigens sind die Massregeln gegen die Widerspänstigen bald zu treffen, denn man bedenke, „was vor dienst man von den underthanen zum krieg haben müste, welche die unaccommodirte ambtleute alle verbieten.“ — Neuburg bemerkt: die festen Häuser mit ihren Besatzungen und Capitänen hängen von den Amtleuten nicht ab; „die ambtleut haben grossen respect, an deren einem bisweilen in die zwanzig oder mer andere vom adel hangen thun.“ Man einigt sich auf Neuburgs Vorschlag, in dem Verfahren gegen die Räthe und Amtleute statt der Landstände nur einen Ausschuss derselben zu Rath zu ziehen.

[2] Der Revers bei Joannes Julio-Montensis, de successione Juliacensi etc. discursus V. (Frankfurt 1617) S. 150, 385. Lünig. Pars sp. Tom. I p. 70.

23\. Boissise an Heinrich IV. Febr. 1—15.

Hat den Fürsten insgesammt und einzeln die vom König für nöthig gehaltenen Mittel, um sich die Jülicher Lande und den Frieden zu sichern, vorgeschlagen, „a sçavoir de transferer la couronne imperiale et d'eloigner les Hespagnols de leur voisinage: ce qu'ils ont embrassé avec grande affection. ., de sorte qu'il ne fault doubter que, lorsque v. M. se voudra resoudre au second moyen, qu'ils n'y contribuent volontiers.“ Boissise hat den Fürsten weiter erklärt: wenn sie Chursachsen zur Union ziehen können, so stehe die kaiserliche Krone zu ihrer Verfügung; lassen sie hingegen den Churfürsten mit dem Hause Oestreich sich weiter engagiren, so werde er und die geistlichen Churfürsten ihnen stets einen Kaiser nach ihrem Willen, d. h. aus dem Hause Oestreich setzen.[1] — Diese Churfürsten scheinen bereits die Augen auf Leopold zu werfen. Den Gesandten der Städte hat Boissise des Königs Schreiben übergeben und ihnen die Wichtigkeit der Jülicher Sache zu Gemüthe geführt. Sie haben darüber berichtet und die Antworten

23. ihrer Herrschaften auf die Schreiben dem Gesandten übergeben, mit der Versicherung, ihre Herrschaften werden zu dem Jülicher Krieg das ihrige leisten. „La ville de Nuremberg estoit (vorher) principalement retenue du respect de Saxe, avec lequel ceste republique est interessée a cause des mines." Brandenburg und Neuburg haben Nachrichten, dass Soldaten aus Flandern sich zu den in Lüttich und Luxemburg geworbenen Truppen begeben, und dass Spanien die Aufstellung von zwei neuen Regimentern und 2000 Mann zu Pferd befohlen habe. Um so dringender bitten sie den König, er möge seine beiden Regimenter aus den Niederlanden zu ihrer Unterstützung herkommen lassen. Eben kommen Nachrichten von Churbrandenburg, dass er gute Hoffnung auf Sachsens Eintritt in die Union habe. — De Hall en Suabe ce — febvrier 1610.

Paris, Bibl. nat. Dupuy. 765 f. 22. Cop.

[1] Bongars schreibt am 12. Febr. an Heinrich IV.: (v. M.) „tient en sa main le salut et la ruine de ces princes, qui tiennent tel rang en la chrestienté, que tout le corps se sentira du bien ou du mal qui leur arrivera, et paticulierement le France. Nous sommes a la crise de l'estat de la maison d'Austriche. *Hongrie, Boème et ses pais hereditaires ont* resolu de n'en recevoir aucun de la branche de *Grets*, ainsy retranchée que pourrie. Et ceux qui restent de l'autre sont d'eux mesmes plus que pourris. Si v. M. en veult *voir la fin*, elle la verra bientost, fortifiant *ceste union* et par *elle* les resolutions *desd. pais hereditaires* de la maison d'Austriche. (P. Ms. fr. 15,922 f. 54.) — Bongars hatte sich in Hall neben Boissise eingefunden. Er richtet von dort am 12. Febr. unter Bezugnahme auf die tadelnden Schreiben vom 22. Dec. 1609 (Acten II S. 518 Anm. 1) folgendes Entlassungsgesuch an Villeroy: sehr ungeschickt zum Dienste grosser Fürsten ist Bongars durch die innern Kriege ohne klaren Plan in denselben getrieben und darin unglücklicher Weise festgehalten, obgleich er öfter, und zwar gleich nach jenen Kriegen, da er geschicktere Personen zu diesem Berufe sah, um seine Entlassung nachgesucht hat. Da er indess nichts als den Dienst des Königs suchte, so glaubte er seinem natürlichen Freimuth einiger Massen folgen zu dürfen. Dies hat der König und Villeroy, ausgenommen die Angelegenheit von Sedan, wo Bongars allerdings zu weit ging, niemals übel genommen. Da sie nun aber des Bongars Schreiben von Düsseldorf aus gegen seine Erwartung übel aufgenommen haben, so bittet er um Verzeihung für seinen Fehler. Da derselbe von seiner unverbesserlichen bösen Natur herrührt, und Bongars die Vergangenheit schlecht angewandt hat, gegenwärtig dem König und den Seinigen unnütz, sich selber schädlich ist, da seine wilde Natur ihm nicht erlaubt sich denen zu bequemen, von denen er gutes für sich oder die Seinigen zu erwarten hat, so bittet er dringend, sich mit des Königs und Villeroys Gunst zurückziehen zu dürfen. „Ma santé, les defaults de toutes choses necessaires a la continuation de ce service, le peu de gré que j'en ay de tous costés, mesmes de ces gents icy, me forcent aussy a ceste resolution." Auf die Schreiben des Königs, Villeroys und Boissises reiste er von Heidelberg zur Haller Versammlung, obgleich Anhalt ihn nicht gerne dort sah. Er fand Boissise ohne Dollmetscher und ohne Jemanden, der die Deutschen kannte. Indess die Fürsten sprechen alle französisch oder lateinisch, und bei seinem Scharfblick erkannte Boissise ihre Stimmung und Absichten alsbald von selbst. Einen Tag nach Bongars kam auch Vigier an. So konnte Bongars dem Boissise nichts nützen. (P. Ms. fr. 15922 f. 56)

24. König Jacob I., Instruction für Winwood. Febr. 18.

Bewilligung einer Hülfe von 4000 Mann zu Fuss zum Schutz der possidirenden Fürsten. Auftrag an Winwood zur Betheiligung an den in Düsseldorf zu führenden Verhandlungen zwischen den Mächten, die sich zur Vertheidigung der Possidirenden verbinden.[1] — 8. February 1610.

Gedruckt in Winwoods memorials III S. 112.

[1] Vgl. die dieser Entschliessung vorausgehenden Verhandlungen des französischen Gesandten mit dem englischen Hof. (Berichte La Boderie's Febr. 8, 14, 18. La Boderie V S. 37, 46, 54) Gleichzeitig mit den Verhandlungen über die Unterstützung der Possidirenden gehen die Besprechungen über ein Defensivbündniss zwischen Frankreich und England. Ueber den Verlauf und Erfolg vgl. die angeführten und die folgenden Depechen bei La Boderie V.)

25. Franz van Aerssen an Oldenbarnevelt. (z. Th.) Febr. 20.

Am folgenden Tag nach Ankunft des Briefes von Oldenbarnevelt hatte er Audienz und richtete seinen Auftrag aus, betreffend die Verzögerung der staatischen Gesandtschaft,[1] das Project der ostindischen Compagnie und die Sache Condé's. Der König empfing den Gesandten im Bett „comme la fievre de rhume l'avoit saisy a l'issue de son disner, me declarant qu'il eust renvoyé tout autre ambassadeur que moy, qu'il ayme d'affection et pour la consideration de mes maistres et pour la fidelité qu'il a reconnu en mes services.“ In seiner Antwort ging der König auf alle Puncte ein, besonders auf die Sache Condé's: bei der schlechten Lage der spanischen Dinge sei es befremdend, dass der König von Spanien „se porte a de sy grandes extremités,“ und dass er ihm endlich noch den ersten Prinz seines Hauses verführe. Er (König Heinrich) wolle nicht von seinen Rechten auf Navarra und die Grafschaft St. Paul reden; aber aus Liebe zum Frieden habe er, ohne dass seine Nachgiebigkeit etwas geholfen habe, die Verschwörung Birons, die Umtriebe von Bouillon, Joinville, Auvergne, der Marquise, den Verrath des Meyrargues, des l'Hoste, die Anschläge der Lucquisses auf Narbonne und zahllose andre Attentate hingehen lassen, sämmtlich in's Werk gesetzt durch den König von Spanien und seine Minister. Dies sei unerträglich „a un roy sy puissant, courageux et de barbe grise. Et partant se veut revenger de ce dernier coup, et par iceluy de tous les autres, sans laisser, Dieu l'appelant quelque jour a soy, une facheuse guerre sur les bras de son jeune fils. Qu'elle en a les occasions a la main et fort favorables par la juste defense des princes, par le prompt temoignage de m^{grs} les Estats d'y voulloir participer, par la bonne declaration du roy de la Grand Bretaigne, et singulierement par les instantes recerches du duc de Savoye, duquel elle recent le soir precedent un courrier pour presser l'expedition et l'abreviation des longues deliberations, estant plus resolu que jamais a entreprendre la guerre de Milan, dont avant que l'année passe, s. M. veut que je face estat que je verray de grands esclats, estant plus a propos de commencer la guerre en sa verde vieillesse que de l'attendre

8*

avec avantage du roy d'Espagne. — Tout ce discours, monsieur, qui fust bien plus loing, me fust tenu, pendant que la fievre tenoit s. M., qui me licentia aveq ces mots: monsieur l'ambassadeur, je me suis tousjours rondement ouvert a vous, et vous me serés quelque jour tesmoin que j'ay faict ce que j'ay peu pour retirer mr. le prince de la ou il est. Mais il ne veut recevoir aulcune condition. Il butte a la succession de ceste couronne par l'instigation des Espagnols, avec lesquels il s'est entierement engagé, ayant recu six mil escus pour s'equipper. Je sais que vous et mes autres amis travaillerés a la conservation de ceste monarchie et ne m'abandonnerés pas en mes desseins pour affoiblir celle d'Espagne. Recommadés-moy a vos maistres, et quand vostre courrier viendra, venés moy veoir aussitost. Priés Dieu pour ma santé."

Jeannin sagte dem Aerssen: er glaube, man werde in diesem Jahr Krieg führen, nicht Deutschlands, sondern Condé's wegen. Er würde rathen — „il n'est plus appellé a telles deliberations" — den Angriff gleichzeitig auf die Maas, auf Italien und auf Spanien zu richten, und zwar zu Land und zur See, „pouvant le roy continuer la despense de quatre millions d'or par an huict ans durant et plus, sans que ses amis y voudront contribuer." Indess zu einem solchen Kriege würden wol, wie auch Sully glaubt, viel grössere Mittel nöthig sein. Sully, „qui en a examiné l'estat," räth, man solle mit Nachdruck den Krieg nur von einer Seite führen und anderwärts Diversionen mit kleinen Armeen machen.

Haag. Reichsarchiv. Cop.

[1] Russy berichtet am 16. Febr.: Barnevelt erwidert ihm auf seine Sollicitationen, dass er vor acht Tagen über die Mitglieder der Gesandtschaft und den Tag ihrer Abreise nichts sicheres sagen könne. Als Grund der Zögerung gibt er die Ueberschwemmungen in Holland und Friesland und die Unruhen in Leeuwarden, Alkmaar und Utrecht an. Uebrigens will man vor allem auch vorher die Entschliessungen der Schw. Haller Tagsatzung erfahren, um darnach den Auftrag für die Gesandschaft „plus ou moins absolu" zu fassen. (P. Bibl. nat. Ms. fr. 15954 n. 21.)

Febr. 21. **26.** Philipp III. an Cardenas.

Der König ist sehr zufrieden, mit des Gesandten am 27. und 28. Januar berichtetem Auftreten in Condé's Sache.[1] Cardenas soll die Absichten der Huguenotten[2] und Montmorency's erforschen; bisher weiss man noch nicht, dass der Prinz in Verbindung mit diesen ist. „He resuelto, que el principe de Condé salga de Flandes y que no vaya a Roma, sino a Milan, por la obligacion que me corre de ampararle en causa tan justa, aviendose querido valer de mi protecion, y en esta conformidad escrivo sobre ello al archiduque mi tio, para que lo haga poner luego en execucion, pues el cumplirá con hecharle de sus estados. Vos siguiendo la opinion que teneys, mostrareis desear mucho la composicion, y de secreto procurareys lo contrario por los medios y traças que mi prometo de vuestra prudencia." Dringt man auf die Auslieferung Condé's, so soll Cardenas antworten, dass er sehr die Beilegung wünsche, „pero que lo demas seria cosa nunca vista, mayormente no estando capitulado en la paz que se hubiesen de entregar los subditos de una parte a otra, y a esto añadireys, que no ha ydo hombre de aca a quien ese rey no aya recivido y amparado hasta los traydores, y que, quando sele ha hablado en esto, ha respondido que no puede faltar a sus amigos."

Paris. Archives nat. Mon. hist. K 1452 n. 100. Cpt.

[1] Fortgang von Condés Sache seit der Sendung Coeuvres (n. 16): Berichte Bentivoglios über Condé und die Vorgänge in Brüssel. Febr. 12 fg. (Siri II S. 106–112, 124 fg.) Ueber den von Bentivoglio erwähnten Entführungsversuch vgl. besonders Siri II S. 112 fg. (nach mündlichen Mittheilungen Coeuvres). — Notarieller Act Coeuvres über seine Unterhandlung mit Condé (Febr. 16) und des letztern Antwort. (Siri II S. 127, 128 fg.) — Condé erhält die Zusage des Schutzes des K. Spanien (Siri II S. 123 fg.) und reist am 23. Febr. nach Mailand (Siri II S. 138 fg.) Verhandlungen des Arztes Tiberio. (Siri II S. 147.) — Correspondenz zwischen Peckius und Erzh. Albert, vornehmlich über die Verhandlungen zwischen Paris und Brüssel. (Febr. 4. fg.) bei Henrard S. 200 fg.

[2] In einem Schreiben vom 27. Jan. berichtet Cardenas: „los Huganotes, aunque quisieran mas, se huviera metido entre ellos el principe de Condé, estan contentos de velle apartado de este rey. Hazenle offrecimientos y van juntando algun dinero para dalle." Cardenas hat gesorgt, dass der König dies erfahre, wie es ihm denn auch von anderer Seite bestätigt ist. Es macht ihm grosse Sorge: „aunque no me deja dormir, creo algunos ratos tanpoco duerme s. M. christ., . . . y yo pongo cuydado en que estos zelos agora sele den y no yo. Han puesto los Huganotes en su confesion de algunos dias acá dezir, es el papa antechristo, y de aqui toman en lo presente, no puede aver hecho dispensaciones en los casamientos deste rey . . ." Der König wird hierdurch beunruhigt, um so mehr da Condé gesagt haben soll, „no quiere perder su progenitura ni conocer al delfin por tal." (P. Archives nat. Mon. hist. K 1462 n. 21.)

27. Cardenas an Philipp III. Febr. 21.

Heinrich IV. hat die Aufstellung eines Heeres von 30,000 Mann zu Fuss und 4000 Mann zu Pferde beschlossen.[1] Am Hof hält man den Krieg für gewiss, ohne dass man sagt gegen wen? Der Nuntius sagt: der König habe ihm erklärt, dass er aus guten Gründen beschlossen habe zu rüsten. Auf die Frage nach dem Zweck habe er erwidert: „para poder encaminar lo que le estubiesse bien y a sus amigos y servicio de nuestro señor."[2] Geld ist noch nicht ausgezahlt, aber alles ist so vorbereitet, dass, sobald Zahlungen erfolgen, die bezeichnete Armee in wenig Tagen formirt sein kann. — De Paris a 21 di Febrero 1610. — Bemerkung auf der Rückseite (Resolution des Staatsraths): „que todo se previene con poner dinero y buen orden por las cosas del estado de Milan."

Paris. Archives nat. Mon. hist. K 1462 n. 33. Orig.

[1] Am 27. Jan. berichtet Cardenas: der König lässt in seinen alten Regimentern die Fähnlein auf je 200 Mann bringen, hat Offiziere für vier andere Regimenter ernannt, die Reiterei auf Kriegsfuss gesetzt, Befehlshaber für 10 weitere Geschwader ernannt, 6000 Schweizer zu

rüsten befohlen, u. s. w. Noch ist aber kein Geld ausgezahlt. (P. Arch. nat. Mon. hist. K 1462 n. 10.) — Ueber den in einem grossen Conseil gefassten Beschluss bezüglich der Rüstungen vgl. Aerssen an Du Plessis. Febr. 13. (Du Plessis X S. 542. Nach Aerssens Bericht an Oldenbarnevelt vom 10. Febr. wurde das dort erwähnte Conseil am 10. Febr. gehalten. Der ebenfalls erwähnte Bericht des Boissise ist vom 1. Febr.) Vgl. ferner die Briefe von La Force. Febr. 16—22. (La Force, mémoires II S. 258 fg.) Becher an Trumbull. Febr. 27. (Winwood III S. 119.) Peckius an Erzh. Albert. Febr. 10, 28. (Henrard S. 210, 238.) Siri II S. 144.

[1] Ueber Ubaldinis Audienz bei dem König vgl. seinen Bericht vom 16. Febr. (Siri II S. 142.) Vgl. auch des Peckius Bericht über die hinsichtlich des Jülicher Streits mit dem König gewechselten Worte. (Febr. 4. Henrard S. 200.) Antwort des Erzh. Albert an Peckius. Febr. 10. (S. 210.)

Febr. 21. 28. Cardenas an Philipp III.

Hat des Königs Schreiben vom 27. Januar empfangen. Klage über den Eifer, mit dem Erzherzog Albert in Condé's Sache einen Ausgleich betreibt, weil er fürchtet, König Heinrich möchte den Frieden mit ihm brechen. „Avisé (al archiduqe) una y dos vezes, se mirase, se intentaria sacar a la princesa de Condé y traella aqui; aunque al principio no seme creya, ya se ha visto por cierto.“ Ein so offen feindseliger Act, wie die versuchte Entführung der Princessin, scheint dem Cardenas ein Grund zu Beschwerden zu sein. Statt dessen hat Peckius den Auftrag erhalten, den Erzherzog zu entschuldigen „de aver dado guarda al principe de Condé y asseguradole su muger.“ Auf vorsichtige Vorstellungen (sin descubrirme) des Cardenas sprach Peckius selber sein Bedauern über seine Instructionen aus. „A mi seme escrive de Bruselas, el principe de Condé se ha querido yr sin aconsejarselo nadie, y sé yo del, no lo desseava; y a este rey sele dize: se ha hecho quanto ha mandado, procurando, el principe se vaya y la muger se quede.“ Cardenas hat den Grafen Añover gewarnt: nach dem Abgange des Prinzen gedenke man die Princessin durch den Connetable und Frau von Angoulême, indem man sie behaupten lasse, dass ihre Gesundheit leide, zurückholen zu lassen, und im Weigerungsfall werde „bravear este rey y llegarse con alguna gente a las fronteras. — Yo confieso a v. M., aunque en razon de estado este negocio tiene grandes consideraciones,[1] que yo no puedo dexar de representar a v. M., el poder que Dios le dió es muy para amparar y defender fuerças y pecados tales; y fuera de mucho que en esto puedo dezir, bolviendo a estado, v. M. en este negocio tiene a toda la nobleza y pueblo de Francia por suya, diziendo quanto yo puedo desear; la reyna se obliga, que se teme si biene;[2] y remato con que, siendo yo un gusano, de ver que me acuerdo a quien sirvo, y pareceles[3] hago cara a este rey, me dizen mil lisonjas, y tan en publico y tan en ofensa de su rey, que ha avido mas de una vez me he temido, no lo pase mal alguno, y al contrario se habla del archiduque diferentemente de lo que es justo. Hame parecido referillo a v. M. y acabo con bolver a suplicar a v. M. lo que he hecho otras vezes, que cresca el cuydado en lo de Flandes, que aqui y alli ha menester v. M.

ministros que a mi me hagan ventaja. — Si el rey me hablare sobre este negocio, respondelle he lo que v. M. me manda; pienso, no lo hará, porque el nuncio en quexas que de mi le ha dado, le pidió me hablase, y le respondió, se sentia mohino destas cosas, y que, aunque yo hablaba por buena manera, era libre, y le parecia mejor escusallo."

Paris. Archives nat. Mon. hist K 1462 n. 40. Cop.

[1] Vgl. besonders des Cardenas Bericht vom 28. Jan. 1610 im Anhang: Heinrich IV. und Italien.

[2] Cardenas berichtet am 21. Febr.: aus guter Quelle erfährt er, dass König Heinrich der Königin den Glauben beigebracht habe, Grund der Condé'schen Verwicklung sei die Absicht des K. Spanien, dass ihre (der Königin) Kinder nicht successionsfähig seien, und dass sie (die Königin) nach Florenz zurückkehren und einen Mann nach Spaniens Gefallen nehmen solle. Nach dem Entführungsversuch der Prinzessin habe indess die Königin eingesehen, dass man sie durch jene Reden nur feindlich gegen den K. Spanien zu stimmen gesucht habe; „y sobre esto y otros trabajos suyos derrama hartas lagrimas." (P. Arch. nat. Mon. hist. K 1462 n. 35.)

[3] lies: „parecerles."

29. Cardenas an Philipp III. Febr. 21.

Drei Ursachen der Rüstungen Heinrichs IV.: „la primera parecelle la voz de armarse servirá de detener y impedir la liga y confederacion de los catolicos de Alemaña, que de presente a el y a sus ministros es lo que mas cuydado les da, y mas temen y querrian estorvar;[1] lo segundo querer espantar al archiduque Alberto y facilitar ver a la princesa en su poder, y que, saliendo de Flandes el principe, no dandola al condestable, tenga justificacion para con algun golpe de exercito llegarse a las fronteras; lo tercero determinar y poner animo al duque de Saboya a que, como el quiere, capitule en los intentos que lleban y le dé luego las cinco plaças en mano." Dagegen nun hätte Spanien erstens die Liga zu befördern, zweitens den Franzosen in der Gewinnung des Herzogs von Savoyen zuvorzukommen. „El tercer punto es lo que de aqui se puede hazer, que verdaderamente le pica a este rey y da cuydado. Pero como he dicho a v. M., no camino en acrecentalle sospechas, porque el miedo no le resuelba, que del y de su condicion se puede temer, y assi voy, conforme pide su natural y el de esta nacion, creciendo y menguando como obliga el estado de las cosas, y para ellas ternia por muy conveniente alguna correspondencia, pero no digo cosa que fuese (sic!) gran ruydo, porque tambien el miedo les haria determinar. Y acabo este punto con decir, queda este rey muy temeroso de que sele entiende, por aver sabido que el conde de Fuentes ha mudado presidio en dos plaças y los confines importantes, yo no sé las que son. Al conde he avisado de lo que he entendido, y lo que quiero dezir es, que esta prevencion sin ruydo me ayuda gallardamente a quitar la dificultad, y lo menos que dize el rey, mira que bien se executaran las interpresas (sic!) si nos entienden (sic!) los pasos."

Paris. Archives nat. Mon. hist. K 1462 n. 39.

¹ Ueber die Besorgnisse vor der Liga vgl. Villeroy an La Boderie. Febr. 6. (La Boderie V S. 33.) Am 21. Febr. berichtet Cardenas: man versichert, dass der König, wenn die Liga zu Stande kommt, „no osará mentarse ni hablar en nada, aunque de Italia le haga mas partidos el duque de Saboya." Zur Durchkreuzung des Bündnisses ist ein Staatsrath des Königs als Gesandter zu den geistlichen Churfürsten, dem H. Baiern und andern geistlichen Fürsten ernannt; er soll vorstellen, dass die in der Jülicher Sache angebotene Hülfe des Königs nur das Recht schützen solle, und dass er für die Katholiken in den Jülicher Landen Religionsfreiheit ausbedingen werde; ferner: „que sele (dem König) comunique la liga o ligas que se tratan, que el tambien entrará en ellas siendo justas . . . Quexase este rey que el duque de Baviera no le corresponde de presente, que por sus fines se arrima a v. M. y a la casa de Austria." (P. a. a O. n. 48.) — Zu der hier erwähnten Gesandtschaft war de Fresne-Canaye bestimmt; da derselbe plötzlich starb, so wurde sein Auftrag dem Boissise nachgeschickt. (Bericht Aerssens. Febr. 23. Haag. Reichsarchiv. Vgl. Siri II S. 144.)

Febr. 23. **30.** Heinrich IV. an Boissise. (z. Th.)

Dohna hat des Boissise Schreiben vom 10. Februar nebst den zwischen ihm und den deutschen Fürsten vereinbarten Puncten überbracht. Boissise erhält beiliegend die Ratification der Vereinbarung.[1] Die meisten Artikel derselben sind so zweideutig und dunkel,[2] dass Boissise ihnen wol nur aus demselben Grunde, wie der König, wird beigestimmt haben, dass nämlich so die Fürsten überhaupt zu einer Entschliessung geführt werden, die die baldige Unterstützung der Jülicher Erben bezweckt. Da auch nach Dohnas Versicherung Anhalt zu Anfang des nächsten Monats zum König kommen wird, so erwartet dieser von ihm mehrere nöthige Aufklärungen. In Folge der Vereinbarung werden des Königs Werbungen befördert: mindestens 8—9000 Mann zu Fuss, 2000 zu Pferd, mehr als genügende Artillerie werden, der eine Theil zu Anfang der andere zu Ende des Monats April, an der französischen Gränze sein können. Um gegen alle Vorkommnisse gerüstet zu sein, wird der König noch zwei Regimenter Schweizer zu je 3000 Mann werben. Zugleich muss er seine Provinzen mit Truppen besetzen gegen etwaige Ueberfälle. Da aber Leopold und seine Genossen ihre Rüstungen möglichst beschleunigen, so wird Boissise dem Churfürsten von der Pfalz vorstellen, dass die possidirenden Fürsten von den Unirten schleunig zu unterstützen sind, damit sie nicht der Lande beraubt werden, bevor die Hauptmacht ankommt. Die zwei Regimenter und 300 Reiter, von denen Boissise schreibt, können dazu dienen. Ueber die zwei französischen Regimenter in den Niederlanden kann der König ohne Zustimmung der Staaten nicht verfügen, und diese haben ihn ersucht, eine Entschliessung darüber aufzuschieben bis zur Ankunft ihrer Gesandten, welche ihre in der Jülicher Sache zu leistende Hülfe mit dem König vereinbaren sollen. Zu dieser Hülfe wünschen sie eben die beiden Regimenter zu verwenden. Der König wird sie indess ersuchen, die Regimenter (alsbald) so nahe als möglich an die Jülicher Gränzen zu legen, desgleichen die zwei Fähnlein französischer Cavallerie. Von einem bevorstehenden Einrücken Bouquois zur Unterstützung Leopolds hat der König nichts gehört.

Die Erzherzoge von Flandern fahren vielmehr fort, ihre Neutralität zu versichern, und gewiss ist, dass sie noch nicht rüsten. Der König billigt die von den Fürsten gewünschte Einheit des Oberbefehls und hält die Wahl Anhalts für die beste. Lothringen hat dem König Hoffnung gegeben, „de favoriser mes armes en ceste execution;" aber er kann seine Unterthanen von beliebiger Betheiligung am Kriege nicht abhalten.[3] Immerhin hofft der König zu erreichen, dass die grössere Zahl der Lothringer seinen Dienst wählen. Der König wird die Vertheidigung Mümpelgards übernehmen und schon durch die kräftige Erklärung dieses Beschlusses die Unternehmungen gegen die Grafschaft abwehren.[4] — Escript a Paris le XXIII, jour de febvrier 1610. Febr. 23.

Paris. Bibl. nat. Dupuy 765 f. 30.

[1] Datirt vom 23. Febr. Gedruckt zugleich mit dem Protocoll der Schw.-Haller Vereinbarung. Vgl. n. 19. S. 87. Anm. 1. Ueber die Beschlussfassung auf Dohnas Werbung berichtet Aerssen am 22. Febr.: „le roy a tenu conseil sur la depesche du baron de Dona depuis les sept heures du matin jusques a une heure aprés midy auquel se sont trouvés, par dessus m^rs le chancelier, de Suilly et de Villeroy, m^r le comte de Soissons m^r le connetable, m^r d'Espernon, m^rs les mareschaulx de Bouillon et de Lesdiguieres avec m^r Le Grand."

[2] Aerssen berichtet am 22. Febr.: „s. M. a trouvé l'offre des princes en cas de guerre ouverte petite et l'une des conditions impertinente, sçavoir qu'ils assisteront s'ils ne sont assaillis chez eux, desirant s. M. qu'elle soit rayée, dautant qu'elle pourroit cy-aprés recevoir diverse et elusoire interpretation, n'estant pas a presumer qu'on les vueille ou puisse assaillir, sy le roy entreprend la guerre ouverte contre le roy d'Espagne, qui est seul qui seme les troubles par la chrestienté." Haag Reichsarchiv.) — Das Misstrauen gegen die Unirten wird während und nach der Haller Versammlung ausgesprochen. Vgl. Villeroy an La Boderie. Febr. 6, 22. (La Boderie V S. 33, 73.) Briefe Villeroys an Boissise und Bongars. Oben n. 6 nebst Anm. Raumer, Briefe aus Paris S. 423 fg. Auch in England geringes Vertrauen. Vgl. La Boderie an Villeroy. Febr. 24. (La Boderie V S. 81.)

[3] Aufträge Heinrichs an Lothringen in der Instruction für Boissise. (Acten II S. 523 Anm. 1.) Am 12. Febr. schreibt Heinrich an Boissise: in der Antwort auf den von Boissise überreichten Brief des Königs hat Lothringen erklärt, er werde dem König bei den sich darbietenden Gelegenheiten allen freundschaftlichen Beistand leisten. Da er aber zugleich hat sagen lassen, er habe den Gesandten des Kaisers, Sachsens und anderer Fürsten, die ihn in der Jülicher Sache angesprochen haben, keine andre Einmischung als zu Gunsten eines gütlichen Ausgleichs der Parteien in Aussicht gestellt, so ersieht man, dass er nicht zu Dingen gedrängt zu werden wünscht, die dieser Erklärung zu widersprechen scheinen. Für den Fall gleichwol, dass der König ein andres Verhalten von ihm verlangt, hat er ihm erklärt, dass er seinen Rath und seine Befriedigung über jede andere Rücksicht stellen werde. (P. Dupuy 765 f. 24.) — Am 1. März schreibt Lothringen an Churpfalz, Churbrandenburg, Würtemberg, Baden, Anhalt, Oettingen: in ihrem durch Dohna überreichten Schreiben vom 12. Febr. bitten die Fürsten den Herzog, er möge die in seinen Landen angeblich angestellten grossen Werbungen gegen die an der Jülicher Erbschaft interessirten Fürsten nicht gestatten. Nun hat der Herzog vor drei Monaten, um bei den über der Jülicher Sache entstandenen Unruhen seine Lande für alle Fälle zu sichern, seinen Unterthanen geboten, in keinen fremden

Kriegsdienst einzutreten und sich zur Landesvertheidigung gefasst zu halten. Ueber diesem Gebote zu wachen hat er den Baillis und Gouverneurs seiner Provinzen und Städte neuerdings eingeschärft. Er wünscht nichts sehnlicher als gütliche oder rechtliche Beilegung des Jülicher Streits. (M. pf. 116/4 f. 219.)

[4] Am 4. März schickt Heinrich IV. dem Boissise noch den Auftrag nach: er solle sich, wenn er nach Düsseldorf komme, der Sache der Katholiken so weit annehmen, als es ihm möglich sei, ohne den öffentlichen Angelegenheiten zu schaden. (P. a. a. O. f. 36.)

Febr. 24. **31.** Vileroy an Boissise. (z. Th.)

Dohna dringt auf die Sendung von Boissise nach Düsseldorf zur Unterstützung der possidirenden Fürsten; der König hingegen möchte ihn dort nicht an einem Unfall Theil nehmen sehen, welcher den Fürsten zustossen könnte, wenn ihre Gegner vor ihnen in's Feld rücken können. Dohna erklärte aber, des Boissise Gegenwart werde die Unterthanen in ihrer Pflicht halten und stärken, der englische Gesandte verschiebe seine Reise nach Düsseldorf, solange nicht ein französischer Gesandter dorthin komme. Immerhin wünscht man nun, dass Boissise wenigstens erst die geistlichen Churfürsten besuche, bevor er nach Düsseldorf gehe. Der König besorgt sehr einen gütlichen Ausgleich der Jülicher Sache, „devant que l'on ait faict aucun exploict qui afoiblisse la maison d'Austriche, et que s. M. ce advenant demeure embarquée en ceste inimitié, comme l'on dict sans biscuit, et en tire aucun advantage d'honneur et de profict." Die von den Fürsten in dieser Hinsicht gegebenen Versprechen sind nicht bindend genug; dieselben scheinen mehr Lust zu haben „a un accord qu'a porter la guerre plus avant." Was in Sachen eines Ausgleichs geschieht, wird Boissise sorgfältig berichten, ohne die Absicht, es zu hindern, zu zeigen; denn dadurch würde er das Vertrauen der Fürsten verlieren. Er wird jedenfalls sorgen, dass nichts ohne Vorwissen des Königs geschieht, damit dieser vorher seinen Rath einsenden könne. Der König bedauert, dass Boissise den Artikel betreffend die Versicherung für den Fall innerer Unruhen nicht während der Haller Versammlung in's reine gebracht hat: denn man werde denselben bei den Fürsten nicht durchsetzen, wenn ihre Verlegenheiten beseitigt seien. Er glaubt, dass diejenigen, welche ihm die Verschiebung gerathen haben, sich vornehmlich von dem Interesse ihrer Religion haben leiten lassen, und dass die Sache nunmehr schwerer auf die Bahn zu bringen sei. Denn eine so grosse Versammlung wird lange nicht wieder Statt finden; durch seine Ratification ist der König schon gebunden, und wenn England in der Union Platz nehmen wird, so wird es die Sache durchkreuzen. Die Eifersucht Englands über den Credit des Königs bei den protestantischen Fürsten beunruhigt nicht; aber diese sind zu fürchten, wenn man im Fall eines Bürgerkriegs mit religiösem Vorwand über ihre Haltung im Zweifel ist. Boissise möge also die gewünschte Versicherung auf des Königs und des Dauphins Lebenszeit zu erwirken suchen. Man hätte auch Bericht von ihm gewünscht, ob über den in seiner Instruction berührten Plan, „dont aucuns ont faict ouverture . ., sçavoir est d'asseurer la Meuse," geredet ist. Man erwartet darüber Mittheilungen von Anhalt und wünscht daher, dass er bald komme. — De Paris le XXIV. Feb. au soir 1610.

Paris. Bibl nat. Dupuy 765 f. 32.

32. Christian Fürst von Anhalt, Instruction für Löfenius an Nürnberg. Febr. 25.

1. Bürgermeister und Rath mögen „das vorleihen der 35 monat extraordinarie zu den Gulchischen sachen" auf die Art, wie sie es selber vorgeschlagen, wirklich bewilligen. 2. Da nach übereinstimmenden Zeitungen im gegenwärtigen Jahr die papistische Liga in Deutschland, Italien und Spanien entschlossen ist, ihr äusserstes gegen die Evangelischen zu unternehmen (u. a. in Jülich, Oestreich, Steiermark), und der Kaiser trotz seines wegen Baierns gegen die Liga gefassten Argwohns dazu 400,000 fl. aus seinem Schatze erlegt hat, da der Convent der geistlichen Fürsten mit Anfang März in Prag eröffnet werden soll,[1] da Trautmannsdorf den Auftrag zur Werbung von 4000 Mann, die in der Gegend des Elsass gemustert werden sollen, erhalten hat, Ramée 700 Cuirassiere und 300 Carabiniers werben soll, und in Tirol ebenfalls ein Regiment Knechte aufgebracht wird,[2] so hält der Fürst es für nöthig, dass im Namen der Union 10 Fähnlein Knechte zu je 300 Mann auf 1—3 Monate aufgestellt werden, und zwar drei zu Strassburg, zwei zu Neuburg, zwei in der untern Pfalz, zwei zu Nürnberg, eins in der Oberpfalz; diese hätten sich im Nothfall gegenseitig zu unterstützen. Neben ihnen könnte, wenn's nöthig wäre, der Ausschuss der Unterthanen gebraucht werden. Man könnte diese Macht gegen schädliche Durchzüge und Musterplätze ebenfalls verwenden. Die Kosten (auf wie viel Monate?) würden nicht über 100,000 Gulden betragen. Es sollen auch (bis der Vorschlag ausgeführt wird) die für Jülich geworbenen Truppen noch 8—14 Tage zurückbehalten werden. — Diesen Vorschlag wollte der Fürst vor allem dem Rath zu Nürnberg mittheilen. Ist er einverstanden, so werden die andern Städte gewiss seinem Beispiel folgen, und wird der Fürst den Churfürsten von der Pfalz und die andern Fürsten zu gewinnen suchen. Eile ist dringend nöthig. — Signatum Amberg den 15. Februarii a. 1610.

München. Staatsarchiv pf. 116/4 f. 192.

[1] Ueber die Vorbereitung des Prager Convents Gindely II S. 99 fg. Ueber die Bemühungen des Erzb. Cöln um die Versöhnung des Kaisers mit Matthias vgl. auch Hurter VI S. 251.

[2] Beginn der Rüstungen Leopolds: kaiserliches Patent von 1610 Jan. 9. (Kurz, Beiträge z. Gesch. des Landes Oesterreich o. d. E. IV S. 53. Vgl. Gindely II S. 104 fg., 164. Hurter VI S. 665.) Leopolds Patent für Trautmannsdorf. Jan. 20. (Kurz S. 53. Hurter VI S. 348.) Werbungen in Oberöstreich und erste Massregeln der dortigen Stände und des K. Matthias. 1610 März. (Kurz S. 54 fg. Hurter VI S. 349. Oberleitner im Notizblatt für östreich. Gesch. Quellen 1859. S. 385 Anm. 2, 401.)

Febr. 26. **33. Winwood englischer Gesandter im Haag, Proposition an die Staaten.**

Der König von England hat in der Jülicher Angelegenheit beschlossen, sich mit Frankreich und den deutschen Fürsten zum Schutze der „princes pretendants" zu verbinden. Die Staaten mögen ihrerseits den gleichen Beschluss fassen. Der König von England wünscht, das von ihm zu stellende Hülfscorps aus 4000 englischen im Dienst der Staaten befindlichen Soldaten zu bilden[1] die, so lange sie zu dem angegebenen Zwecke gebraucht werden, vom Könige bezahlt werden sollen, um dann nach Beendigung des Krieges, oder im Fall dass der König sie durch anderweitig beschaffte Truppen ersetzen sollte, wieder in den Dienst der Staaten zurückzukehren.[2] — Faict a la Haye le 26. de Febvrier 1610.

Stuttgart. Pfalz E 37 fasc. 7. Cop.

[1] Dies war gegen den Wunsch Heinrichs IV. (an Boderie. Febr. 27. La Boderie V S. 89.)

[2] Die Staaten erklären sich hierauf bereit, dem König die gewünschten Truppen vom 1. April ab, solange er es für gut findet, zu überlassen. (St. a. a. O.) Vgl. über diese Verhandlungen die Schreiben Winwoods vom 2., 26. März und 13. April, die Schreiben an ihn vom 13. März, 7. und 17. April. (Winwood III S. 121, 126, 127, 132, 143, 146, 147.)

Febr. 27. **34. Russy an Heinrich IV.**

Prinz Moriz ist am 10. Febr. mit vier Deputirten der Staaten nach Utrecht abgegangen. Da er die dortigen Bewegungen noch nicht hat stillen können, da auch einige holländische Städte Mine machen, dem Beispiel Utrechts zu folgen, so haben Oldenbarnevelt und die holländischen Stände beschlossen, dass Barnevelt sich nicht entfernen solle. Denn „les deffiances qui sembloient estre comme esteintes se sont rallumées par ces tumultes, qui l'ont mis en doubte que l'on ne praticquast en son absence de le descrediter dans la province de Hollande soubs pretexte de reformer le gouvernement de l'estat, que les chefs de tels perturbateurs du repos publicq publient ne pouvoir subsister sans plus grande autorité et en la forme qu'il est maintenant gouverné." So sind denn von der Provinz Holland als Gesandte an den König Brederode und van der Myle, von der Provinz Seeland Malderet ernannt. Die übrigen Provinzen, die zur Zeit keine Vertreter in Haag hatten, haben drei Wochen Frist erhalten, um nach Befinden eigene Gesandten zu ernennen, oder den Ernannten Vollmacht zu geben, „les estats ayant trouvé expedient de remettre a chacune des provinces de deputer ceulx qui leur plairoit pour estre envoyé a leurs despens, affin d'eviter les brigues qui se fussent faictes, sy lesd. deputez eussent esté choisis et deputez aulx despens de la generalité, d'aultant que la meilleure partie desiroyent estre nommez." Am 15. März soll die Gesandtschaft abgehen. Nach Empfang des Briefes von Villeroy hat Russy sofort an Prinz Moriz geschrieben, der König wünsche, dass die Rüstungen der Staaten in gleicher Weise beschleunigt werden wie die seinigen, damit man vor den Gegnern im Felde sei. Zugleich redete er dem Prinzen zu „de pourveoir le plustost qu'il seroit possible a composer ces differends d'Utrecht." Er stellte ihm vor „la consequence et combien cest exemple sera dommageable, sy ces peuples par leur impetuosité viollent l'auctorité des estats et la sienne, en changeant les magistrats qu'ils ont esleus et que luy a confirmez comme leur gouverneur, et destruisent l'ordre estably pour la conservation de l'estat, que l'on tenoit par deça que le tout dependoit de luy, estant trop bien voullu et honoré de ceulx que l'on recognoissoit estre chefs de ceste faction pour ne recevoir ses conseils et commandemens, ce qui me faisoit promettre une bonne et prompte issue de cest affaire, et que le tout se remettoit en son entier a son grand honneur et au gré de v. M." Dem englischen Gesandten legte Russy seinen von Oldenbarnevelt gebilligten Vorschlag vor, dass sie beide den Prinzen Moriz persönlich ersuchten „d'interposer son auctorité pour mettre fin a ces differends." Der Gesandte schlug dies ab mit dem Bemerken, „que le tout doit estre imputé aulx estats de ne commander aussy absolument comme ils doivent, et excuse le prince de ne prendre ce faict sur luy . . . . . Il est incroyable combien ces remuemens de peuples et ces propositions de changer le gouvernement et auctorizer le prince Maurice ont ouvert et reveillé les esprits de ceulx qui pensoient trouver un profond repos en la trefve, et leur ont donné occasion de penser a eulx pour changer leurs maximes de tenir ces peuples en paix, voyant que leur repos et feneantize excite leurs volontez a faire recherche de ceulx qui ont eu le maniement de leurs affaires, et leur donne occasion de craindre que, comme il arrive ordinairement aulx republiques libres, que ces peuples solicitez par aulcuns n'entreprissent de changer l'ordre de leur estat, qui seroyent effects bien contraires a ce qu'ils s'en estoient promis, et me semble appercevoir que, pour eviter tels incommodemens, le charme[1] prend une plus ferme resolution de les reporter a la guerre, jugeant, comme j'en ay discouru avecq luy, que le moyen pour dissiper tels conseils est d'occuper ce peuple et luy donner moyen de vivre et mettre les gens de guerre en besongne, et que, pour la faire plus seurement, il leur est necessaire de s'unir et incorporer estroictement avec v. M. pour dependre totallement de ses conseils" . . . — De la Haye ce 27. Fevrier 1610.

Paris. Bibl. nat. Ms. fr. 15954 n. 23. Cop.

[1] Oldenbarnevelt?

35. Churfürst Christian II und die Herzoge Johann Georg, Johann Casimir und Johann Ernst von Sachsen an die Unirten. März 4.

Haben der Unirten Schreiben vom 10. Februar (S. 102 Anm. 1) empfangen.[1] In dem Fall der erledigten Jülicher Lande ist der Kaiser der einzige zuständige Richter. Auf die kaiserliche nach des Herzogs von Jülich Tod erlassene Edictalcitation hatte und hat man zu gehorchen, „die iura zu deducieren und billichen beschaids zu gewarten." Dass der Kaiser die Jülicher Lande für sich und das Haus Oestreich gewinnen wolle, ist ein unbegründeter Verdacht.[2] Die in der Jülicher Sache ergangenen Processe sind nicht von den kaiserlichen Hofräthen, sondern vom Kaiser selbst angeordnet. Bei der Beurtheilung des gesammten Verfahrens in dieser Sache ist zu unterscheiden „under dem process und dem urteil." Denn „process oder ordinatoria litis hat niemants zu verordnen als der richter . . . Was aber darinnen vor formb oder solennitates zu halten," dafür sind die Reichsabschiede, und als letzte und eigentliche Norm die Kammergerichtsordnung massgebend. Von einem Fürstenrecht, das, mit Chufürsten und Fürsten besetzt, unter dem Vorsitz des Kaisers den „process formiert und alles anders verrichtet, was ordo processus disfals erfordert," ist Unterzeichneten nichts bekannt. Was aber die „verfassung der urteiln" angeht, so wird der Kaiser in der fraglichen Angelegenheit gewiss „den unglimpf auf sich allein nicht nemen, sondern auch one erinnerung etliche chur- und fürsten des reichs . . consulieren." Kommt es einmal so weit, so werden Unterzeichnete, wenn es nöthig ist, das erforderliche erinnern. Polemik gegen die Auffassung, dass Böhmen nicht zu Deutschland gehöre. Leopolds Sendung ist Niemanden nachtheilig, „der recht leiden kan." Eine Vergleichshandlung wäre dem Hause Sachsen sehr erwünscht; aber es muss Niederlegung der Waffen und Submission unter die kaiserlichen Erlasse vorausgehen. — Datum Dresden den 22. Februarii a. 1610.

Stuttgart. Unionsacta V. f. 942. Cop.

1 Ueber die nach dem Schw.-Haller Tag geführten Verhandlungen zu Hof und Dresden vgl. Ritter, Sachsen und der Jülicher Erbfolgestreit S. 44 fg. (S. 45 Z. 8 muss verbessert werden „von dem Unionstag" statt „zu dem Unionstag.")

2 Ueber die beruhigenden Erklärungen des Kaisers und Leopolds vgl. Ritter a. a. O. S. 49 fg.

März 8. **36. Sigmarshof, Fleckenstein, Commali an Würtemberg und Baden.** (z. Th.)

Die Neuburger Räthe haben von dem abwesenden Pfalzgrafen Wolfgang Wilhelm dieser Tage den Auftrag erhalten, „das sie hinfüro in allen befelchen und andern schriften i. f. g. den titul eines hertzogen von Gülch Cleve Berg Mark und Ravensberg geben sollen." Markgraf Ernst erinnert dagegen, „das zwischen beden fürstlichen personen ein vergleichung alhie getroffen worden, das zwischen inen kein neuwerung solle fürgenommen werden," dass auch bis dahin erwähnter Titel weder von ihm noch dem Pfalzgrafen geführt sei. In Folge dessen ist seit drei Tagen „nichts verfertigt noch underschrieben" (nichts was gemeinschaftliche Unterschrift erfordert).[1] „Sovil aber wir vernemen können, so werden sie es zu beden tailen an ir herren principalen gelangen lassen. Interim patitur res publica."[2] Die clevischen Landstände sind zur Zeit versammelt und berathen, „ob und welcher gestalt sie beden fürsten in bevorstehendem krieg beispringen wöllen."[3] Man hört, dass die Städte willig seien, die Ritterschaft aber sich noch weigere; doch habe man Hoffnung auch sie umzustimmen. Datum Düsseldorf den $\frac{\text{21. Febr.}}{\text{3. Martii}}$ anno 1610. —

Stuttgart. Pfalz B 35 fasc. 7. Orig.

März 3.

[1] Die Geschäfte wurden auch durch andere Erwägungen gehemmt. Am 30. Januar berichten dieselben Gesandten: da man täglich eine gute Resolution von Hall erwartet, und die Neuburger Räthe in Abwesenheit des Pfgr. Wolfg. Wilhelm in wichtigen Sachen selbständig zu beschliessen Bedenken tragen, auch sonst die Zeit für militärische Operationen ungünstig ist, so werden „die consilia status nunmer nit so oft gehalten und auch die expeditiones militares interim suspendirt." (A. a. O.) Am 17. Febr. berichten dieselben: Mgr. Ernst, der eine Zeit lang unwol war, möchte sich jetzt „den sachen eufferig underfangen;" allein „die consiliarii status sind tails in ir privatsachen abwesent, tails mit indisposition behaftet, tails bei so wichtigen geschaeften nit herkommen," die Neuburger haben in Abwesenheit des Pfgr. Wolfg. Wilhelm so enge Instructionen, „das sie graviora status negotia auf sich zu nemmen bedenckens tragen, anjetzo der differentiam opinionum et humorum under inen, wie auch anderer defectuum zu geschweigen. Im kriegsrat wird auch nichts fürgenommen, und da schon einer bisweilen gehalten wirt, so konden sie sich doch nit vergleichen, vil weniger etwas fruchtbarlichs zu exequieren anbefehlen; zu dem nichts so gehaimb darin geschlossen wirt, erzhertzog Leopoldus hat gleich andern tags gewisse nachrichtung darvon. So haben auch die Neuburgischen kriegsraet nit macht, einichen soldaten anzunemmen oder abzuschaffen." Befehlshaber und Soldaten wünschen einen langdauernden Krieg. Darum keine feste Umschliessung Jülichs; Leopold empfängt Proviant und Zuzug. Dieser Tage sind 100 Wagen mit Proviant in Jülich eingeführt (wiewol etliche weniger sagen). Die Truppen der Possidirenden plündern inzwischen die Unterthanen, sowol die, welche sich den Fürsten unterworfen haben, als die, welche sich nicht unterworfen haben. Zwar ist Befehl gegeben „darüber gute erkundigung einzuziehen;" allein es „wil kein fuchs den andern beissen, weil die inquirenten zum merer tail damit behaft und interessirt." Heftige Klagen des Erzh. Albert und des Coadjutors des Erzb. Cöln über die Unthaten der fürstlichen Soldaten gegen ihre Untersassen. (a. a. O.)

[2] Am 17. März berichten dieselben: der Streit ist noch nicht ausgeglichen; die „expeditiones" sind „nunmer in 3 wochen gesteckt." — März 27.: der Titularstreit geht fort. Die Stelle in der Haller Vergleichung, nach der den königlichen und fürstlichen Gesandten der Ausschlag bei solchen Differenzen zusteht, wird durch die Erklärung, dass der Ausschlag „dem Dortmündischen und andern vertraegen" gemäss sein müsse, illusorisch gemacht. — März 31.: die Gesandten haben eine Verständigung erzielt, dahin gehend, dass Wolfg. Wilhelm den beanspruchten Titel führen, zugleich aber in einem mit Mgr. Ernst zu erlassenden und in Druck zu gebenden Schreiben an die Landstände erklären soll, dass dadurch in der Hauptsache keinem Theil ein Vorzug oder Präjudiz gewärt werden solle. Es handelt sich nun noch um Vereinbarung des Schreibens. Uebrigens hat sich Mgr. Ernst vorbehalten, dass, falls der Chf. Brandenburg diesen Vergleich nicht genehmigen sollte, die Sache neuerdings der Entscheidung der unirten Fürsten zu unterbreiten sei. Dieser Streit war Hauptursache, dass sich der märkische Landtag am 27. März zerschlug. Es haben auch „die ausschüss der lantstend sich runt vernemmen lassen: sie beforchten, es werde schaedliche factiones geben; dan sie vermoeg der revers nit schuldig, den fürsten weiter zu gehorsamen, wofern bede fürsten nicht einig verbleiben werden." — April 3: das Schreiben an die Landstände ist ausgefertigt. (A. a. O.) Vgl. n. 45 Anm. 1.

[3] Die Proposition (Februar 28.) enthält folgendes: wenn dem Verderben des Landes durch die einlagernden Soldaten und „frembden convoyen" kein Einhalt geschieht, so werden „die hausleut

von den platten landen verlauffen, die commercia versperret" werden und der Ruin der Lande erfolgen. Darum muss eine Defensionsordnung im Fürstenthum Cleve angestellt werden, und zwar im Namen der Stände selbst. Berg und Mark sollen mit einer solchen schon beschäftigt sein. Also mögen Ritterschaft und Städte die Mittel bedenken, durch welche die Defensionsordnung anzurichten, die dazu bestallten Soldaten zu unterhalten sind, und ein Directorium in Bedacht ziehen, welches die Soldaten in guter Ordnung hält. (Marburg. Ausw. Sachen Jülich.) — Es kam keine Einigung zu Stande. (Wonsheim an Wolfg. Wilhelm. März 15. M. Reichsarchiv XXXI e. n. 26.)

März 3. **37. Christian Fürst von Anhalt an Neuburg.**

Der Fürst und der Markgraf von Anspach haben sich unterredet und befunden, dass in Anbetracht der in Prag vorgenommenen Kriegsrüstungen (der Kaiser hat gegen 400,000 fl. aus seinem Schatz hergegeben, das Regiment Trautmannsdorfs hat Laufgeld empfangen, der vom Erzherzog Maximilian im Elsass bestimmte Musterplatz soll nach Regensburg gelegt sein) von den Unirten füglich an die 3000 Mann unverzüglich aufzubringen und, auf 2—3 Monate bestellt, im Elsass und im Nordgau zu vertheilen wären, um die Gegner zu beobachten, auch nach Bedürfniss Musterplätze zu sprengen und ähnliches zu verrichten. Zugleich befand man, dass „von diesem unserm intent den stetten noch zur zeit umb allerlei vermeidunge unnotiger difficulteten nichts anzudeuten were." Der Fürst und der Markgraf gedenken nun, am nächsten Sonntag in Heidelberg diesen ihren Vorschlag dem Churfürsten von der Pfalz, sowie Würtemberg und Baden, die sie dort zu treffen hoffen, vorzutragen.[1] Der Herzog von Neuburg möge daher über denselben Gegenstand dem Churfürsten von der Pfalz sein Gutachten schriftlich senden oder seinen Sohn August auf Montag den 8. März mit Vollmacht nach Heidelberg schicken und ihn besonders auch darüber instruiren, ob, wenn Erzherzog Leopold oder der Kaiser Musterplätze in's Reich legen, die Unirten oder ihre „secourirende" bei günstiger Gelegenheit solche sprengen sollen. Da im Fall unversehener Gefahr jeder Unirte ohne weiteres Truppen aufbringen darf, so wird wol ein über die angedeuteten Gegenstände von den vornehmeren und benachbarten Ständen gefassten Beschluss den übrigen Unirten annehmbar zu machen sein.— Uebrigens hat Anhalt Tags vorher bei seiner Durchreise mit den Geheimen des Raths von Nürnberg über jenen Plan gesprochen. Sie erklärten sich mit der Absicht, gegen 3000 Mann zur Vertheidigung aufzustellen, unter der Voraussetzung einverstanden, dass „es die übrigen höhern stende und denen es zu wissen gebürte, inen mitbelieben liessen." — Datum Onolzbach den 21. Februarii anno 1610.

München. Staatsarchiv 342/11 f. 1. Eigenh.

[1] Am 6. März 1610 schreibt Friedrich IV. an Würtemberg und Baden: Christian F. Anhalt meldet für den folgenden Tag seine Ankunft in Heidelberg. Da nun über Frankreichs Erklärung, die Gesandtschaft nach England und andre hochwichtige Sachen zu berathen ist, so möge der Herzog (Markgraf) sich baldigst und ohne Aufsehen persönlich einfinden oder seinen Bruder Ludwig Friedrich [an Baden: seine vertrauten Räthe] senden. Da auch fast aller Orte Musterplätze und

Durchzüge angedroht werden, so halten einige Unirte es für rathsam, dass man aus der Unionscasse ein Regiment von 3000 M. für etwa 3 Monate bereit stelle und Abtheilungen desselben nach verschiedenen Orten vertheile, damit sie sich im Nothfall gegenseitig unterstützen können. Hierüber möge in Heidelberg beschlossen werden. (M. pf. 116/4 f. 222.)

38. Philipp Ludwig Herzog von Neuburg, Instruction für den Pfalzgrafen August zum Heidelberger Tag. (z. Th.) März 5.

Der Musterplatz der bewussten Truppen dürfte am 20. März in Regensburg oder gar in Neuburg genommen werden. Man hört auch von Rüstungen Baierns, von seiner Absicht, seine Truppen mit dem Volk in Regensburg zu verbinden. Es ist daher zu bedenken, ob man zur eigenen Vertheidigung, besonders zur Sicherung der Donau nicht mehr als die angegebenen 3000 Mann, und zwar besonders Reiter, in Bestallung oder doch in Wartegeld nehmen soll. Der Herzog zweifelt nicht, dass man die Musterplätze des erwähnten, wie alles zum Beistande des Erzherzogs Leopold aufgebrachten Volkes zerstören darf. Es fragt sich ferner, ob man alle katholischen Reichsstände oder einzelne von ihnen „vor feint halten wolle." Der Herzog meint, „das alle diejenige der paepstischen staende, welche der Liga zugethan und per consequens dem ertzherzogen hülf thun und uns diser seits molestieren, vor feint simpliciter zu halten, und gegen denselben bei zeiten zu verfaren, damit ir nervus umb etwas geschwecht werde."[1] — Datum Neuburg an der Tonau den 23 Februarii anno 1610.

München, Staatsarchiv pf. 342/11 f. 13. Cpt.

[1] Am 1. März schreibt der H. Neuburg an Churpfalz: aus beiliegenden Nachrichten über den Würzburger Convent erhellt, dass die Papisten die Jülicher Lande mit äusserster Anstrengung den Possidirenden zu entreissen suchen werden. Um so bereitwilliger wird der Churfürst die zu Hall bewilligte Hülfe beschleunigen, damit man, den Gegnern zuvorkommend, Jülich erobere und dann zur Wahrung der Jülicher Lande diejenigen heimsuche, die zu diesem Krieg gerathen und geholfen haben. Man muss dahin trachten, „wie man mit der . . . verursacher . . dieses kriegs und anderer, so mit contributionen oder sonsten wider . . dise gerechte sach zu militiern sich anmassen, einkommen und sonderlich demjenigen, so sie in der unirten chur- und fürsten landen haben, den krieg beharlich füren . . möge." Wie dies anzustellen sei, darüber möge der Churfürst sein Gutachten geben. (M. pf. 116/4 f. 240.) — Am 9. März schreibt der Herzog an Churpfalz: nach beiliegenden Berichten wird nunmehr auch zu Regensburg auf kaiserliche Patente öffentlich geworben (ein beigelegter Passzettel weist im Auftrag des Obersten von Trautmannsdorf geworbene Leute an, sich am 20. März in Regensburg zu stellen), und soll das geworbene Volk dem H. Bayern zugeführt und gegen Neuburg gebraucht werden (nach dem beigelegten Bericht sollte das Volk ein Unternehmen auf Donauwörth abwehren, oder andre von Betheiligung an der Jülicher Sache abschrecken). Obgleich man zu Heidelberg über die in solchem Fall zu leistende Hülfe etwas wird vereinbart haben, so bittet der Herzog den Churfürsten doch um bestimmte Erklärung, was er von ihm in jenem Fall zu erwarten habe. (M. pf. 116/4 f. 380.)

März 9. **39. Aerssen an Oldenbarnevelt.**

„Aerssen wurde am 5. vor den König beschieden, da dieser auf acht bis zehn Tage nach Fontainebleau abreisen wollte. Er theilte ihm den definitiven Beschluss der Staaten über Abfertigung der Gesandtschaft nach Frankreich und England mit und zugleich die Gründe, weshalb Oldenbarnevelt sich nicht an der französischen Gesandtschaft betheiligen könne. „S. M. a aquiescé a vos raisons et excuses, quoyqu' avec deplaisir et regret, n'esperant rien de ferme, puisque vous reculés a venir; et m^r. de Villeroy croit que le laissés pour le seul regard des Anglois, de peur de leur donner jalousie." Der König erklärt, er werde seine Rüstungen fortsetzen, „tenant toutesfois tous ses desseins en suspens, jusques a ce qu'elle (s. M.) se soit abbouchée avec vos ambassadeurs." Anlass zum Kriege und zu der „diversion de s. M. sur la Meuse" wird, wie man annimmt, daraus entstehen, dass der Erzherzog Albert der nach Jülich bestimmten französischen Armee den Durchzug durch Luxemburg verwehren wird. Verhandlung mit Savoyen über den Krieg in Italien; der König will sich dort aber nicht binden, bevor er mit den Staaten abgeschlossen hat. Für die spanische Gränze hat man einige Truppensammlungen verordnet, dann aber die Sache in der Schwebe gelassen, weil man stritt, ob so viele Unternehmungen zu gleicher Zeit rathsam seien;[1] auch hierüber sollen die Gesandten der Staaten gehört werden. „Vostre raison se conforme avec celle de m^r. de Suilly, qui n'approuve pas que tant de desseins s'entassent,[2] mais les autres ores succombent ores l'emportent, et semble que le roy incline a les croire. Toutesfois vos ambassadeurs en decideront, sy nous ne changeons icy nos premieres conceptions et esmotions chaleureuses." Die vom König von England angebotene Hülfe erscheint dem König Heinrich klein, aber doch grösser, als er erwartet hatte (schon ihn in der Neutralität zu halten, hätte er als einen Erfolg angesehen), und geeignet, um ihn gegen Spanien zu engagiren:[3] man müsse die Leistung zu steigern suchen. — Der König wünscht baldige Beilegung der Utrechter und ähnlicher Unruhen. „Elle (s. M.) craint, ainsi qu'elle me dit, que cecy face naistre quelque nouvelle jalousie entre s. e. et vous. Je ne comprends pas ce qu'elle en veut dire, combien qu'elle m'ait tenu ce teme et langage par exprés et avec reserve, a quoy je n'ay peu repartir, sinon que vivés en bonne amitié et intelligence ensemble. Sy vous connoissés que ce discours ait quelque autre racine, vous m'en esclaircirés s'il vous plaist, afin que je face cesser les faux rapports. Car je ne sçay des affaires que ce que vous m'en faictes veoir." — Villeroy theilte dem Aerssen vor zwei Tagen mit: Vaucelas habe auf besondern Auftrag dem Könige von Spanien erklärt, dass sein Herr die Aufnahme Condé's in des Königs von Spanien Landen (dans ses estats) als einen Act der Feindseligkeit und als Verletzung des Vertrags von Vervins ansehen werde. Darauf habe Lerma geantwortet: „que le roy de France avoit grandement obligé le roy catholique d'avoir soubstenu ses subjects en leur rebellion et les aydé a faire la treve qu'ils ont eue, pour esperer le renvoi du prince; secondement que la France est le receptacle des trahistres d'Espagne, et pour exemple a nommé Ant. Peres; tiercement que le roy son maistre a accoustumé de recevoir et proteger les princes oppressés, tels que l'est le prince de Condé: concluant qu'il ne le peut rendre, et par recrimination est tombé sur les affaires de Savoye, remonstrant que s. M. a suscité ce prince pour se deslier de l'alliance d'Espagne."

Haag. Reichsarchiv. Cop.

1 Vgl. La Force an seine Gemahlin. März 2. (La Force II S. 257.)

2 Am 16. März berichtet Aerssen über eine Unterredung mit Sully. Derselbe führt aus: der König solle den H. Savoyen einstweilen nur durch Worte auf seiner Seite halten: für beide werde die Unterhaltung einer Armee von 20,000 M. in Piemont schwer werden, während Fuentes neben der gewöhnlichen Miliz von 6—7000 M. ihnen in noch nicht vierzehn Tagen 21,000 Schweizer entgegenstellen werde. Darum solle der König sich einstweilen begnügen, seine Armee auf 25,000 M. z. F. und 5000 z. Pf. zu bringen. Auf dem Marsch von Mezieres nach Cleve müsse er in St. Hubert, Stablo und an einem dritten Orte an der Lütticher Gränze Befestigungen anlegen zur Sicherung des Rückzugs und der Zufuhr. Habe er dann die Possession der Fürsten gesichert, so solle er mit ihrer und ihrer Verbündeten gesammelten Kräften „assaillir les villes de la Meuse conjoinctement avec m[rs] les Estats." — Diesen Plan Sullys behaupten nun die Andern mit dem savoischen und spanischen Unternehmen vereinigen zu wollen, worüber Sully Tags vorher vor Aerssen in die Worte ausbrach: „ces gents perdent le roy par leur mauvais conseil." Der König, sagte er, betreibe die Rüstungen eifrig, aber bei der Verschiedenheit der Rathschläge sei noch nichts beschlossen. „(Je) recognus bien qu'il n'osa me dire qu'il ne seroit point d'advis que vous embarquassiez au secours des princes avant vos voisins, de peur d'attirer sur vous seul tout le fardeau de la guerre. Toutesfois ses propos me le marquerent assés, m'asseurant qu'il ne permettra pas qu'on nous trompe." (Haag. Reichsarchiv). — Den Ansichten Sullys sind gegenüberzustellen die Aeusserungen Villeroys über die Möglichkeit des Kriegs und die Sachlage im allgemeinen in seinen Schreiben an Boderie vom 27. Febr. und 20. März. (La Boderie V S. 96, 151.)

3 Ueber Englands geringe Unternehmungslust Puisieux in dem Schreiben an Boderie. Febr. 27. (a. a. O. S. 101.) Boderie an Heinrich IV. März 13. (S. 124.)

40. Wolf Dietrich Erzbischof von Salzburg an Fürst Christian von Anhalt. März 10.

Hat des Fürsten Schreiben über die Unordnungen im Reich empfangen. Seit 1594 hat sich der Erzbischof stets bemüht, dass der Religionsfriede von den Ständen beider Religionen gehalten, und in „politischen reichssachen" die vertraulichen Beziehungen unter denselben erhalten und erweitert werden. Was von dem einen oder andern Theil gegen des Reichs Frieden und Wolstand unternommen wurde, hat ihm missfallen, weil es zur Trennung des Reichs, zur Einführung fremder Mächte in dasselbe durch die gegnerischen Parteien, und so zum gemeinen Verderben führt. Die gegenwärtig geschlossenen Unionen der katholischen und evangelischen Stände wenden jede ihre „praetension und gerechtsamb

9*

allein defensive" vor; aber es sind „dergleichen handlungen . . also beschaffen, das sie leichtlich von einem teil oder dem andern in ein offension gezogen . . werden, und derohalben desto . . gefaerlicher, dieweil alwegen die welt merers mit unverstendigen und friedhaessigen, als mit friedliebenden und die den sachen genugsamb nachdencken, behaft und beladen . . . Und haben e. l. ir keineswegs diese gedancken zu machen, das, seitemaln sie albereit sambt irem teil bei Frankreich hülf und assistentz gesucht, diejenigen potentaten, denen der cron Frankreich wachsen und zuviel starck um sich greiffen bedencklich . . fallen möchte, den sachen also stilschweigent zuesehen und sich von dem gegenteil unwidersprochen beaengstigen werden lassen, sonder vilmer sich dessen zu befaren, das durch dergleichen mittel beiden teilen zugleich gleichsamb unumgengliche ursachen an die hant gegeben werden, iren fuss zu irem selbst aignen vorteil auf den Teutschen boden zu setzen. Wen es aldan treffen wurde, und was die sachen fur einen ausschlag gewinnen möchten, das hat ein jeder politischer weltverstendiger leichtlich bei sich selbst zu erwegen . . . . . So seint auch oft mittel vorhanden, was anzufangen, aber die prosecution . . erfordert ein merers, als man im anfang vermeinen möchte, und haben sich e. l. insonderheit sambt den irigen wol furzusehen, indeme sie suchen, wie sie in irem schreiben andeutung thun, etwan ain inen selbst furgebildete monarchei fureilent und zuviel sorgsamb zu verhindern, das sie derselbigen nicht einen unzeitlichen und gar zu geschwinden vorschub geben." Liegt dem Fürsten und seinen Genossen, wie er andeutet, die Eintracht zwischen beiden Religionsparteien im Reich am Herzen, so werden sich auch katholische Stände finden, die sich des Vaterlands Frieden und Freiheit zugleich angelegen sein lassen und sich auf Verlangen mit den protestantischen Ständen dahin bemühen werden, dass ihre beiderseitigen Beschwerden „fur einander gebracht," und der Kaiser bewogen werde, vereint mit den Reichsständen, eine beide Parteien befriedigende Ordnung im Reich einzurichten. — Datum . . Salzburg den 10. Martii anno 1610.

München Staatsarchiv pf. 116/4 f. 336. Cop.

März 11. **41.** Gabriel Lehmann, churbrandenburgischer Agent, an Pruckmann. (z. Th.)

Die Antwort auf das von Churbrandenburg an den Kaiser gesandte Schreiben ist gefertigt.[1] Eine glaubwürdige Person sagte dem Lehmann, sie habe das Schreiben, bevor es dem Kaiser vorgelegt sei, gesehen: ein Auszug sei „vor i. M. unten am rant geschrieben, mit diesen worten: antwort auf das schaentliche schreiben des churfürsten zu Brandenburg." — Geben zue Prag den 1/11. Martii 1610.

Berlin XXXV a 12. Orig.

[1] Londorp I S. 90. Vgl. oben n. 2 S. 7 Anm. 1.

42. Boissise an Heinrich IV. März 12.

Am 7. März Ankunft in Heidelberg, weil Dohna die königliche Ratification des Haller Vertrags überbracht hatte. Der Churfürst hatte aus demselben Grunde den Herzog von Würtemberg nebst seinen beiden Brüdern, die Markgrafen von Anspach und Baden und den Fürsten von Anhalt berufen. Dieser Versammlung stellte Boissise am 8. vor: der König wünsche neben den ratificirten Artikeln noch die Versicherung, dass im Falle eines französischen Bürgerkrieges die Fürsten den empörten Unterthanen des Königs unter keinem Vorwand, auch nicht dem der Religion, beistehen würden. Ausserdem theilte er mit, wann des Königs Hülfstruppen an der Gränze erscheinen werden, dass derselbe die Einheit des Oberbefehls und die Wahl des Befehlshabers billige, dass von England eine Hülfe zu hoffen sei, und dass die Rüstungen der Fürsten möglichst zu beschleunigen seien. Die Fürsten erwiderten am 9.: sie werden des Königs Rebellen nie begünstigen; wenn sie dies aber förmlich versprächen mit Betonung der Religion, so würden sie verbündete protestantische Mächte beleidigen und das Andenken ihrer Väter verdammen. Die einen fragten dabei, ob England und die Staaten solch' ein Versprechen ertheilt haben; „les autres disoient qu'ils aymeroient mieux abandonner le faict de Cleves que de subir ceste condition." Hierauf Debatte zwischen den Fürsten und Boissise. Letzterer bemerkte: der König habe bei Uebernahme ihres Schutzes den Anstoss bei den Katholischen nicht gefürchtet; die Ursachen, die die Väter der Fürsten in den Krieg geführt, seien nicht mehr vorhanden; die fragliche Versicherung sei von den Staaten gegeben, von England[1] nicht verlangt, weil mit diesem eben kein neuer Vertrag zu schliessen sei; auf der bestimmten Form der Versicherung müsse bestanden werden, durch ihre Verweigerung erhalte der König wenig Anlass zum Vertrauen auf die Freundschaft der Fürsten. An den folgenden Tagen boten die Fürsten die Versicherung an, den Rebellen des Königs nicht beizustehen, falls die Pacificationsedicte[2] beobachtet würden. Boissise wies dies ab und verweigerte nun seinerseits die Herausgabe der Ratification. Darauf am 11. folgende Verständigung: die Fürsten versichern, den Rebellen des Königs nicht beizustehen, welche Ursachen dieselben auch haben mögen. Nimmt der König diese Versicherung an — Boissise wird sie ihm übersenden —, so erhalten die Fürsten die Ratification. Allein am 12. nahmen die Fürsten dies zurück: sie würden den König durch ein eignes Schreiben zufrieden stellen.[3] Darauf nahm Boissise Abschied von ihnen: er werde des Königs Resolution einholen; inzwischen könne er die Ratification nicht ausliefern. Er werde nun die katholischen Churfürsten besuchen, um ihnen den über des Königs Hülfe für die protestantischen Fürsten gefassten Argwohn zu benehmen.[4] — Boissise hatte diesen Punckt seiner Verhandlung bis zuletzt verschoben, weil er die Fürsten unentschlossen und einige misstrauisch gegen den König fand, er daher zunächst das proponiren wollte, was sie ermuthigen konnte. Hätte er jenes Ansinnen damals in Hall gestellt, so wäre die abweisende Antwort zu wahrscheinlich und zu präjudicirlich für den König gewesen. Gegenwärtig aber

42. schienen ihm Zeit, Ort und Personen ziemlich günstig.[3] Und hätten nur die anwesenden Fürsten das Versprechen geleistet, so hätte das wol ausgereicht. Uebrigens haben die Fürsten baldige Hülfe nöthig. Ihre Werbungen gehen nicht vorwärts, wie sie sollten; die von Leopold gehen besser. Drei Regimenter und 1000 Mann zu Pferde werden in Böhmen aufgestellt auf des Kaisers Kosten, unter dessen Räthen indess Leuchtenberg und Barvitus durchaus vom Krieg abrathen. Zwei Regimenter und 5—6 Compagnien Cavallerie werden im Elsass aufgestellt. Diese Truppen mit den 3000 Mann zu Fuss und 500 zu Pferde in Jülich werden sich auf mehr als 18,000 Mann zu Fuss und 3000 zu Pferde belaufen. Deshalb bitten die Fürsten, der König möge den der Jülicher Gränze genäherten zwei niederländischen Regimentern befehlen, dass sie im Nothfall den gefährdeten Plätzen beistehen. Sie haben in Heidelberg die Aufstellung von 3000 Mann beschlossen: mit diesen und dem bewaffneten Landvolk hoffen sie den Durchzug der Truppen von Böhmen zu hindern. — Fruchtlose Besprechung zwischen Churbrandenburg und Herzog Johann Georg von Sachsen. Ein chursächsischer Rath hat dem Fürsten von Anhalt geschrieben: hätte man seinem Herrn die Aufnahme in die Possession angeboten, so würde er sich zufrieden gegeben haben. Deshalb will Baden im Auftrag der Fürsten zum Churfürsten von Sachsen reisen, um mit ihm selbst zu verhandeln ohne seine Räthe, die alle Pensionäre des Kaisers sind. Anhalt fragte den Boissise um seine Meinung, ob man nicht die Parteien sich über einen Sequestrator verständigen lassen solle „qui possedast au nom de tous, mesmes de l'empereur." Boissise erwiderte: das sei zu präjudicirlich für die possidirenden Fürsten, die das scheinbarste Recht haben. Um Sachsen zu gewinnen, könne man zugestehen „qu'il prist possession a part, ou le comprendre en celle des princes." Fürstenversammlung zu Prag. Boissise hat die Fürsten erinnert, dass man dort von der Wahl eines römischen Königs handlen werde, und dass der König von Spanien nach dieser Würde strebe. Aber weder in Hall noch in Heidelberg konnte er auf seine öftere Anregung der Sache eine Antwort herausbringen. Der Grund davon dürfte sein, weil sie die Sache nicht zu hindern vermögen und auf des Kaisers Widerstand rechnen. Wenn sich Chursachsen mit dem Churfürsten von der Pfalz und Brandenburg einigt, so dürften dieselben mit dem König von Böhmen (sic!) jenen Anschlag doch leicht hindern können. Boissise hat darüber mit Anhalt gesprochen, ohne von ihm mehr Antwort zu erhalten als von den andern, ausser seinen jedesmaligen Lobsprüchen über Erzherzog Maximilian, der an Milde, Klugheit, Güte seinem Vater ähnlich und gar nicht spanisch gesinnt sei. — Anhalt wird zum König reisen und ihn aufklären (sic!) „de ce qu'elle (v. M.) desire." Betreffend die Angelegenheit der „villes de la rivière de la Meuse," so sind wenige Fürsten „capables de cet affaire. Aussy leur volonté et conseil n'y sont point requis; cela depend de v. M. ou elle voudra employer ses forces. Car les jectant de ce costé la, elles serviront aux affaires de Julliers, comme si elles estoient dans le pays mesme." — Der Herzog von Würtemberg dankt dem König und wird zur Verhandlung über

den Schutz vom Mümpelgart Jemanden zu ihm senden. — De Heidelberg ce 12. Mars 1610.

Paris. Bibl. nat. Dupuy 765 f. 34. Cop.

[1] In dem Schreiben an Boderie vom 20. März stellt Heinrich dieselbe Bedingung für das mit England zu schliessende Defensivbündniss auf. (La Boderie V S. 128.)

[2] Wenn der Aufruhr sich erhebe „contre les bons edicts, ordonnances et reglemens que s. M. a jusques a present si salutairement ordonnez, et par le moyen d'iceux conservé son royaume en estat fleurissant et (en) paix." (Protocoll der Heidelberger Verhandlungen. M. pf. 342/5 f. 96.)

[3] Nach dem Protocoll des Heidelberger Tags kam die vorhergehend Verständigung nicht zu Stande; sondern Boissise verlangte von den Fürsten, sie sollten die angebotene Versicherung mit Weglassung der in Anm. 2 bezeichneten Clausel in ihrem und der abwesenden Fürsten Namen bewilligen, dann wolle er schleunigst des Königs Resolution darüber einholen. Die Fürsten beschlossen darauf: die Versicherung dürfe nicht den Sinn haben, „das sie sich dardurch begeben wolten haben, den religionsverwanten, da sie wider solche edicta und satzungen unbillicher weise verfolgt und angefochten würden, keine hilf oder beistant zu leisten." Daher sei die zweite Form, obgleich gemässigter als die erste nicht anzunehmen und statt dessen ein Schreiben an den König zu richten.

[4] Vgl. n. 29 Anm. 1.

[5] Bemerkungen über die Heidelberger Verhandlung in den Schreiben von Heinrich IV und Puisieux an La Boderie vom 20. März. (La Boderie V S. 128, 155. Vgl. Raumer, Briefe aus Paris I S. 425.) — Ueber dieselben Verhandlungen berichtet auch Lingelsheim an Bongars. März 14. (Bongarsii et Lingelshemii epl. S. 269.) Churbrandenburg schreibt darüber am 28. März an Churpfalz: die von Boissise der Union gestellten unerträglichen Bedingungen haben ihn befremdet und besorgt gemacht, „ob nicht etwa deren orten allerhand alterationes eingefallen sein solten." Wenn dies so ist, oder auch die französische Hülfe nur verzögert wird, so hätte man besser das Werk nie angefangen. Denn man hat dadurch die Gegner so sehr und an so vielen Orten in Harnisch gebracht, dass man ihnen ohne die versprochene Hülfe nicht gewachsen sein dürfte. Churpfalz möge gegenüber den eifrigen Umtrieben der Papisten den König bei seinen frühern Absichten festzuhalten suchen. (M. pf. 116/4 f. 696.)

43. Friedrich IV. an Heinrich IV. März 12

Im Auftrage der in Heidelberg versammelten Fürsten, wie auch im eignen Namen, hat der Churfürst bezüglich der von Boissise gestellten Forderung des Königs diesem zu versichern, dass ihre Gesinnung gegen den König, den Dauphin und Frankreich eine solche ist und bleiben wird, wie der König sie nur wünschen kann, „vous disant davantage que de long temps en ça il n'y a eu roy de France par nous plus respecté, et auquel nous eussions desiré plus faire paroistre par bons et signalez services que la tranquillité du royaume de France ne nous est moins chere que la nostre propre, estans aussi esloignez de ce que quelques uns, qui ne nous cognoissent si bien, vous pourroyent avoir donné à entendre comme le ciel est de la terre.“ Aber gegen die vom König verlangte Obligation sprechen sehr gewichtige, zum grossen Theil dem Boissise erklärte Gründe, „pour lesquelles (causes) ils (les princes) ne se peuvent astreindre a des causes qui — pour parler ouvertement — seroient contre leur conscience. Mais ils vous asseurent, et moy avec eux, en parole et foy de prince, nous fondans sur vostre equité assez cogneue, (que) nous forons en toutes occasions paroistre qu'il n'estoit aucunement necessaire de requerir plus ample asseurance de nous, et que vous . . comme aussi monsieur le Daulphin aurez tousjours occasion de vous contenter de toutes nos actions.“ Der König möge über einen solchen Anlass die Auslieferung der Ratification zum Schaden der gemeinen Sache nicht länger verzögern. — Du 2/12 de Mars 1610.

München. Staatsarchiv 342/5. f. 89 Cop.

März 13. **44.** **Heidelberger Abschied.**

1. Ueber die Verhandlungen der Versammlung mit Boissise ist beiliegender Protocollauszug [1] gefertigt. Die Pfalzgrafen Wolfgang Wilhelm und August haben dieselben wegen mangelnder Instruction ad referendum genommen. 2. Es gehen inner- und ausserhalb des Reiches starke Kriegswerbungen vor; etliche Sammel- und Musterplätze sind an den Gränzen der Lande unirter Stände angesetzt (Regensburg, Elsass); starke Drohungen sind erfolgt. Den Unirten können daher Nachtheile, ja gewaltsame Einbrüche und Durchzüge erfolgen. Bedenklich sind auch die widerholten Zusammenkünfte der zur papistischen Liga gehörigen Stände und die von Bayern an Nürnberg gerichtete Werbung. [2] Da nun die Unionsacte gegen dringende Gefahren sofortige Gegenanstalten vorschreibt, so sind zum Schutz der Unirten gegen unbillige Gewalt und Durchzüge wo möglich in vierzehn Tagen aus dem Unionsvorrath 2200 Mann zu Fuss (sechs Fähnlein zu 300 und zwei zu 200 Mann) und zwei Fähnlein Reiter zu 200 Mann nach beiliegenden Bestallungen und Patenten zu werben. Diese sind auf zwei bis vier Monate, oder so lange sie nöthig sind, nach Bedürfniss in die obern Lande an der Donau und die untern am Rhein zu vertheilen, und zwar 400 nach Neuburg, 900 nach Anspachs als verordneten Generals Ermessen an die gefährdetsten Stellen der obern Lande, 900 nach Ermessen von Churpfalz, Würtemberg und Baden an die gefährdetsten Stellen am Rheinstrom. Die einzelnen Abtheilungen sind nicht zu sehr auseinanderzulegen, damit sie stets zur Unterstützung des Bedrängten zusammengeführt werden können. Damit die Sache befördert, und die Städte um so leichter dafür gewonnen werden, soll den drei ausschreibenden Städten die Werbung von drei Fähnlein frei stehen; zwei Fähnlein Infanterie und ein Fähnlein Reiter wirbt Churpfalz, ein Fähnlein Infanterie Würtemberg, die zwei Fähnlein von 200 Mann zu Fuss Neuburg, ein Fähnlein Reiter Anspach und Culmbach. Wie die Musterung anzustellen sei, werden Churpfalz und Anspach bestimmen. Zur Unterhaltung der Truppen werden aus dem Unionsvorrath sieben Monate bestimmt, welche diejenigen Unirten, denen keine Werbung auf-

getragen ist, in der ausschreibenden Stadt ihres Kreises deponiren, damit diejenigen, welche werben und mit ihrer eignen Quote nicht ausreichen, das Geld dort erheben können. Ist das Kriegvolk zur Abwehr der Gefahr nicht genügend, so hat jeder Unirte mit seinem Ausschuss und geübten Landvolk, die er ja nach den Abschieden in Bereitschaft halten soll, dem Bedrängtem Hülfe zu leisten. Da die Städte solches Volk nicht wol senden können, so sind sie um verhältnissmässige Leistungen an Geschütz, Munition, Proviant u. dgl. anzugehen. So oft der „ausschuss von fussvolck und die lantreuterei" in besagter Weise gebraucht werden, erhalten sie, neben dem Schiessbedarf, der Reiter per Tag 9, die gemeinen Soldaten 3, die Befehlshaber derselben 5, ein Capitän 10 Batzen, (ein adelicher oder wol erpropter Capitän dazu eine „zimliche zerung") aus der Unionscasse. Zugleich ist eine leidliche Taxe für die Commiss alsdann zu bestimmen. — Churpfalz wird den Churfürsten von Brandenburg im Namen Aller ersuchen, er möge die von ihm für die Union zu Gewinnenden „drinnen lants" bewegen, dass sie vor ihrer Beitrittserklärung einen Fonds zusammenschiessen, der im Nothfall zur Vertheidigung der evangelischen Stände zu verwenden wäre. Da bei Anstellung der Musterplätze starke Bedrohungen vorkommen, die Reichsgesetze nicht befolgt werden, die Rüstungen überhaupt den Zweck haben, die der Union zugehörigen Jülicher Interessenten ihres Besitzes zu berauben, während die Union beschlossen hat, diesen Besitz zu schützen, so hat man sich dafür entschieden, dass die angestellten Musterplätze, „wo es fuglich und one gefar geschehen kan," zu zerstören sind, mit Verwendung des Landvolks oder der Söldner oder beider zugleich. In den obern Landen wird Anspach Acht geben, wo die Musterplätze angestellt werden, und wohin die Gegner zu ziehen gedenken. Er wird auch, bis man besser gesichert ist, die (für Jülich) geworbenen Truppen dort einstweilen zurückbehalten. Musterplätze im Elsass oder sonst am Rhein werden Churpfalz und Baden durch Mittel, die ihnen gut dünken, in gemeinem Namen zu trennen suchen. Unter ihrer Leitung werden Graf Otto von Solms (Obermarschall), Pleikard von Helmstätt (Vicedom zu Neustadt), Rittmeister Weinschenk (markgr. Amtmann zu Mühlburg) dies Werk vollführen, nach einem von ihnen vorgelegten und von der Versammlung genehmigten Plan.[3] — 3. Wegen der „geheimsten negotiation in Franckreich" hat Anhalt im Auftrage der Haller Versammlung eine zweite Reise nach Frankreich unternommen. Zum Ersatz der Reisekosten erlegen die unirten Fürsten je einen Monat nach Nürnberg. Die in Hall beschlossne Gesandtschaft an den König von England und die Staaten ist zu beschleunigen; zur Verrichtung derselben ist Ludwig Friedrich Herzog von Würtemberg aufgefordert. Das Nebenmemorial für denselben wird von Churpfalz und Würtemberg verfasst. An letztern ist auch ein Monat für die Reisekosten bis Ostern (a. St.) einzusenden. — Obgleich die Verhandlungen zu Hof erfolglos waren, so ist doch, da man stets der Ansicht gewesen, dass die Mittel zur Güte nicht auszusetzen seien, da dem gemeinen evangelischen Wesen die Gewinnung des Hauses Sachsen sehr wichtig ist, und zu Hall Vorschläge wegen Abordnung einer fürstlichen

März 13.

44. Person an den Churfürsten von Sachsen gemacht sind, der Markgraf von Baden um Uebernahme dieser Gesandtschaft ersucht. Er hat den Auftrag angenommen; bei der Durchreise wird er zunächst den Herzog von Coburg ansprechen. Seine Instruction und Creditive sind berathen und ausgefertigt.[2] — 4. Regensburg hat durch Nürnberg um Rath fragen lassen, wie es sich, da Oberst Trautmannsdorf und andre ihre Musterplätze um die Stadt zu legen beabsichtigen sollen, zu verhalten habe. Da nun die Verhandlung mit Regensburg zu Hall dem Herzog von Neuburg und den Städten Nürnberg und Ulm übertragen ist, so mögen diese die Gelegenheit ergreifen, um Regensburg die grosse Gefahr, sein und der evangelischen Stände Bestes vorzustellen. — So geschehen Heidelberg den 3. Martii anno 1610.

München. Staatsarchiv pf. 116/4 f. 324. Cpt.

[1] Vgl. n. 42 Anm. 1, 2.

[2] Am 8 März übersendet Nürnberg an Churpfalz die Werbung des Theodor Vinpeck, welcher die Stadt im Namen des H. Baiern zum Eintritt in die katholische Union auffordert. Der Churfürst wird um sein Gutachten hierüber gebeten. (M. pf. 116/4 f. 259.)

[3] Am 10. März überreichen Solms und Weinschenk der Heidelberger Versammlung folgendes Gutachten: auf Befehl der Versammlung haben sie bedacht, wie der im Stift Strassburg angestellte Musterplatz zu zerstören sei. 1. Ueber Einziehung genauer Erkundigungen. 2. Sind die Erkundigungen eingezogen, so vereinbaren der Graf und Rittmeister die Stärke der zu verwendenden Truppen und den Plan des Unternehmens auf Ratification der Fürsten. Vorläufig stellen sie folgende Grundsätze auf: Finden sich auf dem Musterplatz 1000 oder mehr Soldaten zusammen, so sendet man gegen sie 200 M. z. Pf. (100 stellt Churpfalz, 100 Würtemberg und Baden), in vier Abtheilungen getheilt, und etwa 500 Musquetiere, in fünf Abtheilungen getheilt. Jede Abtheilung erhält einen Wegführer, damit man auf Nebenwegen unvermerkt fortkomme; die Musquetiere werden zu rascherer Beförderung auf Bauernpferde gesetzt. Dazu wären an Geschütz etwa 3 Zwölfpfünder und 3 Fünfpfünder von Germersheim mitzunehmen, ferner etliche Wagen mit Leitern, Aexten etc. zu Schanz- und andern Arbeiten. Churpfalz könnte die nöthigen Truppen aus seinen Regimentern auswählen, doch abgesehen von dem Germersheimer Regiment, welches als Reserve zu brauchen ist. Baden könnte drei Compagnien Reiter und 600 M. z. F. als Reserve auf's linke Rheinufer senden, Würtemberg könnte, da bei der Weite des Wegs sein Fussvolk nicht wol unvermerkt herüber kommen könnte, 200 M. z. Pf. senden, aus denen 50 zum Angriff ausgewählt und die Uebrigen als Reserve verwandt werden. Die Reserve wäre zu commandiren vom Oberstlieutenant Helmstätter im Namen des Chf. Pfalz und vom Oberstlieutenant Schornstätter im Namen des Mgr. Baden. In's Stift Strassburg angekommen, werden die Soldaten Futter und Lebensmittel von den bischöflichen Unterthanen erheben, doch in guter Disciplin und mit Verschonung der Stadt Strassburg, des Gr. Hanau und des Adels. — Ueber den Kundschaftsdienst, wenn man im Anzug ist. Trifft man das Volk noch unbewehrt, so wäre es nicht „zu schlagen," sondern nur zu dem Schwur zu nöthigen, sich in drei Monaten nicht gegen die Unirten brauchen zu lassen. — Solange sich auf dem Musterplatze nur 4—500 M. beisammen finden, wäre nur dann gegen sie zu ziehen, wenn sie bereits bewehrt sind. (M. pf. 116/4 f. 245.)

4 Die Instruction (März 13.) enthält folgendes: der Markgraf besucht zunächst die H. Coburg, weil dieselben nach zuverlässigen Nachrichten die Jülicher Ansprüche des Hauses Sachsen lieber auf gütlichem Wege, als vor dem Gericht des kaiserlichen Hofraths erörtert sehen möchten. Er hat sie in dieser Stimmung zu stärken und um Anweisungen zu bitten, wie er die Verhandlung mit dem Chf. Sachsen und H. Johann Georg führen solle. Diesen beiden letztgenannten Fürsten wird dann der Markgraf die Gründe, weshalb dem kaiserlichen Hofrath das Erkenntniss in der Jülicher Sache nicht zugestanden werden dürfe, ausführen: Sachsen möge den Process am kaiserlichen Hof wenigstens für so lange einstellen, bis die Versuche des gütlichen Ausgleichs erschöpft seien; die Unirten bieten bei der Vergleichshandlung ihre guten Dienste an. Es können dann die in Hall bedachten und in Hof von Churbrandenburg vorgebrachten Vergleichsvorschläge nochmals proponirt werden. Weiterer Vorschläge aber hat der Markgraf sich zu enthalten, da man nicht weiss, ob Churbrandenburg und Neuburg sie billigen werden. Weist Sachsen jene Vorschläge zurück, so ist der Churfürst zu bitten, einen Compromiss anzunehmen. Erklärt er für den Compromiss wie die gütliche Verhandlung des Kaisers Zustimmung für erforderlich, so ist zu erwidern, dass beides bis zum schliesslichen Erkenntniss den streitenden Parteien durchaus frei stehe. Dringt Chursachsen darauf, dass die Union sich in diese Sache nicht einmische, so ist zu zeigen, wesshalb man die Interessenten bei ihrer Possession zu schützen habe, wie man auch bereit sei, Sachsen in seinem Rechte beizustehen. Erklärt der Chf. Sachsen, er wolle vom Kaiser verlangen, dass er die Stadt Jülich von Leopolds Händen in die seinigen gebe, „wie wir dan von solchem fürschlag etwas wind bekommen hetten," so wäre er darin zu bestärken. Ja es könnte, wenn alle andern Vorschläge abgewiesen werden, im Namen der unirten Fürsten erklärt werden: Sachsen möge mit Brandenburg und Neuburg den Erzh. Leopold aus Jülich vertreiben: dann wolle man Brandenburgs und Neuburgs Zustimmung zur Einräumung der Stadt Jülich an Sachsen zu erlangen suchen. — Der Markgraf wird weiter mit Chursachsen über die Beschwerden und die Union verhandeln nach Massgabe des Schreibens der Haller Versammlung vom 9. Februar. Doch wird er in Sachen der Union wegen der ungünstigen Stimmung des sächsischen Hofs vorsichtig sein. (M. pf. 117/2 f. 12.)

45. Heidelberger Nebenabschied. März 13.

Zur Musterung des „drunten lants" geworbenen Regiments des Obersten Meinhard von Schönberg und der Fahne Reiter des Fürsten von Anhalt müssen in 10—12 Tagen 30,000 Gulden an Ort und Stelle geschafft werden. Der Eile wegen überlässt man die Art der Zustellung dem Churfürsten von der Pfalz, jedoch auf gemeinsames Risico. 2. Da die Gefahr der Geldsendungen immer grösser wird, so sollen die an dem Darlehen zur Jülicher Hülfe noch restirenden 19 Monate von den unterzeichneten Fürsten bis zum 18. oder 19. April nach Heidelberg erlegt werden. 3. Da zu besagtem Darlehen von den Reichsstädten bis dahin nur etliche, und diese unter unvereinbarten Bedingungen sich bereit erklärt haben, so ist kraft des zu Hall einstimmig gefassten Beschlusses entschieden, dass die an der Jülicher Hülfe betheiligten Unirten für den durch die Zurückhaltung der Städte verursachten und sonstigen Abgang aufkommen nach Massgabe beiliegenden unterschriebenen Ueberschlags und in der darin bestimmten Zeit. Dieser Beschluss ist den abwesenden Ständen, besonders dem Landgrafen Moriz zur Darnachachtung baldigst mitzutheilen. Damit aber die Städte, wenn nicht zu dem vollen Darlehen von 35 Monaten, so doch zu einem möglichst gleichen und für fünf Jahre nicht zu verzinsenden vermocht werden, sind sie baldigst nach Kreisen zu versammeln, und ist die in Hall bestimmte Verhandlung mit ihnen zu beginnen. Zunächst aber sind die drei ausschreibenden Städte zu ersuchen, dass sie die schliessliche Erklärung der Städte ihres Kreises befördern und ihr Gutachten geben, wie man am füglichsten mit den Städten zu einem Vergleiche kommen möge. 4. Zur Einnahme und Uebermachung der erwähnten Gelder verordnet Churpfalz im gemeinsamen Namen den Secretär Peter Dathenus. 5. Die Kosten von Anhalts vorigjähriger Reise nach Frankreich (5000 fl.) werden von den zwei zu Hall bewilligten Monaten genommen. 6. Ueber den Musterplatz der „hieaussen" geworbenen Truppen werden sich Churpfalz und Anspach in zehn Tagen einigen. Zunächst sind den anziehenden Reitern und Knechten Gelnhausen, Friedberg, Frankfurt, Schweinfurt als Rendez-vous zu bestimmen. Dort benennen ihnen vertraute Personen zwischen dem 18—22. April den Musterplatz, der auf diese Weise nicht zu früh bekannt wird. 7. Pfalzgraf Wolfgang Wilhelm hat sich beschwert, dass gegen den Haller Interimsvergleich Markgraf Ernst ihm den Titel der Jülicher Lande in den Expeditionen nicht zugestehen will, wodurch diese und andere nöthige Sachen verzögert werden. Er hat gebeten, man möge den Markgrafen zur Befolgung des Vergleichs ermahnen. Darauf ist beiliegendes Schreiben an Churbrandenburg und Markgraf Ernst verfasst.[1] — So geschehen Heidelberg den 3. Martii anno 1610.

München. Staatsarchiv. pf. 116/4. f 331. Cpt.

[1] Churbrandenburg erwidert dem Chf. Pfalz am 28. März: die Differenz sei ohne sein Wissen erfolgt. Er werde den Mgr. Ernst anweisen, sich an den Haller Vergleich zu halten. (M. pf. 116/4 f. 696.)

März 13. **46. Christian Fürst von Anhalt an seine Gemahlin.**

Vorstehende Abreise. Gedanken über das anzutretende Unternehmen und die zu erwartenden Geschicke.

Mon ame. — J'ay baisé et rebaisé vos douces lettres et plus encores dans mon coeur l'autheur, vous remerciant du tout mon pouvoir pour les peines qu'avez prises. Je suis esté detenu ici oultre le temps qu'on avoit projetté a cause de tant de negoces qu'il nous a fallu conclurre ensemble, dont, Dieu merci, sommes assez bien sortis. Je parts demain, s'il plaist a Dieu, a gran mattin. A la bonne heure m.me l'electrice m'a tenu une conference pleine de courtoisie et du tesmoignage de leur grande affection envers nous touts. M.lle d'Orange elle me pleure sie amerement, que j'ay compassion avec elle. Je ne vous sçaurois dire avec combien de bons souhaits je parts d'ici, et Dieu me donne les forces que je suis tres bien et assez idoine pour souffrir le travail et des labeurs. Je vous laisse en un endroit pas hors de hasard. Le marquis Joachim Ernst demeurera a l'entour de ces quartiers, jusques a ce qu'on voye plus clair. En cas d'extremité le meilleur sera de songer envers nos comperes de Noremberg et s'y tenir le plus privément qu'on peult. März 13.

Croyez moy, madame, que je croys fermement que cest affaire se terminera encores en nostre bien; et encores qu'il m'en fauldra des fois monter ce long pont a mont et au bout venir a un precipice inevitable et qu'il y aura plusieurs qui ne vouldront pas estre de la partie, que neantmoyns je retiendray le mesme bon courage, et que le pont levis venant d'en hault justement au temps le plus necessaire nous sauvera et amenera avec gloire et contentement des tonts a ce beau lieu et chasteau plein de tourrions et sales, la ou nous estions tant attendus et souhaittés, vous confessant rondement a ceste heure que je me trouve presentement en moyns de pereil, qu'alors quand j'ay faict ceste odieuse et tres dangereuse commission a Prague, me faisant fort que celui qui a lié alors l'entendement et moyens a nos contraires de me nuire le fera d'aultant plus en ceste saison presente et moyns, comme je vous ay dict, pour ma personne dangereuse.[1] Ne vous mettez doncques en peine et vous asseurez que vous m'aurez bientost. Je vous dis a la fin que je prens un grand detour pour eviter les embusches qu'on me dresse, esperant de vous escrire encores de Geneve ou j'auray ce contentement, a ce que j'espere, de veoir nostre jeunesse. De la je prens le chemin de Lion vers Paris dont vous aurez derechef mes lettres. Je suis fort bien pour ma santé et fauldray point de vous tenir adverti des endroits et occurrences ou je suis. Saluant touts mes chers enfans et vous principalement, je prie Dieu etc. — De Heidelberg ce 3. de Mars l'an 1610.

P. S. — Entretenez toujours m^{me} la lantgreffin de vos lettres avec quelques de mes souvenances.[2]

Bernburg I F I 28 f. 78. Eigenh.

[1] Am 8. Febr. 1610 schrieb der Fürst an seine Gemahlin: „je veois bien une année devant moy, en laquelle il m'en fauldra faire penitence pour toutes pechés commises; mais toutesfois je me fais fort indubitablement de tout bien et une heureuse issieue.“ (Bg. I F I 28 f. 75.)

[2] Die Landgräfin von Leuchtenberg wird gemeint sein. Am 5. März schreibt der Fürst an seine Gemahlin: „vous aurez souvenance, s'il vous plaist, si vous me sçauriez procurer un couple de mulets pres m^{me} la lantgreffin, dont vous ne ferez faulte a leur dire qu'elle veuille asseurer m^{r} leur mary, que mes intentions ne sont nullement de faire le moindre tort aux catholiques, mais d'ayder a maintenir nos libertez, et je

diray bien d'avantage que je sais celuy qui conservera les catholiques plus et davantage, que ceulx de Prague lesquels semble avoir juré de ruiner tout et eulx mesmes avec." (A. a. O. f. 77.)

März 14. 47. Friedrich IV. an Churbrandenburg, Neuburg, Zweibrücken, Culmbach, die Fürsten von Anhalt (ausser Christian), Oettingen.

Bei dem gefährlichen Zustand im Reich und den starken Kriegsrüstungen hat der Churfürst, wie die Unionsverfassung es vorschreibt, etliche benachbarte Fürsten berufen, um bei der eilenden Gefahr zu berathen, wie dem feindlichen Beginnen zu begegnen und die Unirten gegen gewaltthätige Einfälle zu sichern seien. Auf sein Erfordern erschienen Anspach, Würtemberg, Baden, Fürst Christian von Anhalt. Pfalzgraf Wolfgang Wilhelm fand sich, auf der Reise nach Düsseldorf begriffen, ein; desgleichen war Boissise kurz vorher nach Heidelberg gekommen. Ueber die nun vorgegangenen Berathungen und Beschlüsse gibt beiliegender Abschied nebst Anlagen Aufschluss. Die meisten Puncte desselben sind schon zu Hall vereinbart; die beschlossenen Werbungen fussen auf der ausdrücklichen Unionsbestimmung und sollen besonders dazu dienen, die drei Regimenter der Obersten Trautmannsdorf, Altheim und Lützelburg und die 1500 Reiter des Ramée [an Churbrandenburg und Neuburg: welche nach den Jülicher Landen, also wider sie beide bestimmt sind,] aufzuhalten und womöglich zu zersprengen. Demgemäss wird der Churfürst (Herzog etc.) gegen die Ratification kein Bedenken tragen und die darin bestimmten Beiträge (7 und 2 Monate) in drei Wochen nach Nürnberg erlegen. [An Churbrandenburg: der Churfürst möge die in dem Abschied ihm aufgetragne Verhandlung mit den evangelischen Ständen „drinnen lants" baldigst vornehmen, damit, wenn sie zur Zeit sich noch nicht für die Union erklären, man doch für den Nothfall auf ihre Hülfe rechnen könne.] [1] [2] — Datum Heidelberg den 4. Martii 1610.

München. Staatsarchiv pf. 116/4 f. 342. Cpt.

1 Am 16. März schreibt Churpfalz an Strassburg, Nürnberg, Ulm, Worms, Speier, Landau, Weissenburg: Bericht über den Beschluss des Heidelberger Tags über die Werbung von 2200 M z. F. und 400 z. Pf. Eine solche Werbung wurde von den Geheimen zu Nürnberg, als Anhalt sich mit denselben bei seiner Herabreise darüber benahm, für nöthig befunden. Beschluss über die Contribution von sieben Monaten und über die subsidiäre Verwendung des Landvolks. Können die Reichsstädte kein kriegstüchtiges Landvolk stellen, so soll man über entsprechende Leistungen einen billigen Vergleich mit ihnen treffen. Da die Truppen der Gegner um den 20. März gemustert werden sollen, die Gegenanstalten also zu beschleunigen sind, wie denn die Fürsten ihre Werbungen bereits begonnen haben, so werden die Städte den ihnen zufallenden Leistungen ohne Säumen nachkommen. Ueber das, was in ihre Wahl gestellt ist, mögen sie umgehend ihre Resolution abgeben. Nürnberg und Ulm mögen die in diesem Schreiben enthaltenen Mittheilungen an die unirten Städte ihrer Kreise befördern. (M. pf. 116/4 f. 346.)

2 Erklärungen, durch welche der Heidelberger Abschied angenommen

wird, finden sich von Zweibrücken (März 23. M. pf. 116/4 f. 536), den Fürsten von Anhalt (März 27. f. 692), dem Gr. Oettingen (März 27. f. 465), dem Chf. Brandenburg (März 28. f. 696.) Erklärungen der Städte, vgl. n. 56.

48. Cardenas an König Philipp III. März 14.

Wird sich Heinrich IV. zum Krieg entschliessen? — Des Königs Liebe zur Princessin Condé und Gemüthszustand.

Haviendo apretado a una persona muy verdadera y de quien hago mucho caudal, me dixese a lo que este rey estava resuelto, me respondió con juramento, tenia por sin duda, el mismo rey no lo savia; que teme a v. M., y esto es agora mas que nunca, por estar persuadido, v. M. quiere armas, y parecelle que yo correspondo en lo que aqui se offrece. Si v. M. me mandase dezir mi parecer, me allaria confuso, porque, si tomo el negocio en razon de estado, sin dudar en nada me atreberé a afirmar que el rey no quiere guerra y la teme, y su cuydado es sus gustos y guardar su dinero. Pero dexando las cosas de estado a una parte, mirando solo a la voluntad, temo tanto la pasion de amores y beo a este rey tan ciego y tan arrojado por la princesa de Condé, que no sé que dezir a v. M., y si allo muchas razones para tener por segura la paz, mirando las cosas en razon de estado, allo muchas mas para tener por cierta la guerra en razon de amores, y remato esta parte con juzgar que el remedio para escusar la guerra a de ser, que el bea, no puede conseguir, aunque la mueba, el effecto de sus amores por mas traças que dé, porque desta manera tendráse;[1] y sino vee a v. M. prevenido, y que en lo de Flandes (no) ay algo de mas deffensa y resolucion en hazerla,[2] tengo por

[1] Ueber den Fortgang der Sache Condé's (n. 26 Anm. 1) vgl. die Berichte des Peckius bei Henrard. — Am 14. März berichtet Cardenas in einem andern Brief: von Condé hat der König soviel erfahren, dass er über Deutschland nach Mailand gereist sei: „sientelo mucho, y en todas partes ha prevenido para matalle o prendelle. Nadie hasta agora ha hablado en si va por mar ni a España, y yo holgara mas de velle en Flandes, porque alli el miedo de que no sacase consigo a la princesa detenia a este rey, y el velle cerca le dava siempre esperança; agora va muy desengañado de por bien alcançar lo que dessea. — Para lo que v. M. mandare servirse del principe de Condé, me ha parecido representar, no le tengo por muy secreto, y aunque a dos personas con quien aqui se ha aconsejado ha correspondido bien en esta parte, otras vezes no lo ha hecho con otros, y en Flandes se ha descuydado. En lo que alli se ha entendido, ay señales de no ser muy constante, antes lo contrario. He entendido, es muy catolico, y lo ha mostrado siempre y inclinacion al servicio de v. M. toda su vida.“ (P. Arch. nat Mon. hist. K. 1462 n. 48.)

[2] Am 27. März berichtet Cardenas: ein Hauptgrund, mit dem der König in den Conseils den Angriff gegen Flandern annehmbar macht,

cierto, se arrojará; y si agora no lo haze, es por andar provando si sus traças y negociaciones con el archiduque se salen bien, para que le den la dama; tambien le deve de detener ver como se pone lo de Alemaña y platicas de Italia. Pero que salgan o no salgan estas cosas, si el no bee lo de Flandes mas guardado, su intencion ba a con una gran presteza de cavalleria entrarse hasta Bruselas, si puede, y tomar las plaças que le sea posible, y dallas, si dan la dama a los parientes, y sino, seguir este designio, dandole por color, contra la voluntad de sus padres la tienen presa.

Y no haga v. M. caso, de tener al principe de Condé que eso mira a lo de estado, de que no hago caudal en lo presente; y para mejor aclararme, digo que entiendo, si le diesen a la princessa de Condé, daria al delfin y a todos los demas sus hijos. Ayudame a temer que este rey se arroja por sus amores que por ellos tiene muy gastada la salud, ha perdido el sueño y ha dado causa de perecelles a algunos, que baria. Siendo hombre que quiere estar siempre con compañia, se está dos y tres horas solo paseando melanquolissimo. Dizen, despierta algunas vezes de noche ablando: „mi princesa con la ser. infanta," y diziendo: „el rey de España," otras vezes: „el conde de Fuentes," y otras: „el embaxador de España." Llama a oras muy extraordinarias poetas y encierrase a solas con un criado del principe de Condé, que le siguió hasta la raya de Flandes y, quando llegó alli, dixo que no podia pasar con el sin licencia del rey. Y podria dezir a v. M. gran bariedad de cosas[1] que ayudan a lo que voy diciendo, pero por lo que he dicho juzgo, verá v. M. lo que de lo presente entiendo.

Paris. Archives nat. Mon. hist K. 1462 n. 49. Dechiff. Cop.

---

soll der sein, „que v. M. podrá muy dificultosamente lebantar alli exercito de consideration, y que, si lebanta, a la primera paga que falte, se amotinará todo el exercito, que la milicia está licensiosa." (A. a. O. n. 78.)

[1] Am 14. März berichtet Cardenas vom Könige noch folgenden Zug: „de presente queda la reyna muy trabaxada y con muy poca fuerça en lo que se trata, respecto que intentó el rey con una dama suya lo que con otras, y ella resistióle con valor, dizendo, le suplicava, en su aposento huviese limpieça; el rey porfió y la reyna con muchas lagrimas se hechó a sus pies, pidiendole que la matase que no consentiria tal. El rey disimuló por entonces, pero prosiguió la platica disimuladamente. La reyna tomó por medio llamar a los padres de la dama y entregarsela. El rey se ha alterado desto y ha querido que buelba a palacio; la reyna porfia en que a de sustentar lo que deve, y el rey muy enojado se ha ydo fuera y lo está." (A. a. O. n. 55.) Ueber denselben Vorfall vgl. Peckius an Prats. (März 16. Henrard.)

49. Die Dreizehner der Stadt Strassburg an Baden. März 15.

Uebersenden einen von sehr glaubwürdigem Ort ihnen zugekommenen Extract eines Schreibens. Die unirten Fürsten werden darüber nachdenken, zumal da die Truppen sich „in diesen landen" versammeln, um sich dann den weiteren Weg selbst zu eröffnen. Die Stadt hat Tags vorher Abgeordnete an Statthalter und Räthe zu Zabern gesandt mit der Bitte, das Landvolk mit Einlagerungen und Musterungen zu verschonen. Für den Fall, dass die Antwort abschlägig ist, die Stadt sogar um Commiss angegangen wird, möge der Markgraf ein Gutachten geben, wie sich die Stadt verhalten solle. — Datum in höchster eil den 5. Martii anno 1610.

Beilage. Der Oberst Kriechingen ist am 28. Februar (st?) nach Zabern mit vielen Offizieren gekommen. Er soll von Leopold Befehl haben, ihm 1000 Pferde zu werben und zuzuführen. Vorläufig sollen die Pferde in die bischöflichen Städte gelegt werden, Oberst Lützelburg, der gegenwärtig in Saarburg am Podagra liegt. soll mit der Werbung von 1200 Mann zu Fuss [1] betraut sein, die dann ganz nahe bei Strassburg gemustert und in die Jülicher Lande geführt werden sollen. Kriechingen hat den Herzog von Lothringen schon um Gestattung des Durchzugs angegangen. Er hat den Officieren mit der Zusage, die Einwohner der streitigen Lande, hoch und niedrig, ihnen preis zu geben, guten Muth gemacht. Man berichtet, dass die Stände und die Stadt Strassburg um die Commiss ersucht werden sollen. [2]

München. Staatsarchiv pf. 116/4 f. 368. Cop.

[1] Derselbe Berichterstatter, wie es scheint, schreibt bald nacher: es müsse statt „1200 M." „12 Fähnlein" heissen. (f. 339.)

[2] Am 16. März berichten die Dreizehner an Churpfalz: die Abgeordneten der Stadt Strassburg sind gegenwärtigen Abend unverrichteter Dinge von Zabern zurückgekehrt. Man sagte ihnen: die Werbung sei vom Kaiser befohlen; Leopold selbst habe ihn vergeblich gebeten, seine Lande damit zu verschonen. Kraft beiliegenden Creditivs des Erzh. Leopold für Franz von Kriechingen ist „an diese drei staende vergleichung der commiss halben instendig begert, der armen underthanen damit zu verschonen." Das Fussvolk soll über 3000 M. gebracht werden (800 M. sind schon beisammen) und in der Wanzenau gemustert werden. Die Reiter, die unter den Oberst Franz von Kriechingen gestellt sind und 1000 M. betragen sollen, will man in die bischöflichen Städte legen. Die Stadt erwartet des Churfürsten Gutachten über diese Dinge. (M. pf. 111/4 f. 397.) Am 20. März berichten die Dreizehner dem Churfürsten: die geworbenen Truppen werden, wie man hört, in die Dörfer vertheilt, ohne irgendwo ständig zu bleiben. Ein guter Theil liegt zur Zeit nahe bei dem städtischen Amt Wasselnheim, andere um den Kochersberg: sie wollen nicht eher nach der Wanzenau ziehen, als bis sie 1000 M. stark und bewaffnet sind, auch Reiter zur Seite haben, um sich alsdann in der Wanzenau zu verschanzen. Von Reitern, die bereits aufgebracht wären, weiss man nichts. Die Stadt und, soviel man vermerkt, auch die Hanauer Räthe und der Ausschuss der Ritterschaft werden die verlangten Commiss verweigern. Oberst Ramé kam am 17. nach Strassburg, um an die 1500 Cuirasse zu kaufen, hat aber nichts bekommen, wie denn die Dreizehner schon vorher verboten hatten, Kriegsbedarf ohne ihre Erlaubniss zu verkaufen. (f. 451.) — Wie sich die Besorg-

nisse vor den Rüstungen im Elsass und im Passauer Stift weiter entwickelten, zeigt folgendes Schreiben des Chf. Pfalz an Anhalt vom 25. März: nach beinahe gewissen Nachrichten sollen die zwei bei Passau der Musterung gewärtigen Regimenter des Trautmannsdorf, zu denen Dampierres Reiter stossen sollen, (da die östreichischen Sachen ausgegliches sind), sich zu dem Elsässer Volk begeben und mit ihm durch Bitsch und das Amt Zweibrücken ziehen. Desgleichen soll Madruz 6—8000 M. durchzuführen haben. Dies bestärkt den Churfürsten in dem Gedanken, dass die Gegner mit diesen Truppen, ehe dieselben an ihren Bestimmungsort geführt werden, ihn und die benachbarten evangelischen Stände angreifen werden. Da die gegenwärtig geworbenen Unionstruppen dagegen nicht stark genug sein werden, und die Hinabsendung der nach Jülich bestimmten Truppen nicht wol zu verzögern ist, so möge der Fürst bedenken, ob er nicht den K. Frankreich ersuchen solle, dass zur Verhinderung jenes Durchzugs im Falle der Noth und auf Ersuchen der Unirten die französische Besatzung in Metz und benachbarten Orten ihnen zur Hülfe zu kommen habe. (M. pf. 116/4 f. 457.) — Um einen Befehl an die Garnison von Metz, dass sie ihm im Nothfall Hülfe leiste, ersuchte auch Zweibrücken am 6. und am 29. März den K. Heinrich. (M. pf. 116/4 f. 622.) Heinrich ertheilte den gewünschten Befehl. (an Zweibrücken. April 5. M. pf. 117/2 f. 42.)

März 16. **50. Maximilian Herzog von Baiern an Anspach.**

Wegen der an verschiedenen Orten und besonders in seiner Nachbarschaft vorgehenden Kriegsrüstungen hat der Herzog zu seiner Vertheidigung ebenfalls Truppen anwerben lassen, ohne dabei gegen Jemand etwas feindliches zu beabsichtigen. Da nach den Reichsabschieden, wenn im Reich sich kriegerische Bewegungen zeigen, die benachbarten Kreise gute Correspondenz mit einander halten sollen, so hat der Herzog als Oberster des bairischen Kreises dem Markgrafen als Ausschreibenden des fränkischen Kreises (seinem Mitausschreibenden, dem Bischof von Bamberg, schreibt er das gleiche,) sein Vorhaben mittheilen wollen. Der Markgraf möge ihm dafür berichten, was die angeregten Kriegsrüstungen bezwecken.[1] — Datum . . München den 16. Martii anno 1610.

München. Staatsarchiv pf. 116/4 f. 510. Cop.

[1] Anspach erwidert am 23. März: er gedenkt, der Reichs- und Kreisverfassung gleich dem Herzog nachzukommen. Zur Vertheidigung der possidirenden Fürsten sind einige Werbungen angestellt. Da dann aber die Dinge inner- und ausserhalb des Reichs sich gefährlich anliessen, und am Rhein und der Donau starke Werbungen vorgingen, ohne dass man wusste, was diese Rüstungen bezweckten, so haben die Unirten sich einigermassen gerüstet, um sich gegen unbillige Gewalt zu schützen, des Vaterlands Freiheit und Wolfahrt, den Religions- und Landfrieden zu wahren. Der Kaiser und alle den Staatsgesetzen gehorsamen Reichsstände sind dabei ausgenommen. Der Herzog möge keinem Verdacht hierüber Raum geben. Weitere Nachrichten über kriegerische Bewegungen mögen er und der Markgraf sich gegenseitig mittheilen. (M. pf. 116/4 f. 311.) — Ueber ähnliche Anfragen des H. Baiern an Neuburg, Nürnberg und Ulm und des B. Würzburg bei Anspach vgl. Stieve, der Kampf um Donauwörth S. 406.

51. Friedrich IV. an die Amberger Regierung. März 16.

Hat dem Markgrafen von Anspach den Schutz der Oberpfalz bei des Fürsten Christian Abwesenheit bestens empfohlen. Man fand für gut, dass der Markgraf baldigst die „benachbarten wolgemeinten stent und staet" versammle, um zu berathen, wie man Gewaltthaten insgesammt entgegentreten solle. Wird der Regierung diese Tagsatzung angesagt, so hat Graf Reinhard von Solms, Theoph. Richius und Oberstlieutenant von Modersbach ihr beizuwohnen. Begehrt Anspach zu Abwendung drohender Gefahr eine Anzahl oberpfälzischen Landvolkes oder vom Ausschusse, so wird dieselbe an denjenigen Ort, der dem Verwendungsorte am nächsten liegt, gesandt. Doch hat die Regierung darauf zu achten, dass dem Churfürsten nicht unverhältnissmässige Leistungen gegenüber den andern Ständen auferlegt, und dass seine Unterthanen nicht mehr als andere „beschwert" werden.[1] — Datum Heidelberg den 6. Martii anno 1610.

München. Staatsarchiv pf. 116/4 f. 352. Cpt.

[1] Aehnliche Vereinbarung mit Neuburg. Am 18. März schreibt H. Philipp Ludwig an die Amberger Regierung: nach den eingekommenen Nachrichten sollen die geworbenen Knechte des Obersten Trautmannsdorf „nach Regenspurg mit dem lauf gewiesen und von dannen aus nach Passau auf den musterplatz beschieden werden." Im Hinblick auf mögliche Gefahren hat der Herzog seine Amtleute angewiesen, mit den churpfälzischen Beamten gute Correspondenz zu halten, denselben im Nothfall mit ihren Amtsangehörigen zum Beistand zu eilen und gleiche Hülfe von ihnen zu begehren. Er hat ferner den Marschall Ernst von Gottmannshausen (Rittmeister und Landrichter zu Lengenfeld) beauftragt, mit Zuziehung der Neuburger Beamten und mit Beistand der churpfälzischen Amtleute die nöthigen Anordnungen zu treffen, um allen Streifereien des Volkes von Trautmannsdorf und andern Obersten des Erzh. Leopold nach Neuburger und churpfälzischem Gebiet zu wehren. Die Amberger Regierung möge nun an ihre Amtleute die gleichen Anweisungen ergehen lassen. (M. pf. 379/7 f. 43.)

52. Friedrich IV. an Anspach[1] und Würtemberg. März 18.

Uebersendet der Stadt Strassburg Schreiben über die Werbungen von Kriechingen und Lützelburg (n. 49.) Diese Werbungen sind, wie man vorgesehen hat, zu hindern, und hätte das dazu bestimmte Volk die Wanzenau einzunehmen und sich dort zu verschanzen. Der Markgraf (Herzog) möge darüber schleunigst sein Gutachten einsenden und erklären, ob er neben dem bestimmten Fussvolk noch mindestens 100 Reiter senden könne.[2] — Datum den 8. Martii 1610.

München. Staatsarchiv pf. 116/4 f. 402. Cpt.

[1] Verschrieben statt Baden?

[2] Würtemberg erwidert am 19. März: er habe Anordnung getroffen, dass die bewussten zwei Fähnlein Knechte sich in vierzehn Tagen um Oberkirch finden und dort des Gr. Otto von Solms Befehle erwarten werden. Die gewünschten 100 Pferde habe er nicht zur Disposition. (M. pf. 116/4 f. 413.)

10*

März 18. **53. Churpfalz und Würtemberg, Instruction für Herzog Ludwig Friedrich von Würtemberg, Hippolyt von Colli und Benjamin Buwinkhausen an England und die Staaten.**

1. Dem König von England sind zunächst Ursachen und Zweck der Union aus einander zu setzen. Nähere Ausführungen hierüber.[1] Durch den Nachweiss, dass die Union nicht gegen den Kaiser noch in der Absicht, ihm allen Gehorsam zu entziehen, geschlossen sei, wird man dem König „alle widerige gedancken" zu benehmen suchen. Es folgt der Antrag, der König möge die Unirten und die, welche der Union künftig beitreten, „nicht allein wol favorisieren, sondern auch allen vorschub und beistant erzaigen, wie sich dan die Unirte zu allem deme, so der cron Engellant zum besten kommen mag, erbietten theten." Der König wird darauf die nähern Bestimmungen einer solchen Correspondenz wissen wollen. Es sind die Bestimmungen für das Defensivbündniss mit Frankreich zu Grunde zu legen. Da aber dies Bündniss wegen der von Boissise vorgebrachten beschwerlichen Bedingung noch nicht zum Abschluss gekommen ist, so hat die Gesandtschaft mit der Erklärung zurückzuhalten, bis — was durch schleunige Absendung Karl Pauls geschehen soll — der Fürst von Anhalt über die weitere Erklärung des Königs Heinrich in dem bewussten Differenzpuncte ihr berichtet hat. Lässt nun Heinrich die Bedingung fallen, so wäre der König von England über das Bündniss (auch über die dabei eingefallene Differenz) zu unterrichten, und ihm eine gleichmässige Einigung vorzuschlagen. Da aber hierbei die Schwierigkeit obwaltet, dass die Unirten nicht beiden Königen im Falle gleichzeitigen Angriffs die Hülfe zugleich leisten können, da „man auch nicht waiss, ob und wie weit die überige Unirte mit diesem vorschlag zufriden," so wird das vom König von England erfolgende Anerbieten ad referendum zu nehmen, und der Abschluss der Verhandlung einer weitern Zusammenkunft, oder der Gelegenheit der Abordnung englischer Gesandten nach Düsseldorf vorzubehalten sein. Wenn hingegen die Verbindung mit Frankreich an dem Festhalten der erwähnten Bedingung scheitert, so ist dem König von England der ganze Verlauf zu berichten, und dahin zu arbeiten, „damit man sich mit Engellant desto naeher verbinde und in eine erkleckliche hülf einlasse." Ein von Karl Paul zugleich mit seinem Bericht zu überbringendes Bedenken des Fürsten von Anhalt wird übrigens für die Gesandtschaft massgebend sein, „ob und wiefern sich uf ein oder den andern fal einzulassen. — Demnach auch jüngsthin zue Schwaebischen Hal eine geheime tractation under den unirten chur- und fürsten vorgewesen, deswegen Anhalts f. g. anjetzten zue dem könig in Franckreich verraiset, so würt es ebenmaessig auf s. f. g. bericht neben irem bedencken beruhen, was deswegen bei Franckreich ausgerichtet, oder noch für hofnung zu haben, darnach man auch bei Engellant sich würt accommodieren müessen. Und würt zue des hertzogen zue Würtemberg f. g. discretion und Anhalts f. g. bedencken gestelt, wie weit in disen wichtigen puncten sicherlich gegangen werden könne."[2] — Bei den Staaten ist der

Antrag des Bündnisses, jedoch ohne die weitläufige Ausführung März 18.
des denselben wol bekannten Themas von der Reichsverfassung und den Beschwerden, „fast ebenmaessig" vorzubringen, und zwar zur Gewinnung der Zeit am besten bei der Hinreise nach England. Da die Staaten über solche Sachen erst an die Provinzen zu berichten pflegen, so könnte ihre Resolution auf der Rückreise entgegengenommen werden.

2. An zweiter Stelle ist der König von England unter Beziehung auf die Mittheilungen der possidirenden Fürsten und der Grafen von Solms an die Rechtmässigkeit des Besitzes der possidirenden Fürsten und an das Unrecht der kaiserlichen Räthe, die sie desselben mit Gewalt berauben wollen, zu erinnern. In wie weit die Unirten dem Kaiser in der Jülicher Sache die Cognition zugestehen. Unbefugter Weise will man dieselbe durch die ergangenen Mandate und beabsichtigte Sequestration den kaiserlichen Hofräthen zuschieben. Die kaiserlichen Räthe, Erzherzog Leopold und die päbstlichen Practikanten wollen die Jülicher Lande einem Papisten in die Hand spielen. Solche Attentate haben die unirten Fürsten bewogen, den Possidirenden ihre Keinem zum Nachtheil gereichende Hülfe zu bewilligen. Stärke der Hülfstruppen der Unirten („auf sechs monat lang") und der Truppen der Interessenten. Wenn man inzwischen mit Frankreich über das Fallenlassen der oben erwähnten Bedingung überein gekommen ist, so wird auch die von Heinrich IV. bewilligte Hülfe angegeben. Bei dem Nachtheil, der allen Evangelischen erwächst, wenn der Papst und sein Anhang in den Jülicher Landen Meister werden, wird England gebeten, die gleiche Hülfe, wie der König Heinrich, zu leisten und die Truppen dem Fürsten von Anhalt als General zu unterstellen. Der König Jacob möge ferner den König von Dänemark, und dann, mit diesem vereint, „andere mitnaechtige fürsten zue einem ebenmaessigen, sowol in diesem als auch soviel die Union anbelangt, disponieren." — Verhandlungen der Unirten mit dem Hause Sachsen in der Jülicher Sache. England möge mit Dänemark den Churfürsten von Sachsen zum Abstehen von den kaiserlichen Hofprocessen, zur Vereinigung mit den andern Interessenten und der alsdann ihm bereit stehenden Unterstützung der Unirten, desgleichen zum Eintritt in die Union weisen. Absicht der Unirten, dem Herzog von Braunschweig ihre Vermittlung in seinem Streit mit der Stadt Braunschweig anzubieten, um dann beide zur Union zu ziehen. England möge sich für dasselbe verwenden. — Bei den Staaten ist in der Jülicher Sache „ebenmaessiges zu werben," zugleich aber um möglichste Beschleunigung ihrer Hülfeleistung zu bitten. — Die Gesandten erhalten Creditive an die Königin von England, an den Prinzen von Wales und an den Lord Cecil. Sie haben dieselben zu begrüssen und die erstere und den letzteren um Beförderung ihrer Anträge zu ersuchen. — Signatum den 8. Martii anno 1610.

Stuttgart. Unionsacta VI f. 24. Cop.

[1] Diese Ausführungen finden sich wieder in dem am 28. April vor dem König Jacob gehaltenen Vortrag der Unionsgesandten. Siehe unten

[2] In einem Schreiben an Anhalt vom 22. März meint Churpfalz: man könnte es in dieser Sache vielleicht in England und Frankreich so weit bringen, dass von beiden Orten die nach Düsseldorf zu schickenden Gesandten instruirt, und dort die Sache zum Abschluss gebracht würde. (M. pf. 116/4 f. 437.)

März 18. **54. Cardenas an König Philipp III.**

Auf des Cardenas Aufforderung hat der Nuntius mit dem König eine Besprechung [1] gehalten. „Dizeme (el nuncio), le halló muy alterado de las cosas de Alemaña y dandole muchas quexas del papa, que acudia y se mostrava muy declarado por v. M. y la casa de Austria. Que respondiendole el nuncio que era esta causa de la religion catholica y el papa no podia ni devia hazer menos que el, replicó: que no era guerra de religion sino guerra destado y que esse era el fin que se llevava, y no otro. El nuncio me encarece que le respondió a esto muchas cosas y con resolucion, que se metió el rey muy a dalle quexas de que v. M. no salia a dalle al principe de Condé, estyrando este sentimiento y encareciendo que havia encargado a su embaxador, ablase en ello tan cortesmente, que esto vastara para obligar, que nada avia aprovechado." — Weitere Klagen über Spanien. — „El nuncio afirma que havia respondido a todo y dichole ultimamente que el no savia como podia este rey escusarse de la assistencia que havia dado a Olandeses. Que replicó a esto: que por esso havia hecho hazer la tregua por dar gusto a v. M. y al archiduque, y remató ultimamente con que el no podia dejar de asistyr y ayudar a sus amigos, y assi se armaba para acudir a los protestantes y hechar de Juliers al archiduque Leopoldo. Que le replicó el nuncio: que no podria acudir a esto sin tocar en Flandes, y que esto tendria inconveniente, pues, yendo armado, se recatarian de dalle el passo. Que respondió: que no lo pediria, que el sele haria, que era poco la tyerra que havia de atravesar de Flandes. Que representandole el nuncio: no convenia esto, que era perturbar la paz, le replicó que el estava resuelto; y diciendole: que advirtyese que dirian que era por tomar a la princesa de Condé, respondió: que el estava obligado a mirar por la princessa, que era su subdita, y que estava presa y oprimida, porque ella no queria estar alli, y que esta era causa del condestable, que le pensava assistir y ayudar, pues estava obligado a ello. Que le vió con mucha resolucion en este particular y tanta, que, aunque le replicó con la razon y razones que ay para ello, no sirvió sino de alteralle, y que se mostrase muy furioso descubriendo su passion, rematando con decir, que no havia de faltar a cosa tan precissa y que, aunque pensava primero hazer la coronacion de su muger, pensava luego yr en persona a estotro. — Este nuncio muestra desear servir a v. M. y lo hechó de ver en muchas cosas, y el me dice las que sabe, y ayer se acavó esta platica, diciendome, supplicase a v. M. se armase, porque, si lo hacia, le parecia, se escusaria la guerra, y que de otra manera a de dar este rey alguna ocassion que obliga a v. M. a no podella escusar."

Paris, Archives nat. Mss. hist. K 1463 n. 62. Dechiffr. Cop.

[1] Vgl. den vielfach abweichenden Bericht des Pequius über dieselbe Audienz. (März 19. Henrard S. 286.) Auf diese Besprechung wird sich auch Heinrichs IV. Schreiben an Breves beziehen. (März 17. Lettres miss. VII S. 858.)

55. Cardenas an König Philipp III. März 18.

„Haviendo este rey procurado persuadir generalmente, que v. M. se quiere servir del principe de Condé contra el delfin, e (habiendo yo) dicho que entyendo que, no dando causas que obliguen a v. M. a ello, no oyrá esta platica ni acudirá en ella al principe de Condé, afirmanme personas que lo saben y lo an visto, que el rey se espanta y se huelga de oir esto." Cardenas hat diese Erklärung abgegeben aus Rücksicht auf das Verhalten der Königin und damit nicht die Furcht, König Philipp hege den angedeuteten Plan, Heinrich IV. zum Krieg treibe. — Bemerkung auf der Rückseite (Gutachten des Staatsraths): „que no avia de responder en aquella forma, porque no se entienda que ay este designio, pues parece que le confessó con lo que dixo, y en platicas semejantes conviene yr con mucho tiento, porque, aunque es cosa que con la ocassion se verá lo que conviniere, no avia de responder de aquella manera ni començar allá platicas que las aya de mudar despues. Y el consejo no entiende lo que quiere dezir en que aquel rey se espanta y se huelga de oir esto por la diferencia de sus palabras y el sentido dellas."

Paris. Archives nat. Mon. hist. K 1462 n. 61. Dechiffr. Cop.

56. Die Dreizehner der Stadt Strassburg an Churpfalz. März 20

Haben des Churfürsten Schreiben vom 16. (n. 47 Anm. 1) empfangen. Wenige Tage vorher war ein Schreiben der Geheimen von Ulm eingekommen, dass Anhalt den Ehrbaren von Nürnberg vorgeschlagen habe, die drei ausschreibenden Städte sollten jede drei Fähnlein zu je 300 Mann auf Unionskosten aufstellen, welchem Vorschlag Nürnberg und Ulm sich günstig zeigten. Daraufhin und wegen der gefährlichen Lage der Dinge im Elsass begannen die Dreizehner zu werben und hoffen die 900 Mann in wenig Tagen beisammen zu haben. Nun spricht des Churfürsten Schreiben nur von einem Fähnlein. Da aber viel Volk von der Maas her zu dem Elsässer Volk hinzuströmt, so schien es nöthig, Strassburg als eine Gränzstadt desto besser zu verwahren. Die Fürsten werden hoffentlich damit einverstanden sein. Dem weitern Ansinnen des Churfürsten, dass im Nothfall, um den Bedrängten zu helfen, auf sein oder des Generals Verlangen, das eine Fähnlein der Stadt verabfolgt werde, pflichtet man bei, ausgenommen den Fall, da die Stadt desselben gegen eine dringende Gefahr selber bedarf. Die Dreizehner haben ausser diesen Kriegsanstalten auch die „burger albereit in die quartier verordnet" und das Geschütz mit Munition und allem Zubehör auf den Wällen postirt. [1] [2] —

München. Staatsarchiv pf. 116/4 f. 451. Orig.

[1] Der Churfürst erwidert am 26. März: es wird sich wol bezüglich der Ueberschreitung in den Werbungen mit den unirten Ständen ein

billiger Vergleich treffen lassen. Wenn man aber im Unionsinteresse zur Verhinderung von Durchzügen, Musterplätzen und gegen andere Gefahr, des ganzen im Namen der Union von der Stadt geworbenen Volkes bedarf, so wird sie dasselbe hoffentlich stellen, soweit es ohne augenscheinliche Gefahr der Stadt geschehen kann. (M. pf. 116/4 f. 444.)

[2] Die Aeltern und Geheimen von Nürnberg erklären dem Chf. Pfalz am 22. März: sie werden dem Ansinnen bezüglich Aufstellung eines Fähnleins unverzüglich nachkommen. Wegen Erlegung der sieben Monate haben sie an die vier Städte des fränkischen Kreises geschrieben. (M. pf 116/4 f. 538.) Gleichartiges Schreiben von Ulm am 24. März (f. 555.)

März 21. **57. Pfalzgraf Wolfgang Wilhelm an Fürst Christian von Anhalt.**

Da „das gantz lant von Gülch fast aufgefressen," der Rhein ziemlich entfernt, die Unterthanen, die Pferde halten könnten, verlaufen sind, so weiss der Pfalzgraf nicht, wie man für Proviant sorgen soll; er fürchtet, es möchte ohne Gottes Eingreifen „ein solcher jammer als im Liflant gewesen, daraus werden." Eine vornehme Person soll den Grafen Johann wegen seiner Uebergebung getröstet haben: es werde aus dem Unternehmen doch „ein Resisch wesen" werden. Der Pfalzgraf übersendet dem Fürsten ein Schreiben an Frankreich zu seiner „kunftigen exoneration." Die Brandenburger haben im clevischen Lande zwei Fähnlein über zehn Wochen ungemustert liegen. „Lassen fast nichts expedirt, und stehet das ubrige in solcher confusion, das ich nit weiss, wo ichs anfangen solle." [1]

Bernburg. VI J 17 f. 2. Eigenh. P. s.

[1] Am 26. März schreibt Wolfg. Wilhelm an Anhalt: er habe bei seiner neulichen Zurückkunft eine ziemliche Geldsumme mitgebracht. Aber man sei dem Kriegsvolk den Sold von etwa drei Monaten schuldig; dazu und zu andern dringenden Ausgaben reiche das Geld nicht aus. Der Fürst möge also bei Frankreich und den Staaten ein Anlehen für Neuburg betreiben. Brandenburg stecke in wol noch grösserem Mangel. Für Geschütz, Pulver und Lunten sei noch gar nicht gesorgt. Um so dringender verlange der Pfalzgraf nach des Fürsten Ankunft. Bg. VI J 17 f. 1.)

März 21. **58. Boissise an Heinrich IV.**

Der König wünscht genauere Nachrichten über die Absichten der Fürsten „sur les deux poincts que je leur ay proposés: l'un pour l'election du roy des Romains, l'autre touchant les villes qui sont sur la riviere de Meuse." Allein die Fürsten, welche sagten, des Königs Interesse in der Jülicher Sache sei ebenso gross, wie das ihrige, gaben zweifelhafte Antworten, „et ne doibt v. M. pour ce regard faire grand fondement ni de conseil ni d'assistance sur eux." Boissise hat dem Fürsten von Anhalt erklärt, er solle dem König eine bestimmte Resolution darüber bringen. Kommt man einmal zur Ausführung, so wäre, ob die Fürsten wollen oder nicht, ein Theil ihrer Streitkräfte dazu zu verwenden. Werbung des Gesandten bei Churmainz, um ihn über des Königs Absichten aufzuklären. Der Erzbischof erwiderte dem Boissise am folgenden Tag: er lobe des Königs Absichten. Er werde nach wie vor für Erhaltung des Friedens arbeiten. Um den Frieden und die katholische Religion in der ganzen Christenheit zu sichern, scheine ihm das beste Mittel ein ewiges Bündniss zwischen dem König und dem Hause Oestreich. Mit des Königs Genehmigung wolle er sich dafür verwenden und getraue sich, alle Fürsten des Hauses Oestreich dem Plane günstig zu stimmen. Er fügte Klagen über die Bedrückungen der Katholischen durch die Protestanten hinzu. Der Gesandte entgegnete: der König ziehe das Interesse der Religion jedem andern vor. Die alte Allianz zwischen Frankreich und Oestreich sei alterirt durch des letztern Vergrösserung. Zwischen dem König und dem Kaiser und seinen Brüdern haben aber stets freundschaftliche Beziehungen bestanden, die der König zu erhalten wünsche. Des Erzbischofs Vorschläge werde er (Boissise) berichten. Nachher übergab der Erzbischof seine förmliche schriftliche Antwort und sprach wieder davon, dass man beide Theile zum Niederlegen der Waffen bewegen möge. Boissise antwortete wieder, ohne zuzustimmen noch zu verwerfen, mit leichter Hervorhebung der Schwierigkeiten. Der Erzbischof sagte sodann, Baiern und die katholischen Churfürsten werden eine Gesandtschaft an den König schicken; ob dieselbe gut werde aufgenommen werden? Der Gesandte versicherte dies. Die Gesandtschaft kann erst nach den Verhandlungen des Prager Convents, also nicht vor Juni oder Juli, abgehen. Des Vorschlags, die Waffen niederzulegen, „ils se serviront selon le succés des affaires, croians qu'il sera tousjours accepté de ces princes qui ont besoin de secours prompts.“ Die Truppen der letztern sollen zur Aufhebung der Belagerung von Bredeband gezwungen sein. „Peu de chose les estonnera, s'ils ne sont soustenus.“ — De Francfort ce 21. mars 1610.

Paris. Bibl. nat. Dupuy 765 f. 45. Cop.

59. Die drei evangelischen Stände von Oestreich ob der Enns an Churpfalz. März 22.

Haben die Werbung, welche der Markgraf von Jägerndorf den in Linz anwesenden Ständen im Namen der Union vorgetragen, „an heut dato in offentlicher starker versamlung . . erwogen.“ Da des Markgrafen Anträge dem entsprechen, was für die Ehre Gottes, das Wol des Landesherrn und seiner Lande nötig, und den Pflichten der Stände gegen ihren Landesherrn nicht zuwider ist, — „wie wir uns dan . . bei gelaister erbhuldigung solche correspondenz austrucklich vorbehalten“ —, so nehmen die Stände das Anerbieten der Union an und erbieten sich ihrerseits, dass sie alles der Ehre Gottes, seinem reinen Evangelium und dem Frieden des Reichs und der östreichischen Lande Dienliche „mit . . getreuer correspondenz angedeutter massen“ befördern werden und alles, was gegen diese von den Unirten verfolgten Zwecke vorgenommen werden möchte, nach Kräften abwenden wollen. Hoffentlich werden die katholischen Stände in Oestreich, da der Friede hergestellt ist, nichts widerwärtiges vornehmen, wie denn auch der König auf Bitten der Stände die Werbung und den Durchzug von Knechten zu dem Passauer Volk verboten hat, und in solchen und ähnlichen Dingen die Stände ihre treue Correspondenz mit den Unirten zeigen werden.[1] — Linz den 22. Martii anno 1610. (21 Siegel.)

München. Staatsarchiv pf. 117/1 f. 247.

[1] Gleichen Inhalts ist die Erklärung der unteröstreichischen evangelischen Stände (26. März. 30 Sigel.) Beide Erklärungen wurden dem Mgr. Jägerndorf übersandt, der sie am 6. April dem Churfürsten zuschickte mit der Bemerkung: er habe seine Werbung den evangelischen Ständen von Schlesien inzwischen auch vorgetragen und werde sie denen von Böhmen und Mähren so bald als möglich vorbringen. (f. 253, 244.)

März 23. **60. Joachim Ernst Markgraf von Anspach an Churpfalz.**

Auf des Churfürsten Schreiben vom 20. bezüglich der baldigst zu haltenden Versammlung der „hieoben" gesessenen Unirten hat der Markgraf am gegenwärtigen Tage an Neuburg geschrieben, er möge gestatten, dass die Tagsatzung unvermerkt in seiner Hauptstadt gehalten werde, und Ulm zur Beschickung derselben durch schliesslich bevollmächtigte Gesandte auf den 1. April auffordern. Den Markgrafen von Culmbach hat der Markgraf ebenfalls beschrieben, und um Nürnberg vorher besonders zu disponiren, hat er die Aeltern und Geheimen ersucht, einen Abgeordneten an ihn zu schicken. Die vom Churfürsten als Director dem Markgrafen aufgetragene Proposition geht allgemein auf die Gegenverfassung gegen die vorgehenden Kriegsrüstungen. Der Markgraf gibt nun dem Churfürsten zu bedenken, ob nicht auch folgendes zu berathen sei: 1. ob das gegenwärtig geworbene Volk zum Widerstand gegen die bei Passau und Regensburg bereits angesammelten Truppen ausreiche, zumal nach dem Hinabzug der für Jülich geworbenen Truppen. [Nach des Markgrafen Ansicht wäre das Volk zu vermehren; denn die Hauptsache ist, dass man die Donautruppen zersprenge, bevor sie bewehrt und gemustert sind, da man sonst nachher genug zu thun haben wird, um sich nur gegen sie zu vertheidigen. Man braucht hierzu besonders noch 5—600 Reiter, um deren Zusendung man die Staaten ersuchen könnte. Sie können wol in vierzehn Tagen an Ort und Stelle sein und wären von der Union für einige Monate in Sold zu nehmen. Hält aber der Churfürst für die weitern Werbungen einen gemeinen Unionsbeschluss für nöthig, so hätte das gegenwärtig geworbene Volk, sobald es beisammen ist, eine Defensivstellung gegen die Donau einzunehmen, und es wäre zu weitern Beschlüssen vom Churfürsten alsbald ein Unionstag zu berufen.] 2. Wie man im Fall der Noth die Hülfe des Landvolks füglich zu brauchen habe. 3. Woher das grobe Geschütz, wenn man desselben bedürfe, zu nehmen sei. [Nach des Marckgrafen Ansicht wäre Nürnberg zu ersuchen, etwa ein Paar halbe Carthaunes und vier Feldstücke nebst Zubehör bereit zu halten, mit dem Erbieten, die dabei auflaufenden Kosten zu compensiren.] 4. Ob die

Kosten des Defensionswesens nicht [wie der Markgraf für billig hält] aus dem Unionsvorrath zu nehmen seien. 5. Ob ein zu Neuburg einhellig gefasster Beschluss alsbald auszuführen, oder erst dem Churfürsten zur Mittheilung an die übrigen Unirten zuzufertigen sei. — Datum Onolzbach den 13. Martii anno 1610.

München. Staatsarchiv pf. 116/4 f. 502. Orig.

61. Ein Ungenannter an die chursächsischen geheimen Räthe. (z. Th.) März 26.

In der „alten Pfalz" wird die Generalmusterung nunmehr zu Ende sein. Berichterstatter sah dort Bürger und Bauern wol gerüstet „mit guten musketen, kurtzen weren und seittenweren." Sie sollen im Schiessen sehr geübt sein, und hat jede Stadt und Dorfschaft „ihre sonderliche livrée." Denen „so die heerwagen zu furen schuldigk," ist bei Leibesstrafe geboten, kein zu diesem Dienst bestimmtes Pferd zu verkaufen und sich Tag und Nacht zur Dienstleistung bereit zu halten. Die Pfälzer „geben mit eides beteuerung fur, das der churf. Pfaltz mit seinem eigenen volck, nur der ausschuss gerechnet, welcher zur were abgerichtet ist, mit 30,000 man in geschwinder eil aufkommen kan; were ein gross volck, und wunschet also je menniglichen, das der kriegk nur balt angehen möchte."[1] Seit drei Wochen lässt auch Neuburg hin und wider werben. — Geben Regenspurgk den 16. stilo veteri Martii anno 1610. (Unterz. C. H.)

Dresden. 9804. XIV. Buch Jülichischer Acten 1610. f. 36.

[1] Um Geld zu seinen Rüstungen zu schaffen, lässt Friedrich IV. am 29. März folgendes Schreiben an sämmtliche Amtleute ergehen: da der „unfridliche pabstische teil" gefährliche Unruhen in Deutschland zu erwecken unternimmt, so muss der Churfürst und andere evangelische Fürsten sich zur Vertheidigung bereit halten. Damit nun der Churfürst einen ansehnlichen Geldvorrath aufbringe, soll der Amtmann unter Zuziehung geeigneter Leute den Dienern und Unterthanen des Amts die Gefahr der Zeitläufe vorstellen und sie ersuchen: wenn sie, besonders als Vormünder für ihre Mündel, Geld auszuleihen hätten, so möchten sie es dem churfürstlichen Commissariat gegen gebührliche Assecuration und Zinsen darleihen; dies Darlehen werde von aller Schatzung befreit sein. Wenn dann die Zeiten bald wider ruhiger werden, und einer oder der andere sein Geld wider zurückfordere, so solle es ihm vom Commissariat erlegt werden. — Die Amtleute werden stets berichten, was sie erlangt und wer von den Dienern und Unterthanen sich willfährig erklärt hat. Sie werden denselben das Geldausleihen „an andere und frembde ort" untersagen. (M. pf. 116/4 f. 558.)

62. Cardenas an Philipp III. März 27

Los avisos que tengo por de consideracion y los demas concordan que de quatro dias a esta parte el rey se ha resuelto de mober armas por Flandes, sin declarar que lo quiere hazer contra aquellos estados, sino que va en ayuda del marques de Brandemburg. Nadie duda, el effecto es haver a las manos a la princessa de Condé. De mi opinion, si el ve resistencia y prevenir a v. M. y con brevedad, no se arrojará, aunque está determinado.[1] Hasta estar determinado, no me ha parecido hablalle, ahora lo pienso hazer, y he ya pedido audiencia. Diréle, me haze novedad el ruydo que anda, que, como no le veo con enemigos, me maravillo de la diversidad de cosas que corren por las calles, y no las creo, y por lo que le desseo servir, me ha parecido representalle esto, que le tengo por tan juste, que procederá siempre de manera que todos sus vecinos esten muy contentissimos. Conforme a lo que me respondiere, me governaré, procurando, si no me aprieta, no obligar a v. M.

Paris. Archives nat Mon. hist. K 1462 n. 65. Dechiffr. Cop.

[1] Cardenas übersendet an demselben Tage ein Bedenken: „hasta agora yo he deseado, no huviese ruydo, porque no ayudase al animo de romper.“ Gegenwärtig wünscht er aber von spanischer Seite starke Demonstrationen, welche genügen, um König Heinrich abzuschrecken, zugleich aber den K. Spanien nicht zum Kriege verbinden. Nach dem Beispiel der früheren Zeiten, den Krieg gegen Frankreich von Flandern und Burgund aus zu unternehmen, ist nicht rathsam, besonders weil Ausgaben zu vermeiden sind, und die Verhinderung eines wirklichen Krieges zu hoffen ist. Gegenüber dem dreifachen Zweck des K. Frankreich — Unterstützung der deutschen Protestanten zum Nachtheil der Katholiken, Befriedigung seiner Leidenschaft für die in Flandern befindliche Princessin Condé und Erregung von Krieg und Beförderung der Ketzerei in Italien — räth Cardenas vor allem demonstrative und zugleich wenig kostspielige Defensivanstalten in Spanien (Aufruf an die „perlados y ordines militares,“ mit ihrer Cavallerie sich bereit zu halten, an die Städte, die Zahl der Fusstruppen, die sie stellen können, zu bezeichnen; Ernennung von Capitänen; Anweisung einer „plaça de armas;“ Verlegung einiger Streitkräfte an die Gränze): das wird Heinrichs Bestrebungen ablenken und ihn nöthigen, sich nach der spanischen Seite hin gefasst zu halten. (P. Arch. nat. Mon. hist. K. 1462 n. 67.) — Gutachten auf der Rückseite: „agradecerle el buen zelo con que avisa de todo, pero que no ay de que echar mano.“ — Zu einem weitern Schreiben des Cardenas von gleichem Datum, in dem er Angaben über die Streitkräfte macht, die man in Frankreich aufbringen will, bemerkt der Staatsrath: man habe die Gränzen etwas stärker zu besetzen: „que los soldados de las compañias de cavallos de las guardas vayan luego todos a asistir por sus estandartes, y estas que estan por la raya de Aragon se acerquen a Navarra, para que con esto acudan a todo, y se nombren 50 capitanes luego, para que, si conveniere, levanten gente.“ (A. a. O. n. 76.)

März 27. **68.** Cardenas an Philipp III.

Ay quatro dias que se sacaron 100,000 escudos de la bastilla para cosas extraordinarias de la guerra, y para fin d'esto estan librados 200,000 escudos. En el natural del rey es de tanta consideracion esto, que, aunque se gasta con escaseza, ... es de las principales cosas de que hago caso en todo lo que a v. M. aviso. Ay tanteo hecho de donde sea de poder sacar 1,400,000 ducados al año para la guerra; la principal partida desta es que suspende 600,000 scudos que este rey paga de pensiones dentro y fuera de su reyno; quitan tambien 200,000 escudos que gasta en fabricas, de 100,000 escudos de sus gustos [1] etc. —

Paris. Archives nat. Mon. hist. K 1462 n. 66. Dechiffr. Cop.

[1] Ueber den Fortgang der französischen Rüstungen und Kriegspläne (n. 27 Anm. 1) vgl. die Berichte des Peckius vom 10., 15., 27., 30., 31. März. (Henrard S. 271 fg.) La Force an seine Gemahlin. März 2. (La Force II S. 257.) Becher an Trumbull. März 23. (Winnwood III S. 130.) — Heinrich drängt auf Beschleunigung der englischen und staatischen Hülfe. (An Boderie März 20. Boderie V S. 128. An Rossy. März 23. Lettres missives VII S. 942.)

64. Cardenas an Philipp III. März 27.

La marquesa de Bernull ha algunos dias que me haze instancia, suplique a v. M., la admita en su amparo y le de licencia, para que se pase a Flandes o baya a Italia donde v. M. mandare; si se sirbiere de hazella alguna merced, la terná por grandissima, pero sobre todo ser amparada. Offrece hazer grandes servicios de mano que tiene en el reyno, principalmente en esta frontera de Flandes; señala, hará entregar a Amiens y otras plaças. Esta señora tiene tambien valor, que se puede esperar de lo mucho que offrece algo. Este negocio en mi opinion es de mucha consideracion, respecto a ser derechamente contra la reyna, y que lo sentirá notablemente. Tendria por bien dalla algunas buenas palabras sin obligar, pues sele puede dezir, no le está bien salir sin su hijo, y que es bien esperar algo mas, y que ella procure tener mano para podello hazer. Y el tiempo yrá mostrando lo que adelante combenga, y de presente me parece lo mejor esto. — Gutachten des Staatsraths: „que es buena persona la marquesa y bien emparentada, y tiene buena voluntad a Españoles, que la sazon no es buena para mas de lo que dize don Iñigo, y assi en aquella conformidad se govierne dandola buenas palabras.“ [1]

Paris. Arch. nat. Mon hist. K 1462 n. 70.

[1] An demselben Tag berichtet Cardenas: „el conde de Uberna que está preso en la bastilla dize, tiene como escaparse, y que querria hazello y tener seguridad de ser amparado de v. M. en los estados de Flandes. Hame pedido, dé cuenta a v. M.“ — Der Staatsrath begutachtet hierauf: „que es hombre liviano y de poco sesso; que, si le conviene escaparse, no sele puede impedir ni tampoco dexar de amparar, si fuere a estado de s. M., pero no convidalle ni offrecelle nada, porque tiene esto inconvenientes por ser el subjeto que queda dicho y la sazon no a proposito.“ (A. a. O. n. 71.)

65. Friedrich IV. an Anspach. März 28.

Auf die in des Markgrafen Schreiben vom 23. März (n. 60.) vorgeschlagenen fünf Puncte erwidert der Churfürst: zu 1. und 2. die Gegner werben den Nachrichten zufolge drei Regimenter, von denen die Soldaten des Madruz nach Italien geführt werden sollen. Die bestimmten 2000 Mann, ferner das für Jülich bestimmte, aber nicht so eilig abzuführende Regiment des Markgrafen nebst der Reiterei, die von Nürnberg und Ulm geworbenen sechs statt zwei Fähnlein, endlich der nach Bedürfniss hinzuzunehmende Ausschuss dürften stark genug sein, jene Leopoldischen Truppen nicht nur aufzuhalten, sondern auch anzugreifen. Da die Böhmen, Mährer, Oestreicher gleichfalls stark rüsten sollen, so könnte der Markgraf sich auch mit ihnen, besonders dem Grafen Thurn, „so uns als dem gemeinen wesen wol gewogen berümt worden," in geheime Beziehung setzen, damit sie den Gegnern gleichfalls Abbruch thäten. Es wird ferner berichtet, dass der König von Frankreich gegen den 15. April seine Truppen an der Gränze haben und selber bis Chalons kommen werde; das dürfte die Gegner in ihren Beschlüssen ebenfalls irre machen. Zu 3. Der Markgraf möge das Gesuch an Nürnberg stellen. Weigert sich die Stadt aber, wie der Churfürst glaubt — denn die Städte geben ihr Geschütz nicht gern aus der Stadt—, so kann Würtemberg angegangen, vielleicht auch aus der Festung Plassenburg etwas entnommen werden. Die Amberger Regierung hat gleichfalls Auftrag, einem derartigen Ansinnen nach Gelegenheit nachzukommen. Der 4. Punct ist durch den Heidelberger Abschied erledigt. Was den 5. Punct betrifft, so haben im Falle drängender Gefahr die zunächst Bedrohten ihre benachbarten Unirten zu beschreiben und das Nöthige zu beschliessen. Darum werden die Unirten das zu Neuburg Beschlossene hoffentlich nicht zu missbilligen Anlass haben. Uebrigens ist es ihnen mitzutheilen. Betreffend die Reiterei, so gedenken nach des Churfürsten Nachrichten die Staaten von ihren Truppen noch nichts abzudanken; die niederländischen Reiter dürften also gar nicht oder zu spät anlangen. Bei einem Einfall nach Passau würde man ein gutes Stück bairischen Gebiets berühren; ein socher Einfall ist nur zu rathen, wenn man sicher ist, dass Salzburg und Baiern sich dabei ruhig verhalten. Bezüglich der „laegerung an die Tonau" wird der Markgraf je nach der Lage der Dinge das Nöthige bestimmen, stets aber dahin sehen, dass die Lande der Unirten möglichst verschont und das Kriegswesen nicht weiter hinab in's Reich gezogen werde. Einen abermaligen Unionstag sähe der Churfürst lieber vermieden. Hält die Neuburger Tagsatzung einen solchen aber für nöthig, so hätte sie auch die Gegenstände desselben vorläufig zu berathen. — Datum Wersaw (?) 18. Martii anno 1610.

München. Staatsarchiv pf. 116/4 f. 506. Cpt.

März 30. **66.** Otto Graf von Solms an Churpfalz.

Am 28. kam der Graf mit seinem Volk nach Selz [1] und erfuhr, dass das Elsasser Regiment die Wanzenau eingenommen und sich dort zu vertheidigen entschlossen sei. Am 29. Verbindung mit den Badischen zu Offendorf und Fortzug gegen die Wanzenau. Erst als der Graf eine Meile von derselben entfernt war, hörte er von den Landleuten, das dortige Volk sei den Abend vorher abgezogen. Da des Grafen Truppen zur Verfolgung zu ermattet waren, so führte er sie nach der Wanzenau. Das gegnerische Volk, so erfährt er, beträgt über 2000 Mann, von denen gegen 1000 bewehrt sind; es liegt in verschiedenen Orten, besonders unter dem Schutz von Dachstein und Molzheim. Man beschloss demnach einen Anschlag auf letztere Stadt. Da aber die nöthige Munition nicht im genügenden Masse vorhanden war, so bat der Graf die Stadt Strassburg um Munition und Proviant. Diese erwiderte am gegenwärtigen Tag durch Abgeordnete: wegen ihres Bündnisses mit dem Stift Strassburg, das sie gleich ihrem Schweizer Bündniss bei dem Eintritt in die Union ausgenommen, könne sie nicht willfahren; doch gedenke sie, neben Hanau und der Ritterschaft, von Kriechingen die Entlassung des Leopoldischen Volks zu fordern und im Weigerungsfalle das Bündniss aufzukündigen.[2] Demgemäss Beschluss, sich im Lager in der Wanzenau in möglichster Verwahrung zu halten und gelegentlich die Leopoldischen zu verfolgen, wie denn der Graf kommende Nacht um zwölf Uhr gen Altdorf zu rücken gedenkt, um mit der Vertreibung der Leopoldischen einen Anfang zu machen. Aber das Landvolk wird er über 3—4 Tage nicht bei sich halten können. Sie drängen um Entlassung wegen ihrer Aecker oder Geschäfte; etliche sind schon ohne Urlaub entwichen. Also hat man beschlossen, vorläufig das beste und vorsichtigste zu thun, nach vier Tagen aber zurückzukehren, weil sonst die Union einen Nachtheil erleiden könnte. Der Graf bittet hierüber um schleunigsten Verhaltungsbefehl des Churfürsten.[3] — Datum Wantzenaw den 20. Martii anno 1610. März 30.

München. Staatsarchiv pf. 116/4 f. 575. Orig.

[1] Am 23. März schreibt Friedrich IV. an Würtemberg: Otto Gr. Solms und andere zu dem bewussten Unternehmen Verordnete haben die Vorbereitungen so angestellt, dass die Ausführung am 28. März beginnen soll. Da man aber unumgänglich noch einiger Reiterei bedarf, die der Churfürst nicht aufzubringen vermag, so möge der Herzog mindestens 60 Reiter am 27. in Beinheim (wo sie über den Rhein setzen können) eintreffen lassen, wo sie weitern Befehl vorfinden werden. Des Herzogs Fussvolk möge von Oberkirch auf den 29. nach Kehl geführt werden, wo ihnen ebenfalls weitere Ordre wird zugestellt werden. (M. pf. 116/4 f. 436.) Vgl. über die Elsasser Expedition Strobel, Geschichte des Elsass IV S. 232 fg.

[2] Um dieselbe Zeit liess der Chf. Pfalz durch einen besondern Gesandten, Mätthäus Müg, mit der Stadt Strassburg über dieselben Angelegenheiten verhandeln. Müg berichtet dem Churfürsten am 3. April: am 29. legte er seine Werbung vor den Dreizehnern ab. Dieselben antworteten am 30.: 1. Würtemberg habe sie vor etlichen Tagen um Gestattung des Durchzugs über die Rheinbrücke angegangen; sie haben ihm willfahrt, aber noch wisse man nichts von der Ankunft der angemeldeten Truppen. Dass übrigens pfälzische und badische Truppen die in der Wanzenau liegenden Lützelburgischen Söldner angreifen sollten, sei schon von einigen Tagen gemeines Gerücht und den Gegnern nicht unbekannt gewesen. Den begehrten Proviant und die Munition könne die Stadt nicht liefern. Denn die Landleute kommen seit einigen Wochen „wegen flöhung irer hab“ nicht zu den Wochenmärkten, dem armen Volk müsse die Stadt wöchentlich etliche hundert Viertel Frucht austheilen. Doch erbiete man sich, den Truppen einiges Geld auf Unionskosten zu geben, von dem sie sich den Proviant in der Markgrafschaft leicht verschaffen könnten. Uebrigens schreibe die Unionsacte Beistand für denjenigen Unirten vor, der in seinem Lande angegriffen werde.

Leopold aber halte Lützelburgs Volk in seinem Bisthum. Ausserdem habe Strassburg Verträge mit seinem Bischof, ohne deren Verletzung es die begehrte Hülfe nicht wol leisten könne. 2. Dass der anticipirte Monat des Regiments von Fuchs und der Reiterei aus den Unionsmitteln bestritten und das Volk da gebraucht werde, wo es am nöthigsten sei, halte man für der Union gemäss und wolle es den Städten des Kreises mittheilen. 3. Die ihnen zukommenden Nachrichten über die Gegner wollen sie dem Obermarschall Solms durch Franz Veyras (früher in Bongars', jetzt in der Stadt Diensten) regelmässig mittheilen. – Da am 29. ein Schreiben des Obermarschalls eingekommen war, gleichlautend mit dem ersten Punct von Mügs Werbung, so reiste derselbe mit Dr. Hartlieb von Strassburg nach den Quartieren in der Wanzenau und fand dort grossen Mangel an Proviant, da die Leopoldischen alles aufgezehrt oder mitgenommen hatten. Auf Mügs neue Bitten erwirkte Hartlieb es bei dem Strassburger Ammeister, dass die Stadt fortan regelmässig Lebensmittel in's Lager schickte unter dem Namen des badischen Schaffners. (M. pf. 116/4 f. 516.)

[3] Der Chf. Pfalz erwidert dem Obermarschall auf dies Schreiben am 1. April: von dem Heidelberger Beschluss, dass man bei Ausführung des Unternehmens im Elsass sich jedenfalls verschanzt halten solle, bis man sehe, was die gegnerischen Truppen vornehmen werden, ist ohne erhebliche Ursache nicht abzugehen. Statt des Landvolks könnten aber die zwei Würtembergischen nunmehr hoffentlich angelangten Fähnlein gebraucht, zwei andere von Strassburg (der Churfürst hat darüber an die Stadt geschrieben) erbeten werden. Helmstätter wird wol innerhalb acht Tagen sein Fähnlein dem Grafen ebenfalls zuführen können. Hundert von den pfälzischen Reitern, die zu Hause am wenigsten zu versäumen haben, könnte der Graf wol bei sich behalten, und die gleiche Anzahl könnte Baden ihm belassen. Auch von dem Landvolk, pfälzischem wie badischem, lassen sich vielleicht für gebührlichen Sold einige Hundert zurückhalten. Uebrigens hat der Graf und seine Zugeordneten Vollmacht, nach Befindung der Umstände über das Verharren oder Abziehen selber zu beschliessen. (M. pf. 116/4 f. 577.)

März 31. **67. Russy an Heinrich IV.**

Hatte über die in des Königs Schreiben vom 26. März berührten Puncte mit Barnevelt schon vorher verhandelt. „Bien que je n'eusse receu particulier commandement de v. M. de negotier avecq led. sieur de la guerre de Flandres, neantmoings, ayant soin de procurer que lesd. ambassadeurs puissent donner pleiniere satisfaction a v. M. sur toutes choses, je m'estois entremis d'en conferer particulierement, et soliciter le s[r]. Vandremil de poursuyvre son beau pere pour faire que le pouvoir qui luy estoit donné avecq les aultres ambassadeurs fust si ample, qu'il peust donner contentement a v. M sur ce point." Barnevelt indess, obgleich den Absichten des Königs für sich nicht entgegen, hält es für unmöglich, von den Staaten eine Vollmacht auszuwirken, auf Grund deren ihre Gesandten dem König Heinrich den Bruch ihres Waffenstillstandes mit Spanien anbieten könnten: die Gränzprovinzen haben dem Krieg zur Vertheidigung der Possidirenden nur unter der Bedingung zugestimmt, dass jener Waffenstillstand dadurch nicht gebrochen werde. Da Barnevelt gleichwol seinerseits den Wunsch zeigt, den König einigermassen zufrieden zu stellen, bemerkte ihm Russy, nachdem er darauf hingewiesen, dass die enge

Verbindung der Staaten mit Frankreich nach Ansicht der Mehrzahl unter denselben eine Lebensfrage für sie sei: „que, sy la province de Hollande et luy estoient de cest avis, comme je sçay qu' est la Zeelande, que l'on pourroit inserer ung article en lad. instruction desd. ambassadeurs tel, que les autres provinces demeurroient insensiblement obligées de se joindre a v. M. en lad. guerre." Dann legte ihm Russy einen solchen von ihm entworfenen Artikel vor, welcher „les obligeoit assez pour rompre cy apres avec le roy d'Espagne, en ce cas qu'il voullust favoriser et maintenir mr. le prince de Condé et ses mauvais desseins contre mrs. les enfans de v. M." Barnevelt nahm den Entwurf an sich „et me promist de s'en servir dans lad. instruction." Hierüber bat nun Russy am gegenwärtigen Tage des Königs Schreiben vom 26.[1] empfangen, mit Aufträgen die der in den eben besprochenen Conferenzen verfolgten Absicht entsprechen. Darauf neue Vorstellungen an Barnevelt und van der Myle, dass die Gesandten Vollmacht erhalten möchten „jusques a pouvoir consentir que led. païs fust attacqué d'un mesme consentement, en cas que la necessité en affaires y portast v. M." Barnevelt erwiderte: vor Ertheilung einer solchen Vollmacht würden die Staaten erst die Städte und Provinzen befragen müssen, wobei sich grosse Schwierigkeiten ergeben würden, während der Verlauf des Jülicher Krieges die gewünschten Entschlüsse leichter herbeiführen könne. Uebrigens habe er der Instruction zwei Puncte einverleibt, „sur lesquels aussy on pourra induire lesd. provinces a changer d'avis: le premier est que les Estats ont remis a. v. M. et au roy de la Grande Bretagne de juger sy, a faulte que les archiducs n'ont mis a execution les articles de la tresve dont ils sont encores en debat, lad. tresve doibt estre tenue pour rompue; le second point est, qu'ils donnent charge a leurs deputez en lad. instruction de suplier v. M. trouver bon de faire une plus particuliere alliance entr'elle, le roy de la Grande Bretagne, les princes d'Allemagne et les Estats." Hiergegen Russy: den Bruch des Waffenstillstandes werde England nie anerkennen; das Bündniss solle man einfach mit Frankreich proponiren, ohne auf die anderen Fürsten zu warten; übrigens „que tout ce que dessus ne seroit pas de grande efficasse pour persuader v. M. de se jetter en une si profonde guerre sur telles incertitudes." Darauf Barnevelt: nach Rückkehr der staatischen Gesandten werde man die Provinzen über ihre mitgebrachten Anträge befragen; jetzt werden die Staaten deren Vollmacht nicht ändern; „neantmoings qu'il avoit cousché dans lad. instruction l'article que je luy avois donné au plus pres qu'il a peu."[2] — De La Haye ce dernier jour de Mars 1610. März 31.

Paris. Bibl. nat. Ms. fr. 15954 f. 28. Orig.

[1] Ist damit das Schreiben vom 23. März, Lettres miss. VII S. 942, gemeint?

[2] Ueber die Instruction (März 31) vgl. Vreede, Inleiding tot eene Geschiedenis der Nederlandsche Diplomatie II 1 S. 278.

März. 68. Heinrich IV., Instruction für de la Clielle an Lothringen.

Ausführung des Standpunctes Heinrichs IV. in der Jülicher Angelegenheit. Wunsch, dass die Liga den possidirenden Fürsten nicht entgegentrete. Fragt Lothringen nach dem Stand der Heirathsverhandlungen zwischen Frankreich und Savoyen, so erwidert der Gesandte: dieselben haben gute Aussichten, obgleich Spanien beim Herzog und seinen Kindern mit aller Anstrengung dagegen arbeite. Lothringen möge aber „estre certain que jamais s. M. n'a presté l'oreille a ouverture dont les Espagnols ayent monstré avoir plus de jalousie que de lad. alliance, s'estant imaginez qu'elle debvoit estre suivie de la guerre en Italie, et nommément du duché de Milan, en faveur du duc de Savoye, ayant sur cela remply le monde de discours et soubçons aussy mal fondez, que les causes dont ils ont usé pour les publier sont ressentes (?). Led. de la Clielle dira aud. duc de Lorraine, s. M. estre bien advertie que led. roy d'Espagne aspire a la couronne Romaine pour soy mesmes, a l'exclusion des autres princes de sa maison, et qu'il se sert pour y parvenir de la haine que l'empereur porte a ses freres et du peu de creance qu'ont en Allemagne les archiducqs de Gratz, cette nation Espagnolle voulant et imaginant pouvoir par ceste augmentation de dignité en la personne dud. roy rentrer dedans la voye et esperances de la monarchie et domination entiere du monde tracées par l'empereur Charles V et poursuivies par leur dernier roy. Or comme c'est chose qui importe partout a tous les autres princes et potentats chrestiens et mesmes a la liberté de la Germanie, il ne fault point doubter que les electeurs ne s'opposent a ce desseing de tout leur pouvoir. Quoy estant il semble a sad. M. qu'il seroit assez facille de les disposer a donner leurs voix a tel autre prince du pays qui seroit jugé utille au publicq et capable de soustenir cette dignité. Surquoy s. M. ayant consideré qu'au deffault de ceux d'Austriche il n'y en a point de plus propre et digne d'estre proposé que le susd. duc Maximilian de Bavieres, tant a cause de la religion que pour touttes bonnes autres raisons qui concourent en sa personne, sad. M. desire que led. duc de Lorraine mette en consideration ce sien pensement, qui procedde de la bonne opinion qu'elle a dud. duc de Bavieres, et pareillement de la jalousie commune qu'elle doibt avoir avecq ses voysins et confederez de l'aggrandissement et puissance dud. roy d'Espagne, affin qu'il luy en mande son advis. Mais il sera prié de tenir cette proposition sy secrette, qu'autre que lui n'en ait connoissance, affin de n'offenser ceux d'Austriche qui pretendent a la couronne, ny ombrager aussy les electeurs et princes protestans, avecq lesquels led. duc de Bavieres est depresent en mauvais mesnage. Mais ce seroit chose facille a composer en accordant la querelle de lad. succession de Cleves pour les raisons que led. duc peult mieux juger que nul autre." — O. D.

Paris Bibl. nat Colbert 107 f. 130, Cop.

69. Christian Fürst von Anhalt (?), Gutachten für Churpfalz (?).

Man muss den Zweck der Union, nämlich gründliche Hülfe für das „ganze gemeine und religion-wesen," auf welchen Zweck „auch die bewuste legation angesehen," zu verwirklichen suchen, „in ansehung meines erachtens vom könig in Frankreich, wie nemblich es zu einem gemeinen werck zu bringen, ser getrungen werden wird." Das Hinderniss hat bisher darin bestanden, „das man sich der reciprocation halben nit wol resolviren können, und eines teils zu befaren gewest, das die occasion omittirt, anders teils, (das) man dadurch zu ser vertieft werden möchte." Verfasser ist nun der Ansicht, „das solche correspondentz und einigung zwischen den unirten chur- (und) fürsten und Frankreich, Engellant, Dennemarck, Staden wider Hispanien und dessen anhang, sonderlich aber denselben aus Niderland zum wenigsten uber die Maas zu bringen, anzufangen und in execution zu stellen." Die Hülfe Englands wäre auf 4000 Mann zu Fuss, die der Staaten auf 2000 Mann zu Fuss und 1000 Mann zu Pferd, die Dänemarks auf 2000 Mann zu Fuss, „et vice versa," zu bestimmen, so dass die Unirten mit Einschluss der Hülfe Frankreichs, mit dem „es seine sonderbare gelegenheit" hat, „extraordinarie im fal der not haben konten 16,000 zu fuss und 3000 zu ross, darzu ex viribus propriis noch (zu) underhalten (hetten) 12,000 zu fuss und 2000 zu ross." Man hätte festzusetzen, dass, wer von den Verbündeten selber angegriffen ist, keine Hülfe zu schicken braucht: „doch blieb es mit Frankreich in verglichenen terminis, und solches uns zum besten." Wenn die Bundesgenossen der Unirten alle oder fast alle von Spanien angegriffen werden sollten, die Unirten aber selber in Ruhe gelassen würden, so soll die Gesammthülfe der Unirten nicht über den zu ihrer eigenen Vertheidigung getroffenen Ansatz von 12,000 Mann zu Fuss und 2000 Mann zu Pferd steigen. Uebrigens ist dieser Fall unwahrscheinlich; es kann sich eher um einen gleichzeitigen Angriff (also gleichzeitige Hülfe) gegen Frankreich und die Staaten handeln. „Nun ist aber mit Frankreich deswegen schon verglichen;" die Staaten „werden sich entweder in die Jülichische sachen allein oder in die vertrawte handlung und desseins mit Frankreich einlassen." Im ersten Falle sind die Unirten zu keiner Leistung an die Staaten verbunden, bis die Jülicher Angelegenheiten zum Frieden geführt sind. Im zweiten Fall, „da stehet man mit Frankreich hierüber . . in tractatu und vergleich, derselb hat es alsdan fur sich mit den Pays-bas abzuhandeln, also das wir in effectu ein weiters nit uf uns zu nemen, als wir schon albereits bewilligt, und die ubrige reciprocatio erst alsdan iren effect erlanget, wan entweder die Gülchische sachen zur endschaft gedichen, oder die bewuste gemeine intention iren fortgang erreicht: welches dan unsers teils gar wol einzugehen." Demnach räth der Verfasser: „es weren diese vorschlaeg mit den nechst gesessenen Unirten zu communiciren und, da sie darzu verstanden, des herzogs zu Wurtemberg l. nachzuschreiben, das s. l. etlicher massen uf solchen schlag gegangen weren und zum wenigsten praeparatorie et ad re-

11*

ferendum es abgehandelt hetten." — Man hat in dieser Sache ohne Rücksicht auf die Städte, die zur Zeit nicht so leicht beistimmen werden, voranzugehen, in der sichern Voraussicht, dass die steigende Gefahr, auch der zu erwartende Erfolg sie zum Anschluss bestimmen werden. Mit Absicht ist auch zur Zeit vom Verfasser keine Rücksicht auf die Schweiz, Oestreich, Böhmen und Ungarn genommen; gewiss wird man später bei guter Führung der Sachen beständige Ordnungen „zur conservation aller Unitarisirten" zu treffen wissen. — Ohne Datum und Unterschrift.

Berlin. Unionsacten XV. Cop. — Bruchstück: München. Staatsarchiv pf. 117/2 f. 21.

April 2. 70. Otto Graf von Solms an Churpfalz.

In der Nacht auf den 31. März sind Helmstätter und Weinschenk mit der ganzen Reiterei gen Altdorf gezogen, weil dort 600 Soldaten liegen sollten. Allein dieselben waren kurz vor dem Angriff geflohen, nur zwei von ihnen, die sich verspätet, kamen um. Dieser Anfall hat unter den Gegnern wenigstens Furcht verbreitet. Nach gewissen Nachrichten sind schon 300 von ihnen verlaufen. Die Würtemberger sollen am gegenwärtigen Tag ankommen. Befiehlt der Churfürst, dass man noch nicht abziehe, so muss bezüglich des Proviants eine andere Ordnung getroffen und Geld geschickt werden. Für die Pfälzer, Badenser (letztere zählen allein 2000 Mann zu Fuss und 250 Mann zu Pferd) und Würtemberger werden schon 30,000 fl. ausgegeben sein. Der Graf gibt zu bedenken, ob der Churfürst den Ersatz der Kosten dieses Zugs nicht vom Stift fordern und bis zur Leistung einen Theil der geworbenen Truppen in verschanzter Stellung in der Wanzenau lassen wolle. — Datum Wantzenau den 23. Martii anno 1610.

München. Staatsarchiv pf. 116/4 f. 589. Orig.

April 2. 71. Otto Graf von Solms an Churpfalz.

Hat des Churfürsten Schreiben vom 1. (n. 66 Anm. 3) empfangen. Um die Wanzenau zu vertheidigen braucht man, wie beiliegende Terrainaufnahme zeigt, 4000 Mann zu Fuss und 400 Mann zu Pferd. Soll man sich also noch eine Zeit lang im Bisthum Strassburg in fester Stellung behaupten, so muss man einen mit geringerm Aufwand an Geld und Volk zu haltenden Platz aussuchen, und zwar einen solchen, der den Städten, in welche die Gegner sich nunmehr legen, näher ist. Also hat man beschlossen, am 3. nach Geispolzheim zu ziehen und sich dort zu verschanzen. Von da fordert man Molzheim, Dachstein, Beinheim, Zabern auf, die eingenommenen Soldaten zu entlassen. Von Kriechingen fordert man zugleich Entlassung der geworbenen Truppen. Des Churfürsten Schreiben an Strassburg vom 1. April wird Helmstätter überbringen, obgleich der Graf auf die Ueberlassung der zwei Fähnlein geringe Hoffnung hat. Sollten die vom Churfürsten in seinem Schreiben vom 1. April angegebenen neuen Truppen nicht bald zusammen sein, so müssten die dem Grafen untergebenen Unterthanen baldigst durch ein neues Regiment abgelöst werden; sonst dürften sie sich den Urlaub selber nehmen, zumal es ohnehin „mit demselben volck fast . . bedencklich (ist), wie man itzo allererst am besten vernimmet, sich solcher wichtigen sachen zu unterfangen.“ Werden sie abgeführt, so wäre es gut, wenn die Compagnie Reiter des Markgrafen von Baden und die Compagnie von Obentraut nachgesandt würde. Auch halten bei längerm Verweilen der Truppen Solms und Helmstätter ihre Ersetzung für rathsam, weil sie sonst in des Churfürsten Geschäften zu viel versäumen. Da die Gegner sich täglich stärken, auch durch Pfalzburg Reiterei heranziehen, so gibt der Graf zu bedenken, ob nicht doch bald der Rückzug anzutreten sei. Da der Churfürt die Leitung des Werks dem Grafen und seinen Zugeordneten heimstellt, so wird er den Zweck desselben nach Kräften zu erreichen suchen.[1] — Datum Wantzenau den 23. Martii anno 1610.

München. Staatsarchiv pf. 116/4 f. 597. Orig.

[1] Der Churfürst erwidert auf dieses Schreiben am 3. April: wenn der Graf längeres Verweilen für rathsam erklärt, so wird er (der Churfürst) Anordnung treffen, dass diejenigen vom Landvolk und den verrechneten Dienern, welche ohne Verluste nicht länger von Haus bleiben können, durch andre abgelöst, und das von Helmstätter neu geworbene Fähnlein baldigst hinaufgeführt werde. Können etliche wegen der Frankfurter Messe nicht länger ausbleiben, so hat der Graf zu beurtheilen; ob er sie beurlauben kann. — Ueber Proviant und Geld. — In einem Schreiben an Kriechingen, darin er die Entlassung der Leopoldischen Truppen fordert, wird der Graf auch den Ersatz der Kriegskosten verlangen mit der Erklärung, dass er nicht eher aus dem Stift weichen werde. (M. pf. 116/4 f. 591.)

72. **Aerssen an Oldenbarnevelt.** April 2.

Seit der Ankunft des Fürsten von Anhalt (vgl. n. 75) vergeht kein Tag, an dem derselbe nicht zweimal beim König ist. „Il propose une guerre generale par l'occasion du different de Cleves, asseurent que les princes unis le desirent et s'y embarqueront de toute leur puissance, declare que vous, monsieur, y estes assés porté, et que l'avés particulierement exhorté a ce dessein.“ Man erwartet die Gesandten der Generalstaaten und sagt, dass man ohne sie nichts thun kan noch will. „Cependant s. M. fait haster ses levées et dit vouloir conduire son armée en personne, et nul ne doute desormais plus que ce soit a bon escient. Il se dispute seulement par ou l'on doit commencer la guerre.“ Nach der Meinung von Aerssen müssten die Generalstaaten mit den unirten Fürsten einen ähnlichen Vertrag haben wie Frankreich. Indess „le prince d'Anhalt ne faict estat que les princes d'Allemagne facent aucun traicté avec vous, ou (que), le faisans, ils s'obligent a vous donner secours reciproque. Car il me l'a retranché tout net, declarant que cela seroit impossible.“ Das ganze Conseil ist der Ansicht, Anhalt sollte die staatischen Gesandten abwarten; der König und der Fürst selber halten dagegen sein unverzügliches Erscheinen in den Jülicher Landen für nöthig, um den Befehl über die Truppen zu übernehmen und Ordnung in die dortigen Angelegenheiten zu bringen. Der Fürst forschte nach dem künftigen Befehlshaber der französischen Truppen, worauf der König sich ihm selbst genannt hat. „Cela semble l'avoir mis hors de posture, et a insisté pour avoir une partye de la cavallerye du roy; mais s. M. luy a pareillement declaré qu'elle ne la peut separer." Nun hofft er auf das Commando der staatischen Truppen, wozu indess auch keine Aussicht zu sein scheint. Mindestens wünscht er die 4000 Engländer unter sich zu haben: „ce qui luy pourra estre accordé.

Haag. Reichsarchiv. Cop.

April 4. 73. Otto Graf von Solms an Churpfalz.

Ist am 3. in Geispolzheim angekommen und hofft am 5. mit der Verschanzung fertig zu sein. Zur Besatzung erfordert der Ort 1500 Mann zu Fuss und mindestens 300 Mann zu Pferd. Die Schreiben an Kriechingen, an Molzheim, Dachstein, Benfeld sind am gegenwärtigen Tage überbracht; Benfeld weigerte die Annahme, Molzheim erklärte, ohne Vorwissen der Obrigkeit in dieser Sache nichts vornehmen zu können. Länger als 3—4 Tage wird der Graf die Landtruppen nicht mehr halten können. Strassburg hat dem Helmstätter erklärt: es habe nur 400 Soldaten, die es nicht entbehren könne. Der Munition wegen hat sich die Stadt gar nicht erklärt, und häufige Ausfuhr von Proviant sieht sie nicht gern. — Nun hat der Graf, des Churfürsten Anweisung gemäss, aus den Landtruppen, etliche für Sold zum Verbleiben zu bestimmen gesucht; wie viele er gewinnen wird, weiss er nicht. Bekommt er weniger als 400 Mann zusammen (zu welchen dann die Würtemberger und Helmstätters Compagnie, im ganzen 900 Mann, kommen würden), so würde der Rückzug rathsam sein.[1] Bezüglich der Reiterei ist die Compagnie Obentrauts schleunigst zu senden, und hat der Graf den Markgrafen von Baden ersuchen lassen, seine nunmehr auf 100 Mann gediehene Compagnie zu schicken. Denn die Reiterei muss gestärkt werden, da die Gegner mit solcher ziemlich versehen sein sollen, und die Zufuhr anders nicht zu sichern ist. Um 40 Centner Pulver hat der Graf den Amtmann zu Oberkirch ersucht. Dringend nöthig ist auch, „weil man allbereit under den Wirtenbergischen bevelchhabern allerhant unwillen spürt," dass über das an dem Ort zu lassende Volk ein besonderer allgemeiner Oberster gesetzt werde. Der Graf empfiehlt dazu Weinschenk. — Datum Geispitz den 25. Martii anno 1610.

München. Staatsarchiv pf. 116/4 f. 662. Orig.

[1] Helmstätter schreibt am 5. April an von der Grün: Mög wird über Strassburgs Resolution bezüglich des Proviants und der Munition, und wie die Stadt das gegenwärtige Unternehmen als nicht zur Union gehörig betrachte, berichtet haben (n. 66 Anm 2). Diese unzuverlässige Haltung der Stadt, die man nicht ganz abwendig machen möchte, und die Beschaffenheit der Landtruppen machte grosse Vorsicht nöthig. „Die kundschafter (sind) anfangs so ungleich und widrig einkommen, das, so wir nicht viel mer nach unsern selbst wissenden umbstenden procedirt, auch die reis von Selz, und dan von Wantzenauw hieher wol vermitten pliben were; daneben dan auch nicht zu vergessen, das etliche, so under der reuterei, bei einem geringen ereigendem lermen

bis naher haus zu laufen nicht aufgehort, andere aber ire pferd verlassen und in benachparte dorfer sich bis andern tags versteckt." Die Landtruppen sind sämmtlich unwillig, der Gr. Solms und die Offiziere suchen sie statt durch Befehl durch Bitten und Vorstellen zu leiten. Um den Gehorsam, den sie bisher erwiesen, zu bewahren, musste man sich vor jedem Wagniss hüten, um nicht durch einen Verlust sie in Schrecken zu setzen. (M. pf. 116/4 f. 682.)

74. Heinrich IV., Erklärung auf das Anbringen des Fürsten Christian von Anhalt. April 4.

Vorschlag der unirten Fürsten zu einem Angriffskrieg gegen Spanien. — Der König wird darüber mit den Gesandten der Staaten verhandeln. — Anhalt soll unverzüglich die Leitung des Kriegswesens in Jülich übernehmen. — Ratification der in Hall vereinbarten Artikel.

Le roy a entendu la proposition que m^r le prince Chrestien d'Anhalt luy a faicte au nom de m^{rs} les electeurs et princes du st. empire unys, en vertu des lettres de creance qu'ils ont escriptes a s. M. par luy et du pouvoir qu'ils luy ont donné a Hall en Suabe le 29. du mois de Janvier dernier passé, contenant que lesd. s^{rs} electeurs et princes ont jugé expedient et necessaire pour bien assurer la paix publicque et le repoz en leurs propres estats de moyenner et obtenir de s. M. qu'elle et les estats generaulx des provinces unies des Pays bas, ayant contracté une bonne intelligence avec lesd. electeurs et princes uniz[1] ataquent en un mesme temps et par divers endroicts le roy d'Espagne aux Pays bas pour deslivrer l'empire et lesd. pays du joug dud. roy d'Espagne et de ses armes, ou du moins reduire les affaires communes a termes plus supportables. Pour quoy faire led. prince d'Anhalt a offert a sad. M. de la part desd. electeurs et princes unis ensemble des interessez es terres de Juliers, toutes les fois que sad. M. et lesd. s^{rs} estats voudroient commencer la guerre ouverte contre led. roy d'Espagne auxd. Pays bas, d'entretenir, soudoyer et laisser au service de sad. M. huict mil hommes de guerre a pied et deux mil deux cens a cheval qu'ils ont de present en campagne, et ce pour la presente année aussi longtemps que l'on pourra tenir la campagne, et si la guerre qui sera commencée contre led. roy dure d'avantage, qu'ils continueront led. secours,[2] mais pour ce temps avec quatre mil hommes a pied et mil a cheval seullement, aux

[1] So in Villeroys Concept. In der Copie steht: „electeurs, princes, estats et villes unies."

[2] In der Copie folgt hier der Zwischensatz: „les années suivantes tant que la saison de faire la guerre durera, mais avec quatre mil hommes etc."

74. despences communes desd. electeurs et princes[1] uniz et des interessez auxd. païs de Juliers selon la proportion de leur contribution en l'empire, pourveu toutesfois que d'ailleurs il n'y ayt guerre aud. empire qui les concerne, et que led. païs de Juliers et les autres qui en dependent soyent deslivrez de guerre.

Sur quoy sad. M. a commandé estre respondu aud. s^r. prince d'Anhalt: qu'elle ne peult assez louer la prevoyance et prudence desd. s^{rs}. electeurs et princes uniz et des interessez en lad. succession de Cleves, au nom desquels il a faict lad. ouverture. Car il est certain que le vrai moyen de bien asseurer la liberté et paix publicque de la Germanie et l'establissement desd. princes heritiers legitimes de lad. succession de Cleves, pour lequel ils sont armés, c'est d'esloigner des estats dud. empire et des païs de lad. heredité les armes et la puissance dud. roy d'Espagne, comme lesd. princes ont sagement remarqué. C'est pourquoy sad. M. approuve grandement le conseil qu'ils ont pris de faire attaquer led. roy d'Espagne auxd. Païs bas, et declare qu'elle est contente d'y entendre et partant se unir et associer avec eulx en un si genereulx dessein qui sera utile à tous. Mais dautant qu'il ne peult estre formé et resolu comme il convient et a esté sagement jugé par lesd. s^{rs}. electeurs et princes sans le consentement et l'assistance desd. estats desd. provinces unies des Païs bas, il est necessaire de s'estre esclaircis et faicts certains de leurs desliberations, devant que passer outre en lad. resolution. Jaçoit que lesd. s^{rs}. estats ayent souvent faict dire a sad. M. qu'ils feront en cette occasion ce qu'elle leur conseillera et suivront son exemple, neantmoins, estant le faict de telle importance qu'il est, il est besoin qu'ils declarent a sad. M. leur intention sur iceluy, qu'ils entrent en la société commune et obligation reciproque qu'il conviendra faire pour cest effect. De quoy sad. M. espere traicter avec les ambassadeurs desd. s^{rs}. les estats, qui doibvent arriver pres elle dedans le quinziesme[2] du present mois d'Avril.

Quoy attendant sad. M. est d'advis que led. prince d'Anhalt ne laisse de partir pour se rendre a Dusseldorf le plustost qu'il pourra, affin de embrasser la conduitte de la guerre desd. païs, de laquelle il a esté deignement choisi et faict general et chef principal, sad. M. luy ayant promis de l'advertir diligemment de la desliberation et volonté desd. s^{rs}. les estats et de ce qu'elle traictera avec lesd. ambassadeurs sur ce subject, comme de la sienne plus particuliere

[1] In der Copie steht noch: „estats et villes unies."
[2] In der Copie: „le XXV."

et expresse sur la susd. proposition et attaque contre (le) roy d'Espagne auxd. Païs bas pour en informer lesd. s[rs] electeurs et princes uniz, lesquels seront cependant remerciés au nom de sad. M. de la bonne volonté qu'ils tesmoignent avoir au bien de la cause et seureté commune, et asseurés que sad. M. y correspondra et cooperera de sa part avec affection et sincerité.

Au demeurant elle a ordonné que la ratification des articles traictés a Hal en Suabe soit mise es mains de m[r] l'electeur Palatin directeur de lad. union, laquelle sera suivie des effects promis par icelle, et tels que lesd. s[rs] electeurs et princes doibvent atendre d'un roy leur antien et vray amy, bon allié et confederé non moins affectionné a la conservation de leurs libertés et prosperité qu'eux mesmes. — Faict en la ville de Paris le IV. jour d'Avril 1610.

Paris. Bibl. nat. Ms. fr. 15560. Cpt von Villeroy. Dupuy 765 f. 51. Cop.

75. Heinrich IV. an Boissise. (z. Th.) April 5.

Anhalt[1] kam am 27. (sic!) März (vgl. Anm. 5) an, berichtete über die Vorgänge in Hall und Heidelberg und überreichte ein Schreiben des Churfürsten von der Pfalz betreffend die von Boissise verlangte Zusicherung für den Fall innerer Kriege in Frankreich (n. 43). Da dies Schreiben den König nicht befriedigte, so hat er die Sache in seiner Antwort an den Churfürsten, welche Boissise ihm zugleich mit der Ratification der Haller Artikel zu überreichen hat, nicht berührt. Freilich könnte die Verweigerung dieses Versprechens allein genügen, um des Königs Freundschaft mit den Fürsten zu brechen, wenn ihn nicht die öffentlichen Interessen zurückhielten. Wenn die Fürsten die Wichtigkeit der Lage recht beurtheilten, so würden sie nicht so wenig darauf achten, die zufrieden zu stellen, ohne deren Hülfe sie nicht bestehen können. Dies Urtheil werden auch die Staaten fällen bezüglich der von den Fürsten erhobenen Rangschwierigkeiten, wobei jedoch der König ihnen ebenfalls zur Zurückhaltung ihres Missvergnügens rathen wird. Beiliegend die von Anhalt im Namen der unirten Fürsten gemachte Proposition hinsichtlich des Krieges gegen Spanien in den Niederlanden und des Königs Antwort. „Leur façon de traicter est accompagnée de tant de conditions, que l'on ne peult asseoir fondement certain sur leur proposition ny faire estat de leurs offres. Je n'ay pas deliberé aussy de bastir mes resolutions sur icelles, mais bien verray je ce que lesd. estats des provinces unies des Pays bas voudront faire a l'arrivée de leurs ambassadeurs, que j'attens devant le 15. de ce mois, pour selon cela prendre mon dernier party." England wird hoffentlich seine in der Jülicher Sache gegebene Zusage halten; „mais il ne fault pas s'attendre qu'il s'engage en autre guerre."[2] Da für Brandenburg und Neuburg die Befriedigung des Hauses Sachsen der beste Weg ist, so bedauert der König, dass sie die Aufnahme desselben in ihren Be-

75. sitz verweigert haben. Boissise wird keine Gelegenheit verlieren, diesen Plan zu befördern. Die Gegenwart Anhalts in Düsseldorf ist bei der dort herrschenden Schwäche und Verwirrung dringend nöthig. Wenn die Unirten den Durchzug der vom Kaiser für Leopold geworbenen Truppen nicht haben hindern können, so wird Leopold bald Meister im Felde sein.[3] Des Königs Armee wird vor Mitte oder Ende Mai nicht bereit sein.[4] Bezüglich der niederländischen Regimenter wird er mit den Gesandten der Staaten handlen. Aber vor allem müssen die Fürsten ihre Truppen vorschieben, was sie leichter können als der König, da dessen Truppen den Weg durch spanisches Gebiet nach Jülich nur in bedeutender Stärke wagen können. „Car les archiducs de Flandres arment tant qu'ils peuvent pour s'y opposer." Der König billigt des Boissise Antworten an Churmainz (vgl. n. 58). Der Gesandte wird keine zur Mässigung und zum Ausgleich des Streites dienende Eröffnung verwerfen, aber auch keine im Namen des Königs ohne dessen besondere Entschliessung genehmigen. „Car comme je ne seray marri d'avoir en ces affaires deux cordes en mon arc, je ne desire pas aussi m'obliger a rien sans bonne consideration." Die Deutschen gehen mit solcher Zweideutigkeit, Schwäche und Unkunde vor, dass der König in ihrer Gesellschaft über Dornen wandelt: was übrigens Boissise nach Möglichkeit verbergen wird. — Ueber die Wahl eines römischen Königs spricht Anhalt im Namen der unirten Fürsten nur dunkel. Wenn also der Kaiser, oder die Unfähigkeit der Candidaten es nicht abwendet, so hat man einen römischen König nach dem Wunsche des Hauses Oestreich zu gewärtigen; „et (je) doibs en ce cas plus craindre que le sort tombe sur le roy d'Espagne que sur les autres,"[5] — Escrit a Paris le V jour d'Avril 1610.

Paris. Bibl. Dupuy 765 f. 42. Cop.

[1] Fürst Christian schreibt am 2. April an seine Gemahlin: „depuis ma depesche que je vous ay faitte de Lion je suis fort bien arrivé ici, graces a Dieu. Je ne vous sçauray rien mander de certain de mon partement, estant que me semble que le roy aymoit volontiers me veoir plus longuement avec soy, et touttesfois aussi bientost au pays de Juliers. Je suivray les occasions et selon que Dieu me menera. Je suis esté bien venu ici. . . . . Je ne lairray a me souvenir a toutte perpetuité de vous, non aultrement, que si vous mes seriez tousjours presente, priant l'eternel etc." (Bg I F 1; 28 f. 86.) Am 5. April schreibt der Fürst an seine Gemahlin: „je vous dis comme je suis sur mon partement, en intention de m'embarquer a Calés et de passer par les Pays bas. De la j'yray, Dieu aydant, bravement entreprendre ma vocation. Je crains seulement, qu'aurons la paix trop tost . . . . . . Il me manque rien ici, si non que je vous puisse avoir pres de moy. Il me tarde extremement, que je puisse avoir de vos lettres. Soyez asseurée que Dieu conduira tout a sa gloire et nostre salut. Baisez touts mes chers enfants et honorés de vostre digne et chere souvenance etc." (A. a. O. f. 86.)

[2] Boderie verhandelt gelegentlich mit Jacob über dessen Theilnahme an einem Krieg gegen Spanien, der durch Condé's Sache veranlasst werden könnte. (Boderie an Heinrich. März 6. (La Boderie V S. 104.) Heinrich IV. an Boderie. März 20. (A. a. O. S. 128.) Boderie an Heinrich IV. April 1. (S. 160.)

[3] Vgl. Villeroy an Boderie. April 16. (La Boderie V S. 180.)

[4] Ebenso berichtet Peckius am 1. April. (Henrard S. 307.)

[5] Christian F. Anhalt berichtet dem Chf. Pfalz am 6. April über seine französiche Gesandtschaft: am 29. in Paris angekommen, hat er am 30. „die beförderung des bewilligten succurses sollicitirt, und dan die bewuste geheime tractation furgeschlagen." Er hat „den könig so weit disponirt," dass er auch bezüglich des letztern Vorschlags „davor gehalten, solcher vor allen andern sachen ins werck zu richten, auch etliche tag zugebracht, umb mittel zu finden, wie solcher vorschlag e. l. und den unirten staenden dermassen zu gemuet zu füren, damit sie erkennen möchten, das i. k. M. in effectu ein weiteres leisten, als was sie uf bestimmte zeit der bewusten succurs geschickt haetten." Da indess „benantes werck" ohne Zustimmung der Staaten „nit anzufangen gewesen," die Gesandtschaft der Staaten aber noch nicht angelangt war, und die Weiterreise des Fürsten nach Düsseldorf dringlich zu sein schien, so musste der König seine eigentliche Entschliessung verschieben. Was der König im einzelnen erklärt hat, wird Boissise dem Churfürsten berichten. In der Jülicher Sache hat der Fürst dazu geholfen, dass der König die Zustellung der bewussten Ratification an Churpfalz bewilligt hat. Es dürfte der für die französische Hülfe bestimmte Termin wol nicht eingehalten werden, dagegen die Zahl der Truppen je nach den Umständen bedeutend über das bestimmte Mass erhöht werden. — Der Fürst gedenkt baldigst nach den Niederlanden zu reisen und, wenn der H. Würtemberg inzwischen nach England gekommen, demselben von Calais aus den Karl Paul zuzusenden, um, „wie weit Würtenberg gehen sol, zu berichten." Nach Ansicht des Königs soll man in England zur Zeit von der geheimen Sache nichts vorbringen, sondern nur auf Hülfe für Jülich dringen, die man mindestens auf 4000 Mann zu Fuss zu bringen hofft. — Anhalt glaubt, dass der Feind eher kriegsbereit sein wird als die Bundesgenossen der Possidirenden, und dass er einstweilen, bei kräftigem Handeln, sich des Landes bis zum Rhein bemeistern könnte. (B. Unionsacten XV.) — Das in diesem Bericht gegebene Datum der Ankunft in Paris stimmt mit der Angabe von L'Estoile. (Journal. Ed. Petitot IV S. 407.)

76. Franz van Aerssen an Oldenbarnevelt. April 5.

Gespräch mit Villeroy über Betheiligung der Staaten an dem Krieg Frankreichs gegen Spanien. Missverständniss über die von Aerssen dem Fürsten von Anhalt gemachten Vorstellungen. — Aerssen setzt den Inhalt derselben dem Sully auseinander: Priorität des Jülicher Unternehmens vor dem grossen Krieg; Nothwendigkeit, dass sich die unirten Fürsten den Staaten zur Gegenhülfe verpflichten. — Sully über die Kriegsaussichten. — Gespräch mit dem König über den Krieg gegen Spanien und die von Aerssen dem Fürsten von Anhalt gemachten Vorschläge. — Abermalige Unterredung mit dem König über die Utrechter Unruhen und die vorstehende Verhandlung mit den staatischen Gesandten.

Gespräch mit Villeroy.

Il me demanda sur le publiq sy je croyais que nos ambassadeurs apporteroient pouvoir assés ample pour, sans s'arrester au particulier de Juliers, conclurre la guerre generale et la faire

76. d'abord. Je luy respondis que j'en ay souvent escript, et en termes assés significatifs, a m^gr^s les Estats, toutesfois que je ne sçay pas leurs resolutions sur ceste matiere, sy non qu'ils entreprendront tousjours conjoinctement avec s. M. le faict de Juliers, et que pour le surplus il faut attendre leurs ambassadeurs. Il se mit aussytost a plaindre de leur retardement declarant que le roy a bien resolu de faire de grandes choses, mais non sans que m^gr^s les Estats en soient de la partye, luy estant tout autant aysé de tout changer et rompre, quelques avancés que j'en voye les preparatifs, qu'il luy a esté facile de les commencer, et partant que ne nous devons pas persuader que c'est assés de voir le roy engagé, qui a entreprins la conservation de ces princes principalement pour nostre respect, et qui, establis en ceste possession, ne s'y peuvent maintenir, sy tout a faict on n'oste au roy d'Espagne les moyens de les molester, ce qui ne se peut qu'en le dechassant de la riviere de la Meuse .... Ces propos, monsieur, me furent tenus avec esmotion, et telle que je remarquay assés qu'il y avoit de l'alteration, sans qu'il s'en descouvrit davantage. Et au sortir de chés luy m^r. de La Force me vint trouver, comme il retourna de conduire le roy de la chasse, m'avertissant que s. M. luy avoit dit que j'avoys failly de tout gaster et rompre par le discours que j'avoys tenu le jour precedant au prince d'Anhalt.

Um der Sache auf den Grund zu kommen ging Aerssen zu Sully, der ihn mit Ernst nach seinen dem Fürsten von Anhalt geführten Reden fragte, „d'autant que m^r. de Villeroy l'avoit rapporté au roy de telle sorte qu'il ne croyoit pas que j'eusse parlé.“ Aerssen gab den Inhalt seiner Rede also an: der König sei entschlossen, unter seiner persönlichen Führung ein grösseres Unternehmen, als „le particulier de Cleves,“ zu beginnen. Wenn nun der Krieg zwischen Frankreich und Spanien in den Niederlanden ausbreche, so würden die Staaten ihre Truppen nicht nach Cleve senden können, und somit die für Cleve bestimmten Truppen der deutschen Fürsten isolirt sein.

Qu'a mon advis il seroit meilleur, pour faire les choses plus seurement, de commencer par l'affaire de Juliers avec forces communes, et, ayant vuidé ce point, pour lequel tant de princes se sont joincts, qu'il seroit plus aysé par aprés de penser pour l'affermissement des princes pour l'avenir, portant mon opinion que l'entreprinse sur les Pays bas n'est point tant facile comme on se la persuade, que c'est un pays qui se doibt prendre par sieges de villes fortes, et non par batailles, que les humeurs françoises se lassent en des longs desseins, cependant que l'affaire de Juliers pourroit patir, sy le roy rencontroit quelque difficulté en sa grand guerre, concluant tousjours qu'il me sembloit plus a propos de commencer par Juliers. Ce prince neantmoins insista tousjours pour l'esclat universel, estimant a propos d'engager le roy, et se persuadant que la diversion qui luy en viendroit suffiroit pour dechasser Leopold, et qu'ayant frappé ce coup, il pourroit employer ses forces avec celles du roy et m^{rs} les Estats, desquels il faisoit estat comme s'ils entendroient a la guerre. Et sur ce propos je m'ouvris: que ne luy ne nous ne prenions gueres garde a nos seuretés en l'entreprinse de Juliers, que devions suivre l'exemple qu'un plus sage et plus puissant que nous nous donnoit, que le roy, considerant quelle suitte le secours des princes pourroit tirer, avoit prins ses seuretés du roy de la Grand-Bretagne et des princes d'Allemagne, s'attendant aussy a traicter avec m^{sgrs} les Estats, que nous devrions faire de mesme, n'estant pas a presumer que m^{sgrs} les Estats soient pour se jetter en une grande guerre sans sçavoir par traicté ce qu'ils auroient a esperer des princes, s'ils sont assaillis, ayant assés cognu per l'experience d'une guerre de 42 ans de beaucoup plus importante a l'empire que la presente ne sera aux provinces unies le peu de support qu'ils ont a attendre d'eux, s'ils n'en conviennent avant de s'engager. Neantmoins que je disois cecy par maniere de discours et de moy mesmes. — Il me repliqua que le roy de France nous assistera, que les princes ne peuvent rien plus faire que ce qu'ils ont promis au roy, et qu'une ligue seroit impossible entre tant de testes, a proprement parler que ce seroit tout gaster de la demander seulement. April 5.

M^r. de Suilly me dit qu'en cela je n'avois rien dit que je ne deusse, et ne voyant point que ne le roy ne le prince eussent subject de plainte, toutesfois que je ferois bien d'en parler a. s. M. Et laissant ceste matiere, il m'asseura que maintenant il croit la guerre, sy m^{rs} les Estats la vuellent, desquels seuls depend la resolution. Qu'il a eu cy devant occasion pour en douter, que desormais il a vuidé ses doutes, puisque le roy a resolu de faire la guerre en personne du costé des Pays bas et d'entreprendre le fait de Savoye par m^r de Lesdiguieres, ayant finalement resolu d'y employer cinquante mil hommes: vingt mille hommes pour la Savoye et trente mille en son armée. Sur quoy m^r de Suilly luy a remonstré que d'abord il se faut resouldre que ceste guerre durera du moins deux ans, avant que le roy d'Espagne se lasse, mais sy lors s. M. veut entendre a la paix par la restitution des places prinses, sans lesquelles il ne la faut esperer (sic!): autrement qu'il est plus a propos de vivre en paix sans une rupture qui n'apportera que de la honte et de la despense. A quoy s M. a declaré de voulloir faire la guerre avecq effort, sans se lasser ou changer,

76. voullant emporter la Meuse pour la seureté commune et ne faire aucun traicté avec l'Espagnol, que cest avantage ne luy soit cedé et passé. — Mais tout ce faict depend de m^rs les Estats, sans l'intervention desquels ce grand dessein ne peut pas reussir, y adjoustant que le prince d'Anhalt insiste pour avoir du roy le secours promis separé de son armée, croyant que le roy sera encor assés fort pour assaillir avecq le restant l'archiducq Albert, mais s. M. soubstient que ce seroit tout gaster, et qu'il doibt suffire aux princes d'Allemagne qu'elle attirera toutes les forces du roy d'Espagne hors de l'empire par sa declaration et execution de guerre.

Hierauf Audienz beim König in Gegenwart Villeroys. Anfangs dieselbe Frage über Vollmacht der staatischen Gesandtschaft, wie im Eingang des Schreibens berichtet. Gleiche Antwort. Dann berichtet Aerssen über seine dem Fürsten von Anhalt geführten Reden:

comme ayant eu dessein d'esclorre quelque ligue entre m^rs les Estats et les princes de l'empire. S. M. me dit que j'ay raison et que ceste ligue seroit desirable, qu'elle y voudroit intervenir, toutesfois que je me doibs bien persuader que ne tirerons jamais rien de ces princes, qui dient que ne faisons point de guerre a moins de trente ou quarante ans, et que la leur se finit ou peut finir en un, qu'ils ne sçauroient pas contribuer tant et sy longuement, qu'aussy nous n'entreprendrons pas ce secours de Juliers pour l'amour d'eux, mais pour empescher que l'Espagnol ne se loge sy pres de nous, et pour l'exemple, consideration et exhortation de s. M. — Nous voila donc bien payés de ces princes. L'alteration du prince d'Anhalt venoit de ce qu'il craignoit que j'eusse charge de proposer ceste ligue pour accrocher le secours qu'il attend de m^rs les Estats, et s. M. pensoit que m^rs les Estats m'eussent commandé d'insister pour l'entreprinse de Juliers seulement. Mais esclaircye que ces propos n'ont esté que discours sans charge ou artifice, s. M. s'en est fort contentée, comme faict aussy le prince, lequel m'a declaré ne s'en estre nullement plaint, et dit que c'est un artifice de m^r. de Villeroy pour nous mettre en jalousie l'un de l'autre.

Am Nachmittag abermals Unterredung mit dem König. Derselbe tadelt das scharfe Vorgehen der Staaten gegen Utrecht, welches „pourra bouleverser tout nostre estat": er habe eben das Conseil versammelt

pour adviser d'envoyer le president Janin vers m^rs les Estats, afin de moyenner ce different a l'amiable, ne pouvant approuver ceste rigueur. Qu'aussy m^r. de Russy luy a mandé que vos ambassadeurs sont partis sans charge quelconque, laquelle m. Janin pourra aller demander a m.rs les Estats, d'autant que son armée luy est desormais sur le bras avec une grande despense, et le temps ne peut permettre des envoys et renvoys, me commandant de vous prier et d'escrire a toute l'assemblée de voulloir autoriser vos ambassadeurs pour la guerre, autrement que vous gasterés tout.

Haag. Reichsarchiv. Cop.

77. Cardenas an Philipp III. April 5.

Bericht über den Verlauf der in seinem Bericht vom 27. März (n. 62) als beabsichtigt angekündigten Unterredung mit Heinrich IV. [1 2] (Gedruckt in dem unten angeführten Werk. Der Schluss der Depesche lautet nach dem Pariser Original vollständiger also:) „Replicóme estas palabras: agora pues vos me aveys pedido esta audiencia para decirme que me armo, que no saveys para que, que no me veys con enemigos, yo no tengo que daros quenta, pero os respondo que me armo para ayudar a mis amigos en lo de Cleves. Haveisme respondido, no confino con Cleves, que está en medio Flandes, que vuestro rey tiene alli a su hermana que no tiene otra, y al archiduque su tio, que los quiere, que los acudirá. No es esto lo que vos decis? — Respondí: Si, señor. — Pues yo os respondo que, si vuestro amo quiere al archiduque y a la infanta, que los quiera muy en buen ora, que hace muy bien, pero yo os digo a vos que, pues vuestro rey es mi amigo, quería que se contentase con querer a sus parientes, y que dexasse a los mios y no los quisiesse tanto. — Respondíle: v. M. me dize esso? — Dixo: Si. — Respondí: pues yo le suplico, considere lo que yo le he dicho y mire en ello. — Replicó con una mangada: que quereys que considere? Ya lo tengo considerado. — Respondíle: lo que ha de considerar v. M., v. M. selo save; lo que yo tengo que decille es, que tiene bien que pensar, y quedese con Dios, que me parece que estará cansado. — Esto es lo principal de lo que passó, y todo lo que yo me pude acordar, poniendolo luego por memoria, y es fuerça seme olvíde algo, que fueron tres oras, y hablandose en ellas a ratos a vozes no pudiendo escusar el responder. Como el rey habla, bien sele echa de ver la passion y fuego que tiene, y supuesto quel no me asegurava, no quise apretalle mas, porque no seme aclarase en rotura, acordandome, lo que hacia era por la prisa que me davan los negocios y no por orden de v. M., y ansi quise quedar en buen puesto para executar la orden que v. M. me mandase dar." — En Paris a 5. d'avril 1610.

Paris. Archives nat. Mon. hist. K 1462 n. 101. Orig. Gedruckt: Coleccion de documentos inéditos para la historia de España V. S 137.

[1] Zu vergleichen sind die Berichte des Peckius (April 2, 7. Henrard S. 311, 326) und des Ubaldini (April 14. Siri II S. 181) über dieselbe Audienz.

[2] In derselben Zeit, wo Cardenas die scharfen Erklärungen herbeiführte, verwandten sich Ubaldini und Peckius abermals für einen Vergleich auf der Grundlage einer in der Jülicher Sache durch den Kaiser

im Einverständniss mit Frankreich und Spanien zu treffenden Entscheidung und der Ehescheidung zwischen dem Prinzen und der Princessin von Condé. Darüber: Ubaldini an Borghese. März 31, April 13. (Siri II S. 145, 148.) Peckius an Erzh. Albert. April 1, 2. 7, 14. (Henrard S. 307 fg.) Erzh. Albert an Peckius. April 4. (Henrard S. 321.) Derselbe an Montmorency. April 5. (Henrard S. 322. Vgl. Siri II S. 146–148.) Cardenas berichtet am 5. April: Villeroy widerstrebe beim König auf's heftigste dem Scheidungsplan, weil nach der Scheidung der K. Spanien den Prinzen Condé verheirathen und ihn, der mit seinen Nachkommen zur französischen Krone kommen könne, an sein Interesse fesseln werde. Der König, obgleich er dies einsehe, werde, wenn die Heirath gelöst werden könne, sich seiner Leidenschaft wegen dadurch nicht abhalten lassen. (P. Arch. nat. Mon. hist. K 1462 n. 91.)

April 5. **78. Cardenas an den Herzog von Lerma.**

Rüstungen und Stimmung des Königs und der Räthe. — Unterredung mit Joyeuse. Die Kriegslust der Franzosen wird gedämpft werden, wenn Spanien ihnen durch Gegenrüstungen zuvorkommt, und wenn die Unterhandlung mit Savoyen erfolglos bleibt.

. . . Las prevenciones se continuan,[1] pero el dinero se gasta muy despacio, y, conforme a lo que se previene y a lo que e entendido, va el rei en persona con este ejercito que junta, pero el anda tan melancolico y está tan acabado, aunque se esfuerça, que se puede dudar, esté para poder acudir al servicio de armas. Siente mucho lo que gasta, y el dinero con que se alla es poco. A ello lleba y mueve sus amores. Los de su consejo desean terivlemente al principe de Condé. De uñ ora a otra se von aqui novedades.

Parecióme, cuando le ablé, estaba deseoso despantarme. Dos dias despues me bino a ver el cardenal de Joyosa; dijome: estaba muy sentido el rei, le abia ablado rigurosamente. Respondíle: lo estaba io mas de las ocasiones quel me abia dado, que, si en cortesia abia faltado, me pesaba, pero que libertá la tenia quien servia a mi dueño. Ablóme en si abria orden de la princesa, y si entendia que, pidiendola muy de veras, la darian el archiduque y s. a. de la infanta. Respondíle: mespantaba de que ablase en esto. Echó de ver, sienten y les da cuidado el ver prevenciones en Flandes.[2] Y si v. e. me mandase, dijese lo que de mi opinion entiendo, aunque es inciertisimo juzgar de Franceses, me parece, si ben alguna prevencion, no se arojará este rei, sino es que efetue

[1] Ueber den Fortgang der Rüstungen (n. 63 Anm. 1) vgl. Berichte des Peckius vom 2., 4. April. (Henrard S. 311, 318)

[2] Rüstungen in Flandern. Vgl. Trumbull an Winwood. 1610 April 6. Winwood an Salisbury. April 3. (Winwood, memorials III S. 142, 139.)

sus platicas con el duque de Saboia, que en este caso siempre lo e temido, pero sin esto, aunque los amores le traen fuera de si, el ber prevencion y lo que le condenan sin causa por su gusto meterse en guerra le a de detener, ayudando las dificultades con que va topando lo que siente gastar y no fiarse de nadie. Y ansi mi deseo es que a Flandes se imbie algo in cubre (sic!) ques mucho, y fuera desto se aga y prevenga todo lo que sin gastar se pueda, queste punto de la acienda es el que aoe la guerra, i ansi queria, se mirase por ella y se escusase gastalle. En Flandes encargo no se alargen, y espero lo aran.

A dado este rei quentas al nuncio de que v. e. dijo a su embajador, que los reyes de España amparaban a los afiijidos, questo dava a entender a el, no sele tenia por rei justo, y cierto yo me olgé de oyllo, y los que lo saben aqui les parece, tubo v. e. causa y yço muy bien en decillo.

Bittet um Geld für geheime Ausgaben.

En Paris 5 de abril 1610.

Paris. Archives nat. Mon. hist. K 1462 n. 162. Orig.

79. Cardenas an Philipp III. April 5.

Biendo al principe de Condé devajo de la protection de v. M. me ha parecido tener por de consideracion que sepa v. M. que el duque de Orliens y el conde de Anju su hermano y hijos segundo y tercero de este rey padecen mal de coraçon muy grave, y el duque de Orliens se entyende no vivirá, porque le va apretando esto, como va entrando en hedad. Procura mucho el rey y la reyna que sea secreto, pero por las devociones que la reyna haze con ellos, lo sospechan y saben algunos.

Paris. Archives nat. Mon. hist. K 1462 n. 90. Dechiffr. Cop.

80. Cardenas an König Philipp III. April 5.

Entsprechend dem Auftrag des Königs vom November 1609 hat Cardenas vor einigen Tagen einen Abgeordneten an Lothringen gesandt. Derselbe ist nicht zu Cardenas zurückgekehrt, wird aber seinen Auftrag hoffentlich wol ausgerichtet haben. Laut des „aviso que aqui tengo de mas credito" und laut anderer Aussagen gedenkt der König Heinrich „con este ejercito arrimarse a los confines de Lorena y apretar la platica del casamyento del delfin, y no saliendole sabrosa usar de fuerça, a lo menos en espantar. Y el aviso principal que digo dice, a llegado esto tan adelante, que tyene nuevas este rey, el duque anda racatado y quiere embiar su hija a Baviera, temiendose de algo." Diese letzte Nachricht, dass Lothringen sich vorsieht, bestätigt die Annahme, dass der oben gedachte Abgeordnete seinen Auftrag ausgerichtet hat. Cardenas gedenkt demnächst eine zweite Person abzuordnen, um die eben berichtete Nachricht nach Lothringen zu überbringen.

Paris. Archives nat. Mon. hist. K 1462. Dechiffr. Cop.

April 5. 81. Friedrich IV. an Churmainz.

Erinnert den Erzbischof, „das ich mich der handlung, so vor disem zum Neuenschloss und sonsten zwischen mir und e. l. vorgangen, noch wol erindere, auch bisher jederzeit in solchen terminis onausgesetzt verblieben, wie noch; sehe auch noch zur zeit nit, warumb dise consilia zu endern. Darauf e. l. sicherlich sich verlassen können.[1] Mich langt aber an, und wil mir fast glaubwürdig vorgebracht werden, als ob in solchem puncto zu Rom etwas gesucht und tractirt worden. Ich wil mich aber disfals, sonderlich zu e. l., eines bessern versehen, wie ich auch hiemit dieselb.. ersucht haben wil, hierin gewarsam zu gehen und also zu verfaren, damit nit künftig etwan ursach, insgemein darin sich zu beklagen."[2] — Datum Heidelberg den 26. Martii 1610.

München. Staatsarchiv 547/11 f. 65. Extract.

[1] Am 28. März schreibt ein Ungenannter an Joh. Ducker: im Auftrag des F. Anhalt und mit Vorwissen des Chf. Pfalz hat er während der Abwesenheit des erstern dessen Correspondenz mit Ducker fortzusetzen, und „darbei zu berichten, das an disem ort die bekante gute affection gegen s. d. noch in bestendigem esse verbleibe." Man hat aber „bestendige nachrichtung," dass die geistlichen Churfürsten durch Gesandte in Rom verschiedenes sollicitiren, was vielleicht bei ihnen eine Aenderung der Gesinnung voraussetzt. Der Erzherzog kann wol eher erfahren und es dann dem Chf. Pfalz berichten, „wohin solches eigentlich und uf wen gerichtet, und ob alle geistliche in diser negotiation begriffen, und ob sich villeicht Sachsen zu inen gethan." — Ueber die Jülicher Verwicklung, die Werbungen im Elsass und in und um Baiern und über die Unionsgesandtschaft an den Kaiser, dem übelgesinnte Räthe vorstellen, man wolle ihn aller Jurisdiction berauben. Aeusserstes Misstrauen muss erfolgen. Antrag an den Erzherzog, beim Kaiser, beim Erzh. Leopold oder wo es sonst erspriesslich ist, sich für Friede und Billigkeit zu verwenden und in seinen Herrschaften „denjenigen, so den fursten und stenden mit gewalt zuzusetzen vorhaben, mer hinderung als vorschub an passagien und in andere weg" zu thun. (M. 547/11 f. 62.)

[2] Ueber Maximilians damalige Haltung in der Successionssache vgl. das Schreiben des Matthias an ihn, 1610 März 18. (Hammer, Klesl II n. 274, 275.)

April 6. 82. Ludwig Camerarius, Werbung an Landgraf Moriz von Hessen.

Der Herzog von Zweibrücken hatte von den zu Hall versammelten unirten Fürsten den Auftrag angenommen, dem Landgrafen Moriz, wenn es nöthig sei, persönlich über etliche Verhandlungen, zu denen die hessischen Gesandten nicht zugezogen waren, zu berichten, wozu ihm dann der Churfürst von der Pfalz einen Rath beiordnen sollte. Hernach aber schrieb der Herzog dem Churfürsten:

er müsse wegen der im Elsass gesammelten Truppen, die, wie man sage, ihren Durchzug durch Zweibrücken zu nehmen beabsichtigten, die Reise noch verschieben. Da nun die Sachen keinen Aufzug leiden, so hat der Churfürst den Camerarius mit folgendem Auftrag an den Landgrafen abgefertigt: 1. des Landgrafen Gesandte haben bei der Haller Tagsatzung mehrere Puncte, besonders einige Einzelheiten bezüglich der Jülicher Hülfe, nur ad referendum genommen, und ist darauf vom Landgrafen noch keine Erklärung erfolgt. Da jedoch der Landgraf den Dortmunder Vertrag, den er selber unterhandelt hat, gewiss zu erhalten suchen wird, und seine Gesandten in Hall die Jülicher Sache sogar für eine Unionssache erklärten, da er sich früher oftmals erboten, neben den Unirten für die Jülicher Sache seinen Beitrag zu leisten, und seine Gesandten in Hall zuletzt den Befehl empfingen, auf eine schleunige und erkleckliche Hülfe zu dringen, so dachte man, der Landgraf werde das, was er zu thun habe, schon einiger Massen in's Werk gesetzt haben. Nun sind die für Jülich geworbenen Truppen grössten Theils aufgestellt, man muss also Geld zur Hand haben. Demgemäss haben die Unirten die ersten 16 Monate nach Heidelberg erlegt, von wo sie hoffentlich schon nach den Jülicher Landen geschickt sind; [1] die übrigen 19 Monate gedenken sie in nächster Osterwoche zu erlegen. Der Landgraf aber möge nunmehr berichten, ob von seiner Quote auch schon etwas nach den Jülicher Landen geschafft sei, oder wie er deren Erlegung bewerkstelligen wolle. 2. Dass des Landgrafen Gesandte zu den zwischen den Fürsten persönlich gepflogenen geheimen Verhandlungen nicht zugelassen sind, hängt mit dem Rotenburger Abschied zusammen, nach welchem die Fürsten, welche bei persönlichen Versammlungen nicht erscheinen, ihre Vollmacht einem andern Fürsten geben sollen. Camerarius hat nunmehr dem Landgrafen den zwischen den Fürsten verabredeten Nebenabschied (n. 19 S. 83 Anm. 1) und „andere sachen" mitzutheilen, erbietet sich auch zu weitern mündlichen Aufschlüssen. 3. Ueber Neuburgs Assecuration, und weitere Behandlung der Städte.[2] 4. Camerarius überreicht Schriften, die den Landgrafen über die von der jüngsten Heidelberger Fürstenversammlung gefassten Beschlüsse aufklären werden, in der Erwartung, dass der Landgraf sie annehmen werde. — O. D. April 6.

München. Staatsarchiv pf. 117/1 f. 33. Cpt.

[1] In der Instruction für Camerarius (März 27. M. pf. 116/4 f. 548) heist es: über diese 16 Monate sei für Lauf- und Anrittsgeld, den ersten Monatssold und die Ausrüstung der Reiter und Knechte disponirt.

[2] Dieser Punct ist in der Vorlage nur so kurz erwähnt. In der Instruction heisst es: die meisten unirten Städte haben ein Darlehen von 25 Monaten oder einem ähnlichen Betrag bewilligt, mit dem Vorbehalt, dass die Summe einem benachbarten unirten Fürsten, ohne Erwähnung der Jülicher Sache und gegen gebührliche Zinsen, geliefert werde. Churpfalz habe nun die Städte ersucht, die Summe zu erhöhen; wegen der Assecuration solle nächstens mit ihnen nach Kreisen verhandelt werden.

April 6. 83. Moriz Landgraf von Hessen, Erklärung auf die Werbung des Camerarius.

1. Der Landgraf hält die Jülicher Sache nach wie vor für eine gemeine evangelische und möchte gern seine frühern Anerbietungen erfüllen. Aber das scharfe Schreiben Sachsens, dass er einen Landtag gehalten und die erhobene Contribution nach Jülich solle gesandt haben gegen die beschworene Erbeinung, liegt ihm im Wege.[1] „Kemen andere avis dazu, das l(andgraf) L(udwig) gern ihn draus (aus der Erbeinung) setzte." Nun ist aber die Erbeinung „das höchst cleinot des lands Hessen," die Belehnung und Erbhuldigung ist auf sie gegründet. In dieser Verlegenheit bittet der Landgraf, Pfalz und die Union mögen ihn mit seinem Beistande noch etwas zaudern lassen, bis er freiere Hand hat. Berlepsch hat das weitere darüber dem Churfürsten von der Pfalz vorzutragen. 2. Der Landgraf hat selber Durchzüge zu gewärtigen und ist von Ritberg aus bedroht. Er wird seine Landstände beschreiben, um Gegenanstalten zu treffen, „item ex nervo uf den fal auch werben." — 27. Mart.

München. Staatsarchiv pf. 117/1 f. 12 Aufzeichnung von Camerarius.

[1] Am 3. März schreiben der Chf. Sachsen, die Herzoge Johann Georg, Johann Casimir und Johann Ernst an den Landgrafen: der Landgraf hat geschrieben, dass die Union der Erbeinung unpräjudicirlich, und er zum Eintritt in dieselbe entschlossen sei, dabei aber die Erbeinung noch besonders excipiren werde. Die Fürsten wollen, da nicht mehr „res integra" ist, sich hierüber nicht weiter auslassen, versehen sich aber, dass der Landgraf jene Exception der Union einrücken lassen und sich bei jeder Gelegenheit der Erbeinung gemäss bezeigen wird. Sie lassen sich's bei dieser Einung, dem Land- und Religionsfrieden genügen. Sie haben aber, ohne es zu glauben, gehört, dass der Landgraf die vom Landtag zu Treisa bewilligten Steuern zur Unterstützung der Fürsten in Jülich diesen zugesandt habe und durch einen Gesandten in Düsseldorf „allen consiliis und actionibus beiwone." Vielmehr wird der Landgraf der Erbeinung gemäss dem Haus Sachsen in seiner gerechten Sache mehr bei- als widerstehen, und bitten ihn die Fürsten, „e. l. wolle sich also .. erweisen, wie es die erbverbrüder- und erbvereinigung erfordert und unserm chur- und furstlichen hause zutreglichen (ist)." (D. 7272. I. Buch Union und Zusammensetzung etc. 1609—1611 f. 145.) Der Landgraf erwidert am 10. März: er hat zur Unterstützung der Fürsten in Jülich keinen Pfennig bewilligt erhalten, oder ihnen zugeschickt. Sein Gesandter in Düsseldorf hat Befehl, keinem Rathe beizuwohnen, darin das Interesse und Recht der sächsischen Fürsten bestritten, oder gar etwas gegen sie gerathen oder gehandelt werden möchte. Ueberhaupt ist in den Jülicher Landen noch nichts gegen das Haus Sachsen vorgenommen, noch sein Recht beeinträchtigt, sondern bloss dahin gesehen, dass die Jülicher Lande nicht in päpstliche Hände gerathen, „vielmer in evangelischen henden dem recht habenden zu gutem . . erhalten werden möchten." (A. a. O. f. 167.) In einem etwas spätern Schreiben an Anspach (praes. Neuburg 4. April n. St.) bezieht sich der Landgraf auf das sächsische Schreiben mit ähnlichen Bemerkungen wie in der Resolution an Camerarius: er wolle, heisst es dann, das Haus Sachsen auf „traeglichere wege" zu bringen suchen, bitte aber, um diese Verhandlungen ohne Verdacht zu führen und den Gegnern keinen Anlass zum Durchzug durch sein Land zu geben, dass der Markgraf die Truppen der Unirten nicht durch seine Lande ziehen lasse. (B. Unionsacta X.)

84. Otto Graf von Solms an Churpfalz. April 6.

Hat des Churfürsten Schreiben vom 3. empfangen. Man kann sich mit dem Landvolk nicht lange mehr halten, da der grösste Theil desselben, besonders der Reiterei, „zum handeln wenig lust und hertzens hat, teils allerhant beschwerliche reden füren . ., zu geschweigen das das volck nicht wol an einig geferlichs ort kecklich zu füren, das man sich nicht weichens befaren dörft." Man kann bei solchen Leuten nicht die Disciplin, wie bei geworbenen Soldaten, halten. Den Proviant von den Klöstern zu nehmen, bevor man die Gegner überwältigt hat, scheint unthunlich; denn zur Zeit darf man zu Beschuldigungen verübter Gewalt keinen Anlass geben. Ausserdem haben die Klöster und Flecken ihren Vorrath in die Städte geflüchtet. Um dem Gegner eine Proviantsendung abzuschneiden, hat man „diesen abent umb 9 ur" 100 Mann zu Fuss und 80 Reiter abgesandt, aber ohne Erfolg. — Datum Geispitz den 27. Martii anno 1610.

P. s. Die Stadt Strassburg weigert sich, fernern Proviant zukommen zu lassen;[1] trotz Lothringens voriger Zusage soll die Reiterei der Gegner aufkommen; der Graf wird von den Unterthanen haufenweise um Entlassung angegangen. In Folge jener Weigerung kann man sich den Proviant nur noch mit viel Reiterei und vieler Versendung der Truppen beschaffen; mit Reiterei aber können die Gegner dem Lager des Grafen nicht nur die Zufuhr sperren, sondern auch die Besatzung selber übermannen. Demgemäss hat der Graf mit seinen Zugeordneten beschlossen, am 8. nach Selz und Beinheim auf die Gränze sich zu ziehen. Dort kann der Churfürst die Unterthanen abdanken und die Werbetruppen zur Besatzung zurückhalten.[2]

München. Staatsarchiv pf. 116/4. f. 680, 676 Orig.

[1] Die Stadt entschuldigt sich deshalb am 7. April durch Dr. Hartlieb bei Churpfalz: Der Mangel sei bei ihr so gross, dass das Malter Korn 6 Gulden koste. (f. 658.)

[2] An demselben Tag (6. April) schreibt Churpfalz an Solms: Da, wie aus des Grafen Schreiben vom 4. erhellt, Strassburg die Stellung von Truppen verweigert, und bezüglich des Proviants und der Munition man auf die Stadt nicht sicher rechnen kann, da auch die Zahl von 1500 geworbenen Truppen nicht so bald bereit sein kann, so ist der Rückzug nach Selz anzutreten. Nach dem Abzug müssen aber die Gränzen gegen das Elsass, besonders Selz und Beinheim, gesichert werden, da Kriechingen sich an einem oder dem andern unirten Fürsten zu rächen suchen dürfte. Demgemäss wird der Graf mit den würtemberger Officieren handeln, dass sie bis auf weitere Ordre ihres Herrn die genannten Orte (Beinheim, wenn die Badischen es für nöthig halten,) besetzt halten. Wenn es nöthig ist, wird er denselben aus der pfälzischen Reiterei 50—100 Mann, die zu Hause am wenigsten zu versäumen haben oder sonst dazu bereit sind, zuordnen und die Badischen zur Stellung von ebenso vielen oder mehr Reitern vermögen. Helmstätters Fähnlein, wenn gemustert, soll gleichfalls hinaufgesandt werden, ebenso die Compagnie Obentrauts, wenn sie zusammengebracht ist. (M. pf. 116/4 f. 634.) An demselben Tag ersucht der Churfürst den H. Würtemberg, er möge seine zwei Fähnlein so lange in Selz und Beinheim belassen, bis man Kriechingens Absichten erkenne. Der Herzog erwidert darauf am 8. bejahend. (f. 636, 685.)

April 6. 85. **Neuburger Abschied.**

Unterzeichner: Joachim Ernst Markgraf von Anspach (für sich und für Churpfalz), Philipp Ludwig Herzog von Neuburg, Gottfried Graf von Oettingen, Gesandte von Culmbach, von Nürnberg und Ulm.

Da allerhand geworbene Truppen „dieser gegend und landen" Gefahr drohen, weil man nicht weiss, wohin sie ziehen werden, so hat es dem Churfürsten von der Pfalz als Director der Union obgelegen, bei Zeiten auf Vertheidigungsanstalten bedacht zu sein. Da aber der Churfürst durch gleiche Gefahren in den untern Landen beschäftigt ist, so hat er den Markgrafen von Anspach ersucht, die Unirten der obern Lande zu dem bezeichneten Zwecke zu versammeln. Daher die Neuburger Tagsatzung, welche auf des Markgrafen Proposition folgendes beschlossen hat: 1. Die nach dem Heidelberger Abschied zu werbenden Truppen reichen zur Vertheidigung der obern Lande der Union nicht aus. Darum ist das in diesen Landen für Jülich geworbene Volk, nachdem man sich in Jülich durch einen eignen Courier erkundigt haben wird, ob man es dort so lange entbehren könne, zurückzuhalten, bis die Gefahr der Lande beseitigt sein wird. — Diesen und „fast alle" Beschlüsse haben indess die Städtegesandten wegen Mangels an Instruction ad referendum genommen; ihre Magistrate sollen in vierzehn Tagen nicht nur ihre eigne Resolution an Churpfalz einsenden, sondern auch die der unirten Städte ihres Kreises ausbringen. Churpfalz wird die gleiche Resolution von Strassburg und den Städten des oberrheinischen Kreises einholen. Uebrigens haben die Städtegesandten erinnert, dass zwischen den gegenwärtigen Vertheidigungsanstalten und der Jülicher Sache ein Unterschied zu machen sei. 2.[1] Anspach hat erinnert, dass man von Jülicher Truppen das Regiment des Obersten Fuchs (zu 2000 Mann) und 1000 Pferde, von neu zu werbenden Truppen 1000 Mann zu Fuss und 200 Mann zu Pferde (das übrige werden Neuburg und die Städte in Garnison halten) in's Feld werde stellen können. Ob nun nicht, da diese Streitkräfte vielleicht für ungenügend gegen einen Einfall erachtet werden möchten, mehr Truppen zu werben seien? Ob nicht bei der vorstehenden Musterung in Kitzingen das überzählige Volk in Wartegeld zu nehmen sei, damit man nach erholter Resolution des Churfürsten von der Pfalz im Fall des Bedürfnisses sofort ein Regiment von 2—3000 Mann aufstellen könne? Ob nicht aus Unionsmitteln alsbald noch gegen 500 Reiter zu werben seien? Ob endlich das Passauer Volk gegen Caution durchziehen zu lassen oder mit Gewalt zurückzuhalten sei? — Auf diese Fragen haben die Versammelten mit Ausnahme der Städtegesandten befunden: es sei der Haller und Heidelberger Abschied und die Unionsacte zu befolgen; es seien noch 2000 Mann zu Fuss und 500 Mann zu Pferde zu werben, und solle vorläufig jeder Stand so viele Leute, als er bekommen könne, in Wartegeld auf Unionskosten nehmen, um sie künftig dem Obersten, wenn er ernannt sei, zuzuweisen. Hierüber werden die Städte Ulm und Nürnberg ihre Resolution in acht, die übrigen unirten Städte von Schwaben und Franken in vierzehn Tagen an Churpfalz und Anspach einsenden. 3. Zur Lieferung einiges Geschützes haben sich Churpfalz und Anspach bereit erklärt. Dass Nürnberg die von Anspach in der Proposition begehrten zwei halben Karthaunen und vier Feldstücke nebst Kugeln und „etlichen geschirren" wahrscheinlich liefern werde, haben die Gesandten der Stadt erklärt. Ebenso erwartet man von den Städten die Lieferung der Munition auf Abzug von ihren Unionsbeiträgen. 4. Auftrag an einzelne Stände zur Besetzung einzelner militärischer Aemter und Gewinnung der „artillereipersonen." 5. Wird das nach Jülich bestimmte Volk bis zu vierzehn Tagen nach der Musterung zurückgehalten, so ist ihm der erste Monatssold von der Union auszuzahlen. 6. Gleich nach der Musterung des Regiments von Fuchs wird in Nürnberg ein Kriegsrath bestellt, in welchen ein Rath von Churpfalz, einer von den Fürsten und Grafen, einer von den Städten ernannt wird. 7. Einen Kostenanschlag, gerichtet auf drei Monate, wird Anspach sowol den unterzeichneten Ständen, als auch dem Churfürsten von der Pfalz zusenden, damit dieser sich noch vor der Kitzinger Musterung (April 30) darüber resolvire. 8. Behufs der Neuwerbungen wird man neben den schon bewilligten 7 Monaten 9 weitere in die verordneten Legstätten erlegen, und zwar 3 Monate acht Tage nach Ostern (a. St.), 6 Monate in den folgenden vierzehn Tagen. Mit diesen Steuern soll dann das ganze Vertheidigungswesen bestritten werden. — Geben zue Neuburg an der Tonaw den 27. Martii anno 1610.

München. Staatsarchiv pf. 341/40 f. 2. Orig.

[1] Nach der Ordnung der Puncte im Orig. enthält der 2 Art. des Excerptes die Nummern 2, 3, 4, 9. Nr. 3 entspricht 5 und 6; Nr. 4 entspricht 7 und 8; die Nummern 5—8 entsprechen 10—13.

86. Neuburger Nebenabschied. April 6.

1. Der Heidelberger Abschied bestimmt, dass bei grosser Gefahr jeder Stand dem Bedrängten mit seinem geübten Landvolk zur Hülfe eilen solle. Da demgemäss Neuburg vorschlug, es möge die Zahl der Hülfstruppen zu Ross und zu Fuss, die jeder dem andern im bezeichneten Falle schuldig sei, bestimmt werden, und man darauf für gut fand, das Verhältniss nach der Reichsmatrikel festzusetzen, erklärte Neuburg: es solle dann das Verhältniss zwischen ihm und den benachbarten Fürsten, Grafen und Städten gleich, zwischen ihm und Churpfalz wie eins zu drei angesetzt werden. Die Churpfälzer nahmen dies ad referendum und stellten die Ratification ihres Herrn in sichere Aussicht.[1] — Anspach und Culmbach werden sich mit ihrer Ritterschaft bezüglich des Reiterdienstes baldigst vergleichen und dann erklären, eine wie starke Hülfe an Reitern Churpfalz, Neuburg, Oettingen, Nürnberg, Ulm von ihnen zu gewärtigen haben; an Fussvolk werden sie je 250 geworbene Knechte und dazu noch Landvolk aus den benachbarten Aemtern stellen. — Oettingen hat erklärt, weil sein Landvolk „der gefar nit wol gewont," so wolle er geworbenes Volk nach dem einfachen, doppelten oder dreifachen Römerzug, wie man sich vergleiche, stellen. — Die Gesandten von Nürnberg und Ulm nahmen die Sache ad referendum und sagten die Resolution ihrer Herrn innerhalb

acht Tagen zu. Sie erinnerten aber, dass ihr Reichsanschlag im Verhältniss zu den Fürsten zu hoch, die Zahl ihres Landvolks geringer sei, dass sie keine Reiterei stellen könnten, und dass Nürnberg, da es die „kriegsmunition herschiesen" solle, hoffentlich mit dieser Hülfe werde verschont werden. Allerdings solle im äussersten Nothfall von jedem Stande mit ganzer Macht geholfen werden. Die Städte werden keinen bedrängten Unirten hülflos lassen.[2] 2. Hinsichtlich der Besoldung dieses Volkes und der Commiss bleibt es bei dem Heidelberger Abschiede. Es wird verwendet, wo es am nöthigsten ist, und hat hierüber Anspach als General zu entscheiden. 3. Die gegen das Passauer Volk liegenden Gränzen werden baldigst durch Churpfalz und Neuburg besichtigt, und dabei bestimmt, ob Bauten zur Sicherung derselben gegen Durchbrüche auszuführen, und an welchen Orten die Truppen zusammenstossen sollen, falls „der gegenteil unter lants einbrechen wolte." Das Rendez-vous „hieoben lants" wird von Churpfalz, Neuburg, Anspach, Oettingen, Nürnberg bestimmt. Die Truppen werden mit „notturftigen zeug zu schantsgebewen" erscheinen. — Beschlossen Neuburg an der Tonaw den 27. Martii im jar 1610.

München. Staatsarchiv pf. 117/1 f. 131. Cop

[1] Am 23. April erklärt Churpfalz den oberpfälzischen Räthen, indem er im übrigen den Neuburger Abschied ratificirt: jenes Verhältniss sei, da es sich nur um die Oberpfalz handle, viel zu hoch angesetzt. Die Räthe sollen ihm behufs anderweitiger Erklärung gegen Neuburg ihr Bedenken geben. (M. pf. 117/1 f. 135.) In einem Schreiben an den Gr. Reinhard von Solms und Oberstlieutenant Modersbach vom 5. Mai ratificirt der Churfürst eine von jenen mit den Neuburger Beamten getroffene Vereinbarung „des succurs halben mit dem landvolck." (M. 549/5 f. 73)

[2] Neuburg wandte sich in derselben Angelegenheit an den H. Würtemberg. Derselbe antwortet ihm am 27. April folgendes: Neuburg verlangt abermals specielle Erklärung bezüglich des „gesuechten eilenden succurs." Da nun Würtemberg schon das vorige Gesuch dem Chf. Pfalz übermittelt hat und die weitern Nachrichten über die drohenden Gefahren demselben ebenfalls mitgetheilt werden sollen, da nach dem Speirer Abschied die Direction der Vertheidigung der Lande der Unirten dem Chf. Pfalz und dem Mgr. Anspach übergeben ist, so möge Neuburg vom H. Würtemberg keine abgesonderten Erklärungen verlangen. (M. pf. 343/post 21 f. 52.)

April 6. **87. Joachim Ernst Markgraf von Anspach an Churpfalz.**

Uebersendet den Neuburger Abschied. So sehr der Markgraf schliessliche Beschlüsse über das Vertheidigungswesen wünschte, so wollten die Städtegesandten dieselben doch nur ad referendum nehmen. Diese Ungewissheit bis zur schliesslichen Entscheidung ist dem Markgrafen sehr unangenehm, wegen des nunmehr zusammengebrachten nach Jülich bestimmten Volks. Entscheidet man, dass dem Passauer Volk gegen Caution und Abtheilungsweise der Durchzug unter Begleitung zu gestatten sei, so braucht man keine neuen Werbetruppen, und das für Jülich bestimmte Volk hält sich vergeblich auf, ja es könnte ihm nachher von den Passauern der Weg abgeschnitten werden. Churpfalz möge desshalb seine Resolution hierüber baldigst einsenden. Nach des Markgrafen Ansicht könnte man den Passauern den Durchzug wol verwehren; denn der Haller Abschied verbietet ihn, das für Jülich geworbene Volk ist noch bei der Hand, das (in Heidelberg) bestimmte Volk ist geworben, und bei der Musterung des Regiments des Markgrafen kann man leicht noch eine weitere Anzahl Truppen erlangen, wie denn auch baldigst 500 Mann zu Pferde zusammenzubringen wären.[1] — Datum Neuburg an der Donau den 27. Martii anno 1610.

München. Staatsarchiv pf. 116/4 f. 706. Orig.

[1] In einem eigenhändigen Schreiben berichtet der Markgraf am 7. April noch folgendes: Ohne specielle Instruction vom Churfürsten hat der Markgraf mit Gutheissung der vom Churfürsten ihm zugeordneten Räthe die Proposition für die Neuburger Tagsatzung selber verfasst. Die Truppen, welche bei Passau gemustert werden sollen, betragen nach gewissen Nachrichten 8000 Mann zu Fuss und 2000 Mann zu Pferde. (vgl. Kurz S. 75, 76.) Zugleich hat Baiern 4000 Mann werben lassen (vgl. Stieve, Donauwörth S. 406) — nach den Patenten, zur Vertheidigung des Landes —, deren Hälfte er nahe an's Stift Passau gelegt hat, während die andre Hälfte bei Rain am gegenwärtigen Tage gemustert wird. Vereinigen sich beiderlei Truppen, so dürfte man sie nur bei genügendem Widerstande aufhalten können. Für ihren Fortzug werden sie wol den geraden Weg, d. h. durch die Oberpfalz, nehmen, besonders wenn, sie von dem Unternehmen gegen das Elsasser Volk hören; oder sie werden bei Donauwörth die Donau überschreiten und durch Würtemberg nach dem Elsass ziehen. — Demnach sollte, sobald man hört, dass die Musterung bei Passau vorgeht, das Landvolk einberufen und so lange an den zu vereinbarenden Orten aufgestellt werden, bis man mit dem geworbenen Volk anlangt. Was dies angeht, so wird aber der Markgraf, wenn die in's Elsass gelegten zwei Würtemberger und das pfälzische Fähnlein nebst Obentrauts Compagnie ihm abgehen, sehr schwach sein, zumal man die Truppen nicht wird aufhalten können, ohne Baiern zu beleidigen. Der Churfürst möge sich resolviren, worauf sich der Markgraf in dieser Hinsicht zu verlassen hat. — Gefahr, dass die Passauer gänzlich an der Donau aufwärts und über den Rhein ziehen, und dann den nach Jülich bestimmten Unionstruppen zuvorkommen, oder ihnen den Weg abschneiden. Eine in Neuburg getroffene Bestimmung, nach welcher die Truppen so zu bestallen sind, dass man sie nach 1—$1^1/_2$ Monat wieder abdanken kann, ist schwerlich auszuführen, hoffentlich werden aber die bewilligten neun Monate, wenn nicht das für Jülich bestimmte Volk so lange aufgehalten wird, dass ihm davon der erste Monatssold zu erlegen ist, für längere Zeit ausreichen. (M. pf. 116/4 f. 709.)

88. Cardenas an Philipp III. April 7.

Dicenme que tyene este rey avisos que los Uganotes[1] de este reyno se quieren armar, cuydadosos de velle juntar fuerças de consideracion, y quel rey lo siente, y le da esto mucho cuydado, y a embiado a ablar algunos al duque de Solli su privado para, si puede, aquietallos y aseguralles, no tyene fin de offendellos ni quitalles las plaças que de presente tyenen, y que lo que agora se procura es, que se buelva al principe y princesa de Condé y assistir al marques de Brandenburg y protestantes en lo de Cleves.

Paris. Archives nat. K 1462 n. 105. Dechiffr. Cop.

[1] Am 5. April berichtet Cardenas: „los Uganotes andan inquietos, deseando tener caveça de consideracion, y a quien mas se an inclinado es al mariscal de Bullon, pero este no se determina, quejandose dellos que no le acudieron, quando este rey le apretó en lo de Sedan, y en resolucion la parte de los Uguenotes se mueve solo sin pasar a effecto, siendo todo platicas, pero andan de manera, que dan mucho coydado al rey." (P. Arch. nat. K. 1462 n. 87.)

April 9. **89. Joachim Ernst Markgraf von Anspach an Neuburg, und mut. mut. an Culmbach.**

Churpfalz hat unterm 5. April ein Bedenken des Fürsten Christian von Anhalt (n. 69?) übersandt, wie bei Gelegenheit der zu Hall und Heidelberg beschlossenen Gesandtschaft an England „der bewusten und unter chur- und fursten allein abgehandelten geheimen sachen wegen etwas anregung zu thun sein möchte." Dies Bedenken, mit dem der Markgraf von Anspach völlig übereinstimmt, sendet er auf Wunsch des Churfürsten an Neuburg und Culmbach mit der Bitte um ihr Gutachten darüber, damit alsdann ihrer aller Meinung dem Churfürsten eröffnet und „den gesanten disfals gebürliche commission hernach geschickt werden könte." — Datum Onoltzbach den 30. Martii anno 1610

Berlin. Unionsacten XV. Cpt.

April 10. **90. Johann Friedrich Herzog von Würtemberg an Churpfalz.**

Nachdem der Erzherzog Maximilian den Wunsch einer Besprechung mit dem Herzog über die gegenwärtige Lage der Dinge angedeutet, und der Churfürst dem Herzog für diese Besprechung ein Gutachten betreffend die Kriegsrüstungen, die Jülicher Sache und die kaiserlichen Hofprocesse ertheilt hat, ist vom Herzog, weil er selber verhindert gewesen, Melchior Jäger an den Erzherzog gesandt. Da dieser aber auf die Nachricht, dass der Erzherzog schon die Reise nach Prag angetreten habe, zurückkehrte, so hat der Herzog, um dem Erzherzog seine Vorstellungen noch vor dem Prager Fürstentage vorzubringen, ein Schreiben an denselben entworfen, welches zugleich dem Kaiser und andern Fürsten, die sich interponiren wollen werden, vorgelegt werden kann. Er übersendet es dem Churfürsten zur Begutachtung. Es dürfte sehr nützlich sein, wenn, wie der Herzog den Erzherzog, so der Churfürst den Erzbischof von Mainz zur Vermittlung aufforderte, wenn er ferner den Erzbischof von Trier, der sich mit Churcöln „eben weit in zweiung eingelassen haben und gegen gemeiner sach nicht übel affectioniert sein" soll, und den König Matthias günstig zu stimmen suchte. Man hätte die Sachen dahin zu richten, dass der Kaiser die Churfürsten von Mainz und von der Pfalz, den Erzherzog Maximilian und einen weltlichen evangelischen Fürsten als seine Commissarien vorschlüge. Churcöln soll seit seiner Entfernung vom kaiserlichen Hof sich etwas gelinder und einem gütlichen Ausgleich mit den Unirten geneigter bezeigt haben. Nach Angabe eines vornehmen kaiserlichen Rathes sollte Churpfalz jüngst seine

Absicht erklärt haben, die Stadt und das Stift Mainz einzunehmen, worauf der Erzbischof durch eine Gesandtschaft um des Churfürsten Erklärung nachgesucht und die Stadt besetzt habe. Dieses ist dem Jäger von vertrauter Seite mitgetheilt, desgleichen folgendes: die Liga habe dem Kaiser „zue jetzigem bevorstehenden wesen" 25 Monate bewilligt; Erzherzog Maximilian aber habe sich der Liga zur Zeit noch nicht angeschlossen, auch Musterplätze und Durchzüge in seinen Landen nicht gestattet. Der König Matthias habe in Oestreich und Mähren zwei Regimenter zu Fuss, 2000 Mann zu Pferde, ferner etliche 1000 Mann in Ungarn aufgebracht, so dass man von seiner Seite einen Rückhalt gegen den Herzog von Baiern, mit dem er nicht gut stehe, haben werde. Leüchtenberg, Wacker, Barvitius dürften bald ihrer Stellen entsetzt werden, so dass man auf Besserung der kaiserlichen Regierung noch wenig Aussicht habe, zumal da Leopolds Agent Dr. Hegenmüller nebst andern dem Kaiser stark in den Ohren liegen.[1] — Datum Stuctgarten den 31. Martii anno 1610.

München. Staatsarchiv pf. 117/1 f. 49. Orig.

[1] Churpfalz erwidert am 12. April: er billigt das Schreiben an Erzh. Maximilian. Von dem Chf. Mainz durch einen besondern Abgeordneten (Caspar v. Elz) über dessen vorstehende Reise nach Prag unterrichtet, hat Churpfalz demselben über die dem Kaiser zu machenden Vorstellungen sein Gutachten gegeben, welches dem Herzog nächster Tage mitgetheilt werden soll. Gegen Trier, von dessen Beschreibung nach Prag nichts gemeldet wird, und gegen Cöln, der andern Absichten folgen dürfte, muss man vorsichtig sein. Der in des Herzogs Schreiben erwähnte Anschlag gegen Mainz ist dem Churfürsten nie in den Sinn gekommen. Solche Gerüchte sind schon vorher im Volke umgegangen, allein der erwähnte Mainzer Gesandte hat sie gar nicht erwähnt, obgleich damals schon die Besatzung nach Mainz gelegt war. Er hat vielmehr den Churfürsten ersucht, er möge während des Erzbischofs Abwesenheit Musterplätze und Durchzüge von seinem Stifte abwehren helfen, worauf der Churfürst sich zu gut nachbarlichem Verhalten erboten hat. (M. pf. 117/1 f. 51.)

91. Friedrich IV. an Anspach. April 11.

Der Churfürst billigt durchaus den Neuburger Abschied. Er hat denselben den „hieunten gesessenen" Unirten mitgetheilt und sie zur Annahme desselben auf den 20. nach Speier berufen. (Folgt ein Gutachten über die einzelnen Puncte des Abschieds. Hinsichtlich der fernern Truppenwerbung wird bemerkt, dass dieselbe möglichst zu beschleunigen sei. Darum habe der Churfürst, da in seinen untern Landen noch Knechte zu haben seien, den Befehl zur Anwerbung von zwei Fähnlein zu je 300 Mann ertheilt.) Der Markgraf fragt, ob er sich des Beistandes der zwei Würtemberger und des einen churpfälzischen Fähnleins, welche „hieunden landes und am Rein" vertheilt sind, zu versehen habe. Der Churfürst will, wenn die Gefahr bei ihm nicht grösser wird, dieselben nebst Obentrauts Compagnie dem Markgrafen an den von ihm zu bestimmenden Ort zusenden. Zieht dann aber das Passauer Volk die Donau hinauf zu den Elsasser Truppen, so müsste der Markgraf demselben folgen und sich „herab begeben," bis man in des Churfürsten Nachbarschaft und Landen vor ihnen gesichert wäre. Des Markgrafen Besorgniss wegen Durchbruchs der gegnerischen Truppen nach den Jülicher Landen soll den Interessenten mitgetheilt werden. — Datum Heidelberg 1. Aprilis 1610.

München Staatsarchiv pf. 117/1 f. 16. Cpt.

April 12. **92. Schweikhard Erzbischof von Mainz an Churpfalz.**

Der Churfürst hat bezüglich der nach einem Bericht an den Erzbischof bevorstehenden Musterung von Truppen unirter Fürsten in seinem Stifte dem Erzbischof geschrieben; dieser hat den Brief beantwortet und hierauf wieder eine Antwort des Churfürsten erhalten. Er dankt demselben für die Bekräftigung der dem Caspar von Elz vorher gegebenen Erklärung (n. 90 Anm. 1). Der Erzbischof wird in Prag für den Frieden im Reich und die Abstellung aller Unordnung am kaiserlichen Hof nach Kräften wirken. Da der Churfürst ihn befragt, wie er über die zu Neuenschloss gepflogene Verhandlung denke, so erklärt er, dass er derselben, „wie sie in iren terminis begriffen, bevorab dieweil, wie e. l. bewust, die ubrige ersuchung bishero noch angestanden, onvergessen pleiben" werde. Es dürfte demnächst rathsamer sein, dass darüber zwischen ihm und dem Churfürsten persönlich, nicht schriftlich, gehandelt werde. Der Erzbischof empfiehlt dem Churfürsten nochmals sein Stift für die Zeit seiner Abwesenheit. — Datum Aschaffenburg den 12. Aprilis anno 1610.

München Staatsarchiv pf 117/1 f. 69. Orig.

April 12. **93. Friedrich IV. an den Kaiser.**

Mehrfache vom Churfürsten und andern Reichsständen dem Kaiser gemachte Vorstellungen über die „unleidlichen beschwerungen im heiligen reich und sonderlich wider desselben evangelische stent und reichsstet." Der Kaiser stellte bisweilen Abstellung dieser Uebel in Aussicht, wurde aber „durch diejenige rät verhindert, welche mit iren feindseligen und nur zu undertrückung der religionsverwanten gerichten consiliis e. M. bishero in viel und grosse gefar, ungelegenheit und ungemach gebracht haben." Auf Antrieb dieser Räthe gehen gegen Churfürsten und Fürsten, die sich überflüssig zu ordentlichem Recht erboten haben, unter des Kaisers Namen Hofprocesse aus, die mit der Execution anfangen, und sind nunmehr, ebenfalls unter des Kaisers Namen starke Kriegswerbungen angestellt „und also bemelte chur- und fürsten in gefar leibs und lebens, ehr, land und leutten gesetzt." Der Churfürst hat es bei dieser Sachlage für Pflicht seines Standes und Amtes gehalten, den Kaiser „nochmals treuherzig zu warnen." Denn „solche geschwinde process und gewaltthetige fürnemen" müssen dem Kaiser neue Unruhen und Nachtheile verursachen, „daran ich auch umb so viel mer nit zweiflen kan und billig sorgfeltig bin, weiln ich sehe, das e. M. bestelte obristen in meinen nachbarschaften albereit underschiedliche sammel- und musterplätz anzustellen im vollen werck seien, und dahero mir und meiner verwantten land und leut verderbliche durchzüg angetrohet werden." Da der Churfürst und seine „mitvereinte," als trotz ihrer Vorstellungen gegen die kaiserlichen Räthe und trotz kaiserlicher Zusage die „nominatim recusirte raet" am Ruder gelassen wurden, neue Anschläge voraussahen, besonders gegen jene, die widerholt den Kaiser um Besserung der Regierung ersucht haben, so wurden sie, „die wir unser und der unsern defension halben uns miteinander uf alle besorgende notfäl verglichen und verpflichtet haben, getrungen, zu berürter defension uns in etwas zu rüsten und gefast zu machen, darzu auch mit anderer freund hilf uns uf merern notfal zuversorgen." Gegenüber den zu erwartenden Verläumdungen, welche die bezeichneten Räthe beim Kaiser gegen die Unirten vorbringen werden, sind diese bereit, sich vor dem Kaiser und aller Welt, falls ersterer ihnen die Ursachen etwaigen Misstrauens erklärt, vollständig zu rechtfertigen. Die Union ist lediglich geschlossen „zu derselben evangelischen stent und deren underthanen freiheit und religionwesens conservation und defension, danen man in vielen weg nunmer zuzusetzen sich ungescheuet understehet; und ist also der höchste ungrund, das bei e. M. und sonsten ausgebreittet worden, als ob der unirten stent fürsatz were, e. M. in ungemach zubringen und alle geistlichkeit zu undertrucken." Möge der Kaiser nur bedenken, welch' ansehnliche freiwillige Beisteuren ihm die evangelischen Stände Jahre lang geleistet haben — wie sie auch ferner für des Kaisers Hoheit und Reiche im Nothfall zu ähnlichen „gutthaten" erbietig sind —, während gegen des Churfürsten und anderer Stände Rath die bezeichneten Räthe alle Friedensverhandlung mit den Türken ausschlugen, die Reichsstände und des Kaisers Erblande entkräften wollten und alsdann alle Evangelischen in Siebenbürgen, Ungarn, Oestreich und Mähren zu unterdrücken suchten, wodurch sie den Kaiser um den grössern Theil seiner Lande brachten, und grosses Misstrauen und Zwist zwischen ihm und seinen nächsten Verwandten stifteten. — Neuerdings haben dieselben Räthe dem Kaiser gerathen, „das des letztverstorbenen hertzogen zu Gülch erben in der angedrettenen erbschaft und inhabender possession darumb nit gelassen werden müssen, erstlich weiln andere mer stent an dieselbe anspruch zu haben vermainen und deswegen bei e. M. ansuchens gethan, daruf dan sie stracks zu einer commission und sequestration geraten und procedirt haben; fürs ander weiln auch der Römischen religion hoch daran gelegen, das solche ansenliche lant ex faucibus haereticorum liberirt werden; fürs drit, weiln sie auch mit und durch diese sach die fürnembste evangelische chur- und fürstlichen heuser under einander verhetzen und verwicklen können, und, wan sich diese under einander wol gebissen und ermattet haben, alsdan dieselbe und die ubrige under des pabsts joch und gehorsam leichtlich wider bezwungen werden mögen." Was den ersten Grund betrifft, so ist nach Herkommen und Recht kein anderer Weg zulässig, als dass diejenigen, welche an die besitzenden Erben Ansprüche erheben, solche in ordentlichem Process verfolgen, in welchem unpartheiische Urtheiler churfürstlichen und fürstlichen Standes zuzuziehen sind, und bis zu dessen Austrag die April 12.

93. Possidirenden bei ihrem Besitz gelassen werden müssen. Wol mögen die Räthe die Durchführung des „berürten geschwinden executions- und sequestrationsprocesses" dem Kaiser und sich deshalb als zweckmässig darstellen, weil das Haus Sachsen die Besitzenden „gern geschwind ausgesetzt" sähe, und weil also, wenn man diesmal zum Ziele komme, man in allen ähnlichen Streitigkeiten fürstlicher Häuser dasselbe Verfahren einschlagen könne. Allein der Churfürst zweifelt nicht, „das die itzige löbliche chur- und fürsten zu Sachsen eben so wenig als ire vorfaren und alle andere Teutsche fürsten und stent solchen geschwinten hochgeferlichen unleidlichen processen gut sein und sich so gar degradiren und undertrucken, auch irer posteritet ein so gefärlich praeiudicium machen lassen werden." Wenn zweitens des Kaisers Commissarius und Räthe den Krieg in Jülich als „frenum et scopae haereticorum" auffassen, so möge der Kaiser ermessen, welche Gedanken dies nicht nur bei den evangelischen Fürsten und ansehnlichen Ständen, „sondern auch bei vielen ansehlichen leutten in Bemen, Schlesien, Lausnitz, Hungarn, Merern, Osterreich verursachen werde, und was aus solchen funcken für eine neue gefar e. M. und der gantzen christenheit angezündet werden könt." Alle evangelische Stände „in berürten und andern mer landen" werden berechnen, dass, wenn sie ihre Glaubensgenossen der Religion wegen in Jülich unterdrücken lassen, hernach die Unterdrückung an sie kommen werde. „Und obwol des pabsts und seiner Jesuiten ler ist, das evangelische stent keiner reich oder fürstentumb fähig, und, wo man gelegenheit ersehen kan, dieselbe aus- und absetzen sol, so wissen doch e. M., das solches dem religionfrieden und des heiligen reichs verfassung ungemess, und der pabst über Teutsche fürstentumb und deren succession ordnung zu machen mit nichten befugt, wie dan auch bei vollem pabstumb im solches nit gutgeheissen und zugelassen worden." Christliche Religion soll nur durch Lehre und Beispiel gefördert werden. Die Erfolglosigkeit der Gewalt in Sachen der Religion zeigt das Beispiel Karls V. und Ferdinands I., die Erfahrungen in den Niederlanden, Frankreich, Polen und Siebenbürgen. Was den dritten Grund angeht, so suchen die kaiserlichen Räthe allerdings „mit iren eitelen vertröstungen, als ob sie dem haus Sachsen berürte förtentumb, graf- und herschaften vor andern gönnen," dies Haus mit andern Evangelischen zu entzweien. Dem gegenüber vertrauen die deutschen und ausserdeutschen Freunde aller Interessenten darauf, dass dieselben, wenn nicht einem gütlichen Austrag, so doch einem ordentlichen rechtlichen Verfahren sich unterwerfen werden, dass also Sachsen sich nicht zu einem Krieg gegen seine Verwandten werde verhetzen lassen, der nach Leopolds Absicht zum Nachtheil der Ketzer ausschlagen soll. — Zum Schluss Bitte an den Kaiser, den drohenden Krieg nicht ferner zu befördern, sondern seinen Commissar aus Jülich abzurufen, alle Rüstungen desselben einzustellen, die Jülicher Streitigkeiten gütlich, oder, im Fall Misslingens der gütlichen Verhandlung, durch ein dem deutschen Rechte und Herkommen entsprechendes rechtliches Verfahren entscheiden zu lassen und die „verbesserung dero raete regiment und justitien" vorzunehmen.

„Da solches nit erfolgen, sondern e. M. solchen unfridfertigen in irem geferlichen fürnemmen ferner nachhengen und denselben, das sie chur- und fürsten also verkleinerlich achten, bekriegen und verfolgen, verstatten werden, und daraus e. M. selbst, dem Teutschen reich und dessen stenden einer und ander religion ungelegenheiten und nachteil zuwachsen, und die ersten ires schadens sich zu erholen und ire vindictam zu brauchen getrungen würden, so werden so wol die possedirende chur- und fürsten als auch deren freunde, welcher freiheit und rechten itzt geschwächt und gelöchert werden wollen, irer defension und gesuchter indemnitet wegen für got und allen erlichen menschen itzt und künftig wol für entschuldigt gehalten werden; darzu es aber e. Kai. M. zuversichtiglich nit kommen werden lassen." — Datum Heidelberg den 2. Aprilis anno 1610.

München. Staatsarchiv pf. 547/11 f. 68. Cpt.

94. Friedrich IV. an den Kaiser. April 12.

Der Churfürst hat vor mehreren Wochen, auf die Nachrichten von starken Kriegsrüstungen im Reich mit unbekannten Zwecken, seinen Beamten geboten, keinen Kriegsbedarf ohne erholten Bescheid passiren zu lassen. Aus dem Handschreiben des Kaisers vom 31. März ersieht er, dass eine demgemäss in der Oberpfalz angehaltene Musquetensendung für die kaiserlichen Obersten im Stift Passau bestimmt war.[1] Nun aber veranlassen den Kaiser gegenwärtig keine Streitigkeiten mit fremden Mächten zu so starken Rüstungen; die genannten Obersten hingegen drohen, den Churfürsten und seine Bundesgenossen mit Durchzug und Heimsuchungen zu bedrängen. Der Kaiser hat zu solchem die Reichsgesetze verletzenden Vorhaben keinen Anlass und gewiss auch keine Absicht. Allein die Obersten sind dem Churfürsten und den Unirten übel gesinnt, daher müssen jene, ehe die Waffen ausgeliefert werden, genügende Versicherung haben, dass die geworbenen Truppen ihnen keinen Schaden zufügen werden. Uebrigens bittet der Churfürst in aller Aufrichtigkeit, aus Liebe zum Wol des Vaterlands, als ein Churfürst des Reichs, den Kaiser auf's dringendste, dass, wenn seine grossen Rüstungen die Verdrängung der possidirenden Fürsten aus den Jülicher Landen bezwecken, wie die kaiserlichen Patente angeben, er doch vorher bedenke, welch' unersetzlicher Schaden und Zerrüttung dadurch über ihn und die Glieder des Reichs gebracht werde. Der Kaiser möge dies Schreiben selber lesen. Er wird bei gelinden Mitteln besser fahren. Der Churfürst möchte ihn in seinem Alter lieber in Frieden als in Ungemach sehen.[2] — Geben zu Heidelberg den 2. Aprilis anno 1610.

München. Staatsarchiv pf. 116/4 f. 470. Cpt.

[1] Ueber einen ähnlichen Fall berichtet Anspach am 14. April an Churpfalz: der Capitän Grassmann hat, mit einem kaiserlichen Passbrief versehen, durch die Stadt Roth zwei Wagen mit langen Spiessen und einen mit Rüstungen geführt, welche Ladung dem Erzh. Leopold gehört und von Grassmann in Nürnberg mit Zulassung des Raths, worüber der Markgraf sich nicht wenig wundert, gekauft ist. Der Markgraf hat dieselbe in Roth durch seine Beamten mit Beschlag belegt und bittet um

Bescheid, ob, wenn deshalb etwas weiter an ihn gelangt, er es nicht an den Churfürsten weisen soll. (M. pf. 117/1 f. 137.) Der Churfürst erwidert am 20. April: der Markgraf möge auf Reclamationen antworten, wie er in seinem Schreiben an den Kaiser vom 12. April. (f. 140.)

2 Der Churfürst sandte dies und das vorhergehende Schreiben gleichen Datums an Philipp Ehem nach Prag, damit er es durch Leuchtenberg, Barvitius oder sonst eine sichere Gelegenheit dem Kaiser zu eignen Händen übergeben lasse. (117/1 f. 62.)

April 12. **95. Die Aeltern und Geheimen von Ulm an Churpfalz.**

Die Stadt erklärt auf den Neuburger Abschied folgendes: 1. wenn bis zur Musterung der für Jülich geworbenen Truppen die obern Lande noch so gefährdet erscheinen, dass die vorhandenen Streitkräfte zu ihrem Schütze nicht ausreichen, so mögen jene Truppen für den Dienst der Union verwandt werden. Es wäre gut, dass jeder Unirte sich zugleich selber nach Kräften gefasst hielte. 2. Hinsichtlich der im 6. Punct des Abschieds befindlichen Bestimmung über Lieferung der Artillerie wird sich die Stadt gebührlich erklären, sobald die beiden benachbarten unirten Fürsten für sich etwas Bestimmtes beschlossen haben. Hinsichtlich der beim 7. und 8. Puncte „gedachten artilereipersonen" kann die Stadt nichts zusagen. 3. Wenn das Passauer Volk nach genügender Caution den Durchzug durch die Lande der Unirten verlangt, so wären dagegen wol keine so grossen Schwierigkeiten zu erheben, besonders wenn man den Durchzug nach einzelnen Fähnlein erlangte. Denn diese Truppen sind für die Jülicher Lande geworben; die unirten Städte aber haben sich an den Jülicher Sachen niemals betheiligen wollen. Wenn die Truppen aber „one anerbiettung und leistung gedachter caution" gewaltsam in ein unirtes Land eindringen, so ist man zu ihrer Zurückweisung berechtigt. 4. Den übrigen Puncten des Abschieds wird die Stadt nach Massgabe der Erklärungen ihrer Gesandten Folge leisten. Für den Fall der Anordnung eines Kriegsraths zu Nürnberg, den sie für sehr nöthig hält, hat sie die Ehrbaren von Nürnberg, doch andern unvorgreiflich, ersucht, den von den Städten zu ernennenden Zugeordneten aus ihrer Mitte zu wählen.[1 2] — Datum den 2. Aprilis anno 1610.

München. Staatsarchiv pf. 117/1 f. 105. Orig.

1 Die Erklärung Nürnbergs (April 14. f. 146) stimmt im wesentlichen mit der von Ulm, nur dass die Nichtbetheiligung der Städte an der Jülicher Sache noch stärker betont, und erinnert wird, dass die nach Jülich bestimmten Truppen nur im äussersten Nothfall und für so lange, bis die übrigen Truppen der Union zusammengebracht seien, im Dienste der Union zurückzuhalten seien. Sperre man dem Passauer Volk trotz gesetzlicher Caution den Durchzug, da dasselbe doch nur für die Jülicher Lande geworben sei, so werde dies als Offension von dem kaiserlichen Volke aufgenommen, und der Kriegsschauplatz in die obern Lande verlegt werden. — Mit dem 6., 7, 8. Punct des Abschieds erklärt die Stadt sich einverstanden nach Massgabe der Erklärungen ihrer Gesandten. Die Errichtung des Kriegsraths hält sie für nützlich.

2 Der Neuburger Abschied wurde den fränkischen und schwäbischen Städten theils von Nürnberg, theils von Ulm zugesandt. Von erstern

erklärt Rotenburg dem Chf. Pfalz am 17. April: die Stadt sei mit den Neuburger Beschlüssen einverstanden, doch mit dem von Nürnberg und Ulm gemachten Vorbehalt, „das zwischen der Gülchischen sach und jetzt vigore unionis vorhabenden defensionwerck ein underschiet zu machen." Die ihr zufallende Steuer werde sie gleich nach Ostern (a. St.) nach Nürnberg erlegen (M. pf. 117/1 f. 187.) Ebenso erklärt sich Weissenburg i. N. am 20. April, mit ausdrücklichen Vorbehalt bezüglich des Durchzugs der Passauer wie in den Erklärungen von Ulm und Nürnberg. (M. pf 116/3 f. 8.) Gleicher Vorbehalt in der Erklärung von Windsheim (April 17), die im übrigen folgendes enthält: die fernern Werbungen sind besonders den geringern Städten sehr beschwerlich, zumal wenn es wahr ist, was die Gegenpartei sagt, dass sie gar keinen Angriff gegen die Unirten beabsichtigt. Dadurch wird der für den Fall der Noth bestimmte Unionsfonds erschöpft. Indess „weil das intent ungewiss, hingegen offenbar, das die practik geschwint und seltsam," so wird die Stadt, wenn eine fernere Werbung insgemein beschlossen wird, das ihrige dazu leisten. Sie hofft aber, man werde das „in die Gülchische land von andern one unser zuthun geworbene volck" nicht brauchen oder bis zur Zeit, da dasselbe gemustert und abzuführen ist, die Absicht des von Andern geworbenen Volks erkannt haben. (M. pf. 117/1 f. 190.) Schweinfurt erklärt am 17. April: die im Heidelberger Abschied bestimmten 7 Monate sollen baldigst nach Nürnberg erlegt werden. Bezüglich des 1.—4. und 9. Punctes des Neuburger Abschieds (n. 85 Anm. 1) schliesst sich die Stadt den von den Nürnberger Gesandten gegebnen Erklärungen an. (f. 274.) April 12.

[3] Von den schwäbischen Städten erklärt Memmingen dem Chf. Pfalz am 15. April: die Stadt nimmt den ersten Punct des Neuburger Abschieds (Zurückhaltung des in Franken für die Jülicher Lande geworbenen Volks), desgleichen den zweiten Beschluss (2000 Mann zu Fuss und 500 Mann zu Pferde in Wartegeld zu legen, dazu neun Monate aus dem Unionsvorrath nach der Kreislegstätte zu entrichten, und einen Kriegsrath in Nürnberg anzuordnen) an, wenn die übrigen Unirten das gleiche thun. Zur Lieferung von Munition kann die Stadt sich nicht verbinden, weil sie keinen überflüssigen Vorrath an Munition hat. Dass endlich dem Passauer Volk, wenn es beim Durchzug einem unirten Stande Gewalt zufügt, oder die beim Durchzug vorgeschriebene Caution nicht leisten will, nach Kräften widerstanden werde, ist verantwortlich „und fast notwendig." (M. pf. 116/3 f. 37.) Ebenso erklärt sich über den ersten, zweiten und dritten Beschluss Nördlingen (April 20), mit dem Zusatz: die Stadt, wird, von der gemeinsamen Annahme der ersten und zweiten Bestimmungen unterrichtet, sich in Bezug auf ihre „ratam portionem mit unserer angepürenden volcksanzal in einer gewönlichen besoldung wartgelt . . gefast halten." Sie genehmigt auch den Artikel bezüglich des Kriegsraths. (M. pf. 117/1 f. 293.) Schwäbisch Hall erklärt am 16. April: Da die vorgeschlagene Werbung und die Zurückhaltung der nach Jülich bestimmten Truppen keine Offension, noch Betheiligung an der Jülicher Sache, noch Schmälerung des kaiserlichen Ansehens bezweckt, sondern nur dazu dienen soll, die unirten Lande so lange gegen gewaltsame Einbrüche der Passauer Truppen zu sichern, bis diese „nach geleister caution durch der Unirten staenden lant iren pass genommen," so nimmt die Stadt unter dieser Voraussetzung sämmtliche proponirte Puncte an und wird die ihr zufallende Steuer ungesäumt nach Ulm erlegen. (f. 224.) Ebenso Heilbronn am 22. April. (f. 279.)

April 13. 96. Johann Friedrich Herzog von Würtemberg an Churpfalz.

Beiliegend ein Schreiben Neuburgs über die von Baiern bei Rain und Donauwörth angestellte Musterung und beabsichtigte Einlagerung nebst Bitte um nachbarlichen Beistand. Bezüglich des erstern hat Würtemberg dem Bischof von Constanz die ungesäumte Berufung der Kriegsräthe und der Zugeordneten des schwäbischen Kreises vorgeschlagen.[1] Bezüglich der von Neuburg verlangten Erklärung, mit wie viel Landvolk zu Ross und zu Fuss und von welchen Orten aus er nebst den durch den Heidelberger Abschied ihm zugewiesenen zwei Fähnlein ihm Hülfe leisten wolle, bittet er, bevor er darauf antwortet, um des Churfürsten Gutachten. Nach seiner Ansicht sollte hierüber „mit gesamptem zuethuen resolution gegeben" werden. — Datum Stutgart den 3. Aprilis anno 1610.

München. Staatsarchiv pf. 117/1 f. 127. Orig.

[1] Nach empfangenem Bericht über den Neuburger Tag hatte Churpfalz dem Mgr. Anspach und dem H. Würtemberg gerathen, im fränkischen und schwäbischen Kreis die Anstellung der Kreishülfe gegen einen eventuellen Ueberzug der Passauer zu betreiben. Würtemberg erwiderte am 9. April: da er keinen Kreistag ohne Mitwirkung des B. Constanz ausschreiben könne, so dürfte, wenn er sich deshalb an den Bischof wendete, die Sache vertagt werden; wenn aber auch der Kreistag zusammenkäme, so würde bei der katholischen Majorität schwerlich ein den Unirten günstiger Beschluss gefasst werden. (M. pf. 117/1 f. 112.) Der Churfürst erwiderte: die Nachsuchung der schwäbischen Kreishülfe sei nicht zu unterlassen, damit man, wenngleich die Hülfe versagt werde, um so eher Schaden- und Kostenersatz von dem Kreise verlangen könne. (O. D. f. 117.) — Auf den im obigen Schreiben erwähnten Vorschlag an den B. Constanz erwidert letzterer am 17. April: obgleich er von keiner Kriegswerbung oder Musterung, die im schwäbischen Kreis vorgenommen werden solle, wisse — ausser dass Ulm Söldner werbe, und dass Baden, Churpfalz und andre benachbarte Stände Kriegsrüstungen vornehmen und auf's Stift Strassburg zu marschiren beabsichtigen sollen —, so halte doch auch er es für nöthig, die in diesen Dingen in Betracht kommenden Reichsgesetze in Acht zu nehmen. Er werde nachdenken und dem Herzog in wenig Tagen seine Ansicht mittheilen. (M. pf. 343/post 21 f. 53.)

April 14. 97. Ubaldini an Borghese.

Besprechung mit König Heinrich über gütliche Beilegung der Jülicher Sache und der Condé'schen Verwicklung (vgl. n. 77 Anm. 2), über die Gefahr eines Krieges zwischen Frankreich und Spanien.[1]

Auszug bei Siri II S. 181—188.

[1] Vgl. Ubaldini an Borghese. April 15. (Siri II 188. Die dortige Angabe, dass u. a. auch Sully den Kriegseifer des Königs bekämpfe, findet sich schon in des Peckius Bericht vom 2. April. Henrard S. 311.) Peckius an Erzh. Albert. April 16. (Henrard S. 339.) — Ueber weitere Besprechungen des Peckius und Ubaldini mit Villeroy und Jeannin in derselben Richtung vgl. die Berichte des Peckius vom 19. und 22. April. (Henrard S. 344, 368, 373.) — Bescheid des Erzh. Albert. April 21, 22. (Henrard S. 363, 365.) — Vortrag des Vorschlags zur Ausglei-

chung der Jülicher Sache beim Kaiser. (Siri II S. 227.) — Ueber die gleichzeitige Sendung des Preaux nach Brüssel, der im Namen des Montmorency, der Angoulême und der Princessin Condé selber die Auslieferung der letztern zu betreiben hat, vgl. die Schreiben Heinrichs IV. vom 19. April (lettres miss. VII S. 885), die Actenstücke (April 20—22) bei Henrard S. 358, 359, 360, 362, 368, und Winwood III S. 151.

98. Friedrich IV. an Baiern. April 15.

Ausführung, dass die Kriegsrüstungen der Unirten durch die an mehrern Orten angestellten Kriegswerbungen veranlasst sind und nur die Beschützung ihrer Lande, nicht aber einen Angriff auf irgend einen friedlichen Reichsstand oder auf die Geistlichen und deren Stifter, wie Etliche fälschlich ausgeben, bezwecken. Da in den Jülicher Landen die possidirenden Fürsten trotz alles Rechtserbietens ihres rechtmässig erlangten Besitzes gewaltsam beraubt werden sollen, und dieses Verfahren für alle Fürstenhäuser beider Religionen die schädlichsten Folgen haben wird, so werden die Unirten gegen dasselbe den possidirenden Fürsten beistehen. Diese Hülfe soll denjenigen, die Ansprüche auf die Jülicher Lande erheben, nichts schaden, sondern dieselben nur bis zum gütlichen oder rechtlichen Austrag (bei dem des Kaisers Jurisdiction nicht bestritten werden soll, wenn er das Gericht nur mit Unparteiischen besetzt, wie es im Reiche in solchen Dingen herkömmlich ist) vor der Occupation eines Dritten, der dort nichts zu suchen hat, bewahren. — Dies wird dem Herzog mitgetheilt gegenüber den Verdrehungen friedhässiger Leute, die ihn vielleicht zu seinen Gegenrüstungen bewogen haben. Er ist durch die Massregeln der Unirten nicht bedroht, „wofern sie (e. l.) nur denjenigen, so den evangelischen Unirten zum ergsten gewogen, . . keinen beistand . . leisten, sondern vielmer dieselben, als wir zu e. l. die genzliche zuversicht haben, da sie sich etwas understehen wolten, davon abmanten." Der Herzog möge auf die friedliche Beilegung der gegenwärtigen Unruhen bedacht sein.[1] — Datum Heidelberg den 5. Aprilis anno 1610.

München. Staatsarchiv pf. 117/1 f. 86. Cpt.

[1] Der Churfürst übersendet dieses Schreiben am 16. an den H. Würtemberg zur Begutachtung, mit der Bemerkung, dass durch die evangelischen oberöstreichischen Stände und vorher von einem andern vertrauten Orte ein solches Schreiben ihm angerathen sei, da es nicht ohne Wirkung sein dürfte. (f. 120.) Der Herzog erwidert am 19. April: er sei mit dem Schreiben durchaus einverstanden, zumal auch er ein ähnliches Schreiben an Baiern abgesandt und als Mitverwalter des schwäbischen Kreisoberstenamtes angefragt habe, welchen Zweck die bairischen bei und in dem schwäbischen Kreise angestellten Werbungen haben. (f. 201.)

99. Friedrich IV. an Anspach. April 16.

Hat des Markgrafen Schreiben vom 13. empfangen.[1] Nachdem der Churfürst auf Grund des Neuburger Abschieds, wie er dem Markgrafen am 11. geschrieben, schleunige Truppenwerbungen an-

13*

99. gestellt hat, und das gleiche von den andern Unirten wird geschehen sein, kommt ihm der neue Vorschlag des Markgrafen ganz unerwartet. Man hat verabschiedet und erklärt, dass man die Truppen Leopolds nicht durchlassen werde, dies auch im Elsass thatsächlich gezeigt. Aendert man diesen Beschluss, so wird den Landen des Churfürsten und anderer Unirter grosse Gefahr, der Union Unehre, den Gegnern aber neuer Muth zuwachsen. Wenn die Reichsstädte sehen, dass man sich der Jülicher Sache mit Verwahrlosung der Länder der Unirten annimmt, so dürften sie sich von der Union gar lossagen. Die possidirenden Fürsten haben freilich am 23. März an den Churfürsten das gleiche wie an den Markgrafen geschrieben. Aber durch den erwähnten im Beisein des Pfalzgrafen Wolfgang Wilhelm gefassten Beschluss werden ja gerade die neu geworbenen Truppen ihrer Gegner von den Jülicher Landen fern gehalten, während, wenn in Folge des Abzugs des Markgrafen die Lande der Unirten angegriffen werden, es diesen nicht zu verdenken ist, wenn sie die für Jülich bestimmte Hülfe zur eigenen Vertheidigung zurückhalten. Uebrigens wird bei jenen Fürsten nunmehr auch der Fürst von Anhalt eingetroffen sein und dort in allem bessere Ordnung stiften. Betreffend die Streitkräfte des Markgrafen, so dürfte das Regiment des Obersten Fuchs 2000 Mann zu Fuss und 400 Mann zu Pferde betragen. Dazu kommen die neu geworbenen 2200 Knechte und 400 Reiter, die nunmehr auf die Beine gebracht sind. Sollten die Städte ihre drei Fähnlein dem Markgrafen nicht stellen, so verfügt er doch über zwei Würtemberger, ein pfälzisches und die zwei Neuburger Fähnlein, zusammen 1300 Mann. Die in des Churfürsten Schreiben vom 11. April erwähnten 600 Mann können hoffentlich in acht Tagen gemustert werden. Fünf andere Fähnlein werden unter Leitung Helmstätters aufgebracht; 250 Reiter wirbt auf des Churfürsten Bitte der Landgraf Moriz (vgl. 114 Anm. 1). Dazu kommt das Landvolk. Mit diesen Truppen dürfte der Markgraf den Passauern zur Vertheidigung und im Nothfall zum Angriff gewachsen sein. Er möge daher noch nicht nach den Jülicher Landen abziehen, so lange die Lande der Unirten nicht besser gesichert sind. Den Schutz derselben erfordert die Union, und der Union zum besten hat ja auch der Markgraf die Stelle des Generals angenommen. Das für die Musterung nöthige Geld soll spätestens auf den 23. nach Rotenburg geschafft werden. Der Markgraf wird das Proviantwesen so ordnen, dass die unirten oder andre friedliche Stände nicht bedrängt werden. Man muss überhaupt nach des Churfürsten Meinung „soviel müglichen den reichsconstitutionibus, wie dieselben von durchzügen statuirt. sich gemess verhalten, auch den geistlichen keine ursach geben, irer ligae hulf anzuruffen." — Datum Heidelberg den 6. Aprilis 1610.

München. Staatsarchiv pf. 117/1 f. 80. Cpt.

[1] Dies Schreiben enthält folgendes: Mgr. Ernst und Pfgr. Wolfg. Wilhelm bitten in beiliegendem Schreiben um schleunige Herbeiführung der Truppen der Unirten. Da nun das Passauer Volk „nunmer teglich gemustert und zum fortzug allerdings fertig gemacht würt," des Markgrafen Truppen dagegen ungemustert, zum Theil noch nicht angeworben

sind, und auch schliesslich zu schwach sein werden, um dem nunmehr zu befahrenden Anfall des Passauer Volks zu widerstehen, oder demselben nach seinem Aufbruche zu folgen und die Lande der Unirten gegen es zu schützen, so schlägt der Markgraf vor, dass er mit seinen Truppen, sobald sie gemustert sind, zu den in den Jülicher Landen stehenden Truppen stosse. Greifen dann die Passauer die Unirten an, so kann man von Jülich aus mit grösserer Macht ihnen entgegen eilen, begehten sie aber nur den Durchzug „durch dise land," so kann Culmbach als Kreisoberster mit den Kreisständen bezüglich der Begleitung der Truppen, der Caution u. dgl. alles nöthige anordnen. Zugleich könnte ein Regiment zu Fuss und möglichst viele Reiter geworben werden, um im Fall des Durchzugs die Lande der Unirten unter Zuziehung des Landvolks nach Möglichkeit zu schützen und die Leopoldischen Truppen zu begleiten. Allerdings setzt man sich so Gefahren und Schäden aus; aber das ist besser, „dan sich gar uf das haubt schlagen zu lassen." Hätten die Städte auf die frühern Erinnerungen des Markgrafen und anderer „allerhand praeparatoria gemacht und die notturft herbei geschaft," so wäre man vielleicht gegenwärtig nicht so ungerüstet. — Diesem seinem Vorschlage gemäss, und in der Hoffnung dass der Churfürst damit einverstanden ist, wird der Markgraf die auf seinen Musterplätzen überzählig befundenen Knechte auf Grund des Neuburger Abschieds anwerben und seinen Fortzug nach Jülich beschleunigen. Der Churfürst möge ihm vor seinem Abzuge sein Gutachten zukommen lassen, wie „die alhieigen lande" einiger Massen zu vertheidigen seien, damit er sich darüber mit den benachbarten unirten Ständen einige. (M. pf. 117/1 f. 75.)

100. Friedrich IV. an Würtemberg. April 16.

Uebersendet Anspachs Schreiben vom 13. und seine Antwort vom 16., über welche er, wenn die Zeit es erlaubt hätte, vorher mit dem Herzog sich benommen haben würde. Im Namen der Neuburger Tagsatzung hat der Markgraf dem Churfürsten den Pleikhard von Helmstätt, Vicedom von Neustadt, zum Obersten über die neu geworbenen 2200 Knechte vorgeschlagen. Der Churfürst hat demselben nun diese Stelle übertragen, ihm auch die zwei neuen Fähnlein, die er werben lässt, und die fünf weitern, die aus den bei den Musterungen überzählig befundenen Knechten gebildet werden sollen, untergeben. Der Herzog wird zufrieden sein, dass Helmstätter auch den Oberbefehl über die beiden Würtemberger Fähnlein übernehme, und dass dieselben nebst den zwei neuen und dem einen alten pfälzischen Fähnlein und Obentrauts Compagnie dem Markgrafen alsbald nach Bestimmung des Rendez-vous zugeführt werden. — Datum Heidelberg den 6. Aprilis anno 1610.

München. Staatsarchiv pf. 117/1 f. 124. Cpt.

101. Philipp Ludwig Herzog von Neuburg an Anspach. April 16.

Hat aus den mitgetheilten Copien, welche die in Hall und Heidelberg beschlossene Gesandtschaft an England in der zwischen den unirten Fürsten allein verhandelten geheimen Sache betreffen (n. 89), ersehen, dass Fürst Christian von Anhalt die Dinge wol überdacht hat. „Nachdem man aber noch nit weiss, was die k. w. zue Franckreich und Navarra sich derenthalb erclert, so vermainten wir nit unratsamb sein, dise von fursten Christiani zue Anhalt l. angedeute weitere handlung mit der k. w. in Gross Britannien noch ain zeit lang einzuestellen, bis man von ehe (sic!) der k. w. zue Franckreich erclerung hierüber erlangt haben wirdet." Da übrigens die Sache, „wan die chur- und fursten allain ires tails darbei soviel als die drei könige Franckreich, Britannien und Dennemarck zuesambt den unirten Niderlaendischen Staden thuen und praestieren solten — wie uns beduncken wil, das des von Anhalts l. in begriffener dero mainung darauf incliniren thuen — inen unerschwinglich fallen wurde, so were sie unsers erachtens uf ainen unionstag zu verschieben und uf solchem auf andere leidenliche mittel die verhoffentlich zue finden sein werden, zue gedencken." Will man den Unionstag nicht erwarten, so hätte man die von jedem Verbündeten (Frankreich, England, Dänemark, den Staaten und den unirten Fürsten) im Falle des Angriffs gegen einen Verbündeten zu stellende Truppenhülfe zu vereinbaren. „Aber das chur- und fursten jedem angegriffenen tail insonderheit hilf schicken und also soviel als sie alle (benantlich die drei könige und Staden) thuen solten, das wil uns alzueschwer beduncken." — Datum Neuburg an der Donaw den 6. Aprilis anno 1610.

Stuttgart. Pfalz E 35 n. 7. Cop.

April 17. **102.** Boissise an Heinrich IV.

Hat am 12.[1] auf des Königs Schreiben die Ratification der Haller Artikel dem Churfürsten von der Pfalz gesandt, nebst der Antwort des Königs auf Anhalts Proposition. Dass die „ouverture de guerre en Flandres" von den Fürsten gekommen ist, trifft sich gut. „Ils y seront d'autant plus engagés, si v. M. y veult entendre." Auf des Boissise öffentliche und einzelne Anträge zu Hall gaben sie nur allgemeine Antworten, und die Bedingungen, die sie ihren Abreden hinzufügen, zeigen ihr stetes Misstrauen. Boissise gedenkt am 19. nach Düsseldorf zu reisen und auf der Reise den Churfürsten zu Trier, den Coadjutor zu Köln und den dortigen Stadtrath anzusprechen. — De Francfort le XVII avril 1610.

Paris. Bibl. nat. Dupuy 765 f. 45. Cop.

[1] Vielmehr am 13. In dem Begleitschreiben bemerkt Boissise: Churpfalz werde ersehen, dass dem König mehr der Beistand seiner Freunde als die Sicherheit seines Reichs am Herzen liege. Derselbe erwarte, dass die Fürsten in ähnlichen Fällen ihm ähnliche Dienste erweisen und Rebellen gegen ihn nicht begünstigen werden. „S. M. n'en veut autre asseurance, car es heroiques ames il n'est lien plus fort que celui des bienfaicts." Er (Boissise) habe dem Erzb. Mainz persönlich versichert, dass die Streitkräfte des Königs und der Unirten keinerlei Bestimmung gegen die katholische Religion haben; man solle daher lieber das Feuer auszulöschen suchen, als es anfachen. Der Erzbischof verspreche nun, sich bei der Prager Versammlung für den Frieden zu verwenden. (M. pf. 117/3 f. 206.)

103. Buwinkhausen, Relation an Würtemberg über die Verrichtungen der Unionsgesandtschaft bei den Staaten. April 17.

Die Hauptwerbung bei den Staaten[1] wurde vom Herzog von Würtemberg und zugeordneten Räthen „sowol zu verhütung aller jalousie als aus villen anderen bewegenden ursachen“ für die Zeit der Rückkehr aus England vorbehalten. Indess der Hauptpunct dieser Werbung, betreffend die Union und engere Correspondenz, wurde doch dem Prinzen Moriz und Etlichen von den Staaten am 14. April vorgetragen, und dabei die „generalia capita unionis“ nebst der in Hall mit dem französischen Gesandten gepflogenen Verhandlung übergeben, alles in der Absicht, damit während der englischen Reise die unirten Provinzen insgeheim unterrichtet, und ihre Resolution gefasst würde. An die gesammten Staaten wurde der Antrag gestellt, sie möchten für die Jülicher Lande, da die französische und englische Hülfe noch zurück sei, und ein Theil der von den unirten bewilligten Truppen in den obern Landen zurückgehalten werde, eine schleunige Hülfe bewilligen.[2] Dies Ansinnen ist dem Barnevelt und den französischen und englischen Gesandten noch besonders empfohlen. Man fand alle der Sache günstig gestimmt, aber keiner will etwas vor dem andern thun. Nicht zwar dass ihr Entschluss, sich der Jülicher Sache anzunehmen, wankend geworden wäre: aber jeder Theil fürchtet, wenn er zuerst in die Sache einträte, so möchten die andern ihn dieselbe allein ausfechten lassen und nur im äussersten Nothfalle Beistand leisten. Dazu kommt, dass Fürst Christian noch abwesend ist, dass das Proviantwesen noch nicht organisirt ist, und in den Jülicher Landen solche Verwirrung herrscht, dass keiner seine Truppen dort gerne exponiren möchte. Dass übrigens die zwei französischen Regimenter nicht alsbald Zuzug leisten, liegt nicht an den Staaten, sondern (was auch Boissise gesagt haben mag) an dem Verbot des Königs von Frankreich, welcher erklärt, er wolle erst seine ganze Macht beisammen haben. Dies letztere und sodann der Uebergang über die Maas soll nach des Königs Versprechen zu Ende des Monats April stattfinden.[3] Zu gleicher Zeit — so haben die Staaten erklärt — wollen sie neben jenen zwei französischen Regimentern von ihren Truppen 4000 wol gerüstete und erprobte Soldaten und 1500 Reiter den possidirenden Fürsten zusenden. Ebenso hat England schon die Anordnung getroffen, dass, sobald Frankreich und die deutschen Fürsten die vereinbarten Truppen marschiren lassen, die in den Niederlanden liegenden 4000 englischen Soldaten fortziehen und sich unter Anhalts Oberbefehl stellen sollen, worauf nach den Niederlanden an ihre Stelle andere englische Truppen verordnet werden sollen. Da übrigens die zwei französischen und die gleich vielen englischen und niederländischen Regimenter an einen einheitlichen Oberbefehl gewohnt sind, so geht man damit um, das Commando über sie dem Prinzen Heinrich, doch unter Anhalts höherem Befehl, zu übergeben. Das von den Staaten bewilligte Geschütz steht an der Gränze bereit, vor seiner Fortschaffung muss nur noch von Brandenburg die

103. Caution für die von ihm ersatzweise zu liefernden Geschütze eingegeben werden. — Bei dieser Lage der militärischen Dinge hängt nun alles von Frankreichs Entscheidung ab. Man hofft, dass Anhalt, der schon am 9. April von Paris abgereist sein soll, diese Entschliessung in solcher Form bringen werde, dass darauf die Engländer, Niederländer und beiden französischen Regimenter sofort aufbrechen werden. Diese Macht, verbunden mit den Truppen der possidirenden und unirten Fürsten hält Prinz Moriz für ausreichend, um allein den ganzen Krieg in Jülich zu beendigen, wenn inzwischen von Frankreich die Erzherzoge in Brüssel in Schach gehalten werden; „wie man dan alhie in zweiffel stehet, ob Franckreich mit dem grossen volck, so es samblet, den Gülchischen landen werde zuziehen oder solches trennen wollen, sondern vermeinet man, es möchte anderseits einen angrif thun, dessen man nit unzufriden were." Betreffend der in Hall verabschiedeten „geheimen puncten, deswegen f. Christian jetzt in Franckreich gezogen, und daruf wir instruiert mit Engelland uf f. Christians zuschreiben auch zu handlen, befinden wir alhie sovil, das solchs eine sach, die Franckreich allein treibt, dazu Engelland nit allein noch zur zeit gar nit verstehen, sondern wol gar auch im Gülchischen wesen vom seil fallen würde, wan es merken solt, das man da hinaus wolte."[4] Auch die Staaten meinen — und haben in diesem Sinne ihre Gesandtschaft nach Frankreich instruirt —, dass vorher die Jülicher Sachen in's reine zu bringen seien, „und hernacher nach gelegenheit der sachen gehandlet werde." Demgemäss mögen Churpfalz und Würtemberg entscheiden, ob es, wenn „fürst Christian solchs bei Engelland anzubringen uns gleichwol uftragen solt, wir aber obiges inconveniens augenscheinlich daraus erkenneten, nit ratsamer were, solchs gar bleiben zu lassen."[5] Der englische Gesandte und viele Andere im Haag glauben übrigens, dass die Gegner, wenn sie in der Jülicher Sache den Ernst sehen, nachgeben werden. — Auf Grund der bewussten vom französischen Gesandten in Heidelberg vorgebrachten Bedingung, doch ohne sie, die übrigens im Haag nicht unbekannt zu sein scheint, zu nennen, ist bei dem englischen Gesandten und den Staaten „ein anwurf geschehen, wan je Franckreich über verhoffen etwa andere anschleg haben oder manquieren solt, wie alsdan die sachen möchten angegriffen werden." Beiderseits wurde geantwortet: man habe auf einen solchen Fall bisher nicht gerechnet; trete er ein, so werde man mit Gottes Hülfe ein neues festeres Fundament legen. — Den 7/17. Aprilis 1610 zue Graven-Haag.

Stuttgart. Unionsacta VI f. 58. Orig.

1 Ueber Ankunft und Aufenthalt der Unionsgesandtschaft im Haag vgl. Winwood an Salisbury. April 13, 16. (Winwood III S. 146.)

2 Aehnliche Bitte der possidirenden Fürsten. Winwood an Salisbury. April 8. (Winwood III S. 139.)

3 Richtiger: Ende Mai. Vgl. Villeroy an Boderie. April 16. (La Boderie V S. 180). Daselbst über das in Buwinkhausens Bericht besprochene Zusammenwirken und gegenseitige Abwarten der verschiedenen Streitkräfte und die Aussichten eines allgemeinen Kriegs.

[4] Vgl. Winwood an Salisbury. April 3. (Winwood III S. 139.) La Boderie an Villeroy. April 20, 27. (La Boderie V S. 192.)

[5] Hippolyt von Colli berichtet am 16. April an Churpfalz: „sunsten habe ich diese gewisse nachrichtung von *prints Morits*, das man des geheimen *puncten* mit *Franckreich* alhie nicht einig. Es haben auch ire gesanten im befelch, dasselbig abzulenen und ime zu verstehen zu geben, das es jetziger zeit am ratsambsten sei, der sachen keinen andern namen zu geben als *Gulch*. Wan man mit der zeit sehen wirt, das *Spannien* sich der sachen annimbt, so sei es noch zeit genug. Und haben sie diese motif: das, wa Engellant etwas davon hören solte, er alsbald von diesem werk die hand abzihen würde; welches bei mir ser glaublich ist. Derhalben ser gewarsam zu gehen. Ser gut were es, das ich mit *Anhalt* davon etwas reden könte: dan solte man dardurch bei *Engellant* das spiel verhimplen, so were es besser geschwigen." (M. pf. 116/3 f. 22.)

104. Buwinkhausen an Würtemberg. p. s. April 17.

Am gegenwärtigen Tag um 3 Uhr haben sich die Staaten auf das Anbringen der Gesandtschaft wider Erwarten günstig erklärt: sie wollen den Possidirenden sofort 1000 Reiter — „doch unter einem andern schein" — zusenden. Eine grössere Zahl lässt sich zur Zeit in den Jülicher Landen kaum unterhalten; sie reicht aber aus, um die Pässe zu sichern und dem Feind Zufuhr und Verstärkungen abzuschneiden. Selbst Prinz Moriz und die französischen und englischen Gesandten hatten diese günstige Entscheidung nicht erwartet. — Daniel von Hutten [1] hat den Anspruch erhoben, dass er zu Verhandlungen der Gesandtschaft über Jülicher Sachen nothwendig zugezogen werden müsse. Dies ist ihm mit Hinweis darauf, dass die Gesandtschaft im Auftrag der Unirten handle, abgeschlagen, „doch mit angebotner communication und befurderung, da man es die notturft erachtet." Hutten ist darüber sehr missvergnügt. Der Herzog von Würtemberg gedenkt am 18. weiter zu reisen. — Datum ut in literis 7/17. Aprilis 1610.

Stuttgart. Unionsacta VI f. 65. Orig.

[1] Derselbe war von Neuburg mit Vorwissen des Mgr. Ernst der Unionsgesandtschaft eigenmächtig zugeordnet. Er hatte noch einen besondern Auftrag, über den ich folgendes beibringe. Am 19 Dec. 1609 instruirt der H. Neuburg den Zeschlin: er (Zeschlin) hat vor einigen Tagen der auf des Herzogs Befehl vorgenommenen „consultation wegen eines heuratlichen vorschlags mit der k. w. in Gross Britannien tochter und seiner, unsers sons, l." selber beigewohnt. Der Herzog hält es für nöthig, dass sein Sohn über diesen Gegenstand „auch gehört werde." Demnach wird Zeschlin dem Pfalzgrafen beiliegende vom Herzog, von D. von Hutten und andern Räthen geäusserte Gutachten mittheilen und ihn ersuchen, seinem Vater zu erklären, wie er „zue disem heuratlichen vorschlag gesinnet" sei, ferner ob und was Graf Friedrich von Solms bei seiner jüngsten Anwesenheit am englischen Hof „der gegenaffection halben vermerckt haben möchte," endlich wie man die Sache angreifen solle, um sich Gewissheit (über die „gegenaffection?") zu verschaffen. (M. Reichsarchiv XXXI 28.) Am 22. März 1610 schreibt Neuburg an Hutten: Nach beifolgendem Schreiben des Herzogs hat Hutten sich der Unionsgesandtschaft an England anzuschliessen. Bei seiner Ankunft in Düsseldorf wird nun Hutten zugleich vom Pfgr. Wolfg. Wilhelm In-

struction nachsuchen, was er bezüglich des Vorschlags der englischen Verheirathung des letztern vornehmen solle. Trifft er den Pfalzgrafen nicht an, so wird er gleichwol in England Erkundigung anstellen, ob die Princessin noch unversprochen ist. Wenn dies der Fall ist, so suche er mit etlichen der vornehmsten englischen Räthe über die Sache vertraulich und wie auf eigenen Antrieb zu reden und „der affection halben daselbsten . . ainen guten grund zu legen.“ (A. a. O) — Ueber das Auftauchen des englisch-churpfälzischen Heirathsplanes vgl. Boderie an Villeroy: Mai 1. (La Boderie V S. 221.)

April 18. **105.** **Johann Friedrich Herzog von Würtemberg an Churpfalz.**

Hat das Schreiben des Churfürsten und dasjenige Anhalts, „die bewuste geheime sach betreffent,“ erhalten. Die Vorschläge Anhalts und des Königs von Frankreich „darauf gefaste intention“ haben den Zweck, die seit lange währenden und noch ferner zu fürchtenden Uebelstände mit einem Male zu beseitigen. „Nachdem aber die wüchtigkeit diss wercks, wie zuemal auch die weitlauffigkeit und dannenhero besorgende langwürigkeit und grosse consequentz betrachtet, und darbei erwogen würdet das vorhaben, finis und zweck, dahin unsere union anfangs und principaliter umb unserer aller defension willen in gemein und universali angesehen, und dan in particulari den possidirenden fürsten in Gülch zue erhaltung ires und der fürsten rechten und algemeiner Teutscher libertet gerichtet, in sonderer überdenckung jetziger sich alberait im reich eraigender laeuf, der gemachten widerigen liga und befarender trennung der staende beder religionen und innerlichen kriegs: so wil vast bedencklich fallen, gleich jetzo, cum adhuc alea belli valde anceps est, anfangs so weit zue gen und vast mer die offension als defension an die hant zue nemmen,“ Einstweilen dürfte es genügen, „das man i. k. w. die weittere gedancken eröfnet und mit dem Gülchischen handel vortgedruckt.“ Von dem Verlaufe des nun beginnenden Kriegs — wie denn Spanien offen in denselben eintreten zu wollen scheint — muss man zu dem weitern Unternehmen Anlass oder Abhaltung erwarten. Dies scheint auch des Königs Heinrich Ansicht zu sein, da er mit Eröffnungen an den König von England noch zu warten räth. Ausserdem „weil es jetzo in etwas anderm stande, da die bewüste lant in ainem reichscraiss gelegen, und nicht mer in frembden allerdings auslaendischen haenden seien, was auch in gemein der chur- und fürsten gegen dem hailigen reich, wie auch unserer specialverwantnus halben (davon in erstem Hallischen abschiet kurze andeuttung beschehen) hierunder vorfallen möchte, davon wil sich dissmalen neben andern mer motiven nicht wol anregung thuen lassen, wie auch geschwigen, das neben dem Gülchischen und uf besorgenden fal dem gemeinen unions- und defensionswesen . . dise molem et sumptus belli externi den bewussten staenden gleichsamb onertraeglich fallen wurde.“ Also suche man zunächst das eine Unternehmen glücklich auszuführen. — Datum Stuetgarten am hailigen Ostertag anno 1610.

München. Staatsarchiv *pf.* 117/3 *f.* 36. Orig.

106. Joachim Ernst Markgraf von Anspach an Churpfalz. April 19.

Hat des Churfürsten Schreiben vom 16. empfangen. Dieser wird aus den Erklärungen der Städte inzwischen ersehen haben, „das dieselbe zue der aufhaltung (der Passauer) nit allerdings, zue den attentatis aber ganz und gar nit verstehen wollen, bevorab wan diser Gülchische secours darein gemengt werden solte." Dies war vom Markgrafen schon in Neuburg vermerkt und bewog ihn zu dem Vorschlag vom 18. April. Die in Jülich befindlichen Streitkräfte sind zu schwach, desgleichen, besonders wenn Baiern, wie zu vermuthen, sich mit den Passauern vereinigt, die in den obern Landen befindlichen. Auch hat der Markgraf, um des Churfürsten Ansinnen zu folgen, nicht die nöthige Vollmacht der sämmtlichen Unirten. Die 250 hessischen und 200 Neuburger Reiter werden schwerlich vor sechs Wochen auf den Beinen sein. Es fehlen dem Markgrafen, wie beiliegendes Verzeichniss ausweist, die Personen für mehrere Aemter in der Armee und der Artillerie. Es mangeln die nöthigen Pferde für die Artillerie und die Munition. Die Geldbeiträge[1] sind noch nicht genügend nach Nürnberg erlegt. Für den Proviant soll nach der vom Churfürsten eingesandten Resolution das nöthige erst angeordnet werden. „So würt auch fast unmüglich sein, der geistlichen und anderer gantz und gar zu verschonen und die reichsconstitutiones in diesem fal der einlaegerung, als welche vorhin denselben an sich selbsten zuwider, so stricte zu observirn." Sorgt der Churfürst für die Abstellung dieser Mängel, so wird der Markgraf es an sich auch nicht ermangeln lassen. Geschieht das aber nicht, „wie sonderlich der staette halben sich zu besorgen, das sie die sachen beiseits verlassen und offensive nichts mit zu thun werden haben wollen," so kann er nicht die Union grösserm Schaden als Nutzen aussetzen. Um das Passauer Volk mit Vortheil abzuwehren, hätte man sich des Laufs der Donau und des Regens zu bemächtigen; dazu aber müsste man auf ersterm Flusse mehrere Brücken zerstören und sich auf bairisches Gebiet legen, wodurch man denn Baiern und die papistische Liga gegen sich in's Feld rufen möchte. Auch hierüber bedarf der Markgraf einer Resolution.[2] — Datum Onolzbach den 9. Aprilis anno 1610.

Beilage. — Verzeichniss der Truppen, auf die Anspach rechnen kann. 1. Fussvolk: 1 Fähnlein von Churpfalz, 2 von Würtemberg, 1 von Nürnberg[3] = 1200 Mann. Das Regiment von Fuchs = 2000 Mann. (Auf die 2 Neuburger und das Ulmer Fähnlein ist nicht zu rechnen.) Dazu kommen an neugeworbenen Truppen: 2 Fähnlein von Churpfalz = 600 Mann, 1 von Neuburg = 200 Mann, 5, die auf dem Kitzinger Musterplatz zusammengebracht werden dürften, = 1000 Mann. Summa: 5000 Mann. 2. Reiterei: 700 Pferde von der Jülicher Hülfe, ein Fähnlein von Obentraut zu 200 Mann, eins vom Rittmeister Guet zu 200 Mann.

München. Staatsarchiv pf. 117/4 f. 212. Orig.

[1] Am 20. April übersendet der Markgraf dem Churfürsten folgenden Ueberschlag der aus den Bewilligungen von Heidelberg und Neuburg

zu erwartenden Einnahmen und der zu bestreitenden Ausgaben (ohne Berücksichtigung der Artillerie, hohen Aemter und verschiedener Ausgaben): 1. Einnahme. Ein Monat von sämmtlichen Unirten beträgt 15,922 fl. 10 kr., also 16 Monate 254,754 fl. 40 kr. 2. Ausgaben. a) Laufgeld für 2 Regimenter = 4200 Mann: 6300 fl. b) Monatssold beider Regimenter nebst Einnahmen der Obersten, hohen Aemter und Hauptleute bei denselben: etwa 52,000 fl. c) „20 faenlein": 600 fl. d) Anrittgeld für 900 Cuirassiere: 9000 fl. e) Monatssold für dieselben nebst Einnahme der Rittmeister: etwa 16,600 fl. f) „der reutter corneten": 300 fl — Summa: 84,800 fl. — Der Sold für $3^1/_2$ Monat mit Einschluss des Abzuggeldes beträgt etwa 293,650 fl. — Für die 14 Tage, während deren das nach Jülich bestimmte Volk im Dienste der Union gehalten werden soll, hat diese einen Monatssold zu tragen. Dies beträgt für 7 Compagnien Reiter 10,500 fl., für das Regiment zu Fuss 22,963 fl. — Es mangeln also 72,357 fl. (genau: 72,358 fl. 20 kr.). — Der Churfürst wird demnach gebeten, die Unirten schriftlich aufzufordern, möglichst bald nach Erlegung der 16 Monate noch weitere sechs Monate nach Nürnberg zu erlegen. (M. pf. 117/1 f. 230.) — Hierauf ertheilt Churpfalz am 22. April dem Camerarius den Auftrag, er möge, nachdem die Speirer Tagsatzung sich der 16 Monate wegen günstig erklärt habe, den Gesandten vorstellen, dass sie ihre Herrn auf die weitere Bewilligung von 5—6 Monaten aus dem Unionsvorrath, falls der Churfürst sie darum schriftlich angehe, vorbereiten. (f. 239.)

[2] Churpfalz erwidert am 22. April: die Gegner, durch die Handlungen der Unirten, besonders den Einfall in's Elsass und die Aufhaltung der Waffensendungen gereizt, werden sich an den Landen der Unirten bei gestattetem Durchzuge zu rächen suchen, was sie leicht vermögen, wenn man dieselben verlässt, um an andern Orten zu helfen. Dies würde aber den Unirten sehr befremdlich sein, und ihnen, indem ihre Lande ruinirt würden, die Unterstützung der possidirenden Fürsten unmöglich machen. Da indess die Städte dem Markgrafen die Hauptschwierigkeit machen, der Churfürst aber vom Verlauf der Speirer Tagsatzung am folgenden Tage Bericht erwartet, so wird er erst nach demselben dem Markgrafen seine eigentliche Entschliessung zukommen lassen. (M. pf. 117/1 f. 264.) Auf Wunsch des Churfürsten (April 23. f. 273) ermahnte auch der H. Würtemberg den Markgrafen zum Ausharren. (April 25. f. 296.)

[3] Nürnberg erklärt dem Mgr. Anspach am 21. April: die Stadt werde ihr Fähnlein zum eigenen Schutz behalten, sehe sich übrigens als verpflichtet an, einem bedrängten Unirten mit demselben zur Hülfe zu kommen. (Nürnberger Archiv n. 21.)

April 19. 107. Friedrich IV. an Würtemberg.

Uebersendet das von Neuburg verfasste Ausschreiben betreffend die Union und die Jülicher Hülfe.[1] Der Churfürst hat am Rand nur einige Zusätze „zu etwas mer satisfaction der ritterschaft und adels" aufgezeichnet. Sobald der Herzog ihm sein Bedenken mitgetheilt hat, wird er das Ausschreiben drucken und veröffentlichen lassen.[2 3] — Datum Heidelberg den 9. Aprilis anno 1610.

Stuttgart. Pfalz B 35 fasc. 7. Orig.

[1] Am 17. April schreibt Churpfalz an Churbrandenburg: da der Chf. Brandenburg die Abfassung des ihm und Neuburg aufgetragenen Ausschreibens verschoben hat, bis er über Frankreichs Entschliessung im klaren sei, so werden ihm hiermit übersandt: Anhalts Bericht am

Paris, die von Boissise dem Chf. Pfalz zugestellte Ratification seines Königs und die Entschliessung des letztern bezüglich der „geheimsten sachen." Nunmehr wäre mit dem Ausschreiben nicht länger zu warten, zumal da etlichen friedlich gesinnten papistischen Ständen vorgespiegelt ist, die Union und ihre Rüstungen seien gegen ihre Stifter und geistlichen Gefälle angestellt, welcher Verdacht die Ritterschaft „dieser orten" sehr beeinflusst hat, wie man bei der Reiterwerbung einiger Massen verspürte. (M. pf. 117/1 f. 138.) Den in diesem Schreiben erwähnten Verdacht hatten nach einem Briefe Würtembergs an Churpfalz (April 9. f. 112) die geistlichen Churfürsten der Versammlung der schwäbischen Ritter zu Esslingen beigebracht. — Vgl. auch das Bedenken für die schwäbischen Reichsritter vom 4. März bei Lünig, Staatsconsilia I S. 732.

[2] Das Ausschreiben bei Goldast, politische Reichshändel S. 1064. — Das Ausschreiben der possidirenden Fürsten über die Jülicher Sache in Rerum ad controversiam Juliacensem spectantium fasciculus. Ueber andere Drucke: Häberlin-Senkenberg XXIII S. 172 Anm. m

[3] Am 7. Mai schreibt Churpfalz an Neuburg: das Ausschreiben der unirten Stände ist von ihm, von Anspach, Würtemberg und Baden genehmigt und fertig gedruckt. Das zweite von Neuburg im Namen der possidirenden Fürsten verfasste Ausschreiben ist vom Churfürsten an Würtemberg gesandt, damit er es mit seinem Gutachten dem H. Neuburg zurückschicke. Der Churfürst schlägt vor, dass dasselbe im Namen Churbrandenburgs und Neuburgs (statt des Mgr. Ernst und Pfgr. Wolfg. Wilhelm) ergehe. Er billigt Neuburgs Vorschlag, dass beide Schreiben in fremde Sprachen übersetzt werden, und wird der Herzog darüber das nöthige anordnen. (M. pf. 116/3 f. 235.)

108. Friedrich IV., Instruction für Ludwig Camerarius zum Speirer Tag. April 20.

1. Die bis dahin eingekommenen Erklärungen der Städte bezüglich des in Hall ihnen angesonnenen Anlehens für die Jülicher Sache haben die Hoffnung vereitelt, dass die Städte „zwar gegen einer obligation ein anlehen thun, hingegen aber einen revers von sich geben solten, das diejenige chur- und fürsten, so sich dergestalt verobligirten, künftiger action und anforderung halben onangefochten verpleiben möchten." Demgemäss hat der Churfürst das von Worms angebotene Anlehen von 8000 fl., nach dem Anschlag der Stadt ungefähr 30 Monate, einfach auf die in Hall bestimmte Obligation annehmen zu wollen erklärt. Und wenn nun die Städte zu günstigern Bedingungen nicht zu bewegen sind, so sind sie um gleichartige, aber auch nach Verhältniss gleich hohe Anlehen zu ersuchen. Wird das letztere nicht bewilligt, so muss man die bereits angebotenen Summen annehmen. Vor dieser Verhandlung sucht Camerarius die Stadt Worms von den ungewöhnlichen Clauseln, die sie in die Obligation einrücken will, abzubringen. 2. Die Städte sind um Genehmigung des Neuburger Abschieds — die Ratification von Würtemberg und Baden werden deren Gesandte hoffentlich mitbringen — zu ersuchen. Es sind ihnen dabei die Erklärungen Nürnbergs und Ulms über den Abschied mitzutheilen, zugleich aber die Meinung jener Städte zu widerlegen, als ob man dadurch, dass man den Leopoldischen Truppen den Durchzug verwehre, und hierzu die nach Jülich be-

108. stimmten Truppen verwende, sich an den Jülicher Sachen betheilige. Es ist zu zeigen, dass man sich auf Cautionen und Geiseln, für welche man den Passauern den Durchzug gewähren zu können vermeint, nicht verlassen dürfe. Wollen die Städte wissen, wie viel Volk noch geworben werden soll, so antwortet man: zu den schon geworbenen 2200 Mann zu Fuss und 400 Mann zu Pferde solle Helmstätter noch etwa 3000 Mann zu Fuss (einbegriffen die zwei Würtemberger und dass zu Mannheim gemusterte pfälzische Fähnlein) und Selbitz 5—600 Reiter werben. Verlangen die Städte, dass ein Theil des Volkes an den Rhein gegen das Elsass gelegt werde, so wird erwidert, dass man ausserdem schon Selz und Beinheim zu besetzen im Begriffe sei, und dass der Churfürst, hoffentlich auch Würtemberg und Baden, einige tausend Mann in Wartegeld nehmen werden.[1] Gelegentlich ist die Bestimmung des Haller Abschieds, dem Gegentheil keine Waffen noch Munition verabfolgen zu lassen, in Erinnerung zu bringen. Strassburg ist zu ersuchen, es möge gleich Ulm und Nürnberg etwas Geschütz herleihen. — Signatum Heidelberg . . den 10. Aprilis anno 1610.

München. Staatsarchiv pf. 117/1 f. 194. Orig.

1 In dieser Angelegenheit schreibt Churpfalz am 21. April an Würtemberg (und in gleichem Sinne am 22. an die badischen Räthe): da die beiden Würtemberger Fähnlein von Selz und Beinheim abgeführt werden müssen, so gedenkt der Churfürst aus seinem Ausschuss zwei Fähnlein zur Besetzung von Selz zu werben und die badischen Räthe um Verordnung eines Fähnleins nach Beinheim zu ersuchen. Weil aber auch dies gegen einen Ueberfall nicht ausreicht, so hat er die Anordnung getroffen, dass von dem Ausschusse 3—400 Mann, gegen Erlegung eines halben Guldens pro Mann auf Unionskosten, sich zur sofortigen Gestellung bereit halten. Er bittet den Herzog (desgleichen die badischen Räthe), diese Massregel auch ihrer Seits zu treffen. Wegen des grossen Mangels an Reiterei, und weil man innerhalb 14 Tagen über die Absicht des Elsasser und Passauer Volks aufgeklärt werden dürfte, hat der Churfürst seine Lehensleute zum zweiten Male aufgefordert, am 10. Mai sich gerüstet in Germersheim zu stellen. Er ist auch im Begriff, etliche von den in seinem Lande angesessenen Rittern zu erfordern, um sie zu befragen, was die gesammte Ritterschaft „uf zutragende fael zu thun gedaechte." Der Herzog möge sich entscheiden, ob er diesem Beispiele folgen wolle. (M. pf 117/1 f. 206.) Würtemberg erwidert am 24. April: er sei mit des Churfürsten Vorschlag bezüglich der „erwaelung des lantvolgks ausser dem ausschuss gegen raichung eines halben gulden," der aus den Unionsgeldern zu nehmen, einverstanden. Er erbiete sich also, 1500 bis 2000 Mann aus seinem Ausschusse baldigst in Bereitschaft zu stellen. Nachdem er seine Lehensleute schon zum ersten Male aufgefordert, werde er, was sich in dieser Hinsicht gebühre, ferner beachten, auch bei der schwäbischen Ritterschaft die nöthige Information zu thun suchen. (M. pf. 116/3 f. 34.) Die badischen Räthe erwidern am 25. April: sie seien im Begriff, das Fähnlein für Beinheim zu werben. Ueber die übrigen Puncte werde sich ihr Herr erklären. (M. pf. 117/1 f. 300.)

109. Speirer Abschied. April 22.

Unterzeichnet: Abgeordnete von Churpfalz, Würtemberg, Baden, Strassburg, Worms, Speier, Weissenburg, Landau.

Auf Ersuchen des Churfürsten von der Pfalz hat Anspach am 1. April zu Neuburg eine Versammlung der benachbarten Unirten gehalten. Den Abschied derselben hat Churpfalz „den überigen dero mitunirten in hiesiger lantsart gesessenen fürsten und stenden" mitgetheilt and ihre Abgeordneten auf den 20. nach Speier berufen zur Ratification des Abschieds, damit darauf ungesäumt zur Anstellung der nöthigen Defensionsanstalten geschritten werden möchte. Da dem Markgrafen von Baden der Neuburger Abschied nicht zeitig hat zugestellt werden können, so war der badische Gesandte nicht überall genügend instruirt. Er zweifelt aber nicht an der Ratification der gefassten Beschlüsse von Seiten seines Herrn. Bei Berathung der einzelnen Puncte des Neuburger Abschieds hat man Folgendes beschlossen: zu 1 und 10. Anspach ist zu ersuchen, er möge, „bevorab won in zeit der musterung zu Kitzingen man noch in besorgniss . . einer geschwinden gefar begriffen," die Reiter und das Regiment von Fuchs so lange zur Vertheidigung der Unirten zurückhalten, „bis man solcher gefar entbrochen" Ueber Besoldung, wie im Neuburger Abschied. Die Städtegesandten haben sich vorbehalten, „das sie solches . . allein intuitu der union verstanden und den vorigen unionsverabscheidungen dardurch nichts begeben, noch der Gulchischen assistentz sich in einigen weg teilhaftig gemacht haben wolten." Zu 2—4. Annahme des Vorschlags bezüglich des überschüssigen Volks und der 500 Reiter. Durch Majoritätsbeschluss ist dem Churfürsten von der Pfalz aufgetragen, die nöthigen Anordnungen zu treffen, um noch einige weitere Truppen auf Unionskosten aufzubringen. Die Gesandten von Würtemberg und den Städten haben in diesem Puncte ihren Herrschaften die Resolution vorbehalten und zweifeln nicht, dass sie willfährig ausfallen werde. 5 und 6 genehmigt. Würtemberg und die Städte haben sich auf das Ansinnen, entsprechende Zusagen zu thun, entschuldigt. Sollte indess die Gefahr am Rhein ausbrechen, so wird man kraft der Union „in gemeiner gefar gemeine rettung .. zu thun sich befleissen." 7 und 8 genehmigt. Würtemberg behält sich vor, wegen Bestellung der hohen Aemter an Churpfalz ein Schreiben zu richten. Zu 9. Trotz der Vorstellungen der Churpfälzer hat die Mehrheit beschlossen, dem Passauer Volk sei der Durchzug durch der Unirten Lande, wenn es sich durchaus nach den Reichsgesetzen regle und eine gegen allen Schaden sichernde Caution erlege, zu gestatten, besonders wenn es in Rotten von nicht mehr als 100 Mann ziehe. Wird aber keine genügende Caution geboten, oder will das Volk „mit grossem hauffen mit gewalt" durchbrechen, so hat Anspach als General nicht nur den Durchzug abzuwehren, sondern auch „solch volck gentzlichen zu trennen und ime nach eusserstem vermögen abzubrechen." Hierbei haben die Strassburger Gesandten sich vorbehalten, dass ihre Obern den höhern Ständen „so die Gülchische assistentz uf sich genommen, keine mass geben wolten, allein mit der cautel, das in frembder paebstischer herschaft lant und gepieten kein überfal oder andere kriegsimpresa im namen der Unirten vorgenommen, und dardurch sedes belli in derselben lant transferirt werden solte. Damit auch der andern stette abgesanten eingestimmet haben." 11. Genehmigt Würtemberg schlägt im Namen der Fürsten und Grafen den Obervogt zu Blaubeuren, Melchior von Reicha, als Kriegsrath vor. Die Städte überlassen Nürnberg die Ernennung. 12 und 13 genehmigt. Da dem Churfürsten von der Pfalz die Werbungen anvertraut sind, so werden die Stände kein Bedenken haben, das Geld nach Heidelberg zu erlegen.[1] — Datum Speier den zwölften Aprilis anno 1610.

Stuttgart. Unionsacta VII f. 147. Cop.

[1] Ratificationen des Speirer Abschieds finden sich von Baden (April 30. M. pf. 116/3 f. 120), Worms (April 28. f. 25), Landau (April 26. f. 196).

April 22. **110. Maximilian Herzog von Baiern an Churpfalz, Neuburg, Anspach, Würtemberg. Baden und Oettingen.**

Anbringen der Fürsten an den Kaiser durch Fürst Christian von Anhalt bezüglich Donauwörths und anderer Sachen mit der Andeutung von Weiterungen, die aus dem Nichtgewähren ihrer Anträge entstehen könnten, und mit den aus parteiischem Bericht entsprungenen unrichtigen Angaben, dass die protestantischen Donauwörther am Besuch ihrer Predigt ausserhalb der Stadt gehindert werden, dass ihnen, wenn sie nicht zur katholischen Religion übertreten, die Spitalpfründen entzogen werden, dass also die Stadt fast mehr als durch die Reichsacht beschwert sei. Am 6. Februar haben die Fürsten dem Kaiser über diese Sache abermals „mit vast starcken und weitter aussehenden worten" geschrieben, „da die völlige und versprochene restitution bemelter stat sich noch weitter verweilen solte, was dieselben alsdan ires teils zu thuen gesinnet." Nun ist der Herzog entschlossen, bis zur völligen Erstattung der Executionskosten den rechtmässig erlangten Besitz seines Unterpfands gegen Gewalt und widerrechtliche Bedrängung zu behaupten. Darum mögen die Fürsten ihm, damit er sich darnach richte, ihre „unverdunckelte gemietserclerung eröfnen," welchen Sinn ihre bezeichneten Anbringen haben, ob sie gedenken, vor völliger Abzahlung der dem Herzog zukommenden Gelder sich „in ainiche thetliche weiterung gegen uns einzulassen." Dass er übrigens nach Entrichtung der Executionskosten die Stadt wider abtreten werde, hat er oft erklärt. Er hat auch einzelnen der Fürsten widerholt erklärt, dass seine angestellten Werbungen lediglich zu seiner und der Seinigen Vertheidigung und Niemanden zum Schaden, „als lang wir zu anderem nit angesuecht werden," gereichen sollen. Ohne die eben verlangte Aufklärung der Fürsten aber wird er zur Sicherung seines Unterpfands den Fortgang seiner Rüstungen keineswegs einstellen können, und wird dadurch seine Forderung an Donauwörth immer höher steigen, und der Stadt ihre Auslösung immer schwerer werden. Je nachdem die Erklärung der Fürsten ausfällt, wird es sich aber auch zeigen, dass der Herzog aus eigner Neigung nur die Eintracht im Reiche sucht. — Datum .. München den 22. April anno 1610.

München. Staatsarchiv pf. 116/3 f. 47. Orig. Vgl. Stieve, Donauwörth S. 407.

111. Relation über die Sendung des Markgrafen von Baden an Sachsen. April 23.

Die Schwäbisch-Haller und, auf weiteres Anmahnen des französischen Gesandten, die Heidelberger Versammlung haben eine ansehnliche Legation an den Churfürsten von Sachsen für räthlich erachtet, um ihn in der Jülicher Sache zur Verbindung mit den possidirenden Fürsten, ferner zum Eintritt in die Union zu bewegen und in der Donauwörther Sache sein Gutachten nachzusuchen. Auf Ersuchen der in Heidelberg versammelten Fürsten übernahm der Markgraf die Gesandtschaft.[1] Am 20. März nach Heidelberg reisend, ersah er aus des Churfürsten von Sachsen Antwort auf das Schreiben der Haller Versammlung[2] und zwei Schreiben des-

[1] Vgl. n. 44 Anm. 4. Des Markgrafen Creditive für Chursachsen, H. Johann Georg, H. Johann Casimir und H. Johann Ernst (Heidelberg 13. März) sind von Churpfalz, Anspach, Würtemberg, Anhalt unterzeichnet. (Cpt. M. pf. 116/4 f. 129, 131, 133.)

[2] Chf. Christian antwortet am 18. März auf das Schreiben n. 20 S. 95 Anm. 1. Die Antwort enthält folgendes: 1. Die Restitution Donauwörths ist durch die Mahnungen der sächsischen Abgeordneten sowol, als der Unionsgesandten erlangt. Dass aber der Kaiser und Baiern den Ersatz der Executionskosten begehren, ist ihnen nicht so sehr zu verdenken. Denn der Process gegen die Stadt, bei dem der Kaiser ohnehin die „praesumptio iuris" für sich hat, ist durch die Abbitte derselben justificirt. Baiern aber hat bei Uebernahme der Execution einem ausdrücklichen Befehl des Kaisers den schuldigen Gehorsam geleistet. Das beste wäre also, dass man den Herzog zu einem gemässigten Kostenansatz beredete, so dass die Stadt ihn durch jährliche Abzahlungen befriedigen könnte. Dies zu vermitteln, will der Churfürst gerne behülflich sein. 2 Die Anträge der Unionsgesandtschaft auf Abstellung der Hofprocesse und Verbesserung der kaiserlichen Regierung kennt der Churfürst nur aus Zeitungen. In solchen Dingen ist zunächst dem Kaiser, da er die höchste Obrigkeit und länger als die meisten Kaiser löblich regiert hat, mit grosser Ehrfurcht zu begegnen. Sodann gehören diese Sachen nach ihrer Wichtigkeit und dem Beispiele der Vorfahren vor die sämmtlichen Reichsstände und den Kaiser: jene erinnern den Kaiser an die Mängel, und beide suchen dieselben durch einen gemeinschaftlichen Beschluss abzustellen. Bei einer solchen Verhandlung wird der Churfürst alles dem Reich und der evangelischen Religion dienliche befördern, nur dass man dabei nicht auf die Aufhebung der kaiserlichen Jurisdiction ausgehe, und dass man bedenke, wie der Kaiser bei der Reform der Regierung die katholischen Stände in gleicher Weise wie die evangelischen berücksichtigen muss. 3. Der von den Unirten angegebene Zweck der Union: Erleichterung der Donauwörther Drangsale, Friede im Reich, Beförderung des evangelischen Wesens, ist nicht erreicht, die Union hat

111. selben an Dänemark und Churbrandenburg, dass man wenig Hoffnung habe auf Sachsens Verständigung mit den possidirenden Fürsten und seinen Eintritt in die Union. Da er aber in der Berathung mit Churpfalz bedachte, dass man zu Schwäbisch-Hall die Sendung für sehr dienlich erachtet, und besonders die Städte darauf gesehen haben, dass Frankreich darauf gedrungen, und man demnach sie in Heidelberg beschlossen habe, dass sie auch den Königen von Frankreich und England bereits angekündigt sei, so wollten beide Fürsten die Sendung eigenmächtig nicht rückgängig machen. Hatte man doch auch vernommen, dass Sachsen-Coburg zum gütlichen Vergleich (in der Jülicher Sache) geneigt sei.

Auf der Durchreise durch Darmstadt lud der Markgraf den Landgrafen abermals zur Union ein; derselbe entschuldigte sich wider mit der sächsischen Erbeinung, erbot sich aber, mit Chursachsen sich zu benehmen. Er wird sich ohne Chursachsens Zustimmung nicht zur Union verstehen. — Am 29. lud der Markgraf in Eisenach den Herzog Johann Ernst zum Eintritt in die Union im Namen sämmtlicher Unirten ein: 'die Jülicher Sache dürfe ihn dabei nicht abhalten. Denn da die Papisten dieselbe als Religionssache behandeln, und die Freiheit der deutschen Stände in derselben grosse Gefahr laufe, so sei es der Union sehr angelegen, jene Lande in evangelischen Händen zu wahren, ohne dabei über die Rechte der verschiedenen evangelischen Prätendenten zu streiten. Diese streitigen Ansprüche werde hoffentlich das Haus Sachsen, wie Brandenburg und Pfalz, lieber durch gütliche Unterhandlung als durch rechtliche Entscheidung ausgeglichen sehen, zumal da dem am kaiserlichen Hof beanspruchten Verfahren die Fürsten sich zu unterwerfen nicht schuldig seien. Die Unirten bitten den Herzog um Annahme der gütlichen Handlung, welche sie, soweit sie nicht

---

die evangelische Sache vielfach in grössere Gefahr gesetzt. Es liegt am Tage, dass der Union „gantze intention alleine dahin gehet, den keiserlichen decretis nicht zu pariren." Dass, veranlasst durch das Beginnen der Union, die Katholischen sich auch gefasst machen, ist ihnen nicht zu verdenken. Die gegenwärtige Union wird keine andern Früchte haben, als die frühern. Früher hat der schmalkaldische Bund der evangelischen Religion nicht genützt, und der Landsberger ihr nicht geschadet, sondern Gott hat sie durch den Religions- und Landfrieden erhalten. Die listigen Anschläge der Gegner aber haben seit dem letzten Reichstag mehr ihnen als andern geschadet. Sehr bedenklich ist es auch, dass man fremde Mächte in die Union ziehen will. Dieselben werden nur der Stände Vermögen zu erkunden suchen und ihnen dann unannehmbare Bedingungen vorschreiben. Diese und viele andre Ursachen halten den Churfürsten von der Union ab. (M. pf. 116/4 f. 662.)

interessirt seien, nach Kräften zu fördern bereit seien. Da übrigens der Herzog auf diese Anträge sich vielleicht abgesondert vom Churfürsten von Sachsen nicht erklären möchte, so möge er dieselben dem Churfürsten doch empfehlen, auch dem Markgrafen mittheilen, wie er die Sachen dem Churfürsten am füglichsten vortragen solle. Weise Sachsen den gewünschten gütlichen Ausgleich zurück, so sei ein Krieg und die Beförderung der papistischen Absichten voräuszusehen. Wenn beim Churfürsten von Sachsen nichts zu erlangen sei, so werden doch hoffentlich der Herzog und sein Bruder Johann Casimir das, was sie zu thun, und wie sie ihr specielles Interesse zu wahren haben, in Acht nehmen.' — Der Herzog liess durch seinen Kanzler erwidern: 'der Zustand des Reichs und die bösen Umtriebe, da man die Reichsgesetze thatsächlich in Frage stelle, seien ihm wol bekannt. Er freue sich, dass die Unirten sich des gemeinen Wesens so eifrig annehmen. Bezüglich des von ihm gewünschten Beitrittes zur Union, wolle er sich, nachdem er sich mit seinem Bruder benommen, erklären. Hätten in der Jülicher Sache die possidirenden Fürsten sich mit Sachsen „ante possessionem arreptam" verglichen, so würde die Sache anders gegangen sein. Er (der Herzog) werde sich noch für den gütlichen Ausgleich verwenden, wie er bisher gethan. Er werde über diese Dinge mit seinem Bruder, den er in wenigen Tagen erwarte, und mit Landgraf Moriz conferiren und dann dem Markgrafen nach Dresden schreiben, was zu thun sei.' In weiterm Gespräch erklärte der Herzog: wenn Chursachsen die gütliche Handlung annehme, so solle es an ihm und seinem Bruder nicht ermangeln. Der Markgraf merkte, „das dis orts in beden puncten, wen allein Chursachsen sich accommodiren wurde, an der wilfart nicht zu zweiffeln." April 23.

Am 1. April brachte der Markgraf zu Coburg dem Herzog Johann Casimir dieselbe Werbung vor mit mehreren Zusätzen, darunter folgende: 'der Zweck der Papisten bei dem in der Jülicher Sache vorbereiteten Kriege sei Durchführung des Trienter Concils und Ausrottung der Protestanten. Der Kaiser, wenn seinem Hofrathe das Erkenntniss in der Jülicher Sache gelassen werde, dürfte schwerlich die Lande einem Evangelischen zuwenden wollen. Die östreichischen Kaiser pflegen dem Reich heimgefallene Lehen, z. B. Mailand, für ihr Haus zu behalten.' — Am 2. April erwiderte der Herzog durch seinen Kanzler: 'die Union, welche Religion und Freiheit gegen die Anschläge der Gegner vertheidigen wolle, sei für das Wol des Reichs nöthig. Er sei zum Beitritt stets geneigt gewesen, könne sich aber ohne Chursachsens Zustimmung nicht schliesslich erklären. Er habe dem Churfürsten jüngst

14*

111. den Beitritt Sachsens mündlich empfohlen und dabei bemerkt: ein Urtheil in der Jülicher Sache werde ohne Zuziehung von Fürsten nicht gefällt werden können; da nun die Katholischen die Lande keinem Evangelischen gönnen, so werde Sachsen, wenn es sich auch von den Evangelischen absondere, kein Recht bekommen. Indess der Churfürst habe ablehnend geantwortet und erklärt, dass er dem Kaiser vertraue. Erlange nur der Markgraf den Beitritt des Churfürsten, so werde er (der Herzog) auch beitreten; wenn nicht, so werde er mit den Unirten „vertrawliche correspondentz halten." Er gedenke übrigens demnächst zu Landgraf Moriz zu reisen und mit ihm zu Rathe zu gehen, desgleichen, über die Jülicher Sachen dem Churfürsten ausführlich zu schreiben. Hinsichtlich Jülichs verwerfe er eine thätliche Entscheidung und rechne bei den Zuständen und Personen des kaiserlichen Hofs auf keine rechtliche Entscheidung. Er halte den gütlichen Ausgleich für den besten Weg; der Churfürst von Sachsen aber beharre dabei, ohne Zuthun des Kaisers keine Vergleichshandlung zu bewilligen. Vermuthlich werde übrigens der Kaiser eine gütliche Verhandlung, wenn inzwischen Waffenstillstand sein solle, nicht abweisen. Der Markgraf möge in Dresden sich auch mit Herzog Johann Georg über seine Werbung benehmen, weil „s. f. g. sich hierinnen nicht ubel affectionirt" erweisen.' — Der Markgraf bemerkte in seiner Erwiderung, dass es den unirten Fürsten zu präjudicirlich erscheine, für die gütliche Unterhandlung in der Jülicher Sache den gar nicht erforlichen kaiserlichen Consens zu begehren. Der Herzog nahm das nicht übel auf.

Am 10. April Werbung vor dem Churfürsten von Sachsen, Herzog Johann Georg und geheimen Räthen zu Dresden. Der Markgraf betonte, dass der Churfürst durch Bewilligung oder Versagung der Vergleichshandlung in der Jülicher Sache dem Reich Krieg oder Frieden geben könne. Am 12. April liess der Churfürst in Gegenwart der Vorgenannten durch Schönberg erwidern: 'Unter „allen imperiis und konigreichen sei das Romische (reich) am besten bestelt, mit welchem jederman könte zufriden sein." Dieser glückliche Zustand komme daher und sei dadurch zu erhalten, dass das wol qualificirte Haupt den gebührenden Gehorsam und Respect finde, und dass die ausgezeichneten Reichsgesetze beobachtet werden. Wenn nun die Correspondirenden klagen, dass Unordnungen eingerissen seien, und zwar durch Schuld der die evangelischen Stände beschwerenden kaiserlichen Räthe, so erkenne der Churfürst viele Missbräuche am kaiserlichen Hofe an. Wolle man aber die Reichsregierung wider ordnen, so müsse man bedenken, dass nicht nur die Evangolischen, sondern auch „die catholische — wie er, Schönberg, die papisten in der gantzen antwort genennet“ — dieselbe angeordnet, also alle Stände bei der Aenderung derselben betheiligt werden müssen. Man möge die Angelegenheit der Correction der kaiserlichen Räthe vor's churfürstliche Collegium bringen, dann werde der Churfürst das Seinige thun, jedoch mit gebührender Bescheidenheit, und ohne, wie die Unirten, dem kaiserlichen Hofe die Jurisdiction entziehen zu wollen. Handle man so und halte man fest an der Reichsverfassung, so bedürfe es keiner Union. Zu dieser, da sie von andern fertig gemacht, lade man den Churfürsten ein, nachdem man zwei Jahre daran gearbeitet, ohne ihm etwas davon zu sagen. Die Union sei gegen des Kaisers Jurisdiction geschlossen. Zur Vertheidigung der Religion sei der viel mächtigere Schmalkaldische Bund nicht fähig gewesen. Und wie damals des Churfürsten Vorfahren demselben nicht beigetreten seien und „dahero land und dignitet erlanget“ haben, so gedenke der Churfürst auch jetzt sich fern von der Union und fest an der Reichsverfassung und den überkommenen Einigungen zu halten. Die Jülicher Sache wäre längst im reinen, wenn, wie der Churfürst, also auch die andern alle gefährlichen Mittel verschmäht und einfach um die Belehnung beim Kaiser nachgesucht hätten. Trotz der Besitznahme und der beleidigenden Worte der Interessenten habe der Churfürst, um die Eintracht unter den Evangelischen nicht zu stören, nichts gegen sie vorgenommen. Und so wolle er auch nun die rechtliche Entscheidung des kaiserlichen Hofs abwarten. Die ihm angebotenen Mittel zum gütlichen Ausgleich seien unannehmbar gewesen. So habe man ihm Theilnahme an dem Possess oder Caution angeboten, da doch der Besitz nicht rechtsbeständig und vom Kaiser angefochten sei. Der angedeutete Compromiss sei unannehmbar, weil das Erkenntniss (da es sich um Reichslehen und Erklärung kaiserlicher Privilegien handle) nur beim Kaiser stehe, von seinem Hofe auch schon etliche Decrete ergangen seien. Ohne Zustimmung des Kaisers werde er sich weder in gütliches noch rechtliches Verfahren einlassen. Der Kaiser habe kein Hausinteresse in der Sache. Wenn mit des Kaisers Bewilligung unparteiische Fürsten beider Religionen die Verwaltung der Lande und das Erkenntniss in der Rechtspflege erhalten, so sei es ihm recht. Donauwörth sei restituirt, und es handle sich nur noch um Zahlung der Executionskosten. Der Anschlag derselben wäre zu moderiren, und wolle dann der Churfürst wo möglich „fernere erinnerung einwenden,“ dass Donauwörth die Kosten „nach und nach erstatten möchte.“ Die Darstreckung der Kosten durch die April 23.

111. Correspondirenden werde der Stadt sehr behülflich sein. — Dies sei des Churfürsten und seines Bruders gemeinschaftliche und schliessliche Erklärung.'

Schönberg hatte diese Erklärung „an geberden und pronuntiation ser heftig" vorgetragen. In seiner Antwort bedauerte der Markgraf, dass Sachsen und die Unirten so ganz anders denken, „weil dergestalt ein gross blutvergiessen, letzlichen auch innerlicher krieg notwendig erfolgen mueste." Er bat, dass ihm zur Ausführung und Vertheidigung der Absichten der Unirten Unterredungen mit den Räthen in Gegenwart des Churfürsten und Herzogs gestattet würden. Dies wurde, nachdem der Churfürst die (ziemlich lange und gleich der sächsischen Resolution sehr scharfe) Replik des Markgrafen „mit etwas verdruss" angehört hatte, als unherkömmlich und Ungelegenheiten veranlassend abgeschlagen, obgleich der Markgraf seine Bitte widerholte. Er erlangte darauf für sein letztes Anbringen eine nur wenige Minuten dauernde Unterredung mit dem zur Abreise fertigen Herzog Johann Georg. Diesem erklärte er: 'erkennend, dass die Jülicher Sache von den Papisten zur Unterdrückung der Freiheit und Religion gebraucht werden solle, müsse die Union den possidirenden Fürsten Beistand leisten, ohne darum das sächsische Recht verletzen zu wollen, sondern nur um die Lande für die evangelischen Interessenten zu wahren.' In seiner Antwort bemerkte der Herzog u. a.: Sachsen sei so weit gegangen, dass es nicht mehr zurück könne. Nachher liess der Churfürst dem Markgrafen sagen: 'sein letztes Anbringen klinge bedrohlich. Ob denn alle Unirten, auch die mit Sachsen erbverbrüderten und die Städte, also denken? Falls seine Worte streng zu nehmen seien, müsse Sachsen sich vorsehen.' Der Markgraf erwiderte: 'die Unirten gedenken in der Jülicher Sache nur Religion und Freiheit zu schützen. Ihr Beistand werde nicht nur Sachsen nicht schaden, sondern aller (evangelischen) Interessenten Befugniss wahren.' Der Churfürst liess hierauf sagen: er sehe daraus doch, „das es one s. chf. g. hauses schaden nicht abgehen, und derjenige, so das land erhielte, demselben wenig zu willen sein wurde." — Datum Kitzingen den 13. Aprilis anno 1610.

Postscriptum. — Der Herzog von Coburg hat sich mit der Bitte um strenges Geheimniss resolvirt: da er ohne Chursachsen zur Union nicht treten könne, wolle er mit derselben doch gute Correspondenz halten, alles, was ihr schaden könne, berichten und Nachtheile nach Kräften von ihr abwehren; er wolle „in effectu sich, als ob sie (s. l.) in der union weren, erzeigen." Churpfalz möge also über diese Correspondenz sich mit dem Herzog schliesslich verständigen. Der Markgraf traf in Dresden den Gesandten Leopolds Tennagel. Die Werbung desselben, dass der Churfürst Leopold unterstützen und den Herzog Johann Georg oder den Grafen von Mansfeld nach Jülich zur Mitdirection schicken möge, ist abschlägig beschieden, soviel der Markgraf gehört hat. Bei der Tafel, da er bezecht war, sagte der Gesandte in des Markgrafen Beisein „mit etwas bewegnus“: früher habe der Kaiser, von seinem Bruder gezwungen, die Waffen aus der Hand gegeben, und seien dadurch die ungrischen, östreichischen, böhmischen Empörungen und die gegenwärtigen Ungelegenheiten im Reich entstanden. Nun habe er die Waffen „wider in der hant, solten auch selbige bei irem leben nicht wider heraus lassen.“ Nach glaubwürdigem Bericht ist der Churfürst von Sachsen jüngst von seiner Landschaft ersucht, er möge der evangelischen Union beitreten. Sollte auch der Churfürst seinen Entschluss, in der Jülicher Sache zu keiner Thätlichkeit zu schreiten, ändern wollen, so sollen die Stände durchaus nicht geneigt sein, hierzu Beisteuern zu bewilligen.

München Staatsarchiv pf. 116/3 f. 45, 36. Orig.

112. Anspach und Baden an Churpfalz. April 25.

Die dem Markgrafen von Anspach vom Churfürsten vorgestellten Ursachen, weshalb er zur Zeit noch nicht nach den Jülicher Landen fortziehen solle, werden von ihm anerkannt. Da er aber, so lange er in seinen gegenwärtigen Standorten verbleibt, in allem zum Besten der Union handelt, so möge der Churfürst die ihm zukommende Vollmacht zugleich auf den Markgrafen von Baden ausstellen. Beide Fürsten bitten ferner um Niedersetzung eines Ausschusses der Union zu Heidelberg, damit dieser ihnen im Namen der Union seine Resolutionen zukommen lassen könne. Da sie ferner zum Widerstand gegen den Feind, besonders wegen dessen Ueberlegenheit an Cavallerie, noch zu schwach sind, und auf eine besondere Resolution der Unirten noch zu warten, ihnen zu spät schien, so hat Anspach seinen Rittmeister von Selbitz mit der Werbung von 1000 Reitern beauftragt.[1] — Datum Kitzingen den 15. Aprilis anno 1610.

München. Staatsarchiv pf. 116/3 f. 5. Cpt.

[1] Der Churfürst erwidert am 28. April: die Markgrafen haben von der Union genügende Vollmacht, dahin gehend, dass sie die drohende Gefahr nach Möglichkeit abwenden sollen. Sie mögen also „in diesem defensionswerk alles dero ratsamen gutachten nach dirigiren.“ Der vorgeschlagene Ausschuss dürfte in eilenden Geschäften hinderlich sein. Die Fürsten mögen also mit Zuziehung der Obersten und Befehlsleute das jedesmal nöthige selbst beschliessen. Die Cavallerie der Fürsten scheint, wenn die 400 Pferde von Culmbach und Obentraut, und die 500 von Selbiz (darunter 250 von Hessen) dazustossen, dem Gegner auch ohne neue Werbung gewachsen zu sein. Bedarf man aber mehr, so könnte der Mangel wol durch die Lehensleute ersetzt werden. Die

Fürsten begehren des Churfürsten Obermarschall Otto Gr. Solms zu ihrem Sergeant Major zu machen. Da aber der Churfürst vom Elsass und Hundsrück zugleich bedroht wird und ausser Solms kaum Jemanden zur Hand hat, der das Kriegswesen leiten kann, so bittet er, ihn zu entschuldigen. (M. pf. 116/3 f. 6.)

April 26. **113. Heinrich IV., Instruction für Bethune an die Staaten.**

Der König lobt die von dem Gesandten der Staaten ihm überbrachte Erklärung, dass sie zugleich mit dem König von England ihre Truppen mit denen Frankreichs verbinden wollen zu Gunsten der legitimen Erben der Jülicher Lande, nämlich Churbrandenburgs und Neuburgs. In gleicher Absicht lässt der König eine Armee von 25—30,000 Mann ausrüsten, die er selber aufführen wird, und die mit Ende des Monats Mai zum Marsch über die Maas bereit sein wird. Er wird alsdann von den Erzherzogen von Flandern die Gestattung des Durchzugs nach Jülich verlangen, um diese Festung alsbald zu belagern. Da nun aber nach guten Nachrichten die Erzherzoge den Durchzug zu verweigern und selbst nach Kräften zu hindern gedenken, wozu sie von allen Seiten Soldaten zusammenbringen und ihre besten Offiziere nach den bedrohten Gegenden beordert haben, so muss der König seinen Marsch antreten mit Macht, Ueberlegung und Unterstützung der Staaten und possidirenden Fürsten. Als er dies den Gesandten der Staaten vorstellte, erwiderten dieselben: sie seien nur beauftragt, zu versichern, dass die Staaten 12,000 Mann zu Fuss (4000 von König Heinrich unterhaltene Franzosen, 4000 Engländer von König Jacob, 4000 Wallonen) mit 15—1600 Mann zu Pferde und Artillerie unter Graf Heinrich den possidirenden Fürsten zur Hülfe marschiren lassen werden, sobald die französische Armee die Maas überschreite. Der König hält es hingegen für nöthig, dass die staatischen Truppen vor ihm möglichst weit in die Jülicher Lande einrücken, damit die Erzherzoge von zwei Armeen eingeschlossen, den Durchmarsch des Königs nicht zu hindern wagen. Am 31. Mai möchte er die staatische Armee in Düsseldorf oder sonst einem passenden Orte angelangt sehen. Dieser Vormarsch ist nicht gefährlich, und dass der König die Armee der Staaten nicht im Stich lassen wird, dafür bürgt schon der Umstand, dass er eine Armee, die ihm monatlich 400,000 Ecus kostet, nicht zwecklos zusammenbringen würde. — Ueber Zufuhr für die französische Armee aus den Niederlanden. — Die Staaten könnten vielleicht den Erzherzogen von Flandern Argwohn beibringen über den Bestand des Waffenstillstandes, so dass dieselben gehindert wären, aus den Gränzfestungen ihre besten Truppen herauszuziehen. Bethune wird dem Prinzen Moriz des Königs Marschplan zeigen und dessen Gutachten darüber einholen. Er wird denselben auch Barnevelt mittheilen. Er wird Russy seine Instruction sehen lassen, und sich seines Beistandes bedienen.[13] — Fait a Paris le 26. avril 1610.

Paris. Bibl nat. Dupuy 557 f. 160. Cop.

[1] Aerssen berichtet am 26. April: er überlasse es dem Urtheil Barnevelts „s'il est a propos d'allentir ou d'eschauffer la resolution de s. M. A mon advis, sy desirons le dernier, il est necessaire qu'y contribuions et apportions toutes les facilités que la seureté de l'estat present et la consideration de l'avenir nous peut permettre, pour aprés prendre tels conseils en l'execution que les evenements nous enseigneront. Car de pourvoir a toutes choses il est mal aysé. Nous voulons conserver la treve et secourir nos amis: l'un n'empesche pas l'autre, tant que nostre partye adverse se contiendra dans la mesme volonté, ou que soit la prosperité soit le peril de nos amis ne nous portent plus avant. Mais il y a plus de six mois que je concerte de cest article avec vous par les ouvertures qu'on avoit faictes en ceste cour, tant pour faciliter ceste entreprinse par une attaque directe que pour la suitte aprés le succés. C'est un faict duquel je n'ay jamais eu esclaircissement, et partant n'en puis point rien resouldre. Il tint hier a peu que m[r] van der Myle et moy ne fussions embarqués a vous aller trouver en poste. Nos excuses ont faict qu'on s'est contenté de m[r] de Bethune, et ce specialement sur le doute de ce que fera vostre armée, sy l'archiduc Leopold s'oppose au passage de celle du roy. S. M. desire qu'elle s'avance tant qu'elle pourra avec seureté dans les terres des amis, sans neantmoins s'engager a aulcune hostilité, ains seulement pour ayder a conserver les princes au besoin, que pour divertir celle de l'archiducq et faciliter par ce moyen le passage de s. M. Mais depuis que nous eussions quitté le roy, s. M. m'envoya querir sur le soir particulierement pour me communiquer des lettres qu'a mesme instant elle avoit receues de m[rs] de Berny et de Preaux de Bruxelles, portant que l'archiducq, ayant sceu que le dessein du roy est d'entreprendre puissamment le secours des princes et de passer pour cest effect par le Luxembourch, avoit tenu longuement conseil avec le marquis Spinola et finalement resolu de s'opposer de toute sa puissance a ceste entreprinse, en ayant led. marquis la charge, lequel assemble toutes les vielles trouppes en leur promettant la paye de deux monstres, faict estat de les faire marcher au premier jour, avec resolution d'empescher ce passage ou hasarder plustost l'estat par une bataille. La dessus s. M. voit son doute esclaircy et desire sçavoir ce que m[rs] les Estats entendent de faire, premierement s'ils ne trouveront pas bon de faire avancer leur armée pour faciliter son entrée dans les pays des amis, aprés sy par l'opposition ils n'estiment pas que c'est une declaration de guerre, en laquelle elle n'estime pas qu'ils soient pour l'abandonner." (Haag. Reichsarchiv.) Mit diesen Mittheilungen an die Staaten sind die Aufträge an Boderie für England zu vergleichen. Villeroy an Boderie. April 28. Puisieux an Boderie. April 28. (La Boderie V S. 210, 216.)

[2] Ueber die staatische Gesandtschaft in Paris vgl. Wagenaar IV S. 323. Winwood an Salisbury. 1610 Mai 13. (Winwood III S. 155) La Force an seine Gemahlin. April 20. (La Force II S. 264.) Villeroy an La Boderie. Mai 9. (La Boderie V S. 229.)

114. Friedrich IV., Erklärung auf die Werbung des hessen-casselschen Gesandten Johann Zobel.[1] April 26.

1. Betreffend des Landgrafen Erklärung über die angesonnenen 55,000 Gulden, nimmt der Churfürst die angebotenen 40,000 Gulden im Namen der Union an. Da aber die 35 und 16 Monate für den Landgrafen noch mehr betragen als die 55,000 Gulden, und diejenigen Fürsten, welche die 35 Monate bewilligt haben, für den Abgang der Städte und des Landgrafen aufkommen müssen, so

114. möge er die Summe wenigstens auf 50,000 Gulden erhöhen. Er möge den Schaden und die Unehre bedenken, die der Union erwachsen werden, wenn man aus Mangel an Mitteln die Passauer nicht aufhalten kann. Bei den Zielen Pfingsten und Jacobi (a. St.) kann es verbleiben, wenn nur die ersten 15,000 Gulden vor Ablauf eines Monats sicher erlegt werden. 2. Das neu geworbene Volk soll 4,400 Mann zu Fuss stark sein und, vereinigt mit dem Regiment von Fuchs (2,200 Mann), der Cavallerie Anspachs und Badens (800 Mann), den vom Churfürsten und von Culmbach geworbenen Reitern (etwa 400 Mann), endlich mit 500 Reitern, zu welchen die von Hessen erbetenen gerechnet sind, dem Passauer Volk, das nach allen Nachrichten 7—8000 Mann zu Fuss und 2000 Mann zu Pferde zählt, widerstehen. Der Landgraf möge also seine 200 bis 250 Reiter, die er werben lässt, zu diesem Zwecke senden; wird er dann angefochten, so ist ihm billiger Weise mit jenem gesammten Volke zu helfen. Gegen die Gefahren, die dem Landgrafen von den untern Landen drohen, dürfte derselbe gesichert sein, zumal das Regiment Schönbergs gemustert ist, und Anhalt nunmehr in Düsseldorf angelangt sein wird. 3. Es steht dem Landgrafen frei, zur Musterung Anspachs, die am 30. stattfinden wird, desgleichen auch zur Musterung von Helmstätters Regiment, die gegen Ende des Monats (a. St.) in der Nähe von Heidelberg vorgehen soll, Jemanden abzuordnen. 4. Ein Besuch des Landgrafen in Frankenthal würde dem Churfürsten sehr lieb sein. Der Landgraf möge die Zeit desselben bestimmen. — 16. April. 1610.

München. Staatsarchiv pf. 117/1. f. 305. Cpt

[1] Vierzehn Tage vorher war im Auftrage des Landgrafen Otto Wilhelm von Berlepsch in Heidelberg, auf dessen Werbung der Churfürst am 12. April folgendes erwidert: 1. Der Landgraf erklärt, durch ein Schreiben des Hauses Sachsen genöthigt zu sein, mit seiner Hülfe für Jülich einstweilen zurückzuhalten. Vorstellungen gegen diesen Entschluss, durch welchen andere Fürsten zur Nachfolge des gegebenen Beispiels bewogen, die Possidirenden entmuthigt, die auswärtigen Mächte stutzig gemacht, und die eben zu vereinbarende Hülfeleistung der Städte vereitelt werden dürfte. Dem Hause Sachsen ist die Hülfe nützlich. Der Landgraf ist durch die Vermittlung des Dortmunder Vertrags den Gegnern ohnehin so verhasst geworden, dass sie, wenn sie in Jülich obsiegen, die Gelegenheit zu einem Unternehmen gegen ihn in keinem Falle versäumen werden. Beharrt er bei seinem Entschluss, so müsste auch der Churfürst denselben den Unirten mittheilen, „welches, wie s. f. g. zu erachten, seine ongelegenheiten haben möchte“ Also möge der Landgraf wie die andern Unirten seinen Beitrag an den gehörigen Ort erlegen. Möchte er denselben nicht öffentlich darlegen, so könnte dies auf irgend eine Art heimlich, ohne dass Sachsen es merkte, geschehen, mit welchem Vorschlag der Churfürst jedoch den andern Unirten nicht vorgreifen will. 2 Camerarius hat dem Landgrafen über die Heidelberger Beschlüsse vom 13 März berichtet. Der Churfürst theilt dem Landgrafen den inzwischen beschlossenen Neuburger Abschied mit. Auf erstere wollte der Landgraf sich nicht willfährig erklären, weil er gegen einen etwaigen Durchzug des Passauer Volks durch sein Land sich selber gefasst halten müsse. Da aber ein solcher Durchzug, wenn er geschehen sollte, zunächst durch die Oberpfalz, das Anspacher und Nürnberger Gebiet gehen müsste, und zur Abwehr desselben das nach

jenen Abschieden zu werbende Volk gerade bestimmt ist, da die durch beide Abschiede bestimmte Steuer mit der Jülicher Hülfe nichts zu thun hat und von Reichsstädten so gut bezahlt wird, wie von den Fürsten, so möge der Landgraf seine Quote gleich den andern unirten Ständen zur bestimmten Zeit erlegen. 3. Da die Reiterei am schwersten aufzubringen ist, der Landgraf aber in seinen Landen und unter seiner Ritterschaft hierzu gute Gelegenheit hat, so möge der Landgraf auf die in Hall verglichne Bestallung und auf Kosten der Union 200 Reiter werben lassen, die in 14—16 Tagen auf den Beinen sein und zur Abwehr des Durchzugs des Passauer oder Elsasser Volks dienen sollen. (M. pf. 117/1 f. 35.) — Boissise berichtet über die hessischen Verhandlungen am 17. April an Villeroy: auf des Boissise öfteres in Heidelberg gethanes Anmahnen, Churpfalz solle dem Lgr. Moriz das, was vorgehe, berichten, hat der Churfürst vor vierzehn Tagen einen Rath an den Landgrafen gesandt (n. 82). Der Landgraf hat gleichfalls einen Adelichen an den Churfürsten gesandt, welcher auf seiner Rückkehr den Boissise besuchte und zu erkennen gab, dass der Landgraf die von Villeroy vorausgesehene Besorgniss wirklich hegt und sehr einen gütlichen Ausgleich wünscht. Daher könnte der Mangel an Einverständniss oder wol an Freundschaft zwischen ihm und den unirten Fürsten, besonders Anhalt, kommen. Letzterer kümmert sich wenig um den Landgrafen. Die wahre Ursache jenes Mangels scheint beiderseitige Eifersucht zu sein. (P. Dupuy 765 f. 46.) Vgl. Lgr. Moriz an Heinrich IV. 1610 Mai 1. (La Ferrière, mission a St. Petersbourg S. 74.) Rommel VII S. 308.

115. Friedrich IV. an Anspach. April 27.

Beiliegend der Speirer Abschied. Die rheinischen wie die oberländischen Städte sind für den Durchlass der Passauer gegen genügende Caution. Aber wie kann diese genügend geleistet werden, da die Obersten des Volkes meisten Theils ausserhalb des Reichs begütert sind, da man erfahrungsmässig, wenn auch im Reich gesessene Personen sich verbürgen, sich doch keinen Ersatz für die beim Durchzug unvermeidlichen Schäden verschaffen kann, und die Passauer für gestellte Geiseln und erlegte Cautionen sich in den Landen der Unirten reichlichen Ersatz schaffen würden? Sollten sich die Passauer herbeilassen, rottenweise durchzuziehen, so werden sie doch, wenn sie etwas böses gegen die Unirten im Schilde führen, sich bald sammeln können.[1] Nicht einmal der Kriegsbereitschaft und ihrer grossen Kosten wäre man bei Gestattung des Durchzugs überhoben. Der Churfürst ist daher der Ansicht, dass der Markgraf das Passauer Volk vom Unionsgebiete abzuhalten habe. Nachdem dies in Heidelberg und Neuburg beschlossen, und von Churbrandenburg erklärt ist, dass diese Abhaltung auch den Possidirenden zum Vortheil gereichen werde, da auch kein unirter Fürst der Abwehr entgegen ist,[2] so bedarf der Markgraf keiner besondern Vollmacht der Union. Den Städten wird der Churfürst ihre Gedanken hinsichtlich der Caution und die Besorgniss, es möge durch den Gebrauch der nach Jülich bestimmten Truppen die Jülicher Sache in die Union gezogen werden, zu benehmen suchen.[3] Ohnehin halten die rheinischen Städte schon Anspachs Verbleiben für dringend nöthig, und haben etliche von ihnen „ad partem" geäussert, dass sie das Mittel der Caution für

115. schwerlich ausführbar halten. Der Churfürst hofft, dass des Markgrafen Streitkräfte ausreichen, und dass Baiern sich nicht mit den Passauern verbinden werde. Für den Fall dass es anders kommen sollte, haben die benachbarten Unirten sich zu vergleichen, wie viel von seinem Landvolk und Ausschuss jeder zu den Werbetruppen zu senden habe. Diejenigen, welche dem Neuburger Abschiede gemäss Geschütz liefern, haben auch die zugehörigen Personen, Pferde und Munition zu stellen. Was an letzterer mangeln wird, ist bei den benachbarten Unirten oder Städten einzukaufen. Da es sich um keine langwierige Expedition handelt, so sind vielleicht die in der Beilage zu des Markgrafen Schreiben angeführten Artilleriepersonen nicht alle nöthig, noch ist viel grobes Geschütz, und also nicht so viele Pferde, erforderlich. Der Churfürst wird abgesehen von den zu seinen Geschützen gehörigen Personen und Pferden noch 5—6 Wagen zum Transport von Munition u. a. liefern. Aehnliches werden andre benachbarte Unirte thun. Mangeln dann noch Pferde, so sind sie auf Unionskosten auf Wochen oder Monate zu miethen. — Da die bewilligten Gelder nicht rasch genug einkommen, so sind zunächst von den 7 Monaten die nach dem Heidelberger Abschied geworbenen 2,200 Mann zu Fuss und 400 Mann zu Pferde, von den 9 Monaten das Regiment Helmstätters und die zugehörigen 500 Reiter zu unterhalten; dem Regiment von Fuchs aber und den Reitern des Markgrafen ist der erste Monatssold aus den Jülicher Hülfsgeldern zu reichen gegen Widererstattung aus der Unionscasse. Ist dann das Werk einmal begonnen, so werden sich auch die weitern vom Markgrafen gewünschten 6 Monate beantragen lassen, wie denn der Churfürst den Abgeordneten zu Speier ein Gesuch desshalb vorgebracht hätte, wenn sie nicht schon abgezogen gewesen wären. — Der Churfürst erwartet nach diesem allem, dass der Markgraf seine Absicht, alsbald nach den Jülicher Landen zu ziehen, ändern werde. Sollte gleich das Passauer Volk die obern Lande der Unirten nicht berühren, sondern nach dem Elsass ziehen und mit den dortigen Truppen rheinabwärts — denn durch Luxemburg würde es wegen Frankreichs nicht ziehen — weiter marschiren, so müsste Anspach bei der Hand sein, um die Pfalz und Baden zu schützen. Der Markgraf möge bedenken, „ob nit der geistlichen, daruf die Reinische staet zu Speier heftig getrungen, wie auch Baierns l. mit einfal und einlagerung in dero land und gebiet noch zur zeit zu verschonen, damit es der gegen s. l. gethanen erklerung, die auch in das ausschreiben kommen wird, gemaess sei, auch nit etwan die pabstische liga, e. l.[1] selbst andeutten nach, offendirt . . werde." Er wird es mit der Einlagerung des Volks nach eignem Ermessen so einrichten, wie es der Union dienlich ist. Helmstätter wird mit seinem Volk gegen den 8. Mai aufkommen. Der Markgraf möge berichten, welchen Weg derselbe dann füglich einschlagen solle. — Datum Heidelberg den 17. Aprilis anno 1610.

München. Staatsarchiv pf. 117/1 f. 328. Cpt.

[1] Dass die Passauer nicht rottenweise und gegen genügende Caution durchzulassen seien, führt der Churfürst am 27. auch dem H. Wür-

temberg aus, dessen Gesandter am Speirer Tag jenes vorgeschlagen hatte. (f. 325.)

[2] An demselben Tag (27. April) richtet der H. Neuburg an den Chf. Pfalz entschiedene Vorstellungen gegen die Gewährung des Durchzugs. (M. pf. 116/3 f. 110.) Am 28. räth derselbe, man möge den K. Matthias, die östreichischen und mährischen Stände um Hülfe zur gemeinschaftlichen Zersprengung des Passauer Volks angehen. (f. 97.)

[3] Strassburg erwidert auf ein Schreiben des Chf. Pfalz vom 27. April am 1. Mai folgendes: 1. ob dem Passauer Volk gegen Caution der Durchzug zu gestatten sei oder nicht, mögen, wie die Stadt schon in Speier erklärt hat, die höhern Stände entscheiden. 2. Für den Fall dass der Durchzug verweigert wird, muss man sich zur Vertheidigung bereit halten. Werden hierzu die geworbenen Truppen der Stadt oder doch zwei Fähnlein davon erfordert, so wird dieselbe nicht ermangeln; sie hofft aber, man werde mit der Erforderung so lange warten, bis man der bedrohlichen in der Nachbarschaft liegenden Truppen entledigt sei. (M. pf. 116/3 f. 152.)

116. Friedrich IV. an Würtemberg. April 27.

Der Herzog kennt die von den meisten unirten Städten dem Churfürsten gegebene Erklärung über „das zu Schwaebischen Hal inen angesonnene vorleihen zu der Gülchischen assistentz.“ In Heidelberg beschloss man darauf, dass besagte Städte von den unirten Fürsten „den craisen nach ferners behandelt werden solten.“ Demgemäss hat der Churfürst letzter Tage mit den rheinischen Städten verhandelt und sich vergeblich bemüht, eine Erhöhung der bewilligten Summe und Annahme der in Hall entworfenen Cautionsformel zu erlangen. Es blieb also „bei den anerbottenen summen; wie sie dan auch, sovil die caution anlangt, dieselbe uf beiliegende formel gerichtet, und eintzig uf uns gestelt haben, auch die erstattung ins künftig von uns widerumb gewertig sein, eines teils derselben aber zu der begerten nachlass der pension uf fünf jar lang noch zur zeit nit allerdings verstehen wollen, gestalt wir auch, verlengerung zu verhüten, berürte obligation uf uns genommen.“ Der Herzog möge nunmehr auch mit den Städten seines Kreises die Verhandlung beginnen, zumal da, wie es heisst, kaiserliche Commissarien an die Städte abgeordnet werden sollen, um ebenfalls Anlehen nachzusuchen.[1] — Datum ut in literis den 17. Aprilis anno 1610.

Beilage. — Erklärungen der Städte über das nachgesuchte Jülicher Anlehen. — 1. Nürnberg „wil einem benachbarten unirten fürsten uf gewisse jar und zeit, auch gegen geburlicher caution und verzinsung“ 20,000 Gulden leihen. 2. Strassburg will dem Churfürsten von der Pfalz „uf versicherung und gewonliche pension 5 gulden von hundert“ 20,000 Gulden leihen.[2] 3. Ulm will einem benachbarten unirten Fürsten „gegen caution und pension 20,000 gulden uf etliche jar“ leihen. 4. Worms will dem Churfürsten von der Pfalz 8000 Gulden leihen, für die ersten fünf Jahre ohne Zinsen, bei weiterem Ausstand gegen „gebürende verzinsung.“ 5. und 6. Heilbronn und Nördlingen haben sich wegen Unvermögenheit entschuldigt. 7. Memmingen will 2500 Gulden „gegen einer verschreibung und pension" leihen, bittet aber um Erlaubniss, dieselben aus dem Unionsfonds zu nehmen. 8. Speier will dem Churfürsten von der Pfalz 7000 Gulden, für die ersten fünf Jahre ohne Zinsen, leihen. 9. Windsheim will einem benachbarten unirten Fürsten 3000, höchstens 3,500 Gulden „gegen caution und verzinsung" leihen. 10. Rothenburg will einem benachbarten unirten Fürsten 6—7000 Gulden „gegen assecurirung und verzinsung" leihen. 11. und 12. Unter den gleichen Bedingungen will Weissenburg i. N. 1500—2000 Gulden, Schweinfurt 3000 Gulden leihen.

Stuttgart. Pfalz E 35 fasc. 7. Orig.

[1] Würtemberg erwidert am 30. April: weitere Verhandlungen mit den schwäbischen Städten dürften erfolglos sein, doch wolle er bei Gelegenheit das nöthige thun. (St. a. a. O.)

[2] Die fünf ersten Jahre ohne Zinsen. (Strassburg an Churpfalz. Mai 1. M. pf. 116/3 f. 152.)

April 27. **117.** Cardenas an Philipp III.

Der Gesandte berichtet in acht verschiedenen Schreiben über die Kriegsaussichten (Princessin Condé, Stimmung Heinrichs IV., der Räthe und der Franzosen Feldzugsplan), über die von Frankreich gewünschte Vermittlung des Papstes, über die staatische Gesandtschaft und über die Audienz des Nuntius vom 26. April.[1]

Paris. Bibl. nat. Mon. hist. K 1462 n. 113 fg. Gedruckt: Colección de documentos inéditos V. S 144 fg.

[1] Ueber den Fortgang der Vermittlungsversuche des Papstes, Ubaldinis und Pequius (vgl. n. 97), über das päpstliche Breve und die Absicht einer besondern päpstlichen Gesandtschaft vgl Ortenberg an Erzh. Albert. April 24. Mai 1. (Henrard S 376, 398) Pequius an Erzh. Albert. April 26, 30 Derselbe an Prats. April 30 (Henrard S. 380. 397) Erzh. Albert an Pequius. Mai 3. (a. a. O. S. 400.) Instruction des Papstes für den Erzb. Rivarola. (Siri II S. 228.) — Ueber die Audienz Ubaldinis vom 26. April vgl. Ubaldini an Borghese. April 28. (Siri II S. 189 fg.) Pequius an Erzh. Albert April 28 (Henrard S. 384. Daselbst über die Einmischung des Pater Coton) Ubaldini an Lanfranc. April 28. (Siri II S. 226) Bentivoglio an Borghese Mai 15. (Siri II S. 224.) — Für die gleichzeitigen Verhandlungen des De Preaux (n. 97 Anm. 1) in Brüssel über Auslieferung der Princessin Condé vgl. Bentivoglio an Borghese. Mai 1, 8. (Siri II S. 194, 221 fg.) Abreise des Preaux Siri II S. 234.

April 27. **118.** Cardenas an Philipp III.

Der König betreibt eifrig die Aufstellung des Heeres. Die Schwierigkeit im Aufbringen der Infanterie wird immer geringer. Zur Zeit befinden sich schon über 4000 Mann in Chalons, die Schweizer werden demnächst dort eintreffen, und bis zum 10.—12 Mai werden nach einstimmigen Nachrichten mehr als 20,000 Mann zu Fuss und 3000 Mann zu Pferde beisammen sein. Der König, so heisst es allgemein, wird sich zum Heere begeben, „y hace casacas muy lucidas con cifras del nombre de la princesa de Condé." Seine Absicht bei den eiligen Rüstungen soll sein „ganar con la brevedad el hallar poca defensa. Los mas de los amotinados que se han echado de Flandes se han recevido en este ejercito, y estimanlos en mucho."[1] — En Paris a 27 de abril 1610.

Paris. Archives nat. Mon. hist. K 1462 n. 124. Orig.

[1] Ueber den Fortgang der französischen Rüstungen und die Kriegspläne vgl. die n. 97 Anm. 1 angeführten Berichte. Ferner Pequius an Erzh. Albert. April 26, 28 (am Schluss. Henrard S. 380, 384.) La Force an seine Gemahlin. April 28. (La Force II S. 265.) Am 7. Mai berichtet Cardenas: ein nach Chalons gesandter Mann sagt aus, dass dort bereits an 8000 französische Infanteristen, über 1500 Reiter, der grösste Theil der Schweizer und die Artillerie angelangt sei. Letztere werde in 8—10 Tagen marschfähig sein. (P. a. a. O. n. 129.)

119. Cardenas an König Philipp III. April 27.

Sendung an Lothringen. Umwerbung der lothringischen Princessin von Seiten Frankreichs, Spaniens und des Grafen von Vaudemont

Der Gesandte hat auf die Weisung des Königs einen vertrauten italienischen Mönch an den Herzog von Lothringen gesandt, welcher dem Herzog — indem er sich auf Mittheilungen, nicht aber auf förmlichen Auftrag des Cardenas beriefe — die für ihn und seine Tochter gefährlichen Anschläge des französischen Hofs, die Bereitwilligkeit des Königs von Spanien, ihn zu unterstützen, und des Cardenas, ihm zu dienen, eröffnen sollte. Der Mönch berichtet nun:

que el duque abrió los ojos a la platica grandemente y le confessó, tenia alguna sospecha y indicios della, y al mismo tyempo havia entendido algo dello por Flandes, pareciendole al duque, havia sido yo quien havia procurado hazelle dar el aviso. Dize este religioso, halló al duque afligido, y que sele descubrió el pecho diciendole que se hallava muy confuso y apretado, porque un criado suyo de quien tenia mucha satisfacion (y era bien entendido que era el conde Forniel), despues de havelle embiado a visitar a v. M., sele havia hecho mucha acogida y regalo en su corte y muchos favores, y de esto o de mas que esto estava tan de v. M., que apretava al duque notablemente en que casasse a su hija con el principe nuestro señor, o sino, con el infante don Carlos, a quien v. M. daria los stados de Flandes con este casamyento, y que sele havia dado a entender esto en España con muchas muestras de otras mil comodidades. Por otra parte su muger le apretava con grandissimo estremo, casasse su hija con hijo del rey de Francia, y estava en esto tan apassionada, que no savia endereçalla ni templalla, antes se temia de muchos medios que sobre esto traya, y biendose con su poca salud, le dava cuydado, si faltase, que quedava su hija en manos de su muger, y ella se hecharia luego en manos de Francia absolutamente, assi por ella como por su suegro que la instava y otras mil personas que concurrian en esto; que el se havia hallado muy cerca estos dias de embiar su hija a Baviera, respecto de los avisos que tenia de Francia, porque era tregua (?) lo que havia entendido de mi, aunque no tan particular el hecho, como selo havia dicho este religioso. Por otra parte tambien se hallava con gran pena, porque el conde de Bademonte su hermano queria su hija para su hijo y mesclava a esto pretensiones y derechos que tiene que son de mucha consideracion.

Dice este religioso, le persuadió a casar su hija con el principe don Carlos y tomar embestidura de Flandes con muchas razones; que el respondió: que en razon de la fe catholica y de sangre real y de corona mas fixa y grande antes diera su hija a v. M. que à Francia, pero que no se sabia determinar a dalla a Francia ni a España, porque, si la diese a v. M., el conde de Bademonte se arrimaria a Francia, y se rebolveria la christiandad en fuego de armas sobre su estado, y si la diese a Francia, se arrimaria el conde de Bademont a v. M., y seria lo mismo, y en tan gran riesgo y aun sin el el se iba inclinando a dar su hija al de Bademont, pero que no se dava a entender por la passion que tenia su muger con las cosas de Francia, y tambien iba mirando que estado tomaban las cosas, para irse resolviendo.

Confieso, tendria por muy importante meter luego prendas con el conde de Bademont y dalle algun sueldo y ylle obligando. A lo que entendiere desta materia yré ayudando, y aunque quisiera que este religioso bolviera a Lorena, no a sido possible por agora por negocios suyos, pero hame offrecido que lo hará de aqui a dos o tres meses.

Paris. Archives nat. Mon. hist. K 1462 n. 125. Dechiffr. Cop.

April 28. **120.** Buwinkhausen an Würtemberg.

Am 23. Ankunft in Gravesend von Fliessingen aus. Am 26. erste feierliche, mit Formalien ausgefüllte Audienz vor König Jacob. Am 28. eine Privataudienz beim König allein, wo die Gesandten den Inhalt ihrer Instruction vortrugen und über die einzelnen Puncte derselben eine so ausführliche und willfährige Antwort erhielten, wie sie sie nie gehofft hätten. Das wesentliche dieser Antwort, welche Buwinkhausen „alsbald von wort zu wort ufs papir gebracht," besteht in folgendem: 1. in der Jülicher Sache hat der König eine abgemessene Hülfe bewilligt, weil er mehr zur Zeit nicht für nöthig hält; aber im Bedürfnissfalle wird er mehr leisten und nicht abstehen, bis die Sache in's reine gebracht ist. 2. Die Union hat seinen grössten Beifall; er wird zu ihr, „wie mans begeren kan, verstehen." 3. und 4. Auf Sachsen setzt der König gute Hoffnung; in der Braunschweiger Sache hofft er wenig. — Es handelt sich nunmehr darum, das Anbringen nebst den „generalia capita unionis" und anderm, was dazu dienlich ist, schriftlich zu übergeben. Mit den gleichzeitig mit der Unionsgesandtschaft angekommenen staatischen und dem noch anwesenden französischen Gesandten hoffen die Unionsgesandten „noch alhie etwas guts zu verrichten." Der Colonel Cecil, ernannter Befehlshaber über die englischen Hülfstruppen ist vor Abreise der Unionsgesandten (vom Haag) durch den König abgefertigt.[2] — Datum London Mitwochen 18/28. Aprilis 1610.

Stuttgart. Unionsacta VI f. 71. Orig.

[1] Ueber die deutsche Gesandtschaft in England vgl. Boderie an Heinrich IV. 1610 April 1. (La Boderie V S. 160.) Derselbe an Villeroy. Mai 1. (S. 221.) Derselbe an Heinrich IV. Mai 12. (S. 233.) Beaulieu an Trumbull. Mai 12. (Winwood III S. 153.) Salisbury an Winwood. Mai 24. (Minwood III S. 161.)

[2] Cecils Vollmacht. April 25. (Rymer VII 2 S. 166.) Ueber seine besondern militärischen Aufträge vgl. Salisbury an Winwood. April 17, Mai 24. (Winwood III S. 147, 161.) Zeit der Abreise. Boderie an Puisieux. April 20. (La Boderie V S. 186.)

121. Die Unionsgesandtschaft, Vortrag an König Jacob I. von England. April 28.

Der Satan thut zur Zeit alles, um die, welche das Joch des Antichristes von sich geworfen, zu verderben. Um nur von Deutschland zu sprechen, so hat der Papst seit der Reformation gegen die Evangelischen practicirt, aber früher mehr heimlich als offen, während er in den letzten Jahren durch seine Diener, die Jesuiten und andre, eine heftige Verfolgung begonnen hat unter Verletzung der für die Erhaltung der Würde, Freiheit, Religion und Privilegien der Reichsstände gegebnen Gesetze. Der Angriff wurde gegen Reichsstädte und schwächere Stände begonnen, damit man später die mächtigsten Fürsten desto leichter verderben könne. Die Reichsstadt Donauwörth z. B. ist, bloss weil sie auf Grund ihrer Privilegien und ihres durch den Religionsfrieden erworbenen Rechtes die scandalösen Processionen eines benachbarten Abtes durch die Stadt gehindert hat, ohne Untersuchung und Gehör in die Acht erklärt. Als dann die Execution im Widerspruch mit der Kreisverfassung dem Herzog von Baiern übertragen war, und die Stadt, zu schwach um dem Herzog zu widerstehen, sich erbot, dem Kaiser in allem zu gehorchen, brauchte der Herzog, der sich der Stadt und des wichtigen Donaupasses bemächtigen und die reformirte Religion daselbst verdrängen wollte, die wahrhaft jesuitische List, zu verlangen, dass die Stadt in ihren Rath einige Bürger, die man katholisch nennt, die zur Hefe des Volkes gehören, aufnehmen und dafür andre rechtmässig erwählte absetzen und alle entgegenstehenden Gesetze und Herkommen abschaffen sollte. Als die Stadt

121. erwiderte, das sei nicht in den kaiserlichen Befehlen enthalten, es sei gegen ihre Rechte und den Religionsfrieden, bezwang der Herzog die Stadt, führte die Messe wider ein und nöthigte die Bürger, die Religion oder ihre Häuser und ihre Habe zu verlassen. Aehnliches hat man zugleich und nachher in andern geringern Reichsstädten versucht, aber noch nicht durchgeführt, da man's zur Zeit nicht wagen darf: in Hagenau, Münster im Gregorienthal, Worms, Kaufbeuern, Kaisersberg, Heilbronn und Landau. Solche Banne und Executionen nun geschahen früher im Namen des Papstes. Da derselbe aber in Deutschland wenig Ansehen findet, so suchte man die kaiserliche Hoheit vorzuwenden, zu welchem Zwecke die Jesuiten zwei oder drei Männer gewannen, deren sich der Kaiser vielleicht ausschliesslich in den geheimsten und wichtigsten Angelegenheiten bedient. Was also der Papst durch seine bekannten Diener nicht thun kann, das thut er durch jene kaiserlichen Diener, wodurch er das Ansehen der Churfürsten vernichtet, welche die gesetzlichen Räthe des Kaisers in Staatssachen sind. Die öftern Bitten der Churfürsten und patriotischer Stände an den Kaiser, er möge alle jene Unordnungen abstellen, blieben vergeblich in Folge der Umtriebe jener spanisch gesinnten, von den Jesuiten bestochenen Räthe. Noch einmal und für's letzte Mal stellten im vorigen Jahre evangelische Stände, welche sahen, wie alles schlimmer ging, und von den gegen Donauwörth verübten und gegen andre vorbereiteten Ungerechtigkeiten erregt waren, durch eine so angesehene Gesandtschaft, wie der Kaiser sie noch nicht gesehen, demselben alle die Unordnungen vor; sie baten ihn, wenigstens provisorisch die Misstände abzustellen, welche dem Kaiser und dem Reich den Untergang drohen, sie erklärten, dass sie fortan sich, ihre Religion, Würde und Freiheit gegen solche Ungerechtigkeiten vertheidigen würden. Der Kaiser versprach darauf die Missstände ungesäumt abzustellen und Donauwörth innerhalb vier Monaten ohne Vorbehalt zu restituiren. Aber diesen guten Willen verkehrten gleich nach der Abreise der Gesandten die bezeichneten Räthe. Donauwörth wurde unter dem Vorwande der Executionskosten dem Herzog von Baiern übergeben, in der Jülicher Sache wurde strenger verfahren, das gesetzwidrige Treiben der Räthe nahm zu, man gab offen zu verstehen, dass man sich an keinen Religionsfrieden halten wolle. Da beschlossen endlich protestantische Stände, dasjenige, wozu die benachbarten Mächte, besonders die Königin Elisabeth und König Jacob sie so oft ermahnt hatten, zu thun, nämlich sich zur Erhaltung ihrer Religion, ihres Rechtes und ihrer Würde zu verbünden. Der König wird das Verzeichniss der in kurzer Zeit dem Bunde beigetretenen Stände erhalten, desgleichen einen Auszug aus der Bundesacte, um die gerechten, von aller Verletzung der Reichsgesetze, des Kaisers oder irgend eines friedliebenden Standes entfernten Absichten des Bundes zu erkennen, und um sich besser entschliessen zu können, was er dabei thun will. Die Unirten wollten, in Anbetracht der Gleichheit der Religion und der engen Verbindung zwischen der englischen Krone und ihren Häusern, dem König dieses mittheilen. Sie wünschen, mit ihm „une bonne et entiere correspondance en touts evenements" zu schliessen. Und

wenn der König es wünscht, so ist die Unionsgesandtschaft zu einer engern Verhandlung über diesen Punct bereit, auch zu einigen Eröffnungen in dieser Hinsicht instruirt. Sie werden dann auch mittheilen, was in dieser Sache mit Frankreich geschlossen ist, mit Vorlegung des Actenstückes. — Gerechtigkeit der Sache der possidirenden Fürsten. Die Unirten haben zur Unterstützung derselben für's erste 4000 Mann zu Fuss und 1000 Mann zu Pferde aufgestellt; der König von Frankreich hat zu gleichem Zwecke das doppelte versprochen. Die Unirten bitten, der König von England möge nicht weniger thun, wie denn der Gesandte der beiden interessirten Fürsten dem König hierüber das weitere vorbringen wird, und dieser Punct in der engern Verhandlung eingehender besprochen werden kann. In dieser werden die Gesandten der Unirten auch einiges über die sächsischen und braunschweigischen Dinge vorbringen. — Le 18. d'Avril.

München. Staatsarchiv pf. 117/2 f. 187. Cpt.

122. Friedrich IV. an Anspach. April 28.

Hat des Markgrafen Schreiben vom 26. empfangen.[1] Die Berichte über das Passauer Volk kommen von dem Richter von Sallern und fussen vermuthlich auf den Aussagen eines Regensburgers, von dem man nicht weiss, ob er gut unterrichtet ist. Der Markgraf wird taugliche Personen ausgesandt haben oder doch noch aussenden,[2] welche die Rüstung und Bewegungen des Passauer Volks erkunden. Der oberpfälzische Ausschuss soll so aufgefordert werden, dass er beim Aufrufe sofort marschbereit ist.[3] Denn bei guter Kundschaft wird man nach dem berichteten Aufbruch der Passauer Truppen Zeit genug haben, um vor ihnen die Gränzen zu besetzen. Anspach, Culmbach, Neuburg werden für ihr Landvolk solche Verfügung getroffen haben, dass es dem oberpfälzer Ausschusse zuziehen kann. An Baiern könnten Anspach und Baden im Namen der Unirten eine Abordnung thun um anzuzeigen: 'die Unirten wollen nur ihre Lande vor Schaden bewahren und mit dem Herzog, so lange er keine Thätlichkeit verübe, gute Nachbarschaft halten. Der Herzog werde den Fortzug des Passauer Volks nicht begünstigen. Man wünsche Bestand und Zweck seiner Rüstungen zu kennen.' Das Regiment Helmstätters und die Compagnie Obentrauts werden vor Anfang Mai (a. St.) schwerlich, trotz aller Beschleunigung, gemustert sein und sich beim Markgrafen einstellen können. Auf die Correspondenz nicht nur mit König Matthias, sondern auch dem ungrischen Palatin, mit den Oestreichern, Mährern und andern ist man schon bedacht gewesen und wird darüber demnächst weiteres mittheilen. — Datum Heidelberg den 18. Aprilis anno 1610.

München. Staatsarchiv pf. 116/3 f. 17. Cpt.

[1] Der Markgraf schreibt in demselben: nach beifolgenden Berichten soll das Passauer Volk demnächst gemustert werden und dann ein Lager bei Regensburg beziehen. Ihm zu begegnen ist die höchste Zeit. Der Markgraf gedenkt ehestens sein Fussvolk, dann die Reiterei zu mustern.

15*

122. Damit aber inzwischen das Passauer Volk nicht ungehindert durch der Unirten Lande ziehen könne, hat der Markgraf den Räthen in Amberg geschrieben, sie möchten das bewehrte und gemusterte Landvolk der Oberpfalz aufmahnen und damit die vornehmsten Pässe besetzen, bis er selber heranrücke, doch ohne den H. Baiern zu reizen. Es wäre dienlich (Neuburg hält es für sehr nöthig), dass man mit dem K. Ungarn und seinen Ständen, die ansehnliche Truppen beisammen haben, gute Correspondenz hielte. Dass er diese dem Markgrafen aufgetragen, könnte der Churfürst dem König in einem Schreiben anzeigen. (M. pf. 116/3 f. 15.)

[1] In seiner Antwort (April 30. f. 141) bemerkt der Markgraf, dass ihm geeignete Kundschafter fehlen.

[3] Als Beispiel für die militärischen Anstalten in der Oberpfalz diene folgendes. Der Gr. Reinhard von Solms beruft auf die Nachricht, dass das Passauer Volk wegen Mangels an Zufuhr nach Böhmen streife, auch gar über die Donau setze, „die nechstgesessene fendlin vom ausschuss, wie auch beampte, vom adel und landsassen nacher Roting im ampt Wetterfeld, als welcher ort zum durchzug und straif am übelsten versichert, uf den 17. Aprilis.“ (Gr. Reinhard von Solms an Churpfalz. April 30. M. 549/5 f. 16.) Die Zahl der nach Roting berufenen Landsassen und Adelichen beläuft sich auf sieben im Amt Nabburg, auf achtzehn im Amt Cham, auf fünfzehn im Amt Neunburg, auf eilf im Amt Wetterfeld, auf drei im Amt Retz, auf drei im Amt Bruck. (f. 2.) Dieser Versammlung wird am 27. April auf Befehl des Obersten Reinhard Gr. Solms durch den Oberstlieutenant und Pfleger zu Retz vorgetragen: der Chf. Pfalz habe mit andern Unirten in Sachen der Landesdefension vereinbart, dass bei Aufmahnung der Lehensleute und Landsassen für den Reiter täglich 9 Batzen gezahlt werden sollen. Man erwarte, dass die oberpfälzische Ritterschaft dieser Anordnung sich unterwerfe. Für den Fall eines Marsches mögen ferner zur Fortführung von Proviant und Futter je 12 Reiter einen Reiswagen mit 4 Pferden, oder je sechs Reiter eine Calesche mit 2 Pferden stellen. Man gedenke ihnen — doch vorbehaltlich der Genehmigung des Chf. Pfalz — für den Wagen monatlich 24, resp. 6 Gulden zu zahlen. — Nach genommenem Bedacht wird hierauf von Seiten der Ritterschaft und Landsassen am folgenden Tag erwidert: mit 9 Batzen per Tag können sie nicht auskommen. Gleichwol wollen sie diesem Satze sich fügen, wenn ihnen das Futter und die Stallmiethe in Städten und Märkten besonders gereicht werde. Ebenso möge man für die Wagenpferde das Futter besonders liefern. — Den Forderungen der Ritter wird widersprochen; schliesslich aber erklärt man, es solle des Churfürsten Resolution darüber eingeholt werden. (M. 549/5 f. 4.) Vorläufig wird dann neben den 9 Batzen der Ritterschaft der Hafer geliefert, in Erwartung churfürstlicher Ratification. (Vorhalt des Gr. Solms an die Ritterschaft bei ihrer Abdankung. Mai 22. f. 155.) — Ueber die nun folgende Truppenaufstellung berichtet Solms am 3. Mai an Anspach: er hat die oberpfälzischen Gräuzen „von Boehaimb her . . gegen Baiern bis widerumb an die junge Pfalz“ besichtigt. Bericht über die Beschaffenheit derselben. Es ist „durch mich, wie e. f. g. befelch wil, mit dem berait zur stellen erforderten ausschuss und lantvolck an den notwendigsten orten versehung beschehen.“ Der Graf hat sein Quartier in Roting. (f. 48.) Am 21. Mai schreibt der Graf an Anspach: er gedenke zur Ersparung von Kosten nur ein Fähnlein vom Ausschuss in Roting und zwei in Cham zu lassen, die übrigen aber nebst der Reiterei nächste Woche abzudanken, mit Vorbehalt, dass sie sich stündlich zur Einberufung gefasst halten. (f. 144.) Am 3. Juni berichtet die Amberger Regierung, dass bei dem jüngsten Aufgebot „von landsassen, lehenleuten, beamten und berittenen dienern uber 400“ nicht aufgebracht

wurden. Und doch hatten diesmal Viele, die nur ein Pferd zu stellen hatten, in Anbetracht der nach Pferden (Reitern) berechneten Besoldung deren zwei gestellt, „das also, da sonsten der dismals beschriebenen anzal uber 70 nicht belauffen, es uber 100 pferd kommen." (f. 163.)

123. Sigmarshof, Fleckenstein und Commali an Würtemberg und Baden. April 28.

In gegenwärtiger Woche ist das „archivum publicum" eröffnet. Auf den gegenwärtigen und den folgenden Tag sind die clevischen Räthe und die „unaccommodirte amptleut" beschrieben, um sie (die Amtleute) zur gebührenden „verpflichtung" zu bringen. Hierauf soll am 5. Mai der allgemeine Landtag gehalten werden. — Das Regiment Schönbergs ist bis auf zwei Compagnien am 23. und 24. auf Cölner Gebiet[1] ohne Störung gemustert und am folgenden Tag über den Rhein geführt. Man hat es in fünf Orte an der Maas dem Stift Lüttich gegenüber in Garnison gelegt. — Datum Düsseldorf den 18/28. April. anno 1610.

Stuttgart. Pfalz E 35 fasc. 7. Orig.

[1] In Recklinghausen. Der Gesandte des Coadjutors von Cöln hatte sich in Düsseldorf über die Absicht, den Musterplatz in's Cölner Gebiet zu legen, beschwert. (Sigmarshof etc. an Würtemberg und Baden. April 21. St. Pfalz E 35 fasc. 7.)

124. Joachim Ernst Markgraf von Anspach an Churpfalz. (z. Th.) April 30.

Man kann die Geistlichen nicht wol ganz verschonen. „Und obwol der bischof zu Würtzburg sich beklagen wil, so können wir es doch noch zur zeit . . nit aendern; dan man alhier so lang mus liegen verbleiben, bis die reutter gemustert, und des von Helmstats regiment im anzug sein und zu uns alhero stossen kan." Der Churfürst und die Unirten werden also den Markgrafen nebst Baden gegen Beschwerden vertreten. Da nach dem jüngst aufgefangenen Schreiben des Prager Nuntius die Gegner ihren Zug durch Franken zu nehmen gedenken, so ist es ein Glück, dass man sich gerade zwischen den beiden der Liga angehörigen Bischöfen von Würzburg und Bamberg festgesetzt hat. — Datum Kitzingen den 20. Aprilis anno 1610.

München. Staatsarchiv pf. 116/3 f. 132. Orig.

125. Heinrich IV. an Boissise. Mai 2.

Der König gedenkt am 20. zu seiner Armee in der Champagne abzureisen, die er um 5—6000 Mann zu Fuss verstärkt hat, so dass sie nicht unter 30,000 Mann zählen wird. Spätestens Ende dieses Monats hofft der König sie marschbereit zu haben. Er wird die Erzherzoge von Flandern um Gestattung des Durchzugs nach Jülich angehen. Wird derselbe gestattet, so sollen die Soldaten keinen Grund zur Klage geben, „et j'iray faire mon effect aud. Juliers sans entreprendre autre chose." Wird er verweigert, wie denn die Erzherzoge sich dazu auf Antrieb Spaniens und Spinolas vorbereiten sollen und den öffentlichen Frieden durch die Unterstützung Condé's in seiner Felonie schon verletzt haben, so muss man ihn erzwingen „et sur cela prendre le party que nous jugerons a l'oeil estre le meilleur et le plus seur pour le bien de mes affaires." Wollen die Erzherzoge jede Gelegenheit, um dem König und seinem Reiche zu schaden, ergreifen, so muss er sich auf jede Weise zu rächen und zu schützen suchen. Nachrichten über England und die Staaten. Letztere möchten den Bruch des Waffenstillstandes nach Kräften vermeiden, besonders für das laufende Jahr wegen der durch die Ueberschwemmungen angerichteten Schäden. Sie haben indess dem König versprochen, den possidirenden Fürsten 12,000 Mann zu Fuss (4000 vom König ihnen unterhaltene Franzosen, 4000 von England für die Fürsten gesandte Soldaten, 4000 Wallonen) und 1600 Mann zu Pferde unter Graf Heinrich zur Hülfe zu senden. Der König wünscht diese Truppen sofort nach Cleve so weit als möglich einrücken zu sehen, aus Gründen, die er dem Boissise durch Bethune hat sagen lassen. Landgraf Moriz muss die Truppen der Union, die er zusammenbringen kann, zu gleichem Zwecke mit denselben vereinigen. Aufträge wegen Anordnung des Proviants für die französische Armee, deren Zahl durch den Tross mindestens das Doppelte der Combattanten betragen wird. Der Herzog von Savoyen hat seinen Vertrag mit dem König gänzlich abgeschlossen. — Escrit a Paris le II May 1610.

Paris. Bibl. nat. Dupuy 765 f. 55. Cop.

Mai 2. **126.** Heinrch IV. an Fürst Christian von Anhalt.

Militärische Anstalten in den Jülicher Landen. — Heinrichs Verhandlungen mit den Staaten. Plan des grossen Krieges. Militärischer Operationsplan für den Jülicher Krieg.

Mon cousin. — J'ay esté en peine de vous, depuis avoir receu vos lettres escriptes a Diepe le XII. du mois passé, daultant que je n'avois de vos nouvelles. Mais les vostres du XVIII. m'en ont deslivré, ayant sceu par icelles vostre arrivée a la Flessinguen en bonne santé.

Bezüglich der dem Villeroy zugesandten Beschreibung der Vertheilung der Truppen in den Landen der possidirenden Fürsten räth der König, die Zahl der zu besetzenden Plätze möglichst zu vermindern,

afin d'estre plus fort dans la campagne ... Si vos adversaires estoient plus dilligens qu'ils ne sont, ils pourroient vous ronguer (sic!) les ongles de pied devant l'arrivée des secours qui vous ont esté promis; mais vous les cognoissez, ils sont ignorants, timides et foibles, de sorte que je n'ai pas opinion qu'ils vous facent grand mal.

J'ai au reste tiré des ambassadeurs des s[rs] les Estats peu de satisfaction pour l'effect que vous sçavez. Car non seulement ils sont venuz sans pouvoir d'en convenir avec moi, mais aussi j'ai recognu qu'il ne fault pas que j'espere les embarquer, du moins pour ceste année, a rompre la treve: ce qui procede des causes que vous avez peu descouvrir passant par leurs païs. Mais tant s'en fault que j'aye pour cela perdu le courage et changé ma desliberation, que j'ai pris resolution de renforcer mon armée de cinq ou six mil hommes et d'advancer mon acheminement en icelle, soudain que je sçauray qu'elle sera preste, ce que j'espere qu'elle sera dedans la fin de ce mois au plus tard. Je ne sçai si le s[r] de Bethune vous aura trouvé encores a la Haye. Je l'aurois bien desiré, afin d'estre fortifié de vous en la proposition que je lui ai donné charge de faire aux s[rs] les Estats, au prince Maurice et au s[r] de Barnevelt, qui est en somme de faire advancer dedans le païs de Cleves les douce mil hommes de pied et 1500 chevaux dont ils m'ont mandé par leursd. ambassadeurs qu'ils doibvent secourir les affaires de Cleves soubs la conduite du comte Henri, affin qu'ils puissent acheminer au devant de moi le plus avant qu'ils pourront, voir — —[1] pour me tendre la main et favoriser mon advancement — — —[2] Ce sera a propos que de vostre costé vous en assistiez aussi. Car quand les ennemis verront que vous vous advancez vers moi, et que je feray le semblable vers vous, ils se garderont bien de se mettre entre nos deux armées. S'ils le faisoient, ils s'en trouveroient mal . . . . . J'ay opinion que les archiducs me desnieront plustost qu'ils ne m'accorderont le passage par leurs païs, auquel cas il faudra que je le preigne et gagne a coup de picque, comme je suis tout resolu de faire. Vous sçavez aussi que le mareschal d'Esdiguieres a commencé nostre traité avec le duc de Savoie, de sorte que j'espere tailler encores de la besogne de ce costé la a ceulx qui font gloire d'en donner a tout le monde. — En 2. May 1610.

Paris. Bibl. nat. Ms. fr. 15580. Cpt. von der Hand Villeroys.

127. Friedrich IV. an Markgraf Johann Georg von Jägerndorf. Mai 3.

Auf des Markgrafen Schreiben vom 6. April (n. 59 Anm. 1) hat der Churfürst an König Matthias,[1] die evangelischen ober- und

---

[1] unleserliches Wort.

[2] zwei unleserliche Worte.

127. unteröstreichischen Stände [2] und einige andere Herrn [2] beiliegende Schreiben gerichtet. Der Markgraf wird das seinige thun, damit „sowol bei k. w. in Ungarn als den andern stenden gute correspondentz und affection erhalten werde." Er wird berichten, was die Stände von Böhmen, Mähren und Schlesien auf seine der oben genannten gleichmässige Werbung erklären werden. — Datum Heidelberg 23. Aprilis anno 1610.

München. Staatsarchiv pf. 116/3 f. 123. Cpt.

[1] An Matthias schreibt der Churfürst (Mai 3): die von den unirten Fürsten dem Kaiser vorgebrachten Beschwerden über Unordnungen an seinem Hof und ihre Bitte um Verweisung der Jülicher Sache an den ordentlichen rechtlichen Austrag sind vom Kaiser „gantz ungleich" aufgenommen, ihr den possidirenden Fürsten bloss zu dem Zwecke geleisteter Beistand, um dieselben bis zum rechtlichen ordentlichen Austrag in ihrem Besitze zu schützen, ist von ihm als Widersetzlichkeit angesehen: und so gedenkt er dieselben nach allen Anzeichen mit Krieg zu bedrängen. Werden nun die Reichsstände zur erlaubten Vertheidigung, zum Gebrauch des Beistandes ihrer „verwanten" genöthigt, so kann im Reich ein für Haupt und Glieder gleich schädlicher Krieg entstehen und den Türken die Gelegenheit geboten werden, über Ungarn und die Nachbarlande das äusserste Verderben zu bringen. Da nun der König das Wol und den Frieden des Reichs erhalten möchte, wie dies seine in den Jülicher Sachen gegebne Erklärung zeigt, so möge er den Kaiser ermahnen, dass er den Leuten, die Unruhe stiften möchten und die Gelegenheit zur Unterdrückung der Evangelischen in der Hand zu haben glauben, in solchen Wirren aber ihre eignen Sachen aufbessern möchten, keinen Glauben schenke: die evangelischen Fürsten wollen seine Hoheit nicht schmälern, aber es müsse „die verfassung, darmit das haupt und die glieder im reich zusamen verbunden, in acht genommen werden." Er (der Kaiser) möge also die Unordnungen an seinem Hofe abstellen, die Kriegsrüstungen einstellen, und alle Sachen „uf andere lindere und bessere wege" richten. — Dadurch würde der König ein rühmliches Werk verrichten, welches der Churfürst „in alle mügliche wege jederzeit" zu vergelten sich erbietet. (M. pf. 116/3 f. 126.)

[2] Schreiben des Churfürsten an die Stände (Mai 3): er hat der Stände Schreiben vom 22. (26.) März (n. 59) empfangen. Genugthuung über die nunmehr etwas besser gesicherte Gewissensfreiheit der Stände. Zur Fortsetzung der vertraulichen Correspondenz berichtet der Churfürst über die trotz der Unionsgesandtschaft von 1609 fortdauernde Beschwerung der Reichsstände durch die kaiserliche Regierung, besonders über deren Verfahren in der Jülicher Sache, ihre Kriegsrüstungen, welche nicht nur gegen die possidirenden Fürsten, sondern überhaupt gegen die evangelischen, vornehmlich die unirten Stände, gerichtet sind. Gelingt es ihr, den evangelischen Reichsständen Abbruch zu thun, so wird sie um so leichter auch an andern Orten die gewährte Religionsfreiheit zurücknehmen. Und wenn dann, wie bei solchen innern Unruhen im Reich zu gewärtigen ist, die Türken einen Angriff gegen Ungarn und Oestreich unternehmen, so wird aus dem Reich nicht so stark wie früher, oder überhaupt gar nicht geholfen werden können. Darum werden die Stände, wie sie stets auf den Beistand der Fürsten rechnen können, so ihrerseits zur Abwehr dieser Gefahren durch Vorstellungen beim Kaiser, dem K. Matthias und andern, überhaupt durch jedes dienliche Mittel, ihr Mögliches thun. Für den Fall, dass die Dinge im Reich zu einem stärkern Ausbruche kommen, hofft der Churfürst auf wirklichen Beistand der Stände, wie auch die Unirten den Ständen im

Fall eines gewaltsamen Einbruchs nach Kräften zu helfen bereit sind. Es wäre hierüber ein Vergleich zu treffen. (M. pf. 117/1 f. 258.)

[3] An Zierotin und mut. mut. an Tschernembel (Mai 3): übersendet die Schreiben an den K. Ungarn, an den Palatin von Ungarn (siehe unten) und die evangelischen Stände von Ober- und Unteröstreich. Bei denselben und bei andern evangelischen Ständen in Böhmen und Mähren möge Zierotin (Tschernembl) sich verwenden, dass sie insgesammt und jeder für sich das zur Abwendung alles Unheils dienliche thun mögen. (M. pf. 116/3 f. 124.) Fast gleichlautendes Schreiben an Wok von Rosenberg (Mai 3. f 125), nur dass seine Verwendung in Anspruch genommen wird bei dem Kaiser und den evangelischen Ständen „eins und andern orts." — In dem Schreiben an den Palatin Thurzo (Mai 7. f. 228) wird derselbe ersucht: er möge mit den übrigen ungrischen Ständen und ihren Verbündeten sich bemühen, dass der Kaiser bewogen werde, dem Reich den Frieden zu wahren und den possidirenden Fürsten keine Gewalt geschehen zu lassen.

128. Maximilian Herzog von Baiern an Churpfalz. Mai 3.

Aus des Churfürsten Schreiben vom 22. April[1] hat der Herzog die Ursache der Werbungen der Unirten ersehen und gerne vernommen, dass dieselben bloss zur Vertheidigung, nicht aber zum Nachtheil eines friedliebenden Reichsstandes und weniger noch der Geistlichen und ihrer Stifte dienen sollen. Nun hat aber der Markgraf von Anspach im Namen der Unirten eine starke Anzahl Truppen in des Bischofs von Würzburg Gebiet trotz alles freundlichen Ersuchens und zur grossen Drangsal der bischöflichen Unterthanen gewaltsam eingelagert, „welches unsers ermessens e. l. erclerung ser zugegen lauft." Uebrigens theilt der Herzog mit, dass er gleichfalls wegen der in seiner Nachbarschaft allenthalben vorgehenden Kriegsrüstungen sich einigermassen in Bereitschaft setzt, nur zu seinem und der Seinigen Schutz, nicht aber zu Jemandes Schaden, „so lang wir zu anderm nit gemüssigt" werden. Er wünscht im Reich nichts mehr als Herstellung der Einigkeit unter den Reichsständen und wird an sich nichts zum Wol und Frieden des Reichs dienliches ermangeln lassen. Der Churfürst wird ebenso gesinnt sein. — Datum . . München den 3. May 1610.

München. Staatsarchiv pf. 116/3 f. 284. Orig.

[1] Vgl. n. 98. Die Erklärung der Verschiedenheit des Datums im Concept und im Original giebt Anm. 1 zu n. 98.

129. Anspach und Baden an den Bischof von Würzburg. Mai 4.

Der Bischof soll zu seinen schon bereit stehenden Truppen[1] noch ein Regiment Infanterie zu werben beabsichtigen. Die Truppen der beiden Markgrafen sind bloss geworben, um bei den Kriegsrüstungen im Elsass und bei Passau und bei den gleichzeitigen Drohungen gegen gewisse evangelische Fürsten die Lande der Unirten zu schützen. Dass dieselben bis gegenwärtig in des Bischofs Gebiet eingelagert sind, geschah aus Noth und keinem feindlichen Vorsatze. Da also von Seiten der Markgrafen der Bischof gar nicht bedroht ist, so möge er die erwähnte Werbung einstellen, da die

Fortsetzung derselben „allerhant ungleiche gedancken notwendig verursachen wurt.“ [3] — Datum in closter Heidefelt den 24. Aprilis anno 1610.

München. Staatsarchiv pf. 116/3 f. 222. Cop.

[1] Sie beliefen sich auf etwa 800 Mann. (Anspach und Baden an Churpfalz. Mai 4. f. 221.)

[2] Die Markgrafen schreiben an Churpfalz: von dem Elsasser und Passauer Volk bedroht, können sie nicht zusehen, dass die Würzburger sich ihnen in den Rücken legen. (a. a. O.)

[3] Der Bischof lässt den beiden Markgrafen am 6. Mai durch Abgeordnete erwidern: er hatte stets geglaubt, dass ihre Werbung keinen Schaden für sein Stift bezwecke, und sich darum zu keiner Abwehr gerüstet. Die geduldige Ertragung der über einen Monat währenden Einlagerung so vieler tausend Mann zu Fuss und zu Ross hat die Festigkeit dieses Glaubens bezeugt. Aber die Fürsten werden auch wissen, welchen Muthwillen die Soldaten gegen die Güter und Personen der Unterthanen geübt, und was deshalb die Landschaft bei dem Bischof geklagt hat. Darauf musste der Bischof zur Befriedigung seiner Unterthanen dasjenige thun, was beide Fürsten im gleichen Falle auch gethan hätten. Er will nur seine Landschaft beschützen und keinerlei Misstrauen bei den Fürsten veranlassen. Diese mögen erklären, wann ihr Volk aus dem Stift abgeführt werden solle. Denn wenn dies geschieht, so wird der Bischof seine geringfügigen Rüstungen einstellen. (M. pf. 116/3 f. 291.) Die Markgrafen erwidern nach Widerholung ihrer friedlichen Versicherungen: die Einlagerung eines Theils des nunmehr gemusterten Fussvolks in das Stift Würzburg konnte leider nicht umgangen werden. Es soll aber nunmehr die Reiterei auch baldigst gemusstert, dann die Truppen vereinigt und an andre Orte geführt werden. Auf Klagen über Ausschreitungen der Soldaten hat Anspach stets die erforderliche Strafe eintreten lassen und wird es auch fernerhin thun. Der Bischof möge sich auf alles dies verlassen und also seine Werbungen einstellen; sonst werden „allerhant ungleiche gedancken“ erweckt. (f. 286.) — Am 8. Mai schreibt Anspach (noch aus Kloster Heidenfeld) an Churpfalz: er möchte die benachbarten Geistlichen gerne mit Belästigung verschonen. Aber die Concentrirung des Volkes ist schwer und für die Unterthanen sehr lästig. „Dan wo vor in einem haus bei einem bauern einer oder zwen reitter logiret, würden hernacher 10, 12, ja zweintzig reitter oder soldaten logiren mussen, dahero die dörfer desto eher ausgezeret, sonderlich wan von Wurtzburg die proviant, wie zu vermuten, abgestricket . . werden solte. . . Solte man dan campiren, so wurde das volck anfangs balt defatigirt.“ (f. 297.)

Mai 4. **130.** Boissise an Heinrich IV. (z. Th.)

Landgraf Moriz hat im vorigen Monat dem Boissise geschrieben, dass man von Badens Verhandlungen mit Sachsen nichts zu hoffen habe, „et que cela le confirme d'autant plus de se tenir uny avec les princes qui poursuivent la paix et liberté de l'Alemagne.“ Der Pfalzgraf Wolfgang Wilhelm hat dem Boissise beiliegende vom Erzbischof von Salzburg seinem Vater übergebnen Ausgleichsvorschläge [1] mitgetheilt. Sie enthalten manches Gute, das man in Prag schwerlich gut aufnehmen wird. Allein den vorgeschlagnen Sequester werden die Fürsten schwerlich annehmen, noch den Landständen so weit vertrauen. Die sogenannten Oberaufseher des

Sequesters, Erzherzog Albert und die Staaten, genügen für den Zweck nicht. Auf des Boissise Bemerkung, dass der König von Frankreich gar nicht erwähnt sei, erwiderte der Pfalzgraf, die Leitung des Ganzen solle Frankreich und Spanien übergeben werden. Boissise versicherte: ein gütlicher Ausgleich werde seinem König stets willkommener sein als der Krieg. Aber die Fürsten müssen nicht unterlassen sich so zu rüsten, dass sie nicht zu unbilligen Bedingungen genöthigt werden; auch sei die Gelegenheit, die Leopolds Schwäche ihnen biete, nicht zu verlieren. Man schob endlich alles auf Anhalts Ankunft. „Cependant il est aisé a voir que led. Palatin n'espere pás faire sa fortune en la guerre." Anspach und Baden, welche nach Düsseldorf kommen werden, sind kriegslustiger und werden Commandos nach ihrem Range verlangen. Boissise fürchtet daraus Verwirrung.[2] — De Dusseldorf ce 4. may 1610.

Paris. Bibl. nat. Dupuy 765 f. 52. Cop.

[1] Inhalt: der Kaiser und Leopold einerseits, die Possidirenden andererseits legen die Waffen nieder und übergeben die Possession „sequestersweis" bis zu gütlicher oder rechtlicher Entscheidung des Hauptstreites den Landständen. Erzh. Albert und die Staaten haben dafür zu sorgen, dass in dieser Zwischenzeit kein Interessent etwas den andern Nachtheiliges vornehme. Zugleich könnten etliche „dem gemeinen wesen wol affectionirte, unparteiische, keiner union oder verbüntnus zugethane fürsten von beden religionen," etwa zwei von jeder Religion, und zwar von der katholischen Seite der Erzb. Salzburg und Erzh. Maximilian, selbständig und ohne Präjudiz der Interessenten dem Kaiser gegen das an seinem Hof eingeschlagene Verfahren Vorstellungen machen. „Bei solcher interposition auch anstellung obiger und anderer mittel und ablegung der waffen müste alsobalden mit verglichen und versprochen werden," dass der Kaiser zur gütlichen oder rechtlichen Entscheidung des vor „pares curiae" und nicht vor den Reichshofrath gehörigen Jülicher Hauptstreites, desgleichen zur Erledigung verderblicher Beschwerden, z. B. der Donauwörther und Kaisersheimer Sache, baldigst einen Reichstag berufe. (B. XXXIV 155 a 3.)

[2] Man ersieht aus diesem Bericht, dass sich Boissise zur Assistenz der possidirenden Fürsten in Düsseldorf eingefunden hatte. Die Ankunft des englischen Gesandten Winwood (vgl. Acten II n. 268 S. 493, III n. 8 Anm. 1) war vom Mgr. Ernst am 21. März nachgesucht (Winwood III S. 137), wurde aber bis in den Juli verzögert. (Winwood an Salisbury. März 26, April 3. John More an Winwood. April 3. Salisbury an Winwood. April 7, 17. Winwood an Salisbury. Mai 13. Salisbury an Winwood. Mai 24, 29. Der geh. Rath an Winwood. Mai 28. Winwood an Salisbury. Juni 12. Salisbury an Winwood. Juni 25. Winwood an Salisbury. Juni 25. (Winwood III S. 182—185.) — Der nach Düsseldorf geschickte dänische Gesandte (Acten II n. 254, III n. 8 Anm. 1) war vor des Boissise Ankunft abberufen. (Winwood an Salisbury. April 13. Winwood III S. 146.)

131. Boissise an Villeroy. (z. Th.) Mai 4.

Boissise hatte nicht gewusst, dass der Coadjutor von Cöln eine französische Pension hatte. Nach dem Abschied schickte aber der Coadjutor einen Secretär an Boissise mit dem Ersuchen, der König möge die Pension in ein Beneficium von gleichem Werthe umwandeln, da ihn die Spanier wegen der Pension übel ansehen. Boissise erwiderte, er werde es dem König vorbringen, obgleich diese Umwandlung der Spanier Uebelwollen nicht ändern werde. — Je mehr Boissise dem Coadjutor von gütlicher Beilegung der Jülicher Sache geredet hat, je eifriger erklärte er dieselbe für unmöglich wegen der dem Kaiser von den Fürsten zugefügten Beleidigungen. Er betonte auch das Interesse der Religion. — De Dusseldorf ce 4. may 1610.

Paris. Bibl. nat. Dupuy 765 f. 54. Cop.

Mai 5. **132.** Friedrich IV. an den Bischof von Speier und mut. mut. an den Bischof von Worms.

Bei der gefährlichen Lage der Dinge hat der Churfürst, um seine Lande gegen ungerechte Gewalt zu schützen, sich mit Truppen gefasst gemacht. Diese Rüstung setzt auch des Bischofs Lande in Sicherheit, daher es billig ist, dass er zu den Kosten etwas beitrage. Deshalb und weil der Churfürst bisher des Bischofs Gebiet mit Einlagerung verschont hat, möge der Bischof gegen den 11. Mai für sich und seine Dom- und Nebenstifter 50 Fuder Wein, 250 Malter Korn, 600 Malter Hafer, (an den Bischof von Worms: 50 Fuder Wein, 200 Malter Korn, 450 Malter Hafer) und eine Anzahl Rindvieh an das Commissariat nach Schwetzingen liefern. Im Falle der Willfahrung soll er und die Seinigen von dem Kriegsvolk keine Beschwerung zu besorgen haben. Er möge seine Erklärung dem besonders abgefertigten Boten übergeben. — Datum Heidelberg den 25. Aprilis anno 1610.

München. Staatsarchiv pf. 116/3 f. 172. Cpt.

Mai 7. **133.** Cardenas an König Philipp III.

Der Nuntius hat ihm Mittheilung gemacht über eine Audienz bei Heinrich IV., in welcher er demselben ein Schreiben des Papstes, das einen ausserordentlichen Nuntius ankündigt, übergab. Der König hat darüber grosse Freude ausgedrückt, dann versichert, er wolle nicht mit Flandern oder Spanien brechen, einen, wie er betont, ausserordentlich höflichen Brief an Erzherzog Albrecht um Durchlass gezeigt und bemerkt, die Rüstungen in Spanien seien ohne Bedeutung und könnten weder schnell genug noch im nötigen Umfange vollendet werden; schliesslich hat er den Nuntius aufgefordert, mit Cardenas zu sprechen und zu hören, was dieser für Nachrichten aus Spanien habe.[1] — „Dixome el nuncio que echó de ver notablemente en el rey mucha diferencia destos dias passados, porque le halló muy dulce y hablandole muy claramente en que deseava la amistad de v. M., que no sele atrevessó (sic!) en razon de la princessa de Condé, como la voz passava, solo le dixo qu'el archiduque mostrava gana de dalla a su padre y no acavava, que a instancia suya scrivia agora el condestable pidiendole al principe, lo consintiesse. Parecele al nuncio que, aunque el rey deshace el ruydo de armas por España, que lo siente mucho. Dixome tambien, le havia dado quexas el rey de lo que se hace con el principe de

Condé en Milan, pero que en todo avia ydo muy suave y desseoso de dar satisfacion, y questa novedad es despues que se tienen las nuevas de lo que v. M. manda prevenir en España."[2] — En Paris a 7 de mayo 1610.

Paris. Archives nat. Mon. hist. K 1462 n. 128. Orig.

[1] Vgl. Ubaldini an Borghese. Mai 12. (Siri II S. 240.)

[2] An demselben Tag berichtet Cardenas: als Briefe aus Spanien kamen, „en que se juzga benia esta nueva" (von den spanischen Rüstungen), ging der König nach einigen zu Villeroy gesprochenen Worten über drei Stunden auf und ab „mirando al suelo y dandose con una barilla en los pies, y siendo ésto en una galeria donde estaba toda la nobleça de Francia y los ministros con quien el suele negociar." Seitdem viele Conferenzen mit Zuziehung bloss der Königin, Villeroys, des Kanzlers und Sullys, wie es heisst über Massregeln gegen einen spanischen Angriff. Die Person „de quien hago mas caudal de los que me hazen amistad" sagt aus: „que el rey se halla congojado de verse tan empeñado y obligado, que no sabe que hazerse, que ha offrecido estar al parecer de su consejo, pero que no lo está, que tratan de que defensa haran por España y no saben determinarse; que la resolucion que se ha tomado, es escrivir a su embaxador, avise particularmente que fuerzas junta v. M., si es exercito formado o prevencion de fronteras." (P. Arch. nat. Mon. hist. K 1462 n. 132.)

134. Cardenas an den Herzog von Lerma. Mai 7.

Eifrige Rüstungen des Königs, Bemühungen seiner Minister um Auslieferung der Princessin Condé an ihren Vater, „diciendo que con esto las demas cossas se compondrian por camino muy quieto." Peckius geht auf diese Besprechungen ein; er proponirte dem Cardenas (que), „scribiesse a s. M., será bien que el principe de Condé se fuesse a Roma, y que consintiesse que la princessa de Condé se entregasse a su padre. Respondíle lo que devia, y el me confessó, no salia del la propuesta. Por otras vias procuran hablarme en estas platicas, llegando algunos a offrecer, vendrá esto rey en quanto se quiesiere, si esto sele concediesse, y que se encaminarian platicas de nuebo dendo al gusto del rey nuestro señor, y de las cossas de Flandes alçaria la mano, con otras mil raçones que prometo a v. e., no se pueden referir, ni sé como scribillas, si bien cada ora m'espanto mas de lo que veo. A todas estas platicas he respondido que, quando seme hable en ellas por el rey o en su nombre, haré lo que me toca, qu'es tratar dellas, haciendo los buenos officios que pueda; y no me ha parecido responder con aspereça, aunque las demandas lo piden, por dar lugar a que la furia deste rey vea algun agujero de esperança para entretener el tiempo hasta ver lo que mi dueño me manda, y por lo menos para que sirba para las prevenciones que combiene hacer." — En Paris 7. de mayo 1610.

Paris. Archives nat. Mon. hist. K 1462 n. 136. Orig.

135. Cardenas an Philipp III. Mai 7.

Die Absicht des Königs soll dahin gehen, nach Vereinigung der Armee in Chalons die Cavallerie „la buelta de La Capela" marschiern zu lassen, von da aber mit ihr und 2000 Infanteristen nebst einigen Feldstücken und Petarden sich plötzlich gegen Brüssel zu wenden „intentando su designio." Die Masse des Heeres soll sich dann nach einem Plan des Marschall Bouillon einschiffen „en Muson por la Mosa abaxo," um die Stadt Namur mit Hülfe von Einverständnissen, die der König dort unterhalten soll, einzunehmen. Glückt das, „el rey se fortificará en ella y yrá traçando sus designios." Glückt die Einnahme nicht, „el rey bolverá a juntarse con su cavalleria en el cuerpo del exercito y yrá entrando en el pays haziendo el mal y daño que pudiere."

Paris. Archives nat. Mon. hist. K 1462 n. 131. Dechiffr. Cop.

Mai 8. **136.** **Heinrich IV. an Erzherzog Albert.**

Anfrage, ob er mit dem zum Beistand der possidirenden Fürsten bestimmten Heer seinen Durchzug durch einige Gebiete des Erzherzogs als Freund nehmen könne.[1 2 3]

Gedruckt Lettres missives VII S. 895.

[1] Vermuthungen des Puisieux und Villeroy über die Aufnahme dieses Antrags und die Kriegsaussichten im allgemeinen. Villeroy an Boderie. 1610. Mai 9. (La Boderie V S. 229.) Puisieux an de Preaux. April 29. (Lettres miss. VII S. 896 Anm. 1.) Vgl. Winwood an Salisbury. Mai 2, 13. (Winwood III S. 148, 155.) Bongarsii et Lingelsh. epl. S. 275. Friedliche Aeusserungen Heinrichs gegen La Force (La Force an seine Gemahlin. Mai 2, 12. La Force II S. 266, 267), gegen den Papst. (Ortenberg an Erzh. Albert. Mai 22. Henrard S. 406.) — Berathung Alberts mit seinen Obersten über Heinrichs Antrag: Denkschrift Bentivoglios über Condé. Opere (Milano 1806) I S. 447—457. Spinolas Kriegsmuth: Bentivoglio an Borghese. Mai 8. (Siri II S. 221.) Ueber Alberts Streitkräfte vgl. Bentivoglio a. a. O. S. 442. Ueber seine Vorkehrungen und Truppenconcentration. Erzh. Albert an die Gouverneure von Namur etc. Mai 4. (Henrard S. 402.) Winwood an Salisbury. Mai 2, 13. (Winwood III S. 148, 155.) Trumbull an Winwood. Mai 31. (Winwood III S. 172.) — Albert gewährt den Durchzug am 13. Mai. (Cornelius im Münchener histor. Jahrbuch II S 61 Anm 25. Becher an Trumbull. Mai 19. Winwood III S. 158.) Friedliche Versicherungen Alberts gegenüber den Unirten. Sendung des Masse. (Winwood an Salisbury. Mai 2, 13, 24. Winwood III S. 148, 155, 164.)

[2] Ueber ähnliche Anträge an Lüttich, Köln, Aachen und deren Aufnahme vgl. Winwood an Salisbury. Mai 13. Becher an Trumbull. Mai 19. (Winwood III S. 157, 158.) Haeberlin-Senkenberg XXIII S. 198.

[3] Die für Deutschland bestimmte Armee des K. Heinrich enthielt nach einem dem Bericht n. 137 beigegebnen Verzeichniss folgende Truppentheile: a) 9 Regimenter zu je 2000 Mann, und zwei Schweizer Regimenter von 6000 Mann zusammen. Summa: 24,000 Mann. Dazu die zwei niederländischen Regimenter von 4000 Mann zusammen. b) 16 Compagnien von gens d'armes zu 150 und 100 Mann. Summa: 1800 Mann. c) 13 Compagnien „chevaux legers," die des Königs zu 200, die andern zu 100 Mann. Summa: 1400 Mann. d) Carabiniers in der Stärke von 800, dazu „la cornette blanche qui sera d'environ 2000."

137. Sigmarshof, Fleckenstein und Commali an Würtemberg und Baden. Mai 8.

„Als fürst Christian im Haag glücklich angelangt und alda nach befundenen dingen die resolution genommen, das Gulchische volck jenseit der Maas unversehent zu überfallen und zu klopfen, so haben i. f. g. die hern Staden 28 compagnien reutter (welche uf 1300 starck gewesen sein möchten, dan die compagnien nit complet gewesen), under dem schein als ob sie i. f. g. solten convoyeren, mitgegeben, darbei auch persönlich mitgewest graf Heinrich von Nassaw.“ Anhalt befahl dem Grafen Fritz von Solms, er solle mit seinem Regiment am 1. Mai die Maas bei Urmond überschreiten und den Angriff gegen das Jülicher (Leopolds) Fussvolk unternehmen. Der Fürst selber marschirte am 1. Mai mit seinen 28 Compagnien von Nimwegen aus, passirte bei Mook die Maas und traf um Mittagszeit auf die Jülicher Cavallerie, „welche 11 compagnien starck und in 5 dorfer ein gutte stunt wegs von dem fuesvolck absonderlich logirt waren.“ Bei dem Ueberfall derselben wurden „4 compagnien (wiewol etliche von 5 sagen) geschlagen, die andere compagnien aber haben sich in die flucht begeben, welchen man aber nit weit nacheilen können, weil die Staadische pfert ser müet gewesen, sowol von wegen des weiten wegs, als auch weil die reuter armirt waren.“ Der Fürst rückte nun gegen das eine Stunde entfernt liegende Fussvolk, welches „auf 1200 starck ungefaerlich (darunder auch des Reuschenbergers compagnien gerechnet) zum tail under des obristen von Anhold commando gewesen sein solle. Zu i. f. g. ist alhier bei diser rencontre graf Friderich mit seiner reutterei gestossen, weil er ehe nit uber die Maas kommen können; dan das Gülchische fuesvolck von seiner ankunft gutte wisseuschaft getragen und deswegen ir sentinelle und wachten der orten fleissig bestelt gehabt. Als sie aber fürst Christians auf der andern seiten unversehens ansichtig worden, haben sie sich alle in das nechste dorf zusammen retirirt, darin das graeflich stift Tor gelegen, und sich aus demselbigen, weil das dorf mit einem starcken haag umbzeunet gewesen, ein zeit lang wol defendirt, bis so lang i. f. g. die 400 dragon (so under den obgenanten 28 compagnien gewesen) absitzen und die Gulchische im dorf an zwei orten attaquieren lassen; welche dragon also bald auch von der ubrigen cavalleria secondirt worden. Endlich aber als die Gulchische gesehen, das sie nit weitern widerstant thun konden, so haben etliche ausgerissen und vermittelst des wassers sich salvirt, die andere aber durch ein kleine porten in das gemelte closter gedrungen. Weil aber ein fruchtscheuren gleich am schloss gelegen, mit stroh bedeckt gewesen, und under werendem schiessen das tach angegangen, so hat das feuer auch in das closter geschlagen, dasselbig angezünt und abgebrent. Die nonnen sollen alle salvirt sein worden, ausgenommen eine oder zwo, welche man nit waist, ob sie verbronnen oder sonsten verloren seien, die soldaten aber, so sich nit ergeben wöllen, alle erschlagen, die andere gefangen genommen worden.“ In beiden Treffen sind unter Anhalts Soldaten acht verloren; vom Feind sind 200 Mann getödtet, über 400 Mann, darunter der Oberst Anhold, der Oberstlieutenant und andere Officiere, gefangen. Da die Officiere sich für die 400 gemeinen Soldaten „verobligierten," wurden diese entlassen.[1] — Dieser Sieg ist deshalb von grosser Bedeutung, weil gerade am gegenwärtigen Tage der Landtag eröffnet werden soll. — Fürst Christian ist am 6. Mai in Düsseldorf eingetroffen. — Datum Düsseldorf den $\frac{28.\ \text{Aprilis}}{8.\ \text{Maii}}$ anno 1610.

Stuttgart. Pfalz B 35 fasc. 7. Orig.

1 Vgl. den Bericht von Winwood. Mai 2. (Winwood III S. 148.) Lingelsheim an Bongars Mai 15. (Bongarsii et Ling. epl. S 273.) Bezüglich der von den Staaten dem F. Anhalt geleisteten Truppenhülfe hatten sie demselben am 24. April folgende Erklärung gegeben: die für Jülich bestimmten Truppen der Staaten seien bereit zu marschiren, sobald die der K. Frankreich und England sich in Marsch setzen. „Que par le present on attendoit aussi la resolution desd. roys s'ils estoient contents que leurs gens fussent mis soubs la conduicte de celuy que mrs les Estats ordonneroient, a sçavoir le conte Henri, mais ce non obstant, en cas qu'on aureit affaire pour faire quelque bon coup de quelques trouppes, que mrs les Estats ne feroient poinct de difficulté de fournir cependant pour provision aultant de cavallerie et d'infanterie qu'y seroit requise, s. e. ayant prudemment remontré de quelle importance soit la prevention, et qu'ils attendoient la resolution des princes interessez ou de leur general. — M. le prince accepta l'offre et les remercia." (M. pf. 102/2 f. 87.)

Mai 8. **138. Pleikard Landschadt, Relation an die churpfälzischen Räthe.**

Auf die Werbung des Landschadt und des würtembergischen Gesandten von Schilling an den bischöflichen Statthalter (Kriechingen) und die Räthe in Zabern[1] wurde am 30. April erwidert: das in die Stifter Passau und Strassburg gelegte Volk habe der Kaiser werben und trotz dringender Gegenvorstellungen Leopolds in jene Quartiere legen lassen. Ob übrigens die Werbungen auf Leopolds Antrag oder gegen seinen Willen unternommen seien, welche Verabredungen in dieser Sache zwischen Leopold und dem Kaiser getroffen seien, wisse man nicht. Allerdings sei den Truppen aus dem Stift Proviant gereicht: denn sonst habe man sie gar nicht in der Disciplin halten können. Dass man ein gleiches der Stadt Strassburg und der Elsässer Ritterschaft zugemuthet habe, entspreche einem Gebrauche, den der Bischof von Strassburg als ausschreibender Fürst der drei Elsässer Stände öfter geübt habe. Der Antrag, die Truppen abzudanken oder ohne Schaden der Unirten aus dem Lande zu führen, müsse an den Kaiser und Leopold gestellt werden. Ein schon vorher eingekommenes, in diesem Sinne gehaltenes Schreiben des pfälzischen Obermarschalls sei an Leopold gesandt. Churpfalz und andre Unirte haben jüngst Truppen in das Bisthum gesandt, um für die aus jener Einlagerung gegenwärtig und künftig entstehenden Schäden Ersatz zu holen: und doch sei weder Jemanden sonderlicher Schaden zugefügt, noch auf Klagen Ersatz und Strafe ausgeblieben, noch sei endlich ein rechtmässiger Entschädigungsanspruch an das Stift, sondern an das Eigenthum des Erzherzogs Leopold zu richten. Mit des Capitels Willen sei ja die Einlagerung nicht geschehen. Man werde das Volk mit aller Anstrengung künftig in guter Disciplin zu halten suchen. — Eine bestimmtere Antwort konnten die Gesandten fernerhin nicht erlangen, obgleich sie vorstellten, dass die Unirten in der gegenwärtigen Ungewissheit nicht bleiben könnten, dass dem Stift gefährliche Weiterungen erwachsen möchten, dass die Stadt Strassburg und die Ritterschaft durch die Einlagerung mit zu leiden hätten. Die Gesandten übergaben ihr Credenzschreiben an das Domcapitel dem in Zabern anwesenden Decan Franz von Kriechingen. — Unterredungen mit dem Strassburger Rath und dem Grafen von Hanau. — Signatum Steinach den 28. Aprilis 1610. Mai 8.

München. Staatsarchiv pf. 116/3 f. 255. Orig.

1 Ueber den Anlass dieser Gesandtschaft gibt ein Schreiben Würtembergs an Churpfalz (April 25) Aufschluss: auf des Churfürsten Schreiben vom 23., betreffend „die wiederzusammenrottirung des im Elsass liegenden Leopoldischen volcks," hat der Herzog seinen Landhauptleuten alsbald befohlen, an Ort und Stelle zu bleiben und auf Helmstätters Befehl ihm zuzuziehen und ihm zu gehorchen. (M. pf. 116/3 f. 21.) Nach ihrer Instruction (April 19. M. pf. 117/1 f. 180) hatten die Gesandten vom Domcapitel, dem Statthalter Kriechingen und den bischöflichen Räthen zu verlangen, dass sie entweder die Elsasser Truppen aus dem Bisthum abführen lassen, oder gegen allen Schaden den Unirten Caution leisten sollten: sonst müssten die Unirten selber für ihre Sicherung und für den Ersatz der zu dem Zweck aufgewandten Kosten sorgen. Kriechingen habe sich zwar auf das Schreiben des Gr. Otto von Solms entschuldigt, dass die Werbung vom Kaiser befohlen, und der Musterplatz gegen Leopolds Vorstellungen in das Bisthum verlegt sei; allein aus den kaiserlichen Patenten erhelle, dass diese und andre Werbungen auf Leopolds dringendes Anhalten beschlossen seien. Daher werde auch der Musterplatz ihm nicht so widerwärtig sein, wie ja auch in seinem Bisthum Passau ein solcher angestellt sei. — Am 15. Mai schreiben die Dreizehner von Strassburg an Churpfalz: seit Ende April haben sie über das im Stift Strassburg liegende Fussvolk keine Nachricht mehr erlangt, ausgenommen einige nicht gar bedeutende Klagen von Reisenden über Begegnisse auf der Strasse. Nunmehr aber, da man sagt, die Truppen von Churpfalz, Würtemberg und Anspach sollten das Stift von neuem überziehen, wird glaubwürdig berichtet: Kriechingen habe allen Stiftsunterthanen befohlen, sich bereit zu halten, um auf eine Einforderung bewaffnet sich zu stellen und neben dem Kriegsvolk, das noch einige Zeit im Lande bleiben solle, das Stift zu vertheidigen. (M. pf. 116/3 f. 68) Am 19. Mai übersenden die badischen Räthe dem Chf. Pfalz folgenden eben eingekommenen Bericht des Amtmanns von Staufenberg: der grössere Theil von Leopolds Kriegsvolk im Elsass, besonders das um Zabern und Molzheim liegende, wird in der laufenden Woche gemustert und bewaffnet. Die, „so im Preischtal ligen," wissen noch von keiner Musterung. Der Grund dieser nur theilweisen Musterung ist Mangel an Geld. In ihrem Unwillen darüber sagen die Soldaten, sie wünschten einen neuen Einfall der Truppen der Fürsten, um Ursache zu haben zum Abzug. Von Leopold durch die französischen Truppen abgeschnitten und von dem Volke der Fürsten bedroht, „seint sie under sich selbsten wiederwertiger meinung, were also jetziger zeit inen wol abzugewinnen." Ihre Reiterei beläuft sich nicht über 400 Mann,

darunter 200 wolgerüstete und erprobte Reiter. Man findet nicht, dass sie daran denken, über den Rhein zu kommen. (f. 108)

Mai 9. 139. Fürst Christian von Anhalt an seine Gemahlin.

C'est ma premiere que je vous escris aprés mon retour d'Alamagne, vous mandant une bonne nouvelle et tant plus aggreable, que Dieu nous monstre et tesmoigne sa presence et assistance paternelle en vous ayant exaucé de m'avoir ottroyé une tres belle entrée, ayant obtenu une pas petite victoire sur les gens de nos ennemis qui estoyent logez sur la Meuse. Mais nous ne sommes pas montez encores de tout ce long pont; Dieu nous aydera en avant. J'attens mr. le baron de Dona dans trois jours; aprés m'avoir bien enquis de lui de nostre mesnage, je ne fauldray pas vous en faire une ample depesche. Croyez moy que le coeur me dit tout bien, encores que je me trouve embarrassé dans des difficultez et confusions tres grandes. Soyez asseuré de mon inviolable amour, et encores que ce soyt dans ce beau temps de May et que vous connoissez bien mon naturel quasi trop vif, que neantmoyens pas aultre Venus logera aprés de moy que la vostre. Cependant je ne fauldray point a bien employer mon temps pour servir a la Bellone. Aujourdui les ambassadeurs de Cologne m'ont donnez esperance de leur propre mouvement de la restitution de Limburg, dont je ne fauldray point en advertir mdme. vostre et ma mere et mon beaufrere le conte Adolf. Permettez moy, que je vous baise incessamment etc. — De Dusseldorf ce 9. de May, stil nouveau, l'an 1610.

Bernburg. I F 1; 28 f. 87. Eigenh.

Mai 12. 140. Aerssen an Buwinkhausen.

Nos ambassadeurs partirent le 8. assés contens du roy, et sy je ne me trompe, s. M. a pareillement satisfaction de leur negotiation. Outre les complimens deus a ceste couronne ils ont traicté pour la conservation du droict des princes possedans avec des offres sy liberales, qu'on ne pouvoit rien desirer de mieux d'eux. Aussy s'est s. M. resolue en ceste suitte de continuer ses desseins pour se porter avecq une tres puissante armée au pays de Juliers en traversant tout le Luxembourch, pour lequel effect elle a faict demander passage a l'archiduc Albert, dont on doute s'il l'accordera, mais il luy est necessaire, sy on desire que s. M. intervienne en ceste action, comme nous tous en avons de besoin. Cependant les trouppes de mes maistres ont charge de marcher et se poster sy avant dans l'estat de leurs amis, que leur seureté ou le bien commun le pourra permettre. C'est jusques ou nous avons eu charge de parler, et ne nous a on rien demandé de plus, dependant le reste du temps et des occasions, comme vous le specifiés tres bien. Et partant je ne puis pas comprendre de quels desseins vous entendés de parler qui pourroient aliener ou desbaucher les inclinations de la cour de la Grand Bretagne. Souvent les jalousies ont perdu des grandes entreprinses, mais il me semble qu'il n'y a icy nul subject d'avoir a suspect les bonnes intentions de s. M., qui n'a autre but que d'establir les princes dans le droict de leur succession. Elle en a esté requise par vous, par nous, par les Anglois mesmes pour l'entreprendre, elle ne peut pour son honneur ne pour la seureté le faire foiblement, il luy faut passer sur les terres de Luxemburch, et c'est le roy d'Espagne qui faict attenter ceste usurpation: se doibt donc pas le roy armer, comme sy ce petit coup en deust tirer des grands en suitte? Il est le plus ouvert, le plus grand et qui seul peust renverser les mauvaises intentions de l'Espagnol. Vous le conoissés, monsieur, et sçavés bien que c'est un prince qui ne se laisse point porter par l'ambition, mais qui ne souffrira pas aussy qu'on entreprenne sur luy ne sur ses amis. Maintenant tout butte la qu'il faut ayder a ses amis. S. M. et nous sommes prests, et ne doutons point que ce premier acte ne nous reussisse avec facilité, s. M. de la Grand Bretagne y joignant sy liberalement ses forces. Toutesfois ce n'est pas tout, il convient d'asseurer les amis pour l'avenir, car quand nous aurions separé nos forces, ou peut estre quand nous ne serions cy aprés tous en si bonne intelligence, l'Espagnol auroit peu de peine a continuer sa premiere (intention), et ainsy nos labeurs et despence seroient inutiles, sy par commun concert il n'y est pourveu de bonne heure. Et c'est ce point seulement qui reste encore a estre consideré, mais seulement a mesure que le premier dessein s'avancera. C'est l'interest de tous, dont nul doit tirer occasion d'ombrage.

Haag. Reichsarchiv. Cop.

141. Russy an Heinrich IV. Mai 19.

Verhandlung über das Verlangen Heinrichs IV. nach einer persönlichen Berathung mit Prinz Moriz, Graf Wilhelm und Oldenbarnevelt in den Jülicher Landen. — Der wahre Grund der Zurückhaltung der Staaten liegt in ihrem Wunsch, den Waffenstillstand mit Erzherzog Albert zu erhalten.

Hat des Königs Schreiben am 11. empfangen[1] und sofort dem Prinzen Moriz und Oldenbarnevelt neben Uebergabe der für sie bestimmten Briefe des Königs mündlich, dem Grafen Wilhelm schriftlich den Wunsch des Königs mitgetheilt „de les voir pour conferer avec eulx des affaires communes et des moyens d'affermir et asseurer pour l'advenir ce qui sera executé en faveur des princes." Prinz Moriz „me fist paroistre avoir ung extreme desir de voir v. M. en ceste occasion . ., il m'asseura aussy que le comte Guillaume seroit tout prest pour partir avecq luy, moyennant que je le fisse trouver bon aulx Estats." Barnevelt erklärte, er bedürfe

[1] Vgl. Heinrich IV. an Oldenbarnevelt. Mai 8. (Lettres miss. VIII S. 973.)

16*

141. des Urlaubs der auf den 17. berufenen Staaten von Holland und werde sich darum nach Kräften bemühen. — An demselben Tag übergab Russy den Generalstaaten des Königs Schreiben und suchte sie eindringlich dazu zu bereden, dass Prinz Moriz und Graf Wilhelm, „accompagnez de quelques uns des mieux entenduz aulx affaires de leur estat,“ gleich mit den niederländischen Hülfstruppen aufbrechen und mit dem König zusammenkommen möchten, „ayant adjousté aulx raisons que v. M. leur mande, pour les prevenir et empescher de remettre ceste visite au temps qu'elle seroit de sejour devant Julliers, qu'estant incertaine du temps qu'elle sejourneroit au pays de Cleves aprés avoir joinct son secours au leur, elle desiroit, avant que de retourner en son royaulme, avoir ce contantement que de les voir et convenir avecq eulx de ce qu'il conviendra faire pour le commun bien de son estat et de leur republicque.“ Die Staaten erklärten, über den Antrag berathen zu wollen. Als dann am Abend Barnevelt auf Russys Erkundigung über das Ergebniss der Berathung antwortete, dass die Staaten erst den Grafen Wilhelm zu berufen beschlossen haben, machte ihm Russy gegen diese Verzögerung der Resolution, deren günstiger oder ungünstiger Ausfall von ihm abhänge, dringende Vorstellungen. Darauf Barnevelt: „qu'il ne failloit point abuser v. M., que l'assemblée des Estats ne pouvoit accorder que le prince Maurice, le comte Guillaume et luy s'absantassent de leur pays sans en avoir l'advis des provinces, que nuls de ceulx qui estoient dans l'assemblée n'avoient pouvoir de le consentir, et que l'affaire estoit de grande importance pour en prendre la charge sur luy, que, moyennant que v. M. eust patience que cest affaire fust conduite par ordre, qu'il esperoit qu'elle en recevroit contantement selon son desir.“ Russy wird die Resolution der Staaten nach Kräften weiter betreiben. Prinz Moriz hat seinen Beistand versprochen.

„Pour mon advis je croy, comme j'ay dict au s[r] Berneveld, que ce qu'ils different de luy (à v. M.) faire responce sy promptement est qu'ils ont desir de savoir quels conseils prendront les archiducs sur la lettre qu'elle leur a escripte, laquelle je leur ay communiquée pour leur faire voir que v. M. n'a aulcune volonté de faire la guerre auxd. archiducs, s'ils la veullent laisser passer comme amy sur ce qui est des terres de leur obeissance, affin que, sy les archiducs consentent le passage a l'amiable, ils accordent plus facillement de laisser aller lesd. prince et comte Guillaume, mais s'il faut passer en main armée, je crains qu'ils soient plus retenuz de le consentir, de crainte de prejudicier a leur tresve.

Car le d. s[r]. Berneveld m'a dict qu'ils desiroyent fort savoir qu'elle responce les archiducs feront a v. M., d'aultant qu'elle faciliteroit beaucoup d'obtenir le consentement des Estats. Mais je luy dis que, soit que lesd. archiducs accordent le passage a l'amiable ou non, ils ne peuvent refuser de donner a v. M. le contantement qu'elle desire sans l'offencer grandement. Sur quoy il me donna grande esperance de rendre v. M. contente. Lad. lettre a esté fort approuvée de tous, et mesme de l'ambassadeur d'Angleterre, qui m'en a demandé coppie, jugeant que, sy les archiducs se mettent en devoir de s'opposer a son armée, comme ils en font le semblant, qu'ils attireroyent justement la guerre sur ces pays."

Ueber die Frage, ob Frankreich oder die Staaten die ausserordentlichen Kosten der zwei in's Clevische zu führenden französisch-niederländischen Regimenter zu tragen haben; über die am 10. erfolgte Ankunft des venetianischen Gesandten Contarini u. a. — Prinz Moriz „faict tellement estat de se rendre pres de v. M., qu'il se met en grand depence pour bien armer sa compagnie de cavallerie et celle de ses gardes; et pour paroistre pres d'elle (v. M.), il ne se soucye aultrement que Le Charme (Barnevelt) l'accompagne, moyennant qu'il luy soit permis et au comte Guillaume d'aller vers elle." [1] — De La Haye ce XIII May 1610.

Paris. Bibl. nat. Ms fr. 15954 n. 37. Orig.

142. Aerssen an Du Plessis-Mornay. Mai 14.

Die staatische Gesandtschaft hat dem König zugestanden „que nostre armée se trouvera avant la fin du mois courrant au dessus de Duysseldorp pour y attendre et recevoir le commandement de s. M., mesme pour marcher au pays de Luxemburch, sy l'archiducq entreprend de vouloir empescher le passage de l'armée de s. M., avec une declaration speciale qu'y avons adjoustée que tiendrons pour ennemis tous ceux qui se voudront en ceste action opposer a s. M., voire plus nous sommes obligés par escript liberalement d'assister s. M. de toute nostre puissance et a toute occasion contre ceux qui cy aprés entreprendront contre sa personne, celle de m[gr] le dauphin ou le bien du royaulme. . . S. M. ne nous a dit un seul mot de la guerre generale, peut-estre qu'elle balance encor ou ne veut s'y engager, voyant que nous ne sommes que trop portés a faire ce qui sera jugé utile au bien publiq." Dagegen hat der König der Gesandtschaft die Frage gestellt, was die Staaten nach Einsetzung der Possidirenden in den vollen Besitz zur Sicherung desselben gegen künftige Attentate Spaniens thun wollen. „Nous avons remis ce point a la prudence de s. M., desirant qu'il ayde a achever l'oeuvre selon sa perfection. C'estoit le temps pour

[1] Vgl. den Bericht Winwoods vom 13. Mai. (Winwood III S. 157.)

parler de la guerre contre l'Espagnol, mais on l'a glissé, et s'est s. M. contentée de desirer que m^r. le prince Maurice, m^r. le comte Guillaume, m^r. de Barnevelt et deux ou trois autres la viennent rencontrer en Cleve pour en traicter par ensemble ce qu'a esté promis.

Haag. Reichsarchiv. Cop.

Mai 15. **143.** Landeshauptmann und evangelische Stände von Mähren an Churpfalz.

Der Markgraf von Jägerndorf hat im Namen des Churfürsten und der unirten Fürsten und Stände eine schriftliche Werbung eingesandt, betreffend die Stiftung einer Verbindung zwischen der Union und den evangelischen mährischen Ständen. Nun haben aber die mährischen Stände sub utraque — abweichend von den Bewohnern angränzender Lande, besonders Oestreichs — die Freiheit ihrer Religion nicht durch Begabung ihrer Fürsten, sondern als ein natürliches Recht von sich selbst empfangen, und seit 200 Jahren in steter Dauer und ungestörter Eintracht mit den Ständen sub una genossen. „Bald von Behemischen kriegen an, so aus ursach m. Johann Hussen heiliger gedechtnüs tods entstanden, haben wir (die Stände) uns einer wilkürlichen vergleichnus gemaess, welche zwischen unsern vorfaren aufgerichtet, in einer solchen freiheit, das einem jeden unter uns es sei zue dem glauben unter einerlei oder zu dem glauben unter beiderlei zu tretten und sich desselben zue halten, frei stehen solte, bishero betragen und erhalten." Bei Annehmung des Landesherrn pflegen die Stände beider Confessionen zu begehren, dass er „uns wie in andern unsern freiheiten und rechten, also mit namen auch in unserm gottesdienst kein eintrag weder vor sich selbst nit thun noch andern zu thun verstatten solle." Von diesem Begehren darf sich kein geistlicher Stand absondern, wie sich denn auch der gegenwärtige Bischof von Olmütz bei Einführung des Königs Matthias dem Brauch „untergeben" hat. Werden die Stände sub utraque in dieser Freiheit beeinträchtigt, so sind die Stände sub una verpflichtet, „vermög einer verschreibung, so zwischen dem hern des lands und uns gesambten staenden und inwonern dieses landes beschehen, welche der lantfried genant wird, neben uns zu stehen .. bei verlierung leib und ehr." — Bei dieser Verbindung der Stände sub una und sub utraque darf sich ein Theil von dem andern ohne dringende Ursache nicht trennen. Hierzu kommt die enge Verbindung Mährens mit Böhmen, vermöge deren das eine Land ohne das andere sich „in nichts, was etwan new .. scheinen möcht," einlassen darf. Als daher vor zwei Jahren die mährischen Stände, um sich der unerträglichen Regierung zu entziehen, einen Vertrag mit Ungarn und Oestreich schlossen — wobei doch eigentlich nur alte Verträge und „gutte nachbarschaften" erneuert wurden —, geschah dieses mit Vorwissen der böhmischen Stände; und als deren Beitritt nicht zu erlangen war, protestirten die Mährer, dass diese Vorgänge ihrer alten Verbindung mit Böhmen unabbrüchig sein sollten, welchen Protest die Böhmen annahmen. — Bei dieser Sachlage werden die mährischen evangelisbhen Ständc über des Markgrafen von Jägerndorf Anbringen sich mit den Ständen von Böhmen, desgleichen mit denen von Schlesien benehmen und darnach dem Churfürsten von der Pfalz antworten. Einstweilen kann man versichern, dass König Matthias sich weder gegen die Reichsstände noch gegen seine Unterthanen zu Feindseligkeiten fortreissen lassen will. Da er ausserdem bei seiner Huldigung den Ständen von Mähren versprochen hat, dass er keinen Krieg, der das Land irgendwie angehen möchte, ohne Zustimmung der Stände unternehmen werde, da ferner nach altem Herkommen ohne Vorwissen des Landeshauptmanns keine Truppen in Mähren geworben, einquartiert oder durchgeführt werden, und kein Kriegsbedarf aus dem Lande gebracht werden darf, so können die evangelischen mährischen Stände dafür stehen, dass aus ihrem Lande nichts den Unirten Nachtheiliges hervorgehen soll. Sollten katholische mährische Stände etwas der Union Nachtheiliges im Schilde führen, so werden die evangelischen Stände dies abwenden, was ihnen bei des Königs Matthias Gesinnung und den Bestimmungen des Landfriedens nicht schwer sein wird.[1] — Aus der stat Brün den 15. tag Maii anno 1610. Mai 15.

München. Staatsarchiv pf. 116/2. f. 19. Uebersetzung des böhm Orig.

[1] Der Mgr. Jägerndorf (vgl. n. 59 Anm. 1) übersendet dies Schreiben am 23. Juni an Churpfalz und bemerkt dazu: nach Ausweis des Schreibens sind die Unirten gegen Feindseligkeiten und Unterstützung ihrer Feinde von Seiten der mährischen Stände gesichert. Allerdings gehen in Mähren religiöse wie weltliche Sachen „durch einerlei rat“, in dem Evangelische und Katholische neben einander sitzen. Indess die Zukunft wird den Weg weisen zur Verbindung der evangelischen mährischen Stände unter sich und zur engern Vereinigung derselben mit der Union, „in massen dan nicht die geringsten ires mittels uns angedeutet haben, auf solche mittel weiter zu gedencken.“ Zierotin wird dem Churfürsten wol bemerklich machen, dass K. Matthias „zu gueter communication mit e. l. und den andern staenden nicht ungeneigt, auch jemanden von den seinigen zu e. l. abzufertigen.“ Wenn das Haupt der Lande also vorgeht, so wird auch den Ständen von Oestreich und Mähren der Weg zu einer zu verantwortenden und dauerhaften Verbindung mit der Union geöffnet sein. (M pf. 116/2 f. 23.) — Ueber die gleichartigen Verhandlungen des Mgr. Jägerndorf mit böhmischen und schlesischen Ständen geben folgende Briefe Aufschluss. Am 24. Mai schreibt Rosenberg an den Markgrafen: nach seiner (Rosenbergs) Antwort an den Markgrafen vom 13. Mai hat des letztern Rath Werner von Castiglion seine Werbung vorgebracht. In der gleichen Angelegenheit hat früher der F. Anhalt an die böhmischen Directoren Anträge gestellt, die auf Hindernisse stiessen. „Wir seind zwar gleicher gestalt mit einer verbüntlichen union und vertrawtem vernemen zwischen Bömen, allen incorporirten (landen), wie auch Ungern und Osterreich etlich jar anhero umbgangen. Aber die rencke der Romanisten und Castilianer, sonderlich das etliche mit den hoffavoriten aus den laendern colludiret, auch weil unter den evangelischen staenden irer ein teil weder kalt noch warm gewesen, haben bis dato uber allen müglichen angewendeten fleiss uns zum effect nicht kommen lassen. E. l. können unschwer erachten, mit was muhe und sorgfeltigkeit das religionwesen wir under so viel zertrenten gemüttern zum stant moderiret. Wir wollen die suchende correspondenz und deren notwendige dependenz bei den vertrautesten ferner unterbauen und dieselbe, wo möglichen, zum bestant aufrichten

helfen, auch hiernegst unser grossgünstigen freunts pfalzgraf Friedrichs churf. l. hierunder vertreulichst zuschreiben. . . Da auch jetzt oder hiernegst die mittel sich ereugen solten, das dies heilsame werck den evangelischen Bömischen stenden öffentlich könte fürgehalten werden, wollen wir alsdan e. l., was dern teils weiter darinne fürzunemen sein möchte, die notturft entdecken." (M. 379/7 f. 121.) Am 9. Juni berichtet Jägerndorf an Churpfalz: er hat dem jüngst gehaltenen „ordinari furstenrecht zu Breslau" die Verbindung mit der Union proponirt. Es wurde zum Nachdenken genommen, aber bei der Abwesenheit etlicher Stände und den Geschäften der anzuordnenden Landesdefension ein sofortiger Beschluss verweigert. Die schlesischen Stände wollen eben den Böhmen nicht vorgreifen; sodann wollen sie erst sehen, wohin sich die Absichten der Fürstenversammlung zu Prag lenken. Das letztere wollen auch in Böhmen „diejenigen so gnugsamb armirt und begierig zu diesem werck sein," abwarten. (A. a. O. f. 127.)

Mai 15. **144.** Volrat von Plessen an Churpfalz.

Am 11. Mai führte der Oberst Barlo mit etwa 700 Mann Infanterie einen Convoy von Erkelenz nach Jülich zu. Bei Löwenich ist er von Truppen der possidirenden Fürsten angegriffen und mit seinem Oberstlieutenant und ungefähr 150 Mann geblieben. Die übrigen mussten sich ergeben, „und ist fast niemants davon kommen." Die sämmtlichen Waffen und der Proviant sind gewonnen. — Den Landtag betreffend, haben die Jülicher, Bergischen und Ravensberger Stände Bedenken, in die Berathung der Proposition einzutreten, „es sei den mit den alten unaccommodierten raeten und amptleuten die sache auf ein ort gebracht, auch die regierung bei dieser cantzlei mit eingebornen qualificirten personen wieder bestellet und ergentzet.[1] Die Clevische und Maerckische ritterschaft hat sich zu Duisburg einer einhelligen meinung verglichen; aber die stette haben sich noch nicht erkleret."[2] Boissise hat Tags vorher den „samptlichen stenden alhie neben uberreichung des königlichen creditifs eine ausfuerliche erinnerung gethan." Er will auch zu den clevischen Ständen nach Duisburg sich begeben. — Datum Dusseldorf den 5. May st. vet. 1610.

München. Staatsarchiv 547/11 f. 123. Orig.

[1] Ritterschaft und Städte erklären: die Mehrzahl der unter der vorigen Regierung angestellten Räthe und Amtleute sind zum Landtag nicht erschienen, erkennen auch die possidirenden Fürsten als „diser landen regirenden fürsten" nicht an, während sie doch „ire ratstelle, aempter und digniteten behalten, und jeder in alter vocation one schuldige pflicht verpleiben, lant und leuten gebieten und damitten von den zu höchster unschult publicirten scharfen mandaten und daraus bedraweten feintlichen gewalt und gefar sich zu entfreien und die gehorsamen in pericul guts und bluts, leibs und lebens stecken zu lassen vermeinen wollen." Darum mögen die Fürsten sich zunächst erklären, ob es nicht vor allem nöthig sei, „sich der lantregierung zu versichern," so zwar, dass dieselbe „sowol im lande als bei der fürstlichen cantzlei mit getrewen lantsessigen qualificirten raeten und amptleuten one unterscheit der religion laut der privilegien und revers besetzt" werde. (f. 126.) Die Fürsten erwidern am 13. Mai: sie wollen den bezeichneten Räthen und Amtleuten nochmals befehlen, in 14 Tagen sich zum Landtag einzustellen und den mit ihren Aemtern verbundenen Eid zu

leisten. Die durch Krankheit Verhinderten sollen eine schriftliche Erklärung einsenden. Gegen die Widerspänstigen wird mit Entsetzung vorgegangen werden. Die Stände mögen inzwischen in die Berathung und Beschlussfassung über die Proposition eintreten. (f. 128.) Am 2. Juni berichtet Plessen: die Geschäfte am Düsseldorfer Landtag gehen langsam, „zum teil, weil die stette mit der ritterschaft sich nicht vergleichen wollen, zum teil auch, weil mit den alten amptleuten und raeten noch keine enderung vorgenommen, unangesehen solches durch ein decretum neulich den stenden angedeutet und vorgelesen worden. Welches auch die ursache ist, das sie mit den zwei hundert wagen, so itzo in der eil an sie begeret worden, nicht ufkommen können." (M. 547/11 f. 142.) Diesem Berichte liegt eine Erklärung der Ritterschaft von Jülich und Berg und der Städte von Jülich (Mai 27) bei über eine geforderte Hülfe von 300 Wagen. Die genannten Stände erklären sich für die Bewilligung, die Ritterschaft jedoch unter Vorbehalt ihrer Freiheit von solchen Diensten und in der Weise, dass, unter Befreiung der adelichen Häuser „und was darzue gehörig, ir, der ritterschaft und geistlichen, halbfleuten uf ir gewin und gewerb beischiessen sollen." Die Bergischen Städte haben nicht zugestimmt. Es wird geklagt über ihre „zunötigungen," die sowol den Fürsten wie der Ritterschaft zum Despect gereichen. (f. 145.)

[1] Ueber den clevisch-märkischen Landtag vgl. Urkunden und Actenstücke zur Geschichte des Chf. Friedrich Wilhelm V S. 44 fg.

145. Friedrich IV., Instruction für Graf Johann von Nassau an Anspach und Baden. Mai 16.

Der Churfürst hat dem Markgrafen von Anspach die Zusendung des Helmstätterschen Regiments nebst der Compagnie Reiter von Obentraut, sobald sie gemustert seien, zugesagt. Als man zu Heidelberg und Neuburg zur Vertheidigung der Unirten Truppen aufzustellen beschloss, wurde aber auch für gut gehalten, dass man solche Truppen an Orten, wo die Gefahr am dringendeten sei, gebrauchen dürfe. Nun hat die jüngst gegen das Elsasser Volk unternommene Execution nichts gefruchtet, vielmehr stärkt sich dasselbe täglich, und steht auch in Luxemburg und Burgund nach glaubwürdigen Nachrichten je ein Regiment bereit. Gereizt durch die jüngste Execution und des Fürsten von Anhalt glückliche Unternehmung wird dies Volk sicher einen Einfall in die benachbarten, besonders die pfälzischen und badischen Lande, da dieselben offen sind, der Rhein zu ihnen abwärts führt, und sie überall von papistischem Gebiet durchbrochen sind, zu unternehmen suchen. Sollte dagegen das Passauer Volk nach den obern Landen durchbrechen wollen, so findet es für sein Geschütz unwegsame Strassen, leichter zu vertheidigende Pässe und in seiner Nähe die Lande der Unirten. Auch sind die beiden Markgrafen mit ihren Streitkräften ziemlich zur Vertheidigung gerüstet. Darum hat der Churfürst mit Landgraf Moriz,[1] der bei ihm gewesen, bedacht: man solle die in Heidelberg vorher beschlossene Sprengung des Elsasser Volks abermals unternehmen, bis man es aus dem Stift Strassburg entfernt habe. Erst darnach werde man dem Passauer Volk unbedroht von der andern Seite entgegentreten können. Der Landgraf hat hierzu 100 (sic!) Pferde versprochen, der Churfürst möchte dazu die oben

145. genannten Truppen und, wenn es nöthig ist, einen Theil der in Wartegeld genommenen zwei Regimenter seines geübten Landvolks verwenden. Ehe er den Plan ausführt, möchte der Churfürst das Gutachten der Unirten vernehmen; allein das Werk erfordert anderseits Eile, und so wendet er sich an beide Markgrafen und den Herzog von Würtemberg. Sind diese mit ihm einverstanden, so werden die übrigen Unirten nicht dagegen sein. Ob und was und wann darüber an die Städte zu berichten sei, darüber mögen die Markgrafen ihre Meinung sagen. Die Leitung des Unternehmens möge der Markgraf von Baden, da seine Lande besonders bedroht sind, über sich nehmen. — Auf die Einwendungen beider Markgrafen gegen diesen Antrag wird Graf Johann, „als welcher dieser sachen deliberation beigewont," die nöthigen Aufklärungen geben können. Anspach kann, wenn inzwischen das Passauer Volk vorrücken sollte, durch Besetzung der Pässe, Aufwerfung von Schanzen, Einberufung des Landvolkes der Oberpfalz und benachbarter unirter Stände dasselbe wol aufhalten. Er sollte auch gleich dem Churfürsten die östreichischen Stände auffordern, dass sie mit ihren Conföderirten das Passauer Volk möglichst hindern möchten. Vor allem wird er auch für guten Kundschafterdienst sorgen. Wenn die Markgrafen eine willfährige Antwort ertheilen, so wird der Graf zum Herzog von Würtemberg reisen und die gleichartige Werbung anbringen, und zwar wird er den Markgrafen von Baden, wenn er die angebotene Direction annimmt, bitten, ihn zu begleiten.[2 3] — Signatum Heidelberg . . den 6. Maii anno 1610.

München Staatsarchiv pf. 116/3 f. 30. Cpt.

[1] Auf des Landgrafen Vorschlag. (Vgl. Churpfalz an Lgr. Moriz Mai 16. f. 33.) Ueber die Zusammenkunft des Chf. Pfalz mit Lgr. Moriz vgl. Lingelsheim an Bongars. Mai 17. (Bongarsii et Lingelshemii epl. S. 275.) Dathenus schreibt darüber am 7. Mai an Anhalt: „le lantgrave Maurice viendra trouver l'electeur Palatin, sans doubte avec lamentations, car je sçay qu'il est outré, et avons icy le conte Jean de Nassau non moins ulceré de Schwaebisch Hal." (Bg. VI J 11 f. 63.)

[2] Am 22. Mai berichtet Friedrich IV. dem Lgr. Moriz: auf des Gr. Johann von Nassau Werbung sind die Mgr. Anspach und Baden Tags vorher mit ihren Truppen aufgebrochen, um zusammen den bewussten Vorschlag in's Werk zu setzen. In ihrem Auftrag bittet der Churfürst den Landgrafen, die 250 (sic!) Pferde schleunigst nach Heidelberg zu senden. (M. pf. 116/3 f. 122.) Um dieselbe Zeit (praes. Mai 24) schreibt der Mgr. Baden an Churpfalz: Anspach hat eine Besprechung des Mgr. Baden mit Churpfalz für nöthig gehalten. Derselbe wird also am folgenden Tag beim Churfürsten des Abends eintreffen. Man hat mit Gr. Johann von Nassau verabredet, am 30. auf dem bewussten „rendez-vous" einzutreffen. Um die Reiterei nicht ganz abzumatten, muss der Termin auf den 1. Juni verschoben werden. (f. 129.) Am 27. Mai berichtet Churpfalz dem Lgr. Moriz: der Mgr. Anspach kommt am gegenwärtigen Tage mit seinen Truppen nach Wimpfen. Der Landgraf wird abermals gebeten, seine ganze Reiterei oder doch die 250 Pferde baldigst zu übersenden. Vor dem Gr. Ritberg dürfte er schwerlich etwas zu besorgen haben. Die Truppen, welche während des bewussten Unternehmens die obern Lande gegen das Passauer Volk schützen sollen, hofft man bald auf 1000 Mann zu Pferde und 1800 Mann zu Fuss zu bringen, welche dann noch durch den Ausschuss des Land-

volks zu stärken sind. Zu ihrem Befehlshaber hat der Churfürst mit Rath der beiden Markgrafen den Gr. Johann von Nassau ernannt. (M. pf. 116/3 f. 155.) Den Hauptbestandtheil der in den obern Landen gelassenen Truppen bildeten 600 Reiter, deren Anwerbung der Mgr. Anspach wegen der weiteren Rüstungen der Gegner, besonders Würzburgs, in den ersten Tagen des Monats Mai dem Valentin von Selbitz aufgetragen hatte (n. 112. Anspach an Churpfalz. Mai 5. f. 208), und welche nunmehr in kurzer Zeit bei Amberg gemustert werden sollten. (Churpfalz an Neuburg. Mai 26. f. 146.)

[3] Die Mittheilung des Plans an Würtemberg muss unterblieben sein. Denn am 26 Mai schreibt der H. Würtemberg an Churpfalz: eben wird ihm von einem starken Truppendurchzug durch seine Aemter Maulbronn, Derdingen, Neuenstadt und Weinsberg berichtet, „darunder wir dan andere nachgedancken uf e. l. diser tagen beschehen ersuchen von wegen des von Helmstats gehabt. Weil es aber ein ander ansehen haben wil, davon wir gleichwol kein nachrichtung, so stellen wir solches an seinen ort.“ Nur möge der Churfürst Verfügung thun, dass solche Durchzüge dem Herzog oder doch seinen Beamten vorher angezeigt werden. Was die dem Herzog unbekannte Hauptsache angeht, so wird man es hoffentlich „dahin richten, das nicht aus dem defension- ein offensionwerck gemacht, und andern erst ursach gegeben werde, das sie auch mit der that volnfaren. (M. pf. 116/3 f. 168.) Am folgenden Tag schreibt Melchior Jäger an v. d. Grün: sein Herr besorgt, dass die Truppen in's Stift Strassburg oder andre Orte gelegt werden, und dass dardurch dem publicirten ausschreiben zuwider gehandlet, und aus dem defension- ain offensionwerck gemacht und andern erst ursach gegeben werde, das sie auch mit der that zu volnfaren sich understehen dörften, und sonderlich weil man nit wissen kan, wa das Passawische kriegsvolck hinaus wil, da dan vielleicht besser were, das man hieroben dem gegenteil den kopf bietten könte und sich vor aller ursach hietten thette, damit nit aus dem bello externo ein internum und also zu uns transferirt werden möchte.“ Wenn sich künftig „dergleichen also onversehens zutragen solten,“ so möge der Churfürst seinem Herrn darüber Nachricht geben. (f. 171.)

146. Boissise an Heinrich IV. Mai 18.

Am 7. kam Anhalt zu dem Gesandten „et me dist *la desliberation qu'il avoit prise de commencer la guerre en pays de l'archiduc Albert.*“ Am 11. Sieg des Grafen von Solms (sic!) über ein Regiment des Erzherzogs Leopold, worüber dieser so muthlos ward, dass er am 13. den Pfalzgrafen Wolfgang Wilhelm um eine Unterredung bezüglich der Uebergabe Jülichs ersuchte. Hierüber beriethen am 16. in der Wohnung von Boissise die possidirenden Fürsten, Anhalt und die Gesandten von Churpfalz, Würtemberg, Baden. Nachdem der Markgraf von Brandenburg sich beklagt, dass der Pfalzgraf ihm davon nichts gesagt habe, beschlossen die übrigen Fürsten und Gesandten, „ayant consideré les inconveniens dud. abouchement et traicté que v. M. jugera trop mieux,“ dass der Pfalzgraf sich in keine Verhandlung einlassen solle, ohne vorher dem König und den andern Fürsten, die die Vertheidigung seiner Sache übernommen haben, zu berichten. „Les lettres de v. M. du deuxieme du present m'estant arrivées . ., je les communiquay auxd. princes, comme feit le prince d'Anhalt les siennes, et n'y eut personne d'entre eux qui prit plaisir d'entendre que v. M. voulut venir en ce païs avec trente mil combattans." Leopold, der ohne Geld, Soldaten und Hoffnung auf Beistand ist, wird genöthigt sein, Jülich aufzugeben, und die Fürsten werden alles thun, um dies zu bewirken, „n'estant question entre eux que de cinquante mil tallers pour payer les soldats qui sont dedans. En quoy ils estiment gagner beaucoup, principalement s'ils peuvent rompre le voyage de v. M. en ce païs. Le prince d'Anhalt m'a dict que v. M. lui avoit dernierement conseillé d'acheter plustost la place, s'il se pouvoit, que d'y mettre le siege, et que suivant cela aprés la defaicte du Liege (sic!) il avoict faict offrir a la femme de Ruschenberg gouverneur de lad. place vingt et cinq mil escus, dont Leopod s'estant aperceu, avoit envoyé rechercher led. Palatin, et ne se fioit plus de la garde de la place aud. Ruschenberg. Les garnisons de Frize ont passé le Rhin et s'en vont en Luxembourg pour s'y opposer avec toutes les forces de l'archiduc Albert qui seront de quinze a seize mil hommes de pied, bons soldats, et trois a quatre mil chevaux. Led. archiduc y doibt estre en personne." — A Dusseldorf ce 18. Mai 1610.

Paris. Bibl. nat. Ms. fr. 15580. Orig.

Mai 19. **147.** Aerssen an Oldenbarnevelt.

Die französische Regierung: Personen und Politik. — Villeroy über die Jülicher Sache.

Die Regierung der Königin Maria bis jetzt ohne Störung. Der Graf von Soissons, kürzlich angekommen, „est le plus recerché en ceste cour." Aerssen fürchtet baldige Uneinigkeiten; er besorgt, dass man die Königin zur spanischen Alliance führen werde, die dann von der Mehrheit des Conseils gebilligt werden wird. Am meisten haben durch Heinrichs Tod die Staaten verloren: „les raisons communes se sçavent de tous. mais j'en sçays de plus particulieres qu'a mon retour je vous feray avouer que trop pertinentes et veritables."

On entre tous les jours au conseil, soir et matin sans relasche, mais on n'expedie rien en un sy grand corps ou tous les grands prennent leur part, et le retrancher se seroit trop offenser ceux qu'on exclurroit. M^r. d'Espernon entreprend bien le plus, et m^r de Villeroy le voullant esclaircir de quelque chose du passé, l'autre luy repartit: nous ne sommes plus soubs le triumvirat. M^r. de Sully a la dessus declaré au conseil qu'en toutes les affaires il se soubmettra volontiers a la pluralité des voix, prest d'aquiescer a la plus forte raison pour quitter la siénne, que du vivant du feu roy il en avoit usé autrement, par ce que s. M. l'avoit ainsy desiré, a laquelle il falloit servir selon sa volonté. Ce non obstant, monsieur, il est tout autre, quoyqu' exerçant les mesmes charges que par le passé, que la royne luy a confirmées de bouche et par lettres, mais l'appuy du roy pour conserver son autorité luy-

manque tout a plat, et m^r. de Villeroy que le feu roy soulloit appeler le pedagogue du conseil ne fait que soupirer et souhaitter la mort, esclattant souvent en ces mots: he, pauvre France, que tu auras encore a souffrir![1] En public il ne se parle que de l'union, de la paix, de la continuation des desseins du roy, soubs main neantmoins chacun s'associe le plus qu'il peut. Mai 19.

Gespräch mit Villeróy. Er glaubt nicht, dass in dem Vertrag zwischen Heinrich und den Staaten Aenderungen eintreten werden. Uebrigens: „il n'a esté encor rien faict pour le dehors." Hinsichtlich der Jülicher Sache[2] sprach er über die beiden Mittel des Ausgleichs und der Gewalt:

qu'au traicté les imperialistes avoient desia monstré y avoir de l'inclination, et estime que les princes possedans ne s'en doivent pas esloigner, attendu que l'un d'eux l'a desia proposé et en a faict ouverture a m^r. de Boissise a Duysseldorp, et que d'ailleurs cest accident de la France pourra tellement eslever le courage de leurs adversaires, et les divisions qui pourront naistre en ce royaulme tellement oster les moyens de les secourir, qu'en voullans avoir tout, ils pourront bien perdre tout. Il croit mesmes que c'est un grand point gaigné sur ceux d'Austriche de consentir que Juliers ny rien dedans ceste succession leur demeure, ains qu'ils consentent de le quitter a quelque neutre. Et est son opinion qu'ils entreprendront de tant plus volontiers ceste negotiation, que le royaulme demeure armé d'un costé, et que de l'autre l'empereur a declaré d'avoir levé les forces de Passau pour redemander le sien et se venger du tout qui luy a esté faict par le roy d'Hongrie, nullement pour les affaires de Cleve. Ceste voye donq semble la plus expediente en ceste disposition. Car pour les armes, il dit clairement qu'il est impossible de continuer le dessein du feu roy: bien pourroit on assister ces princes du secours qui leur a esté promis, sçavoir de huict mille hommes de pied et deux mille chevaux, s'il

---

[1] Villeroy schreibt in diesen Tagen an den H. Nemours: „l'estat present de noz affaires ne nous permet de disposer de nous comme nous voulions et desirerions. Nous avons perdu notre maistre qui donne seulle parolle, agissoit et faisoit ce qu'il vouloit. Il avoit rempli ce royaume de felicité, laquelle n'estoit inutille au reste de la Chrestienté. Dieu veuille que sa mort trop infortunée ne la remplisse de calamites et miseres. Jusques a present nous ne voyons parmi nous, je veulx dire dedans le royaume, que obeissance et un desir public de y perseverer. J'espere que la conduite de la reine notre regente en donnera toute occasion a un chaqu'un." (O. D. P. Bibl. nat. Ms. fr. 3651 f. 37.)

[2] Vgl. Villeroy an Boissise. Mai 20, 24. (Raumer, Briefe aus Paris I S. 430.)

n'arrive quelque changement au dedans, toutesfois qu'il est encor grandement considerable, sy ces forces joinctes aux leurs et aux autres seront suffisantes pour chasser ceux d'Austriche hors de Juliers. Il a bien opinion qu'ouy, pourveu que l'archiduc Albert ne s'en mesle point, ce que n'est point a esperer, maintenant que le courage luy sera venu par la mort du feu roy, et quand bien cela seroit, il n'est pas a presumer que le roy d'Espagne voulut abandonner ce dessein, et ainsi il faudroit tous les ans s'armer, ce que seroit trop onereux au royaulme et trop dangereux a m.rs les Estats. D'autre part quand on voudra envoyer le secours promis, il ne sçait pas comment le faire passer seurement par le Luxembourch. . .

Il desire donc sçavoir l'advis de m.rs les Estats s'il ne sera plus seur de mettre ce different en un traicté, ou, le voullant decider par les armes, par quel moyen on le pourra executer, et comment ce secours pourra estre conduict sur les lieux. Son conseil seroit de vous envoyer l'infanterye par mer et quant et quant les moyens pour l'entretenir et la faire commander par m.r le prince Maurice, y adjouster quatre, cinq ou six cens carabins, et le reste de la cavallerye convertir en infanterye. . . Il en parlera a la royne demain au matin.

Haag. Reichsarchiv. Cop.

Mai 22. **148.** Aerssen an Oldenbarnevelt.

Tags vorher ist im Conseil beschlossen, dass die Verträge mit England zu beobachten und das Bündniss mit den Staaten auszuführen sei,[1] dass die possidirenden Fürsten gemäss dem Haller Vertrag mit 8000 Mann zu Fuss und 2000 Mann zu Pferde nebst entsprechender Artillerie zu unterstützen seien. Da diese geringe Truppenmacht auf dem von Heinrich IV. gewählten Wege nicht sicher sein wird, so hält man es für besser, sie über die See überzuführen. Man möchte die Infanterie vermehren, die Cavallerie auf 4—500 Carabiniers vermindern und die Artillerie gegen Bezahlung von den Staaten entleihen. Der Führer der Hülfstruppen soll dem Prinzen Moriz unterstellt werden. Man wünscht von Barnevelt zu erfahren, ob er diese Hülfe für genügend hält, um die Fürsten im laufenden Jahre in vollen Besitz zu setzen: länger nämlich könnte man die Truppen nicht unterhalten. Man würde statt des Krieges lieber einen Vergleich sehen, denn man fürchtet, dass in Folge des Krieges „des particuliers entreprennent de brouiller soubs la faveur des armes du roy d'Espagne." So hat Villeroy dem Aerssen die Vergleichsvorschläge des Erzbischofs von Salzburg zugestellt. „Il les estime recevables en ceste conjoncture, bien que le feu roy ne les eust jamais acceptés."[2]

Haag. Reichsarchiv. Cop.

[1] Aerssen berichtet an demselben Tag: die eindringlichen Mahnungen Villeroys an ihn zur Erhaltung der engen Verbindung zwischen Frankreich und den Staaten erregten ihm Verdacht. Auf seine Nachforschungen hat er von einem „grand personnage maniant de grandes affaires et estant du conseil" vernommen, man besorge sehr, dass die Staaten, von Frankreich bei seinem gegenwärtigen Zustand wenig Unterstützung erwartend, sich eng mit dem K. England verbünden möchten; werde diese Besorgniss nicht rasch zerstreut, so dürfte die Königin und der König von Frankreich eine Verbindung mit Spanien eingehen. „Mr. le president de Jeannin m'a tenu ce mesme discours cest apresdiner et d'un tel biais, qu'il semble que nos ennemis pousseront ceste pointe, s'il n'y est pourveu de bonn' heure." Als Gegenmittel schlug er eine sofortige Gesandtschaft der Staaten an England vor mit der Aufforderung zu einer von Frankreich, England und den Staaten zu schliessenden „alliance perpetuelle offensive et defensive contre la grandeur et ambition d'Espagne."

[2] An demselben Tage berichtet Aerssen: gegen den in der Jülicher Sache am 21. gefassten Beschluss ist am folgenden Morgen Widerspruch erhoben. „Les grands voulloient que l'armée fut conservée en corps et conduitte sur la frontiere pour faire ouverture a un traicté seulement et puis aprés licentier. La royne a persisté aux conclusions hesternes avec autorité, sans laquelle tout se renversera. . . Les inclinations de deça sont toutes certaines pour un traicté, sy l'empereur y veut entendre." Jeannin und Sully verwerfen übrigens den Salzburger Vergleichsvorschlag; sie denken an Theilung der Lande zwischen Brandenburg, Sachsen und Neuburg. — Als Hauptgegner der Jülicher Hülfe nennt Aerssen in zwei Schreiben vom 26. und 27. Mai den H. Epernon. — Auf das Conseil vom 21. scheint sich Sully II S. 388 (éd. Michaud) zu beziehen. Vgl. auch die Schreiben der Königin und Villeroys an Boderie. Mai 20, 31. (La Boderie V S. 252, 296.)

149. Moriz Landgraf von Hessen an Churpfalz. Mai 22.

„E. l. können leichtlich abnemen, mit was betrübtem gemüt ich die ser gefärliche bedaurliche zeitung von k. w. in Franckreich meinem hochgeerten hern und freunde ingenommen.[1] Und ist leider viel zu leicht zu ermessen, was dieser hochschätliche fal dem gantzen gemeinen wesen, der christlöblichen union und davon dependirenden sachen vor verenderung in raten und thaten bringen wölle; nachdem es aber Gottes gerichte und wercke one zweifel, als one des verhengnus höchstgedachter k. w. nicht ein har hette gekrümmet werden können, seint, haben e. l. und wir an dero christlicher evangelischer warheit noch ubrige stände billich in gedult dem herren aller hern stil zu halten, und unser vertrauen hinfuro steif und stet uf in allein und nicht uf noch ubrige menschen, sie seien gleich könige oder gewaltige, zu setzen.[2] Und weis ich e. l. albereit geschöpfte heroische resolution, das man in proposito constanter verharren solle, nicht zu verbessern. . . . . Was nun e. l. ferners mit zuziehung der hern unionsverwanten vor gut erachten werden, da sie mich oder an meiner stat meine hierin verpflichte räte und diener mit an und dabei haben wöllen, wie mein vertrauen zu denselben stehet, sollen sie in der that befinden, das ich, onangesehen die sachen je lenger je schwerer werden wöllen, mich den algemeinen schluss nicht zu hindern, sondern nach vermögen fördern zu helfen, willig erfinden lassen werde."

Der Landgraf hat alsbald seinen geheimen Rath Curion nach Frankreich geschickt zur Erforschung des dortigen Zustandes. Der Churfürst wird eine gleiche Massregel getroffen haben. — Datum Marburg am 12. Mai anno 1610.

München. Staatsarchiv 547/11 f. 138. Eigenh.

1 Die Nachricht von Heinrichs IV. Ermordung wird vom Chf. Pfalz am 19. Mai an Churbrandenburg, Baden, Würtemberg, Anhalt, Hessen, Neuburg und Strassburg gemeldet: in der Eile könne er kein Gutachten geben, „allein das wir in alweg darfür halten, von angefangenem propos nicht abzusetzen." (M. 547/12 f. 18.) Fürst Christian von Anhalt schreibt am 28. Mai an seine Gemahlin: ihr Briefbote habe ihn getroffen „en grand alarme sur le changement universel de la triste mort du roy, qui fust si malheureusement tué le 14. de ce moys, vous asseurant que, si ceste nouvelle eust tardé encores trois jours, je fusse esté en possession de Juliers. Mais nostre grand Dieu ne l'ha point voulu par ceste voye, il fault prendre tout ce qui vient de lui avec de patience. Peult estre que nous nous fussions delaissez trop au bras humain. J'attens encores tout le bien du Pays-bas et de la France, mais avec quelque prolongation. Peult estre que c'est le pont levis que j'ay veu abbattu, et que la dessus Dieu, pour me garder de precipice, m'envoyera d'en hault un pont levis pour sauver mon passage. En quoy, Dieu merci, j'ay fort bon courage, a l'occasion que le debvons prier plus ardemment que jamais, dont je ne doubte pas que serons exaucés a son temps, et m'asseure que vous avec vostre petite eglise ne deviendrez pas las et m'ayderez plus que le plus fort secours qui puisse venir. Quant a ma santé j'ay occasion a louer Dieu qu'on ne me laisse pas de repos que je puisse devenir malade, vous remerciant le plus affectueusement qu'il m'est possible que m'avez faict part de vos nouvelles. J'ay depesché le baron Dona en France; il sera de retour dans trois semaines, entre icy et la il fauldra avoir patience. Croyez moy, s'il vous plaist, que vous estes en perpetuelle souvenance du plus fidel serviteur lequel vous baise incessament les mains etc. — Saluez tous mes enfans et les baisez cherement de ma part." (Bg I F 1/28 f. 88. Eigenh.)

2 Vgl. die Klagen von Lingelsheim. An Bongars. Mai 23. (Bongarsii et Ling. epl. S. 279.)

Mai 23. **150. Friedrich IV. an Würtemberg.**

In Neuburg und Speier ist beschlossen, dass wegen der vom Passauer Volk und sonst drohenden Gefahr das Regiment des Obersten Fuchs nebst den für Jülich geworbenen Reitern eine Zeit lang, bis man wegen des gefürchteten Durchzugs jenes Volkes mehr gesichert sei, in den obern Landen gehalten und für den ersten Monat, wie auch die fernere Zeit, die es also im Dienst der Union verweilen müsse, aus den Unionsgeldern bezahlt werde. Zur Bezahlung dieser und der noch ferner zur Vertheidigung der Unirten bestimmten Truppen reichen aber die bewilligten 7 und 9 Monate bei weitem nicht aus.[1] Deshalb, und da man bei dem Todesfall in Frankreich sich etwas mehr in Bereitschaft wird setzen müssen, schlägt der Churfürst eine Versammlung der Räthe der zunächst wohnenden Unirten vor, um zu berathen, wie die nöthigen Mittel aus dem Unionsfonds zu beschaffen seien, damit man dann nach besserer Vorbereitung die Städte dafür gewinne.[2] — Datum Heidelberg den 13. Maii anno 1610.

München. Staatsarchiv pf. 116/3 f. 124. Cpt.

[1] Zur Bezahlung der Truppen in den obern Landen wurden die 16 Monate der Jülicher Hülfe, die bereits erlegt waren (n. 82 Anm. 1), angegriffen. Dathenus schreibt an Anhalt (April 30): „la monstre du colonel Fuchs s'est advancé par Saugenfinger des seize moys." Er besorgt, dass man die Jülicher Hülfsgelder in solcher Weise ferner erschöpfen möchte. (Bg. VI J 11 f. 68.) Am 7. Mai schreibt Anspach an Churpfalz: nach dem jüngst zu Heidelberg verfassten Anschlag sollte man von den ersten 16 Monaten die zwei Regimenter des Markgrafen nebst den Reitern bezahlen. Gleich damals wurden aber von diesem Gelde 30,000 fl. nach Düsseldorf gesandt. Darum widerholt der Markgraf sein Ansinnen, der Churfürst möge ihm von den z. Th. nach Heidelberg eingegangenen 19 Monaten 20-25000 fl. senden. Der Churfürst möge auch zur Einmahnung der Rückstände statt des Markgrafen einen andern verordnen. (M. pf 116/3 f. 276.) Anhalt beklagt sich über diese Dinge in einem eigenhändigen Schreiben an Anspach und Baden (Mai 14): Sieg über den Obersten Barlo. Hoffnung auf guten Fortgang, „pourveu que l'union nous tienne qu'elle doybt et a promis, et ce qu'avons promis au roy, c'est a dire de bien payer nos gents. On me dit que vous confondez les payements destinez a mes gents, et que retinez (sic!) mon pfennigmeister. Je vous prie, mes freres, y bien penser que cela ne peult ny doybt estre. Car ou demeurera la reputation, ou payerons nous les vivres qui sont si courtes et si petites? Et vous asseure qu'en tel cas nostre perte ne tiendra de l'ennemi, mais de nous mesmes. Il fault donques, que vous remediez a ces deux points, et que les termes convenues soyent tenues, et que mon pfennigmeister viene, ainsi que je lui mande. On n'a pas faulte en Alamaigne de trouver un pfennigmeister et de contenter ceulx-ci qui vivent sur le paysan, mais de changer les ordres faittes, lors quand on est en action et d'estre tousjours aux mains avec l'ennemy, et se veoir abandonné contre raison, c'est une difficulté insupportable. Je vous supplie donques y vouloir remedier le plus promptement. Il fault aussy que le colonel Fuchs vienne, car je ne peulx pas suivre ses ordres ny estre son lieutenant, je me trouve sans cela assez embarassé. Il fault qui vent avoir de l'honneur et du profit, qu'il s'appeine et travaille lui mesme. Mr le prince Maurice le trouve bien estrange qu'un general d'artillerie puisse donner ordre a son faict de cent lieues, ou qui se trouve present a son faict en est empesché assez." (B. Unionsacten IX.)

[2] Würtemberg antwortet mit dem Vorschlag, die Versammlung zu Heilbronn am 31. Mai zu halten. Mai 24. (M. pf. 116/3 f. 154.)

151. Friedrich IV. an Landgraf Moriz von Hessen. Mai 23.

Johann Graf von Nassau hat mit Anspach und Baden sich über des Landgrafen Anerbieten, „zu bewustem end" den König von Ungarn zu besuchen, besprochen. Beide haben den Plan gebilligt. Demgemäss wird der Churfürst dem Landgrafen eine Instruction zu der Reise baldigst senden. — Datum Heidelberg den 13. Maii 1610.

München. Staatsarchiv pf. 116/3 f. 132. Cpt.

Mai 24. **152.** Churpfalz an den Bischof von Speier.

Die durchaus abschlägige Antwort des Bischofs vom 20. Mai hätte der Churfürst nicht erwartet, da das Stift, dessen Gefälle guten Theils unter pfälzischer Obrigkeit erhoben werden, durch des Churfürsten Vertheidigungsanstalten zugleich gesichert wird, und somit die Last derselben den pfälzischen Landen, welche unter den vom Bischof geklagten Uebelständen ebenso leiden, nicht allein aufzubürden ist.[1] Darum wird der Churfürst am folgenden Tag eine Compagnie Reiter von 250 Mann auf kurze Zeit „naher Kersch und Bruel" in's Quartier legen. Der Bischof wird die Herbeischaffung von Futter und Proviant verfügen, welche die Reiter den Unterthanen nach einer leidlichen Taxe zu bezahlen haben. Erzeigen die Unterthanen sich in diesen Lieferungen gutwillig, so wird gute Disciplin und Gerechtigkeit gehandhabt werden.[2][3] — Datum Heidelberg den 14. Maii 1610.

München. Staatsarchiv pf. 116/3 f. 88 Cpt.

1 Seit dem 5. Mai stand der Chf. Pfalz in Unterhandlung mit den Bischöfen von Speier und Worms. Auf das damals an beide Bischöfe gerichtete Ansinnen des Churfürsten (n. 132) erklärt der B. Speier nach Berathung mit dem Capitel am 20. Mai: des Bischofs Unterthanen sind bei der Reihe von Missärnten verarmt und verschuldet. Der Bischof musste ihnen an den jährlichen Gefällen Nachlässe bewilligen und seinen überschüssigen Vorrath an Früchten ihnen vorschussweise überlassen. Somit ist „der mangel so gross, das er je nit grösser sein könte." Des Bischofs Hofhaltung wird nur kümmerlich bis auf bessere Zeit durchzubringen sein. Ausserdem sind mehrere Orte seines Stiftes durch Einlagerungen und Durchzüge so erschöpft, dass sie dergleichen nicht mehr zu ertragen vermögen, wie denn auch der Bischof trotz aller Besorgniss doch hofft, man werde nunmehr sein äusserst verarmtes Land mit Ueberfällen verschonen, da er mit Niemanden in Feindschaft steht, „auch nit zu wissen begere, warauf eins oder das ander angesehen sein möchte." Demgemäss richtet der Bischof an den Churfürsten die „gantz dienstlich und fleissige pit," er möge seiner „mit solchem one das ongewonlichem begeren mit gnaden verschonen, meine onvermögen und onmüglichkeit ansehen, auch meine arme underthanen mit solchen einlaegerungen und schaedlichen durchzügen ferner nit beschweren, sonder ein weg wie den andern alwegen mein gnediger her sein und verpleiben." (M. pf. 116/3 f. 86.) Der Bischof von Worms antwortet am 15. Mai: der Bischof hat des Churfürsten Ansinnen vom 5. Mai seinem Domcapitel und Klerus zu Worms mitgetheilt und beiliegende Antwort erhalten. [In derselben wird erwähnt: indem des Churfürsten Vorfahren vom Stift Gefälle, Ortschaften und Gerechtigkeiten erhalten haben, sei von ihnen für sich und ihre Nachfolger zugesagt, das Stift bei dem, was ihm bleibe, zu schützen. Von den unter churpfälzischer Obrigkeit dem Capitel zustehenden Einkünften sei ein merklicher Theil rückständig. Innerhalb wenig Jahren habe man an Churpfalz 10,000 fl. Schatzung erlegen müssen. Desgleichen müsse man unter churpfälzischer Obrigkeit für die Pfarrgebäude, zum Theil ohne dazu verpflichtet zu sein, grosse Summen aufwenden. Die aus Obrigkeit und Eigenthum fliessenden Gefälle des Domstiftes und der andern Stifter „zu Osthoven, Flersheim, Selsten, Rodenbach, Aich, Stetten, Bubenheim, Nussloch, Dessenheim" und andern Orten seien ihnen durch neuerliche Eingriffe ganz oder theilweise entzogen. Aehnliche Eingriffe

geschehen von den pfälzischen Beamten immer wider von neuem.] In Anbetracht derselben wird der Churfürst „solch arme ufs eusserst beträngt und erschöpfte clerisei“ in ihren Beschwerden zu erleichtern und neuer Auflagen zu überheben gedenken. Der Bischof selbst, der nichts sehnlicher wünscht, als Eintracht und Recht, ist mit Niemanden in Streit, weiss also nicht, wer ihn feindlich angreifen sollte. Vom Churfürsten weiss er nichts anderes als dasselbe zu sagen. Ein Ansinnen, wie das des Churfürsten, ist von dessen Vorfahren nie gestellt. Wollte der Bischof aber ohne Präjudiz und gutwillig einen Zuschuss thun, so würde der Stand seiner Finanzen es nicht gestatten. Die Churpfalz ist so reich und hat ohne sonderliche Gegenleistungen von des Bischofs Vorgängern so viele Pfand- und Lehenschaften (deren Einkünfte die des Bischofs weit übertreffen werden) erhalten, dass der Churfürst gleich seinen Vorfahren kraft der aus den alten Lehen- Pfand- und Uebergabsbriefen hervorgehenden Verpflichtungen das Stift gern vor unbilliger Gewalt schützen wird. Im Namen des Clerus bittet der Bischof den Churfürsten noch, er möge denselben von den seit lange obliegenden Beschwerden befreien. (M. pf. 116/3 f. 73.)

[2] Dass das Bisthum Worms etwas später in ähnlicher Weise betroffen wurde, ergibt sich aus folgendem Schreiben des B. Worms an Churpfalz (Juni 12): der Bischof empfängt soeben von seinen Dörfern Hemsbach, Sulzbach und Laudenbach Nachricht, dass ein churpfälzischer Landschreiber ihnen für den folgenden Tag die dreitägige Einlagerung von 400 Reitern, welche sie bei Vermeidung stärkerer Beschwerden willfährig aufnehmen sollten, angekündigt habe. Die Dörfer bitten den Bischof, sie mit Hafer und Heu zu versehen. Da die Sache nicht zu hindern ist, so hat der Bischof aus seinem geringen Vorrath den Unterthanen eine Anzahl Malter Hafer geliehen, auch die Anordnungen zur Lieferung von Wein und anderer Lebensmittel an die Truppen getroffen. Der Churfürst wird für die Bezahlung die nöthige Verordnung erlassen und möge künftighin den armen Leuten solche Belästigung fern halten. (M. pf. 117/1 f. 30.)

[3] Ueber eine um dieselbe Zeit geschehene Berührung des Mainzer Gebietes schreiben die erzbischöflichen Statthalter und Räthe am 25. Mai an Churpfalz: die Truppen des Mgr. Anspach, die um Kitzingen lagen, sind unversehens in die Mainzer Aemter Bischofsheim und Prodzelten eingelagert. In dem Ort Grossrinderfeld haben 400 Reiter von den armen Leuten nicht nur Futter und Mahl verlangt, sondern ihnen darüber noch Lebensmittel gewaltsam entrissen und sie zur Stellung von Wagen und Pferden genöthigt. Nun weiss der Churfürst, wie ihm Churmainz vor seiner Abreise nach Prag seine Lande bestens empfohlen, und was er darauf erklärt hat, dass der Erzbischof des Kriegswesens sich bis dahin nicht angenommen, auch die Durchzüge nach dem Musterplatz zu Kitzingen trotz der Klagen seiner Unterthanen nicht gehindert hat. Demgemäss möge der Churfürst es bei Anspach erlangen, dass des Erzbischofs Unterthanen „nach möglichen dingen und sonderlich mit verderblichen stil- und einlaegerungen verschont werden mögen.“ (M. pf. 116/3 f. 138.)

153. Ernst Markgraf von Brandenburg und Wolfgang Wilhelm Pfalzgraf von Neuburg, Instruction für den Burggrafen Christoph von Dohna und Dietrich Hess. Mai 25.

Dohna wird den Staaten und dem Prinzen Moriz den Zustand der Jülicher und benachbarten Lande erklären: von den Gegnern

17*

153. rathen etliche zu Friedensunterhandlungen, etliche, welche auf die Unthätigkeit der Staaten und Frankreichs rechnen, rathen, dass Erzherzog Albert nunmehr thätlich eingreifen solle. Das von Albert an der französischen Gränze gesammelte Volk zieht sich zurück, und es ist zu fürchten, dass seine ganze Macht, die 16000 Mann zu Fuss und 3000 Mann zu Pferde zählen soll, sich gegen die Jülicher Lande wende.[1] Ramé soll sein Volk durch Sachsen, Braunschweig, Westfalen zu führen gedenken, wodurch also Berg, Mark und Ravenstein von ihm im Verein mit dem Grafen von Ritberg bedroht würde. Trotzdem wollen die beiden Fürsten und Anhalt bei dem vorher gefassten Beschluss verharren, so dass man also am 4. Juni in's Feld zu rücken hat. Auf diesen Termin mögen die Staaten ihr Volk nach Xanten oder Rheinberg senden. Den Gegnern, welche in den nächsten 14 Tagen wegen der noch nicht erfolgten Entschliessung des Königs von Spanien nichts besonderes unternehmen können, darf man nicht länger Zeit zu ihren Rüstungen lassen. Damit die Staaten bei Beförderung ihrer Hülfe und bei Ertheilung des zu erbittenden Raths, wie man in diesen Verwicklungen, zumal nach Heinrichs IV. Tod, sich zu verhalten habe, desto klarer sehen, wird Dohna ihnen den gegenwärtigen Zustand im Reich darlegen. Berathungen zu Prag. Von kaiserlichem Volk sind zu Passau 6000 Mann zu Fuss und gegen 1500 Mann zu Pferde gemustert, im Elsass dürften gegen 3000 Mann zu Fuss und 500 Mann zu Pferde sein, alle sind sehr schlecht bezahlt. Die mährischen Stände haben hingegen 3000 Mann zu Fuss und 1000 zu Pferde in Bestallung, die evangelischen östreichischen Stände haben ihr Aufgebot auf den Beinen und noch jüngst wider 500 Mann zu Pferde in Dienst genommen. Die Unirten haben mit dem Regiment von Fuchs und ohne ihr Landvolk mindestens 8000 Mann zu Fuss 1600 Mann zu Pferde. Baiern scheint mehr auf den Schutz Donauwörths gegen die Unirten als an einen Angriff seinerseits zu denken. — Vom Haag reist Dohna baldigst nach Paris, wo er seine Aufträge mit Dietrich Hess gemeinschaftlich verrichten wird. Condolenz bei dem König und der Königin. Gratulation zum Regierungsantritt. Bitte um Bestätigung des zu Hall mit Heinrich IV. geschlossenen und nachher bekräftigten Vertrags und demgemässe Absendung der bewilligten Hülfstruppen. Kann letzteres nicht gleich geschehen, so möge man die zwei in Holland liegenden französischen Regimenter mit oder bald nach den staatischen Truppen in die Jülicher Lande schicken und die Truppen an den Gränzen verstärken, um Frankreich zu sichern und die Gegner in Schach zu halten. Zur Begründung dieser Bitte Bericht wie bei den Staaten. Boissise möge als Gesandter in Düsseldorf gelassen werden und Vollmacht erhalten, den Fürsten, wenn sich Mittel zu einem annehmlichen Frieden bieten, mit Rath und That beizustehen. Diese letztere Bitte ist auch an die Staaten zu richten. — Signatum Düsseldorf . . den $\frac{15.}{25.}$ May anno 1610.

Schlobitten. n. 20. Orig.

[1] Am 29. Mai schreibt Anhalt an Anspach und Baden: „l'archiduc Albert nous mande de son propre mouvement qu'il veult garder la neutralité." (B. Unionsacta IX.) Gleiche Versicherung Alberts bei den Staaten. Winwood an Salisbury. Mai 24. (Winwood III S. 164.)

154. Friedrich IV. an Erzherzog Leopold. Mai 26.

Hat die Werbung des Moriz von Kriechingen[1] angehört. Rechtfertigung des ersten Einfalls in das Stift Strassburg. Da das Strassburger Volk auch gegenwärtig noch nicht aufbricht und sich mehr und mehr verstärkt, so werden der Churfürst und die Unirten auch ferner auf ihren Schutz bedacht sein. Entstehen daher dem Erzherzog Ungelegenheiten (da man doch die Sachen so angeordnet hat, dass hoffentlich wenig Anlass zu Klagen wird vorhanden sein), so hat er sich das selber zuzuschreiben. Er hat sich in feindseliger Absicht gegen die evangelische Religion und die evangelischen Stände in die Jülicher Sachen gemischt, welche sonst wol zur Zufriedenheit des Kaisers hätten beigelegt werden können. Ausser ihm würde sich nach vieler vornehmer Personen Ansicht kaum noch Einer von hohem Stande zu solcher Einmischung haben bereden lassen. Die Begier des Erzherzogs und das Drängen etlicher den evangelischen Ständen feindlicher Räthe haben ihn übersehen lassen, dass der Versuch, so angesehene Fürsten ihrer Possession zu berauben, grosse Zerrüttung hervorrufen werde; man sah nur dahin, dass die Jülicher Lande „ex faucibus haereticorum" gerissen würden. Diesen gegen den Religionsfrieden von deutschen Fürsten gebrauchten Ausdruck hat der Erzherzog damit entschuldigt, dass er darunter die sogenannten Calvinisten verstanden habe. Allein diese Ausflucht ist nichtig, da der possidirenden Fürsten Religion bekannt ist, in Rom beide Bekenntnisse gleichmässig verflucht werden, und auch dem Erzherzog die Entscheidung, welche Fürsten unter die Augsburger Confession und den Religionsfrieden gehören, nie übertragen ist. Der Erzherzog hat durch seine Einmischung das ganze Reich oder doch den besten Theil desselben in verderbliche Unruhe gesetzt. Die Folgen davon fühlt er ebensowohl, wie die evangelischen Fürsten. — Datum Heidelberg den 16. May anno 1610.

München, Staatsarchiv pf. 116/3 f. 163. Cop.

[1] Derselbe hatte sich über den ersten Einfall in's Stift Strassburg als gesetzwidrig zu beschweren und vor einer Wiederholung desselben zu warnen. (Instruction. M. pf. 116/3 f. 158. Das Creditiv ist vom 9. April.) Er war an Churpfalz, Würtemberg und Baden abgefertigt. (Churpfalz an Würtemberg und Baden. Mai 6. f. 170.) Vgl. Sattler VI S. 43.

155. Friedrich IV., Instruction für den Grafen Johann von Nassau an Neuburg und Nürnberg. Mai 30.

1. Bericht über den zuerst zwischen Churpfalz und Landgraf Moriz vereinbarten Beschluss eines Unternehmens gegen das Elsasser Volk.[1] Der Churfürst betont, dass der Beschluss der Markgrafen von Anspach und Baden, dies Unternehmen mit ihren eignen

155. Truppen auszuführen, nicht von ihm vorgeschlagen sei, auch ohne sein Gutachten abzuwarten, von den Markgrafen in's Werk gesetzt sei. Anstalten, um inzwischen die obern Lande gegen das Passauer Volk zu schützen.[2] Auf Ansuchen des daselbst zum Commandanten ernannten Grafen Johann von Nassau wird der Herzog demselben im Bedürfnissfalle sein geworbenes „und bei handen habendes" (Landvolk?) Kriegsvolk ganz oder zum Theil stellen. 2. Die zu Heidelberg und Neuburg bewilligten 16 Monate reichen für das auf Kosten der Union geworbene Kriegsvolk nicht aus, es muss also, um über die weitere Unterhaltung der Truppen zu beschliessen, baldigst ein Unionstag gehalten werden. Da aber die Zeit drängt, so möge zunächst jeder Unirte 7—8 Monate aus der Unionscasse, und zwar Neuburg seinen Theil halb nach Heidelberg halb nach Amberg, vorschussweise erlegen.[3] 3. Die von Neuburg gewünschte Antwort auf Baierns Schreiben vom 22. April ist noch zu verschieben, weil man sich durch runde Erklärungen so lange nicht binden soll, als man nicht weiss, welche Gelegenheiten sich demnächst bieten werden.[4] 4. Bericht über die Zustände Frankreichs. des Churfürsten Absicht, im Namen der Union an Frankreich, England und die Staaten Gesandte zu schicken, und seine Meinung, „das der orts des succurs halben die hofnung nit allerdings fallen zu lassen." — Nach Verrichtung dieser Werbung bei dem Herzog von Neuburg legt der Graf die gleiche vor den Geheimen von Nürnberg ab.[5] — Signatum.. Heidelberg den 20. Maii anno 1610.

München. Staatsarchiv pf. 116/3 f. 218 Cpt.

[1] Kurzer Bericht über das Unternehmen und seinen Zweck in Schreiben an die Städte Worms, Speier, Basel und Colmar vom 31. Mai, mit Bitte für die Zufuhr von Lebensmitteln für die in's Elsass gedrungenen Truppen zu sorgen. (f. 227, 228.)

[2] Am 26. Mai schreibt der Churfürst an Neuburg: in den obern Landen sollen bleiben die 600 demnächst bei Amberg zu musternden Reiter von Selbiz und einige Truppen an der Gränze. (M. pf. 116/3 f. 146.) Die Stadt Ulm wird am 31. Mai ersucht, dem Commandanten in diesen Landen auf Begehr die von der Stadt geworbenen 300 Reiter zu stellen. (f. 231.) Gleiches Ansuchen an Culmbach bezüglich des von dem Markgrafen aufgestellten Fähnleins von 200 Soldaten. (Mai 31. f. 234.)

[3] Am 29. Mai schreibt der Churfürst an Baden: Anspach hat dem Churfürsten berichten lassen, dass „fast umb die zeit wan man uber die Strassburgische brucken rucken mochte," der erste Monat des Regiments von Fuchs zu Ende gehe, auf die Bezahlung für den zweiten also gedacht werden müsse: wenn ihm nun 15,000 fl. verschafft werden, so hoffe er damit das Volk für einen halben Monat bezahlen und es willig erhalten zu können. Da der ganze Monatssold vor der neuen Tagsatzung nicht zu beschaffen ist, und die im rheinischen Kreis erlegten 7 und 9 Monate für die Truppen von Helmstätter und Obentraut völlig ausgegeben sind, so möge Baden den Pfennigmeister Sangenfinger 5000 fl. auf Abrechnung von der künftig zu bewilligenden Hülfe aus dem Unionsvorrath vorstrecken lassen; die übrigen 10,000 fl. wird dann der Churfürst anderwärts zu beschaffen suchen. (M. pf. 116/3 f. 204.) Am 31. Mai mahnt der Churfürst den Mgr. Culmbach, da er von den 16 Monaten noch nichts erlegt habe als die dem Obersten Fuchs gezahlten 2000 Gulden. (f. 234.)

[4] In einem am 1. Juni präsentirten Schreiben vom 25. Mai stellt Neuburg dem Chf. Pfalz abermals vor: er hat Tags vorher ein Schreiben des H. Baiern empfangen, in dem derselbe erklärt: bei der immer bedenklicher werdenden Lage der Dinge scheine ihm eine Erklärung der Unirten auf sein Schreiben vom 22. April nöthig, zumal er „erst de novo von einem guten ort wolmainent gewarnet worden, sich dis orts in obacht zu nemen." Der Verzug der Erklärung werde ihm „zu weiterm nachdencken ursach geben." — Der Churfürst möge also die Antwort an Baiern befördern, „und zwar uf solchen schlag, damit sich s. l. etwas zur ruhe geben." (M. pf. 116/3 f. 243.) In seiner Antwort (Juni 5) bezieht sich der Churfürst auf die Werbung des Gr. Nassau und räth dem H. Neuburg zu einer Vorantwort an Baiern. (f. 287.) Ueber die demaligen Befürchtungen und Anfragen Baierns vgl. Stieve, Donauwörth S. 413. Stärke seiner Truppen: S. 409 Anm. 3.)

[5] Mit einer gleichen oder ähnlichen Werbung wurde Camerarius an Würtemberg geschickt. (Resolution Würtembergs. Juni 1. M. pf. 116/3 f. 257.)

156. Friedrich IV. an Baiern. Mai 30.

Das im Elsass und dem Stift Strassburg zusammengelaufene Kriegsvolk bedrängt die dortigen Unterthanen und bedroht nach seinen eignen Aeusserungen Churpfalz und andre benachbarte Stände mit einem plötzlichen Ueberfall. Durch seine stete Vermehrung wuchs die Gefahr. Nach ihren Werbepatenten sollen sie die possidirenden Fürsten ihrer rechtmässigen Possession gewaltsam entsetzen. Dies alles bewog den Churfürsten und einige seiner Mitunirten zu dem unlängst unternommenen Streifzug in das Stift, dann zu der Gesandtschaft an das Capitel und an Statthalter und Räthe zu Zabern. Da diese Mittel nichts gefruchtet haben, so haben der Churfürst und einige seiner Mitunirten abermals eine Anzahl Truppen ausgesandt, um der Einlagerung ein Ende zu machen. Der Herzog möge sich durch ungleiche Berichte über dies Unternehmen nicht irre machen lassen. Man verharrt bei der oft gegebenen Erklärung, dass man keinem friedlichen Reichsstand und so auch nicht dem Stift Strassburg Nachtheil zuzuziehen gedenkt. Der Herzog möge das seinige thun, damit auch die Hauptsache, nämlich die Jülicher Verwicklung, beigelegt werde.[1] — Datum Heidelberg den 20. May anno 1610.

München. Staatsarchiv pf. 116/3 f. 215. Cpt.

[1] Aehnliches Schreiben an Lothringen. Mai 31. (f. 225.) Ein kürzeres an Churmainz. Juni 4. (f. 273.)

157. Christoph Burggraf von Dohna an den Pfalzgrafen Wolfgang Wilhelm und Markgrafen Ernst. Mai 30.

Ist am 27. Mai von Düsseldorf abgereist und am 29. im Haag angelangt, wo er zunächst mit Oberst Ketteler und Herrn v. Dort über seine Aufträge conferirte.[1] Hierauf Audienz und Ablegung der anbefohlenen Werbung vor Prinz Moriz, sodann beiliegender Vortrag vor den versammelten Staaten. Der Präsident derselben

157. bat um schriftliche Uebergabe des Vertrags: es solle dann die Resolution darauf dem Obersten Ketteler übergeben werden. Besuche und Gespräche mit Prinz Moriz, Barnevelt und den fremden Gesandten. Dohna hörte folgendes: bezüglich der den possidirenden Fürsten zugesagten Hülfe verhalten die Staaten sich „zimblich kalt und nachlaessig;" denn sie scheuen die Kosten, wollen ihren Waffenstillstand mit Erzherzog Albert nicht gefährden und wollen besonders, wie sie stets erklärt haben, nicht anders als vereint mit Frankreich helfen. In Frankreich aber, so führte Prinz Moriz aus, habe die Königin nach längerem Streit im Conseil sich endlich bereit erklärt, 8000 Mann zu Fuss und 500 Carabiniers zu stellen, aber ohne Artillerie und mit der Bedingung, dass die Staaten dieselben auf ihre Kosten von Calais zur See nach Holland, und von da nach Jülich schafften. Dem gegenüber haben die Staaten ihren Gesandten beauftragt, mit Verwerfung jener Vorschläge die Sendung der Truppen auf dem Landweg zu verlangen; indessen sei es seine, des Prinzen, Meinung, man solle, wenn, wie vermuthlich, die Regentin auf ihrem Vorschlag beharre, denselben schliesslich annehmen. — Barnevelt fragte mit Bezug auf diese Sache, ob die deutschen Fürsten die von der Regentin vorgeschlagenen Modificationen, welche ihr (durch Abzug der Artillerie und Cavallerie) mehr als die Hälfte der Kosten ersparten, annehmen würden. Darauf Dohna: er habe darauf nicht instruirt werden können, wisse aber, dass die possidirenden Fürsten lieber etwas annehmen würden, als auf unmögliches dringen; unmöglich scheine es aber, die französischen Truppen zu Lande zu befördern, wenn sie (wie ihm Prinz Moriz bemerkt hatte) schon von der Champagne nach der Picardie[2] gezogen seien. Auf Barnevelts Bemerkung: es komme vor allem auf die Aufnahme der französischen Vorschläge seitens der unirten Fürsten an, erwiderte Dohna: es dürfte der ganze Sommer versäumt werden, wenn man erst zur Berathung hierüber die Unirten versammle; Barnevelt möge vielmehr auf rasche Benutzung der Gelegenheiten sehen. Barnevelt sagte darauf kurz: er werde das seinige thun; aber die Staaten werden wol auf eine schliessliche Erklärung Frankreichs warten. — Dohna empfahl die Sachen beim französischen und englischen Gesandten. Beide meinten, die Staaten sollten ihre Hülfstruppen nur erst marschiren lassen, dann würden die ihres Landes schon folgen. — Die beiden französischen (ebenso die englischen) Regimenter werden von den Staaten als ausschliesslich unter ihrer Disposition stehend angesehen. Auch die Befehlshaber derselben erklären, „das sie allein auf die hern Staten nicht auf die gesanten sehen." — Datum im Hagen den $\frac{20.}{30.}$ Maii anno 1610.

München. Reichsarchiv. Jülich'sche Acten 188/1 f. 35. Orig.

[1] Ueber die kurz vorher von Anhalt und den Possidirenden an die Staaten gestellten Anträge vgl. Winwood an Salisbury. Mai 24. (Winwood III S. 164.)

[2] Am 24. Mai berichtet Aerssen: „le rolle pour l'election des compagnies partit hier vers Champagne avec commandement de faire

marcher ces trouppes en toute diligence vers les villes maritimes de la Picardie."

158. Wolfgang Wilhelm Pfalzgraf von Neuburg an seine Mutter. Juni 1.

Hat „noch in meinem droben sein" angezeigt, dass er monatlich mindestens 50,000 fl. bedarf. Trotzdem und obgleich er damals bereits „den soldaten in die drei monat aussenstendigen solds schuldig gewest," hat er damals nur 34,000 fl. mitbekommen und nachher zweimal „noch geringere summen" erhalten. Nun hat er für die Soldaten den dritten Monatssold nicht einmal völlig erlegen können.[1] In Folge dessen haben die Truppen bei Brüggen den Anfang der Meuterei gemacht. Durch die von Anhalt bei seiner Ankunft übergebenen Memorialien werden weitere zu dem „vorhabenden defensionswerck gantz notwendige praeparatoria" verlangt, für welche der Pfalzgraf das Geld nicht aufbringen kann.[2] Dass ihre Ausführung verzögert wird, giebt man also ihm schuld, und „haben sein, furst Christians, l. deswegen bereit protestirt." Zu alle dem kommen andere Schulden, zu deren Abzahlung der Pfalzgraf fortwährend gemahnt wird. Er bittet also um Geld.[3] — Datum Düsseldorf den $\frac{22. \text{ Maii}}{1. \text{ Junii}}$ 1610.

München. Reichsarchiv XXX 16/3. Cpt.

[1] Sie haben auch „wegen abzug des gewers iros soldes ser wenig genossen." (Wolfg. Wilhelm an seine Mutter. April 6. M. Reichsarchiv XXX 16/3.)

[2] Am 6. April (l. c.) schreibt der Pfalzgraf: von Materialien, „so zu einer belagerung und rechten entreprinse gehorig," ist noch gar nichts beschafft.

[3] Am 22. Juni schreibt der Pfalzgraf an seinen Vater: da die französische Hülfe nunmehr sicher ist, so hat F. Christian heute den Abraham v. Dohna an Pr. Moriz gesandt, um mit ihm Vereinbarung zu treffen über die Zeit und anderes zum Feldzug Gehörige. Er hat zugleich den Markgrafen und Pfalzgrafen dringend ersucht, sich ihrerseits gefasst zu halten. Nun soll der Landschreiber Schmidt dem Pfalzgrafen 10,000 fl. mitbringen; 40,000 fl. sollen ihm von Augsburg durch Lebzelter übermacht werden. Er bittet um weitere 60,000 fl. innerhalb sechs Wochen. (B. A. LXXI 188/1.) Eine weitere Geldsendung empfing der Pfalzgraf im August. (an seine Mutter. Aug. 12. XXX 16/3.)

159. Friedrich IV. an die Unirten. Juni 3.

Beschlüsse der Heidelberger und Neuburger Versammlung bezüglich der Defensivbereitschaft der Union. Das Volk zu Passau und im Stift Strassburg hat sich inzwischen nur gestärkt. Auch in Luxenburg steht ein im Erzstift Mainz geworbenes Regiment. So bedroht und umstellt, darf die Union ihre Truppen nicht entlassen, zumal der Tod Heinrichs IV., obgleich die gegenwärtige französische Regierung sein Versprechen zu erfüllen gesonnen sein soll, die Gegner in ihren Absichten bestärken wird. Um aber die

Truppen noch eine Zeit lang zu unterhalten, bedarf man neuer Mittel. Demgemäss schreibt der Churfürst auf eignen Antrieb und auf die Erinnerung etlicher Unirten einen persönlich oder im Verhinderungsfall durch Gesandte mit absoluter Vollmacht zu besuchenden Unionstag nach Heilbronn auf den 27. Juni aus. Dort ist über folgende Puncte zu beschliessen: 1. durch welche Mittel ist das für die Union geworbene Kriegsvolk länger zu unterhalten? ist nicht der Unionsfonds dazu zu verwenden und deshalb ganz oder zum Theil an einen bestimmten Ort zu schaffen? 2. Ist zur Bildung eines neuen Unionsvorrathes auf den Credit der Union nicht Geld vorschussweise oder anderweitig aufzubringen, und wie hält man es mit der Obligation? 3. Es tauchen Vorschläge auf über Stiftung eines beständigen Friedens im Reich und Abstellung der vornehmsten Beschwerden. Pflegt man diesen guten Anfang, indem man die Sachen gleich eifrig in Berathung zieht, so würde hoffentlich „die tractation hernegst mit aller Unirten reputation können vorgenommen und geendet werden." 4. Man treffe eine endliche Vergleichung bezüglich der Aufnahme der fränkischen und Wetterauer Grafen in die Union. 5. Man berathe über Erweiterung der Union und Beantwortung des Schreibens des Herzogs von Baiorn vom 22. April. — Gut wäre es auch, wenn man einen Ausschuss bestimmte, der in hochwichtigen, keinen Verzug leidenden Dingen zu beschliessen hätte. — Datum Heidelberg den 24. May anno 1610.

München Staatsarchiv pf. 118/3 f. 266. Cpt.

Juni 4. **160.** Franz van Aerssen an Oldenbarnevelt.[1] (z. Th.)

Instructionen Oldenbarnevelts in der Jülicher Sache. Darauf Unterredungen mit Villeroy und Bouillon u. A. — Berathungen und Beschlüsse des Conseils. Unterredungen darüber mit Villeroy, Bouillon, Sully und Jeannin.

Auf eine Depesche Oldenbarnevelts vom 24. Mai[2] Unterredung mit Villeroy am 1. Juni. Derselbe verschob weitere Erklärungen

[1] Vgl. mit diesem Bericht das Schreiben Winwoods vom 30. Mai über die Verhandlungen Russys im Haag. (Winwood III S. 167.)

[2] Vor dieser Depesche traf am 23. Mai als ausserordentlicher Gesandter der Staaten Chatillon in Paris ein. Derselbe beabsichtigte nach der Condolenz die Königin zu ersuchen „de tenir seulement son armée sur la frontiere pour de son ombre favoriser le dessein des princes, declarant que les trouppes de m^grs les Estats joinctes a celles desd. princes seront suffisantes pour les establir et maintenir en leur possession: proposition qui fut esté incontinent receue par la royne et m^rs du conseil, lesquels ne redoutent rien tant que de donner subject au roy d'Espagne ou voisins de s'armer puissamment, et partant panchent entierement pour faire terminer ce different par un accord, ne les portant rien a contribuer du secours auxd. princes que la promesse solennelle qui leur en a esté faicte a Hal." Aerssen hielt daher den Chatillon von diesem Vorschlag ab: man habe lediglich die Ausführung des

über Frankreichs Absichten, bis die Antwort eingetroffen sei auf eine nach dem Haag gesandte Depesche vom 23. Mai „pour regler le passage, le nombre et l'entretien des troupes." Darauf Ankunft von Oldenbarnevelts Depesche vom 29. December, deren Inhalt Aerssen dem Villeroy am 2. Juni mittheilte mit mündlichen Ausführungen über die Schwierigkeit des Seeweges und „sur les ulterieures ouvertures par l'Alemagne." Auf Verlangen Villeroys musste er ihm einen Auszug der wichtigen Stellen übergeben zur Vorlage vor dem Staatsrath. Aerssen bat um Beschleunigung der Resolution, worauf Villeroy bemerkte: „qu'au temps du feu roy il ne falloit qu'en parler et on avoit l'expedition tout aussytost, maintenant l'estat et les affaires sont changées: la royne a bien de la bonne volonté, peut commander et le faict, mais les grands qui sont avecq elle vuellent avoir connoissance de ce qui se passe, le traversent par des remonstrances, considerations et pareilles longueurs, dont il faut discourir et contester aprés, et ainsi le temps s'en va en irresolution." Villeroy zeigte sich unzufrieden, dass die Staaten den Weg des Ausgleichs so gar verwerfen: ihre Hoffnung, dass sie bei Leistung des zugesagten Beistandes die Fürsten im laufenden Jahr in Besitz setzen und dann leicht in demselben erhalten können, möchte sie täuschen, zumal da Erzherzog Albert sich der Sache mit aller Kraft annehmen zu wollen scheine. Das Verlangen der Unterordnung der französischen Truppen unter den staatischen Befehlshaber rechtfertigte er damit, dass die Unerfahrenheit der Deutschen die Truppen ruiniren oder dem Königreich einen langwierigen Krieg zuziehen könnte, wie man denn auch über einen Führer von Fähigkeit und Ansehen sich bei der Eifersucht der Grossen schwer werde einigen können: gleichwol wolle er sich im Conseil für den Ausweg verwenden „que les trouppes passans par la mer seront commandées par m^{ssrs} les Estats, par terre seront soubs le prince d'Anhalt." Auf Aerssens Vorstellung, dass die Staaten bezüglich der Kosten der Reiterei, der Artillerie und des zum Marsch Erforderlichen von Frankreich die genaue Befolgung des Vertrags von Hall erwarten, erwiderte Villeroy: der Staatsrath müsse entscheiden, doch werde er das seinige zur Beförderung der Sachen thun. Juni 4.

schon gefassten Beschlusses, den Possidirenden beizustehen und die zwei Regimenter in den Niederlanden zu unterhalten, zu urgiren, mit dem Bemerken, dass ohne jenen Beistand von den andern Verbündeten nichts zu erwarten sei. (Aerssen an Oldenbarnevelt. Mai 24.)

160. Hierauf Unterredungen mit dem Kanzler, dem am Morgen angekommenen Buwinkhausen und Bouillon.[1] Letzterer verwarf die Beförderung der Truppen zur See, sprach dann aber lebhaft für Umwandlung der Hülfe in Geld zu Truppenwerbungen, das an die Staaten zu zahlen sei, da den Deutschen die Werbungen zu überlassen nicht rathsam sei. „Peut-estre (je le diray a vous confidemment) deseigne il de gratifier et employer par ce moyen quelqu'un pour aprés avoir ces trouppes levées par sa direction a sa devotion. Car a la verité nous sommes desormais tous particuliers en nos conseils.“ Bouillon hat versprochen, sich für eine endliche Entschliessung zu verwenden. „Il le faut recercher, car il est avant au conseil.“

Am 3. Juni sprach Aerssen mit Villeroy über die Frage des Land- oder Seewegs und führte aus, dass die Kosten der Ueberfahrt den Staaten nicht zuzumuthen, und die Reiterei nicht ohne entsprechende Vermehrung der Infanterie zu vermindern sei. Villeroy klagte abermals über die Verwerfung des Ausgleichs von Seiten der Staaten. Frankreich könne die Kosten des Kriegs nicht

---

[1] In einer Unterredung am 31. Mai bat Bouillon den Aerssen, er möge dem Oldenbarnevelt folgendes sagen: „qu'il ne trouve icy au conseil ne en l'affection des grands que confusion et nulle resolution, mesmes qu'il ne peut approuver l'ouverture qui m'a esté faicte pour vous faire passer par mer les trouppes, d'autant qu'en toute l'armée du roy il ne se trouvera point sept mille Françoys en tout, gens neufs incapables de discipline, commandés par des chefs non plus experimentés et d'ailleurs bigots et mal affectionnés a ceste querelle. Les Suisses aussy ne voudront point passer, puisque c'est contre leur traicté. Et ainsi il considere que soubs une serieuse apparence de vouloir secourir ces princes et leur envoyer le nombre d'hommes promis on nous tromperoit, n'estant pas en leur puissance de l'effectuer. Autrement sy ceux qui ont esté de cest advis avoient volonté d'entreprendre a bon escient ceste cause ils eussent peu envoyer les forces par la Lorraine et asseurement sans voulloir perdre le temps par un malaysé embarquement auquel les François ne s'accommoderont point, quelque chose qu'on face esperer du contraire.“ Unlösbar sei auch die Schwierigkeit des Oberbefehls der französischen Truppen, da ein Katholik das Unternehmen als huguenottisch verabscheuen, ein Huguenot die Katholiken aufregen werde. „Que quand on la lui defereroit (la commission), il ne l'accepteroit jamais; le nombre des trouppes seroit au dessoubs de sa qualité, ne pourroit se disposer d'obeir a mr le prince d'Anhalt, et finalement ne voudroit pour rien du monde s'esloigner de la cour en ceste conjocture.“ Somit räth Bouillon schliesslich „que vous facies nue et simple instance pour estre secourus d'icy d'argent.“ Sully werde diesen Plan befördern; auch Villeroy, obgleich an sich für den Ausgleich eingenommen, werde ihn unterstützen. (Aerssen an Barnevelt. Mai 31.) Am Schluss obiger Depesche vom 4. Juni sagt Aerssen: „mr de Sully impute le changement du premier conseil a mr de Bouillon, cestuy cy de rechef dit que c'est imprudence de penser a la mer, s'accordant neantmoins a l'envoy de l'argent.“

lange tragen; bindend sei der Vertrag Heinrichs IV. mit den deutschen Fürsten nur für die Zeit seines Lebens gewesen. Er theilte auch mit, dass die Jülicher Sache im Staatsrath nicht vorgekommen sei, am gegenwärtigen Morgen aber behandelt werden solle. Als Aerssen hierauf zu Bouillon ging, hörte er, dass man Tags vorher im Staatsrath über die Jülicher Sache gesprochen, aber nichts entschieden habe, weil zwischen ihm und Epernon Streit entstanden sei, ob Praslin das Commando erhalten solle. Es sei übrigens davon geredet, ob man statt Truppen Geld, und zwar an die Staaten, erlegen solle: ein Weg, den Alle als sicher und verdeckt zu billigen scheinen. — Unterredungen mit Soissons und Buwinkhausen. Juni 4.

Am 4. Juni hörte Aerssen von Villeroy: den vorigen Nachmittag sei bis 8 Uhr über die Jülicher Sache verhandelt; einige haben gegen die Einmischung in dieselbe gestimmt, andere wollten den Vertrag erfüllt wissen, aber mit geringeren Anstrengungen, andere sprachen für Geldhülfe. Die Entscheidung verschob man bis zur Ankunft Dohnas und des Herrn v. d. Mylen, „persistant neantmoins la royne en sa premiere declaration de voulloir secourir les princes, mais deliberant seulement des moyens." — Hierauf zu Bouillon, „qui m'a asseuré que, non obstant la declaration de mr. de Villeroy cy dessus specifiée, il fut hier arresté qu'on secourra les princes, selon qu'il est porté par le traicté de Hal, et qu'on fera marcher l'armée par un des deux chemins, du Rhin ou de la Moselle, suivant ma proposition qu'il a confirmée estre seure, neantmoins qu'il a esté trouvé bon d'ouyr le baron de Dona,[1] me promettant qu'avant le soir il feroit terminer ceste conclusion, sans la laisser trainer plus longuement par ceux qui en ceste incertitude esperent de nous faire entendre à un traicté, qui ainsi recerché ne sçauroit produire que des conditions inesgales et la

[1] Am 10. oder 11. Juni theilte Chateauneuf dem Aerssen mit: als am 3. Juni über die clevische Sache gehandelt sei, haben nur der Kanzler und Epernon, gefolgt von zwei anderen, gegen die Hülfe gesprochen; ihnen seien Bouillon, dann Soissons entgegengetreten, welchen wider de La Châtre, Chateauneuf, Jeannin und alle anderen gefolgt seien, so dass acht gegen einen gestanden, welche schlossen, dass man dem Vertrag von Hall nachkommen müsse, dass man das Volk zu Land und, da die Armee ja schon beisammen, eher 10 als 8000 Mann schicken solle. Als nun Villeroy gesehen, dass man die Stimmen sammeln wollte, habe er erklärt: man erwarte van der Mylen und Dohna, und es werde gut sein, sie vor dem Beschluss zu hören. „Et ainsi ceste deliberation fust par ceste remise toute renversée." Bericht Aerssens. Juni 11. Haag. Reichsarchiv.)

ruine des affaires a l'exemple de Straesbourch." — Gespräch mit Edmonds, dann mit Dohna und Dieterich Hess.

Am Nachmittag bei Sully, welcher mittheilte: Tags vorher sei der Staatsrath so geordnet worden, dass über dreissig Personen darin sitzen sollen. Aus Verdruss über diese Confusion habe er Nachmittags nicht an der Berathung Theil genommen, die sich auf Jülich bezogen habe. Epernon habe sich da der Hülfleistung stark widersetzt. Er selber (Sully) halte die Geldhülfe für die einzige sichere Unterstützung, „que toute autre proposition qui se fera ne sera que pour tromper m^{gr} les Estats, quelque specieuse qu'elle sera. L'intention de la royne et de ceux qui ont servy le feu roy, est bien bonne, mais les autres la traversent tousjours." Epernon werde alles thun, um die Truppenhülfe, wenn auch das nöthige darüber mit den Staaten vereinbart sei, hinterher zu vereiteln, und er könne das, „ayant le pouvoir qu'il a sur l'infanterye. Au commencement il fut proposé qu'il falloit faire marcher l'armée de m^{srs} les Estats et les embarquer par la promesse qu'on leur feroit, laquelle cependant on ne tiendroit pas, de vouloir envoyer le secours promis a Hal. Il s'y opposa, et luy reprocha on qu'il devoit ayder a soulager le royaulme et conserver le dehors par le dehors; mais il dit qu'il ne consentiroit jamais a faire tromper les meilleurs amis de ceste couronne qui se fians sur la parolle de la royne se pourroient trouver accablés et delaissés au besoin."[1] Ueber Spaltungen im Staatsrath, besonders über Epernons Gegensatz gegen Villeroy und den Kanzler. Sully missbilligt den grossen Staatsrath: „la royne . . peut choisir en ce grand nombre quelques uns pour conferer avec eux et, ayant prins leur advis, en commander absolument l'expedition sans s'arrester pour le respect des princes ou des grands, qu'elle se peut faire obeyr au sçau par m^r le chancelier, aux finances par luy, aux depesches par m^r de Villeroy." Verwerfe die Königin diesen Ausweg, so sei nichts gutes zu erwarten, und werde er sich dann ehestens zurückziehen.

---

1 Am 26. Mai berichtet Aerssen: Sully zeigte ihm einen Brief an Bethune (er findet sich Sully, mémoires IX S. 228. Petitot), in dem er ausführt, da es unmöglich sei „de continuer le grand dessein du feu roy," und da es schimpflich sei, die Fürsten ohne Beistand zu lassen, so solle man den Staaten für letztern Zweck Truppen oder Geld stellen. Er erklärte nicht zulassen zu wollen „qu'on vous embarque en ceste querelle pour par aprés vous laisser a l'abandon, comme plusieurs desseignent. . . Il juge plus seur et plus expedient . . que preniés de l'argent, qui pourra monter a 50 ou 60 mil escus le mois, et quand on cassera ceste armée (ce que se fera, aussytost qu'aurés resolu sur ces offres et propositions faisables), que faciés choisir les compagnies telles que voudrés par deça.

— Hierauf Gespräch mit Jeannin, der Bouillons Angaben bestätigte: Soissons habe sich der Wünsche der Staaten und der Fürsten eifrig angenommen. Man wolle noch Dohna hören, ehe man über den Anführer und den Weg beschliesse. Er und Villeroy seien geneigt, als Anführer den Herzog von Bouillon [1] und, wenn er sich weigere, den Marschall La Châtre zu wählen. Dem Seeweg (doch auf Kosten der Königin) gebe er der Sicherheit wegen den Vorzug vor dem Landweg.

Haag. Reichsarchiv. Cop.

161. Cardenas an König Philipp III. Juni 6.

Im Staatsrath Verhandlung, ob man der Absicht des verstorbenen Königs gemäss dem Markgrafen von Brandenburg (sic!) in der Jülicher Sache beistehen solle. Villeroy — „que es hombre muy catholico y bien entendido y que en vida del rey le iba a la mano en estas cosas y le contradixo fuertemente el meterse en lo de Cleves ni ayudar al marques de Brandenburg" — sprach für Leistung der Hülfe. Mit ihm der Graf von Soissons (ayudandole grandemente), der Kanzler, der Connetable, der Herzog von Bouillon und „dos letrados." Gegen die Hülfe sprach der Cardinal Joyeuse und mit besonderm Nachdruck der Herzog von Mayenne; ebenso der Herzog von Guise und, trotz seines wenig freundlichen Verhältnisses zu Mayenne, der Herzog Epernon. „El presidente Joanin, que se tubo por de la opinion de Villeroy, fue contra el con grandes razones, y hablando muy largo la reyna dicen que tocó a Villeroy: que si el por lo passado decia al rey, se metia en lo que no era suyo, y le havia apretado por la tregua de Flandes diciendo, se embarcava mucho en los negocios de protestantes y no ganava nado sino perdia, que porque de presente hera de contraria opinion? Y el replicó con los mismos fundamentos passados. y haziendo tanta fuerza en esto, que se resolvieron que se supiese el estado en que estavan estas cosas, y se procurase escusar el dar ayuda, y haviendo de darse, fuese poca hasta dos o tres mil hombres y 400 cavallos, y estos fuesen por mar a Olanda y con el menos ruydo que se pudiesse. Y esto se va intentando y ay mucha gana de que se conponga este negocio, y en el estado que está me ha parecido con las personas que he hablado decir que, como no se metan en lo de Cleves, espero que v. M. no se meterá, pero que, si se meten, daré cuenta a v. M. y avisaré a sus

---

[1] Am 5. Juni berichtet Aerssen: mehrere denken an Bouillon als Anführer der französischen Hülfstruppen. Villeroy und andere haben mit ihm darüber gesprochen. Aerssen selber hat gleichfalls eben mit ihm geredet und nach manchen Einwendungen schliesslich das Versprechen von ihm erhalten, er werde den Oberbefehl annehmen, wenn die Königin ihm denselben anbiete: nothwendig sei es zur raschen Beendigung des Unternehmens, dass Prinz Moriz die staatischen Truppen führe, welchem, so wie er, auch der F. Anhalt nachgeben werde.

ministros en Flandes para que hablen al archiduque Alberto y vean lo que conviene. Deve de havelles dado cuydado esto, porque el nuncio ordinario[1] me a venido a hablar y a pedir que yo passe adelante con esta platica, porque le parece que, si seles dice claro que v. M, dará ayuda a los catholicos, que se detendran en la que aqui hablan de dar. Yo voy caminando con el negocio como el mismo obliga, pero no me arrojo a tanto, como el nuncio a deseado, porque no tengo orden de v. M."

Gutachten des Staatsraths. Acerca de embiar socorro a lo de Juliers, que aquel negocio está en muy diferente estado que antes con la muerte del rey de Francia, pues convenia yr con tiento por lo que se podia aventurar, y agora conviene estar a punto para ayudar, si de Francia lo hizieren; que lo que importa es endereçar que todos esten quedos y dexar a los pretensores que traten de lo que les convenga, pero si de Francia ayudaren, dar orden al archiduque para que luego lo haga el, pues importa lo que se dexa considerar que alla se reciva este beneficio de parte de s. M., y si por esta sazon faltase su ayuda, aviendola de otros, se perderia mucha reputacion y animaria a los Olandesses a executar sus malos intentos.

Paris. Archives nat. Mon. hist. K 1462 n. 148. Dechiffr. Cop.

[1] Ueber die Bemühungen und Ansichten der päpstlichen Gesandten vgl. die beiden Briefe Ubaldinis. Mai 30, Juni 2. (Winwood III S. 169, 171.) Berichte desselben. Mai 24, Juni 8. (Siri II S. 252, 259.)

Juni 6. **162.** Georg Thurzo an Churpfalz.

Hat des Churfürsten Schreiben vom 7. Mai (n. 127 Anm. 3) empfangen. Er wird das seinige zur Abwendung der darin berührten Anschläge thun. Kriegsrüstungen in Ungarn in Folge der kriegerischen Massregeln des Kaisers an der östreichischen Gränze. Hoffnung auf einen Ausgleich zwischen dem Kaiser und Matthias, für welchen die den letztern begleitenden ungarischen Räthe auf Geheiss der ungrischen Stände zu wirken haben.[1] — Ex arce regiae M^tis^ Zatthmar die sexta mensis Junii anno domini 1610.

München. Staatsarchiv 379/7 f. 125. Orig.

[1] Rath des Thurzo an Matthias, sich mit den protestantischen Fürsten, besonders Churpfalz, in nähere Beziehung zu setzen. Juli 2. (Hammer, Klesl II S. 216.) Aehnlicher Rath der ständischen Ausschüsse in Wien. Vor Juni 9. (Losenstein an die oberöstreichischen Stände. Juni 9. Notizblatt für östreich. Gesch. 1859. S. 405.) Am 3. Juni schreibt Churpfalz an Anspach: Gr. Albert von Solms hat des H. Matthias Schreiben an Anspach bezüglich der Kriegsrüstung der Unirten dem Churfürsten vorgelegt. Es wäre darauf etwa folgendes zu antworten: Rüstungen der Unirten um die Possidirenden in ihrem Besitz zu schirmen, ohne dass sie den Ansprüchen eines der Prätendenten präjudiciren, noch einen friedlichen Stand kränken wollten. Von dem im Passau'schen und im Stift Strassburg zusammenströmenden Kriegsvolk bedroht, habe man zur Vertheidigung sich weiter rüsten müssen. Ursachen des abermaligen Einfalls in's Stift Strassburg, Schliesslich

Bitte: der König möge an Orten, „da es ein nachtruck haben mag," sich verwenden, dass man in der Jülicher Sache nicht auf dem äussersten bestehe. Denn ohne rechtliches Erkenntniss oder gütlichen Ausgleich werden sich die possidirenden Fürsten ihres Besitzes nicht so leicht berauben lassen, sondern zur Vertheidigung desselben mit Hülfe ihrer Verbündeten inner- und ausserhalb des Reichs (auch der gegenwärtigen französischen Regierung) das äusserste daransetzen. Dafür werde, wenn etwas gegen den König vorgenommen werden solle, die Union alles zur Abwendung desselben Dienliche thun. Gleiches erwarte sie, wenn sie gewaltsam angegriffen werden solle, vom Könige. (M. pf. 116/3 f. 263)

163. Tschernembl an Neuburg. Juni 6.

Der Herzog wünscht, dass, „wie alle fürfallende sachen dieser zeit durch die zue Lintz anwesende verordnete nach Heidelberg stracks berichtet werden, dieselben auch nach Neuburg absonderlich hinfür zu berichten seien." Dies soll geschehen. Da das Passauer Volk gegen die Unirten und gegen die östreichischen Lande aufgebracht ist, und in kurzer Zeit sich auf mehr als 25,000 Mann belaufen wird, so ist „an dem alles gelegen, das es mit ehistem unversehens von oben und unden angegriffen und . . zerstreuet werde. Zwar het solches vor diesem leicht beschehen mögen, weil aber i. Kai. M. sich damals nit wider diese land ercleret, und i. chf. und f. gg., darwider doch solch volck gleiches fals angesehen, es guet sein lassen, hat diesen landen, zuvorderst meinem gg. hern, nit zuegestanden, auf dem reichsboden thaetlichkeit furzuenemen. Davon weiter nit zue reden, sondern nur kunftig unheil zu verhueten. Das kaisrisch volck ist wegen mangel gelts ungedultig, versichet sich keines einfals. Da wir e. f. gg. resolution nur wissen, ob und welchen tag, und wie starck und wie dero volck angreifen kan, wollen wir hie zue lant zugleich angreifen. . . Es wil sich davon noch zur zeit nit laut reden lassen, bis sich i. chf. und f. gg. gnedigst resolvirn, welches aber one verlierung einigen tags beschehen muss; wie dan i. chf. g. nunmer auch werden deswegen ein schreiben entpfangen haben." — Datum Swertberg den 6. Juni 1610.

München. Staatsarchiv pf. 345/18 f. 41. Cop.

164. Gutachten der zu Unionssachen deputirten Nürnberger Räthe (Ernst Haller, Leonhard Grundherr, Gugel, Held, Olhafen, Burkhard, Hubner, Fetzer). Juni 6.

Die vom Grafen von Nassau im Namen des Churfürsten von der Pfalz abgelegte Werbung (n. 155) geht die unirten Städte nicht durchweg an. „Dan was das marggraefische volck belangt, so in die Gülchischen lant geworben, aber anjetzo in das Elsass gefürt worden, dessen haben sich die staet billich nicht anzunemen, sonder solches die fürsten verantworten zu lassen. Allein das auch das Helmstettisch regiment darzu gezogen wirt, under welchem auch

164. meiner hern bestelter haubtman ist, das werde sich schwerlich verantworten lassen. Dan solches werck an sich selbst mer ein offension als defension ist, bevorab wan die fürsten, wie es den laut haben wil, für des bischofs von Strassburg staet rucken und sich derselben so lang maechtigen wolten, bis inen caution geschehe. Und wirt zwar bei jedermenniglich, so nur umb die unionsach ein wenig wissenschaft hat, darfür bestendig gehalten werden, das solches alles mit wissen der staette geschehen seie. . . . Und dieweil man sicht, das das Gülchisch wesen je lenger je mer in das unionwerck vermischt und eingesteckt werden wil, die staet auch one dies in solchen verdacht, das sie mit den Gülchischen sachen participirn, dermassen stecken, daraus sie sich schwerlich ledig machen werden, als hab man sich desto mer fürzusehen und nunmer mit zuthuung und communicato consilio der mitunirten staette zu bedencken, wie man sich deswegen etwan in einem publico scripto oder auf eine andere weis exculpirn und solches verdachts entschütten wolle. Davon dan mit denen von Ulm conversirt und auf vorstehendem unionstag mit mererm und also gehandelt werden möchte, damit der chur- und fürsten offension verhüetet werde." — Dem Grafen Johann von Nassau, der nun in den obern Landen commandiren soll, erkläre man zeitig, „das meine hern mit dem Gülchischen wesen nichts zu thun haben. Darbei man auch so weit gehen und sagen könne, das die ganze union und zuförderst die staette allein auf ein defensionwerck gesehen und ausser denselben terminis defensivis sich nicht gern in etwas werden einlassen." — Was dann die vom Grafen erwähnte Gesandtschaft nach Frankreich, England und an die Staaten betrifft, die lediglich mit den Jülicher Sachen zusammenhängt, so haben die Städte sich damit nicht zu befassen. „Der gesuchten anticipation halber halten es i. e. darumb für bedencklich, das es fast das ansehen, als ob es mer zu dem Gülchischen werck angesehen, indeme das volck, so zu aufschlagung des Leopoldischen volcks im Elsass gebraucht wirt, davon wo nicht gar, doch zum halben teil solle bezalt werden. Und nachdem man es schir dahin practicirn wil, das, was die fürsten bei sich beschliessen, die staet hernach thun müssen, wan sie auch etwas fürgenommen, es hernach genug sein solle, so die staet deselben nur zur wissenschaft berichtet werden: welches der unionsnotul intention und mainung zuwider, indem alles mit einhelligem rat und schluss gehandelt werden solle — sonsten hette man sich umb die vota so hart nicht bearbeiten dürfen —: als habe man disfals desto mer ursach, sich eines endlichen nicht zu resolvirn, sondern mit vorhabender communication mit andern staetten zu entschuldigen; wie es dan meinen hern nicht wol verantwortlich sein wurde, wan sie mit irer füreilenden wilfaerigen erklaerung den andern staetten ein praeiudicium machen wolten." In Sachen der Munition bleibt es bei der jüngsten Antwort der Stadt an Anspach.[1] — Zu der oben angeregten Besprechung mit Ulm hätte man zur Zeitgewinnung dieser Stadt sofort „tag und ort auf halben weg zusamenzukommen" zu bestimmen. Nach dieser Besprechung erst hätte man den vier fränkischen Städten Mittheilungen zu machen unter gleichzeitiger Anzeige der Meinung Ulms. „Sonsten werden

sie alsbalden erschrecken und inen allerlei ungleiche gedancken selbsten einbilden."[2] — Den 27. May 1610. Juni 6.

Nürnberg. Unionsacten n. 22. Orig.

[1] Es wurde nun folgende Antwort an Nassau beschlossen: die Gesandtschaft an Frankreich, England und die Staaten, sowie die Jülicher Sache gehe die Städte nichts an. Deshalb habe man nicht gerne gehört, dass das für Jülich geworbene Kriegsvolk nach dem Elsass geführt sei. Dies Unternehmen könnte als eine dem defensiven Zweck der Union widersprechende Offension aufgenommen werden. Ueber die Anticipation der 7 oder 8 Monate werde die Stadt sich erst nach Besprechung mit andern Städten schriftlich erklären. Bezüglich des Geschützes etc. habe die Stadt sich schon mit Anspach geeinigt. Das Fähnlein Knechte stehe dem Gr. Nassau zur Disposition. (Juni 7. Nürnberg. n. 22.) Der Chf. Pfalz sendet hierauf (Juni 13) an Nürnberg eine Darstellung des Strassburger Unternehmens. Er spricht über die Werbungen in den Stiftern Strassburg und Passau, die Gegenrüstungen der Unirten und den aus Berathungen des Chf. Pfalz mit benachbarten unirten Fürsten und den Mgr. Anspach und Baden hervorgegangenen Angriff der beiden Markgrafen gegen das Strassburger Volk. Das Strassburger und Passauer Volk war angeblich nur für die Jülicher Streitigkeiten geworben; allein glaubwürdige Berichte und Anzeichen führten zu der Annahme, dass man bei diesen Rüstungen an Rhein und Donau und in mehreren andern Gebieten die Lande der Unirten umzingeln wollte, und dass ein combinirter Angriff auf dieselben, bei dem etwa Streitkräfte aus den Niederlanden und Italien zu den Truppen am Rhein, das Regiment von Madruzzo und Hülfstruppen Baierns zu dem Heer an der Donau stossen würden, zu befürchten waere. Sobald das gegnerische Kriegsvolk aus dem Elsass entfernt, und man gegen ähnliche feindliche Anstalten dort gesichert ist, wird die Unionsarmee aus dem Stift Strassburg gezogen werden. Die von etlichen unirten Fürsten in der Jülicher Sache übernommene Hülfeleistung hat mit den erwähnten Unternehmungen gar keinen Zusammenhang, und es wird die spätere Rechnungsablage zeigen, dass von den für den Schutz der Unirten erhobenen Unionsgeldern kein Heller für die Jülicher Angelegenheit verwandt ist. Da nun die Sachen sich also verhalten, so erwartet der Churfürst, die Stadt werde sich neben den andern Unirten zu den nöthigen Massregeln verstehen, sich mit den Städten ihres Kreises über die geschilderte Sachlage benehmen, damit die Gesandten zu dem Heilbronner Tag von ihnen allen vollkommen instruirt werden, besonders aber inzwischen die gewünschten acht Monate erlegen. Denn aus Nichtbezahlung des Kriegsvolks kann der Union Verderben erwachsen. Sollte überhaupt „in disem defensionswerck einige discrepanz sich ereigen, und die hülf nit allenthalben gleichmessig ervolgen, so habt ir verstaendlich abzunemen, wie bald bei den jetzigen emporschwebenden kriegsrüstungen und geschwinden practiken der so hoch erbitterten gegenteilen ein unirter stand nach dem andern herunder gebracht, vornemlich die staet in die eusserste not gestürzt werden könten, indem man allein damit umbgehet, wie dieselbe von den unirten chur- und fürsten getrennet, hernacher mit grossen geltpoenen beschwert und wo müglich gar zu cammergütern gemacht werden möchten, jetzt zu geschweigen das geferliche leut am kaiserlichen hof für ein richtige maximam haben, das in alle reichsstaet indistincte das leidige papstum per forza wider eingefüret werden müsse, wie dan das trawrige exempel mit Donawerd genugsam zu erkennen gibt." (M. pf. 117/1 f. 41.) Die Stadt erwidert am 19. Juni: ohne vorherige Verständigung mit andern Städten kann sie die Anticipation der acht Monate nicht wol bewil-

18*

ligen. Diese Verständigung aber kann erst bei dem vorstehenden Unionstag erfolgen. (f. 180.)

2 Nürnberg lud hierauf Ulm zu einer Besprechung in Nördlingen ein. Da aber hierüber das Ausschreiben zum Heilbronner Tag kam, so forderte es Ulm und die fränkischen Städte, ferner vermittelst der Stadt Ulm Strassburg und die schwäbischen Städte auf, ihre Gesandten einen Tag vor dem bestimmten Termin nach Heilbronn zu schicken zu vorherigen Besprechungen über die Werbung Nassaus und die Berathungsgegenstände der ausgeschriebenen Tagsatzung. (Nürnberg an Ulm. Juni 8. f. 263. Ulm an Nürnberg. Juni 11. f. 286.)

Juni 9. **165.** Maximilian Herzog von Baiern an Churpfalz.

Dankt für des Churfürsten Bericht vom 30. Mai, freut sich über die Versicherung, dass der Churfürst und seine Verbündeten durch ihre kriegerischen Anstalten den friedlichen Ständen, ja dem Stift Strassburg selber, „dahin doch das kriegsvolck dise zeit gefüert," keinen Nachtheil zufügen wollen. Die gleiche Versicherung findet sich in einem frühern Schreiben des Churfürsten. Was aber damals der Herzog ihm bezüglich der Einlagerungen in's Stift Würzburg geschrieben, dessen wird der Churfürst sich noch erinnern. „Und vernemmen wir seithero, das sich dieselben (Einlagerungen) nit allein in mer weg vermert, sonder auch dergleichen im stift Bamberg und Speier ervolgt sein sollen. Daraus e. l. unschwer zu ermessen, zu was ungleichen gedancken so beschaffene sachen zue gelangen. So wir e. l. nochmallen gantz wolmainent freunt-vetterlich zue gemiet füeren wollen, damit e. l. intention und obangedeuttes vorhaben umb sovil weniger anderst verstanden werden möge." Der Herzog ist bereit, sich für gütliche Beilegung der Jülicher Sachen zu verwenden, möchte aber vorher vom Churfürsten Vorschläge hören, mit denen beim Kaiser und „sonsten allerseits" etwas auszurichten wäre. — Datum . . München den 9. Juni anno 1610.

München. Staatsarchiv pf. 117/I f. 136. Orig.

Juni 11. **166.** Philipp Ludwig Herzog von Neuburg, Resolution auf die Werbung des Grafen Johann von Nassau.

1. Da es wichtig ist, dass das in Strassburg und Luxemburg geworbene Volk nicht zu den Truppen Leopolds in Jülich stosse oder dem Churfürsten von der Pfalz und andern Schaden zufüge, so lässt sich der Herzog die Abführung der Unionstruppen nach dem Elsass gefallen, hofft aber, dass dieselben sich bald zum Schutz der von dem Passauer und bairischen Volk bedrohten Lande wider einstellen. Die dem Herzog zustehenden Truppen reichen nicht einmal aus, um seine in der Entfernung von zwei Stunden von bairischen Truppen beinahe ganz umgebene Residenz zu schützen. Trotzdem mag das in Regenstauf liegende Fähnlein mit dem in der Nachbarschaft liegenden Volk verbunden werden, und wenn das bairische Volk von der Neuburger Gränze abgezogen oder der Herzog sonst gesichert wird, so wird er nichts dagegen haben,

einen Theil des in seiner Umgebung liegenden Volkes zur Hülfe auszusenden. 2. Betreffend die Anticipation von acht Monaten, so wird der Churfürst, da in des Herzogs Umgebung die Gefahr gross ist, nichts dagegen haben, wenn der Herzog seine Quote für sich behält und erforderlichen Falls zu seiner Vertheidigung braucht. 3. Dass über die Antwort an Baiern erst am nächsten Unionstag berathen werde, lässt sich der Herzog von Neuburg gefallen, bittet aber den Churfürsten, er möge sorgen, dass er (Neuburg) gegen die stündlich von Baiern drohende Gefahr gesichert werde. 4. Der Herzog traut der Versicherung der Königin von Frankreich und des jungen Königs, dass sie das von Heinrich IV. Versprochene leisten wollen.[1] — Signatum Neuburg an der Tonaw den 1. Junii anno 1610.

München. Staatsarchiv pf. 117/1 f. 86. Cop.

[1] Auf die gleichartige Werbung des Camerarius (n. 155 Anm. 5) hatte Würtemberg schon am 1. Juni geantwortet: 1. Die zum Zweck der Vertheidigungsbereitschaft gegenüber den gefährlichen Zeitläufen gewünschten und aus der Unionscasse zu entnehmenden 8 Monate wird der Herzog förderlichst nach Heidelberg übersenden. 2. Dass wegen des Todes des K. Frankreich ein Unionstag ungesäumt zu halten sei, damit man sich gegen alle etwaigen Angriffe gefasst halte, ist auch nach des Herzogs Ansicht nöthig. — Der Herzog vertraut darauf, dass man das zur Vertheidigung geworbene Kriegsvolk nach Möglichkeit nur zu den in der Unionsverfassung und dem jüngsten Ausschreiben bestimmten Zwecken gebrauchen werde, und zur Offension weder selber greife, noch die Gegner dazu zu greifen veranlasse. (M. pf. 116/3 f. 257.)

167. Johann Graf von Nassau an Churpfalz. Juni 12.

Sobald die Versöhnung zwischen dem Kaiser und König Matthias, an der stark gearbeitet werden soll, erfolgt, werden beide nach sicheren Nachrichten die unirten Stände zu züchtigen unternehmen. Hierfür stehen ihnen zu Diensten die Passauer Truppen, die bei täglicher Vermehrung schliesslich auf 10,000 Mann zu Fuss und 3000 Mann zu Pferde wachsen werden, und mit denen der Herzog von Baiern einige Tausend Mann, die er bei Donaustauf, Ingolstadt und Rain (Renen) hat und in zwei Tagen armiren wird, vermuthlich alsdann verbinden wird. Um die Gränzen der Unirten gegen eine solche Invasion zu schützen, hat der Graf von Nassau an Reitern (da die Werbungen des Obersten Selbitz auf Schwierigkeiten stossen) 100 Arquebousiere und 200 Kürassiere (noch nicht gemustert) und an Fussvolk, wenn er die Truppen von Ulm und Nürnberg erhält, etwa 1000 Mann.[1] Die übrigen Fusstruppen müssen in Neuburg, Vilsburg und andern Orten als Besatzung bleiben. Es wäre daher wol nöthig, dass die in Hessen geworbenen Reiter dem Grafen baldigst zugesandt würden.[2] Hauptsächlich aber hätte man, um die schwer bedrohten Gränzen von Neuburg und den benachbarten Landen zu schützen, die Versöhnung zwischen dem Kaiser und Matthias mit aller Anstrengung zu hindern, den König Matthias zu Rüstungen seinerseits zu bewegen, und zu sehen, dass der Markgraf von Anspach nach glücklich beendigtem Unternehmen im Elsass mit seinen Truppen zurückkehrte. — Datum Neuburg den 2. Junii anno 1610.

München. Staatsarchiv pf. 117/1 f. 79. Orig.

¹ Am 17. Juni berichtet der Gr. Johann aus Amberg dem Lgr. Moriz: innerhalb vier Tagen hofft er „Marschalks 200 kurassier" und acht Tage später des „obristen von Selbitz 600 pfert" bei sich zu haben; die 100 Arquebousiere des „hern von Sensoni" sind bereits zur Hand. Nächster Tage wird er die Landsassen, Lehensleute und berittenen Diener mustern und eine ähnliche Ordnung bei ihnen einführen, wie sie jüngst zu Heidelberg unter den Lehensleuten eingeführt ist. Die in den obern Landen verbliebenen Werbetruppen sind grössten Theils an die Gränze bei Regensburg gelegt, und ist der Graf „des rest aller tagen gewertig." Von Cham bis Regensburg ist das Kriegsvolk so vertheilt, dass es alle Tage concentrirt werden kann. „So werde ich auch solche ordnung anstellen, das ich des ausschuss im notfal in zwen tagen .. mechtig sein kan" (M. pf. 116/2 f. 63.) Am 19. Juni schreibt der Graf an Churpfalz: die 200 Pferde des Rittmeisters Marschall werden sich in zwei Tagen in Amberg einstellen, wo sie alsbald gemustert werden sollen. Selbiz soll sich innerhalb acht Tagen mit 500 Reitern in drei Compagnien einfinden; die noch übrigen 100 Pferde soll er in vierzehn Tagen beibringen. Gr. Johann wird baldigst „die landsassen und lehenleut, wie auch die reisige beampten" mustern und, „weil sie gar willig, in eine gutte ordnung pringen, damit man im notfal sich neben dem auszugk derselben nutzlichen zu geprauchen." (M. pf. 117/1 f. 203.)

² Am 30. Mai schreibt der Lgr. Moriz an Churpfalz: die Musterung der 400 Reiter wird kaum vor dem 4. Juni statt finden können. Befindet sich dann der Landgraf nicht in grosser Gefahr, so mögen sie durch einen Beauftragten des Churfürsten abgeführt werden. Bei „scheinender not" wird der Churfürst dem Landgrafen auf sein Ansuchen nicht nur die erwähnten Reiter, sondern noch grössere Hülfe senden. Einstweilen wird sich der Landgraf mit seiner Ritterschaft, die er im Begriff ist zu mustern, und mit seinem Ausschuss gefasst halten. (M. pf. 116/3 f. 249.) — Am 12. Juni theilt Churpfalz den Mgr. Anspach und Baden das, wie ihm scheint, begründete Gesuch des Gr. Nassau um Sendung der hessischen Reiter nach den obern Landen mit, indem er bemerkt, dass die Reiter spätestens am 14. Juni nach der Bergstrasse kommen werden. (M. pf. 117/1 f. 25.)

Juni 14. **168. Otto der jüngere Graf von Solms an Churpfalz.**

Am 3. Juni ist die Cavallerie, nachdem sie die Rheinbrücke passirt, nach Dahlen bei Molzheim gezogen und hat daselbst „ein fendle der feind ufgeschlagen und deren ein zimbliche anzal niedergeschossen."¹ Am folgenden Tag, zwischen Molzheim und Dachstein kommend, erfuhr man, dass ein Theil der Feinde nach Molzheim ziehe. Indem man sie verfolgte, nahm man den Oberstlieutenant von Lutzenberg und andere gefangen. Am 6. Juni Marsch gegen Dachstein. Während desselben missglückter Versuch, den Herrn von Kriechingen, von dem man erfuhr, dass er mit fünf Compagnien Fussvolk und zwei Compagnien Reiter, von Molzheim ausziehe, abzuschneiden. An demselben Tag wurde Dachstein durch einen Trompeter zur Uebergabe aufgefordert, und die Quartiere in Dittelheim und Diepigheim genommen. In der Nacht unterliess man nicht, „mit des von Helmstetters regiment in etwas zu approchiren." Am folgenden Morgen, nachdem das Regiment des Obersten Fuchs und des Churfürsten nebst dem Geschütz angekommen, und der Markgraf von Anspach „durch drei voleen die stat sondiren und abermals durch einen trommeter afforderu lassen wollen, ist der oberst Fuchs mit etlichen von seinem regiment angezogen, in meinung sich an das ravelin zu logiren. Als er aber befunden, das der feint dasselbe verlassen, hetten die seinige soldaten dasselbe mit gewalt angelauffen und ein zeit lang inbehalten. Man hat auch ein petart herbei bracht, das tor damit zu öfnen, und weil solches zu thun unmüglich gewesen, zwei stück in werenden anlauf an das ravelin gebracht, daraus etliche schüss auf das tor und die weren gethan. Aldieweil man aber gesehen, das der oberst Fuchs mit seinem volck betrenget, hat man mit beiden regimentern, so vorhanden, in zu entsetzen nicht voruber gekönt, dan das kriegsvolck so begierig gewesen, das ein gut teil desselben uber den graben gewatet und bis an die maur gelauffen, in hofnung gelegenheit zu bekommen, das sie sich der stat mechtigen könten. Under diesen handel nun ist mir gleicher gestalt von hochged. felthern (Anspach) befohlen, mit e. chf. g. regiment, welches eben ankommen und den nachzug gehabt, zu entsetzen und solches neben des von Helmstetters regiment zu stellen: welches also beschehen, und bis an die maur gelauffen, aber unverrichter sache und mit zimblichen verlust wider abgezogen worden, dan der feint durch vieles schiessen also abgehalten, das one diejenige, so uf dem ravelin blieben, wenig verloren worden." Gefallen sind in dem Regimente des Churfürsten Hauptmann Sturm und 12 Soldaten; Hauptmann Lemlin ist verwundet. Oberst Fuchs hat zunächst einen Fähnrich und einige Knechte verloren, ferner hat sein Kapitän v. Bockle in seiner Compagnie gegen 30 Todte und Verwundete. Helmstätter hat einige Todte und viele Verwundete, im ganzen etwa 100. Die Artillerie hat 6 Verwundete. „Als man nun vorgestrigs tags die stück in die erste batterie gebracht, die flancken beschossen, damit die hauptbatterie umb soviel besser möchte besetzt werden, hat man inen mit den vier stücken und zwei schlangen also zugesetzt, das an hellem tage zwei stück in das ravelin, welches der feint verlassen, gebracht, und neben demselben eine andere batterie angefangen, an dem ort da man zum anlauffen schiessen wollen." Darüber begannen die Belagerten am 13. Nachmittags zu parlamentiren. Der Markgraf von Anspach verlangte von ihnen Abzug mit Uebergabe der Waffen und Fähnlein, schliesslich kam man überein, dass den Befehlshabern die Waffen, den Soldaten das Seitengewehr und „ire eigene paccagi one proviant und munition" bleiben solle. So sind denn am gegenwärtigen Tage gegen 400 Soldaten, verwundete und unverwundete, ausgezogen und mit vier Compagnien Reiter nach Benfeld gebracht. Ursache der Uebergabe scheint Mangel an Lunten gewesen zu sein; denn sonst sollen sich an die 400 Pfund Pulver und etliche Säcke mit Kugeln gefunden haben. „Haben auch unterschiedliche

Juni 14.

vertranchirungen drinnen gehabt, woraus man sie hette treiben mussen." Im ganzen sind den Feinden nunmehr gegen 1000 Mann zersprengt. — Datum Wolcksheim den 4. Juni anno 1610.

München. Staatsarchiv pf 117/1 f. 108 Orig.

[1] Am 3. Juni berichtet Anspach an Churpfalz: vom 1. bis 2. Juni wurde er an dem bewussten Rendezvous aufgehalten, weil das Regiment Helmstätters einen Tag zu spät eintraf. Darüber erfuhr der Feind immer mehr von seiner Ankunft und wich zurück. Der Markgraf mit der Cavallerie und etlichen Musquetiren ihm nach. Rencontre bei Dahlen. Der Markgraf traf auf Reiterei, die nach Molzheim und Dachstein floh. Darüber brach die Nacht ein, und der Markgraf zog sich etwas zurück „in ein alt schloss Osthoven genant." Sobald Helmstätters Infanterie ankommt, wird er wider vorrücken. (M. pf. 116/3 f. 272.)

Juni 15. **169.** Strassburg an Churpfalz.

In seinem Schreiben vom 10. Juni ersucht der Churfürst die Stadt, zur Unterhaltung der Unionstruppen alsbald 7—8 Monate „anticipando" nach Heidelberg zu erlegen und die unirten rheinischen Städte zu gleichem zu bewegen. An die genannten Städte hat Strassburg über des Churfürsten Ansinnen geschrieben, aber zur Erlegung der gewünschten Summe kann die Stadt sich nicht wol entschliessen, ohne sich vorher mit den übrigen unirten Städten benommen zu haben. Da nun der Heilbronner Unionstag ohnedies herannaht, so möge der Churfürst die Sache auf diesen verschieben. — Datum den 5. Junii anno 1610.

München. Staatsarchiv pf. 117/1 f. 113. Orig.

Juni 15. **170.** Anspach und Baden an die Regierung zu Zabern.

Zweck ihres Einfalls ist lediglich, die Lande der Unirten und das Stift selber von Leopolds Kriegsvolk zu befreien.[1] Demgemäss erbieten sich die Markgrafen nochmals, dass, wenn besagtes Kriegsvolk ungesäumt abzieht, wenn das Stift die Unirten gegen die Widerholung solcher Einlagerungen sicher stellt und erklärt, im Falle der Widerholung sich mit den Unirten verbinden zu wollen, dass alsdann das Stift von den Truppen der Unirten gleichfalls geräumt werden soll. Den Anspruch auf Kostenersatz, den sie an die Stiftsregierung zu stellen befugt sind, wollen die Markgrafen „für dismal einstellen." Im Falle einer abschlägigen oder aufzüglichen Antwort werden die Markgrafen die zur Sicherung der Lande der Unirten erforderlichen Massregeln weiter ergreifen, mit der feierlichen Erklärung, dass sie an dem alsdann folgenden Blutvergiessen und Landverderben unschuldig sind, und mit dem Vorbehalt, dass die gesammten Kriegskosten von den Unirten dem Stifte wider abverlangt werden sollen.[2] — Datum Ergersheim den 5. Junii 1610.

München. Staatsarchiv pf. 117/1 f. 133 Cop.

[1] Am 12. Juni schreibt Churpfalz an Anspach und Baden: es liegt den meisten Unirten, besonders den Reichsstädten die Sorge am Herzen,

man möchte mit dem Strassburger Unternehmen über den Zweck der Union und die gegebenen Erklärungen hinausgehen. Die Markgrafen mögen sich daher streng auf die gestellte Aufgabe, „das man sich nemblich allein des im selben stift versambleten kriegsvolks halben gesichert machen wil," beschränken; sie könnten auch diese Absicht der Regirung und den Unterthanen des Stiftes öffentlich erklären mit der Versicherung, dass sie das Stift verlassen würden, sobald das gegnerische Kriegsvolk aus demselben geschafft, und man gegen fernere Einlagerungen gesichert sei. (M. pf. 117/1 f. 25.)

[2] Der Statthalter Frhr. Franz von Kriechingen und die in Zabern anwesenden Capitularen und Räthe erwidern am 17. Juni: weshalb die Entfernung der kaiserlichen Truppen aus dem Stift nicht so rasch geschehen konnte, ist früher dem Gr. Otto von Solms, dann den pfälzisch-würtembergischen Gesandten erklärt. Darnach brachte man es durch grosse Bemühungen dahin, dass in der That die Truppen abgeführt werden sollten. Gerade da aber erfolgte der Einfall der Markgrafen in's Stift. Man entnahm hieraus, zumal da verschiedene Drohungen und Warnungen hinzukamen, und alle Vorbereitungen die gefasste Vermuthung bestärkten, dass der Angriff nicht so sehr dem kaiserlichen Kriegsvolk, als vielmehr dem Stifte gelte, und so war man genöthigt, die kaiserlichen Truppen nunmehr zur Vertheidigung des Stiftes zu behalten. Wenn gegenwärtig die Markgrafen das Stift räumen und es gegen ihre und der Unirten weitere Einfälle sicher stellen, so wird das kaiserliche Volk gleichzeitig abziehen. Von Seiten des Stifts wird man gegen fernere Musterplätze und Einlagerungen, da das Land darunter am meisten leidet, sich selbstverständlich nach Kräften verwahren. Dieser Gesinnung ist auch Erzb. Leopold. Die Forderung des Kostenersatzes aber, die die Markgrafen dem Stifte gegenüber zu haben erklären, wird, wie man sicher hofft, vor einem unparteiischen Erkenntnisse nicht bestehen. Man erbietet sich schliesslich, einen Abgeordneten zu bestimmen zu mündlicher Unterredung über den Vergleich des Abzugs beiderseitigen Kriegsvolks. (M. pf. 117/1 f. 128.) Die Markgrafen erwidern am 18. Juni: sie kennen die Entschuldigungen, welche die Regierung in Zabern auf des Gr. Solms Schreiben und der pfälzisch-würtembergischen Gesandten Anbringen vorgebracht hat. „Würt sich aber mit der zeit, wer an allem diesem werck schuldig, wol finden, und aus vielen vorgehenden betrohungen, demonstrationibus und andern umbstenden, worauf gedacht Leopoldisch volck geworben, in diese lant gefürt und bis dato darinnen verharret, erweisen lassen." Die Antwort der Regirung, welche den Markgrafen keinen Anhaltspunkt bietet, wird von diesen dem Chf. Pfalz zugesandt werden, damit er sich mit den andern Unirten darüber entschliesse. (f. 131.)

171. Ludwig Friedrich Herzog von Würtemberg, Werbung an die Generalstaaten. Juni 10.

1. Ursachen, Zweck und Gesetzlichkeit der Union. Bei dem Eifer der Staaten für Erhaltung der evangelischen Religion und wol hergebrachter Freiheiten wollten die Unirten ihnen diese Mittheilungen machen und ihnen die Dienste guter Freunde anbieten, wie sie solche auch von ihnen erwarten. „Und würde nunmer bei denselben stehen, sich, wafer Gross Britanien vertrösteter massen sich einlassen würt, zu erkleren, wie auch sie vermeinen, das eine solche correspondentz angestellt werden könne, damit je einer wüssen möge und versichert sei, wessen sich der ander uf zutragende fael gegen demselben zu versehen. Zu welchem zweck dan

inen, was mit der k. w. in Franckreich hochlöbl. gedechtnus verglichen, zugestelt worden." 2. Man sucht die Jülicher Lande einem Papisten in die Hände zu spielen. Darum haben die unirten Fürsten den Possidirenden und allen Interessenten zum besten eine Hülfe von 4000 Mann zu Fuss und 1000 Mann zu Pferde, der König von Frankreich das Doppelte und England 4000 Mann zu Fuss bewilligt. Auch die Staaten wollen das ihrige leisten. Da aber der Sommer da ist, der Feind noch schwach ist, dagegen die bewilligte Hülfe zu lange aussteht, so wird man ohne Raschheit schöne Gelegenheiten versäumen. Nun hat der König von England sich damit einverstanden erklärt, dass Cecil den vom Kriegsrath in Düsseldorf im Beisein des Feldobersten gefassten Beschlüssen sofort nachkomme, falls von Seiten der Staaten das Gleiche bewilligt werde. Die Staaten mögen also diese Bedingung erfüllen, es möge sich ihr Oberster nebst Cecil zum Fürsten Christian von Anhalt begeben, um mit ihm zu verabreden, wie die kriegerischen Operationen anzustellen sind. Inzwischen kann die Entscheidung Frankreichs, was es thun wolle, erfolgen, und man sich selber für jeden Fall fertig machen. — Sign. $\frac{16}{6}$ Junii 1610.

München. Staatsarchiv pf. 102/2 f. 126. Aufzeichnung nach einem (mündlichen?) Bericht.

Juni 16. **172.** Der Nürnberger Räthe Cammermeister, Held, Burkhard, Hubner, Fetzer, Haller, Grundherr, Rathschlag.

Verhalten Nürnbergs und der unirten Städte am nächsten Unionstag in Bezug auf das Strassburger Unternehmen, die Unionsbeiträge und die sonstigen Puncte des pfälzischen Ausschreibens.

Was soll beim Heilbronner Tag von Seiten Nürnbergs verhandelt werden? — Dr. Cammermeister votirt: nach dem Eingang des Ausschreibens soll berathen werden, was der Union zum besten gereichen möchte. Es fallen jedoch „dabei nit schlechte bedencken ein, indeme die chur- und fursten sich so gar weit und, wan man es sagen wolt, wider vorige abschied zu Neuburg und Speir aufgericht mit thaetlicher handlung und herskraft im stift Strassburg einlässen dörfen, welches dan das ansehen, als wan man terminum unionis uberschritten, sintemal man sich gegen dem widerteil und andern je und alwegen dahin erclert, das die union uf keines ruhigen fridliebenden stands offension, sondern allein zu einer defension wider unbillichen gewalt gemaint sei. Dieweil aber anjetzo die fursten dem einkommenen bericht nach einer solchen thaetlickeit im stift Strassburg sich unterstanden, und zwar one vorwissen der erbstaette, also das es vom gegenteil gentzlich darfur gehalten werden möchte, ob were die union andere zu untertrucken mer, dan sich selbsten rechtmessiger weis zu defendirn angesehen, so were zuvörderst bei diesem conventu in acht zu haben, welcher gestalt die erb. staette insgesambt sich mit einander vergleichen möchten, sich dieses verdachts sowol bei der Röm. Kai. M. als andern chur- und fursten des reichs zu entladen, damit man nit in noch grössern verdacht und ungluck komme." Juni 16.

Bezüglich des ersten im Ausschreiben proponirten Gegenstandes „sei s. erw., im fal, wie im ratsverlass angedeut, die fürsten sich unterstehen wolten, den vorrat anzugreiffen und das gelt aus den legstaetten zu sich in ire haende zu bringen, der mainung, das man solche neurungen und eingrif gar nicht gestatten sol, als daraus sich allerlei beschwerungen und unwiderbringliches unhail ereignen möchte. Dieweil aber Nurnberg sich disfals zu widersetzen ainig und allein zu wenig sein, auch im selbst die ungonst uf den hals nit gerne wurde laden wollen, were ein notturft, hieraus auch mit andern unirten evangelischen staetten, insonderheit Ulm, vertreulich zu reden, denen es on allen zweifel auch nit zuwider sein, und also draus ein gemain werck werden möchte. Und seien die ursachen, warumb man sich disfals den fursten billich zu widersetzen, aus der unionsverfassung und unterschitlich ergangenen abschieden leichtlich zu finden; dan in denselben deutlich genug begriffen, wie es mit den consultationibus und anderm in notfaellen sol gehalten werden, nemblich das ein oder mer höhere staende fur sich etwas, so den geringern nachteilig sein möchte, nit schliessen oder furnemen, sondern, weil es ein gemein werck, alles mit zuthun und einwilligen der erb. staette sol gehandelt werden. Wie es aber bis dahero sei gehalten worden, hab man wol erfaren, weise es auch jetzund die execution mit dem Strassburgischen kriegsvolck gnugsam aus. Derhalben die staet gut fug haben, den fursten in disem irem begeren sich nit allein zu widersetzen, sondern auch zum höchsten benebens zu beschweren, was fur besorgliche grosse gefar und unhail inen durch dise thathandlungen zugezogen werden. Sonsten aber ein ausschuss zu verordnen, wie bei disem ersten puncten angedeutet, erfordere wol die hochste notturft, dabei meine hern das irige auch thun werden. Und wan solche verordnung eher geschehen were, dürfte man sich bisher so oft und zimlich weit in den handlungen nit vertieft haben."

Dr. Held schliesst sich diesem Votum an. Besonders nöthig ist, dass die Städte sich einigen, „welcher gestalt zumal unanimiter et nemine discrepante im namen aller staette insgemein und, do es fur gut angesehen werde, in schriften man sich den fursten disfals widersetzen und beschweren wölle, das inen nicht geburt habe,

172. das zur defension bewilligte kriegsvolck zu einer offension zu misbrauchen. . . . Derowegen billich den staetten hochbedencklich sei, zu lengerer unterhaltung des kriegsvolcks zu raten oder uf mer unkosten zu consentirn, dan zu Neuburg und Speier bewilligt, insonderheit aber den vorrat anzugreiffen und aus handen zu geben, man sei dan zuvorn vor dergleichen misbrauch des kriegsvolcks versichert, auch vergwist, das die staette, wan man hinfüro in dergleichen und andern faellen etwas schleust, in alweg ire vota dabei haben sollen, das auch die executionen mit der staet gleichmessigem voto und einwilligung fürgenommen werden." Es ist auch zu bedenken, „dieweil das kriegsvolck zu andern sachen, als es destinirt gewest, gebraucht worden, ob man die verlag und uncosten desselben oder doch zum wenigsten dasjenige tragen und ausrichten helfen wölle, was von den fursten uber die bewilligte anzal geworben und angenommen worden." Ehe ferner der Ausschuss zur Befriedigung der Städte angeordnet ist, sollte man sich nicht in die mindeste Contribution einlassen.

Dr. Burkhard, Dr. Hubner und Dr. Fetzer schliessen sich diesen Voten ebenfalls an, „obwol wenigers nit dan zu besorgen, man greif die sach an wie man wölle, das man one offension nit davon kommen werde. Dan wan man der fursten handlung ratificire, so offendire man den Kaiser, und econtra do man den fursten unrecht solte geben, sei die rechnung leicht zu finden, was man von inen zu gewarten. Dem sei aber wie im wolle, dieweil man schuldig, die Rom. Kai. M. als das hoechste haupt, dem man gelobt und geschworen, zuforderst zu respectiren, die union auch allein ad defensionem gegründet, welchen terminum die fursten uberschritten, indem sie sich allerhand thaetlichkeiten im stift Strassburg unterstanden, und zwar mit beistand solches volcks, so zum Gulchischen wesen destinirt gewesen, so seien i. erw. auch der mainung, das man die fernere unterhaltung des kriegsvolcks nit allein ablainen, sondern auch angeregts beschehenen eingriffs und sonderlich des Gulchischen wesens halben, das man mit demselben nichts zu thun haben wolle, sich von der staette wegen wol verwaren, auch die verordnung des ausschuss treiben sol, damit dieselbe dermaleins volzogen werde. Die ungelegenheit rüre hauptsächlich von dem Gülchischen wesen her; dan die fürsten begern zu verhindern, das das im stift Strassburg geworbene volck nicht möge dem Leopoldo zu guttem in die Gülchischen land gefürt werden. . . . Darumb weiters zu underhaltung desjenigen volcks, so in die Gulchischen land anfangs destinirt, nicht zu contribuiren, noch auch dessen, was weiters über die verglichene zal geworben

Wan das marggraefisch volck zu verglichener zeit stracks an die destinirte ort were gefürt worden, so bedörfte man anjetzo des unionsvorrats nicht darzu." Man hat „des marggraefischen volcks nie weiter begert, dan bis man mit der andern werbung sich etwas gefast machen könne."

Zum zweiten Punct des pfälzischen Ausschreibens befinden die Räthe keinen so dringenden Anlass, den Unionsvorrath auf die vorgeschlagne Weise zu stärken. „Und dieweil daraus nunmer fast clar erscheine, warumb die fürsten die staette zu sich in die union furnemblich gezogen, das nemblich sie inen ires gefallens nur immer gelt sollen hergeben, welches sie one mittel zum Gulchischen wesen gebrauchen wurden, . . so sei des vorrats halben, solchen zu stercken oder anzugreiffen, sich in nichten weiter einzulassen, bis man vor den misbraeuchen desselben unfelbar versichert." (Weiter Gutachten über die übrigen Puncte des Ausschreibens.) — Datum Mitwochs den 6. Junii anno. 1610.

Nürnberg. Unionsacten n. 22. Orig.

173. Friedrich IV. an Anspach und Baden. Juni 17

In ihrer Antwort auf des Churfürsten Schreiben vom 12. führen die Markgrafen aus, weshalb die hessischen Reiter nach dem Elsass zu führen seien. Nun ist Erzherzog Leopold nach sicheren Nachrichten entweder schon in Prag oder auf dem Wege dahin; von dort dürfte er mit Hülfe des Passauer Volks zur Befreiung des Stiftes Strassburg eine Diversion gegen die obern Lande der Unirten versuchen. Die Hülfe des Herzogs von Baiern könnte ihm dabei wol gewährt werden, wie denn dessen gefährliche Pläne daraus erhellen, dass er den Kaiser um das Passauer Volk zur Beschützung Donauwörths ersucht haben, und der Graf von Zollern zum Zweck eines Vergleichs in dieser Angelegenheit an ihn abgefertigt sein soll. Der Herzog von Neuburg und die benachbarten Städte fürchten daher, dass ihr Gebiet, wenn man nicht kräftigere Vertheidigungsanstalten trifft, dem Verderben ausgesetzt werden möchte. Auch die östreichischen Stände haben dieser Tage angemahnt, man möge gegen etwaige Absichten des Passauer Volks die benachbarten Gränzen sichern. Sollte endlich die Versöhnung zwischen dem Kaiser und Matthias auch nicht zu Stande kommen, so dürfte schliesslich das Passauer Volk wegen Mangels an Bezahlung und Unterhalt sich andere Quartiere in den ungenügend vertheidigten Landen der Unirten suchen. Deshalb, und weil anderseits zu dem Strassburger Unternehmen die den Markgrafen unterstellten 15—1600 Pferde genügen mögen, ist der Churfürst noch der Ansicht, dass die hessischen Reiter in „die drobigen land" zu führen seien. Die pfälzischen Lehensleute werden sich wol bereden lassen, noch einige Zeit im Heere der Markgrafen zu verharren.[1] — Auf diese seine Vorstellungen erwartet der Churfürst die Erklärung der

Markgrafen. Bis dahin wird er den Weitermarsch der hessischen Reiter hemmen. — Auf die Anzeige der Stadt Strassburg, dass sie das Lager der Markgrafen nicht länger verproviantiren könne, ist der Churfürst im Begriff, ihr aus seiner „schafnerei zu Hagenau" 1000—1500 Malter Korn, Spelz und Hafer zukommen zu lassen. Die Markgrafen werden die übrigen Städte nochmals um Lieferungen angehen.[2] — Datum Heidelberg den 7. Junii anno 1610.

München. Staatsarchiv pf. 117/1 f. 102. Cpt.

[1] Anspach meldet am 13. Juni: er besorge, dass die vier Compagnien Lehensleute nach Ablauf der sechs Wochen nicht weiter dienen wollten, „dessen sie sich dan bereits vernemen lassen." (f. 74.)

[2] Die Markgrafen erwidern am 20. Juni: Graf Johann von Nassau wird gegen 800 Pferde beisammen haben; da er sich in der Defensive halten muss und auf einem durchschnittenen Terrain sich bewegt, so dürfte ihm diese Zahl für einstweilen genügen. Wenn dagegen den Markgrafen die hessischen Reiter zukommen, und sie, trotzdem dass der Feind sichern Nachrichten zufolge seine Reiterei stärkt, Meister im Felde bleiben, so dürften sie noch etwas Gutes verrichten und etwa bald nach vollbrachter Aufgabe sich mit dem Gr. Nassau vereinigen können. (M. pf. 117/1 f. 160.) Darauf meldet ihnen der Churfürst am 23. Juni: die Reiter sollen am 24. von ihren Speirer Quartieren aufbrechen und durch den Faut zu Bretten, Ruprecht von Büdingen, durch badisches Gebiet den Markgrafen zugeführt werden. (f. 157.)

Juni 17. **174. Johann Zobel, Gesandter des Landgrafen Moriz von Hessen, Relation.**

Am 9. Juni Ankunft in Düsseldorf. Am 10. Vortrag vor den possidirenden Fürsten, an demselben Tag und am 17. Werbung vor dem Fürsten Christian von Anhalt.[1] Letzterer erwiderte: bis zur Einnahme Jülichs müssten „alle accessoria zurück gesetzt bleiben". Wenn der Landgraf sich noch etwas gedulde, so werde er (nachher) „mit zuthuung des Statischen volcks wol etwas ausrichten." Er werde sich dann auch verwenden, „das, da got der her der beiden possidirenden fürsten volck glück wol geben, sich des Ritbergks zu bemechtigen, das i. f. g. zu Hessen one sondere beschwerligkeit denselben aus iren haenden brechten. Verhoften, graf Moritz hiebei bei den Staten nicht weniger thun würde." Gleichzeitig müsse der Landgraf mit seinem Landvolk, wenigstens dem unberittenen, gefasst sein. — An dem 17. Juni eröffnete ferner Markgraf Ernst dem Gesandten: es sei „nicht auszusagen, was es für ein beschwerlich ding were umb eine communion, in welcher sie mit dem pfaltzgraven sessen, und wie derselbig so wunderliche mittel, sich den favor des landes und sonderlich der alten raete zu erhalten, gebrauchte. Welches dan eine solche confusion in allen sachen erregte, das es ein jammer were und den unterthanen eine überaus beschwerliche last." Darum möge der Landgraf sich verwenden und zwar besonders bei Churbrandenburg, dass dem Dortmunder Abschied gemäss schleunigst die Compromissarien niedergesetzt werden. Diese haben dann von Rechtswegen vor dem Petitorium das Possessorium vorzunehmen, und dann werde es sich ergeben, dass Brandenburg zuerst den Besitz ergriffen, und folglich Neuburg von der Gemeinschaft mit ihm abzustehen habe. Der Pfalzgraf habe, wie er glaube, in den Jülicher Angelegenheiten schon über 500,000 fl. ausgegeben, die er nicht alle von seinem Vater habe bekommen können. Er, der Markgraf, selber habe schon über eine Million gebraucht. Da diese Last seinem Bruder unerträglich werden möchte, so möge der Landgraf und, von ihm dazu bestimmt, der Churfürst selbst den nächsten Unionstag persönlich besuchen und dort für die possidirenden Fürsten eine ausgiebige Hülfe erwirken. . Stand des Jülicher Kriegs. Nach Bereitschaft der allseitigen Streitkräfte dürfte Jülich bald fallen, worauf man über des Landgrafen Absicht auf Rittberg „sich eines gemeinen schlusses vergleichen" könne. Der Markgraf fragte nach dem Ersatz der Kosten des Rittberger Unternehmens, worauf der Gesandte bemerkte, darüber werde sein Herr sich leicht mit den Fürsten vergleichen. „Könte ein freuntstück alzeit gegen das ander gerechnet werden." Auf des Gesandten ausgesprochne Hoffnung, dass Rittberg nach der Einnahme dem Landgrafen eingeräumt werde, erklärte der Markgraf sich willfährig. „Darnach haben i. f. g. widerumb angefangen, über den pfalzgraven sich zu beklagen, wie das i. l. sich in allen sachen so irresolvirt erweisen und zu keiner thaetligkeit gegen den Leopoldum lust hetten, inmassen sie den vergangenen tag zu einer communication sich zu verstehen schon belieben lassen;[2] suchte nur aufzug und wie man die sache verlengere, und entzog inen ire diener und wol affectionirte. Haette gleichwol vilmal gesagt, das bei irer künftigen regirung kein Brandenburgischer diener oder Calvinist von ime sich einiger beforderung zu getrosten." — Nach dem Essen erhielt der Gesandte seine schriftliche Abfertigung,[3] und ersuchten ihn beide Fürsten mündlich: er möge seinen Herrn bestimmen, dass er den Unionstag persönlich besuche und die Unirten zu höhern Leistungen in der Jülicher Sache bewege. Johann von der Burg theilte dem Gesandten u. a. mit: „anitzo bearbeite sich fürst Christian dahin, das aus Frankreichs haenden alles gezogen und allein auf in gewendet werde. Doch ist im suspectus adventus Mauritii." Putlitz berichtete: „es were fürst Christian an im, das er sich solte lassen an Churbrandenburg verschicken und zu wege bringen, das Churbrandenburg Pfalz Neuburg unter die arm solt greiffen, damit die possessio nicht anihilirt, und sie deroselben nicht alle beid beraubet würden. Er (Putlitz) aber sehe nicht, wie er solches thun könte, sintemal der churfürst schon mit der artillerie und anderm mer gethan, als er, Neuburg, refundiren könte. . . Pfalz Neuburg hette sich verwichener tag einer composition durch mittel Rauschenbergk und Blasius beider weiber dorfen unterfangen, da Leopoldus versicherung seiner person und etlich gelt zu bezalung der soldaten begeret. Welches da es Brandeburgischer seiten nicht hat wollen angenommen werden, ist er undültig worden und sich sieder dem unterschietlich darauf beruffen, das man itzo Gülich wol haben het können, wan man gewolt hette. Seie der religion so zuwider, das er auch das exercitium deroselben an baepstischen orten, wo es Juni 17.

174. begert würt, weigere und mit nichten gestatten wölle." — Actum Dusseldorf den 7. Junii 1610.

Marburg. Ausw. Sachen. Jülich. Orig.

[1] Zobels Instruction (Juni 6) enthält folgendes: dem F. Anhalt ist vorzutragen: die vom Gr. Rittberg drohende Gefahr, die der Landgraf dem Fürsten durch Gr. Johann Ludwig von Nassau habe vorstellen lassen, sei nicht nur dem Landgrafen, sondern auch dem Fürsten bei seinem gegenwärtigen kriegerischen Unternehmen hinderlich: Also bitte der Landgraf den Fürsten nochmals, „das dieselbig (i. l.) sich bei zufallender gelegenheit zu effectuirung unseres freuntlichen ansinnens unbeschwert erweisen und die fürstehende occasiones, uns zu gratificiren, aus handen nicht lassen wollen." Sobald Jülich eingenommen, werde man für das Heer sonst ohnehin eine Zeit lang keine besondere Aufgabe haben. Der Vorschlag des Landgrafen aber biete alsdann die Gelegenheit, die Truppen im Paderborner und Münsterer Gebiet zu erfrischen und den possidirenden Fürsten die Grafschaft Ravensberg desto besser zu versichern. „Wan dan auch en passant mit Limpurgk als Dusseldorfischem lehen und eigentumb etwas erspriesslichs mochte vorgenommen werden, diente solches alles zu merer sicherheit und keme beiden teilen zum besten." — Die possidirenden Fürsten wird Zobel ersuchen, in Sachen Johanns Gr. Ostfriesland nur mit Rath und Vorwissen des Landgrafen als Interessenten zu verfahren. (Marburg. Ausw. Sachen. Jülich.) Graf Johann von Nassau schreibt über diese Dinge am 17. Juni an den Landgrafen: es war des Grafen Meinung stets, dass nach glücklicher Beendigung des Jülicher Unternehmens, wo sofortige Abdankung des Kriegsvolkes gefährlich sein wird, man Rittberg belagern sollte „und also interim . ., wie der admirante den weg gewiesen, das kriegsvolck sich ein zeit lang in der bapisten lande refrechiren liese. Und hat man durch das mittel paratum militem an der hant, welchen man auch sicher, da es die not hier oben erfordern solte, wie wol ser leichtlich geschehen könte, hierauffer könte der meren teils uf bapstischem boden sicher ziehen lassen. Welche geistliche, an welchen nicht wenig gelegen, hierdurch nicht allein, weil sie stettig auch etlicher massen armirt bleiben musten, enerviret, sondern man könte auch durch gute vorsichtige underbawung inen dermassen ire underthanen und den gemeinen man an den hals hetzen, das sie so balt dergleichen practicken, wie ein zeit lang unter inen unserm vatterlant und religion zu nachteil vorgewesen, wol ins künftig underlasen . . wurden, sonderlich da e. g angedeuter vorschlag der contribution halben, dafon man fast den krieg füren könte, in acht genommen wurde." Der Landgraf möge diese Dinge, da dem Grafen das nöthige Ansehen fehlt, bei der Union und in Düsseldorf betreiben. Denn wenn man die gegenwärtige Gelegenheit, da man die nöthigen Mittel hat und — was wol die Hauptsache ist — einträchtig ist, nicht benutzt, und wenn die Union „on erlangten zweck" die Waffen niederlegt, so ist es um die evangelische Religion und Freiheit geschehen. Die Gegner rüsten gewaltig, die französische Unterstützung wird nicht den Nachdruck haben, den sie beim Leben Heinrichs IV. gehabt hätte, und an eine Verständigung des Kaisers mit der Union ist nicht zu denken. „Ergo orandum et vigilandum! und sobald man das Elsasische evangelisch kriegsvolck daselbsten, wie auch zu Gulich, etwas entraten kan, nichts bessers, weil man sie doch ein zeit lang underhalten muss, alles herauffer geschickt und demnach angefangen, nach gelegenheit freuntlich und feintlich, wo von nöten, zu tractiren." (M. pf. 116/2 f. 63.)

[2] Einige Zeit vorher war stark über Vergleichsverhandlungen gestritten. Der H. Philipp Ludwig von Neuburg schreibt darüber am

14. Juni an Anspach: Erzherzog Leopold hat zur Vereinbarung der Bedingungen der Abtretung Jülichs und anderer Orte auf eine Unterredung mit einem der in Düsseldorf residirenden Fürsten oder mit Christian von Anhalt angetragen. Wolfgang Wilhelm drang auf Annahme dieses Antrags, während Mgr. Ernst, Anhalt und die assistirenden Gesandten dagegen waren, vornehmlich weil die auswärtigen verbündeten Mächte, dadurch irre gemacht, ihre Hülfstruppen zurückhalten möchten. Nun würde aber diese Verhandlung, wenn man inzwischen mit den Belagerungsarbeiten fortgefahren hätte, den Anzug der Hülfstruppen nicht haben aufhalten können. Dass sie auch nicht bloss Gewinnung von Zeit bezwecke, hat Leopold ausdrücklich erklärt. Die Einnahme Jülichs ist noch nicht sicher; die längere Dauer des Kriegs ruinirt das Land und die verbündeten Mächte und Stände. Schlägt man gute Friedensbedingungen aus, so giebt man den päpstlichen Ständen und Mächten Anlass, Leopold um so eifriger zu unterstützen, wie denn der Kaiser wider etliche Regimenter werben lassen, und Erzh. Albert Hülfstruppen schicken soll. Auch der Tod Heinrichs IV. dürfte grosse Veränderungen nach sich ziehen. Wird die Belagerung Jülichs mehr kosten, als der gemachte Anschlag besagt, so wird die Summe den Possidirenden unerschwinglich. Die Landstände können bis zum Abfall gebracht werden, wenn sie erfahren, dass man gütliche Mittel ausgeschlagen hat. — Demgemäss bittet der Herzog, der Markgraf möge bei der durch den Prager Convent gebotenen Gelegenheit einen leidlichen Vertrag befördern helfen. (B. Unionsacta XI.) Ueber einen ähnlichen Streit vgl. Winwood an Salisbury. Mai 24. (Winwood III S. 164.)

[3] In einer vom 14. Juni datirten Resolution erklären beide Fürsten: sie wollen mit F. Christian eine den Umständen entsprechende Entschliessung fassen.

175. Friedrich IV. an Würtemberg, Anspach und Baden. Juni 18.

Bericht über des Herzogs von Lothringen Schreiben und Gesandtschaft.[1] Der Churfürst erwiderte, er werde sich, nachdem er sich mit den Unirten benommen, erklären. Als er dann dem Gesandten gesprächsweise andeuten liess, dass man völlige Entlassung der gegnerischen Truppen, Versicherung, dass sie nicht gegen die possidirenden Fürsten gebraucht würden, Garantien gegen fernere Truppensammlungen im Stift Strassburg und endlich Kostenersatz verlangen werde, liess der Gesandte merken, dass dies nicht zu erlangen sei: nur soviel glaube sein Herr erreichen zu können, dass sich das Strassburger Volk mit dem Passauer nicht verbinden solle. Nach Ansicht des Churfürsten wären nun zunächst die beiden Bedingungen festzuhalten, dass die Strassburger Truppen sich nicht mit den Passauern verbinden und nicht gegen die Possidirenden verwandt werden sollten. Dringt man aber nicht durch, so wäre die Abführung des Volks unter der ersten Bedingung nicht gar auszuschlagen. „Dan weil wir sovil wol befinden, das es etwas mer muhe nemen wil, das Leopoldische volk allerdings zu trennen, als man anfangs davor gehalten, so tragen wir die nit unzeitige beisorg, da man dises mittel ausschlagen und sich noch lenger im stift Straspurg ufhalten solte, es möchte das im land zu Luxenburg ligende regiment darzu stossen, und also sedes belli in dise lande transferirt werden, darvor man sich doch jederzeit vorzusehen und zu hätten vermeint. So konnen wir auch wol erachten, das man uf solchen fal, sonderlich da man die eingenommene orter der notturft nach mit volk besetzen muss, notwendig mer kriegsvolk annemen und sich dardurch in noch merern kosten stecken wurde, welches der union zu tragen daher umb sovil schwerer fallen wurde, weil die rechnung wol zu machen, das die stet darzu keineswegs zu bringen sein werden, die man sonsten durch diese weg, da sie sehen, das man dem vorgesetzten zweck gemess in terminis defensionis beharret, wol wurde contentiren und zu weiterer hulf umb sovil leichter disponiren können." [An Würtemberg:] der Herzog möge über diese Dinge nicht nur dem Churfürsten, sondern auch den Markgrafen von Anspach und Baden sein Gutachten geben, damit sie darauf um so besser mit Lothringen „fernere handlung und vergleichung treffen mögen." [An Anspach und Baden:] die Markgrafen mögen dem Churfürsten ihr Gutachten geben und dann mit Lothringen etc. Sie mögen auch bedenken, ob sie nicht unter dem Beirath der Stadt Strassburg verfahren wollen. — Datum Heidelberg den 8. Junii 1610.

München. Staatsarchiv pf. 117/1 f. 104. Cpt.

[1] An den H. Lothringen hatte der Chf. Pfalz schon bei dem ersten Elsasser Einfall ein rechtfertigendes Schreiben gerichtet. (Lothringen an Churpfalz. April 12. M. pf. 117/1 f. 160.) Dasselbe that er am 31. Mai; worauf der Herzog mit dem Vorschlag erwiderte: die Unionstruppen und die gegnerischen Truppen geben sich die Zusage, dass sie an einem bestimmten Tage das Stift Strassburg räumen. Zur Verhandlung hierüber sandte der Herzog seinen Rath Myon an den Churfürsten. (Lothringen an Churpfalz. Juli 13. M. pf. 117/1 f. 107.)

Juni 18. **176.** Wilhelm Bischof von Worms an Churpfalz.

Die Kosten der Einlagerung im Hemsbacher Amt belaufen sich schon über 2000 fl., und noch ist kein Ende abzusehen.[1] Als Tags vorher der Commissar von Büdingen nach Hemsbach kam, klagten ihm die Unterthanen unter Thränen, „wie die soldaten sie mit iren weibern ausjagen, schlagen und übel tractirn." Als der Commissar, hierüber heftig erregt, die Rittmeister zur Rede stellte, lief das Kriegsvolk zusammen und übertäubte den Commissar, so dass schliesslich die Soldaten mehr Recht bekamen als die Unterthanen. Schliesslich wurde dem Oberstlieutenant und sämmtlichen Rittmeistern befohlen, die Soldaten von Ungebühr abzuweisen, zugleich aber mussten die bischöflichen Beamten durch öffentlichen Ausruf den Unterthanen einschärfen, sich gebührlich zu verhalten. Nach Stillung dieses Lärms traf der Heidelberger Landschreiber in Hemsbach ein;[2] und da nun sollte erst die Taxe für Lieferungen und Bezahlung vereinbart werden. Bis dahin hatte man jedem Soldaten täglich zwei Mass Wein und ein „virzel" Hafer für jedes Pferd verabreicht, so zwar, dass gegenwärtig dort kein Hafer mehr zu bekommen ist. Landschreiber und Commissar entwarfen nun eine Preistaxe, die forthin beobachtet werden sollte, wobei dasjenige, „was bisanhero ufgangen, man uf die grosse kerfen, so am jüngsten tag zalt werden wurde, schneiden solte." Die bischöflichen Beamten konnten ohne Befehl des Bischofs den Entwurf nicht annehmen. Es ergingen nun allerhand Drohungen, für den Fall dass Hafer und Nahrungsmittel nicht beschafft würden. Der Bischof hat schliesslich von dem zu seinem eignen Gebrauch bestimmten geringen Vorrath an Hafer noch einige Malter geschickt, bittet aber den Churfürsten nochmals, er möge baldigste Abführung des Kriegsvolks und Bezahlung des Verzehrten anordnen.[3] — Datum Laudenburg den $\frac{18}{8}$ Junii anno 1610. Juni 18.

München. Staatsarchiv pf 117/1 f. 149. Orig.

[1] Am 17. Juni hatte der Bischof an Churpfalz sein „undertheniges bitten" gerichtet, „e. chf. g. geruhen doch in gnaden wolmeinlich anzuordnen," dass die Soldaten bis zum folgenden Tag entfernt werden. (M. pf. 117/1 f. 114.) Der Churfürst erwiderte darauf am 18. Juni: die Vertheidigungsmassregeln, zu denen die Unirten gegen ihren Willen genöthigt sind, führen Uebelstände mit sich. Aber wenn in Ermangelung derselben die Lande des Churfürsten mit verderblichem Einfalle heimgesucht würden, so würden die des Bischofs ebenfalls leiden. Die Reiterei kann vor 3—4 Tagen nicht abgeführt werden. „Wollen uns derwegen zu euch freundlich versehen, ir werdet . . den underthanen mit zimlicher notturft an habern und anderem, doch gegen leidlicher zalung, die hant zu bieten euch ferner nicht beschweren, in erwegung das dardurch den armen underthanen nicht allein umb soviel mer leichterung wiederferet, sondern auch von denselben besorglich zu gewartender schaden abgewendet, und hernacher irer anderwerts inskünftig verschont werden kan." (f. 115.)

[2] Derselbe (Simon Eisenmann) berichtet am 18. Juni an Churpfalz: die in Hemsbach, Sulzbach und Laudenbach liegenden Reiter treiben „zimblichen mutwillen, zalen nichts, ongeacht die underthanen inen alles, was inen möglich, reichen. Haben bishero uf ein pfert des tags ein virzel habern, uf ein person zwo mass weins neben anderer notturft mer als reichlich gereicht und geben; nunmer fangen sie an, die armen underthanen mit gewalt zu zwingen, auch die pfert uf der weit ufzufangen und zu entreiten, wie sich den disen tags ein uflauf zu Heppinhem (sic!) zwei entwenter pfert halben begeben." Die Unterthanen bitten den Landschreiber auf's flehentlichste, er möge gegen dies Unwesen einschreiten. Derselbe weiss kein anderes Mittel, als dass, wenn die Reiter länger in den Dörfern bleiben sollten, man ihnen den Ausschuss vom Weinheimer Fähnlein zur Beaufsichtigung schickte. (M. pf. 117/1 f. 146.)

[3] Gleichzeitig wurden auch wider Mainz und Speier durch die hessischen Reiter (n. 167 Anm. 2) bedrängt. Statthalter und Räthe von Mainz schreiben am 11. Juni an Churpfalz: unterm 5. Juni meldet der Churfürst, dass, wenn die hessischen Reiter herausgeführt werden und dabei etwa des Erzbischofs Lande berühren, man ihnen dort den Durchzug gestatten, auch den Unterthanen befehlen möge, ihnen den nöthigen Proviant gegen Bezahlung zu verabreichen. Nun hat jüngst das Kriegsvolk des Mgr. Anspach „nicht allein im ufpruch und vortrucken bei Kitzingen, sondern auch im heraufziehen naher dem musterplatz" in mehreren der besten Mainzer Aemter von den Hausleuten nicht nur Nahrungsmittel und Futter, sondern auch für den Fortzug Vorspann und Proviantvorräthe verlangt. Viele haben ihre Pferde und anderes noch nicht zurückerhalten, und es wird auf das Anerbieten Anspachs, Schadenersatz zu leisten, demnächst dem Markgrafen und dem Churfürsten von der Pfalz ein Verzeichniss der zugefügten Schäden eingereicht

19*

werden. Da der Churfürst mit den Unterthanen des Erzbischofs, mit dem er in so vertrauten Beziehungen steht, und der mit bekannter Unparteilichkeit nur Eintracht im Reiche zu stiften sucht, bei dieser Lage der Dinge Mitleid tragen wird, so möge er dieselben mit den angekündigten Durchzügen verschonen. Sollte der Durchzug an dem einen oder andern Orte durchaus nicht zu vermeiden sein, so möge der Churfürst die Commissarien und die, welche die Reiter führen, namhaft machen, und Anordnung treffen, dass Lagerungen verhütet, und hinsichtlich der Taxen und Einquartirungen mit den Commissarien billige Festsetzungen getroffen werden, „inmassen .. ebenmessiges den fürstlichen Hessischen Darmbstaettischen raeten beschehen sein soll." (M. pf. 117/1 f. 12.) Der Churfürst erwidert am 12. Juni: er bedauert die bei dem vorigen Durchzug auf Mainzer Gebiet verursachten Schäden, die nun einmal bei der Art des Kriegsvolks nicht ganz zu vermeiden sind. Die 400 aus Hessen kommenden Reiter werden, wie dem Churfürsten eben berichtet ist, nur ein Mainzer Dorf im Durchzug berühren; auch hat der Churfürst durch Zuordnung seiner Beamten dafür gesorgt, dass im Mainzer Gebiet keine Belästigung zu fürchten ist. (f. 9.) — Dem B. Speier schreibt Churpfalz am 19. Juni: 400 hessische Reiter, welche die Union hat werben und die Bergstrasse aufwärts führen lassen müssen, sollen ihren Weitermarsch antreten und müssen in des Bischofs Dörfern St. Lehn, Rot, Kirbach und Wiesenthal auf 1—2 Tage Quartier nehmen. Der Bischof möge sorgen, dass ihnen gegen Bezahlung und nach billiger Taxe das Nöthige geliefert werde. Montag den 21. Juni sollen sie eintreffen. (M. pf. 117/1 f. 144) Am 20. Juni meldet der Churfürst: um dem Bischof die Proviantlieferung zu erleichtern, habe er Anordnung getroffen, dass 100 Malter Hafer aus seinem Gebiete nach St. Lehn geschickt werden. (f. 143.) Der Bischof erwidert am 21. Juni: die Unterthanen sind durch die „zum drittenmal beschehene einlaegerung" fast ganz erschöpft. „Jedoch in betrachtung e. g. sich auch einer stewr von habern erbotten, bin ich auch in diesem nit allein, sonder nach müglichkeit in merem e. g. nachbarliche wilfarung zu erzeigen geneigt, auch zufriden, sintemal es umb anderthalb tag zu thun, das berüerte rentter ir quartier haben und mit den armen leutten verlieb nemmen mögen, inmassen dan solches meinen beampten albereit notificirt worden, des versehens, der anstalt und ordnung bei den obristen und befelchshabern also gemachet seie, das sie sich besser als die Franckentaler, Lampertheimer und dergleichen, so den betrangten armen leuten kisten und kasten ufgebrochen, verhalten .. werden." (f. 148.)

Juni 18. **177. Christoph Burggraf von Dohna und Dieterich Hess, Bericht an Markgraf Ernst von Brandenburg und Wolfgang Wilhelm von Neuburg über ihre Verrichtungen in Frankreich.**

Am 4. Juni Unterredung Dohnas mit Villeroy. Derselbe erkundigt sich vor allem „was ich in Hagen verrichtet, darauf ich ime geantwort, das die hern Staten der meinung weren, bei dem Clevischen wesen und e. f. gg. nichts zuthun, sie saehen dan, das die Franzosische hülfe anzöge. Warüber er sich dan verwundert und, wie ich aus seinen reden vernemen können, der meinung gewesen, mit der Franzosischen hülfe wurde es wol die gelegenheit haben, das man den ruef gehen liesse, und anders nicht ausgebe, als das der secours vortziehen sol, hielte aber dafür, bei jetzigem zustant der cron wurde wenig zu erhalten sein. Nichts weniger aber solten die hern Staten billig das ire thun und umb des willen mit irer hülfe der 12000 man zu fuss und 1500 pferde nicht zurück halten, weil vornemblich ir grosses interesse darunder lieffe, und an der sache inen sonderlich gelegen, weren auch sie e. f. gg. solches zuthuen obligiret. Mit Franckreich aber hette es eine andere gelegenheit, dan die vergleichung mit dem könige getroffen, und der dauphin jeziger könig darein nicht begriffen oder verbunden were, wobei er dan angefangen, der Hallische tractat zwischen dem könige und den unirten chur-, fursten und stenden were übel gemachet, als irgent einer sein möchte, woran die grosse eille schuld were. — Hierauf ich im geantwort, es furchteten sich die hern Staten ire trefue dadurch zu brechen, und umb des willen von Franckreich secundiret werden musten, zu dem geben sie auch vor, sie hetten sich nie anderer gestalt, als conjunctim mit Franckreich zu helfen, erkleret. E. f. gg. saehen auch auf beschehene so vilfeltige des königs verheischung und der königin iterirete vertröstung so weit, das dieselben one zweiffel zum effect gerichtet werden musten, ob gleich der jetzige konig per expressum im tractat nicht benant worden. Juni 18.

Und wie er mich ferner, was dan Engellant[1] thun wolte, gefraget, habe ich im zue antwort gegeben, das an dem teil auch auf Franckreich gesehen und gewartet wurde, darauf er gesagt, man were doch an Franckreichs teil schon resolvirt gewesen, zehen tausent man auf Calais und von dannen uber mer zu schicken, die hern Staten aber hetten solches nicht guet befunden, sondern abgewendet. Hierauf ist von mir geantwortet, es seien auch e. f. gg. selbst lieber, das das volck uber lant geschicket wurde aus allerhand bewegenden ursachen; wobei ich dan das exempl graf Philips von Nassau, der mit 2000 man durchpassiret, angezogen, welches er zwar mussen passiren lassen, aber dabei diese difficulteten allegiret, das konigreich were jetzo in einem andern stande, der könig

[1] Für die Stellung Englands vergleiche man die Verhandlungen mit der staatischen Gesandtschaft (Salisbury an Winwood. Mai 24. Winwood III S. 161. Motley, life of Oldenbarnevelt I S. 174 fg., 248 fg. Vreede, Inleiding II 1 S. 278.), die Erklärungen Jakobs an die Unionsgesandten (Boderie an Villeroy. Mai 24. La Boderie V S. 268), die Sendung des Edmonds und Buwinkhausen nach Paris, Weisungen an Cecil und Winwood. (Die Lords vom Council an Winwood. Mai 28. Winwood an Salisbury. Juni 12. Winwood III S. 165, 177.)

177. minderjärig, die regirung in einer frauwen handen, das consilium bestunde von unterschitlichen köpfen, bei welchem zustant dan gemainlich leute zu sein pflegen, die mer aufs privatum sehen und dessen consideration, als aufs gemeine wesen. Nach diesem kam er auf einen andern discurs und repetirte in dreien malen, ob nicht besser were, die sache durch eine fritliche tractation beizulegen. Darauf ich im geantwortet: wan die widersacher e. f. gg. ins kunftige einen frieden offeriren wurden, so zweiffelte ich nicht, es wurde solches e. f. gg. nicht zukegen sein, und könte alsdan mit der k. M. und andern freunden daraus communiciret werden, das aber e. f. gg. jezo den feinden tractation anbietten und gleichsamb sich subjiciren solten, wurde inen nicht gelegen noch zu raten sein, sondern zu irer ruine gereichen.

Hieruber ist der hertzog von Bouillon dazu kommen, da den meisten teils vorgesatzte discursus repetiret worden. Sonsten hat s. f. g. mir nach dem mittagessen, gleichwie zuvor m^r. de Villeroy, angedeuttet, das im consilio unterschietliche köpfe und meinungen sich befunden, und wol nottig were zu insistiren, ob zwar wol die konigin, Soissons und Villeroy guet weren."[1]

Am Abend Besuch Buwinkhausens[2] bei Dohna. Beide nebst Hess und Aerssen ersuchen am folgenden Tag den englischen Gesandten Edmonds um Befürwortung ihrer Sache, welcher Bitte derselbe mit Wort und That entsprochen hat. Am Abend lud Villeroy den Dohna zu sich und sprach abermals von Friedensverhandlung. Dohna entgegnete: für's erste sei nicht diese, sondern die Leistung der Hülfe an der Zeit. — Am 6. Juni Audienz und Vortrag vor der Königin und dem König. Dieselben danken für Condolenz und Gratulation: über den andern Theil der Werbung sollen die Gesandten „ferner mit den räten (unter denen der her von Villeroy genant worden) communiciren und von denselben der antwort gewertig sein." Am Nachmittag Besuch beim Kanzler und Villeroy, welche ihre Angelegenheit nach Kräften zu befördern versprechen. — Am 7. Besuch bei Sully, welcher bemerkte: „er hette zwar vorhin bei dem könige etwas vermöcht, und were sein rat gefolget worden, jetziger zeit aber vermöchte er in statssachen gar wenig."

---

[1] In seinen tagebuchartigen Notizen über die französische Gesandtschaft (Schlobitten n. 20) bemerkt Dohna: Bouillon war mit Villeroy darin einig, dass die Staaten ihre Hülfeleistung nicht verschieben sollten. In dem Gespräch nach dem Mittagessen rieth er: „il fault insister sur le secours par terre, et non argent. Soissons, reine, Villeroy bon: combattre Suilly."

[2] Ueber seine Sendung vgl. oben S. 293 Anm. 1.

Die Königin sei nicht gegen die Hülfe, gleichwol sei dieselbe un- Juni 18.
gewiss wegen der vielen Köpfe, die mit beschliessen, wegen der schwierigen Frage des Weges, der Anordnung der „magasins und etappes;" doch wolle er das seinige thun. „Folgents hat er des mr. de Boissise schreiben gelesen, darin gestanden, wan man e. f. gg. ja in effectu nicht secouriren wolte, das es doch zum wenigsten ex apparence geschehen möchte. Hat hierauf von dem chef de l'armée zu reden angefangen und es allem ansehen nach dafür gehalten, wan Frantzosisch volck geschicket werden solte, das solches entweder der hertzog von Bouillon oder von Rohan füren musten." — Soissons versprach gleichfalls Beförderung der Hülfe, „wobei er aber unterschietlich des friedens meldung gethan. . . Praesident Janin hat uns in generalibus gar guette vertröstung zum secours gegeben, wie er dan unter allen die beste wort jederzeit giebet."

„Dienstags den 8. dieses haben wir uns mit dem von Buwinckhausen und dem lantgräffischen gesanten mr. Curio zusammen gethan und, wie die sachen von uns allen in gesambt und gleichsamb collegialiter zu treiben sein, deliberiret." Besuch bei Guise und dann (Nachmittags) bei Nevers und Mayenne, „die allerseits, sonderlich der von Guise, ire guete affection zu e. f. gg. und der sache bezeuget und uns des secours gleichsamb versichern wollen." Besuch des Dohna und Hess bei van der Mylen und bei Aerssen, „welcher uns angezeiget, das der her von Villeroy dem von der Myle und ime soviel zu verstehen gegeben, das zum secours keine hofnung, auch der von Rohan, so zur armee gezogen, wieder zurück gefordert were. Balt darauf hette er, mr. de Villeroy, wieder zu verstehen gegeben, das noch zu hoffen, der secours möchte vortgeschicket werden, welche contradictiones uns dan ser perplex und die sachen immer schwerer gemachet.[1] Seint deswegen Mitwochs

[1] In seinen Notizen (s. S. 294 Anm. 1) bemerkt Dohna über die Vorgänge des 8. Juni „sur le soir, aprés que chez mr. Buwichausen il fut arresté que pour pacifier mrs les d(ucs) de Sully et de B(ouillon) j'en parlasse a cettuy-ci, je les vis chez mme de la Trem(ouille). Aerssen sagt, Villeroy habe alle esperance du secours retranchirt, und gesagt, man habe Rohan contremandirt. Doch en mesme temps hab er widerumb gesagt, es werde fortgehen, wan Bouillon es wolle annemen zu commandiren." — Ueber die Auslassungen Villeroys gegen v. d. Mylen und Aerssen am 6. und 7. Juni berichten beide Gesandten am 7. Juni an Barnevelt: am 6. befürwortete Villeroy ihnen in der Jülicher Sache den Vergleich: 'da Erzh. Albert die Neutralität anbiete, falls Frankreich sich nicht einmische, da die sonstige Macht Leopolds und die Vertheidigungsfähigkeit Jülichs gering sei, so können die Staaten und die Possidirenden den Krieg allein durchführen. Frankreich aber könne den Vertrag von Hall nicht wol erfüllen.' Neben den gewöhnlichen Gründen für letztere Behauptung betonte er besonders, dass England

177. den 9. dieses fruhe zu dem von Buwinckhausen gefaren und mit demselben, wie auch dem lantgräffischen gesanten, wie ferner die sache anzugreiffen und zu treiben, consultiret." Am Nachmittag Besuch der vier deutschen Gesandten beim Connetable, der in freundlichen und allgemeinen Ausdrücken ihre Sache zu befördern versprach.

Hierauf zu Epernon, „welchem wir nach der lenge proponiret, was wir bei i. M[ten] sowol auch den fürsten und rätten des secours halben bis daher sollicitiret, und dabei gebetten, er auch seines teils das beste dabei thuen wolle, damit wir guette gewierige antwort erhalten und erhaischender notturft nach zu desto schleuniger

---

das unter Heinrich IV. fast schon abgeschlossene Bündniss mit Frankreich auf einmal an die unannehmbare Bedingung knüpfe, dass Frankreich dem K. England die Rückzahlung der kraft des Vertrags von 1603 an die Staaten gezahlten Summen (3,400,000 livres) garantire (s'oblige a faire bon le remboursement etc.); die Königin werde genöthigt sein „de penser a d'autres amis d'un autre costé, sy le roy de la Grand-Bretaigne continue a la voulloir traicter de la façon." Die Staaten mögen sich hier in's Mittel legen.' Zum Schluss sagte Villeroy wider: 'trotz alle dem habe die Königin befohlen zu berathen, was sie für die Possidirenden thun könne; und man treffe bereits Vorbereitungen zum Krieg.' — Am 7. erklärten die Gesandten dem Villeroy „que m[agrs] les Estats n'entreprendront point ceste querelle que sur l'exemple de ce royaulme." Villeroy erwiderte: 'als man ernstlich gewillt gewesen, die Truppen zur See zu schicken, haben die Staaten dies verworfen; jetzt sei ein grosser Theil des Conseils einig in dem Bestreben, die Hülfe zu hintertreiben. Rohan, gestern abgereist um die Truppen marschiren zu lassen, habe heute Gegenbefehl erhalten.' „Quand bien le secours seroit promis, il (Villeroy) n'estime pas que le puissions esperer, pour les empeschements qu'y apporteront ceux qui ont le pouvoir sur la gendarmerye, deseignant ouvertement m[rs] de Nevers et d'Espernon." — Die Gesandten schliessen ihren Bericht mit dem Hinweis, dass ihre Instruction ausser der Jülicher Sache handle „d'une alliance plus estroicte. Mais sy on l'accepte, quelles conditions proposerons nous? Elle n'en dit rien, et nous n'en avons aulcun pouvoir." (Haag. Reichsarchiv.) — Am 7. Juni berichtet Aerssen weiter an Prinz Moriz: er glaube „qu'au fonds on persistera aux premieres resolutions, qui pourront bien recevoir quelque alternation au nombre et en la forme par les menées de m[rs] de Nevers et d'Espernon." Villeroy möchte die Gesandten von der Vereitlung jenes Beschlusses überzeugen, weil er den Staat von den Kriegsanstalten und Ausgaben befreien möchte. Derselbe stellt den staatischen Gesandten die Macht der Gegner als sehr gering dar, um die Staaten zu bestimmen, dass sie mit den Possidirenden den Krieg allein unternehmen; den deutschen Gesandten sagt er das gerade Gegentheil, um ihre Herrschaften für den Vergleich zu gewinnen. — In einem p. s. (wol vom 8. Juni) meldet Aerssen: er und v. d. Mylen haben endlich Audienz gehabt. Die Königin hat in der Jülicher Sache erklärt „qu'elle n'entend pas de laisser perdre ses amis pour complaire aux ennemis, mais aydera a conserver ces princes en conformité de la promesse du feu roy, nous ayant pour cest effect remis a conferer avec ceux de son conseil que s. M. ordonnera." (a. a. O.)

abfertigung gelangen möchten, wie dan e. f. gg. solche gewisse zuversicht zu ime hetten. Worauf er uns weitleuftigk geantwortet: er erinnerte sich gar wol was zwischen dem verstorbenen konige hochseligster gedechtnus und den Teutschen fursten gehandelt were, das auch i. M. gäntzlich resolviret gewesen und sich obligiret hetten, e. f. gg. zu assistiren; weil aber die sache nach dem leidigen abfal des koniges in eine verenderung geraten und die jetzige regirende M. in solchem tractatu nicht exprimiret oder begriffen, so wurde man mit der jetzigen possibilitet des konigreichs, welches seines alten hern beraubet, zufriden sein mussen, und könne deswegen der recours so starck nicht sein. — Auf dieses haben wir repliciret: ob zwar die jetzige regirende M. in der vergleichung expresse nicht genant, so hette dan noch die königinne durch depesches an die gesanten e. f. gg. irer resolution, den secours nicht weiniger zu schicken, vergewissern lassen, wodurch sich i. M. auch mit verheischung obligiret gemachet. Uber das so fundiren sich e. f. gg. nicht allein darauf, sondern sezen sich vornemblich auf des koniges intention, die dahin gerichtet gewesen, das die cron Franckreich mit den Teutschen chur-, fursten und stenden uniret, und ein teil dem andern in zutragenden fällen bei- und zuspringen, e. f. gg. auch bei dero rechtmessigen guetten sache und der landen possession gehanthabet werden solten, und haben i. M. höchstseligen gedechtnus hiebei consideriret und gewiss dafur gehalten, das der cron Franckreich mercklich an solcher union und e. f. gg. manutenentz gelegen were, solche assistentz auch umb irer eigenen wolfart willen thuen muste. Diese hochstgedachter i. M. intent- und consideration hette mit dero betrubten totsfal nicht aufgehöret, sonder werete noch jederzeit. Zu dem hetten die unionsverwanten und e. f. gg. nun eine geraume zeit ire actiones auf des königes induction und gegebenen rat vorgenommen und ins werck gerichtet. Derowegen wir gebetten, er zu effectuirung so oftmals iterireten königlichen versprechung das beste thuen wolle. — Hieruber hat er wieder zu discouriren angefangen und zwischen einem tractat, als der obligatorius, und einer despesche, als die nicht so verbintlich were, distinguiret, sich gleichwol dabei erbotten, bei e. f. gg. und dero gerechten sache seines vermügens zu thuen, so viel im seine conscientz und schuldigkeit kegen dem konige zueliessen. Wan aber e. f. gg. in fur einen hielten, der in negotiis status sonderlich etwas wuste, weren sie in errore, dan er nicht mer als ein capitaine de gens de pied were; hette wol ehe an den sachen participiret, jetzo aber wuste er davon nichts mer. — Und möchten hierüber mer discoursus gefallen sein, wan nicht der gesanter aus

Juni 18.

177. Engelland, mr. Edmonds, eben auch zu ime kommen, weswegen wir unsern abschiet von ime, und er die occasion genommen, zu sagen, wan der Engellandische gesanter nicht kommen were, wolte er uns weitleuftiger geantwortet haben."

„Von dannen seint wir mit einander zu dem Statischen gesanten mr. Arssens gefaren, dahin auch balt hernach vorbemelter Engelländischer und extraordinari Statischer gesanter kommen. Von inen, den Statischen, haben wir verstanden, das von irer herschaft inen de novo befehl zukommen, mit i. Mtea von dem secours auf drei wege zu tractiren: das volck entweder zu lande oder zu wasser zu schicken, oder in entstehung dessen mit gelt e. f. gg. zu assistiren — denselben befehl sie albereit mit dem von Villeroy communiciret hetten, wie auch gleichfals eine schrift ubergeben, darin neben der renovation irer verbuntnus vornemblich der Clevischen sachen meldung geschehen.[1] Welches dan nicht allein uns

---

[1] Ueber diese Wendung der Verhandlungen berichten Aerssen und v. d. Mylen am 9. Juni an Barnevelt: nach ihrer Audienz empfingen sie die Depesche der Staaten und die Oldenbarnevelts, worauf sie für gut hielten „de les ouvrir rondement et sans reserve à mr de Villeroy." Sie erklärten demselben also: sie seien angewiesen auf eine endgültige Entschliessung zu dringen, ob man die versprochene Hülfe zu Lande oder zur See, „en suppleant le surplus en argent," schicken oder den Staaten das Geld dafür geben wolle. Man werde sich dem zweiten Verfahren als einem langwierigen und weniger sichern, dem dritten als einem im äussersten Fall zu ergreifenden Ausweg accommodiren. Immerhin aber können die Staaten die unnützen Ausgaben nicht in's ungewisse fortsetzen, noch die Fürsten bei dieser Ungewissheit länger bestehen. „A cela il nous a reparty avecq assés d'aigreur, declarant qu'on ne nous a point faict offre d'argent, que ny le roy ne la royne n'en ont point parlé, que ceste voye fust aussytost reprouvée, quand elle fust proposée. A son advis, s'il faut secourir les princes, qu'il convient le faire par terre et ouvertement sans rien craindre, que de donner un million d'or d'un costé et de l'autre avoir une puissante armée sur pied inutile, que ce seroit espuiser le royaulme. Sy on eust acquiescé a l'offre du transport, que le passage en seroit faict maintenant, qu'en ceste diversité d'opinions il ne nous sçait donner aulcune resolution, et quand on sera resolu d'envoyer le secours, qu'il faut encor adviser au chef, aux vivres etc. Que mr. de Rohan est party avec d'Escure (remarqués, s'il vous plaist, les contrarietés) pour traicter avec les Suisses et tirer les compagnies, mais qu'il s'esmerveille qu'on parle d'argent (quoy que luy mesme cy devant en ait discouru avecq moy d'Aerssen et ait approuvé au conseil les opinions de mrs de Suilly et de Bouillon d'avec lesquels il commence a se desbander), que cela ne seroit pas honorable, qu'il peut avoir esté faict par discours familier entre des particuliers qui se meslent d'escrire et de donner des advis selon leur fantasie; que mr. de Russy mande que ceste proposition est une des sept portées par la lettre de mr. de Suilly, qu'il ne sçait d'ou il l'a espuisée. Il nous a promis d'en vouloir ce matin parler à la royne et avancer les affaires le plus qu'il pourra par ces incertitudes et multitude d'opinions, et nous fera avoir des commissaires." (Haag. Reichsarchiv.)

sambtlichen befrembdet, das sie in der sachen, darumb wir princi- Juni 18.
paliter hie weren, on unser vorwissen oder gepflogene communication negotiireten, sondern es hat inen auch der Engelländische gesanter in unserer kegenwart nicht vorenthalten, das er solchen ordinem und vermengung der Clevischen sachen mit dem negotio irer alliance nicht probiren konte, weil ers dafür hielte, es möchte solches newe diliberationes verursachen und die resolution desto lenger verziehen, wie er dan auch hernach, als wir ihn in sein haus begleitet, mit uns weitleuftiger hieraus geredet, da unter andern der praecedentz der Statischen gesanten, erwaenung geschehen, als die sich wol in sin nemen durften, nicht allein der fursten im reich, sondern auch wol der churfursten gesanten vorzusetzen, davon e. f. gg. ich her von Dona in meiner wiederkunft umbstentlichen underthenigen bericht muntlich, geruets got, thuen wil."

Am Nachmittag Besuch von Dohna und Hess bei dem Prinzen von Conty: Begrüssung und Empfehlung ihrer Sache. — Am 10. Geschäftsruhe wegen des Frohnleichnamfestes. Gleichwol ersuchten die vier Gesandten den Villeroy um Beschleunigung ihrer Abfertigung, da sie nicht länger warten könnten, und die Sache keinen Verzug leide. Villeroy (die Freiheit der beiderseitigen Rede war durch Bouillons Zwischenkunft gestört) erwiderte kurz: er wolle das Gesuch „der k. M. und im rat vorbringen und die resolution befurdern. Er hoffete, der von Escures oder hertzog von Rohan wurden in ein par tagen vom kriegsvolck wiederkommen, und man sich auf deren eingebrachte antwort resolviren. Zu mir hern von Dona sagete er insbesonder, ich müste noch ein tag oder zwen auswarten." — Nachmittags Besuch bei Bouillon mit Bitte wie bei Villeroy. Der Herzog gab, nach Ausführungen über das mögliche Vorgehen der Possidirenden bei Ermanglung der französischen Hülfe, den Rath: „wir hetten uns alhier mit den Engelländischen und Statischen gesanten zusamen gethan und mit irem beistant die sache getrieben. Welches wir dan dahin verstanden, das es dienen wurde, den hern alhie zu beweisen, das e. f. gg., ob sie gleich von diesem ort nicht secouriret werden solten, dannoch nicht gantz hulflos bleiben, sonder sich andere mittel finden wurden, wodurch sie bei recht und dem irigen mainteniret werden könten.[1] Und

[1] An demselben Tag (10. Juni) machte Bouillon dem Aerssen Eröffnungen, über welche letzterer am 11. an Oldenbarnevelt berichtet: der Herzog sagte: 'es habe unzweifelhaft geschienen, dass die Jülicher Hülfe geleistet werde; nun aber haben die fortwährenden Bemühungen des Nuntius, des spanischen Gesandten und des Erzh. Albert alles in's

177. hetten wir hierauf gerne etwas specialius geantwortet und weiter daruber conferiret, es ist aber unser discours durch ankunft des von Schonbergs und m^r. de Bullion (der einer vom consilio status ist und die Savoyische tractaten getrieben) abrumpiret worden."

Am 11. sollicitirten die Gesandten um willfährige Resolution bei Soissons, Sully und Jeannin. Ersterer sagte: seit fünf Tagen habe er nichts von der Angelegenheit gehört; er werde aber die Sache der Gesandten im Conseil vertreten und zweifle bei der Gesinnung der Königin nicht an einer guten Resolution. Auf die

---

Schwanken gebracht. Tags vorher seien im Conseil fast alle geneigt gewesen, die Proposition Alberts, sich nicht einzumischen, wenn Frankreich neutral bleibe, anzunehmen: es würden ja, wenn Albrecht nicht hülfe, die Staaten leicht mit Leopold fertig werden; auch wolle Frankreich ihnen Hülfe zusagen, für den Fall dass Albrecht sein Versprechen nicht halte, und überdies den Stillstand verbürgen.' Bouillon schloss, indem er diesen Ausweg empfahl. Gegenvorstellungen Aerssens. Mittheilung der neuen Depesche Oldenbarnevelts (s. S. 298 Anm. 1). Bouillon erklärte sofort, man werde den Weg der Geldhülfe annehmen. Die Aeusserungen Villeroys schrieb er der durch Sullys Brief nach Holland erregten Eifersucht desselben zu. — Weiter theilte Bouillon dann mit, dass Condé, wie er heute Nacht gehört habe, demnächst nach Brüssel kommen werde „nullement engagé ne obligé par aucun traicté particulier à l'Espagne, comme il luy mande. Est d'advis, qu'il se retire à Breda pour s'y equipper a loisir et revenir par après en France." Diese Neuigkeit, meint Aerssen, kann schwere Folgen haben. Die Gedanken werden von den Jülicher Sachen abgezogen werden und sich dafür richten auf „des jalousies et crainte de nouveautés, et la royne la dessus sera conseillée de ne se desarmer pas." Condé selber wird die Einstellung der Jülicher Hülfe durchsetzen. Bouillon betreibt seine Rückkehr. Schon spricht man von Berufung der Generalstände, die allein über die Regentschaft zu bestimmen hätten, und mit Hülfe der Stände hofft man die oberste Gewalt an Condé zu bringen, „qui vient pour faire paroistre, qu'il est ennemy de m^r. de Suilly, ainsy que portent les advis. C'est à quoy m^r. de Bouillon est creu de butter pour le ruiner." Die Feindschaft zwischen Sully und Bouillon schwerlich auszugleichen. Letzterer sagte gestern dem Aerssen offen, er wolle Sully seine grosse Gewalt in den Finanzen entreissen. Sully findet dagegen eine Stütze in der Verbindung mit dem Hause Lothringen. — Am Nachmittag des 10. Juni hörte Aerssen von Sully: er sei entschlossen die Finanzen niederzulegen und sich zurückzuziehen, sobald er die Zeit gekommen sehe, „voyant bien qu'on prend le train d'embarquer la royne a des alliances avecq l'Espagne pour faire une guerre generale contre ceux de la religion, a quoy m^r. le prince de Condé, venant instruict d'Espagne, possedé par la cour de Rome et les Jesuistes, portera les affaires du royaulme." Zwei Stunden verhandelte Aerssen über seine Versöhnung mit Bouillon, „duquel, pour dire vray, je trouve les demandes sy honteuses et deraisonnables, que desormais je ne m'en mesleray plus et le luy declareray ce matin tout ouvertement. Mais cela devons nous sçavoir que, perdans m^r. de Suilly, nous perdons entierement ce qui nous reste de solide support en ceste cour, les autres estans ou amis du temps ou saincts sans miracle, mais rien de rond ne d'entier." (Haag. Reichsarchiv.)

Bemerkung, dass der Nuntius die Hülfe zu hintertreiben suche, erwiderte er: „er thätte dem pabst und seinem nuntio als geistlichen hern alle ere, sehe aber wol, das dieses nicht eine religionssache sondern ein politisch wergk were, in welchem er mer auf des königreichs und gemeinen bestens wolfart ein auge hette. — Der herzogk von Sully hat uns einen langen vertraulichen discurs gemachet, welcher dahin gerichtet gewesen, das er beklaget, wie leid im were, das die vornembste negotia des königreichs und ratschläge durch so viel köpfe gehen musten, daher auch rurete, das nach des königs tot noch jederzeit keine sache weder grosse noch kleine expediret were, und thätte man balt anders nichts im rat, als einer auf den andern sticheln. Hetten uns derowegen soviel desto weiniger zu verwundern, das sich unsere sache etwas lange verzoge, insonderheit weil auch der nuntius apostolicus und die Jesuiter derselben alles was sie könten und vermöchten zuwieder thätten. Er wolte uns auch raten, wan das kriegsvolck geschicket werden solte, das wir achtung geben, damit nicht allein das volck geschicket, sondern auch alle notwendige munition, und wie sie ire bezalung jederzeit rigtigk bekommen sollen, verordnet werde, sonsten e. f. gg. derselbe secours weinig nutze sein wurde. Als wir auch der obengedachten von den Statischen gesanten proponirten dreien wegen meldung gethan, hat er uns ein concept seines schreibens an den obersten m^r. de Berthune, so er in den Hagen an in geschicket, vorgelesen, welches schreiben dem Frantzosischen gesanten daselbst zu lesen worden, und hielte er dafur, das daher die hern Staten, denen es nachmals möchte communiciret werden, occasion genommen hetten, iren gesanten solche wege vorzuschlagen in befehl zu geben. Solte es dazu kommen, das man e. f. gg. gelt schickete, welches ein zuträglich und geschwinds mittel were, wolte er, als der daruber zu commendiren hette, e. f. gg. damit balt wilfarn. Weil aber solches ein fertigs mittel, es sich aber ansehen liesse, als wan man uns aufzuhalten gedechte, were er in der meinung, man wurde dasselbe nicht belieben und e. f. gg. mit gelde nicht helfen. — Der her praesident Jannin hat sich, wie jederzeit, in generalibus zu allem guetten und gar wolgeneigt erbotten, uns auch vermeldet, das folgenden tages im consilio seines versehens von der sache solle deliberiret werden." Juni 18.

Am 12. beriethen Dohna und Hess mit Buwinkhausen, der vorher beim englischen Gesandten gewesen, und den staatischen Gesandten über ein neues am Abend vorher angelangtes Instructionsschreiben ihrer Fürsten. Man hielt für gut, unter Benutzung der darin angeführten Gründe die Sache insgemein, mit Zuziehung

177. des englischen Gesandten vor dem Conseil vorzutragen.[1] „Das aber solch anbringen hernach nicht geschehen, ist diese die ursach gewesen, das wir beide noch diesen abent mündlich vom hertzogen von Bouillon berichtet, der von Buwinckhausen aber von dem comte de Soissons durch einen vom adel advertiret worden, es were den nachmittagk die sache im rat vorgewesen und dahin beschlossen, das die königin e. f. gg. den secours zuschicken wolte." — Am 13. vernahm man von dem englischen und den staatischen Gesandten, dass über die Hauptsache im Conseil Beschluss gefasst sei — nur zwei „contraria vota" haben sich gefunden —, dass aber noch über den Befehlshaber und andere „dazu gehörende notwendigkeit" zu beschliessen sei. Dohna und Hess sind darauf „Montags den 4/14. dieses gar frue mit den chur- und furstlichen gesanten zu mergemeltem dem von Villeroy gefaren, da er uns dan berichtet, das am verschinen Sonabend im rat beschlossen, e. f. gg. zum secours achttausend man zu fuss und tausent oder zwölfhundert pferde zu schicken, wie e. f. gg. aus unserm underthenigen schreiben von diesem tage gnedigk mit merem werden zu vernemen haben. Folgents hat er uns einen langen discours gemachet, wie es mit der sache hergangen, darin auch under andern angezeiget, das die despesches, so nach des königs tot an die gesanten abgangen, conditioniret gewesen, nemblich das man zwar secours schicken wolte, man solte aber sehen, ob die sache durch einen fritlichen tractat hingelegt werden könte, welche narration wir dahin verstanden, das er dadurch wollen zu verstehen geben, es hette an ime nicht gemangelt, und keme der verzug auch von ime nicht her."[2] — Besuch bei Chateauneuf, welcher bemerkte: „es

[1] In seinen Notizen bemerkt Dohna: am 12. sagte Buwinkhausen dem englischen Gesandten „que l'accord nous estant offert par ceux de Prague, nous voulions savoir si icy l'on nous vouloit aider ou non, ou si, la France nous manquant, Angleterre le vouloit faire. . Led. ambassadeur d'Angleterre avoit approuvé cela et avoit dit qu'il ne savoit que faire des ambassadeurs de Hollande, qui vouloient preceder les electeurs et princes de l'empire, se plaignans de nous que nous allions visiter les seigneurs et princes a part, et qu'il valoit mieux proposer nostre affaire au conseil, et que quelques uns, nommément mr de Bouillon, n'avoit trouvé bon que nous nous joignissions tous avec eux, encore que mr de Soissons, Suilly et de Buill(on) nous avoyent dit le contraire."

[2] Vgl. Villeroy an Boderie. Juni 16. (La Boderie V S. 299.) Salisbury an Winwood. Juni 25. (Winwood III S. 184.) — Ueber die Beschlüsse des 12. Juni berichtet Aerssen am 14. an Prinz Moriz: man war schon sehr geneigt, den Vorschlag des Erzh. Albrecht, sich beiderseits neutral zu halten, anzunehmen, „n'estoit qu'avanthier son ambassadeur s'en expliquant y voullut comprendre les provinces unies soubs ce nom de la France." An demselben Tage wurde im Conseil, „la royne

könte solcher secours in die lenge nicht continuiret werden, sondern müste man sehen, wie die sache durch einen oder andern wege terminiret werden mögt." Juni 18.

---

conduisant courageusement cest' action," der Beschluss über die Hülfeleistung gefasst. Heute Nachmittag wird man berathen über den Befehlshaber, den Weg und Zeit und Ort des Zusammentreffens mit den staatischen Truppen. „Par aprés nous confererons avec ce chef de tout ce qui importera a faire reussir son dessein, acceptans neantmoins simplement tout ce qu'on nous offrira pour ne rien gaster." In Anbetracht dés Protestes des Peckius und des Nuntius werden die Gesandten befürworten „que le reste de l'armée soit tenu en estat, pour donner jalousie a l'archiduq, sur la frontiere." (Haag. Reichsarchiv.) Am 15. recapitulirt Aerssen den Hergang der Dinge in einem Bericht an Oldenbarnevelt, in dem es heisst: der altersschwache Prinz Conti versprach den Gesandten stets sein Wolwollen im allgemeinen; Soissons sprach von Anfang an für die Durchführung der Absichten Heinrichs IV. und hat zuerst die entgegengesetzte Ansicht des H. Nevers, des Kanzlers und Epernons bekämpft. Guise ebenfalls hat alle Vorschläge Roms und Spaniens verworfen, um den Fürsten Wort zu halten, „dont led. nonce et ambassadeur l'ont esté censurer chez luy;" denn dieser Staatsrath von dreissig Mitgliedern bewahrt kein Geheimniss. Mayenne hat im Staatsrath die Ansicht vertreten, die Frage sei nicht, ob man den Fürsten Wort halten solle, sondern wie man die Zusage am besten ausführen könne; es müsse bald und mit Nachdruck geschehen, am besten durch Geld. „Mr. de Bouillon, tant qu'il a esperé de conduire ce secours, a opiné qu'il sera plus honorablement employé en hommes conduicts par terre, rejettant l'argent, non obstant qu'il en ait faicte la premiere ouverture." Sully hat geglaubt, dass, wieviel man auch verspreche, doch nichts geschehen werde, indem die Gegner allerhand Verzögerungen bereiten würden, bis die Zeit vorbei sei. „Mr. de Villeroy nous a tenus en incertitude, balançant plus vers la negative, pour nous faire incliner vers un traicté, ou pour charger mrs les Estats seuls de ceste entreprinse." Auch unter den andern waren die meisten für Leistung der Hülfe, aber über das Wie derselben in ihren Ansichten so verschieden, dass dadurch nicht weniger Hinderung bereitet wurde. Endlich Beschluss des Conseils vom 12. Juni. Man will 5000 Franzosen, 3000 Schweizer und die vorhandene Reiterei (nach den einen 800 nach Villeroy 1200 Mann) schicken, und zwar zu Lande unter dem Marschall de La Châtre, der sobald wie möglich aufbrechen soll. „Pekius faict le mauvais sur ceste resolution, a declaré que son maistre eust bien desiré que la paix et repos publiq de la chrestienté eust peu estre continué, s'abstenant la France et msgrs les Estats de ce different, comme l'archiducq estoit prest de faire a leur exemple de sa part, mais puis que ces ouvertures ont esté rejettées, qu'il a charge de dire qu'il s'en meslera aussy tout ouvertement, protestant de tous les inconveniens qui en arriveront, desquels il veut estre deschargé devant Dieu et le monde comme defenseur seulement contre les aggresseurs, n'estimant pas devoir estre de sy peu de consideration a ses voisins, qu'ils n'aient autant de subject de redouter sa puissance que luy la leur, principalement l'archiducq Leopold ayant a son commandement dans l'empire plus de vingt mille hommes de pied et quatre a cinq mille chevaux. Mr. de Villeroy qui a receu cesté declaration n'est pas demeuré court, ains luy a reparty avecq plus de vigueur. Mais le nonce en mesme temps est venu dire que Rome s'en scandalisera et que s. S. s'en resentira. Cela encor n'a point esté considerable, du moins exterieurement." (Haag. Reichsarchiv.)

177. Conferenz der deutschen, staatischen und englischen Gesandten: letzterer übernahm es zu bitten, dass die übrigen französischen Truppen bei Mezieres an der Luxemburger Gränze liegen bleiben möchten. Besuche bei dem eben von der Armee zurückgekehrten Rohan,[1] bei Villeroy und Bouillon. Die beiden letztern theilten die Ernennung des La Châtre zum Befehlshaber mit, welchen „wir ansprechen und mit im aus der sache communiciren solten.“ Darauf besprachen sich am 15. Dohna und Hess mit La Châtre. Man beschloss, dass letzterer „sich mit den Statischen gesanten auch unterreden solte, damit sowol vom tage seines aufziehens als anderer notwendigkeit etwas gewisses könne resolviret werden.“ Am Nachmittag theilten die staatischen Gesandten mit, „was sie mit dem marschal de La Chastre sowol des weges als anderer sachen halber getractiret.“ Am Abend ersuchte Dohna den Villeroy um seine Abfertigung, wurde aber bedeutet, er solle noch einen oder zwei Tage verweilen, bis alles in's reine gebracht sei. — Am 16. Juni traf Dohna bei Villeroy den Marschall La Châtre, den Aide-de-Camp Montigny und den obersten Quartiermeister Escures, nebst den beiden staatischen Gesandten. „Und ist von folgenden puncten geredet und geschlossen:[2] erstlich soviel die artillerie anlanget hat der her von Villeroy nach viellen an allen

[1] Es zeigte sich dabei „qu'il estoit fort desireux d'aller en cette guerre avec ses Suisses, et qu'il n'approuvoit gueres m^r. La Chastre.“ (Dohnas Notizen.)

[2] Ueber diese Verhandlungen berichten Aerssen und v. d. Mylen am 16. Juni an Oldenbarnevelt: nach der am 15. mit La Châtre gehaltenen Besprechung hatte letzterer es übernommen, dem Staatsrath gewisse Puncte zur Beschlussfassung vorzulegen. Darauf sind am 16. die staatischen Gesandten, La Châtre, Montigny und Dohna bei Villeroy zusammengewesen, „pour recevoir esclarcissement sur nos doutes.“ Die Staatischen hatten nämlich vorgestellt, dass die Reiterei nicht vermindert werden dürfe, dass die Mitführung von Artillerie, Brücken und Pontons, die Vorsorge für Lebensmittel und die Aufklärung der Staaten über den Weg und den Tag des Aufbruchs nothwendig sei. Villeroy erklärte „que l'intention de la royne est que ce secours soit accepté comme accordé de la bonne volonté de s. M. sans aulcune obligation, cessant la precedante par le decés du feu roy.“ Die Staatischen hielten dagegen an ihrer Forderungen fest, „encor que nous comme auxiliaires seulement n'ayons point eu grand' raison de nous prevaloir du traicté de Hal, auquel n'avons pas intervenu.“ Endlich kam man also überein: 1. „M^r. de La Chastre assisté de m^r. de Rosny pour l'artillerye, de Montigny et de Praslain pour marechaux de camp, avec un intendant des finances, conduira huict mille hommes de pied, six compagnies de chevaux legers, quatre d'ordonnances et quatre ou cinq cens carabins avec deux couleuvrines et deux fauconneaux pour la seureté du chemin dans le pays de Juliers, pour assister m^rs les princes soubs l'authorité de m^r. le prince d'Anhalt.“ 2. Alle Truppen sollen am 5. Juli bei Metz

teilen gepflogenen reden declariret, weil man der artillerie zu zweien dingen bedurfte, als zur defension des lagers und zu beschiessung der vestung, weren i. M. gentzlich resolviret, so viel artillerie, als zu verwarung des Frantzösischen lägers nottig, mitzuschicken oder darunten von den hern Staten erkauffen zu lassen, zu beschiessung der vestung aber wolten dieselbe keine canons schaffen." 2. Lebensmittel für den Marsch bis an die Mosel wird Frankreich versorgen. Den weitern Proviant wünscht man den französischen Truppen von den niederländischen Lieferanten gegen Bezahlung gereicht zu sehen. Eine Entschliessung der Staaten auf dies Ansinnen soll in neun Tagen einkommen. „Zum dritten ist auch von den brucken und pontons zu den passagen nöttig geredet worden, dieselben die Frantzosen selbsten umb ir gelt zu verschaffen auf sich genommen." 4. Aerssen bringt das Gutachten der Staaten aus, ob der Weg der französischen Truppen „uber oder unter Trier oder gar nach dem Reinstrom auf Maintz solte genommen werden." 5. Am 5. Juli wird La Châtre „mit dem kriegsvolck umb Metz sein." — Am Nachmittag desselben Tages fragte Dohna noch bei Villeroy Juni 18.

---

versammelt sein und am 6. unfehlbar aufbrechen. 3. Da La Châtre das Land und den Weg nicht kennt, so soll die Erklärung der Staaten eingeholt werden, ob der Weg über Mainz oder der an der Mosel hin zu nehmen sei; bei Wahl des letztern Wegs — der erste scheint dem Marschall zu lang, bei dem letztern fürchtet er Mangel an Lebensmittel — haben die Staaten anzugeben, wo La Châtre den Fluss überschreiten soll, um das Volk der Staaten zu treffen, „car il confesse que le pays luy est inconnu et aux siens." Bis zum Uebergang will Châtre für Lebensmittel sorgen, dann wünscht er, dass es die „munitionnaires" der Staaten gegen Bezahlung thun. 4 Für Brücken und Pontons sollen die Staaten gegen Bezahlung sorgen, „n'en ayant point commodité en France." 5. Ueber Artillerie wie in dem Bericht von Dohna und Hess. Es wird der Wunsch ausgesprochen, dass die Staaten die Artillerie und Munition gegen Bezahlung herleihen. Die Kosten „pour les approches" wird der Marschall für sein Quartier tragen. 6. Die Staaten sollen gegen Bezahlung Lebensmittel für 20,000 Mann zu Fuss und 4000 Mann zu Pferde unter gleichen Bedingungen wie für ihr Volk beschaffen. 7. Die Staaten und Prinz Moriz werden ersucht um einen Kostenanschlag für den Proviant (monatsweise), die Brücken und Pontons und die Artillerie. — „C'est monsieur, tout ce que nous avons peu faire, laissans aux interessés de faire valloir leur traicté, qui se sont monstrés moins fermes que nous." — Heut Nachmittag ist Aerssen bei Sully gewesen, „lequel m'a declaré que depuis la conference du matin tout ce secours a esté grandement esbranlé au conseil, ne sachant pas encor sy on persistera en la premiere resolution, que mr d'Espernon avecq trois cardinaux a derechef combattue, et avec tant d'impertinence, qu'il en a quitté le conseil, voyant bien qu'on nous veut tromper." Sully hat versprochen, wenn das Heer einmal aufgebrochen, werde er das Geld dafür liefern, „quelque defense qu'on en vueille faire cy aprés." (Haag. Reichsarchiv.) Vgl. Edmonds an Winwood. Juni 24. (Winwood III S. 182.)

an, „ob der marschal de La Chastre von i. f. g. dem hern general sich wurde commandiren lassen? da er mir dan fur gewiss gesaget, es were gäntzlich nicht zu zweiffeln, das der mareschal de La Chastre i. f. g. obediren wurde."

Am 17. Juni Abschiedsbesuche beider Gesandten bei Sully, dem König und der Königin, Soissons, dem Kanzler, La Châtre, Villeroy und Bouillon, bei den staatischen und dem englischen Gesandten. Sully bemerkte: „er wolle hinfurt bei e. f. gg. sache, soviel im muglich were, thuen, inmassen er dan bis dahero gethan hette; e. f. gg. solten sich aber auf diesen Frantzösischen secours nicht gar zu ser verlassen, dan, wie derselbe mit schwerer mühe erhalten worden, auch noch im zweiffel stunde, weil sich viel dagegen setzeten, also könte eine geringe occasion kommen, das man denselben wieder abforderte, also das sich e. f. gg. nicht rechnung zu machen hetten, das derselbe lange continuiret werden könte." Soissons sagte: „man solte auf den Hallischen vertrag so punctim nicht gehen oder auf die artillerie, und was sonsten darein begriffen, tringen, sonsten wurde man alles uber einen hauffen werfen und nichts erhalten. E. f. gg. hetten auch in acht zu nemen ob sie nicht durch einen tractat oder ander mittel aus der sache kommen könten; dan sich eine occasion finden möchte, das der secours zuruck gefordert wurde, alsdan e. f. gg. grosse ungelegenheit daraus entstehen könte. Hat sich sonsten an seinem ort zu allem guetten erbotten." La Châtre hat „von sich selbsten von dem generalat zu reden angefangen und sich dahin erkleret: unangesehen er ein mareschal de France were, die auch den princes du sang in zugen und kriegssachen commandirten, so wolte er dennoch des vorigen königes und jetziger königinne befehl zufolge i. f. g. des hern generals commandement sich unterwerfen. . . ." — Gegeben zu Paris den $\frac{8}{18}$ Junii anno 1610.

München. Reichsarchiv. Pfalz-Neuburgische Acten. Frankreich 168/1 f. 80. Orig.

Juni 18. **178. Buwinkhausen an Churpfalz und Würtemberg.** (z. Th.)

Man muss zeitig die wahren Gründe des Strassburger Einfalls darlegen, denn die Pfaffen werden am französischen Hof vorstellen, „es sei den Unirten nur umb die religion und geistlichen güter zu thun."[1] So hat auch Villeroy dem Buwinkhausen schon vorgehalten: „man solle sich des Französischen secours nit uberheben, als der nit lang bleiben werde, sondern sich dessen zu einer guten vergleichung zu bestendiger ruhe im reich und künftiger sicherhait behelfen und gute mittel nit ausschlagen, darauf er angezaigt, das

Spanien und die erzherzogen durch ire gesante stark und betraulich tringen theten. Wie dan in specie dieses auch im discours mir angedeutet worden, da je das Strasburgisch wesen glücklich fortgen solt, das die Unierte sich nit bass purgiren und allenthalben favor erlangen möchten, als wan sie solches stift (mit fürbehalt angewenten uncostens, der nach und nach erstattet kont werden) wider in der graven und hern hend und in alten stand setzeten, alsobald auch einen graven (one unterschied der religion) zum bischof einsetzeten und die freistellung mit solchem temperament einfurten, damit die andere catholische stift ob solchem exempel auch mit der zeit gewonnen werden möchten." Ebenso erinnert man, dass die Unirten Savoyen nicht länger ausser Acht lassen sollen. In Paris will man dem Herzog zur Zeit nicht zu einem Unternehmen gegen Mailand rathen, aber ihm, wenn er von Spanien angegriffen wird, starken Beistand leisten. — Datum Parys den $\frac{8}{18}$ Junii 1610.

Stuttgart. Unionsacta VI f. 126. Orig.

1. Am 6. Juni schreibt Buwinkhausn an Würtemberg: es erregt — und da sind die englischen und staatischen Gesandten gleicher Ansicht — nicht geringen Anstoss, dass die Reiterei der Unirten und das Regiment von Fuchs so lange und, wie man es auffasst, vergebens in den obern Landen bleiben. Buwinkhausen, ohne Nachrichten aus Deutschland, weiss nur zu erwidern, man müsse sich gegen das Passauer Volk bereit halten. Dagegen sagt man: die Unirten haben einfach die Hinabsendung ihrer Hülfstruppen nach Jülich versprochen; wenn sie das nicht halten, so seien die Andern auch nicht an ihre Zusage gebunden. Pässe zu versichern und Zuzüge zu hindern, sei ausserdem wieder eine besondere Pflicht der Unirten. „Und gibt (man) sonst unserer nation alle nachteilige reden, als wan man lieber uf den pfaffen fressen und sauffen und seckel füllen als den fuchs beissen wolt." (St. Unionsacta VI.)

179. Cardenas an Philipp III. Juni 18.

Begütigende Erklärung der Königin an Cardenas über ihre wahren Absichten bei der Jülicher Hülfe. — Aeusserungen derselben gegen Ubaldini über ihren Wunsch näherer Verbindung mit Spanien.

Teniendo para cerrar el despacho que embio con esta a v. M., me ha venido a ver el nuncio ordinario y me dixo como le avia llamado ayer la reyna y pedidole, me ablase diziendome: podia estar seguro que no salia de su voluntad el socorro que se embiava a lo de Cleves, que lo que ella podia hazer, que hera que fuese muy despacio, lo hazia, y tras eso apretava fuertemente a los protestantes, para que se acordasen; que bien beya yo que andavan muchos por hazerse dueños della, que procurava ponerse de manera que fuese reyna y regente de su hijo, y que, en estando en este estado, ella haria diferentes actiones y demostraciones que ayudar a protestantes; que me pedia, yo ayudase y apretase en la com-

20*

179. posicion deste negocio, que hera el que de presente rebolvia humores; que ella escrivia al presidente Boysise, que estava por embaxador en los protestantes, que hiziese fuerza en una suspension de armas, remitiendose la sentencia deste negocio a la dieta imperial, que hera lo que los protestantes le escrivian aceptarian, y que sino se aseguraban de que el archiduque Leopoldo quedase en Juliers (sic!), que el emparador pusiese otro principe, como fuese catholico; que la reyna me pedia, no mostrase saber por la bia del nuncio esto ni lo que me avia embiado a dezir, que se avia holgado de lo que avia pasado con algunos ministros sobre este negocio, particularmente en decilles, no era justo, diesen causa a v. M. directa ni indirectamente, con otras razones que con ellos he passado que no refiero por no cansar a v. M.

Mas me dixo el nuncio de suyo, jurandomelo como sacerdote, que la beya tan obligada y tan deseosa de dar gusto a v. M., que se avia alegrado el infinito; y refirióme que con lagrimas le avia dicho la reyna que v. M. le avia offrecido asistencia con mas veras que nadie y el primero,[1] y que, si ella podia, no se olvidaria, que aunque hera verdad, por el deudo y particularmente por el de la reyna mi señora avia esperado siempre buena correspondencia, pero que la que sele avia hecho en esta ocasion de su trabajo parecia que le avia visto v. M. el coraçon siempre de lo que avia deseado y deseaba la amistad de v. M. y acrecentar el deudo, con otras razones muy buenas a este proposito.[2] — A que yo respondi al nuncio con palabras generales lo mas cortes y estimadamente que pude, y he me holgado mucho deste recaudo por juzgar, ha procurando mostrar valor, que hera lo que mas, me parece, combiene en su natural, porque el animo y intencion es buena. He avisado en Flandes y a don B. de Çuniga para; si se pudiese, tomar algun medio de acuerdo, y con lo poco que en Praga se

[1] Am 18. Juni berichtet Cardenas: er hat der Königin mitgetheilt, dass sein König ihn beauftragt habe, ihr seinen lebhaftesten Antheil auszudrücken und ihr zu versichern, dass, wo er könne, er ihr und ihrem Sohne beistehen werde. Die Königin hat ihm unter Thränen ihre ausserordentliche Freude und Dankbarkeit ausgedrückt. „Los ministros y gente principal catholica bien intencionada han ablado y ablan encareciendo y alabando notablemente la demostracion que v. M. ha hecho con la reyna, y no podria con palavras decir a lo qu'esto llega. La gente de mala intencion y Huganotes dicen, seles dan buenas palavras para engañallos y que ay mucho que mirar." (P. Arch. nat. Mon. hist. K 1462 n. 181.)

[2] Ueber die Anregung des Heirathsprojectes vgl. Ubaldini an Borghese. Juni 5, 8. (Siri II S. 262, 263.) Siri II S. 350 fg. Näheres bei Perrens, les mariages espagnols.

haze, no me parece cosa de hechar a mal lo que la reyna escrive a su embaxador procure.

Bemerkung auf der Rückseite: „a consejo: que ha holgado el consejo de entender la buena intencion de la reyna de Francia a las cosas generales; que seria acertado a traçar la compusicion entre los pretensores de Cleves y Juliers y ordenar a don B. de Çuniga que lo procure con cuydado y destreza."

Paris. Archives nat. Mon. hist. K 1462 n. 179. Dechiffr. Cop.

180. Kaiserliches Mandat an die Unirten und ihre bestallten Kriegsleute. Juni 21.

Verschiedene Reichsstände haben beim Kaiser geklagt: 'obgleich die goldene Bulle, der Land- und Religionsfriede und die Executionsordnung Jedermann verbiete, „sich in ainiche glubt, buntnus, versamblung oder geding, umb was .. ursach willen dasselbig erdacht werden möcht," einzulassen, oder Jemanden zu bekriegen und zu beschädigen, oder Kriegswerbung anzustellen, oder das geworbene Volk ohne vorherige Cautionsleistung an die Kreise durchzuführen, oder andre Reichsstände durch Einlagerungen und Gewaltthätigkeiten zu beschweren, so haben dennoch und wider die mündlich und durch Gesandte ertheilten Versprechen Anspach und Baden jüngst etliche Tausend Mann in das Stift Würzburg eingelagert und gemustert und, als dort etliche Meilen weit alles verheert worden, auch eine Anzahl Truppen in das Stift Bamberg gelegt. Nachdem man überall mehrere Wochen lang „aufs fraeventlichst gehauset," haben die Fürsten das Volk durch das Deutschmeisterthum, durch Mainz, Grönsfeld, Speier, Stift Bruchsal und andrer gehorsamer Stände Lande (darunter auch Vorderöstreich) mit grosser Beschädigung derselben geführt. Verstärkt auf 10,000 Mann zu Fuss und 1500 Mann zu Pferde durch die Contingente von Churpfalz, Würtemberg und andrer Fürsten „craft obangeregter widerrechtlicher union," sei das Heer in das Stift Strassburg gezogen und habe dortiges kaiserliches Kriegsvolk angegriffen und die Belagerung von Dachstein begonnen; es erkläre offen seine Absicht, alle in des Stiftes Städte zu deren Verwahrung gelegte Truppen zu vertreiben und das Stift einzunehmen.' Nachdem nun der Kaiser bezüglich der Gewaltthaten in Bamberg und Würzburg schon Pönalmandate erlassen, und zugleich die in Prag anwesenden Fürsten an Baden und Anspach Abmahnungsschreiben geschickt haben, erklärt er auf Anrufen der Beschädigten und anderer Fürsten: er bestätige die genannten Pönalmandate und sei entschlossen, sie „würcklich volziehen zu helfen." Er befiehlt den Adressaten, allen Ständen, die sich der bezeichneten Unthaten theilhaftig machen, und „solchen hochverpottenen schaedlichen verbundnussen" irgendwie „hülf und beifal thun," desgleichen ihren Soldaten, und zwar den dem Reich nicht untergebnen bei Lebensstrafe, den dem Reich untergebnen oder darin begüterten und wohnhaften bei Strafe der Acht und Oberacht ipso facto verwirkt, dass sie die zu Schwäbisch Hall „uns und vilen staenden des reichs zu nachtail . . gemachte nichtige union aufheben," ihr geworbenes zum Nachtheil der Stände gebrauchtes Kriegsvolk unverzüglich abdanken, (wie denn, falls dies nicht geschieht, der Kaiser es seiner Pflicht hiermit entlässt), dass die entlassenen Soldaten in sonst Niemandes Dienst gewiesen werden oder selber eintreten, dass die den erwähnten Ständen und ihren Unterthanen zugefügten Schäden, wegen deren alle rechtliche Action denselben vorbehalten bleibt, ersetzt, und fortan kein Stand und Unterthan des Reichs mehr verletzt werde.[1] — Geben .. zu Prag den 21. tag des monats Junii anno 1610.

München. Staatsarchiv pf. 117/3 f. 12. Orig.

[1] Dies Mandat ist aus den Verhandlungen des Prager Fürstenconventes hervorgegangen, der sich vom 11. Mai ab mit der Jülicher Sache und den kriegerischen Anstalten der Union beschäftigte. Vgl. über diese Verhandlungen Haeberlin-Senkenberg XXIII S. 190—224. Gindely II S. 114 fg. Londorp I S. 91. — Am 18. Mai richten Churmainz, Churcöln, Chursachsen, Erzh. Maximilian, Braunschweig und Hessen-Darmstadt folgendes Schreiben an Anspach und Baden: der Kaiser hat den versammelten Fürsten Schreiben der B. Bamberg und Würzburg zustellen lassen, darin dieselben sich beschweren, dass Anspach und Baden gegen des erstern schriftliche und mündliche Zusagen, gegen die Reichsgesetze an die 6000 Mann zu Fuss und 1500 Mann zu Pferde in's Stift Würzburg eingelagert haben, dass, nachdem hier etliche Meilen weit alles „ufs genauest ufgezert," einige Hundert von den Soldaten in's Stift Bamberg, Amt Ebersberg, gezogen seien, und noch 300 Mann zu Pferde und ein Regiment zu Fuss zu ihnen stossen sollen, dass endlich auf alles Bitten um Abzug keine bestimmte Erklärung von den Fürsten zu erlangen gewesen sei. Wenn nun ein Stand zur Kriegsbereitschaft genöthigt ist, so soll nach den Reichsgesetzen dies ohne Schaden eines Dritten geschehen. Der Kaiser mag also auf der Bischöfe Beschwerden sein kaiserliches Amt gebrauchen. Zugleich ermahnen auch die Fürsten die beiden Markgrafen, sie mögen ihre Truppen von der Bischöfe und andrer Stände Landen wegführen, damit nicht andre Weiterungen verursacht werden. (M. pf. 117/3 f. 51.) — Ueber das Mandat vom 21. Juni vgl. Häberlin-Senkenberg XXIII S. 293 Anm. Vgl. das Schreiben der Prager Fürstenversammlung an Nürnberg, Ulm und Strassburg vom 22. Juni. (Londorp I S. 95.)

Juni 22. **181. Otto der jüngere Graf von Solms an Churpfalz.**

Am 20. hat sich der Markgraf von Anspach mit seinen zwei Compagnien, der Compagnie von Obentraut und dem Regiment Helmstätters nach Mutzig[1] gelegt, der Oberst Fuchs mit seinem Regiment und fünf Compagnien Reiter nach Derelsheim, Solms mit vier Compagnien Lehenreiter und den Kürassiern von Obentraut nach Abelsheim, während in Dachstein Capitän Weiler mit seiner Compagnie „under dem gubernament capitain Michaels" gelassen ist. So ist die Stadt Molzheim der Art umringt, dass man sie bald völlig einzuschliessen hofft. Helmstätter hat auf einem Berg zwischen Molzheim und Mutzig eine Redoute zu bauen begonnen, um „von dannen der stat zu approchiren." Solms rückte Tags vorher mit einem Fähnlein Knechte nach einem Berg nicht weit von der

Stadt und liess versuchen, auf demselben eine Schanze aufzuwerfen. Die Arbeiter wurden indess durch etliche aus der Stadt ausgefallene Truppen vertrieben, und diese mussten sich dann wider vor den „in ambouscate" gelegten Musquetiern zurückziehen. Bessere Gelegenheiten, dem Feind beizukommen, wird man ergreifen, sobald das Lager verschanzt ist, was hoffentlich bis zum folgenden Tag geschehen sein wird. Es sollen in der Stadt nach verschiedenen Erkundigungen vier Fähnlein Knechte und eine Fahne Reiter liegen. Dieselben haben den Unionstruppen bis dahin keinen nennenswerthen Schaden zugefügt. — Datum Abelsheim den 12. Junii anno 1610.

München. Staatsarchiv pf. 117/1 f. 169. Orig.

1 In einem am 19. Juni präsentirten Schreiben berichtet Gr. Otto: in der Absicht Molzheim oder einen andern gelegenen Ort einzunehmen, musste man sich erst der Stadt Mutzig bemächtigen, da man Nachricht hatte, dass der Feind dieselbe zu besetzen gedenke. Demnach ist man mit 1300 Mann zu Fuss und 600 Reitern vor Mutzig nach einem Nachtmarsch angekommen. Auf die Aufforderung, sich zu ergeben, erwiderten die Einwohner, dass ihnen von ihrer Obrigkeit, dem Herrn von Landsberg, bei Lebensstrafe befohlen sei, sich zu vertheidigen. Darauf sofortiger Ansturm und einige Schüsse in die Stadt aus zwei grossen Stücken, die bei der Hand waren. Es sind hierbei Einige aus den Unionstruppen gefallen; der Oberstlieutenant Widemarker wurde im rechten Arm verwundet. Nach beinahe einstündigem Stürmen haben sich die Einwohner ergeben. Die Stadt ist mit 500 Soldaten aus Helmstätters Compagnie und dem Regiment des Obersten Fuchs besetzt. (M. pf. 117/1 f. 189.)

182. Friedrich IV., Instruction für Engelbert von Lautern, Michael Löfenius und Ludwig Camerarius zum Heilbronner Unionstag. Juni 26.

1. Bevor insgemein über die Mittel zur weitern Unterhaltung der Unionstruppen berathen wird, hat man den Ständen, „die hirinnen etwas widerige meinungen haben mögen," besonders den Reichsstädten, vorzustellen, wie man für weniger als drei Monate nicht wol Truppen bekommen könne, dieselben also für so lange habe anwerben müssen, wie zur Bezahlung derselben die bisher bewilligten 16 Monate nicht ausreichen, zumal man dem im Dienste der Union verwandten Regimente von Fuchs noch einen Monat schuldig sei, wie grosser Schade der Union bevorstehe, wenn sie das Kriegsvolk nicht beisammen halten könne, während sie, so lange sie es im Feld habe, wenigstens die Anschläge der Gegner hindere, „da man je sonsten sich etwas würcklichs zu understehen, keine gelegenheit haben solte." Der Churfürst sei bereit, trotz seiner grossen Opfer, die zur rechten Zeit dargelegt werden sollen, den ganzen Rest seines Unionsvorraths und noch mehr darzustrecken. Er hoffe auf die gleiche Gesinnung der übrigen Unirten, unter

182. denen freilich die Gegner gar zu gern Zwiespalt verursachen möchten, um dann einen nach dem andern zu unterdrücken. Gleiche Ausführungen tragen die Gesandten im allgemeinen Rath vor. Auf den zu erwartenden Einwurf, dass durch das Strassburger Unternehmen die Gränze der Vertheidigung überschritten sei, werden Ursache und Zweck des Unternehmens nach Anleitung des Schreibens des Churfürsten an die drei ausschreibenden Reichsstädte (Juni 13 n. 164 Anm. 1.) dargelegt.[1] Eine Specification dessen, was der Churfürst aus eignen Mitteln für diesen Krieg aufgewandt hat, wird den Gesandten nachgeschickt werden. — Wenn dann ein Bundesbeitrag bewilligt wird, so haben die Gesandten sich zu bemühen, dass das Geld nach Heidelberg erlegt werde, damit es im erforderlichen Falle zur Hand sei.[2] — Als Anhang zum ersten Berathungspuncte ist

---

[1] Am 23. Juni schreibt Churpfalz an Baden: bei dem vorstehenden Heilbronner Tag dürften sich Schwierigkeiten ergeben, besonders weil hinsichtlich des Strassburger Unternehmens „etlichen, sonderlich aber den stetten, allerhand ungleiche meinungen . . beiwonen." Sollte in Folge dessen „keine eigentliche resolution genommen, sondern in underschiedlichen hauffen und meinungen gangen, und diser convent one guten effect geendet werden, ist es besorglich umb die union geschehen." Darum hält der Churfürst es für dringend nöthig, dass der Markgraf, wenn die kriegerischen Verhältnisse es irgend erlauben, wenn nicht zur Eröffnung, so doch einige Tage darnach bei der Versammlung erscheine. Der Churfürst vertraut darauf, „das e. l., als welche von den stetten hoch respectirt seint, durch dero gegenwart, sonderlich wan sie denselben, was der sambtlichen union an diesem werck gelegen, und was für schaden und ungelegenheit zu gewarten, da man von den sachen alzufrühe hand abthue, nach notturft . . demonstriren, einen so augenscheinlichen nutzen schaffen werden, dessen sich die sambtlichen Unirten gegen e. l. zum hochsten zu bedanken" (M. pf. 117/1 f. 172.)

[2] Für das Zusammenhalten der Unionstruppen spricht die Instruction Churbrandenburgs (Juni 15. B. XXXIV 20), des Lgr. Moriz (Juni 22. Marburg. Kriegs- und Friedenssachen. Allianeen), Neuburgs (so lange die gegenwärtige Unsicherheit daure; Juni 21. M. pf. 343/19 f. 234) und ein dem Chf. Pfalz übersandtes Bedenken der F. Anhalt (so lange, bis „man einen gewünschten frieden cum satisfactione der interessenten und possedirenden, sowol zu der löblichen union reputation erhalten" habe; Juni 18. M. pf. 117/1 f. 212). Churbrandenburg und Anhalt behalten sich vor, dass die Truppen im Nothfall auch zum Schutz ihrer Lande verwandt werden müssen. Zum Unterhalt der Truppen sind nach Churbrandenburgs Instruction die nöthigen Mittel aus dem Unionsfonds zu bewilligen; ebenso Lgr. Moriz, doch mit dem Zusatz: er habe über die seit einem Jahr in der Jülicher Sache durch Reisen, Gesandtschaften u. s. w. aufgewandten Kosten jüngst einen Zuschuss von 50,000 fl. bewilligt, davon 15,000 fl. erlegt und das übrige zur Bezahlung seiner 400 Reiter bestimmt; nun erwarte er, dass die Unirten ihn „mit zueschiessung merer monaten vor diesmal nit tringen" werden. Neuburg meint: nach abgelegter Rechnung über die 7 und 9 Monate können aus den Unionsvorrath noch 4—6 Monate erlegt werden, doch so, dass Churpfalz, Neuburg und andre Unirte, die in ihren Landen Truppen haben, ihre Beisteuer gleich für jene Truppen, vorbehaltlich späterer Rechnungslage, zu verwenden haben.

der Vorschlag eines bevollmächtigten Ausschusses zu proponiren. Juni 26. Der Ausschuss scheint besonders während der gegenwärtigen Unruhen dringend nöthig zu sein. Ueber seine Vollmacht und seinen Geschäftskreis .sind nähere Bestimmungen zu vereinbaren. Seine Residenz nähme er am besten am Ort des Unionsdirectoriums, doch dass in Kriegszeiten die Hälfte der Mitglieder dem Heere folgen und „in vorfallenden sachen zum besten mit einraten müste." Zusammenzusetzen wäre er aus vier Mitgliedern — je eins von den Churfürsten, den Fürsten, Städten und Grafen ernannt —, oder aus sechs Räthen, so dass in einem regelmässigen Wechsel von sechs Wochen erst die Churfürsten und Fürsten statt je einer je zwei Personen, dann die Städte und Grafen je zwei Personen ernenneten.[1]

2. Bezüglich der Frage über die Bildung eines Unionsfonds sind erst die Ansichten der Vorstimmenden zu vernehmen. Die Wichtigkeit eines solchen Vorrathes bei der tiefen und stets geschäftigen Feindschaft der Gegner ist wol vorzustellen. Der beste Weg zur Bildung des Fonds scheint dem Churfürsten in der Aufnahme eines Darlehens zu bestehen,[2] für welches Verordnete der Unirten die Obligation auszustellen hätten, während diesen wider die einzelnen Unirten die Rückzahlung ihres Antheils an der Schuld sicher stellten. Die Beiträge zur Zinszahlung wären nach der Matrikel zu vertheilen. Die Städte hätten Vorschläge zu machen, wo das Geld zu erhalten wäre, ob etwa auch bei den der Union nicht beigetretenen evangelischen Reichsstädten. Ist dieser Weg nicht annehmbar, so könnte bestimmt werden, dass jedesmal die Stände eines bestimmten Kreises eine bestimmte Summe aufzunehmen hätten. Zu beschliessen ist auch, wie ein in Zahlung der

---

[1] Neuburg ist nur mit einem Ausschuss, der auf Grund der Bestimmungen der Unionsacte und des Rotenburger Abschieds für die Zeit des Krieges niedergesetzt wird, und dessen Wirksamkeit sich lediglich auf den Krieg erstreckt, einverstanden. Im übrigen sollen in wichtigen Sachen alle Unirten gehört werden.

[2] Neuburg schlägt ein Gesuch um Subsidien oder Darlehen bei England, Dänemark, den Staaten, Venedig, den Schweizern, Hansestädten und sächsischen Ständen vor, und zwar sowol für die Unionscasse als zur Unterstützung der possidirenden Fürsten. Da hierüber jedoch längere Zeit hingehen wird, so sind die Unirten zu ersuchen, inzwischen Churbrandenburg und Neuburg zur Behauptung der Jülicher Lande einen Zuschuss zu bewilligen. Wird dies nicht bewilligt, und werden auch die Jülicher Lande nicht in die Union genommen, so dürfen die Gesandten in diesem Puncte nur „ad ratificandum" schliessen. — Lgr. Moriz bevollmächtigt die Gesandten zur Bewilligung eines Nachschusses zum Unionsfonds von 20—40 Monaten.

182. ihm zugewiesenen Zinsen oder Quote der Hauptsumme Säumiger von den sämmtlichen Unirten zur Zahlung anzuhalten ist.

3. Ueber den hochwichtigen dritten Punct werden die Gesandten nach Anhörung der Vorstimmenden erklären: die Oestreicher, Böhmen und Schlesier haben nur dadurch zur Ruhe kommen können, dass sie sich zur thätlichen Abwehr der ihnen drohenden Gefahren gerüstet zeigten. Wenn nun die Unirten in der ihnen aufgedrungenen Vertheidigungsbereitschaft verharren, so werden sich Vermittler finden, und wird man auf dem richtigen Wege sein, um zum Frieden zu gelangen. Man könnte auch den Kaiser in einem ausführlichen Schreiben an die Anträge der vorigjährigen Gesandtschaft erinnern, an die Nichterfüllung seiner Zusagen, an die Truppenaufhäufungen in Passau und Strassburg und die dadurch nothwendig gewordenen Gegenrüstungen der Unirten. Der Kaiser wäre dabei zu ersuchen: er möge die bezeichneten Truppen entlassen, seine Zusagen bezüglich der Beschwerden erfüllen und besonders die Hofprocesse, an denen man noch festhalte, indem man die possidirenden Fürsten ihres Besitzes zu berauben suche, abstellen. Man kann auch an die in Prag anwesenden Fürsten, besonders Erzherzog Maximilian, schreiben, mit der Bitte, sich für die bezeichneten Anliegen beim Kaiser zu verwenden. Chursachsen, Braunschweig, Hessen-Darmstadt wären dabei zu erinnern, dass sie bei den Prager Verhandlungen nichts den Evangelischen Nachtheiliges passiren lassen möchten.[1]

4. Hinsichtlich der wichtigen Aufnahme der fränkischen und Wetterauer Grafen haben sich die Gesandten vorher mit Fürsten und Städten zum Zweck der Beseitigung der hinsichtlich der Vota obwaltenden Schwierigkeit zu benehmen. Strassburg und die schwäbischen Städte sind nunmehr damit einverstanden, dass, wie die Städte, fortan auch die Grafen jeder Zeit zwei Vota weniger haben sollen als Churfürsten und Fürsten zusammen. Dieser Ausweg wird vom Churfürsten, wenn sein früherer Vorschlag, dass Städte und Grafen zusammen so viel Vota haben sollen, wie Churfürsten und Fürsten zusammen, nicht durchdringt, acceptirt. — 5. Ueber die nach Massgabe des letzten Unionsabschiedes mit andern Ständen zum Zweck ihres Eintrittes in die Union gepflogenen Verhandlungen ist zu berichten, und darnach zu ermessen, was in

[1] Neuburg bemerkt: bei der Frage über Herstellung des Friedens kommt die Beilegung des Jülicher Streits in Betracht. Man hat zu berathen, was man den von der Prager Fürstenversammlung in Cöln vorzubringenden Vorschlägen gegenüber zu erklären hat. — Vorschläge zur Abstellung der gravamina.

dieser Hinsicht weiter zu thun ist. Mit den Hansastädten könnte neben Churbrandenburg Landgraf Moriz, der bei jenen Städten in hohem Ansehen steht, die Verhandlungen fortführen. — 6. Das Schreiben des Herzogs von Baiern an die Unirten in Bezug auf Donauwörth wäre unter Vermeidung weitläufigen Disputirens in der Weise zu beantworten, dass die Unirten auf ihre mit dem Kaiser darüber gepflogenen und noch zu pflegenden Unterhandlungen hinweisen: dieser werde den Herzog, bei dem die Union ihrerseits nichts gesucht habe, seiner Unkosten wegen zu befriedigen wissen. Uebrigens habe der Herzog von den Unionstruppen, so lange er keine Feindseligkeiten gegen die Unirten unterstütze, nichts zu befahren.[1] — Schliesslich haben die Gesandten die kürzlich erschienene „Donawertische relation," welche Injurien gegen die Unirten und eine von den ihnen eingekommenen Berichten abweichende Darstellung der Thatsachen enthält, vorzulegen und mit den Uebrigen zu beschliessen, was darauf zu thun sei.[2] — Signatum Heidelberg . . den 16. Junii 1610. Juni 26.

München. Staatsarchiv pf. 117/1 f. 216. Orig.

[1] Neuburg bemerkt: die Stadt Donauwörth bei verweigerter Restitution gewaltsam zu befreien, scheint bedenklich. Haben doch etliche Unirte dem H. Neuburg selber gerathen, dem H. Baiern auf seine widerholten Fragen zu antworten, „das man mit deroselben in unguetem nichts zu thun, und das man sich allein an i. M. gegebene resolution halte." Diese Antwort ist ertheilt, und Baiern hat sich darauf verlassen. Im Fall der Gewalt könnte Baiern sich mit den Passauern vereinigen, und möchte dann überlegene Streitkräfte haben. — Dagegen schreibt Lgr. Moriz am 9. Juli an Churpfalz: beifolgend ein Schreiben des Gr. Johann von Nassau über Verschiedenes, u. a. auch über die Donauwörther Sache. (Beigelegt ist das Schreiben des Gr. Johann von Nassau vom 17. Juni n. 174 Anm. 1, in dem jedoch von der Donauwörther Sache nicht ausdrücklich gesprochen wird.) Nun hat man in Schwäbisch Hall allerdings beschlossen, mit Widergewinnung Donauwörths so lange anzustehen, bis das Jülicher Unternehmen glücklich beendet sei; allein bei dem veränderten Stand der Dinge wäre doch über des Grafen Vorschlag nachzudenken. Es könnte darüber bei der Heilbronner Versammlung verhandelt werden, damit die Städte sich nicht beklagen können, dass ohne ihren Rath in dieser Sache und im Gefolge derselben in den Beziehungen zum H. Baiern „etwas wichtiges, zu dessen continuation sie mit gehörig, angefangen" sei. (M. pf. 116/2 f. 62.)

[2] Am Schluss der Neuburger Instruction findet sich noch folgender Punct: da Churbrandenburg und Neuburg die Jülicher Lande in legitimem Besitz haben, und nach der Unionsacte die von einem Unirten überkommenen neuen Lande von ihrem Erwerber, wenn er es wünscht, in die Union eingebracht werden können, so verlangt Neuburg, wie er es schon den Unirten angezeigt hat, die Aufnahme jener Lande in die Union. Die Stelle des Haller Abschieds, dass die Union nicht auf „adquirenda" gehe, steht nicht im Weg, da diese Lande nunmehr „pro quaesitis . . zu halten" sind. Uebrigens sollen die Neuburger Gesandten sich über diese Sache erst mit den Churbrandenburger Gesandten zu verständigen suchen, um dann, nachdem auch vorher die Gesinnung der

übrigen Unirten erforscht ist, mit jenen gemeinschaftlich den Antrag zu stellen. Gelingt die Verständigung nicht, so ist dem Herzog über Brandenburgs und der Andern Gedanken vorher Bericht zu erstatten.

[3] Auszug aus der Würtemberger Instruction bei Sattler VI S. 45. (Da wo in diesem Auszug der Vorschlag vorkommt, dass die possidirenden Fürsten gegen Caution in Besitz zu lassen seien, wird noch hinzugefügt, dass die Festung Jülich entweder ihnen oder einem Unparteiischen übergeben werden müsse. Am Schluss der Vorschläge zum Ausgleich der Jülicher Sache bemerkt die Instruction: „da aber solch mittel je nicht sein wolt, müeste man es bei jetziger angestelter assistents und defension bewenden lassen." (St. Unionsacta VIII f. 41.)

Juni 27. **183. Christian Fürst von Anhalt an Churpfalz.**

Bei dem vorstehenden Unionstag hat man vornehmlich auf dreierlei zu sehen: wie die Unirten zusammenzuhalten sind, wie die kriegerischen Massregeln in Jülich und im Reich durchzuführen sind, und wie ein guter Vergleich zeitig zu erzielen ist. 1. Auf die zu erwartenden Beschwerden des Herzogs von Würtemberg über den unversehenen Truppendurchzug hat man sich zu entschuldigen mit der Dringlichkeit, und auf die Sorgen desselben für seine spanischen Lehen und die Grafschaft Mümpelgart ist vorzustellen, dass die Sicherheit jener Lande auf dem Zusammenhalten der Unirten, Englands und der Staaten beruhe. Ueberhaupt hat man sich vorzusehen, dass man nicht Würtemberg misstimme und in Folge dessen Culmbach entfremde. Auch der Klage etlicher Stände, dass die Beschlüsse, für welche alle ihr Geld hergeben müssen, von einigen wenigen Unirten gefasst werden, komme man durch zeitige Entschuldigung zuvor. Um die Union zu stärken, wären die Verhandlungen mit den Hansastädten zu erneuern, „desgleichen auch die beschlossenen artikel mit der cron Franckreich . . dergestalt zu redintegriren, das auch wo muglich die reichsstaet zur approbation solcher articul gebracht werden möchten." 2. Die Zahl der „im reich" geworbenen Truppen scheint dem Fürsten von Anhalt durchaus zu gross zu sein; aber jetzt müssen dieselben unterhalten und nach Möglichkeit nützlich verwandt werden. Zum Zweck der Unterhaltung müssen von den Unirten neue Opfer gebracht werden. Vor allem sind die „hinderbliebene restanten" einzuliefern; weiter wäre von den Städten gegen Bestellung von Pfandschaften eine Summe als Darlehen aufzubringen; endlich könnten die Unirten beschliessen, dass alle in ihren Landen fälligen Zehnten und Gülten, welche Geistlichen zustehen, in Beschlag behalten werden sollen, bis man sich genügend gesichert sehe. Zur Rechtfertigung dieses Beschlusses würden die Umtriebe der Geistlichen in Italien, ihre Unterstützung fremder Anschläge dienen. — Wie dann ferner das Kriegsvolk im Reich nützlich zu verwenden ist, das muss je nach den Umständen ermessen werden, besonders nach dem Verlauf des Strassburger Unternehmens und den Dimensionen, die das Jülicher Kriegswesen annimmt. 3. Wenn alle Parteien zur Niederlegung der Waffen und zur Ausgleichung ihrer Streitigkeiten willig wären, so würde doch sowol das Passauer Volk wie das Kriegsvolk der Possidirenden sich nicht so leicht abdanken lassen.

wenn man es nicht vorher bezahlte; zur Bezahlung aber fehlen die Mittel. Eine weitere Schwierigkeit liegt darin, dass, wenn auch alles so gut wie verglichen zu sein scheint, man dem kaiserlichen Hofe hinsichtlich der Ausführung nicht trauen kann. Nur wenn die Festung Jülich den possidirenden Fürsten eingeräumt, und „im reich die stat Donawert abgetretten wirt," kann man einigermassen trauen, „und könte man wol zu abdanckung etlichs kriegsvolcks gelangen." Wird diese Garantie verweigert, so könnte der Churfürst noch von den Geistlichen, besonders von Churmainz, andere Bürgschaften vorschlagen lassen; es wäre dann schliesslich die Uebergabe vornehmer Geiseln, oder bestimmter, wo möglich, befestigter Orte zu verlangen. „In summa wir befinden, das aus diesem unwesen und den bösen schaedlichen consiliis, so von den kaiserlichen raeten kommen, das heilige reich Teutscher nation in so weniger zeit dergestalt enervirt und geschwecht wird, das, wan eine auslendische gewalt entweder vom erbfeind oder sonsten hereinbrechen solte, es gar leichtlich ganz und gar distrahirt und andern zum raub werden möchte." — Datum Heidelberg den 17. Junii anno 1610.

München. Staatsarchiv pf 117/1 f. 311. Orig.

184. Buwinkhausen an Churpfalz und Würtemberg. Juni 27.

Hat nach Besprechung mit Zweibrücken und Karl Paul es übernommen, folgende Gedanken über den Strassburger Krieg, wie sie von Bouillon, Sully, Villeroy, Bongars, den Gesandten Englands, der Staaten, Venedigs gehegt werden, vorzustellen: die Unirten sind mit 2000 Mann zu Pferde und 6—7000 Mann zu Fuss im Elsass zur Zeit Meister des Feldes; sie haben Dachstein unter ansehnlichem Verluste erobert und dürften Molzheim auch gewinnen: aber mit Benfeld und andern Orten wird es schwerer halten. Inzwischen bewirbt sich der Gegner allenthalben um Hülfe, in der Absicht im Elsass, da er in Jülich sich nicht wol behaupten kann, einen plötzlichen schweren Schlag gegen die Unirten zu führen. Aus Luxemburg wird er zahlreiche Reiterei beziehen; aus Lothringen wird er wenigstens heimlich begünstigt werden, da Vaudemonts Sohn von Leopold und seinen Domherrn als Coadjutor angenommen ist.[1] Auf Grund solcher Betrachtungen schliessen viele einsichtige und hochgestellte Personen: wenn die Unionstruppen nicht schleunigst so gestärkt werden, dass sie das Elsasser Unternehmen rasch zum glücklichen Ende führen, so dürften die Gegner bald mit starken Hülfstruppen erscheinen und im Elsass, wo wenig Hülfe von England, den Staaten oder Frankreich zu hoffen ist, die Unirten zu einem entscheidenden, wegen des zweifelhaften Ausganges gar nicht zu rathenden Treffen, oder zum schimpflichen Abzug nöthigen. Es könnten auch weitere Gefahren vom Passauer Volke kommen, besonders wenn die Nachricht von der Verständigung zwischen dem Kaiser und Matthias sich bewahrheiten sollte. Ein jeder der angedeuteten Unfälle würde ausreichen, um „das gantz unionswesen uber ein hauffen zu werfen." Darum wird 1. (besonders auch von Bouillon) gerathen, der Churfürst und Herzog

184. möchten nochmals erklären, dass die kriegerischen Massregeln der Unirten in den obern Landen nicht die Erwerbung des Stiftes Strassburg noch sonst etwas anderes bezwecken, als Vertreibung der fremden Truppen. Allerdings hätte man „ursach gnug, dieweil erzherzog Leopold und etliche unrüwige capitularen durch zuwiderhandlung den tractaten und durch unnötige gesuchte gezaenck die lande in unruhe gesetzt und den Hagenawischen vertrag .. nit gehalten, das stift in libertatem zu vindicieren und sowol den evangelischen als catholischen nunmer ein freie wal zu lassen, wie mermal von mir in underthenigkeit angedeutet;" aber es „wil dafür gehalten werden, das solches noch jetzo . . zu zeitlich, und man verpflastere die sach wie man wolle, so werde es doch bei allen catholischen in und ausser reichs das ansehen gewinnen, es sei umb behaubtung und einziehung des stifts und zum wenigsten zu einsetzung eines evangelischen bischofs zu thuen." Wenn dann die Unirten darüber in Gefahr kommen, so wird man ihnen von Frankreich jeden Beistand versagen, ja man dürfte sich allmählich gar von der Union unter Vorwendung jener Sache ganz trennen. Umgekehrt ist selbst dem Guise und andern Katholischen die Ansicht schon beigebracht, dass, so lange es sich nur um Sicherheit und Reputation handle, der Einfall in's Stift wol gerechtfertigt sei. — Für den Fall ferner, dass es mit dem Elsasser Unternehmen auf's beste ausgeht, und die unirten Fürsten alsdann nicht alles Occupirte in die Hände Leopolds, Kriechingens und anderer in die Jülicher Sache verwickelter Capitularen zurückerstatten wollen — „wie mans nit für ratsamb helt, die occasion und victoriam so gar zu negligieren" — für diesen Fall räth man zu der Erklärung, dass man den Hagenauer Vertrag beobachten, aber das vom Stift Occupirte in unparteiische Hände legen oder es doch so behalten wolle, dass nach Abzug der rechnungsmässig festzustellenden Kriegskosten die übrigen Einkünfte „bis zu end des anstands den catholischen unparteiischen capitularen geliefert werden solten." 2. Es wird weiter gerathen, dass man durchaus Lothringen in guter Gesinnung halte oder doch von Begünstigung der Gegner zurückhalte: dies zu dem Zweck, damit man Zeit gewinne und die Union stärke, damit man Lothringen von Oestreich trenne, und damit man Guise und Andere, die bei gegenwärtiger Regirung viel vermögen, als Freunde behalte. In diesem Sinne räth besonders Bouillon, man solle, wenn der Uebergang des Stiftes Strassburg von Leopold auf Lothringen geschehen oder im Werke sei, sich erbieten, unter den gehörigen Bedingungen nach Ausgang des Hagenauer Stillstandes die Zustimmung der evangelischen Capitularen zu betreiben. Die Verhandlungen mit Lothringen könnte der Herzog von Zweibrücken auf seiner Rückreise übernehmen, und die erforderlichen Aufträge wären ihm dann von dem Churfürsten und Herzog nachzuschicken. Auf solche Weise könnte man dann auch rasch und mit Ehren aus dem Elsasser Unternehmen kommen, nachdem die Fürsten einerseits ihre Macht und ihren Muth, anderseits — besonders zur Beruhigung der katholischen Stände — ihre Mässigung gezeigt hätten. 3. Um das Elsasser Unternehmen zu den unter n. 1 und 2 angegebenen ehrenvollen Zielen zu führen — und der glückliche oder

unglückliche Ausgang des Unternehmens ist bestimmend für Glück Juni 27.
oder Unglück der Union überhaupt —, müssen die unirten Fürsten ohne Verzug eine solche Macht aufbringen, dass sie jedem Feinde überlegen dastehen. Demgemäss wären, um lothringischen und niederländischen Truppen mit „einer streifenden cavalleria" gewachsen zu sein, aus der jüngst in Frankreich entlassenen Reiterei 5—6 Compagnien „chevaux legers und carabins" aufzubringen. Die Werbungen könnte der Herzog von Zweibrücken leiten. Man könnte ferner ein Regiment von 2000 auserlesenen, in den Niederlanden und sonst erprobten und wol bewaffneten „adventuriers oder volontaires," welche Frankreich in der Schweiz beisammen hat und gern ohne „recompens" entlassen möchte, mit Bewilligung der betreffenden Schweizer Orte und des französischen Gesandten in Solothurn leicht in den Dienst der unirten Fürsten nehmen. Zu beiden Werbungen wird Frankreich ohne Zweifel seine Bewilligung geben, da es die Truppen gerne untergebracht sähe, und das ganze Unternehmen durch Ausführung seiner wahren Ursachen, wie Zweibrücken dieselben vortragen wird und sie an vielen Stellen schon vorgetragen sind, in besserm Lichte erscheinen wird als zu Anfang.[2] — Zum Schluss dieses Berichtes widerholt Buwinkhausen seine Mahnung um Verordnung eines residirenden Gesandten. Soissons und andere vornehme Herrn haben erklärt, wenn dies nicht geschehe, so möchten die unirten Fürsten bei den Anstrengungen ihrer Gegner keine Rechnung mehr auf Frankreich machen. Die befreundeten Gesandten, besonders der englische, dringen ebenfalls darauf, da sie gemeinschaftlich mit einem solchen Abgeordneten die Anliegen der unirten Fürsten betreiben sollen. Die „wolmeinenden raete" begehren es, um durch den Abgeordneten den Fürsten ihren Rath zu ertheilen, „neben dem das in iren votis solche in vil weg sich uf ein solche person referieren möchten, das sie sonst für sich selbst nicht fürbringen dörften." Dieser Gesandte müsste dann aber aus Deutschland regelmässige Nachrichten empfangen. Zur Zeit ist es für Zweibrücken höchst nachtheilig, dass er sich auf Villeroy's und der Staaten Zeitungen verlassen muss. Jedermann möchte zu dem Posten des Gesandten den Hofrichter Colli befördert sehen, da derselbe bei den Räthen und Gesandten in gutem Ansehen steht. — Auf Anhalten des englischen Gesandten Widerholung der Bitte um Ernennung eines Agenten in London, desgleichen um schleunige Ausführung dessen, „so mermal wegen Savoya underthaenigst erinnert worden, weil es das ansehen hat, das Spania sich an im rechen wol, und man gern alhie sehe, das e. chf. und f. gg. ihn nit weniger als Venedig in acht nemen." — Beiliegendes Memorial von Bouillon übergeben mit Bitte um Geheimhaltung: „ob villeicht e. chf. und f. gg. sich dessen zu jetzigem Strassburgischen wesen behelfen könten, weil man alhie dazu verstehen möchte, solches wercks zu embrassieren, wan den sachen damit gedient were." — Datum Parys den $\frac{17.}{27.}$ Juny 1610.

Stuttgart. Unionsacta VI f. 118. Orig.

[1] Während der Hagenauer Verhandlungen (n. 196) berichtet Lingelsheim dem v. d. Grün (Juli 18): „Myonio indicavi ego ex Gallia ad

me scriptum esse, moveri et Lotharingum propter haec Alsatica eo quod Vaudemontii filio promissus coadiutoratus. Ille negare factum, sed si obtineri posset, summopere Vaudemontio expetendum." (M. pf. 117/2 f. 262.)

² Lingelsheim schreibt am 9. Juli an v. d. Grün: „Buwinkusii rationes cum nostris consentiunt. Quodsi opes ad bellum ducendum sufficerent, certe occasione utendum esset." (M. pf. 117/2 f. 258.)

Juni 28. **185. Die churpfälzischen Unionsgesandten an ihren Herrn.**

Sind Tags vorher in Heilbronn angelangt, wo sie die Gesandten der meisten Unirten schon vorfanden.[1] Die Neuburger Gesandten haben ihnen am gegenwärtigen Tage folgende Werbung vorgetragen: der Herzog von Neuburg habe dem Churfürsten von der Pfalz unterm 14. Juni geschrieben, dass er, da bei gegenwärtiger Tagsatzung auch über Erweiterung der Union verhandelt werden solle, „allerdings resolvirt" sei, die Jülicher Lande, wie der Ahauser Abschied das gestatte, „in die union kommen zu lassen."[2] Hoffentlich werden nun die churpfälzischen Gesandten hierüber instruirt sein und ihnen (den Neuburgern) zur Beseitigung etwaiger unerwarteter Schwierigkeiten beistehen. Ihr Herr habe übrigens die Mittheilung, die er dem Churfürsten von der Pfalz gemacht, auch an die andern unirten Fürsten und die drei ausschreibenden Reichsstädte gelangen lassen. Sie, die Gesandten, haben über die Sache mit dem churbrandenburgischen Abgeordneten sich besprechen wollen, der sich aber damit entschuldigt habe, dass seine Instruction noch nicht angelangt sei. Ausserdem erboten sich die Gesandten, über die Verhandlungsgegenstände des Unionstags mit den Churpfälzern gute Correspondenz zu halten. Von diesen letztern wurde ihnen erwidert: sie müssen über das vorgebrachte Anliegen besondere Instruction nachsuchen. Die Neuburger mögen sich jedoch in Acht nehmen, dass die Städte nicht gleich von Anbeginn scheu gemacht werden. Im übrigen sei man bereit, „an guter underbauung bei denselben nichts ermangeln zu lassen."[3] — Die Gesandten sehen nun nicht, inwiefern sich Neuburg auf den Ahauser Abschied stützen kann. Der Haller Abschied von 1610 schliesst „die acquirenda" förmlich von der Union aus, und die Städte, welche mit der Jülicher Sache nichts zu thun haben wollen, werden gewiss die Aufnahme der Jülicher Lande in die Union nicht zugeben. — Datum Hailbron den 18. Junii anno 1610.

München. Staatsarchiv pf. 117/1 f. 265. Orig.

¹ Zweibrücken hatte seine Vollmacht den churpfälzischen Gesandten überschickt. (an Churpfalz. Juni 14. M. pf. 117/1 f. 207.) Die F. Anhalt hatten dem Chf. Pfalz ein Gutachten über die Puncte des Ausschreibens gesandt (n. 182 S. 312 Anm. 2) und dabei erklärt, dass sie den Abschied des Tags, an dessen Beschickung sie verhindert seien, genehmigen würden.

² Der Churfürst erwidert am 1. Juli: ein solches Schreiben sei ihm nicht zugekommen. Die Aufnahme der Jülicher Lande in die Union

gegenwärtig zu betreiben, sei nach bewilligter Hülfe der unirten Fürsten überflüssig und mit Rücksicht auf die Städte nicht rathsam. (f. 326.)

³ Nach der Unterredung mit den Pfälzern gingen die Neuburger die Hessen und Würtemberger um gute Correspondenz und um Beförderung des vorstehenden Antrags auf Aufnahme der Jülicher Lande in die Union an. Die Hessen erwiderten bezüglich des letztern Punctes: sie seien darüber nicht instruirt, wollen aber die Angelegenheit, die wol beim 5. Punct der Proposition (Erweiterung der Union) zur Sprache kommen werde, nach Kräften befürworten. Die Würtemberger erklärten: sie kennen Neuburgs Schreiben vom 14. Juni. Es sei ihnen aufgetragen, sich für den Plan bei Andern „ad partem" zu verwenden; allein die Sache werde auf vielen Widerstand stossen, besonders bei den Städten. — Da inzwischen die churbrandenburger Instruction angekommen war, so trugen die Neuburger noch an demselben Tag obige Werbung auch den Churbrandenburgern vor. Diese erwiderten in Bezug auf den zweiten Punct: sie können sich darauf nicht einlassen, da ihre Instruction davon nichts erwähne, wie sie denn auch verfasst sei, bevor Neuburgs Schreiben vom 14. Juni habe ankommen können. Hierauf Werbung bei den Badischen, die sich ähnlich erklärten wie die Würtemberger. (Bericht der Neuburger Gesandten. O. D. M. pf. 343/18 f. 15.) Am 8. Juli schreibt der H. Neuburg an seine Gesandten: da der Chf. Brandenburg laut beiliegendem Schreiben es für unrathsam hält, zur Zeit die Aufnahme der Jülicher Lande in die Union zu verlangen, so sollen die Gesandten dieses Begehren unterlassen, aber „ad partem" die Angelegenheit befürworten und vorbereiten. (M. pf. 342/40 f. 32.)

186. Die churpfälzischen Unionsgesandten an ihren Herrn. Juni 30.

Tags vorher am Vormittag haben die Gesandten die nach dem churpfälzischen Ausschreiben von ihnen verfasste Proposition vorgetragen und dabei, um die Berathung des ersten Punctes zu erleichtern, über die drohenden Gefahren und das Strassburger Unternehmen Aufschlüsse gegeben. Am Nachmittag bei Berathung des ersten Punctes sprach aus allen fürstlichen Voten die Ueberzeugung, dass, wenn der äusserste Nachtheil und Schimpf der Union verhütet werden solle, die Unionstruppen aus Unionsmitteln ferner zusammenzuhalten seien. Einzelne bemerkten, dass, ehe man sehen könne, was zu dem Zwecke nun beizusteuern sei, eine Abrechnung über die Verwendung der bisher bewilligten 16 Monate verliegen müsse. Ferner wurde von Einigen, besonders Culmbach, erinnert, es sei zu unterscheiden zwischen den für die Union und die Jülicher Lande geworbenen Truppen. Als dann die Reichsstädte [1] votiren sollten, nahmen sie Bedenkzeit; erst am gegenwärtigen Tage, Vormittags, haben sie erklärt: die vermöge der Abschiede von Heidelberg, Neuburg und Speier geworbenen Truppen seien wegen der bekannten Anschläge der Widersacher noch eine Zeit lang aus Unionsmitteln zusammenzuhalten. Aber es sei zu unterscheiden zwischen den für die Union und den für die Jülicher Verwicklungen, mit denen die Städte nichts zu thun haben wollen, geworbenen Truppen. Da nun das Strassburger Unternehmen vom Kaiser und nichtunirten Churfürsten und Fürsten deshalb so übel aufgenommen werde, auch den Städten am kaiserlichen Hof schwere Bedrohungen [2]

186. eingebracht habe, weil neben Unionstruppen auch die Jülicher Hülfstruppen dazu verwandt seien, und so die Städte in Verdacht kommen, dass sie sich doch in die Jülicher Sache mischen wollen, da nach dem Wortlaut des Heidelberger Abschieds die Zerstreuung des Elsasser Volks in der That „dem Gülchischen wesen zum besten angesehen" sei, und da endlich das ganze Unternehmen ohne Vorwissen der Städte beschlossen sei, so müssen sie die Ausführung dieses Unternehmens und die Verantwortung desselben den Fürsten überlassen. Dasselbe sehe eher nach Offension als nach Defension aus und sei den frühern Abschieden, bei denen die Reichsstädte immer vor Einfällen in die Lande der Geistlichen gewarnt haben, entgegen. Es sei ihnen somit bedenklich, zur Unterhaltung der Unionstruppen für die Zeit, welche sie im Stift Strassburg liegen, beizusteuern. Sie können nicht beitragen zur Unterhaltung derjenigen Truppen, welche über die in Heidelberg und Neuburg bestimmte Zahl geworben seien. Für die Anspacher Truppen, welche nach beendigter Musterung 14 Tage zum besten der Unirten in den obern Landen gehalten seien, werden sie nach Ausweis des Neuburger Abschieds zu einem Monatssolde und nicht mehr beitragen. Die sonstige Bezahlung dieser sowol, wie der überschüssig geworbenen Truppen mögen die Fürsten übernehmen und für baldige Abführung der Anspacher Truppen an ihren Bestimmungsort sorgen. — Es ist aus den Erklärungen der Städte zu entnehmen, dass sie keine Beisteuer bewilligen werden, so lange sie nicht die Rechnungen über die vorher bewilligten 16 Monate eingesehen haben. Die gesammten vorräthigen Unionsgelder anzugreifen, scheint ihnen unnöthig und nicht rathsam, und sie wollen (abgesehen von Speier und Worms, die bereit sind, ihre Beisteuern nach dem benachbarten Heidelberg zu erlegen), für das, was sie bewilligen, von den früher bestimmten Legstätten nicht abgehen. — Auf diese Erklärung haben die Churpfälzer die allgemeine Sitzung bis auf weitere Ankündigung ausgesetzt und erwidert, dass sie mit den andern fürstlichen Gesandten über die Sachen nachdenken wollen. Die Churpfälzer haben sich bemüht und werden sich weiter bemühen, die Städte zu andern Entschlüssen zu bringen; aber ohne des Markgrafen von Baden persönliches Eintreten wird dies schwerlich gelingen. Der Churfürst möge also denselben abermals ersuchen, schleunigst nach Heilbronn zu kommen.[3] — Datum Hailbron den 20. Junii anno 1610.

München. Staatsarchiv pf. 117/1 f. 321. Orig.

[1] Als nach dem Gutachten n. 172 das Schreiben des Chf. Pfalz vom 13. Juni (n. 164 Anm. 1) in Nürnberg eintraf, statteten Gugel, Held, Burkhard, Olhafen, Hubner, Fetzer folgendes Gutachten ab: man kann den defensiven Charakter der Strassburger Unternehmung nicht herausbringen. Jedenfalls durften die Fürsten dieselbe nicht ohne alle Zustimmung und ohne Vorwissen der Städte in's Werk setzen. Die Städte hätten daher wol Ursache, die nachgesuchte Anticipation zu verweigern. „Jedoch wan es je so weit kommen solte, das durch verwaigerung aller anticipationshülf die union gar zerstreut, die andern chur- und fursten im stich gelassen, und die staet dem raub beder teil underworfen werden, auf solchen eussersten fal were meinen hern nicht zu widerraten,

wofern auch von den andern stetten dahin geschlossen wurde, etwas zu thun, jedoch dergestalt, das man sich dardurch des Gülchischen wesens, und was demselben anhaengig, wie auch der Strassburgischen impresa nicht teilhaftig mache." Im allgemeinen, da das im Elsass Unternommene nicht ungeschehen gemacht werden kann, „haben die unirte staet dis ganze werck also zu tractirn und darbei sonderlich in acht zu haben, das zwar die höhern staende etwas im zaum gehalten, jedoch damit nicht gar zu ser offendirt, und zuvorderst keine trennung causirt und verursacht werde." In solchen wichtigen Dingen haben die Nürnberger Abgeordneten beim Heilbronner Tag zunächst mit den Gesandten der ausschreibenden Städte, besonders Ulms, und dann mit denen der übrigen Städte sich zu benehmen. Bei diesen Berathungen wird es sich auch ergeben, ob die Städte ein besonderes Verwahrungsschreiben an den Kaiser und den Prager Fürstenconvent richten sollen. — Bei diesem allem lassen es die Unterzeichneten bei der von Dr. Burkhard verfassten Instruction für den Heilbronner Tag, welche dem Rathschlag vom 16. Juni entspricht, bewenden. (Nürnberg. n. 22.) — Beim Heilbronner Tag hielten die Städtegesandten ihre erste Sonderversammlung am 28. Juni unter Ulms Directorium. Sie zeigten sich der „geschwinden expedition" sämmtlich abgeneigt. Doch entschied sich die Mehrheit von ihnen dafür, dass man die Proposition, und was für Gründe für die Nothwendigkeit des Elsasser Unternehmens vorgebracht werden moechten, abwarten solle. (Bericht der Nürnberger Gesandten Haller, Grundherr und Burkhard. Juni 28. Nürnberg. n. 23.)

[3] Am 2. Juli übersenden Bürgermeister und Rath von Nürnberg ihren Gesandten das Schreiben des Prager Fürstenconvents vom 22. Juni (n. 180 Anm. 1 am Ende) und bemerken: dies Schreiben wäre von den Gesandten sämmtlicher unirter Städte zu berathen und am besten von den Städten insgesammt zu beantworten. Der Rath meint, „obwol das schreiben an sich selbsten zimlich scharpf, das man sich doch darob umb soviel weniger zu entsetzen, weil es meisten teils uf ungleichen berichten bestehet. . ." Allerdings „wollen wir die furgangene excess nicht vertaidigen, können solche auch allerdings nicht gut heissen; doch muss ein unterschied zwischen den terminis unionis und deren excess gemacht werden." In der Antwort soll also „das wahrhafte intent unserer schirmsverain dermassen an tag gelegt werden, das man daraus abzunemen, wir an denen in Gulchischen und Elsassischen landen furgangenen thaetlichkeiten kein gefallen tragen." (Nürnberg. n. 23.)

[3] Vgl. n. 182 S. 312 Anm. 1. Ein weiteres Schreiben war am 29. an den Markgrafen abgegangen (M. pf. 117/1 f. 237), am 1. Juli schrieb Churpfalz abermals (f. 318). An demselben Tage meldet der Markgraf, er werde am folgenden Tage nach Heilbronn abreisen. (f. 408.)

187. Die churpfälzischen Unionsgesandten an ihren Herrn. Juni 30.

Tags vorher trugen die Culmbacher Abgeordneten den Churpfälzern beiliegende Werbung vor, betreffend den vorstehenden fränkischen Kreistag und die Beschwerden der Bischöfe von Bamberg und Würzburg über die Anspacher Truppen.[1] Sie baten, die Angelegenheit in der Proposition zu berühren, damit die Versammlung ihrem Herrn ein Gutachten gebe, wie er sich zu verhalten habe. Die Churpfälzer erwiderten: 'durch Erfüllung dieses Wunsches könnten die von den Städten erhobenen Schwierigkeiten vergrössert werden, „und entlichen wol das gantze unionswesen anstehen;" doch wollen sie bei ihrem Herrn um Bescheid nachsuchen

21*

187. und seien der Ansicht, wenn die wichtigsten Puncte erledigt seien, so werde die Gelegenheit, diese Sache vorzubringen, sich finden.' Da in dem fränkischen Kreis mehrere katholische Stände sind, denen ohne Zweifel Chursachsen und wol auch die über die Schäden, welche sie von den Anspacher Truppen erlitten, missvergnügten Grafen beistimmen werden, so ist von dem Kreistag wenig gutes zu erwarten. Aber ihn zu verhindern, dazu ist die Zeit zu kurz; es dürften sich auch wenig evangelische Stände dazu verstehen. So müssen denn die evangelischen, besonders die unirten Kreisstände etwaige der Union nachtheilige Beschlüsse nach Kräften abzuwenden suchen. Man könnte am Kreistag, um die Papisten von der Abwesenheit feindlicher Absichten zu überzeugen, erklären, dass, wenn die Widersacher ihre Truppen entlassen und gegen ähnliche in der Nachbarschaft der Unirten vorgehende Werbungen und Einlagerungen Sicherheit geben werden, man zu gleichem bereit sei. Damit eine Uebereinstimmung, etwa durch Verbindung der Grafen mit der Gegenpartei, verhütet werde, möge der Churfürst die Grafen schriftlich ermahnen, sie möchten sich am Kreistag von den Unirten nicht absondern, zumal da man bei gegenwärtigem Unionstag hinsichtlich ihrer Aufnahme in die Union hoffentlich zu einem befriedigenden Schlusse kommen werde.[2] — Datum Hailbron den 20. Junii anno 1610.

München. Staatsarchiv pf. 117/1 f. 394. Orig.

[1] In dem Anbringen heisst es: der Mgr. Culmbach habe als Kreisoberster den B. Bamberg als Director des Kreises und mitausschreibenden Fürsten um Benennung eines Kreistags ersucht zur Abwendung zu besorgender Durchzüge und anderer Kriegsgefahren. Nach mehreren Mahnungen erst habe der Bischof das Concept des Ausschreibens gefertigt, dabei aber den Termin bis auf den 15. Juni hinausgeschoben und einen „neuerlichen stilum" in dem Schreiben gebraucht. Der Markgraf habe daher das Concept „uf die gewönliche formalia corrigiren und den tag uf den 15./25. Maii anticipiren müssen." Dies geänderte Schreiben habe der Bischof ausgefertigt und ausgehen lassen. Wie nun aber zum bestimmten Termin die Abgeordneten der Kreisstände wol instruirt nach Nürnberg gekommen seien, habe der B. Bamberg ein Schreiben des Kaisers und eins der in Prag versammelten Fürsten präsentirt, welches die Abgeordneten so irre gemacht habe, dass auf des Bischofs und anderer geistlicher Stände Antrieb der Tag auf den 12. Juli verschoben sei. Weil indess dieser Termin den Unirten wegen des Heilbronner Tags nicht passte, so haben sie ihn auf den 9. August gesetzt. Da nun der Kaiser in dem erwähnten Schreiben die Freiheit in Ansetzung der Kreistage beschränken wolle und gegen den Markgrafen beschwerliche Vorwürfe erhebe, da die kaiserlichen Commissarien nach erlangten Nachrichten die bewussten Werbungen, Einlagerungen und Durchzüge auf's schärfste tadeln, Abdankung der Truppen oder Ausweisung derselben aus dem Kreise und dazu für die von ihnen Beschädigten (der B. Würzburg schlage seine Schäden weit über 200,000 fl. an) Schadenersatz und Caution verlangen sollen, und da sie endlich noch für den Kaiser eine ansehnliche Anticipation auf die künftige Reichssteuer zu begehren haben, so könnte in der Kreisversammlung Zwiespalt entstehen, und den evangelischen Ständen fernere Gefahr zugezogen werden. Der Markgraf wünsche nun über folgendes den Rath der Unionsversammlung: 1. ob und wie er sich auf die gegen ihn erhobenen Vorwürfe zu verantworten habe, und ob vor dem Kaiser oder

dem Kreistag; 2. wie den kaiserlichen Commissarien auf das angedeutete oder ein ähnliches Anbringen zu entgegnen sei; 3. wie der Markgraf auf die widerholten Bitten der B. Bamberg und Würzburg, die Einlagerungen und Durchzüge abzuschaffen, oder doch mindestens vom Mgr. Anspach und andern Obersten bei Durchzügen Caution stellen zu lassen, erwidern und sich gegen Anspach verhalten solle, „ob es der caution halber bei gemeiner creissverfassung, wie sich ehedessen sonst Churpfalz gefallen lassen, bewenden, oder . . dahin gerichtet werden möge, das dannochter die geistlichen neben andern stenden in etwas contentirt und soviel immer möglich derselben und irer underthanen verschonet werde." (f. 389.) — Das in diesem Anbringen erwähnte Schreiben des Kaisers ist vom 18. Mai und enthält folgendes: etliche fränkische Kreistände haben ihm geklagt: ohne Vorzeigung der nach den Reichsgesetzen erforderlichen kaiserlichen Erlaubniss seien Werbungen vorgenommen und die geworbenen Truppen in ihre (der klagenden Stände) Lande trotz aller Gegenvorstellungen einquartirt mit solcher Bedrängung der Unterthanen, dass dieselben Gott, den Kaiser, ihre Fürsten um Abwendung des Verderbens angefleht haben. Während man nun mit den Urhebern dieses Werks unterhandelte und des Kaisers Interposition erwartete, ist der B. Bamberg von denjenigen, welche bei jener Kriegswerbung offenkundig interessirt sind, zur Ausschreibung eines Kreistages veranlasst. Da nach „vorigen creisabreden" zwischen Ankündigung und Beginn eines Kreistages mindestens sechs Wochen liegen sollen, auch der Kaiser über die Versammlung zuvor zu benachrichtigen war, so berief der Bischof sie nach Nürnberg auf den 15. Juni. Allein der „ander teil" (der Mgr. Culmbach) änderte das Concept des Ausschreibens, indem er statt des 15. Juni den 25. Mai bestimmte und am Schluss einen Zusatz hinzufügte, in dem er sich auf einen dem Kaiser und vielen Reichsständen unbekannten Nebenabschied vom 11. Juni 1608 berief. Das ist der Verpflichtung gegen den Kaiser und die Reichsgesetze zuwider. Nachdem der Kaiser darüber mit den bei ihm anwesenden Fürsten, die zum Theil im fränkischen Kreis Stimme haben, sich berathen hat, befiehlt der Kaiser den Kreisständen: sie sollen das ohne kaiserliche Erlaubniss versammelte Kriegsvolk aus dem Kreis zu bringen suchen; sie sollen sorgen, dass der Kreistag bis zum 15. Juni oder doch so lange verschoben werde, bis des Kaisers Gesandte dorthin kommen können. Was gegen diesen Befehl geschieht, ist nichtig, und wird den Kaiser veranlassen gegen den Uebertreter andere Mittel zu brauchen. (M. pf. 116/3 f. 253.) Eine Instruction für kaiserliche Commissarien zum fränkischen Kreistag vom 22. Mai besagt: die Commissarien sollen die vom Kaiser in Folge der Werbungen und Einlagerungen im fränkischen Kreis erkannten Mandate publiciren und die Kreisstände auffordern, diesen Mandaten, erforderlichen Falls durch Executionsmassregeln, Gehorsam zu schaffen. (M. pf. 117/1 f. 364.) — Vgl. Häberlin-Senkenberg XXIII S. 327.

2 Ein solches Schreiben richtet Churpfalz unter dem 16. Juli an die fränkischen Grafen. (M. pf. 117/1 f. 371.)

188. Die churpfälzischen Unionsgesandten an ihren Herrn. Juli 3.

In der Sitzung vom 2. Juli Vormittags führten die Churpfälzer und die übrigen fürstlichen Gesandten Ursache und Zweck des Strassburger Unternehmens, und dass die Städte dadurch keineswegs in die Jülicher Sachen verwickelt werden sollten, aus. Allein die Gesandten der Städte beharrten auf ihrem eingenommenen

188. Standpunct.[1] Am Nachmittag stellten die Pfälzer ihnen vor, wie den Gegnern der Muth wachsen werde, wenn sie hörten, dass man zwiespältig aus einander gegangen sei; sie protestirten, dass, wenn die Unionstruppen wegen mangelnder Bezahlung dem einen oder andern Stande Schaden zufügen sollten, die unirten Fürsten, welche für die Unionsinteressen die grössten Opfer gebracht haben, zum Theil auch ihr Leben wagen, keine Schuld tragen würden. Hierauf erklärten denn die Städtegesandten sich bereit, über die bis dahin gepflogenen Verhandlungen ihren Vorgesetzten zu berichten und eine günstige Resolution nach Kräften zu befürworten. Damit sie aber darlegen könnten, wie gross die Zahl der Truppen sei,[2] was sie schon gekostet haben und etwa demnächst kosten werden, wünschten sie vorherige Abhörung der Rechnungen. Dies wurde von den Pfälzern, „weilen man mit solchen rechnungen nit allerseits, sonderlich Würtemberg und der stat Strassburg wegen, gefast gewesen," mit Berufung auf den zu vermeidenden Zeitverlust abgelehnt,[3] und dafür vorgeschlagen, die Städte möchten vorläufig die von Churpfalz vorher begehrte Anticipation von acht Monaten bewilligen, demnächst werde man dann aus den Rechnungen ersehen, ob und was noch weiter zuzuschiessen sei. Die Churpfälzer hoffen nun auf guten Bescheid der Städte, „wie wir dan bei dieser gantzen deliberation vermerckt, das es inen merer teils an gutem bericht gemangelt, den wir auch jeder zeit nach aller möglichkeit erstattet." — Den Ausschuss hat man insgemein für nöthig erachtet, aber die Mehrheit will ihn leider nicht zur Behandlung der Unionsangelegenheiten überhaupt, sondern im Hinblick auf die gegenwärtigen kriegerischen Operationen und für deren Dauer errichtet wissen. Behufs der Zusammensetzung wies ein Theil der Unirten auf die Bestimmung des Rotenburger Abschieds über Adjunction der Kriegsräthe. Da aber die Städte sich beschwerten, dass sie alsdann von Ernennung der Ausschussmitglieder ausgeschlossen wären (denn der Rotenburger Abschied kennt noch keine unirten Städte), so nahm man schliesslich zwei Vorschläge ad referendum: sämmtliche Unirte sollten sich über sechs Personen verständigen, oder die Churfürsten, Fürsten und Grafen sollten vier, die Städte eine Person (?) ernennen. Dieser Ausschuss sollte dann dem General und Feldmarschall zugeordnet werden. Die Städtegesandten haben sich noch vorbehalten, dass in demselben das gleiche Stimmenverhältniss herrsche, wie in der Union. Hinsichtlich des Wirkungskreises des Ausschusses hat man nur bestimmt, dass derselbe sich in den Gränzen der Unionsverfassung halten solle, „dabei dem directorio und generaln heimgestellt worden, wohin sie jederzeit nach beschaffenheit der kriegsgefar solchen ausschuss zu ordnen ratsamb ermessen." — Datum Hailbron den 23. Junii anno 1610.

P. s. Die Churpfälzer haben die Nürnberger Gesandten nach vielen Vorstellungen zu der Erklärung gebracht, dass die Anticipation der acht Monate bei ihren Obern keine Schwierigkeit haben werde, und dass sie die übrigen Städtegesandten ebenfalls zu einer willfährigen Stimmung zu bewegen suchen wollten: sehe man nur erst nach abgehörten Rechnungen in den Sachen klar, so würden sie auch die endliche Entschliessung ihrer Obern innerhalb acht Tagen nach geendetem Unionstag ausbringen.[4] Von den Jülicher Sachen halte ihre Stadt sich fern. Wenn aber die Reiter des Markgrafen von Anspach und das Regiment von Fuchs forthin den Soldzahlungen der Union entzogen und nach den Jülicher Landen geschickt werden, so werde Nürnberg hinsichtlich der Anerkennung der bereits gemachten Zahlungen und auch hinsichtlich der Zustimmung zu weitern Truppenwerbungen, wenn sie nöthig seien, wol keine Schwierigkeiten machen. Juli 3.

München. Staatsarchiv pf. 117/1 f. 352. Orig.

[1] Die Städtegesandten wollten über den ersten Punct der Proposition nach ihrer Heimkunft mündlich referiren und dann die Resolution ihrer Herrschaften in 8—10 Tagen ausbringen. Dagegen wurde ihnen von fürstlicher Seite angesonnen, sie möchten entweder die acht Monate „pure" bewilligen, oder die fragliche Resolution durch schriftlichen Bericht noch während der Tagsatzung ausbringen. (Bericht der Nürnberger Gesandten. Juli 3. Nürnberg n. 23.)

[2] Am 2. Juli übersenden die Nürnberger Gesandten folgendes Verzeichniss der Unionstruppen: 1. Reiter. a) Verschiedene Fähnlein beider Markgrafen: 1000 Mann, b) 4 vom Lgr. Moriz geworbene Fähnlein unter Oberstlieutenant Kotwitz: 400 Mann, c) 2 Fähnlein von Obentraut: 250 Mann, d) 4 Fähnlein pfälzischer Lehenreiter unter Oberstlieutenant Landschad: 450 Mann, e) Truppen des Obersten Selbitz: 600 Mann, f) Truppen des Rittmeisters Marschall: 200 Mann, g) Truppen des Herrn v. Seinsheim: 100 Mann, — Summa: 3000 Mann. 2. Fussvolk. a) Unter Oberst Fuchs: 2,200 Mann, b) unter Oberst Helmstätter: 3,300 Mann, c) Churpfälzisches Regiment: 1,500 Mann, d) Neuburger Truppen: 600 Mann, c) Churpfälzische Truppen in der Oberpfalz und Modersbachs Fähnlein: 200 Mann, f) zwei Fähnlein der Markgrafen: 400 Mann, g) drei Fähnlein von Strassburg: 900 Mann, h) ein Fähnlein von Nürnberg: 300 Mann, i) ein Fähnlein von Ulm: 300 Mann. — Summa: 9,700 Mann. Es finden sich von diesen Truppen in den obern Landen (gegen Baiern und die Passauer) nur 1800 Mann zu Fuss, die meist in Garnison liegen. Da sie bei weitem nicht ausreichen, so muss das Landvolk zugezogen werden. Wie viel von diesem an die Gränzen gelegt und noch ferner aufzustellen ist, wissen die Nürnberger Gesandten nicht. (Ueber die Stärke der Elsasser Truppen vgl. n. 211 Anm. 2.)

[3] Die Neuburger Gesandten berichten am 9. Juli: „mit den rechnungen, so die Unirte leisten sollen, kan man nit fort kommen, unangesehen man starck darauf getrungen, weiln punctus liquidationis manglet. Und würt allein überal aus denselben zum directorio ein extract gegeben, was bishero ausgelegt worden und noch im rest und vorrat seie. (M. pf. 342/40 f. 71.) Aus solchen Extracten fertigte der H. Neuburg (eigenh.) folgende Zusammenstellung: I. „Verzeichniss der Heidelbergischen einnam der 7 zu Heidelberg und 9 zu Neuburg bewilligten monaten: Summa der einnam thue: 81,318 fl. 10 b. — Mer von den 8 anticipirten monaten: 31,008. — Summa summarum 112,326 fl. 10 b. — NB. Mer: haben die geheimen zu Strassburg seither 7 monat erleget. — Ausgab thut: 131,871 fl. $7^1/_2$ b. — Ubertrift ausgab die einnam: 19,544 fl. $12^1/_2$ b." — Churpfalz hat „aus der masse dargeschossen": für Werbung, Kundschafter u. dgl. 2,378 fl. Für Munition: eine Summe, über die später Rechnung gelegt werden wird. Aus seinem Zeughaus geliefert im Werth von 20,171 fl. Für Vertheidigungsanstalten in der Oberpfalz: 23,378 fl. Für den ersten El-

sasser Zug: 14,000 fl. — „Summa, so der churfurst uber die bewilligte monat furgestreckt, thut 79,471 fl. 12½ b." II. „Verzeichniss des kriegsvolk, so ungeferlich 8 monat hinfüro zu underhalten": 2500 Mann zu Pferde. Kosten monatlich 58,090 fl. — 7300 Mann zu Fuss Kosten monatlich: 71,504 fl. — Summa: 129,594 fl. Dazu für Artillerie und hohe Befehlshaber: 12,597 fl. — Zusammen: 142,191 fl. Also für 3 Monate: 426,573 fl. Munition, Proviant, Kundschaften und andere ausserordentliche Ausgaben sind dabei nicht berechnet — Ein Monat der Unirten beträgt nach der Reichsmatrikel: 15,974 fl. 10 kr. Also 27 Monate: 431,302½ fl. (M. pf. 343/19 f. 73, 74.)

[4] Die Nürnberger Gesandten berichten darüber am 3. Juli: dass der Nürnberger Rath seine Resolution über den ganzen ersten Punct der Proposition vor einem erschöpfenden Bericht, wie die Gesandten ihn erst nach ihrer Rückkehr abstatten können, fassen werde, war ihnen zweifelhaft. Da jedoch ihre Instruction, „wan ungelegenheit aus mangel der bezalung sich ereugnen solte, zugibt, die anticipationsweis begerte acht monat mit gewisser protestation zu bewilligen," und da „wir besorgen müssen, es möchte e. e. und h. mit der einlaegerung oder in andere weg grosse beschwerung zugefügt werden," so ergriffen die Gesandten den Ausweg, „das wir die one das albreit von dem merern teil bewilligte und von etzlichen staetten erlegte acht monat dergestalt ... bewilligen, das wir mit der resolution im haubtpuncten, ob man sich nemlich zu volliger underhaltung des gantzen volcks verstehen und des zug in das Elsass gut haissen wolle, noch lengere dilation bis zu unserer anhaimskunft erlangen möchten." Dies wurde zunächst von den Churpfälzern acceptirt, am gegenwärtigen Tag von gesammten Städten beliebt, und bei der allgemeinen Sitzung vorgetragen und angenommen. (Nürnberg n. 28.)

Juli 3. **189. Friedrich IV., Instruction für Dieterich von Schönburg und Michael Lingelsheim zur Hagenauer Tagsatzung.**[1]

Die Gesandten sollen sich am 5. Juli bei den Markgrafen von Anspach und Baden einfinden und denselben vortragen: 'Churpfalz habe sie (die Gesandten) wegen unvollständiger Kenntniss der Elsasser Vorgänge nicht vollkommen instruiren können; er erwarte, dass in den meisten Puncten die Markgrafen über die zu stellenden Bedingungen die Gesandten unterrichten werden.' Von den Markgrafen informirt, haben dann die Gesandten den Hagenauer Verhandlungen neben den Abgeordneten der Markgrafen beizuwohnen. Der Zweck des Strassburger Unternehmens, nämlich Vertreibung der im Bisthum liegenden Truppen, ist in den Verhandlungen festzustellen, es ist also Abdankung des Volkes, und Versicherung, dass dasselbe weder mit den Passauer Truppen vereinigt, noch gegen die Unirten, noch gegen die Possidirenden verwandt werde, und endlich Kostenersatz für die Unirten zu verlangen. Man hat „sich also zu stellen," als ob man bei Verweigerung dieser Forderungen den Tag sich zerschlagen lassen wolle. Zeigt sich aber bei den Verhandlungen der Kostenersatz unerreichbar, und halten die Markgrafen den Verzicht darauf für rathsam, so mögen die Churpfälzer davon abstehen. Zum Zweck der Versicherung wäre von Lothringen, Hanau, der Stadt Strassburg und der Elsasser Ritterschaft ein Versprechen zu verlangen, dass sie künftig ähnliche Einlagerungen nach Kräften hindern werden, oder es hätte das Stift „etliche oerter den stenden im Elsass uf etlich monat" einzuräumen. Ist aber weder dieses, noch das Versprechen, dass das Strassburger Volk weder mit den Passauer Truppen vereinigt, noch gegen die Possidirenden verwandt werden solle, zu erlangen, und wird nur der beiderseitige Abzug aus dem Stift Strassburg eingeräumt, für diesen Fall mögen die Gesandten das Gutachten der Markgrafen alsbald nachsuchen, darüber dem Churfürsten sofort berichten und dessen Bescheid erwarten. Beim Durchreisen durch Strassburg theilen die Gesandten dem geheimen Rath ihren Auftrag mit und bitten sich seinen Rath aus. — Datum Heidelberg.. den 23. Junii 1610.

München. Staatsarchiv pf. 117/2 f. 209. Orig.

[1] Der lothringische Gesandte Myon (n. 175) reiste vom Hofe des Chf. Pfalz (nachdem er vorher oder nachher seine Werbung auch dem H. Würtemberg vorgetragen) zu den Mgr. Anspach und Baden. Diese schreiben auf seine Anträge am 26. Juni an Lothringen: über des Herzogs friedliche Vorschläge werden sie des Chf. Pfalz und anderer unirter Fürsten Entschliessung einholen und die Sachen so vorbereiten, „darmit uf e. l. ferner zueschreiben auch bestimmung zeit und orts man desto besser gefast erscheinen möge." Da noch vor dem lothringischen Gesandten und in gleicher Absicht Gesandte des Gr. Hanau, der Elsasser Ritterschaft und der Stadt Strassburg sich bei den Markgrafen eingestellt haben, so wird der Herzog gegen die Zuziehung dieser Stände zu den Verhandlungen wol nichts einzuwenden haben. (M. pf. 117/2 f. 135.) Der H. Lothringen schlägt darauf am 29. Juni Anstellung der Vergleichshandlung zu Hagenau am 6. Juli vor: er werde den Herrn von Kriechingen zur Betheiligung an derselben auffordern. (f. 217.) Churpfalz schreibt den Markgrafen am 3. Juli: er werde seine Gesandten zu dem Hagenauer Tag so abfertigen, dass sie am 5. Juli im Lager eintreffen, um sich mit den beiden Markgrafen vorher zu besprechen. Die militärischen Operationen seien inzwischen nach Kräften fortzusetzen; gerade dadurch werde man mit den Verhandlungen um so eher zum Ziel kommen. (f. 121.) Zugleich ersucht der Churfürst den H. Würtemberg, die Hagenauer Tagsatzung ebenfalls zu beschicken, da Lothringen durch Herrn von Myon die gütliche Unterhandlung beim Herzog sowol, wie bei Churpfalz angeregt habe.

190. Zierotin an Tschernembl. Juli 3.

Durch den zwischen dem Kaiser und Matthias verabredeten Waffenstillstand ist dem „salutare consilium" des Tschernembl der Boden weggezogen. Deshalb und weil des Tschernembl Schreiben ihm zu spät (am 29. Juni) zugekommen ist, hat Zierotin es unterlassen, einen Vertrauten zu der auf den 2. Juli anberaumten Zusammenkunft in Wittingau abzuordnen. Matthias hatte den mährischen Landtag auf den 22. Juni berufen, damit er ihm Deputirte sende mit absoluter Vollmacht „decernendi de omnibus quae praesentem rerum statum et inchoatam cum principibus actionem contingunt." Den Deputirten ist indess beschränkte Vollmacht ertheilt, und besonders eingeschärft, dass sie vom Prager Vertrag keinen Schritt zurückweichen und die Herrschaft des Matthias und das Bündniss der Lande unbedingt festhalten sollen. Die Ansicht der

Deputirten ist, Matthias sei zu bereden, von den Friedensvorspiegelungen abzustehen und den Feind, der zu seinem Verderben sich inzwischen zu stärken sucht, mit seinen zur Zeit mindestens gleichen Streitkräften niederzuschlagen. Denselben Rath wird Zierotin ertheilen, wenn er, von Matthias besonders berufen, in einigen Tagen sich zu ihm begiebt. Die Mährer werden zu ihren 6000 Musquetieren (sclopetarii) nächster Tage den „delectus equitatus nostri provincialis" auf die Beine gebracht haben. Sie haben um Beistand geschrieben an die Böhmen, Schlesier und Lausitzer. Den ungrischen Palatin und die östreichischen Stände unter und ob der Enns fordern sie zu ernstlichen Anstalten auf zur Vertheidigung des Königs und der Lande, wie es sie denn sehr befremdet, dass die oberöstreichischen Stände von geworbenen Truppen nur 800 Mann zu Fuss und 200 Mann zu Pferde aufgebracht haben. „Cum nuper Viennae essem, fui autor regi, ut familiarius cum electore Palatino et caeteris evangelicis principibus quam antehac ageret et communicatis auxiliis aditum sibi pararet ad spes maiores.[1] Recepit (sic!) se facturum omnino, et proximis literis confirmavit, addito propediem ad eos missum aliquem iri suo nomine qui coniunctioni huic initium faceret."[2] — Olomuczio V non. Jul. 1610.

München. Staatsarchiv 379/7 f. 214. Cop.

[1] Ueber die Versuche zur Verbindung der Union mit Matthias und seinen Ständen vgl. n. 162 Anm. 1. Ferner Haeberlin-Senkenberg XXIII S. 231. Hurter VI S. 293. Churcöln und Erzh. Ferdinand an den Kaiser. Juli 14. (Hurter VI S 670.) Rath der ständischen Ausschüsse zu Wien. Anfang August und September. (Hurter VI S. 309, 337.) Warnungen Braunschweigs und der Prager Versammlung. August, September. (Hurter VI S. 303, 308. Häberlin XXIII S. 250, 257.) Ableugnung der Stände. Sept. 12. (Hurter VI S. 303.)

[2] Instruction des K. Matthias für Gr. Hardegg an Churpfalz und Churbrandenburg. Juni 22. (Hammer, Klesl II S. 217.)

Juli 4. **191. Die Neuburger Unionsgesandten an ihren Herrn.**

Die Mehrheit hat sich bei Berathung des zweiten Punctes der Proposition gegen die Bildung eines besondern Fonds ausgesprochen, „wie dan die merere vota weder uf eine weitere anzal der unionsmonat, noch auch uf eine extraordinari collectation der underthanen, viel weniger uf die geistliche güeter, welche in der evangelischen fürstentumb und lant gefallen, verstehen wollen, unangesehen etliche darzu sich nit übel disponirt befinden." Die Städtegesandten erklärten, dass für ein Anlehen die Städte keinerlei Bürgschaft übernehmen könnten: dazu würde die Zustimmung der gesammten Bürgerschaft nöthig sein; es könnte aber durch solche Zumuthungen der „burgerschaft, dardurch sie, die staet, allein per maiora und nit mit aller willen zur union kommen, leichtlich zum aufstant ursach" gegeben werden. — Datum Hailbron den 24. Juny anno 1610.

München. Staatsarchiv pf. 343/18 f. 165. Orig.

192. Philipp Ludwig Herzog von Neuburg an seine Gesandten in Heilbronn. Juli 5.

Beifolgend die Erklärung, welche Baiern dem Grafen von Zollern auf Antragung der Execution gegen die Unirten[1] gegeben haben soll.[2] Die Gesandten sollen vorschlagen, dass alsbald eine Gesandtschaft im Namen der Union an den Kaiser und die in Prag versammelten Fürsten abgefertigt werde, um zu fragen, ob in der That ein solches rechtswidriges, zum Untergang des Reichs führendes Unternehmen im Werke sei. Besonders ist ferner in der auf Baierns Schreiben an die Unirten bezüglich Donauwörts zu vereinbarenden Antwort die Bemerkung einzuflechten: wenn die Unirten vom Herzog sicher gestellt werden, dass sie keinen Angriff von ihm zu gewärtigen haben, auch dann nicht, wenn der Herzog gegen sie als Ungehorsame dazu aufgefordert werde, so solle er anderseits von der Union versichert sein, dass sie weder wegen Donauwörths noch aus andern Gründen ihn angreifen werde. — Datum Neuburg an der Tonau den 25. Junii 1610.

München. Staatsarchiv pf. 343/18 f. 193. Orig.

1 Für die Geschichte dieses Planes vgl. Gutachten des Kaisers an die Prager Versammlung. Juni 8. (Häberlin-Senkenberg XXIII S. 227.) Resolution Baierns auf die Werbung des Gr. Zollern. (Londorp I S. 96.) Instruction desselben für Donnersberg. Juni 26. (Wolf II S. 561 fg., 576 fg.) Berichte von Donnersberg. Juli 1, 3. (Wolf II S. 584, 585, 586 fg.) Aufträge Baierns an Donnersberg. (Wolf II S. 596, 602 fg.) – Später (im September) kam dem Chf. Pfalz und andern Unirtern die Abschrift einer angeblichen Relation des Gr. Zollern (Prag 5. Juli) zu, folgenden Inhalts: auf des Grafen Werbung hat der H. Baiern zuerst erklärt: er könne die Execution nicht übernehmen. Auf die weiteren Vorstellungen des Grafen ergab sich aber, dass diese abschlägige, schriftlich verfasste Resolution hauptsächlich deshalb vom Herzog ertheilt war, „damit dieselbe kuntbar werden möchte . . ., dieweil zu besorgen, wan dem gegenteil . . der executor bewust wurde sein, das sie demselben in das lant fallen und dardurch e. Kai. M. und seinen intent verhindern möchten, ehe er mit aller zue solcher execution gehörigen notturft gefast und uf solchen fal auch der reciprocae assistentiae versichert were. Derowegen dan er, der herzog, gar hoch an mich begeret, die mir in schriften erteilte abschlegliche antwort gleichwol, wohin ich wolte, zu communiciren, aber dis sein gemut e. Kai. M. einzig und allein gehorsambst zu entdecken und allerunderthenigst und zum hogsten zu bitten, da e. Kai. M. ferner tractation mit demselben zu pflegen allergnedigst gesinnet sein, sie geruhen, die beratschlagung dessen etlichen weinigen dero raeten, welchen e. Kai. M. der verschwigenhait halber am meisten vertrauen, allergnedigst anzubefehlen.“ Zur Führung der Verhandlung hat der Herzog seinen obersten Kanzler nach Prag abgeordnet, welcher seine Werbung vor den bezeichneten „verschwigenen raeten“ vortragen zu dürfen bittet. — Im übrigen räth der Herzog, der Kaiser solle die Execution keineswegs einstellen, aber vorher die Vorbereitungen, welche den Erfolg sichern, treffen. Zu dem Zweck hätte der Kaiser nach des Herzogs Ansicht die in Prag versammelten Fürsten sich über die von ihnen gerathene Execution näher aussprechen zu lassen, „damit sie künftig des uncostens halber umb sovil desto weiniger difficultiren könten;“ er hätte auch von ihnen eine Erklärung zu erlangen, wie viel Römermonate, und wann und wo sie die-

selben zur Execution beisteuren wollen, damit man daraufhin Geld im voraus aufnehmen könne. Vor allem muss ferner „ertzherzog“ (sic!) Matthias zu einem Ausgleich mit dem Kaiser gebracht werden. Denn vorher kann der Kaiser das in Passau liegende Volk nicht „von sich lassen.“ — Dies Passauer Volk hat der Graf bei seiner Rückreise „in völliger schlachtordnung beisamen gesehen und mit vleiss besichtigt.“ Es ist ein „edel, schön und auserlesen volck. . Seint auch unangesehen der ubeln bezalung dennoch so gedultig, und kegen e. Kai. M. so devot, das sich zu vorwundern. Dan sie nichts merers wunschen, [dan fur e. Kai. M. und zu erhaltung der kaiserlichen autoritet ir blut zu vergiessen und ir leben zu wagen.“ (M. pf. 116/3 f. 149.)

[2] Auf diese Neuigkeit und auf das Schreiben der Prager Versammlung an die drei ausschreibenden Städte (n. 180 Anm. 1) beriefen die Neuburger Gesandten den in Heidelberg verweilenden Pfgr. August nach Heilbronn, um über so gefährliche Händel besser beschliessen zu können. (Pfgr. August an seinen Vater. Juli 8. M. pf. 342/40 f. 197.)

Juli 8. **193. Schönburg und Lingelsheim an Churpfalz.**

Am 6. Juli Morgens früh Ankunft in Strassburg, wo sie vor Deputirten der Dreizehner ihre Werbung ablegten. Die Resolution darauf soll den Strassburger Gesandten nach Hagenau geschickt werden. Am selben Tag in der Nacht Ankunft im Lager zu Mutzig. Am folgenden Morgen Vortrag vor dem Markgrafen von Anspach. Da die Molzheimer[1] damals zu parlamentiren begonnen hatten, begab sich der Markgraf kurz nach der Audienz zu der Batterie, und es wurde den Belagerten durch Schiessen und Approchiren (Helmstätter ist mit seinen Laufgräben bis zum Stadtgraben gekommen) der Art zugesetzt, dass noch an dem Abende Geiseln ausgewechselt wurden. Noch an demselben Tage ertheilte der Markgraf den Gesandten seine Antwort: wenn die Belagerung Molzheims zu Ende sei, so werde er „dem feind gegen seinem stettigen streiffen wol gewacksen sein.“ Aber fernere Belagerungen könne er nicht unternehmen, da die badischen groben Geschütze sämmtlich beschädigt seien, der Vorrath an Munition nicht genüge, und es unsicher sei, ob man ihn von Heidelberg aus ergänzen könne. Auch seien die Truppen ermattet und etwas unwillig. Somit sei es ihm genehm, wenn ein Waffenstillstand auf einige Tage bewilligt, und dann einfach der Abzug des beiderseitigen Volks aus dem Stift Strassburg bedungen werde. Immerhin mögen dann die gegnerischen Truppen nach den Jülicher Landen geführt werden. Die Fortsetzung des Krieges im Elsass werde den Unirten eine unerschwingliche Last aufladen, während doch ihre Truppen anderswo nützlicher gebraucht werden könnten. Uebrigens mögen die Gesandten über diese Vorschläge erst des Churfürsten Resolution einholen. Er, der Markgraf, habe sich schon entschuldigt, dass er den Hagenauer Tag wegen Mangels an Leuten nicht beschicken könne. — Am 8. Reise der Räthe nach Strassburg. Sie gedenken am selben Tag in Hagenau einzutreffen. — Datum Strassburg den 28. Junii anno 1610.

München. Staatsarchiv pf. 117/3 f. 170. Orig.

[1] Ueber die Action gegen Molzheim (n. 181) berichtet Anspach von Mutzig aus in zwei Schreiben an Churpfalz. Juni 27: vor zwei Tagen ist der Feind aus Molzheim an zwei Orten ausgefallen, aber bald mit ziemlichem Verluste zurückgetrieben. Von den Unionssoldaten sind 8 oder 10 gefallen. Am gegenwärtigen Tag haben die Unionstruppen zwei Mühlen hart vor der Stadt mit Gewalt genommen und das dabei liegende Schiesshaus niedergebrannt. (M. pf. 117/1 f. 263.) Juli 3: in vergangener Nacht zwischen 1 und 2 Uhr ist der Feind mit neun Compagnien zu Pferde und fünf Compagnien zu Fuss an das Quartier des Obermarschalls Gr. Otto von Solms gerückt. Er machte an einer Seite Lärm; und als der Graf dorthin zwei Compagnien Reiter schickte, wandte er sich und griff an der andern Seite an. Hier traf der Graf selber mit einer Compagnie der Art auf ihn, dass er mit ziemlichen Verlust (man hat schon an die Fünfzig gezählt) abziehen musste. Von den Unionstruppen sind etwa zwanzig geblieben. Gr. Otto erhielt aber einen Schuss in den rechten Arm nach der Schulter hin und ist bald nachher verschieden. (f. 427.) Vgl. Strobel (n. 66 Anm. 1) S. 237 fg.

194. Die churpfälzischen Unionsgesandten an ihren Herrn. Juli 9.

Der Markgraf von Baden hat, wie die Gesandten schon am 7. berichtet haben, in den allgemeinen Sitzungen und in Sonderberedungen mit den Abgeordneten der drei ausschreibenden Städte durch eingehende Darlegung und darauf eingelegte Protestation die Gesandten der Städte auf bessere Wege zu bringen gesucht, damit nicht durch ihre Absonderung den Gegnern das Schwert in die Hand gegeben werde zum Verderben der Unirten. Man bewies ihnen aus dem Schreiben der in Prag versammelten Fürsten an die drei ausschreibenden Städte, aus den Resolutionen des Kaisers an jene Fürsten, dass alle vollzogenen und noch im Werke befindlichen Werbungen die Unterdrückung der Union bezwecken. Trotzdem nahm die Mehrheit der Städtegesandten den Vorschlag, es sollten sofort Etliche aus ihrer Mitte den Städten mündlichen Bericht abstatten, nicht an; sie sagten: diese Abgeordneten würden schwerlich einen geänderten Bescheid zurückbringen; nach Schluss der Versammlung wollten sie sich verwenden, damit ihre Obern sich dem Unionsdirector gegenüber ferner erklärten. Ihr unabänderliches Verlangen ist, dass die Reiter des Markgrafen von Anspach und das Regiment von Fuchs nach den Jülicher Landen geführt werden, und dass die Städte mit dem Strassburger Unternehmen nichts zu thun haben sollen. Wird ihnen hierin nachgegeben, und werden dann die eigentlichen Unionstruppen aus dem Elsass geführt, so werden, meinen sie, ihre Obern sich entschliessen, zur Unterhaltung derselben wie auch der über die Ansätze der vorigen Abschiede geworbenen Soldaten, beizusteuern. Da nun der Markgraf von Baden sah, dass weiter nichts zu erhalten sei, so ist er am gegenwärtigen Morgen mit Zustimmung der fürstlichen Gesandten abgereist. Tags vorher hatten die Städtegesandten noch beiliegende drei Fragen übergeben, auf welche ihnen nach Beschlussfassung des Markgrafen und der fürstlichen Gesandten beiliegende Erklärungen gegeben sind.[1] Es soll nun noch einmal eine Besprechung mit den Gesandten der drei ausschreibenden Städte

194. versucht werden. Da aber die Städte, besonders Nürnberg und Ulm und die Städte ihrer Kreise, vermuthlich bei ihrer Absonderung beharren, und so die Fürsten zu ihrer äussersten Erschöpfung die Last auf sich allein haben werden, da die Gegner, hierdurch ermuthigt, die „Elsassische tractation" vielleicht zerschlagen möchten, so möge der Churfürst seinen Gesandten Bescheid geben, wie sie sich nunmehr zu verhalten haben. Nach Ansicht der Gesandten hat man mit allen Mitteln einen annehmbaren Frieden zu erstreben. Besonders bei der Hagenauer Verhandlung bemühe man sich, dass „das an den Reinstrom angehende wetter da dannen abgewendet werden möge." Da aber auch in der Jülicher Sache gütliche Verhandlungen in Aussicht stehen, so wäre eine erfolgreiche Durchführung derselben, bei der auch für die Unirten Sicherheit auszubedingen wäre, ebenfalls der beste Weg. Um Beförderung eines solchen Ausgleichs wären England, Dänemark und evangelische nichtunirte Fürsten anzugehen. An Mainz, Chursachsen und Braunschweig könnte Churpfalz eine bewegliche Darlegung des durch den gegenwärtigen Zwiespalt angerichteten Unheils richten, damit sie auf bessere Wege gebracht werden. Der Herzog von Coburg, der gute Correspondenz angeboten hat, wäre vom Churfürsten um seinen Rath, wie man zur Verständigung kommen könne, zu bitten. Vor allem muss man Sachsen mehr vom kaiserlichen Hofe ab und auf die Seite der Unirten zu ziehen suchen, „onangesehen vielleicht solche mittel Churbrandenburg und Neuburg nicht allerdings anmutig sein würden, welche one das billich mer auf das commune bonum als ir privatum commodum sehen sollen, sich auch albereit in den Gülchischen sachen selbst dergestalt erzeigen, das inen den kriegslast zu ertragen onerschwinglich und onmöglich." — Um nun aber zu einem annehmbaren Frieden zu kommen, muss man inzwischen gerüstet bleiben, was ja auch der Unionstag einmüthig beschlossen hat. Allein da kommen wider die oben berührten Schwierigkeiten der Städte in den Weg. Aus Privatbesprechungen mit den Nürnberger Abgeordneten haben die Churpfälzer ersehen, dass, wenn die Reiter Anspachs und das Regiment von Fuchs nicht abgeführt werden, daraus sehr gefährliche Trennungen entstehen können, und zwar recht bald, indem Nürnberg, unter Vorwendung der Donauwörter Sache an den kaiserlichen Hof erfordert, Bevollmächtigte dorthin senden wird,[2] und indem den drei ausschreibenden Städten überhaupt von der Prager Fürstenversammlung zugesetzt wird. Dieselben Nürnberger zeigten dagegen guten Willen, im Fall der Abführung der nach Jülich bestimmten Truppen für Unterhaltung der gesammten übrigen Unionstruppen beizusteuren und, wenn die Gegner neue Werbungen anstellten, auch ihrerseits zu neuen Werbungen ihre Zustimmung zu geben. Da übrigens, so bemerkten sie weiter, das bairische Volk aus einem Regiment zu Fuss und höchstens 100 Pferden, das Passauer Volk aus 4000 Mann zu Fuss und 1500 Mann zu Pferde bestehe, unter denen die Dysenterie stark herrsche, so werden die Unionsfinanzen durch die übergrossen Gegenrüstungen unnützer Weise erschöpft. Man könne einstweilen die Unionstruppen auseinander und zum Theil auch in die Städte legen „mit dem beding, das es (das Volk) auf zuetra-

gende notfael fürderlichst zuesamb gefürt werden solte, und also die samptliche einlaegerung (die one das e. chf. g. und dero underthanen unertraeglich fallen würde) guten teils gegen den Baierischen graenzen declinirt werden könte." — Aus allem bisherigen entnehmen schliesslich die Churpfälzer den Rath, es müsse den Städten „etwas nachgegeben werden." Es sind eben nicht wenige derselben „ser kleinmütig," und von Prag setzt man ihnen stark zu, um sie von der Union abzuziehen. Wol meinten etliche Gesandte, man solle gegen die Städte einen Majoritätsbeschluss durchsetzen, aber man besorgte, dass dieses, obwol nach der Verfassung der Union zulässig, das Bündniss geradezu vernichten möchte. Ausserdem ergiebt sich aus den Rechnungen, dass der Churfürst von der Pfalz von seinem Unionsvorrath schon über 60 Monate ausgegeben hat, für deren Widererstattung zur Zeit kein Anhalt zu finden ist, ferner, dass das ganze Kriegsvolk im Elsass und in der Oberpfalz, noch drei Monate länger unterhalten, abgesehen von ausserordentlichen Ausgaben mindestens 453,891 fl. erfordern wird. Dazu müssen etwa 30 Monate bewilligt werden, und vorläufig würde die Bezahlung der Truppen vom Churfürsten ausgelegt werden sollen. Trotz dieser Lage der Dinge „hat man bei dem zweiten puncten im ausschreiben noch zur zeit kein extraordinarimittel zu etwas vorrat erhalten können." Hierdurch werden die Churpfälzer in ihrem Rath der Nachgiebigkeit bestärkt. Nimmt der Churfürst ihn an, so wollen sie sich mit den übrigen fürstlichen Gesandten darüber zu verständigen suchen. Zugleich aber wäre in diesem Falle beim Fürsten von Anhalt anzufragen, ob, wenn die Gefahr in den obern Landen zunehmen sollte, die Anspacher Reiter, das Regiment von Fuchs und noch andere Truppen aus den Jülicher Landen zur Hülfe geschickt werden würden. Der Fürst wäre auch um ein Schreiben an die Stadt Nürnberg, bei der er in gutem Ansehen steht, zu bitten, damit sie zu guter Bundeshülfe disponirt werde. — Da endlich etliche Stände, darunter Churbrandenburg, „die bewilligte monat anticipation in handen behalten wollen," so möge Churpfalz den Churfürsten von Brandenburg ermahnen, dass „sie (i. chf. g.) sowol die zu Neuburg verwilligte neun als auch die jetzige acht monat ehisten nach Heidelberg verordnen" mögen, etwa mit der Drohung, dass zur Jülicher Hülfe bewilligte Geld sonst zurückzuhalten. — Datum Heilbron den 29. Junii 1610. Juli

München. Staatsarchiv pf. 117/1. f. 487. Orig.

1 Die Fragen der Städtegesandten an die fürstlichen Gesandten auf welche sie eine bestimmte Erklärung zur „facilitirung irer obern resolution" wünschen, enthalten folgendes: 1. wollen die unirten Fürsten die Jülicher Sache und die Verantwortung des Strassburger Unternehmens den Städten durchaus fern halten? 2. Wollen die unirten Fürsten die forthin zu unterhaltenden Unionstruppen nur zur Vertheidigung mit Ausschluss aller Offension verwenden und ohne Zuthun und Rath aller unirten Stände „dergleichen expeditiones" nicht mehr vornehmen? 3. Können die forthin zu unterhaltenden Unionstruppen nicht verringert werden? — Erwiderung der Gesandten der Fürsten: 1. es bleibt bei den so oft gegebenen Erklärungen, dass die Städte wider ihren Willen mit der Jülicher Sache nichts zu thun haben sollen. Das Strassburger

Unternehmen musste begonnen werden, weil die dem Rhein benachbarten Unirten ihre Lande nicht der offenkundigen Gefahr des Ueberfalles ausgesetzt lassen, noch erwarten durften, dass das Elsasser, Passauer und Luxemburger Volk sich verbinde und sich des Rheinstroms bemächtige, weil auch trotz widerholter Ermahnungen und darauf gegebner Zusage die Einlagerung im Stift Strassburg nicht abgestellt, und die Reichsgesetze dabei nicht befolgt wurden. Dass übrigens die Städte von dem Unternehmen nichts gewusst haben, kann man stets bezeugen, auch hinsichtlich der Jülicher Sache sie in Prag und sonst „exculpirn." Auf alle Fälle wird man endlich nach Massgabe der Union für einander eintreten. 2. Der erste Theil dieser Frage ist schon bejaht. Neue Expeditionen sollen künftig mit dem „beschlossenen ausschuss oder kriegsrat" resolvirt werden. 3. Die Mehrheit der Unirten hält eine Verringerung der Unionstruppen für nicht zulässig. Nach Abzug der Anspacher Reiter und des Regiments von Fuchs wird das übrige weniger geübte Volk den Passauer und andern Truppen gegenüber zu schwach sein. Wenn dann ein Ueberfall mit überlegenen Kräften geschicht, und der Union Schimpf und Schaden erwächst, so ist zu bedenken, „wer denselben abtragen und zu keren gemeint sein möchte." (M. pf. 117/1 f. 478.) Ueber diese Angelegenheit berichtet Pfgr. August (vgl. n. 192 Anm. 2) am 8. Juli an seinen Vater: als die fürstlichen Gesandten ihre Antwort entwarfen, in der im ersten Punct erklärt wird, dass man die Städte „wider die vorige abschied und wider iren willen mit dem Gülchischen werck zue beladen . . nit gemeint," machte der Pfalzgraf dagegen bescheidene Gegenvorstellungen: es müssen seinem Vater „die gemachte unionsverabschidungen, zu geschweigen anderer grosser commoditeten, welche aus der einnamb der Gülchischen fürstentumb der union zuegehn, billich zum besten gedeuen. Hab aber vermerkt, das a. l. (Baden) solche erinnerung etwas entpfunden; und befinde ich aus allen tractatibus soviel, wan man nur ex parte Churpfaltz, Onspach, Baden bei den stetten könte das Elsassisch wesen hindurch bringen und richtig machen . ., das sie zue gewinnung der stet das Gülchische wesen allerdings aussetzen und dieselbe in dem abschiet darvor assecurirn wurden. Welches aber weder ich, noch e. v. g. hofmeister und rat einwilligen können oder sollen." Man kann nur erklären, dass die Jülicher Sache bisher keine Unionssache gewesen ist, nicht aber, dass die Jülicher Lande weder beim gegenwärtigen noch bei einem künftigen Unionstag in die Union genommen werden sollen. (M. pf. 342/40 f. 127.)

[2] Vgl. Stieve, Donauwörth S. 415, 417. Philipp Ehem berichtet am 15. Juli aus Prag an v. d. Grün: „weil der churfürst von Sachsen der stat Nürnberg die in der grafschaft Mansfelt verlegte bergkwerck aufgekündiget und sonsten die commercia in seinem lant inen verbieten wölle, als verhoffen sie (die Katholischen) gentzlichen, bemelte stat werde in kurtzem zum kreutz kriechen." (M. pf. 116/2 f. 126.)

Juli 9. **195.** **Schönburg und Lingelsheim an Churpfalz.**

Am gegenwärtigen Tage Vertrag der Proposition durch die lothringischen Gesandten Herrn von Myon und Dr. Gless als Unterhändler, denen Reichard Graf von Hanau, Abgeordnete des Strassburger Raths und zwei Herrn von der Elsasser Ritterschaft (Landsberg und Böcklin) assistirten. Die Churpfälzer sowol wie die Abgeordneten der Regirung zu Zabern (der Kanzler Dr. Joseph Bilonius und Beigeordnete) erwiderten: die Unterhändler möchten Vorschläge zum Ausgleich machen. Diese schlugen nun vor: beide Parteien sollten ihre Truppen alsbald abführen und keinen Anlass zu weiterm Landverderben geben. Die Churpfälzer antworteten: Juli 9. wenn ihr Gegner die Truppen abdanke, Caution leiste, dass den Unirten von denselben keine weitere Gefahr zustehen solle, und die Kriegskosten der Unirten ersetze, so werden die Unirten ihre Truppen aus dem Stift Strassburg, gegen welches sie gar keine Absichten haben, abführen. Die Abgeordneten der Strassburger Regirung (jede Partei wurde abgesondert vernommen) erklärten: da nicht der Bischof und das Capitel, sondern der Kaiser das Volk geworben und einquartirt habe, so können erstere es nicht abdanken; sie wollen sich aber verwenden, dass dasselbe baldigst aus dem Stift abgeführt werde, wollen auch eine Versicherung gegen Feindseligkeiten von Seiten des Stiftes ausstellen. Ob die Kriegskosten von ihnen zu erstatten seien, darüber wollen sie sich gütlichem wie rechtlichem Erkenntniss unterwerfen. Die Churpfälzer begründeten darauf ihre Forderungen und betonten, dass Abführung und Abdankung des gegnerischen Volkes zuerst vor sich gehen müsse; die Unterhändler empfahlen ihnen dagegen die beiderseitige Abführung der Truppen, fanden die Gründe der Regirung von Zabern erheblich und erklärten, die Frage des Kostenersatzes auf sich beruhen lassen zu wollen. Die Abgeordneten der bischöflichen Regirung verfochten ebenfalls ihre Erklärungen. In einer Replik verlangten die Churpfälzer u. a. „von den underhendlern eine versicherung in schriften, damit die Unirte zufriden sein könten." — Am folgenden Nachmittag stellten die Unterhändler den Churpfälzern vor: die Abdankung des Volkes werde die Gegenpartei kaum bewilligen können. Man möge bestimmen, dass die Unionstruppen alsbald über den Rhein, die gegnerischen Truppen aber „aus dem bistumb uber die steig" abgeführt werden sollen. Dass die Abführung geschehe und weiteres Verderben abgewandt werde, erfordere nicht nur des Bisthums, sondern auch der Nachbaren, und darunter der meisten Unterhändler Interesse. Schliesslich wurde verlangt: da man beiderseits nicht weichen wolle, so möge man nach Hause berichten und weitern Bescheid erholen.[1] — Uebrigens haben Hanau und die Abgeordneten Strassburgs und der Ritterschaft den Churpfälzern besonders erklärt: was „die directores" im Namen sämmtlicher Unterhändler hinsichtlich des Abzugs erklärt haben, stimme nicht ganz mit ihrer Ansicht überein. Myon hat den Gesandten, um es zu berichten, mitgetheilt: Anspach und Baden haben „zu seiner abfertigung die erklerung gethan," dass sie mit beiderseitigem Abzug ohne Kostenersatz, doch mit Versicherung gegen künftige Einlagerungen zufrieden sein wollten. Es seien ferner acht Compagnien Reiter, die bei Sierk gelegen, „den Zaberischen albereit zukommen, wen Lotringen sie nit abgehalten" hätte. Wenn nun diese Reiter neben 5000 Mann zu Fuss, „deren obrister Bur ist," zu den gegnerischen Truppen stossen sollten, so könne man die schwierige Lage der Unirten ermessen. — Datum Hagenau den 29. Junii anno 1610.

München. Staatsarchiv pf. 117/2 f. 151. Orig.

[1] Ueber die in Hagenau zu führenden Verhandlungen ersuchten die churpfälzischen Gesandten die Heilbronner Versammlung schon am

5. Juli um ein Gutachten. Es wurde jedoch beschlossen, diesen Punct bis zur Ankunft des Mgr. Baden zu verschieben. (Bericht der churpfälzischen Unionsgesandten. Juli 5. M. pf. 117/1 f. 434.) Der Mgr. Baden stellte nun folgende vom Heilbronner Convent (wol nur den Fürstengesandten) genehmigte Vergleichsartikel auf: 1. beide Theile führen ihre Truppen zugleich aus dem Bisthum Strassburg. Leopolds Soldaten dürfen die Lande der Unirten nicht berühren, noch sich mit dem Passauer Volk verbinden. Die Unirten werden sich „des stifts ferner enthalten.“ 2. Kein Theil darf das „was also vorgangen weder in- noch ausserhalb rechtens anden.“ Sollte der Kaiser deshalb Jemanden mit Processen anfechten, so hat man dieselben abzustellen. 3. Die Gegenpartei lässt solche, die im Stift Strassburg wohnen und sich etwa mit Anspach und Baden eingelassen haben, dessen nicht entgelten. 4. Dergleichen Einlagerungen dürfen künftig nicht mehr vorkommen, widrigen Falls dürfen die Unirten sie abermals verhindern. 5. Die Gegenpartei verzichtet auf alle Entschädigungsforderungen. 6. In der „caution und assecuration“ ist auch die Stadt Strassburg gegen Anfechtungen dieses Unternehmens wegen sicher zu stellen. Auch der evangelische Adel im Bisthum und im Elsass wäre wo möglich gegen Religionsbeschwerungen sicher zu stellen. 7. Erzh. Leopold hat den Vergleich innerhalb 14 Tagen zu ratificiren. Inzwischen behält man Dachstein oder lässt sich Geiseln geben. 8. Gut wäre es, wenn die Unterhändler sich verpflichteten, im Falle der Verletzung dieses Vertrags dem verletzten Theile beizustehen. (M. pf. 117/2 f. 264.) Der Chf. Pfalz sendet am 9. Juli diese Bedingungen als Instruction an seine Gesandten in Hagenau. Zum 2. Punct bemerkt er, dass man von der Gegenpartei nicht verlangen könne, das abzustellen, was der Kaiser in gerichtlichem Verfahren oder sonst unternommen habe. Zum 5. Punct bemerkt er: beiderseitiger Verzicht auf Kostenersatz sei ihm recht. Doch habe die Union sich die Ansprüche auf denselben für den Fall der Verletzung des Vertrags vorzubehalten. Gut wäre es, wenn auch eine kaiserliche Ratification des Vertrags ausgebracht würde. Ausserdem erinnert der Churfürst noch: wenn die Gegenpartei sich „etwas steif und trutzig erzeigen solte,“ so ist darauf hinzuweisen, „das der Frantzösisch succurs nunmer zu Metz angelangt, welcher one grosse difficultet ins Elsass zu ziehen bewegt werden könt.“ (f. 211.) — Zu den Hauptaufträgen erhielten die Churpfälzer auch Nebenaufträge. Der Ausschuss der Unterelsasser Ritterschaft ersuchte den Chf. Pfalz am 2. Juli, er möge die Religionsbeschwerden der Ritterschaft in die Verhandlungen hineinziehen und ihr den Genuss der im Religionsfrieden ihr zugestandenen, thatsächlich aber zum Theil entzogenen Rechte zu sichern suchen. (f. 241.) Der Churfürst beauftragte darauf am 5. Juli seine Gesandten, sich nach Gelegenheit für die Ritterschaft zu verwenden. (f. 233.) — Auch die Evangelischen von Hagenau und die von Andlaw gaben ihre Beschwerden bei Gelegenheit der Hagenauer Verhandlung ein. (Praes. Juli 16 und 12. f. 231, 245.)

Juli 9. **196. Georg Friedrich Markgraf von Baden an Churpfalz. (z. Th.)**

Wird benachrichtigt, „das Hessen Cassels l. vorhabende raiss (n. 151.) nicht vortgesetzt.[1] Dieweiln aber dem gemeinen wesen ser hoch und vil daran gelegen, das mit der k. w. in Ungern, wie e. l. wissen, tractirt (werde), so stel ich zu e. l. hochvernünftigem nachdencken, ob nicht dergleichen tractation nochmalen an hant zu nemmen.“ — Datum Hailbron den 29. Junii anno 1610.

München. Staatsarchiv pf. 116/2 f. 32. Orig.

[1] In seiner Instruction zum Heilbronner Tag bemerkt der Landgraf: wenn die in des Chf. Pfalz Schreiben vom 10. Juni besprochene Verhandlung mit dem K. Ungarn für rathsam erachtet wird, und dem Landgrafen dazu Auftrag gegeben werden soll, so erwidern die Gesandten: an sich sei der Landgraf, falls die Union die Kosten trage, zur Annahme geneigt, aber bei den gegenwärtigen Gefahren dürfte ihm eine weite Entfernung von seinen Landen nicht rathsam sein; auch scheine ihm die Reise, „ehe man des events von Prag aus gewis," unnöthig, vielleicht sogar schädlich. (Marburg. Krieg- und Friedenssachen. Allianceen.)

197. Die Nürnberger Gesandten in Heilbronn, Bericht. Juli 10.

Verhandlungen der Städtegesandten mit dem Markgrafen von Baden und den Fürstengesandten (vgl. n. 194). Die Städtegesandten sollen die Beliebung der Majorität, welche auf Unterhaltung des gesammten Volks und auf freie Verfügung des Directors, Generals und der Adjuncten über Verwendung und Dislocirung desselben ausgeht, entweder sofort genehmigen, oder „ad ratificandum" annehmen, oder durch einen oder zwei sofort Abzuordnende ihren Herrschaften berichten und deren Resolution noch während der Tagsatzung einbringen, oder endlich die Entscheidung der Sache einem Ausschuss übergeben. Die Nürnberger blieben bei ihren vorigen Erklärungen und erboten sich „aufs eusserste zu schriftlicher relation. Darbei es dan für dismal verblieben, wiewol etzliche staet die abordnung zu thun alberait bewilliget gehabt, inmassen dan dis das allerbeschwerlichste ist, das auch die staet nicht zusamen halten, sondern, wan schon anfangs etwas in gemain gefallen, jedannochter hernacher eine nach der andern abspringt." Die Gesandten bitten nun über den fraglichen Punct um schleunige Resolution. Um die bei den Werbungen vorgekommenen Ueberschreitungen zu rechtfertigen, hat man ihnen die Gefahr ausgemalt, den Speirer Abschied angezogen, die Schwierigkeit, eine bestimmte Zahl einzuhalten, gezeigt, und sich auf jene Truppen berufen, „die den obristen und befelchhabern fur ire vorteil oder zum stad bewilligt." Darauf haben die Nürnberger erklärt: hoffentlich werden ihre Herrn sich „die andere geworbene ubermass auch nicht so gar zuwider sein lassen, allein das das in die Gülchische lant anfangs destinirte volck davon ausgesetzt, die staet der Elsassischen expedition sowol, als der Gülchischen sachen entbebt und der intention vergwist wurden: als das man nemlich in terminis defensionis atque unionis verbleiben und nicht von neuem dergleichen expeditiones unwissent anderer staent fürnemen wurde." Allein man besteht auf Unterhaltung auch der markgräflichen Reiter und des Regimentes von Fuchs: die übrigen Truppen seien nicht genügend, wenngleich im Elsass Friede gemacht und die beiderseitigen Streitkräfte abgeführt würden. Nun ist es richtig, dass, wenn in Prag die Execution gegen „die unirte staent insgemain" beschlossen, und das Passauer, bairische und von andern Papisten zu werbende Volk dazu benutzt werden sollte, — „wie das unlangsten uns uberschickte kaiserliche decret und die werbung bei Bairn zu erkennen geben" — dass man alsdann die erwähnten

22*

Truppen nöthig haben würde. So bemerken die Nürnberger auch „von andern staetten soviel, wen wir und die Ulmische uns hierüber wilfaerig erklaerten, das es bei denselben nicht sonders not," zumal da die Fürsten bereit sind, die Verantwortung für die Jülicher Sachen, das Strassburger Unternehmen und die Einlagerung und Durchzüge im fränkischen Kreis von den Städten zu nehmen. Ist doch am gegenwärtigen Tag beschlossen, dass die höhern Stände in besondern Schreiben an den Kaiser und den Prager Fürstenconvent die Verantwortung des Elsasser Unternehmens und erwähnter Einlagerungen und Durchzüge auf sich allein nehmen wollen, „desgleichen (dass) in terminis unionis atque defensionis verblieben werden solle, da gleichwol der modus dem general und adjuncten per maiora haimgestelt, dem aber der ausschuss nunmer auch beizustehen bewilliget. . . ." — Datum Hailbron den 30. Juny 1610.

Nürnberg. Unionsacten n. 22. Orig.

Juli 12. **198. August Pfalzgraf von Neuburg an seinen Vater.**

Am gegenwärtigen Vormittag ist in Abwesenheit der Gesandten der Städte der erste Punct der Proposition wider aufgenommen, und berathen, wie viele Truppen zu unterhalten, und wie viele Monate dafür zu bewilligen seien,[1] wie ferner die Städte zur Betheiligung an den hierüber zu fassenden Beschlüssen zu bewegen seien. Zum Beginn der Berathung theilten die Churpfälzer die zu erwartende Uebergabe Molzheims und die guten Aussichten der Hagenauer Vergleichshandlung mit. Man beschloss darauf einhellig, dass nach Abschluss des Vergleichs die pfälzischen Lehenreiter und das Regiment von Solms abzudanken sei, jedoch so, dass aus letzterm oder aus den von Strassburg über die bestimmte Zahl geworbenen zwei Fähnlein die Abgänge der andern Truppen ersetzt würden. Vor Bewilligung der nöthigen Beisteuern verlangte man erst die „extract aus allen rechnungen" einzusehen. Zur Bezahlung der rückständigen und künftigen Besoldungen werden, wenn das Volk noch mindestens drei Monate beisammen gehalten wird, nicht weniger als 20 Monate erforderlich sein. Der Pfalzgraf hat sich aber bestimmt vorbehalten, dass sein Vater nicht nur die auf ihn fallende Quote für die in seinem Land liegenden Truppen verwenden werde, sondern auch Zuschüsse von andern Unirten erhalten müsse. „Die gewinnung der staet belangent, hab ich ad partem soviel nachrichtung erlangt, das allein Nürnberg und Ulm in diesen puncten etwas widerwertig, die andere meisten teils zue hülf genaigt und erbietig, sonderlich und zuvorderst die Reinlendische. Dahero ins gesambt man auch in dem chur- und fürstlichen collegio gefallen lassen, das uber diesen punct mit den stetten weitters nit disputirt, sondern alle fernere handlung abgeschnitten, und zu verfassung des abschiets diser difficultet halber nunmer geschritten werden sol, weiln bei ablesung desselben sich leichtlich die merere stimmen finden, und also ein einhelliger schluss erzaigen werde." — Datum Hailbron den 2. Julii anno 1610.

München Staatsarchiv pf. 342/40 f. 55. Orig.

1 Die churpfälzischen Gesandten berichten an demselben Tage: sie haben am gegenwärtigen Tag auf ihre Proposition befunden, dass die acht Anticipationsmonate meisten Theils erlegt waren, besonders auch von den Städten Ulm, Kempten und Memmingen. Die Ulmer Gesandten erboten sich, die von den 7 und 9 Monaten in ihrer Casse noch vorhandenen 10,000 fl. sofort nach Heilbronn zu schaffen. Ebenso will der Culmbacher Gesandte sich verwenden, dass die Anticipationsmonate und die Restanten von seinem Herrn nach Amberg übersandt werden. Die Strassburger Gesandten halten eine vorherige Anfrage bei ihren Obern für nöthig. Die meisten Städte sind nunmehr einverstanden mit der Unterhaltung der Truppen, doch so, dass die pfälzische Lehensreiterei und das pfälzische Regiment abgedankt, die Reiterei der Markgrafen und das Regiment von Fuchs, nachdem man die Abgänge der Mannschaft aus dem abgedankten Regiment ersetzt hat, „in die obige lant gegen den grentzen" geführt werde. Die Markgrafen seien zu erinnern, dass sie bei dem Rückzug scharfe Disciplin halten, die bei dem Anzug fehlte. (M. pf. 116/2 f. 81.)

199. Kammermeister, Gugel, Held, Olhafen, Hübner, Fetzer, Folkhamer, Endres im Hof, Rathschlag. Juli 13.

Bericht der Nürnberger Gesandten vom 10. Juli. Bezüglich der ferneren Unterhaltung der Unionstruppen votirt Held, mit dem die Vota von Kammermeister und Gugel im wesentlichen übereinstimmen, folgendes: die Ansicht, dass das Strassburger Unternehmen „in der union nicht fundirt" sei, ist durch die Vorstellungen des Markgrafen von Baden nicht widerlegt. [Weitläufige Ausführung darüber. Es heisst u. a.: die Fürsten, so sagt der Markgraf, wollen die Städte gegenüber dem Kaiser schützen. Aber wenn der Kaiser z. B. im ganzen römischen Reich erklärt, dass die Nürnberger all' ihrer Güter und Schuldforderungen verlustig seien, so kann kein Fürst ihnen helfen. „Und wan dises geschehen, hette man auch in der stat einer empörung zu gewarten; das hiesse alsdan libertatem, religionem und die commercia zugleich . . verlieren."] Demgemäss mag es wol bei der Bewilligung der acht Monate bleiben, doch mit folgenden Bedingungen: 1. Der Kaiser ist zu ersuchen um Abschaffung des Elsasser und Passauer Volks oder doch um Erklärung über den Zweck desselben. Bis zur Einkunft dieser Erklärung ist keine Offension mehr vorzunehmen, noch dem kaiserlichen Volk gegen die Bestimmungen des Speirer und Neuburger Abschieds der Pass zu sperren. 2. Wenn der Kaiser erklärt, dass er „allein diejenigen staende wolte verfolgen, die sich der Gulchischen und Elsassischen expedition in specie annemen, und die andern staende, die sich derselben nicht theilhaftig gemacht, zu verschonen sich erklaerte, auch derwegen versicherung leistete," so ist man „zu der resistenz gegen die Kai. M. nicht verbunden, weil dergleichen Kai. M. vorhaben fur kein religion- oder landfridbruch angezogen werden könte, darauf die union allein gegrundet. Wan aber i. M. die staette auch nötigen wolte, von der union und deren rechten terminis zu tringen, do man dan i. M. nit wurde parirn können, und also dieselbe alle unirten staende zugleich verfolgen wolte, uf solchen fal wolte ein erb. rat der hulf und beistand halben sich cum maioribus vergleichen."[1] 3. Die

199. unirten Stände mögen der Stadt Mittel vorschlagen, um sich beim Kaiser und den Churfürsten von Sachsen und Mainz des durch jene Hülfe vielleicht entstehenden Verdachts, dass sie an der Strassburger Unternehmung Theil genommen, zu entledigen. — Um nun aber diese Bedingungen zu sichern, da doch die Fürsten „wenig darnach fragen, wie sie das gelt anlegen, warum die hulf bewilligt,“ so könnte man vorbehalten, dass die acht Monate, „oder was man weiter bewilligen möchte,“[2] für das Volk in der Oberpfalz, „als welches die limites unionis et defensionis noch nit uberschritten,“ verwandt würden. Was ferner das gesammte im Dienst der Unirten stehende Kriegsvolk angeht, so mag es nunmehr bei der gefährlichen Lage der Dinge noch eine Zeit lang auf Unionskosten unterhalten werden, bis man sieht, wie und gegen wen „die execution furgenommen,“ und das Passauer Kriegsvolk verwandt wird: dies jedoch unter der Bedingung, dass „von jetziger offensivimpresa abgelassen, bei Kai. M. umb abschaffung des volcks (wie oben auch angezogen) angehalten, und inzwischen die paess allenthalben besetzt werden, damit man sehe, wo der feind hinaus wölle.“ Die einfache Versicherung, dass man fortan sich defensiv halten wolle, der „modus defensionis“ aber vom Ausschuss (mit 4 fürstlichen und 2 städtischen Voten!) bestimmt werden solle, genügt nicht. Zu unterscheiden von der künftigen Unterhaltung der Unionstruppen ist die Frage nach dem, was bisher vorgegangen ist. Da ist nun die Elsasser Unternehmung nicht „der union gleichförmig,“ sondern „ein sequel der Gülchischen expedition.“ Man hat daher bei der Erklärung zu verharren, dass man sich an jener Unternehmung nicht betheilige, auch nicht mit Geld. Man kann also für das für Jülich geworbene Fuchsische Regiment nichts bezahlen. Was Nürnberg bewilligt, soll überhaupt zur Bezahlung der in der Oberpfalz liegenden Truppen verwandt werden, und nur in dem Fall als verhältnissmässiger Beitrag zur Unterhaltung der gesammten Unionstruppen angesehen werden, dass das Elsass alsbald geräumt, die Offension eingestellt, und die Nichtbetheiligung der Städte am Elsasser Unternehmen vor Kaiser und Fürsten bezeugt wird.[3] — Actum Erichtags den 3. Julii anno 1610.

Nürnberg. Unionsacten n. 23. Orig.

[1] Am Schluss des Gutachtens wird bemerkt, dass Ulm angefragt habe, „ob die staette dem Kaiser beistehen wollen, wan derselbe die execution wider die ungehorsamen fursten furnemen thet.“ Das Gutachten proponirt darauf dieselbe Antwort, wie in §. 2: Hoffentlich werde man sich übrigens besinnen, ehe man neun Fürsten in die Acht zu erklären wage. Die Gesandtschaft Nürnbergs in Prag solle davor warnen.

[2] S. die folgende Anmerkung a. E.

[3] Hierauf beschliesst der „Ausschuss“, vorliegendes Gutachten den Gesandten als Instruction zu senden, weil es von „meinen Herrn“ gebilligt sei, besonders auch in dem Puncte, „das man sich uber die bewilligte acht monat nicht mer einlasse.“ (A. a. O.) Mit Bezug auf diesen Beschluss schreibt Olhafen an Nagel (Secretär?): es haben „meine hern, und nit wir, so stricte uf die acht monat geschlossen.“ Darum ist bei der Abschrift des Gutachtens bei Erwähnung der acht Monate immer zuzusetzen: „oder was man sonsten bewilligen möchte.“ Der

Satz, dass die acht Monate für die Bezahlung des oberpfälzischen Volkes ausreichen dürften, ist zu streichen. (A. a. O.) — Der von Olhafen gewünschte Zusatz befindet sich in der oben gedruckten Vorlage des Gutachtens, ebenso wie der bemängelte Satz fehlt.

200. Hieronymus Gienger an von der Grün. Juli 13.

Ist am 1. Juli von dem Ausschuss des Herren- und Ritterstandes von Steiermark, Kärnthen und Krain mit Instruction und Schreiben an die in Prag anwesenden Fürsten, unter denen man auch den Churfürsten von der Pfalz zu finden hoffte, abgefertigt. Da der Churfürst nicht in Prag ist, so übersendet Gienger sein Creditif nebst Anbringen und bittet, der Churfürst möge die gewünschte Intercession zu Gunsten der Evangelischen an Erzherzog Ferdinand abgehen lassen.[1] — Datum Prag den 13. Juli 1610. (Ohne Beilagen.)

München. Staatsarchiv pf. 116/2 f. 120. Orig.

[1] Am 8. August schreibt Lgr. Moriz an die Stände von Steiermark, Kärnthen und Krain: er hat aus dem Schreiben der Stände vom 18. Juni und dessen Beilagen die Religionsbeschwerden der Stände, sowie deren Bitte, dass er nebst andern evangelischen Fürsten beim Kaiser und Erzh. Ferdinand Fürsprache für sie einlegen möchte, ersehen. Da die Fürsprache nur etwas helfen kann, wenn sie von mehreren Ständen zusammen eingelegt wird, so werden die Stände sich auch an Churpfalz und andere Unirte gewandt haben. Mit ihnen wird der Landgraf sich zu verständigen suchen. (M. pf. 116/2 f. 338.) Dies Schreiben übersendet der Landgraf am 3. Sept. dem Chf. Pfalz, nachdem dieser ihm seine in der gleichen Angelegenheit den inneröstreichischen Ständen ertheilte Antwort geschickt hat. (f. 339.)

201. Christian Fürst von Anhalt an Anspach. (z. Th.) Juli 13.

Touchant l'estat d'ici certes Dieu faict avec nous des miracles, car les assistances nous tiennent a l'outrance. Le mareschal de La Chastre vient avec le nombre a nous promis, hormis que l'artillerie n'est pas si accomplie. Led. mareschal est depesché de prendre et attendre l'ordre de moy, et ce par acte special. J'attens que m^r. le prince Maurice sera de la partie aussi.[1] Ce que je peulx attendre de m^r. le marquis Spinola est encores fort incertain. Je tiens m^r. l'archiduc Albert trop sage, qu'il se vouldra declarer expressement. Mais si Spinola le poussast trop, je juge asseurement, que ce faict se terminera par une des plus belles batailles de nostre siecle. Ceste seule esperance me guerit de melanconie, a laquelle je suis aultrement fort occasionné.[2][3] — De Dusseld. ce 3. Juillet 1610.

Berlin. Unionsacta XI. Eigenh.

[1] Am 29. Juni berichtet Dr. Joh. Rink aus dem Haag dem Pfgr. Wolfg. Wilhelm: „ich verstehe, das fürst Christian von Anhalt durch den hern von Dona die hern Generalstaten under anderem hat ersuchen lassen, das grafen Moritzen möchte erlaubt werden, sich auf Düsseldorf zu begeben und neben i. f. g. als mitgeneraloberster und feldher uber das

gantze leger zu commandiren: welches doch die hern Staten nit zulassen wollen. Und ist dis begeren underschietlich interpretirt worden, weil es allein von fürst Christian, und nit von beiden possidirenden fürsten zugleich, auch jetzo da man fast im anzug, so incidenter geschehen ist." (M. Reichsarchiv LXXVII n. 209.)

[2] An demselben Tag schreibt Anhalt (eigenhändig) an Anspach und Baden: ist mit der Entschuldigung wegen Ausbleibens der Fürsten und des Fuchs einverstanden. „Par vostre exemple vous pouvez bien juger en quel estat je me trouve, sans lieutenant general d'artillerie, avec si peu de provisions et parmy tant de competences si pernicieuses dans un petit moment du temps. Mais je fais mon mieulx et connois que Dieu m'assiste ancores avec sa sainte grace." (B. Unionsacta IX.)

[3] Am folgenden Tag schreibt Anhalt (eigenhändig) an seine Gemahlin: „Ayant eu ce petit quart d'heure de loisir a vous escrire, je vous diray que je suis en pleine preparation d'aller bientost avec ayde de Dieu au camp, ou pour prendre Juliers ou me battre bravement avec mes ennemis. Vous leverez vos mains cependant au ciel et nous ayderez vaincre ce que nous est contraire. J'ay un bon augure; car je dis a vous, que Dieu m'a faict vaincre ici en moy mesme un de mes plus grands ennemis, dont vous pouvez aisement comprendre ce qu'en est selon mon naturel que conoissez que trop bien, ne pouvant en louange de Dieu a vous, mon coeur, celer le triomfe que Dieu m'a ottroyé sur moy mesme, me faisant maintenant fort, non obstant les difficultez quasi insurmontables, que l'aultre victoire dessus nos ennemis en suivra et succedera par la mesme grace indubitablement." (Bg I F 1/28 f. 95.) Am 28. Juli schreibt er an dieselbe: „Mon ame. — J'ay leu avec contentement la vostre du 28. Juing. . . Je ne sçay ce que Dieu veult de moy. Il-y-a apparence que nostre patrie souffrira encores beaucoup, mais quoy qu'en soyt, il fault tout supporter en attendant le mieux. Je m'en vais en nom de Dieu conduire mon canon devant Julier, attens en mesme instant les trouppes d'Holande avec m[r] le prince Maurice et le mareschal de la Chastre avec l'armée de France sur la fin de ce mois; peult estre qu'aurons encores tout de besoing. Priez et combattez aussy de vostre costé avec mon petit peuple. Vosd. forces ne seront ny vaines ny rejettées. Pour la santé je suis bien, hormis un peu impatient et languy de vostre amour. Je vous supplie, prenez garde a vous et a mes enfans, car le diable faira faire de follies encores au duc de Brunschwig et de Saxen. Vous n'avez plus seure retraitte que vers Weimar. Je ne vous veulx pas estonner, mais je ne sçay que m'est que je m'imagine que nous ne nous verrons devant qu'en Angleterre. Je vous envoye la lettre de Tiodati. Le naturel de mon Christian veult estre conduict avec tres grand artifice, et le courage ne lui viendra devant son age, et ses aultres bonnes qualités l'ayderont a son temps a cela. Si Dieu me delivreroyt de ceste peine ici, je le prendroys a moy pour avoir soing de lui instiller de choses qui ne viendront aultrement de personne lui estre imprimées que par moy." (f. 97.)

Juli 14. **202. Friedrich IV. an seine Gesandten in Heilbronn.**

Hat das Schreiben der Gesandten vom 9. Juli empfangen. Wenn man bei der gegenwärtigen Hagenauer Verhandlung die Abführung des gegnerischen Volkes aus dem Stift Strassburg erlangt, so wird die Reiterei Anspachs und das Regiment von Fuchs nach den Jülicher Landen gebracht werden, obwol das Volk nützlicher in den obern Landen sein würde. Die vom Markgrafen von Baden aufgesetzten und vom Unionstag gebilligten oder nicht missbilligten

Artikel sind den Räthen nach Hagenau gesandt, um auf ihrer Grundlage den Vergleich zu schliessen. Hoffentlich wird derselbe um so weniger Schwierigkeiten haben, da nunmehr das gegnerische Volk auch aus Molzheim entfernt ist. In den Jülicher Landen kann, wenn die französischen, englischen und staatischen Truppen erst angelangt sein werden, ebenfalls mit Ehre und guter Aussicht eine Ausgleichsverhandlung angebahnt werden. Damit die Abführung der Unionstruppen aus dem Elsass sich desto besser bewerkstelligen lassen könne,[1] haben die Gesandten die schleunige Erlegung der verlangten acht Monate nach Heidelberg zu betreiben. Den Städten ist vorzustellen, dass man bei der Beschränkung auf die Defensive doch nicht mit Rüstungen und Massregeln so lange warten könne, bis der Gegner alles vorbereitet habe und nun zum Angriff schreite. Das Erbieten der Städte hinsichtlich ihrer Mitwirkung bei neuen etwa erforderlichen Werbungen wäre in den Abschied zu bringen. Die Vertheilung der Unionstruppen kann bewilligt werden; doch muss im Abschied vorgesehen werden, dass auf Erfordern des Generals Jeder die ihm zugewiesene Abtheilung ziehen lassen soll, damit die Truppen stets zusammengezogen werden können. Ueber den Inhalt der vorgeschlagenen Schreiben an Mainz und Braunschweig mögen die Gesandten ihr Gutachten geben. — Datum Heidelberg den 4. Julii 1610.

München. Staatsarchiv pf. 117/4 f. 401. Cpt. (Orig. 116/2 f. 53.)

[1] Man war den Truppen beinahe einen Monatssold schuldig (Friedrich IV. an seine Gesandten in Heilbronn. Juli 14. M. pf. 116/2 f. 33). Der Churfürst meinte, ohne vorherige Zahlung dieser Rückstände würden die Truppen nicht wol abzuführen sein. (An seine Gesandten. Juli 11. f. 27.)

203. Pfalzgraf August an Herzog Philipp Ludwig von Neuburg. Juli 15.

Tags vorher hat man auf Mittel gedacht, wie die Grafen zur Union zu ziehen seien, was die Fürsten und Städte gleich sehr wünschen. Die Städte schlugen vor: es sollen den Grafen so viele Vota gewährt werden, wie sie selber haben, nämlich 8, und dafür die Zahl der fürstlichen Vota von 10 auf 12 steigen. Die Fürsten nehmen dies an mit der Abänderung, dass ihnen 16 Vota zugestanden würden. Da aber hiergegen die Städte sich auf die Zusage beriefen, dass sie immer nur zwei Stimmen weniger haben sollten als die Fürsten, so schlug das Directorium vor: wenn die 16 Vota der Städte und Grafen vereint den 12 Vota der Fürsten entgegenstehen sollten, so sei dies als Stimmengleichheit anzusehen, und die Entscheidung etwa durch einen Ausschuss herbeizuführen. Man hat sich noch nicht hierüber geeinigt. Churpfalz wird indess die Grafen noch einmal ersuchen, sich hinsichtlich der Stimmen „mit einer zimlichen anzal“ zu begnügen. — Datum Heilbron den 5. July anno 1610.

München. Staatsarchiv pf. 343/11 f. 60. Orig.

Juli 15. 204. Buwinkhausen an Churpfalz und Würtemberg. (z. Th.)

Ist Anfang vergangener Woche in London wider angelangt, wo er die Eröffnung der nähern Bestimmungen der vom König Jacob dem Herzog von Würtemberg mündlich in Aussicht gestellten Verbindung Englands mit den Unirten betrieb.[1] Auf Verlangen und auf die Zusicherung, dass er's nur als Privater thun solle, übergab er dann selber Vorschläge für die bestimmtere Fassung der Verbindung. Darauf übergab Salisbury vorgestern beifolgende mit eigner Hand geschriebene Artikel mit dem Bemerken: nach des Königs Absicht solle er und Buwinkhausen sich über diese Artikel verständigen, dann sollen sie im geheimen Rath berathen werden, und am 17., wenn der König von einem Ausflug zurückgekehrt sein werde, sollen sie, als königliche Resolution ausgefertigt, dem Buwinkhausen übergeben werden zur Mittheilung an Churpfalz und Würtemberg. Die Verständigung zwischen Salisbury und Buwinkhausen ist geschehen, indem letzterer einige Randbemerkungen gemacht hat, die von ersterm beantwortet sind. Die Berathung im geheimen Rath ist Form.[2] Je eher die Sache zum Abschluss kommt, um so besser. „Dan e. chf. und f. gg. ich auch nit sol verhelen, das man alhie anderst nit waiss, als die alliance und reciproce zu Hal versprochne hülf seie von der königin gegen pfaltzgraven Johansen schon confirmiert und wider ernewert, uf welchem wan ich's gern bleiben lass, wie ich dan nit unterlassen, i. f. g. dessen zu advisieren und, dweil ich alhie spüre, das man dennoch vil dahin siehet, sie underthenigst zu ermanen, wan vermög irer habenden instruction und mit glimpf und e. chf. und f. gg. reputation dieselbe confirmation von i. f. g. unufgeschoben könte erhalten werden, das es allerseits vil guts verursachen würde; dazu dan ich durch hiesigen Französischen gesanten (der diese des hiesigen königs wilfarigkeit schon dorthin berichtet, und nit gern sehen wolt, das Engellant bei e. chf. und f. gg. Franckreich die schuh austretten solt) alle befurderliche anstellung gethan." — Datum in eil London Donnerstag 5./16. Julii 1610.

Stuttgart. Unionsacta VI. Orig.

[1] Ueber Jakobs Stellung zu dem Plan des deutschen Bündnisses eine Aeusserung in dem Schreiben des Councils an Winwood. Mai 28. (Winwood III S. 165.)

[2] Vgl. Beaulieu an Trumbull. Juli 24. (Winwood III S. 191.) Salisbury an Winwood. Aug. 2. (S. 196.) Der englische Bundesentwurf findet sich Winwood III S. 197 und (Cop.) M. pf. 342/5 f. 127. Die Dauer des Bündnisses wird nach der Münchener Copie auf die Lebenszeit der Verbündeten bestimmt. Die Nachfolger können aufgenommen werden, wenn sie den dahin gehenden Wunsch in Zeit von 2—3 Monaten erklären. (Anders bei Winwood.) Als Termin für Stellung der Truppenhülfe werden zwei Monate (Winwood: zwei bis drei Monate) nach geschehener Aufforderung, als Termin für Rückzahlung der Kosten zwei Jahre (Winwood: zwei bis drei Jahre) nach der Leistung angesetzt.

205. Schönburg und Lingelsheim an Anspach. (z. Th.) Juli 16.

Herr von Myon ist Tags vorher von Zabern zurückgekehrt;[1] die von demselben mitgebrachte Erklärung der Zabernschen Regirung[2] ist den Gesandten am gegenwärtigen Tag übergeben. Sie haben erwidert: die Hauptsache sei, dass man sich über den ersten und letzten Punct einige. Da nun zum ersten Punct auf das Ansinnen der Unirten, dass die „bischöflichen" Truppen weder nach Jülich noch Passau geführt werden dürften, die Gegenpartei erwidere, dass sie darin dem Kaiser nichts vorschreiben könne, so möge man den Artikel so fassen, dass das Volk beim Abzug das Gebiet der Unirten nicht berühren dürfe, und dass es den Unirten unbenommen bleibe, im Fall das Volk nach Passau oder Jülich ziehe, diesen Zuzug zu hindern. Zum letzten Punct erkläre man, dass vor erfolgter Ratification die eingenommenen Orte nicht geräumt werden können. — Die Churpfälzer werden in diesen Puncten nicht weichen. Sie haben wenig Hoffnung, dass man bei gegenwärtiger Versammlung zu einem schliesslichen Ergebniss kommen werde. Entscheidend für den Gang der Verhandlung dürfte eine noch für den gegenwärtigen Tag von den lothringischen Gesandten erwartete Resolution ihres Herzogs werden.[3] — 6. Julii anno 1610.

München. Staatsarchiv pf. 117/2 f. 146. Cpt.

[1] Des Chf. Pfalz Instruction (n. 195 Anm. 1) kam seinen Gesandten erst am 11. zu, weil der Bote von Zabernschen Reitern aufgefangen war. Die Zabernsche Regirung entschuldigte sich und gab das Briefpacket des Boten zurück, aber, wie man erkennen konnte, nicht ohne dasselbe vorher geöffnet zu haben. Die in der Instruction aufgestellten Bedingungen wurden am 13. den Unterhändlern schriftlich eingereicht. Diese letztern gaben darauf am 14. den Churpfälzern die Erklärung der Gegenpartei ein, nach welcher hauptsächlich nur die zwei Schwierigkeiten übrig blieben, dass letztere nicht versprechen wollte, dass ihre Truppen beim Abzug die Lande der Unirten nicht berühren sollten, und dass sie nicht zugeben wollte, dass bis zur Ratification des Vergleichs die eingenommenen Orte in der Hand der Unirten blieben. Da die Churpfälzer in beiden Puncten nicht nachgaben, beschloss Myon mit dem Zabernschen Kanzler nach Zabern zu reisen, um mit der dortigen Regirung über diese Puncte zu verhandeln. (Bericht der churpfälzischen Gesandten. Juli 14. M. pf. 117/2 f. 157.)

[2] Die Erklärung enthält folgendes: 1. Die beiderseitigen Truppen werden an einem zu vereinbarenden Tage das Bisthum räumen. Wenn dann die Truppen des Kaisers nach Jülich, Passau oder sonst wohin ziehen, so werden sie sich beim Durchzug durch die Lande der Unirten den Reichsgesetzen gemäss verhalten. 2. Was während der letzten Wirren im Bisthum vorgekommen ist, kann keinen Grund zu Ansprüchen vor Gericht oder sonst geben. 3. Keiner soll die Unterstützung der einen oder andern Partei entgelten. 4. Der Adel geniesst seine Vorrechte und wird nicht gegen den Religions- und Landfrieden belästigt. 5. Im Fall der Verletzung des Vertrags treten die Ansprüche beider Parteien auf Schaden- und Kostenersatz wider in Kraft. 6. Der Bischof und das Capitel enthalten sich aller Kriegerüstungen im Bisthum, es sei denn, dass sie zum Zweck ihrer Vertheidigung dazu genöthigt werden. Ebensowenig werden die unirten Fürsten das Bisthum angreifen.

7 Man wird die Ratification des Bischofs von Strassburg so bald als möglich ausbringen. 8. Die von den unirten Fürsten im Bisthum eingenommenen Plätze werden mit der dort gefundenen Artillerie restituirt. Zerstörungen der Städte oder kirchlichen Gebäude, Mitnahme irgendwelches Eigenthums ist den Abziehenden untersagt. (f. 333, 338.)

[3] Etwas später (praes. 9./19. Juli) berichten die Churpfälzer: die Lotbringischen und „die andern" Unterhändler schlugen vor, es sollten behufs Erlangung der Ratification Geiseln gegeben werden, oder die eingenommenen Städte sollten dem Domcapitel eingeräumt werden, welches bei fürstlichem und gräflichem Worte zu versprechen habe, dieselben beim Ausbleiben der Ratification den unirten Fürsten wider zu übergeben. Da die Pfälzer in beiden Vorschlägen keine genügenden Garantieen erblickten, und auch Anspach die Räumung des Bisthums vor erlangter Ratification für unthunlich hielt, so liessen sie die Sache darauf beruhen, dass man nach eingeholter Genehmhaltung des Erzh. Leopold die Verhandlungen wider beginnen könne, dass aber inzwischen es „beiden teilen frei stehe, den krieg zu füren." Eine Ratification des Kaisers auszubringen, haben alle Unterhändler für unmöglich erklärt, in „betrachtung i. Kai. M. auch hiebevor keinen dergleichen vertrag, wie auch den vor 18 jaren zu Hagenaw aufgerichten, niemals confirmiren wollen." Die Unterhändler lassen den Churfürsten ersuchen, sich auf ihre beiden Vorschläge baldigst gegen den Gr. Hanau zu erklären, damit eine neue Tagsatzung in Hagenau gehalten werden könne; inzwischen wollen die Lothringer und der Gr. Hanau mit der Regirung in Zabern nochmals verhandeln, „damit ein vertrag auf bewilligte (sic!) mittel erhalten möge werden." (M. pf. 117/2 f. 339.)

Juli 17. **206.** Die Neuburger Unionsgesandten in Heilbronn an ihren Herrn.

Tags vorher sind die vier ersten Puncte des Abschieds verlesen. Zum ersten Punct erbaten sich die Städte einige Stunden Bedenkzeit und gaben am Nachmittag einhellig folgende Erklärung ab: wegen der grossen Gefahr sei die in beiliegendem Verzeichniss bestimmte Truppenmasse während der Monate Juli, August, September auf gemeine Unionskosten zu unterhalten. Man sei also „in der anzal des volks nunmer mit einander einig," und die Kosten der Unterhaltung desselben werden sich jetzt leicht berechnen lassen. Die Mehrheit beschloss hierauf eine Steuer von 27 Monaten in drei Monatszielen.[1] Die Neuburger, auf eine so hohe Summe nicht instruirt, nahmen das ad referendum und bedangen sich, dass ihr Herr seine Quote zur Bezahlung des in seinen Landen liegenden Volkes verwenden werde, und auch „gewertig sein wollen, wo sie (e. f. g.) den abgang zu contentirung der soldaten abfordern sollen." Zur Bezahlung des rückständigen Soldes sind zu den 27 Monaten noch die acht Anticipationsmonate „communiter, auch von den stetten," bewilligt. Diese sind alsbald nach Heidelberg zu erlegen. Doch haben sich die Städte ausbedungen, dass davon nur das auf gemeinen Beschluss geworbene Volk bezahlt werde. — Datum Heilbron den 7. Julii anno 1610.

München. Staatsarchiv pf. 342/40 f. 192. Cpt.

[1] In Bezug auf diesen Beschluss brachten die Städtegesandten folgende Bescheinigung von der churpfälzischen Kanzlei (Juli 19) aus:

zur Unterhaltung des im Heilbronner Abschied aufgeführten Kriegsvolks sind von der Mehrheit 27 dem Unionsvorrath zu entnehmende Monate bewilligt. Den Gesandten der Städte wird bescheinigt, dass sie diesen Beschluss wegen Mangels an Befehl ad referendum genommen haben. Sie sollen bei der Relation ihre Obern ersuchen, alles für die Union Bedrohliche, was sie vernehmen, sofort dem Director und den benachbarten Unirten mitzutheilen, auch alles, was bei dem Heilbronner Convent vorgegangen, in strengem Geheimniss zu halten. (M. pf. 116/2 f. 85.)

207. Heilbronner Abschied. Juli 19.

Unterzeichner: H. E. v. Lautern für Churpfalz, Zweibrücken und Anhalt, Christian v. Belin für Churbrandenburg, Sperwerseck für Neuburg, Eisen und Varel für Anspach und Culmbach, Welling v. Vehingen für Würtemberg, Pistoris für Baden, Hövel für Hessen, L. Müller für Oettingen, H. Paumgartner d. ä., Haller und Kraft für Strassburg, Ulm Nürnberg und die übrigen unirten Städte.[1]

1. Da die vom Passauer und Elsasser Volk drohende Gefahr noch vorhanden ist, auch andere Kriegsrüstungen im Werke sind, und sichere Zustände noch nicht bestehen, so sind die Unionstruppen, welche kraft des Neuburger und Speirer Abschieds oder auch nachher „aus unvermeidenlicher notturft" geworben sind, desgleichen die Reiterei von Anspach und Baden und das Regiment des Obersten Fuchs, noch länger auf Kosten der Union zusammen zu halten. Sobald jedoch die in Betreff des Elsasser Unternehmens angestellte gütliche Verhandlung beschlossen, und so die vom Elsass drohende Gefahr beseitigt ist, sollen die pfälzischen Lehenreiter, das Regiment von Solms und die Truppen der Stadt Strassburg abgedankt werden, wobei dann die übrigen Regimenter aus den besten der entlassenen Söldner zu ergänzen, und die ganze Armee, neu gemustert, aus dem Stift Strassburg abzuführen ist. Die Armee ist alsdann nach Ermessen des Generals an die gefährdeten Orte zu führen und dort entweder in einem offenen Feldlager zu halten, oder in die Gränzorte zu vertheilen, jedoch so, dass die einzelnen Theile stets vom General zur Beschützung eines bedrohten Standes zusammengezogen werden können. Zur Bezahlung des rückständigen Soldes der Truppen sind acht Monate als Anticipation bewilligt und zum Theil schon bezahlt. Diejenigen, welche sie noch nicht gezahlt haben, sollen sie schleunigst nach Heidelberg

[1] Die Städtegesandten unterschreiben mit dem Zusatz: „jedoch citra approbationem der Elsassischen expedition vermög protocolli."

207. entrichten. Bei längerer Nichtbezahlung der Truppen ist schweres, die Union dauernd schädigendes Unheil zu befürchten. „Derowegen man dan, das jemants sich diesfals auszuziehen gemeint, sich nicht versehen wil." Es sind auch die rückständigen Unionssteuern sofort nach Heidelberg oder Nürnberg zu erlegen. — Bei dem Durchzug der Unionstruppen nach dem Elsass hat man sehr darüber geklagt, dass die Soldaten den „armen underthanen" für Brod, Wein und Hafer nicht einmal die mässige Taxe bezahlt und ihnen dazu noch schweren Schaden zugefügt haben. Man bittet daher die Generale, fortan, besonders bei Heranführung des Volkes nach der Donau und den Lagerungen daselbst, strenge Disciplin zu halten, insbesondere auch den „unnützen tross und unzüchtige weiber" zu beseitigen. — Die Städtegesandten haben übrigens bei diesem Puncte erklärt: „weil sie von gegenwertiger impresa im stift Strassburg keine wissenschaft gehabt, und bei inen fast angesehen haben wolte, als wan damit die termini defensionis in etwas uberschritten, und dem Gülchischen wesen, dessen sie sich doch bis anhero niemal angenommen, auch noch zur zeit damit wider iren willen sich nit beladen liessen, zum besten beschehen were, das sie auch mit derselben verantwortung sich nit beschweren lassen könten."

Die über Empfang und Ausgabe der zu Neuburg und Speier bewilligten Steuern zu legenden Rechnungen sollen mit genauen Einzelangaben innerhalb 12—14 Tagen nach dem Schluss dieser Tagsatzung dem Unionsdirectorium eingesandt werden, welches dann das erforderliche zur Prüfung der Rechnungen anordnen wird. Einstweilen ist von jedem Stand eine summarische Zusammenstellung seiner Einnahmen und Ausgaben für den Gebrauch der Versammlung eingefordert. Es ergiebt sich daraus, dass der Betrag der zu Neuburg und Speier bewilligten 16 Monate durch Vorlagen einzelner Stände um ein bedeutendes überschritten ist, und dass die gegenwärtig auf 7,300 Mann zu Fuss und 2,500 Mann zu Pferde sich belaufenden Unionstruppen, ohne Einrechnung der Kosten der Munition, des Proviants, des Generalstaats und anderer ausserordentlicher Ausgaben, monatlich gegen 142,181 fl. erfordern. Um nun die Unterhaltungskosten für etwa noch drei Monate zusammenzubringen, sollen 27 Monate, und zwar je neun Monate um den 11. August, 11. September und 11. October aus dem Unionsfond nach Nürnberg erlegt werden, mit dem Vorbehalt, dass, wenn inzwischen ein guter Friede getroffen wird, alsdann jeder Stand „was er noch in seiner cassa (haben wird), darin behalten solte. Das uberig alles wurde auf künftiger gueter rechnung stehen."

Um die Restanten einzubringen, und die neu bewilligten 27 Monate Juli 19.
an der Legstätte zu erheben und zu verrechnen, hat man die Ernennung eines Kriegscommissars und eines Pfenigmeisters für nöthig erachtet. Für erstere Stelle haben die Städte Hieronymus Winkelmann vorgeschlagen; einen Adjuncten für denselben, „welcher anstat des pfenningmeisters sein solte," wollen sie dem Directorium in zehn Tagen vorschlagen. Der bei dieser Gelegenheit gemachte Vorschlag, den gesammten Unionsvorrath „jetziger . . geferlicher leuf halben" an einen Ort zu schaffen, damit man im Nothfalle zum Zweck der Vertheidigung oder Bezahlung der Unionstruppen die Mittel gleich bei der Hand hätte, ist für diesmal abgelehnt.

Der in dem churpfälzischen Ausschreiben erwähnte Ausschuss wird dagegen für nöthig erachtet, so jedoch dass zur Beschleunigung des Geschäftsganges die Zahl der Mitglieder möglichst beschränkt werde. Zu der Behörde wird „jedes chur- und furstlich haus ein person, die ubrige fürstèn sambt dem hern graven von Oettingen zwo personen — weil Baden und Anhalt one das im veld — und dan die erbarn staet samptlich zwo personen" ernennen, vorbehaltlich weiterer Vereinbarung, in dem Fall dass der „grafenstant sich vollents zur union begeben wurde." Die sechs also ernannten Räthe bilden mit dem General, dem obersten Lieutenant und Feldmarschall einen Rath für „kriegs- und kein politische sachen," wobei es jedoch dem General unbenommen ist, erfahrene Befehlshaber je nach Beschaffenheit der Sachen „gleicher gestalt . . zue rat zue ziehen." Der Ausschuss fungirt nur so lange als „gegenwertige kriegspraeparationes und dieserseits defension weren würt." Der Unionsdirector und der General haben Anordnung zu treffen, dass sich der Ausschuss „jederzeit bei dem general und wo sich die gefar am meisten eraignen wil, finden lassen sol." Uebrigens ist für das Verhältniss von General und Ausschuss der Rotenburger Nebenabschied (§. 1) massgebend, wie denn auch, anstatt besonderer Instruction, die Auschussräthe auf die betreffenden Bestimmungen der Unionsacte und der folgenden Unionsabschiede zu verweisen sind, mit der Erinnerung, dass sie über hochwichtige Sachen, welche den Verzug leiden können, die Resolution der Unirten (durch Vermittlung des Directoriums) erst einholen sollen. Jeder Unionsstand hat den von ihm ernannten Ausschussrath aus eigenen Mitteln zu unterhalten. Unter gleicher Bedingung darf auch der einem Angriff zunächst ausgesetzte Stand dem Ausschusse einen Rath „umb allerhan̄t bericht und information willen" zuordnen. Bei den Verhandlungen des Ausschusses wird „die proportio votorum wie sonsten bei den unionsconventen gehalten."

207. 2. Der Vorschlag zur Bildung eines Unionsfonds ist wegen der Schwierigkeit der Ausführung (besonders z. B. der Beschaffung eines Anlehens) für diesmal bei Seite gesetzt. Jeder Stand soll seine zu gemeinschaftlicher Abwehr eines lang dauernden Angriffes verfügbaren Mittel zu verstärken bestrebt sein. Man mag sich auch nach einem ansehnlichen Darlehen umsehen und, wenn eins zu erlangen zu sein scheint, es den Unirten zu weiterer Beschlussfassung berichten.

3. Zur Herstellung eines beständigen Friedens weiss man kein anderes Mittel, als Beharrung in der Vertheidigungsbereitschaft und Erwartung einer günstigen Wendung. Die Hoffnung, zur Zeit etwas am kaiserlichen Hof zu erlangen, ist eitel, zumal da die dort anwesenden Fürsten die vorigjährige Gesandtschaft der Unirten missbilligen. Da indess die drei ausschreibenden Städte um Rath gebeten haben, was sie auf beiliegendes von den bezeichneten Fürsten an sie gerichtete Schreiben thun sollen, so sind beiliegende Schreiben an den Kaiser und an die in Prag versammelten Fürsten vereinbart. Besondere Schreiben über denselben Gegenstand sind an Chursachsen, Braunschweig-Wolfenbüttel, Hessen-Darmstadt, an Dänemark, Holstein, Mecklenburg, Pommern, Lüneburg „und andere drinnen lants gesessene staent" verfasst. Um Zeit zu sparen, sollen nur Churpfalz, Anspach, Würtemberg und Baden — ferner bei den Schreiben, welche die Städte mit ausfertigen, die Stadt Strassburg — im Namen aller Unirten diese Schreiben ausfertigen.[1] Es soll

[1] Demgemäss schreiben am 20. Juni Churpfalz, Anspach, Würtemberg, Baden im Namen aller Unirten an die in Prag versammelten Fürsten: die in dem Schreiben an die drei unirten Städte gegen die Union, trotz bessern Wissens der Mehrheit der Unterzeichner, vorgebrachten Beschuldigungen sollen widerlegt werden. Darlegung der Ursachen der Union: Verletzung der Reichsgesetze, Bedrückung der evangelischen Stände durch gewisse kaiserliche Räthe, Vergeblichkeit aller Klagen bei Reichs-, Deputations- etc. Versammlungen und beim Kaiser selber. Ausführung, dass die Union weder dem Kaiser, noch den Reichsgesetzen, noch friedliebenden Ständen zum Nachtheil gereicht, dass ihr Abschluss auch ohne Anzeige beim Kaiser gestattet ist, „bevorab weilen gedachte union allein zwischen stenden des reichs, keineswegs aber mit auslendischen potentaten oder herschaften eingangen .. worden," während die jüngst geschlossene katholische Union sich eifrig um Zuziehung des Papstes, Spaniens und anderer Mächte bemüht haben soll. Zu ihren Kriegsrüstungen, bei denen das Stift Würzburg einigermassen durch die Musterung, Speier nur durch einen vorher angesagten Durchzug, und Bamberg gar nicht erheblich betroffen ist, sind die Unirten durch das Gebot ihrer Sicherung genöthigt, ebenso zu dem Einfall in's Stift Strassburg. Sobald das im Elsass und Passau liegende Kriegsvolk entlassen wird, oder der Kaiser den Unirten die genügende Versicherung giebt, dass dasselbe nicht gegen sie verwandt werden wird.

ferner zur Belehrung über das Wesen der Union „ein gemein ausschreiben" von Churpfalz verfasst und, nach Vorlegung an die Juli 19.

ist die Union bereit, ihre Truppen abzudanken. Allein man hört, dass der Kaiser eine längst im Sinne gehabte Execution gegen dieselbe beschlossen und deren Uebernahme dem H. Baiern angetragen habe. Gegen einen solchen Angriff, an den die Unirten übrigens nicht glauben, zumal die Prager Versammlung sich zum Theil in der Jülicher Sache für gütliche Verhandlung ausgesprochen hat, würde die Union sich wehren, und dadurch die Zerrüttung bis zum Untergang Deutschlands gesteigert werden. Die Versammlung möge sich durch etliche unruhige kaiserliche Räthe nicht verleiten lassen, sondern für Herstellung der Eintracht im Reich thätig sein. Sie möge den Unirten auch erklären, wessen sie sich in dieser Angelegenheit zu versehen haben. (M. pf. 116/2 f. 98. Vgl. Häberlin-Senkenberg XXIII S. 288.)

An den Kaiser schreiben Churpfalz, Anspach, Würtemberg, Baden und Strassburg (Cpt. O. D.): auf das Schreiben der Unirten vom 6. Febr. (n. 20 S. 101 Anm. 1) erfolgte keine willfährige Erklärung. Statt dessen Kriegsrüstungen und Einlagerungen, Drohungen der Befehlshaber und etlicher vornehmer kaiserlicher Räthe und andere Anzeichen, nach denen die Briefsteller und andere Unirte von dem die Donau und den Rhein beherrschenden und sie gleichsam umzingelnden Kriegsvolk einen plötzlichen Angriff, oder doch Durchzug, Einquartierung und ähnliche Ungelegenheit zu gewärtigen hatten. Kein Kreis und keine Kreisbeamten sind, so viel man weiss, bezüglich der Einlagerung und Musterung in Gemässheit der Reichsgesetze und des Herkommens angegangen. Darum brachten Unterzeichnete einige Truppen zur Vertheidigung ihrer Lande auf. Als dann durch stete Vermehrung der im Stift Strassburg liegenden Truppen die Gefahr wuchs, und man allgemein sagte, dass mit diesem Volk die im Passau'schen und Luxenburgischen liegenden Truppen sich vereinigen sollten zu einem Angriff gegen die dem Rhein nahe wohnenden Unirten, verlangten „etliche benachbarte aus unserm (der Unirten) mittel, insonderheit aber wir, bede marggrafen zu Anspach und Baden," von der Regirung zu Zabern die Entfernung des Elsasser Volks. Als dieses trotz guter Vertröstungen nichts half, und das Kriegsvolk sich beider Seiten des Rheins zu bemächtigen suchte, griffen Unterzeichnete und „andere unsers mittels chur- und fursten" zu der von der Natur und der Reichsexecutionsordnung gestatteten Prävention; sie führten Truppen in's Stift Strassburg in der Absicht, das dortige Kriegsvolk zu entfernen und, sobald sie von jener Seite gesichert wären, das Stift wider zu räumen. Unterzeichnete und die andern Fürsten wünschen nichts mehr, als diese ihre Truppen wider zu entlassen; wenn aber wirklich am kaiserlichen Hof die Absichten dahin gehen, das Passauer Volk unter dem Schein einer unverdienten, ohne vorheriges Gehör der Beschuldigten vorgenommenen Execution gegen die Unirten zu schicken, so muss man jene Truppen zu seiner Vertheidigung noch länger behalten. Der Kaiser möge aber Rathschlägen, die zu innerem Kriege führen, nicht nachgeben, sondern für Herstellung der Eintracht unter den Ständen und des Rechtes sorgen. Zu dem Zweck möge er das Passauer und übrige Kriegsvolk abdanken oder den Unirten genügende Versicherung geben, dass sie gegenwärtig und künftig von demselben nichts zu befahren haben. Alsdann wollen Unterzeichnete und ihre Verbündeten ihre Truppen „gleicher gestalt aus diesen landen fueren lassen." — Schliesslich möge der Kaiser auf dieses Schreiben, wie auf das im Eingang erwähnte vom 6. Februar seine willfährige Erklärung erfolgen lassen. (M. pf. 116/2 f. 30. Es ist auffallend,

207. Unirten, gedruckt werden. Da ferner die in Prag versammelten Fürsten in der Jülicher Sache mit Brandenburg und Neuburg gütliche Verhandlung zu pflegen gedenken, und „an diser Gülchischen sach dem gemeinen evangelischen wesen der consequentz halben viel . . gelegen" ist, so wäre bei dieser Gelegenheit „und also per indirectum" die Sache eines allgemeinen Friedens im Reich und die Abstellung der Gravamina zu befördern. Dies könnten die unirten Fürsten, welche den Possidirenden beigestanden haben, thun, indem sie ihre Gesandten sich an den erwähnten Verhandlungen betheiligen liessen.

4. Es ist nicht gelungen, die dem Eintritt der Wetterauer und fränkischen Grafen in die Union entgegenstehende Schwierigkeit der Voten zu beseitigen. Die in dieser Richtung gemachten Vorschläge sind ad referendum genommen, und werden die Unirten sich über dieselben innerhalb 14 Tagen dem Directorium erklären. Inzwischen möge Churpfalz die Grafen bei guter Gesinnung gegen die Union zu erhalten suchen.

5. Der churbrandenburgische Gesandte hat berichtet: sein Herr habe bei seiner Zusammenkunft mit dem König von Dänemark zu Rostock über den Eintritt des Königs als Herzogs von Holstein in die Union verhandelt. Der König, ohne abgeneigt zu sein, habe die Erklärung des Königs von England auf die Anträge der Union abwarten wollen; vielleicht halte er es auch für schicklich, dass die Unirten ihm in dieser Angelegenheit, ähnlich wie den Königen von Frankreich und England, eine Gesandtschaft schicken.[1] Der Chur-

dass Strassburg diese Rechtfertigung der Elsasser Expedition unterzeichnet haben soll)

[1] Bei der Zusammenkunft in Rostock ersuchte Churbrandenburg in einer schriftlichen Proposition (Mai 2) den K. Dänemark um folgendes: 1. zum Schutz der mit einer Execution bedrohten Brandenburger Lande möge der König eine Geldhülfe und das Versprechen seines Beistandes im Falle des wirklichen Angriffes gewähren. 2. Da der Jülicher Streit aus dem Bestreben des kaiserlichen Hofs und der Katholischen, die Jülicher Lande den Evangelischen vorzuenthalten, entstanden ist, so möge der König seinen Beistand dagegen bewilligen. Er möge auch den von Düsseldorf zurückgerufenen Charisius oder einen andern Rath wider dorthin abordnen. Er möge seinen Rath geben, wie die Einigkeit zwischen Brandenburg und Sachsen herzustellen sei. 3. Da die Unirten den König, falls er ihrem Bunde nicht gar abgeneigt ist, durch eine fürstliche Gesandtschaft zum Eintritt in denselben einzuladen gedenken, so möge der König seine Meinung über den Bund erklären. — Hierüber am 3. Mai Verhandlung unter den dänischen und brandenburgischen Räthen. — An demselben Tag eröffnen die dänischen Räthe die Resolution des Königs: 1. der König will ein Anlehen bewilligen und über dessen Höhe sich entschliessen, wenn der Churfürst ihm als Pfand (ent-

fürst habe ferner die Herzoge von Holstein, Mecklenburg und Pommern zur Union einladen lassen; aber Holstein richte sich nach Dänemark; die andern haben versprochen, sich nach Berathung mit ihrer Landschaft zu erklären. „Bei Magdeburg sei nach jetziger beschaffenheit des capitels fast geringe hofnung vorhanden." Die Herzoge von Lüneburg und die Hansastädte sollen demnächst eingeladen werden. Die gütliche Verhandlung zwischen dem Herzog und der Stadt Braunschweig sei, obschon bereits ein Termin bestimmt gewesen, noch nicht zu Stande gekommen. — Von Seiten Neuburgs ist berichtet: die Herrn von Wolfstein haben erklärt, dem Beispiel der fränkischen Grafen folgen zu wollen. Von der Stadt Regensburg sei die zugesagte weitere Erklärung bisher nicht erfolgt. — Von Würtemberg, Baden und Ulm ist mitgetheilt: die Juli 19.

sprechend einem Vorschlag der brandenburger Räthe) den Zoll von Lenzen einräumt, und unter der weitern Voraussetzung dass der Ertrag des Zolls den Zinsen gleich kommt, dass der König den Zoll selber erhebt (wobei ihm der Zöllner und „eventualiter" auch andere Amtsunterthanen zu verpflichten sind), und dass der Churfürst hierfür nach Beilegung der Jülicher Sachen eine kaiserliche Confirmation ausbringt. 2. Die Sendung nach Düsseldorf scheint zwecklos zu sein, da die Gesandten anderer Könige noch nicht gekommen sind. Vorstellungen an Sachsen gegen seine Verbindung mit den Papisten dürften wenig helfen und möchten die Katholiken, mit denen der König bisher zum Theil in bester Correspondenz gestanden, desgleichen das verwandte Haus Sachsen gegen ihn aufreizen. 3. Zur Aufklärung über die Union fehlen dem König noch verschiedene Actenstücke, welche der vom Churfürsten früher an ihn abgefertigte Gesandte Götz nicht bei sich hatte. Er bittet den Churfürsten, er möge sich nicht mehr mit Gesandtschaften an ihn bemühen, die ihm keinen vollständigen Bericht thun könnten. Besonders möge man in der nächsten Zeit nicht an ihn schicken, da er nicht vorhersagen kann, wo er anzutreffen ist. — Nachdem diese Antwort übergeben war, verlangte vor Ablauf des Tages der dänische Rath Hübner plötzlich des Churfürsten Resolution, weil der König noch am gegenwärtigen Tag abreisen wolle. Es war während der Mahlzeit. Beier erwiderte: „das es gleichwol eine wichtige sache. So were mein her zimlich bezechet, die andern rette al zu bette. Ich wuste nicht, was itzo in der nacht zu tractiren were." Der König liess aber entgegnen, er müsse die Sache heute abschliessen. Hierauf ging Beier zum Churfürsten und seiner Gemahlin, die sich denn zur Annahme der für das Anlehen gestellten Bedingungen bequemten. Von da begab er sich wider zu den dänischen Räthen und theilt mit, was „i. chf. g., ob sie wol beim gueten rausch," resolvirt haben. (Abschluss des ersten Punctes betreffend das Anlehen.) Die übrigen Puncte empfehle er dem Nachdenken des Königs. — Nachdem hierauf die dänischen Räthe eine Stunde lang mit dem König berathen, erklärten sie: am 30. Mai — 2. Juni sollen in Koppenhagen 200.000 Thaler als Anlehen erlegt werden. An Chursachsen werde der König einen Gesandten schicken, der sich bei seiner Werbung (entsprechend einem Vorschlage Beiers) vornehmlich auf die Erbeinung und die kaiserliche Capitulation zu stützen habe. — Am folgenden Tag Abreise des Königs und des Churfürsten. (B. XXXV a 1.)

207. noch übrigen schwäbischen Städte haben sich sämmtlich abschlägig erklärt,[1] ausser Aalen und Giengen, die zum Eintritt in die Union bereit seien. Der Markgraf von Baden habe auch mit dem Landgrafen von Hessen-Darmstadt in seinem und des Churfürsten von der Pfalz Namen verhandelt, aber vergeblich. — Von Strassburg ist berichtet: die Stadt habe mit den evangelischen Schweizer Orten angeknüpft; das weitere beruhe nun auf einer Zusammenkunft derselben.[2] — Von Ulm ist bemerkt, dass die Stadt Wimpfen, da ihr päpstlicher Schultheiss gestorben, eine Einladung zur Union annehmen dürfte.[3] — Man hat hierauf beschlossen, dass der Churfürst

[1] Esslingen berief sich auf seine Macht- und Mittellosigkeit. (Würtemberg an Churpfalz. März 16. M. pf. 116/4 f. 363.) Reutlingen wies darauf hin, dass es die meisten Einkünfte, Obrigkeit u. a. vom Kaiser zu Lehen habe, daher der Eintritt in die Union ihm verderblich werden könne. (an Würtemberg. April 15. M. pf. 116/3 f. 62.) In Isny war der grössere Theil der Rathsverwandten für die Union, aber die vom Gericht und etliche von der Gemeinde, die man zuzog, wandten ein, dass die Stadt von papistischen Ständen umgeben und mit denselben zum Theil ohnehin in Streitigkeiten verwickelt sei. (an Würtemberg, Baden und Ulm. April 21. f. 61.)

[2] Strassburger Gesandte trugen vom 15.—23. März ihre Werbung in Zürich, Bern und Basel vor: Bericht über Gründung der Union und die Gesandtschaft von 1609. Da letztere nichts gefruchtet hat, die Katholischen aber mit dem Abschluss einer Liga beschäftigt sein und sich dabei der Gunst fremder Mächte rühmen sollen, so haben die Unirten beschlossen, mit etlichen fremden Mächten in Correspondenz zu treten, haben auch von Frankreich, England, den Staaten schon befriedigende Resolutionen erhalten. In Anbetracht, dass die evangelischen Schweizer Kantone sich bis dahin so rühmlich bezeigt haben, nicht nur in Bezug auf Erhaltung ihrer Religion und Freiheit, sondern auch für das Wol Deutschlands und den Frieden in der Nachbarschaft, hat die Haller Versammlung beschlossen, dass dieselben, besonders zunächst Zürich und Bern, durch eine Gesandtschaft von Churpfalz, Würtemberg, Baden, Strassburg zur Anknüpfung einer guten Correspondenz mit der Union eingeladen werden sollen. Da die Fürsten noch verhindert sind, so ist Strassburg beauftragt, die vorgetragenen Dinge den Städten zunächst zur Erwägung unter einander zu empfehlen. — Die Antwort der Städte ging dahin, dass diese Dinge auf einer von Zürich baldigst zu beschreibenden Tagsatzung der evangelischen Kantone zu erörtern seien. (Bericht der Strassburger Gesandten. (M pf 116/4 f. 650.)

[3] Neben den genannten Ständen hatte man auch mit der Reichsritterschaft verhandelt. An die Versammlung des Ausschusses der drei Kreise der Ritterschaft zu Esslingen erhielten Ludwig von Hutten und Georg von Rotenhan, die als Mitglieder der Tagsatzung beiwohnen wollten, im Namen des Chf. Pfalz eine Instruction (Mai 5): 1. Grund der Union in den unherkömmlichen, gewaltsam durchgeführten Processen, durch welche katholische wie evangelische Glieder des Reichs beschwert werden, auf letzterer Unterdrückung gezielt wird, vor allem aber eine „absoluta imperialis potestas" eingeführt werden soll. Dass die Union die katholische Religion ausrotten, die geistlichen Stifter zum Nachtheil des Adels profaniren und einziehen wolle, sind Verläumdungen. Die Ritterschaft möge die Union „favorisiren," schädliche Unternehmungen

von Brandenburg um Fortführung der ihm aufgetragenen Beitritts-verhandlungen zu ersuchen sei. Ueber eine Gesandtschaft an Dänemark kann nichts beschlossen werden, so lange über die Verrichtungen der Gesandtschaft in England kein Bericht eingekommen ist. Die Gewinnung der Hansastädte dagegen ist „jetziger geferlicher leuf halber" zu beschleunigen, und da Churbrandenburg und Anspach anderweitig beschäftigt sind, so hat man beschlossen, den Landgrafen Moriz zu ersuchen, die betreffenden Verhandlungen „neben Churbrandenburg und der stat Nürnberg" (deren Gesandten es ad referendum genommen) fortzuführen. Zur Aufnahme von Giengen und Aalen in die Union ist das nöthige vorzunehmen, und die Stadt Wimpfen nicht ausser Acht zu lassen. — Auf den von Chur- Juli 19.

---

gegen dieselbe nach Kräften abwenden, wie die Union ihr gegenüber das gleiche thun wird. 2. Durch die bezeichneten ungewöhnlichen Processe will man auch die possidirenden Fürsten von ihrem rechtmässig erlangten Besitz verdrängen, was gegen die Reichsrechte ist, und was die beiden Fürsten mit Hülfe ihrer Freunde inner- und ausserhalb des Reiches abzuwehren suchen. Da Leopold jene ungerechte Absicht mit Gewalt durchzutreiben sucht und auch die Unirten, besonders Churpfalz, bedroht und mit Truppen umstellt, die allem Anschein nach sich den Durchzug erzwingen wollen, so haben die Unirten sich in Gegenverfassung stellen müssen. Versucht man nun, in ihre Lande einzubrechen, so möge die Ritterschaft ihnen „einen reutterdienst" thun, da ja, wenn die Lande der Fürsten verheert werden, auch die angrenzenden Güter der Ritter mitleiden werden. Die Unirten bieten ihnen dafür ihren Beistand an, wenn sie unbillig bedrängt werden Man will übrigens dem Kaiser das Erkenntniss in der Jülicher Sache gar nicht entziehen, sondern man verlangt nur, dass das Gericht mit Unparteiischen und „pares curiae" besetzt werde. (M. pf. 116/3 f. 178.) Ueber den Erfolg ihrer Sendung berichten Hutten und Rotenhan am 25. Juni: die Versammlung, welche auf den 11. Mai angesetzt war, hat ihnen folgendes geantwortet: es sei wie gewöhnlich „diser der dreien kreis ritterschaft ausschuss einig und allein in iren respective privat dreier kreis correspondenzsachen . . zusammen kommen." Da von dem pfälzischen Anbringen vorher keiner von der Ritterschaft etwas vernommen habe, so sei der Ausschuss darüber, speciel über den Reiterdienst, ohne Instruction und Vollmacht. Er werde an die Mitglieder der Ritterschaft, „die one das jetzt allenthalben von iren lehenherren, sich in bereitschaft zu halten, gemanet, da mancher drei, vier oder mer lehenherren hette, und die schultige dienst zu leisten, gefast sein musten," berichten. Beschluss könne darüber aber nicht so rasch gefasst werden, da die Versammlungen „an so vil verschidenen orten" einzeln darüber beschliessen müssen und bei der gegenwärtigen Sachlage nicht so schleunig gehalten werden können. Sollte nun inzwischen der Churfürst bedrängt werden, so werden immerhin die ihm benachbarten Ritter ihm „beizuspringen inen angelegen sein lassen." Uebrigens hoffe man, dass der Prager Fürstenconvent um so mehr den Frieden im Reich herstellen werde, da die Union den Frieden ebenfalls erstrebe. — Nach Bericht der anwesenden rheinischen Ritter ist auf die Werbung „der geistlichen bei der Reinischen ritterschaft" ein dem vorstehenden gleicher Bescheid ertheilt. (M. pf. 117/1 f. 195.)

207. pfalz gethanen Bericht, dass die evangelischen ober- und unteröstreichischen Stände in Bezug auf die nach Massgabe des jüngsten Haller Abschieds ihnen angetragene Correspondenz „sich allerdings wilfaerig erkleret, (dass) dieselben auch albereit einen guten anfang gemacht hetten und fleissig continuiren thetten," hat man beschlossen, diese Correspondenz wol zu pflegen, „und was daher der Union zum besten kommen möcht, nit zu underlassen." Mit den Böhmen, Mähren und Schlesiern „stehet es noch auf ferrerer hantlung."

6. Auf des Herzogs von Baiern Schreiben an die Unirten vom 22. April in Sachen der Stadt Donauwörth ist eine Antwort vereinbart.[1] Da ferner in der jüngst veröffentlichten Schrift „Donauwörther Relation" „allerhant hochanzügige sachen wider die Unirte begriffen, auch series facti mit der stat Donauwört viel andersten, als man dieser seits berichtet, vorgeben und daneben die hofprocess allerdings . . justificirt werden wollen," so sollen Würtemberg, Oettingen und Ulm, welche als schwäbische, der Stadt benachbarte Stände die besten Berichte haben können, eine oder zwei Personen bestimmen, welche gegen ein gebührliches Honorar aus Unionsgel-

---

1 Ueber die Berathungen hierüber vgl. Stieve, Donauwörth S. 416 fg. Das Schreiben an Baiern (Juli 18) enthält folgendes: nachdem der Zweck der im Namen der Union vorgenommenen Kriegsrüstungen dem Herzog durch etliche unirte Fürsten dargelegt war, hätte man nicht erwartet, dass der Herzog aus denselben Argwohn schöpfen würde in Bezug auf Donauwörth. Die Restitution dieser Stadt haben die Unirten und die andern evangelischen Stände lediglich vom Kaiser gesucht. Der Kaiser hat im September 1609 die Restitution auch zugesagt; aber die Erfüllung seines Versprechens ist aufgehalten, ohne Zweifel durch diejenigen kaiserlichen Räthe, die nicht auf des Reichs Wolfahrt, sondern auf seine Zerrüttung abzielen. Darum haben die Unirten dem Kaiser abermals die nöthigen Vorstellungen gemacht, und sie hoffen, dass nunmehr, da auch die in Prag versammelten Fürsten zur Restitution gerathen haben, die Bitte der evangelischen Stände gewährt, und künftig ähnliche Vorgänge verhütet werden. — Die Rüstungen der Unirten, abgenöthigt durch die Rüstungen Anderer, besonders in Strassburg und Passau, bezwecken nur ihre und der Ihrigen Vertheidigung; sie haben kein Gefallen an dem gestörten Frieden in Deutschland, bei dem der Türke auf die Dauer nicht ruhen, sondern den Untergang des Reiches herbeiführen wird. Nun soll man aber gar in Prag mit einer Execution gegen etliche evangelische Fürsten umgehen, und der H. Baiern sich dem kaiserlichen Gesandten, Gr. Zollern, bereit erklärt haben, dieselbe unter gewissen Bedingungen zu übernehmen. Obgleich die Union zu einer solchen Execution keinerlei rechtlichen Anlass bietet und gegen ungerechte Angriffe bei ihrer Vertheidigung von Gott geschützt werden wird, so bittet sie den Herzog doch, zumal jene Nachrichten durch Urkunden beglaubigt sind, um eine klare Erklärung, wie es mit dem Executionsvorhaben und seinen Ursachen bewandt, gegen wen es abgesehen sei, und was der Herzog in dieser Angelegenheit den Unirten gegenüber vorhabe, „damit wir unsere notturft dabei auch . . in acht zu nemmen wissen mögen." (M. pf. 116/2 f. 92.)

dern eine Widerlegung der Relation zu verfassen haben. Raschheit ist nöthig. Die übrigen der Stadt benachbarten Stände, welche über die fraglichen Vorgänge unterrichtet sind, werden ihre Nachrichten zusammenstellen und in den nächsten 14 Tagen an die Würtemberger Kanzlei senden. Die Widerlegung ist (vor der Publication) dem Directorium und von da aus den übrigen Unirten vorzulegen. Juli 19.

7. Auf des Churfürsten von der Pfalz nochmalige Erinnerung, ihm die vielen „communicationes" an die Unirten zu erleichtern, haben die Gesandten etlicher Stände die Bereitwilligkeit ihrer Herrschaften erklärt, in Heidelberg besondere Scribenten zum Copiren der dort einkommenden Schriftstücke zu halten. — Es ist ferner die Abschrift eines kaiserlichen „mandatum cassatorium et avocatorium" eingekommen. Wenn dasselbe einem Unirten von dem kaiserlichen Herold privatim insinuirt wird, so hat er es anzunehmen, mit dem Bemerken, dass man das Nöthige darauf vornehmen werde; wenn aber der Herold trotz Abmahnens das Mandat durch Anschlag publicirt, so ist der Anschlag zu dulden, gleich hinterher jedoch das Schriftstück mit gebührender Bescheidenheit und Protestation wider abzunehmen. Eine im Namen der Unirten auf das Mandat zu erlassende Exceptionsschrift wird zusammenzustellen sein aus dem Inhalt des an den Prager Convent abgegangenen Schreibens und des zu fertigenden Ausschreibens. Will aber der eine oder andere Stand inzwischen einen Entwurf für jene Schrift verfassen lassen, so möge er ihn dem Directorium einsenden. — Signatum Hailbron den 9. Julii . . im 1610. jar.

Nebenabschied. (Juli 18. Unterzeichnet von den Fürsten und dem Grafen von Oettingen.) — Der im Namen der unirten Fürsten nach Venedig gesandte Joh. Lenk[1] hat „über dasjenige, so ime vor diesem von etlichen chur- und fürsten zu underhaltung geraicht ist," ein ansehnliches aufgewandt. Zu Vermeidung weiterer Kosten ist der Agent „förderlich, doch cum reputatione abzufordern." Was Lenk seit der beim letzten Haller Convent ihm aufgetragenen Commission aufgewandt hat, werden die Herrschaften der unterzeichneten Gesandten, deren Ratification in diesem Puncte jedoch vorbehalten bleibt, „pro rata" ersetzen. — Der Vorschlag, dass am französischen Hof der Jülicher Sache wegen, zumal da

---

[1] Lenk verrichtete am 15. März seine Werbung vor der Signorie. (an Churpfalz. März 19. M. pf. 343/14 f. 118) Die Antwort darauf liegt nicht vor. Lenks Berichte aus Venedig (M. pf. 343/14, 336/27) sind von geringem Interesse.

dort der spanische Gesandte und die Nuntien die bewilligte Hülfe mit aller Anstrengung rückgängig zu machen suchen, ein ständiger Bevollmächtigter zu halten sei,[1] ist ad referendum genommen. Die Resolutionen sind dem Directorium innerhalb 14 Tagen einzusenden. — Bei der Wichtigkeit der Aufnahme der fränkischen und Wetterauer Grafen in die Union haben die Gesandten beschlossen, verschiedene in den Berathungen vorgeschlagene Mittel zur Hebung der Schwierigkeit der Voten zu referiren, ob nicht etwa von Seiten der Fürsten, wie die Churpfälzer angedeutet haben, etwas mehr nachgegeben werden könne. Die Resolutionen hierüber sind innerhalb vierzehn Tagen dem Churfürsten von der Pfalz einzuschicken, damit derselbe bei weiterer Verhandlung mit den Grafen sich darnach richten möge.

München. Staatsarchiv pf. 342/10 f. 2. Orig.

Juli 20. **208. Friedrich IV. an Anspach.**

Die gegnerischen Truppen im Elsass werden immer stärker, suchen die benachbarten Lande mit räuberischen Streifzügen heim und drohen mit Einfällen in des Churfürsten Lande. Da zunächst das Amt Germersheim bedroht ist,[1] so wird der Churfürst eine Compagnie Fussvolk nach Selz und eine Anzahl Reiter nach Billigheim legen. Er fragt demnach beim Markerafen an, ob derselbe aus der pfälzischen Lehensritterschaft ihm eine Compagnie Reiter überlassen könne.[2][3] — Datum 10. Julii anno 1610

München. Staatsarchiv pf. 117/2 f. 271. Cpt.

[1] Am selben Tage wurde den Beamten im Amt Germersheim befohlen: sie sollten Anstalten treffen, dass „in den dorfschaften und stetten der glockenstreich" zu gegenseitigem Beistand eingeführt werde; sie sollten ferner „die angrenzenden benachbarten beamte und befehlhaber" ersuchen, dass sie zu Abwendung der Gefahr sich mit ihnen in Verbindung halten, ihnen Nachrichten und Warnungen zusenden und „ire underthanen zur hulf und zusprung anweissen." (M. pf. 117/2 f. 270.) In einem Schreiben vom 23. Juli meldet der Churfürst dem Rath von Weissenburg die Anstalten zum Schutz des Amtes Germersheim (mit der Angabe, dass Leopolds Truppen schon in dieses Amt gestreift seien) und bemerkt dann: ohne Zweifel wird der Weissenburger Rath ebenfalls Anstalt getroffen haben, dass die Bürger sich vertheidigungsbereit halten. Derselbe möge durch Sperrung von Strassen und Pässen die feindlichen Einfälle nach Kräften verhüten und den pfälzischen Beamten und Unterthanen Warnungen und Hülfeleistung angedeihen lassen, wie denn diese der Stadt gegenüber zu gleichem ange-

---

[1] Auf die Mahnungen Buwinkhausens und Zweibrückens hatte der Chf. Pfalz seinen Gesandten die Befürwortung dieses Planes bei den Fürstengesandten aufgetragen. (Juli 6, 11. M. pf. 117/1 f. 361; 116/2 f. 4.)

wiesen sind. (f. 208.) Am 22. Juli schreibt der Churfürst an die Commissarien von Neustadt und Alzei: er muss eine erkleckliche Anzahl Truppen „an die grenzen gegen Altenstat" zur Sicherung des Landes gegen die Leopoldischen Truppen legen. Um die nöthigen Gelder aufzubringen, hat er von seinen Commissarien in Heidelberg 20—30,000 fl. verlangt, aber nur die Bewilligung von 10,000 fl. erlangt. So gern der Churfürst daher sonst seine Unterthanen mit den Ansuchen um Beisteuren verschont, so muss er in dieser dringenden Noth den Commissar von Alzei (Neustadt) um schleunige Beschaffung von 10,000 fl. ersuchen. (M. pf. 116/2 f. 117.)

[2] Der Markgraf erwidert am 28. Juli: die Compagnie solle, sobald der Churfürst einen Tag bestimme, nach der Pfalz ziehen. In seiner Antwort vom 30. Juli lehnt der Churfürst dies Anerbieten ab, indem er sich auf ein Schreiben vom 29. bezieht, in welchem er Anspachs und Badens Gutachten über eine grössere Hülfe nachgesucht habe. (M. pf. 117/2 f. 205, 206.)

[3] Der Churfürst dachte gleichzeitig an allgemeinere Defensivanstalten. Am 22. Juli schrieb er an Würtemberg, Zweibrücken und Baden: bei den Elsasser Friedensverhandlungen wird vermuthlich nur beiderseitige Räumung des Stiftes Strassburg erzielt werden, die Feindseligkeiten der Gegenpartei aber bleiben. Um so mehr haben sich die benachbarten Unirten zum gegenseitigen Schutz ihrer Lande gefasst zu machen. Der Churfürst schlägt daher dem Herzog (Markgrafen) eine Versammlung verordneter Räthe vor, um einen „gewissen nachbarlichen succurs" zu vereinbaren. (M. pf. 117/2 f. 203.) Der Mgr. Baden erwidert am 25. Juli: er habe seine Räthe beauftragt, auf Einladung des Churfürsten Jemanden aus ihrer Mitte zu der Versammlung zu schicken. (f. 170.) Am 5. August danken die badischen Räthe dem Churfürst für seine willfährige Resolution auf ein Schreiben bezüglich „eines soucours": die badische Regirung werde in dem vorgesehenen, hoffentlich nicht eintretenden Fall, den Landen des Churfürsten in gleicher Weise beistehen. (M. pf. 116/2 f. 320.) — Mit gleicher Begründung stellt der Churfürst am 22. Juli an Anhalt die Frage, ob er ihm im Fall eines Angriffs auf die pfälzischen Lande eine gute Anzahl Reiter aus den Jülicher Landen zur Hülfe senden könne. (M. pf 116/2 f. 114.)

209. Friedrich IV. an Nürnberg und Ulm. Juli 22.

Bezugnahme auf die Heilbronner Beschlüsse über die acht und 27 Monate. Da der Churfürst schon ansehnliche Vorschüsse gemacht hat und weitere nicht wol machen kann, so mögen die beiden Städte die auch von ihnen bewilligten acht Monate und ausserdem, was bei ihrer Casse erlegt ist oder nächstens erlegt wird, dem Churfürsten baldigst zusenden oder doch zur sofortigen Erhebung stets bereit halten und ihm über den Stand der Casse berichten.[1] Denn ohne vorherige Zahlung des rückständigen Soldes wird man die Truppen nicht aus dem Elsass abführen, noch die beizubehaltenden Regimenter zum Zweck ihrer Ergänzung mustern können, sondern eher eine Meuterei risquiren. Wenn des Churfürsten Anstrengungen für die Union von allen Seiten recht gewürdigt würden, so würden wol seine Mitunirten ihm etwas eifriger unter die Arme greifen. [Zusatz an Ulm: die Stadt könnte die bisher in Wartegeld gehabten Knechte wol entlassen und dann um so eher

209. das noch in ihrer Casse befindliche Geld nach Heidelberg senden.[3]] — Datum Heidelberg den 12. Julii 1610.

München. Staatsarchiv pf 116/2 f. 112. Cpt.

[1] Der Churfürst berichtet über diese Aufforderung dem Gr. Nassau, damit er nicht etwa auf das in den Cassen der fränkischen und schwäbischen Städte vorhandene Geld rechne: am 11. August, wenn das erste Ziel der in Heilbronn bewilligten Contribution einkomme, werde man seine Truppen bezahlen können. Bis dahin möge er sie zur Geduld weisen, oder, wenn das nicht gehe, bei der Amberger Rentkammer 6—8000 fl. gegen Erstattung aus der erwähnten Contribution aufnehmen. (f. 168.)

[2] Die Aeltern und Geheimen des Nürnberger Raths erwidern am 28. Juli: die Stadt wird bezüglich der acht Monate an sich nichts fehlen lassen, aber sie beharrt bei der vor der Bewilligung von ihren Gesandten eingelegten Verwahrung, „das wir dardurch uns weder der Gülchischen sachen noch der Elsassischen expedition theilhaftig machen könten." Im übrigen ist von den acht Monaten in Nürnberg bisher die Summe von 9000 fl. eingekommen, welche Ulm als seine eigne Quote und die einiger Anderer erlegt hat. Ausserdem befindet sich in der Casse ein Rest, welcher nach Abzug desjenigen, „was uns davon auszulegen gebürt," auf etwa 24,000 fl. sich beläuft. Dies Alles steht dem Churfürsten zur Verfügung. Was auch sonst noch einkommt, soll ohne seine Bewilligung nicht ausgegeben werden. Die Stadt hofft auf baldigen Abschluss des Vergleichs im Elsass und dass alsdann das Volk beiderseits abgeführt, „und fürters die termini unionis und defensionis mit fleiss in acht genommen werden." (M. pf. 116/2 f. 213.) Die Aeltern und Geheimen des Ulmer Raths antworten am 31. Juli: die acht Monate sind von Ulm, Memmingen und Kempten noch während des Heilbronner Tags nach Nürnberg erlegt. Die 27 Monate ist die Stadt zu erlegen bereit, falls die Truppen aus dem Stift Strassburg abgeführt „und sonsten vermög der verabschiedung angewant" werden. Von den früher bewilligten 7 und 9 Monaten werden, wenn die in Wartegeld genommenen Soldaten mit einem Abzugsgeld abgedankt sein, und die dem Gr. Nassau zugeführten 300 Mann ihren vollen Monatssold (bis zum 2 August) erhalten haben werden, laut beiliegender Rechnung 7335 fl. 54 kr. übrig bleiben, welche der Churfürst nebst dem ersten Ziel der 27 Monate jeder Zeit erheben lassen kann. Uebrigens hat die Stadt die Abdankung der 290 in Wartegeld genommenen Soldaten noch verzögert, aus Besorgniss, dass dieselben von den Passauern angenommen werden möchten. Sie bittet den Churfürsten nochmals um ein Gutachten, ob sie das Volk gegenwärtig ohne Gefahr entlassen kann. (f. 280) Der Churfürst räth darauf, das Volk noch so lange an der Hand zu behalten, bis der Kriegsausschuss der Union constituirt sei, der dann das Erforderliche bedenken werde (August 10. f. 283.)

[3] Der Churfürst hatte ein Schreiben gleichen Inhalts am 17. Juli an Strassburg gerichtet. Am 22. Juli erwiderten die Dreizehner: die in Heilbronn vorgelegte Rechnung weist aus, dass die Stadt nicht nur den Betrag der acht Monate, sondern noch einige Tausend Gulden mehr ausgelegt hat. Man hat daher weitere Anforderungen nicht erwartet, sieht auch nicht, wie die Stadt solche Lasten, wie man sie ihr zumuthet, ertragen kann. Jedenfalls muss man den Bericht der städtischen Gesandten über den fraglichen Heilbronner Beschluss abwarten und wird sich dann erklären. (M. pf 116/2 f. 137.) Der Churfürst erwidert am 25 Juli: er habe den Peter Dathenus zur Bezahlung der Truppen in's Lager gesandt und dabei die acht Monate Strassburgs in Rechnung gebracht. Um keine Verlegenheiten zu verursachen, möge

die Stadt die acht Monate dem Dathenus erlegen. Was sie ausgelegt habe, werde ihr später schon abgerechnet werden. (f. 139.) — Am 29. Juli, vor Empfang des churfürstlichen Schreibens vom 25. Juli, schreibt Meister und Rath der Stadt Strassburg an den Churfürsten: die Auslagen der Stadt übersteigen den Betrag der acht Monate bei weitem. Der Churfürst habe ihr wol einiges Getreide zum Ersatz der „vorgesetzten commiss" bewilligt; allein wegen Unsicherheit der Strassen könne dasselbe zur Zeit nicht abgeholt werden, komme auch in Verhältniss zu den Auslagen der Stadt nicht in Betracht. Dazu komme, dass der Stadt die diesjährige Aernte durch die Soldaten vernichtet sei, dass auch das Land nicht bebaut werden könne, da die Unterthanen des Viehes und der Pferde beraubt werden. Darum möge der Churfürst die Stadt mit der Beisteuer verschonen. Er möge auch Anspach und Baden ermahnen, dass sie ihren Befehlshabern ernstlich einschärfen, sich forthin des „einerntens, abfürung des rintviehs und pfert und des unchristlichen wesens" zu enthalten. Als Beleg dieser Unthaten liegt das Schreiben Strassburgs an beide Markgrafen vom 25. Juli (n. 211) bei. — In einem P. S. erklären dann plötzlich Stadtmeister und Rath: des Churfürsten Schreiben vom 25. Juli sei ihnen inzwischen eingeliefert. Sie werden mit des Churfürsten anwesenden Räthen über die Sache conferiren und hoffen die Angelegenheit „uf gethanen vorschlag zur richtigkeit" zu bringen. (f. 225, 231.)

210. Churpfalz an die Unirten. Juli 25.

Vor 2 Tagen[1] Ankunft des kaiserlichen Herolds Schrepel von Schrepelsberg, der dem Churfürsten anzeigte, er habe „die ime ufgetragene verrichtung (vgl. n. 180) bei uns abzulegen." In Erinnerung an den Heilbronner Beschluss liess der Churfürst ihn durch zwei Räthe nach seinem Auftrag befragen und befahl diesen, dass, wenn der Herold ein kaiserliches Mandat anschlagen wolle, sie ihn davon abmahnen sollten, damit nicht, da die Zeiten kriegerisch, und solches Verfahren an diesem Orte ungewöhnlich sei, ihm etwas widriges begegne. Der Herold sagte den Räthen, er habe ein kaiserliches Mandat, dass er nach ausdrücklichem Befehl eigentlich gleich nach seiner Ankunft hätte anschlagen sollen. Durch die Gegenvorstellungen liess er sich bewegen, eine weitere Resolution des Churfürsten abzuwarten. Dieser sandte darauf die beiden Räthe mit der Aufforderung an ihn zurück, er möge ihm das Mandat, ohne es anzuschlagen, durch besagte Räthe übergeben, was er auch, „gleichwol mit etwas protestation," bewilligte. Der Churfürst wollte darauf dem Herold antworten lassen: da er aus dem Mandat ersehe, dass der Kaiser falsch berichtet sei, werden er und die Unirten den Kaiser über die Sachen aufklären, und auf das Mandat das Gebührliche verrichten. Indess der Herold hatte sich bereits „mit zimblicher ungedult" fortbegeben, so dass weder die Erklärung noch seine Auslösung aus der Herberge erfolgen konnte, ohne Zweifel um nun über den Churfürsten desto ungünstiger berichten zu können.[2] — Datum Heidelberg den 15. Julii anno 1610.

München. Staatsarchiv pf. 117/3 f. 9. Cpt.

[1] Muss heissen: vor 3 Tagen. Aufschrift des kaiserlichen Mandats: „insinuirt . . den 12. Julii anno 1610."

210. [2] Ueber die Aufnahme des Herolds in Strassburg berichtet diese Stadt dem Churfürsten am 29. Juli: der Herold liess dem Rathe anzeigen: er habe ihm ein kaiserliches Mandat vorzulesen und es dann anzuschlagen. Da der Rath sich einige Stunden Bedenkzeit ausbat, ritt er sofort, von zwei Trompetern und etlichen Dienern gefolgt, vor die Kanzlei, las dort das kaiserliche Mandat ab und schlug es an das Kanzleithor an. Da nun die Stadt voll Soldaten war, die einen Convoi abführen sollten, und das Mandat alsbald umstanden war „von soldaten und auslendischen, so zimblich schwürig gewesen," und da „in dem getrenge es abgerissen werden wollen, dardurch uns dan desselben notitia und wissenschaft allerdings were benomen worden, als haben wir zu verhüettung anderer inconvenientien solches selber cum debita reverentia abzunemen befohlen." Dabei liess der Rath vor den Umstehenden öffentlich protestiren: es geschehe dies nicht zur Verachtung des Kaisers, sondern dringender Ursachen wegen, darüber dem Kaiser berichtet werden solle. Nachdem sodann der Herold durch zwei Diener sich bei dem Ammeister hatte verabschieden lassen, und dieser ihm darauf das Vorgehen des Raths eröffnet hatte, wollte der Herold den Ammeister nochmals persönlich sprechen, traf ihn aber auf der Kanzlei nicht an, „da ime dan underwegs in dem gelauf von jungen ungezogenen leuten allerhant begegnet sein sol." Er bat darauf für seinen Abzug um etliche Einspännige zum Schutz. Dies wurde ihm gewährt; seine Auslösung im Wirthshaus unterblieb aber, weil er sich nicht noch einige Stunden, wie der Rath ihn gebeten, gedulden wollte. Darüber und über etliche angebliche Injurien hat er sich beschwert. Wegen letzterer hat der Rath schon eine Untersuchung angestellt. Wegen allerhand bei Verkündung und Abnehmung des Mandats und gegen den Herold wider des Raths Willen vorgefallner Dinge wird der Rath ein Entschuldigungschreiben an den Kaiser richten. (M. pf. 117/3 f. 33.) Am 31. Juli traf der Herold in Stuttgart ein. Obgleich er auf seine Anmeldung beim Hofmarschall eine Stunde zu warten, ersucht wurde, verlas er doch ohne weiteres das kaiserliche Mandat auf dem Markt und heftete es an's Rathhaus. Er entschuldigte dies damit, dass „er allein uf ein viertel stunt zur resolution gewiesen," dass er auch „kein specialbefelch" habe, „bei uns sich anzumelden," und dass das Mandat nicht den Herzog allein betreffe. Der Herzog erwiderte, um von dem Mandate Kenntniss zu nehmen, wolle er es „cum protestatione et debita reverentia" abnehmen lassen. Dies ist in Gemässheit des Heilbronner Abschieds alsbald geschehen. (Würtemberg an Churpfalz. Juli 31. f 38) Am 2. August erschien Schrepel in Ulm, wo er vor dem Rath Audienz erhielt. Er las demselben das kaiserliche Mandat vor und eröffnete seinen Auftrag, dasselbe anzuschlagen. Trotz der Gegenvorstellungen des Raths führte er dieses aus, reiste dann, vom Rathe ausgelöst und, da seine Pferde ermüdet waren, von ihm mit Wagen und Pferden versehen, sehr zufrieden mit seiner Behandlung ab. Das Mandat ward denselben Abend „cum protestatione" wider abgenommen. (Ulm an Churpfalz. August 4. f. 57.) — Zuerst scheint Schrepel nach dem Elsass gereist zu sein. Anspach und Baden berichten darüber am 4. August an Churpfalz: am 2 Juli, da Anspach wegen der Belagerung von Molzheim den Tag über ausserhalb des Quartiers war, und Baden schon nach Heilbronn verreist war, kam der Herold Schrepel nach Mutzig, verlas dort öffentlich das kaiserliche Mandat „under werendem von den soldaten beschehenem vielen pfeiffen und auslachen" und schlug es „gleichsam mit zittern" am Rathhause an. Bei seiner Rückkehr in's Quartier erfuhr Anspach, das Mandat befehle ihm und Baden, die Truppen aus Würzburg und Bamberg zu ziehen und abzudanken. Da der Befehl schon erfüllt ist, so achtete er um so weniger darauf. Da auch die Soldaten das Mandat in der Nacht ohne sein Wissen abrissen, so hat

er es gar nicht zu sehen bekommen. Er wünscht den Inhalt des an Churpfalz und Strassburg überbrachten Mandats zu erfahren. (f. 47.) — Es finden sich weiter Berichte über Schrepels Auftreten in Oettingen (7. August), Nürnberg (11. August) und beim Mgr. Culmbach (Aug. 23.), an welchen Orten der Herold auf die öffentliche Ausstellung des Mandats verzichtete. In Nürnberg äusserte er bei dem ihm vorgesetzten Frühstück: es sei ihm auf seiner Reise „aller guter wil widerfaren und allein sonsten etliche unglück im zugestanden." (f. 68, 71, 76.)

211. Die Dreizehn der Stadt Strassburg an Anspach und Baden. Juli 25.

Seitdem die Markgrafen ohne Vorwissen der Stadt mit ihren Truppen in's Elsass eingerückt sind, hat die Stadt den Markgrafen wie dem Churfürsten von der Pfalz widerholt vorgestellt, dass bei längerer Dauer des Kriegs der Proviant, wenn nicht besondere Anstalten getroffen werden, mangeln werde. Da nun die Markgrafen in ihrer Antwort auf die Entschuldigung der Stadt vom 20. Juli noch immer die Fortsetzung der Proviantlieferungen verlangen, so erklärt sich die Stadt dazu unvermögend. Die Aernte ist von den Soldaten den Unterthanen verderbt oder entzogen, wie denn selbst vornehme Officiere 100 und mehr Viertel Getreide verkäuflich angeboten haben. Grosser Schade ist geschehen „in denen baennen, da man bishero die quartier gehabt, als Dachstein, Molsheimb, Mutzig . . ., deren zu geschweigen, die noch ferners auch angegriffen, so zum teil uns und unsern schirmbsverwanten, als Dorrolsheimb und Dutlenheimb,[1] teils andern benachbarten, als Criessheimb, Rossheimb, Altorf und andere mer dörfer, . . zustendig." Die Regimentspersonen und Angehörigen der Stadt werden von den Unionstruppen geplündert und ranzionirt. Ein Strassburger Pfarrer, der sich auf den Magistrat berief, erhielt bei seiner Gefangennahme die Antwort, „das er und seine bei sich habende geselschaft eben die rechten seien." Einige Kaufleute, die jüngst mit einem Pass des Rheingrafen Otto von Strassburg nach Heidelberg reisten, und denen von Seiten der Soldaten mit Handschlag Sicherheit zugesagt war, wurden auf der Reise von denselben Soldaten überfallen, und einige von ihnen geplündert. Ueberhaupt ziehen die Soldaten Erkundigungen ein über in Strassburg sich aufhaltende Kaufleute, um sie, wenn sie abziehen, zu plündern. Ein „Zaberischer trometer," welcher Vorschläge überbrachte zur Erledigung gefangener pfälzischer Kaufleute aus Otterberg wurde angegriffen und seiner Schreiben und dessen, was er sonst hatte, beraubt. Die Markgrafen aber haben in ihrer Antwort dies für Kriegsgebrauch erklärt, da „ein trometer von beden kriegenden teilen passzeddel zu haben benötigt sein solle, welches doch unsers ermessens . . ein unmüglich ding." — Bei alledem hat die Stadt für diesmal noch eine Lieferung Proviant geschickt, bittet aber, dass man sie „hinfüro mit abordnung der furen gnedig" verschone.[2] Was die Markgrafen in ihrem Schreiben „von weiterm unheil des auslauffens der soldaten" gesagt, ist wol auf die Gebiete der Stadt und ihrer Angehörigen nicht zu beziehen. „Dan solten dieselben schaden daher zu gewarten haben, würden andere Unirte neben

211. uns in solchem unserm unverschulten exempel ire sachen so viel mer in acht zu nemmen ursach haben." — Geben den 15. Julii anno 1610.

München. Staatsarchiv pf. 116/2 f. 227. Cop.

[1] Am 4. August schreibt Churpfalz an Anspach und Baden: es ist ihm vorgebracht, dass der Markgrafen Truppen „in das dorf Ditlenheim, welches Hugo Sturmen stetmeistern zu Strassburg zustendig, eingefallen, den ganzen ban abgeschnitten, das dorf geplundert, zwo glocken uf 800 fl. wert hinweggenommen, ja auch so ubel gehauset, das sie dasjenige, so inen mitzunemen entweder nicht beliebet oder unmüglich gewesen, allerdings zerschlagen und verderbt haben sollen." Es ist sehr zu besorgen, dass solche unverantwortliche Vorgänge die Union verhasst machen und den durch das Elsasser Unternehmen bereits missvergnügten Städten weitern Anlass zum Rücktritt von der Union geben. Die Markgrafen mögen sich also bemühen, dass die Disciplin erhalten, der angerichtete Schaden erstattet und die Schuldigen bestraft werden. Sonst könnten neben den Städten „auch andere unirte stent, welche diese expedition ebenmessig nit allerdings approbiren wollen, hand und hülf abzuthun . . anlass bekommen. (M. pf. 117/2 f. 335.) Der Secretär Heilmann schreibt am 3. August über diese Sache an den Kanzler: der Churfürst meine, dass an Anspach geschrieben werden solle, mit der Aufforderung die Uebelthäter zu strafen. Auch an Baden sei in demselben Sinne zu schreiben. „Gegen Baden vermeinen i. chf. g., das etwas apertius zu schreiben als Anspach wegen des Fuchsen." (f. 244.)

[2] Am 1. August schreiben die Markgrafen an Churpfalz: auf die Werbung Helmstätters hat die Stadt Strassburg als letzte Leistung angeboten, in vierzehn Tagen „auf zwo convoyen jedesmal 10,000 brot und aufs höchst 300 viertel habern" zu liefern. Daher Bitte an den Churfürsten eine Quantität Getreide nach Strassburg zu verordnen und die Stadt zu bitten, dass sie dasselbe verbacken und durch die Convoys in's Lager senden möge, zugleich „under der hant und gleichsam eines dritmannes namen das irig noch ferner . . thun wolle." Der Churfürst möge die Stadt hierzu durch einige Ersetzung des gelieferten Getreides und Uebermittlung einer Summe Geldes geneigter machen. — Diesem Schreiben ist ein Anschlag des Proviantmeisters Konrad Pesselt beigelegt, nach welchem die Unionsarmee im Elsass, ausser dem fürstlichen Hofstaate, täglich 8843 zweipfündige Brode (eins auf den Mann), 181 Viertel und 4 Sester Haber, 15 Fuder 8 Ohm Wein, 87 (liess: 88) Zentner 43 Pfund Fleisch (ein Pfund auf den Mann) braucht. Die Armee befasst 13 Compagnien Reiter (darunter die vier hessischen Compagnien. Stärke der Compagnien von 100 bis 180 Mann) und 400 pfälzische Lehenreiter, drei Infanterieregimenter (Fuchs, Helmstätter, Solms. Stärke: 2000, 3000 und 1500 Mann) und Artillerie mit 664 Pferden und 463 Personen. (M. pf. 116/2 f. 274.) Am 7. August schreibt Churpfalz an Anspach und Baden: da die Stadt Strassburg meldet, „das sie fast uf 22,000 fl. commis dem proviantmeister gereichet, von ime aber noch keinen pfennig empfangen," so mögen die Markgrafen die Rechnung des Proviantmeisters durch den verordneten Pfennigmeister „abhören" lassen, damit die Städt „ires ausstandes uber dasjenige, so sie dem verordneten pfennigmeister angewiesen, befriedigt werden möge." (f. 294.)

212. Friedrich IV., Instruction für Engelbert von Lautern und Michael Lingelsheim zur Fortsetzung der Elsasser Friedensverhandlung. Juli 26.

Die Verhandlung soll in Strassburg am 28. Juli wider aufgenommen werden.[1] Sollte die Regirung von Zabern Hagenau als Malstätte verlangen, so haben die Churpfälzer darauf einzugehen. Dieselben werden in der Verhandlung die Erklärung, welche der Churfürst am 21. auf den bei der Hagenauer Verhandlung vom Lothringer Gesandten gemachten Vorschlag an den Grafen von Hanau gerichtet hat, widerholen: es mag bestimmt werden, dass das beiderseitige Volk aus dem Bisthum Strassburg einfach (falls die Zusage, dass das gegnerische Volk nicht nach Passau, sondern nach Jülich zu führen sei, nicht zu erlangen ist) abgeführt werde. Bis zur Ratification des Vergleichs durch Erzherzog Leopold sind entweder Geiseln, und zwar vornehmlich Personen aus der Mitte des Domcapitels, zu stellen, oder das Capitel hat zu versprechen, dass, wenn die Ratification nicht erfolge, die von den Unionstruppen eroberten Plätze den Markgrafen von Anspach und Baden wider eingeräumt werden.[2] Die von der Gegenpartei vorgeschlagnen Puncte, nämlich der zweite, dritte und fünfte, sind dem Churfürsten genehm. Beim vierten Punct ist besonders dahin zu sehen, dass die Ritterschaft als reichsfrei in den vom Stift Strassburg zu Lehen rührenden Gebieten die Einräumungen des Religionsfriedens geniesse, und dass dies im Vertrag bestimmt werde. Widerstreben aber die Zabernschen Abgeordneten, so mag der Punct in der von ihnen gegebnen Fassung durchgehen. — Zabernsche Reiter haben kürzlich pfälzische Unterthanen theils auf bischöflichem Gebiet, theils bei einem Einfall in pfälzische Gränzorte gefangen genommen, und nun auch noch das Städtchen Beinheim eingenommen. Der Ort ist zu restituiren, und wenn die Gefangenen nicht ungesäumt unentgeltlich freigelassen werden, so wird der Churfürst Repressalien ergreifen. — Geben zu Heidelberg . . den 16. Julii anno 1610.

München. Staatsarchiv pf. 117/2 f. 297. Orig.

[1] Den dahin gehenden Wunsch hatte Churpfalz dem Gr. Hanau vor dem 21. Juli ausgesprochen, und über dieses Schreiben dem H. Lothringen am 26. Juli, sowie Anspach, Baden und Würtemberg am 21. Juli Mittheilung gemacht. (M. pf. 117/2 f. 200, 206, 251.)

[2] Diese Vorschläge berichtet der Churfürst am 21. Juli an Anspach, Baden und Würtemberg (s. Anm. 1) mit folgender Begründung: die Gesandten des Churfürsten zum Heilbronner Tag haben berichtet, dass die Städte mit dem Strassburger Unternehmen nach wie vor nichts zu thun haben wollen und Räumung des Bisthums verlangen. Nach andern Nachrichten stärkt sich der Feind immer mehr, erwartet auch weitere Hülfe aus Luxemburg. Es sind somit verschiedene Verlegenheiten zu besorgen, und es dürfte nachher der Abzug der Unionstruppen erschwert werden. - Hinsichtlich des freien Abzugs der Leopoldischen Truppen bemerkt der Churfürst: wenn die gegnerischen Truppen nach Passau ziehen, oder in der Unirten Lande einzudringen versuchen, so hat man freie Hand, ihnen dies zu verwehren. Bezüglich seiner Vorschläge im ganzen sagt er: da er wegen Kürze der Zeit mit den übrigen Unirten

nicht über diese Sache sich benehmen könne, so theile er seine Ansicht nur den drei Fürsten mit. — Würtemberg erwidert am 24. Juli: er ist ebenfalls der Ansicht, dass man sehen muss, „wie man mit glimpf und der union reputation das volgk wider heraus gebracht hette," besonders weil die Heranziehung des Passauer und Luxemburger Volks (letzteres soll schon auf dem Marsch sein) zu den Elsasser Truppen zu besorgen ist. Allein da man nach dem Vertrag mit dem Durchzug der Elsasser Truppen und ihrer Verbindung mit dem Passauer Volke bedroht ist, so wären die im Stift Strassburg occupirten Orte von den Unirten doch so lange besetzt zu halten, und der Abzug aus dem Stift so lange zu verschieben, bis man „bemeltes Leopoldischen kriegsvolgks und dessen durchzugs gesichert" wäre. Allerdings hat diese Einlagerung abgesehen von den oben angeführten Gefahren das Missliche, dass dieselbe am kaiserlichen Hof, bei der Prager Fürstenversammlung und andern Ständen, besonders bisher neutral gebliebenen Katholischen, „grosse alteration verursacht" hat; man findet darin das gerade Gegentheil von den Versicherungen des Ausschreibens der Unirten. Darum wäre es vielleicht doch besser, dass man baldigst, „soviel immer one besorgende nachteil beschehen kan," das Stift verliesse und zugleich an den angedeuteten Orten „gebürende entschuldigung" vorbrächte. Räumt man das Stift, ohne vorher in der oben angedeuteten Weise gesichert zu sein, so muss man wissen, wohin man die Unionstruppen legen soll, „bis man des Passauwischen (volks) allerdings gesichert" ist. (M. pf. 117/2 f. 325.) Ueber die Rüstungen im Luxemburgischen, welche besondern Eindruck machen, berichten am 23. Juli der Oberamtmann (Frh. Winnenberg), der Truchsess (Weigand Schlör) und der Landschreiber zu Kreuznach an Churpfalz: der von Trarbach aus nach Luxemburg gesandte Bote hat berichtet: es liegt im Land ein Infanterieregiment von 3000 Mann, welche in der vorigen Woche in die Städte vertheilt sind. Sie sind noch ungemustert, doch sind die Waffen so weit beschafft, dass jeder Hauptmann sein Fähnlein täglich mustern kann. Der Oberst heisst Bastian Bauer. Mehrere Befehlshaber versicherten dem Boten, dass ihnen über die Bestimmung der Truppen nichts bekannt sei. Vor etwa 10 Tagen kamen unversehens 800 Reiter aus Brabant in's Luxemburgische, wurde „zu Schengen" über die Mosel gesetzt, von wo sie, wie es hiess, schleunigst nach dem Elsass marschiren sollten. (M. pf. 116/2 f. 161.)

Juli 26. **213. Johann Friedrich Herzog von Würtemberg an Churpfalz.**

Erklärt sich über die ad referendum angenommenen Puncte des Heilbronner Abschieds: 1. einverstanden mit der Beisteuer von 27 Monaten. 2. Wird die Rechnung seiner ausgelegten Kriegskosten dem Churfürsten übersenden und alsdann der Bestimmung desselben gewärtig sein, wann die Rechnungen abgehört, und ob die Kriegsräthe dazu abgeordnet werden sollen. 3. Die Functionen des Agenten, der der Jülicher Sache wegen in Paris gehalten werden soll, könnten der Gesandte, den Churbrandenburg dorthin schickt, der Agent, den Neuburg daselbst hat, und die Abgeordneten des Churfürsten von der Pfalz übernehmen, und hätten deren Herrschaften ihnen die nöthigen Aufträge zu geben. 4. Der Venetianische Agent mag abgefordert werden. Die seit dem in Schwäbisch Hall vereinbarten Auftrag aufgelaufenen Unterhaltungskosten will der Herzog nach seiner Quote erstatten. 5. Der Churfürst meint, man solle den Grafen und Herrn in der Union acht Vota

— ebensoviel als den Städten — einräumen. Der Herzog wird sich der Entscheidung des Churfürsten bequemen; aber er giebt ihm zu bedenken, dass die Grafen und Herrn allerdings eher mit den Fürsten als den Städten stimmen werden, dass jedoch bei ihren vielen Kanzleien das Geheimniss nicht gewahrt werden, und bei ihren vielen Privatstreitigkeiten und geringen Anschlägen der Union viele Verlegenheiten und wenig Beisteuern zuwachsen dürften.[1] — Datum Stutgart den 16. Julii anno 1610. Juli 26.

München. Staatsarchiv 116/2 f. 211. Orig.

[1] Es finden sich noch folgende Erklärungen unirter Fürsten über den Heilbronner Abschied: 1. Culmbach erklärt am 3. August: unter der Bedingung dass Anspachs Truppen „dieser orter wieder heraufer gefürt, und wir der gefar etwas merer gesichert werden," dass auch die übrigen Unirten die Heilbronner Beschlüsse annehmen, ratificirt Culmbach „auf hernach gesetzte mass" den Heilbronner Abschied, besonders auch die Steuerbewilligung. Der Markgraf wird sich „abgeredter massen sovil möglich gefast machen" und sich zu dem Zweck um ein Anlehen umsehen. Die Rechnung über die bisher bewilligten 20 Monate liegt bei. Mit Churbrandenburg hat sich der Markgraf wegen Ernennung eines Kriegsraths in's Einvernehmen gesetzt. Bezüglich der Aufnahme der Grafen und Herrn wäre eine solche Regelung der Voten zu versuchen, dass die Grafen acht und die Städte auch acht Vota hätten, und die Fürsten, wenn ihre Zahl nicht zunehmen sollte, vier Vota mehr als die Grafen oder Städte erhielten, wenn dagegen ihre Zahl zunähme, dass dann „die vota ratione personarum erhöhet würden." Doch stellt der Markgraf diese Sache der Entscheidung des Churfürsten anheim, der auch die Bestimmungen des Rotenburger Abschieds über Austheilung der hohen Aemter wahren wird. Die Widerlegung der Donauwörther Relation ist zu befördern, aber nicht im Namen der Unirten ausgehen zu lassen. Der Markgraf ist einverstanden mit der Abforderung Lenks von Venedig und hält eine Substitution desselben für unnöthig. Die Kosten eines Verordneten in Paris wären nicht der Union, sondern den beiden possidirenden Fürsten zuzuschieben. (M. pf. 116/2 f. 269.) 2. Neuburg erklärt am 5. August: er ist mit dem Heilbronner Beschluss betreffend die 8 und 27 Monate einverstanden. Da indess die 600 in seinen Landen liegenden und von ihm besoldeten Truppen zu den Unionsstreitkräften gehören, so wird der Churfürst einverstanden damit sein, dass der Herzog von der erwähnten Steuer die Unterhaltungskosten der Truppen nimmt. Er ist einverstanden mit dem Vorschlag, dass, um die Bemühungen des Nuntius und spanischen Gesandten um Abforderung der französischen Hülfstruppen zu durchkreuzen, ein Gesandter in Paris zu halten ist, und dass zur Ersparung der Kosten der betreffende Auftrag demjenigen, den der Churfürst ohnehin in Paris zu halten pflegt, und dem Neuburger Agenten Dieterich Hess gegeben werde. (M. pf. 116/2 f. 33.) 3. Die badischen Räthe schreiben am 6. August: bezüglich der im Heilbronner Nebenabschied angeregten Gesandtschaften in Frankreich und Venedig hält der Mgr. Baden besonders die erstere für sehr nöthig und ist bereit, über die Person und die möglichst sparsam anzusetzenden Kosten sich mit den Unirten zu verständigen. (f. 315.)

Juli 26. **214.** Die Generalstaaten, Erkärung auf die am 16. Juni vom Herzog Ludwig Friedrich und Hippolyt von Colli vorgebrachte Werbung.

1. Die Staaten sind bereit neben den Königen von Frankreich, England, Dänemark, „oft oock andsintz," mit der Union einen Vertrag zu schliessen mit Festsetzungen über gegenseitig zu leistenden Beistand, zur Sicherung des Rechts der Vereinigten in weltlichen und geistlichen Dingen gegen alle Gewalt. 2. Zum Schutz der possidirenden Fürsten sind die Staaten bereit das ihrige, neben der Union, Frankreich und England zu leisten, sowol aus Rücksicht auf gute Freundschaft und Nachbarschaft mit den Jülicher Landen, als zum Ersatz der von den deutschen evangelischen Ständen empfangenen Hülfe. Die Hülfeleistung ist möglichst zu beschleunigen. — Geven in dem Hage . . den 26. Julii int jar 1610.

Stuttgart. Unionsacta VII f. 130. Cop.

Juli 28. **215.** Johann Georg Fürst von Anhalt an Churpfalz.

Der Kaiser und Chursachsen sollen beabsichtigen, geworbene Truppen durch Anhalt nach Jülich führen zu lassen. Da die Gegner der Unirten „extrema vorzunemen gemeint" sein sollen, so bittet der Fürst den Churfürsten um die in ihrem beiliegenden Bündniss vom September 1606 vereinbarte Hülfe, nämlich Zusendung von 7300 fl., mit denen der Fürst im Falle der Noth 200 Soldaten auf drei Monate zu unterhalten hat. Tritt der Fall nicht ein, so erhält der Churfürst das Geld zurück.[1 2] — Datum Dessau den 18. Julii anno 1610.

München. Staatsarchiv pf. 116/2 f. 300, 297. Orig.

[1] In dem Entwurf der Antwort erklärt sich der Churfürst bereit das Geld zu schicken, sobald der Fürst ihm anzeige, dass die Gefahr wirklich vorhanden sei. (August 18. f. 298.) Dieser Entwurf musste geändert werden, weil es am Schlusse desselben hiess: der Churfürst habe auf Wunsch des Fürsten die Gemahlin des F. Christian von Anhalt in einem besondern Schreiben seines Schutzes versichert. Churpfalz bemerkte dagegen: „es schicke sich nit an die weiber abwesent irer herren zu schreiben." (Kanzleinotiz f. 302.)

[2] Am 26. Juli übersenden die F. Johann Georg, Rudolf und Ludwig von Anhalt den Bericht eines Deputirten der Oberlausitzer Stände aus Prag (Juli 15) über die Werbung eines Infanterieregimentes durch den Obersten Buchheim, welches, wie es heisse, in Bautzen gemustert werden solle, und von da, weil der Weg nach Oestreich und Jülich ihm versperrt sei, wol gegen Brandenburg und benachbarte Lande bestimmt sein könnte. Man spreche, so heisst es weiter, von der Absicht des Kaisers, dem Chf. Brandenburg Crossen und die Herrschaften in der Niederlausitz, dem Mgr. Johann Georg Jägerndorf (deshalb die Werbungen des H. Teschen!) zu entreissen. Die Fürsten von Anhalt seien bedroht, weil in Prag der F. Christian als einziger Anstifter der Union beschuldigt werde. Indem die Fürsten diesen Bericht aus Prag dem Chf. Pfalz übersenden, schildern sie den schutzlosen Zustand ihrer Lande (keine Festungen; bescheidene Anfänge der Landrettung: der Ausschuss der Mannschaft ist noch ungeübt und wenig zahlreich) und

fragen, wie und wo sie und ihre Familien eine Zuflucht finden können, ob die Unionstruppen im Nothfall ihnen rasch und stark genug zur Hülfe kommen können, und was überhaupt zu ihrem Schutze gedeihen möge. (M. pf. 116/2 f. 4.) Der Churfürst erwidert am 18. August: so plötzlich sei der Ueberfall wol nicht zu fürchten, da das Lausitzer und schlesische Volk dazu nicht ausreichend erscheine. Das im Elsass liegende Unionsvolk sei vor Abschluss des Vergleichs nicht zu entbehren; die in den obern Landen liegenden Truppen (3000 Mann) könnten, sobald man vor den Passauern gesichert wäre, im Nothfall Churbrandenburg und Anhalt zur Hülfe kommen. Einstweilen mögen die Fürsten ihr Landvolk in guter Bereitschaft halten. Zur Aufnahme der Familien der Fürsten stehen des Churfürsten Lande ihnen offen. (f. 28.)

216. Cardenas an Philipp III. (z. Th.) Juli 29.

„He procurado, como v. M. me manda, que entyendan aqui que, dando assistencia al marques de Brandenburg y protestantes en lo de Cleves, v. M. habrá de asistir a los catholicos.[1] Han sentido mucho esto.“ Die Gegner der Hülfe haben ihre Einwendungen erneuert; die Freunde derselben waren verwirrt, erklärten aber: man könne die Hülfstruppen nicht wider zurückrufen, „pero que lo que conviene es poner fuerça en acuerdo y en que se executase el que yo he scripto a v. M.“ Daher dringende Empfehlung des Vergleichs in Schreiben an Brandenburg, die Staaten und Boissise. An La Châtre wird geschrieben, „que se vaya muy de espacio y de ninguna manera hasta nueva orden socorra ni haga motivo de armas ninguno, y si por el marques de Brandenburg sele hiziere instanzia, responda que camine la gente de Olanda adelante, que el tyene orden de no ser el primero.“

Paris. Archives nat. Mon. hist. K 1463. Dechiffr. Cop.

1 Philipp III. schreibt am 4. Juli an Cardenas: über die Sendung der Hülfe nach Jülich soll er dem Marquis Campilla sagen, damit es die Königin und ihre Minister erfahren, „que en caso que no cesen estos socorros, acudiré yo al archiduque Leopoldo con los mios, y assistiré a aquellos catholicos quanto pudiere, y que no me contentaré con que Francia cese en su socorro, sino que tambien Olandeses hagan lo mismo en los suyos, los quales se entiende que procederan en esto como se quisiere en Francia. Y tambien os ayudareys del nuncio para todo esto, y le direys quan necesario es que cesen los socorros, para lo mismo que la reyna propuso por su medio, de que se remita a un buen acuerdo, para lo quel importa que las cosas esten en el mismo estado que se allan, assi las de Juliers como las otras.“ (P. Archives nat. Mon. hist. K 1452 n. 111.) Am 17. Juli schreibt der König an den Gesandten: „mi intencion es que se procure en caminar que todos dexen las armas, y se remita al emperador, paraque, como le toca, haga que se dé la justicia a quien la tubiere. . . . En caso que los contrarios quisiesen tomar por fuerça aquella plaça y de Francia ayudaren al marques de Brandenburg, he ordenado que desde Flandes se socorra con mis fuerças para impedir este intento.“ (A. a. O. n. 113.)

217. Die Aeltern und Geheimen von Nürnberg an Churpfalz. Juli 31.

Erklären sich über die in Heilbronn ad referendum genommenen Puncte: 1. einverstanden mit der fernern Unterhaltung der im Abschied bezeichneten Truppen, vorausgesetzt dass die von Nürnberg und andern Städten dabei gestellten Bedingungen befolgt werden, dass also „die termini defensionis vermög der union observirt, insonderheit im Elsass die offension eingestelt und das kriegsvolck abgefürt, wie nicht wenigers durch chur- und fürsten der Kai. M. die ursachen der fürgenommenen impresa unterthenigst in schriften zu erkennen gegeben, und dasselbig, sowol das Passauisch und anderes volck, abzudanken oder doch die Unirte stent deswegen zu versichern, begert, auch bis zu ervolgter kaiserlicher resolution mit den sachen in ruhe gestanden werde." Die zu dem angegebenen Zweck in Heilbronn vereinbarten Schreiben an den Kaiser, desgleichen an die Prager Fürstenversammlung werden ja inzwischen ausgefertigt sein; die Stadt erbittet sich Nachricht darüber. Unter solchen Bedingungen, und wenn inzwischen die Rechnungen berichtigt werden, ist Nürnberg der Beisteuer von 27 Monaten nicht entgegen, obgleich nach Berichtigung der Rechnungen und Absetzung ungehöriger Posten die ganze Summe wol nicht erforderlich sein dürfte.[1] 2. Zu dem Kriegsrath präsentirt die Stadt ihrerseits Ernst Haller von Hallerstein. 3. Ueber die Person des zu adjungirenden Pfennigmeisters wird Nürnberg sich mit den übrigen Städten einigen. — Datum den 21. Juli anno 1610.

München. Staatsarchiv pf. 116/2 f. 243. Orig.

1 Memmingen erklärt am 9. August über dieselbe Sache: bei ihren Beitrittserklärungen zur Union hat die Stadt immer ihre financielle Erschöpfung betont, auch von den Unirten die Versicherung erhalten, dass man sie nicht über ihre Kräfte belasten wolle. Nachdem sie nun 26 Monate erlegt hat (die sieben in Heidelberg und neun in Neuburg bewilligten, die acht Anticipationsmonate und die zwei Monate für die Prager Gesandtschaft), ist ihr die Zahlung der weitern Beisteuer nicht möglich; denn die seit den letzten zwölf Jahren erhöhten Steuern können nicht weiter erhöht, und die schwere Schuldenlast kann nicht vermehrt werden Allerdings sollten die Unirten auf Trinitatis 60 Monate im Vorrath haben; allein für Memmingen und Andere, die erst bei der Haller Tagsatzung von 1610 der Union beitraten, ist der Termin um ein Jahr hinausgeschoben. Die Stadt wird ihren Unionsvorrath sobald als möglich zu ergänzen suchen. (M. pf. 116/2 f. 99.)

Juli 31. **218.** Bericht der Nürnberger Gesandten aus Prag.

Die von Churmainz und Chursachsen subdelegirten Commissarien haben am gegenwärtigen Tag den Gesandten folgendes vorgetragen: 1. der Kaiser und die beiden Churfürsten sind befriedigt darüber, dass der Nürnberger Rath auf ihr Begehren die gegenwärtige Gesandtschaft „zu anhörung etlicher sachen" abgefertigt hat. Es handelt sich hauptsächlich um die im Widerspruch mit den Reichsgesetzen geschlossene Union, welche grosse Kriegsrüstungen vorgenommen und ohne irgend eine triftige Ursache Feindseligkeiten gegen die Stifter Würzburg, Bamberg und Strassburg verübt hat. Dass Nürnberg diesem Bunde beigetreten ist, gereicht dem Kaiser zum höchsten Missfallen; er erwartet, dass die Stadt aus demselben, da er immer mehr Noth über die Stände bringt, ohne triftige Ursache, ohne Wissen des Kaisers und gegen denselben abgeschlossen ist, austreten und andere zur Auflösung desselben bewegen werde. 2. Der Kaiser wird Donauwörth restituiren, sobald der rechtmässige Anspruch Baierns auf Ersatz der Executionskosten befriedigt ist. Nürnbergs Abgeordnete mögen daher auf Mittel denken, wie der Herzog von Baiern, „wo nicht uf einmal, doch auf gewisse versicherung dergestalt“ abzufinden sei, dass „derselbe begnügig sein könte.“ — Auf dieses Anbringen, welches der Kaiser den Churfürsten von Mainz und Sachsen aufgetragen hatte, erwiderten die Nürnberger, nach vorheriger Verwahrung, dass sie keine Instruction darüber hätten, folgendes: 1. Rechtfertigung der Union und des Beitritts Nürnbergs zu derselben. Die Züge nach Würzburg, Bamberg und Strassburg sind ohne Wissen Nürnbergs durch die „höheren staende“ vorgenommen. Ebensowenig hat Nürnberg sich an der Jülicher Sache betheiligt. Die Stadt kann „zur zeit, und bis den gravaminibus abgeholfen,“ nicht aus der Union treten. 2. Den zweiten Punct nimmt man ad referendum, weil man darüber nicht instruirt ist, weil Nürnberg in dieser die sämmtlichen evangelischen Stände betreffenden Beschwerde sich nie ohne Zuthun der übrigen evangelischen Stände erklären wollte, und weil zumal in einem frühern Decret der Kaiser die Restitution Donauwörths ohne Vorbehalt der für die Stadt unerschwinglichen Unkosten bewilligt hat. Auf die Relation wird Nürnberg sich mit den unirten und andern evangelischen Ständen benehmen und dann dem Kaiser antworten, ob und welche Mittel vorhanden seien. — Datum Prag 21. July 1610.

München. Staatsarchiv pf. 116/2 f. 65. Cop.

[1] Am 6. August berichten die Nürnberger Gesandten über eine zweite Conferenz gleichen Inhalts und gleichen Erfolgs. (f. 126.) Ueber die ganze Verhandlung vgl. Stieve, Donauwörth S. 417 fg.

219. Die Unirten an den Kaiser. Juli 31.

Inhalt des kaiserlichen Mandats vom 21. Juni. Die Stände erkennen sich schuldig, dem Kaiser in allen billigen Dingen, besonders in dem, was zu „erhaltung gemeinen wolstants“ und innern Friedens im Reiche dient, zu gehorchen. Der Kaiser selbst hat ihre „treuherzige affection“ in dem Türkenkrieg erfahren. Aber das Mandat characterisirt sich durch seinen Inhalt nicht nur als unverbindlich, sondern auch als ehrenrührig für die Unirten. 1. Bündnisse, welche zum Zweck die Nothwehr, die Befestigung des Land- und Religionsfriedens haben, sind gestattet durch das „ius naturae, ius gentium“ und die gemeinen kaiserlichen Rechte. Die goldene Bulle nimmt von den verbotenen Bündnissen diejenigen, welche von Fürsten, Städten und andern „wegen gemainen lantfriedens“ geschlossen sind, ausdrücklich aus. Die Reichsabschiede von 1495 und 1555 verbieten ebenfalls nur Bündnisse, die gegen den Landfrieden sind, ja die Reichsabschiede von 1521 und 1548 besagen ausdrücklich, „das der lantfriet den buntnussen in denen puncten, so demselben nicht zuwider, unverletzlich und unnachteilig

219. sein solle." Der Reichsabschied von 1559 bestimmt, dass „etliche der chur-, fursten und staent habende ainigung . ., wann sie gleich der executionsordnung nicht durchaus gemess, jedoch auch nicht zuewider, in irem stant unverruckt gelassen" werden. Er und der Deputationsabschied von 1564 bestätigen die Bündnisse, nur dass sie Niemanden gegen die Executionsordnung schützen sollen. Die Unionen sind um so weniger den Ständen benommen, da nach den Reichsabschieden von 1530 und 1540 ob „subitaneum et praesentissimum periculum" jeder Stand, ohne den Kaiser vorher anzugehen, zur Wehr greifen darf. Auch die Kammergerichtsordnung erlaubt, „das ein jeder betrangter oder spoliirter teil sich mit assistents seiner helfer und befreunten vor unrechtmessigem gewalt schützen und uf den fal aigner macht sein zuvor gehabte posses wiederumb zu erobern und einzuesetzen befuegt sein solle." Demgemäss ist seiner Zeit auf Grund „praetensae necessariae defensionis," welche ja die Grundlage aller rechtmässigen Bündnisse sein soll, die Vereinigung von Bamberg, Würzburg, Nürnberg gegen Markgraf Albrecht von Brandenburg vom Kammergericht in „contradictorio iudicio mit urteil und recht . . bekraeftigt worden." Nur dadurch, dass ein unbillig bedrängter Stand bei Andern Hülfe gefunden, haben überhaupt die Stände ihre Freiheit und ihren Wolstand gewahrt. Durch Bündnisse ist widerholt das Vaterland gegen den Einbruch auswärtiger Feinde geschützt, und der innere Friede gewahrt. — Beispiele für die Ausübung des Bündnissrechtes der Reichsstände (der schmalkaldische Bund, so heisst es u. a., sei von Karl V. „pro iusto et legitimo recognoscirt," das Friedewalder Bündniss sei durch den Passauer Vertrag und somit durch Karl V. und Ferdinand I. bestätigt), speciel auch dafür, dass sie sich mit fremden Mächten (Lübeck im Jahr 1563 mit Dänemark und Schweden; Bund von Friedewald etc.) verbinden dürfen. 2. Hieraus folgt, dass die auf Verdrehung der Rechtsbestimmungen gegründete Cassation der Union nichtig ist. Denn die Union ist auf den Religions- und Landfrieden gegründet, bezweckt die Unterstützung der Executionsordnung („in subsidium der e. o. angesehen"), ist weder gegen den Kaiser noch einen den Reichsgesetzen gehorsamen Stand, soll Niemanden beschweren, die Reichsgesetze, Friede und Einigkeit im Reich bestärken. — Folgen noch andere Gründe, weshalb die Cassirung der Union nicht rechtskräftig sei. 3. Ueber die Einlagerung und Durchzüge im fränkischen Kreis, im Stift Strassburg und sonst wird der Kaiser berichtet sein, besonders auch, dass Anspach sein Volk längst aus dem fränkischen Kreis abgeführt und den Musterplatz im eigenen Lande, nach Kitzingen, bestimmt hat. Die ganze Werbung und Musterung ist vornehmlich verursacht durch die unversehene Einlagerung in dem oberrheinischen und bairischen Kreise, welche seit Monaten währt, ohne dass die Stände eine bestimmte Erklärung erlangen können, wem das Kriegsvolk zuständig ist (bald soll es kaiserlich, bald Leopoldisch sein), was es bezweckt, ohne dass sie eine Caution erlangen können, während sie wol von ihm und seinen Officieren, ja einem kaiserlichen Rathe Drohungen gegen die Union vernehmen. Das beste Mittel, die Sachen auszugleichen, dürfte also sein, dass der Kaiser diese Truppen unter Beobachtung

der Reichsgesetze abführen liesse. Was die Unirten thun, geschieht „necessariae defensionis et securitatis gratia, weiln e. Kai. M. von deren raeten der reichsconstitutionen . . fast in allem entbunden, von andern aber (die reichsconstitutionen) in allerhant geferlich disputat gezogen werden wollen." So lange die Zeit sich so kriegerisch anlässt, ohne dass ein rechtmässiges Einschreiten erfolgt, so lange „die unordenliche process je laenger je mer wider uns extendirt werden wollen," können sie sich nicht wehrlos machen. Wenn aber das kaiserliche Kriegsvolk abgeführt und die Reichsabschiede beobachtet werden, so werden auch die Unirten thun, was die Reichsgesetze alsdann vorschreiben. 4. Da die Unirten sich in den Schranken der Nothwehr halten, so kann der Kaiser ihre Truppen des Gehorsams nicht entbinden. 5. Die Schäden, welche ohne Schuld der Unirten durch ihre Soldaten verursacht sein mögen, sind weit übertrieben durch Kläger, die sich nicht ordentlicher Weise zu erkennen geben. Mit verborgenen Klägern kann die Union sich nicht einlassen; und der betreffende kaiserliche Befehl ist um so unverständlicher, da er zugleich Erstattung der Schäden vorschreibt, und den Beschädigten erst noch ihre Action vorbehält.[1] — O. D. Praes. Heidelberg den 21. Julii anno 1610.

München. Staatsarchiv. pf. 117/3 f. 17. Cop. Cpt.

[1] Dies Schreiben ist (nach einem Gutachten fol. 27) verfasst von Lic. Müller auf einen zu Heilbronn ihm ertheilten Auftrag. Ob es ausgefertigt und abgegangen ist, bleibt unklar. Am 27. August übersendet der Chf. Pfalz es den Unirten und bittet um baldige Einsendung der Bedenken darüber, damit es alsdann ausgefertigt werden könne. (M. pf. 117/3 f. 73.) Am 9. Sept. sendet Würtemberg folgende Bemerkungen ein: 1. er wollte „gern sehen, . . das der stylus, welcher wider die Kai. M. und die andere chur- und fürsten zu scharpf uns bedunckt, durchgehend etwas gelindert wurde." 2. Von einer Anerkennung des Schmalkaldischen Bundes durch den Kaiser weiss der Herzog nichts. 3. Der Bund zwischen Strassburg, Basel, Zürich wäre, weil das Reichsgericht, wie Sleidan bezeugt, ihn geahndet, nicht zu erwähnen. 4. Die Hauptfrage ist, ob Bündnisse ohne kaiserliche Zustimmung gültig seien. Darum wären unter den Beispielen nur ohne diese Zustimmung geschlossene Bündnisse zu nennen. 5. Man könnte wol auch der zu Passau gegen etliche unirte Stände verübten Repressalien und Ramés Bezeichnung der Unirten als Rebellen gedenken als Grund zur Vertheidigung. 6. Der kaiserliche Rath (Westernach), dessen Drohungen erwähnt werden, könnte namentlich bezeichnet werden. — Dies stellt der Herzog dem Nachdenken des Chusfürsten anheim und wird sich ihm der Ausfertigung und Expedition der Schrift wegen gern conformiren. (f. 92.)

220. Verhandlungen des Gesandten der unirten Fürsten, Herzogs Johann von Zweibrücken, mit der französischen Regirung.[1] Juni 24 bis Aug. 3.

Herzog Johann, von den unirten Fürsten bewogen, „in irem namen sich nacher Paris zu begeben und wegen des betrübten fals

[1] Das folgende Actenstück ist seiner Form nach eine am 30. August abgestattete Relation. Ich reihe es ein nach dem Datum der Verhand-

220. dem jungen könig und königlicher witibin das leit zu klagen,"[1] ist mit dem vom Churfürsten von der Pfalz ihm zugeordneten

lung, um es nicht zu weit von den gleichartigen Actenstücken zu entfernen. — Für die sämmtlichen in dieser Relation besprochenen Verhandlungen vgl. die Correspondenz zwischen Villeroy, Puisieux und La Boderie. 1610 Juni 28 bis August 17. (La Boderie V S. 305—403.)

[1] Am 3. Juni schreibt Würtemberg an Churpfalz: die vom Churfürsten ihm zugesandte Instruction für den H. Zweibrücken nach Frankreich ist ihm genehm und kommt beifolgend, von ihm (dem H. Würtemberg) ausgefertigt, zurück. Er hält es für rathsam, dass, „weil es die verstorbene k. w. hiebevor selbsten in zweifel gezogen und nit allerdings für thuenlich gehalten, dises gehaimen wercks anjetso gar geschwiegen wurde, da gleich vom könig seligen an den von Boissise etwas erklerung erfolgt were, dieweil neben anderm mer bewust, das die königin des geblüetes und nahenden verwantnus halben auch interessirt. Aber sich bei dem reichssecretario Villeroy, als der umb solche anschlaeg guet wüssens, aller gelegenheit in geheimb zu erkundigen, mag unsers ermessens gar nicht schaden, damit man sich hirnach desto besser in einen oder andern weg zu verhalten habe. Welches e. l. der instruction wol einzurucken oder per schedulam zu vermelden wüssen werden." (M. 547/12 f. 53.) Die von Churpfalz und Würtemberg („in unser und anderer mitunierter chur-, fürsten und stende namen") unterzeichnete Instruction für Zweibrücken (o. D.) enthält folgendes: der Herzog wird seine Reise beschleunigen, „damit bei diesen ser geferlichen leuften und vileicht noch ungleichen schwebenden consiliis beide i. k. ww. der bestaendigen guten affection und vertraulichen correspondenz der Unirten versichert . . und also von dieser seiten gestercket werden mögen." Neben der Condolenz hat der Herzog der Königin vorzustellen: 'die Unirten seien entschlossen, dasjenige, was sie dem gemeinen Wesen zum besten mit Rath und Hülfe des verstorbenen Königs begonnen, fortzusetzen, in der Hoffnung, dass die königliche Regirung keine Aenderung in den Entschlüssen des verstorbenen Königs eintreten lasse, mit den Unirten in gutem Verständniss bleibe, besonders den den Possidirenden bewilligten Beistand, „da inen ferner mit gewalt nachgesetzt werden solte," leisten und dem Boissise Auftrag geben werde, sich länger in Düsseldorf aufzuhalten. Dagegen erbieten sich die Unirten, der Krone Frankreich gegen unbillige Bedrängungen allen möglichen Beistand zu leisten, „wie solches zwischen dem könig und uns jüngsthin abgeret worden ist." Uebrigens werde es dieser Hülfe nicht bedürfen, da die Königin dem Beispiel ihres Gemahls folgen, mit Zuthun der Fürsten von Geblüt und der andern Räthe die Eintracht unter ihren Unterthanen erhalten werde und die königlichen Verordnungen, „so einem oder anderm zu gutem aufgericht," aufrecht halten werde.' Hierbei mag der Gesandte nach eigner Discretion mit Bouillon u. a. sich besprechen, ob und was er den Religionsverwandten zum besten bei der Regentin oder den Räthen vorstellen möchte. Er kann sich mit Villeroy unterreden, ob es rathsam sei, die Bestätigung des Haller Vertrags zu begehren. Derselbe wäre im höchsten Vertrauen zu befragen, „woruf es mit der bewusten geheimeren sachen beruhe, ob dem königlichen gesanten zu Dusseldorf darvon befelch zukommen, und wie man itzo disfals gesinnet, und da einige enderungen eingefallen weren, das solche geheimeste sachen auch abgeredeter massen in der enge möchten gehalten werden." Für den Fall, dass wider alles Erwarten die Jülicher Hülfe durchaus versagt werden sollte, wird der Gesandte sich mit Bouillon und andern zu dieser Sache gezogenen geheimen

Karl Paul[1] am 14. Juni von Zweibrücken abgereist. Am 18.[2] Ankunft in Meaux. Verzögerung der Weiterreise, weil die im Hotel Gondy der Gesandtschaft zugedachte Wohnung erst hergerichtet werden musste. Am 21. Nachmittags zog man nach Paris,[3] „da sie (der Herzog) ongever ein meil wegs von der stat von dem hertzogen von Rohan und dem marggraven von Rosny mit ungefer 300 pferden empfangen, durch die ganze stat gefürt und vollents in besagts von Gondy behausung begleitet worden." — Am 24. erste Audienz[4] bei der Königin. „Bei derselben ersten audienz haben i. f. g. das leit clagen, glückwünschung, wie auch die dancksagung wegen der ufs new versprochnen hilf[5] verrichtet. I. k. w. haben sich solcher besuchung halber in irem creutz, wie auch der glückwünschung zum höchsten bedanckt, mit vermelden, das sie sich gegen den chur- und fürsten zum höchsten verbunden befinde, Juni 24 bis Aug. 3.

Räthen berathen, ob nicht „aufs wenigst 200,000 cronen unter der hand auszubringen" wären. Auf die zu erwartende Anregung des Elsasser Unternehmens Ausführung des rein defensiven Zweckes desselben (M. 547/12 f. 71.)

[1] Karl Paul wird in einer Nebeninstruction (Juni 9) vom Chf. Pfalz beauftragt: er soll von „unserm agenten" Gueretin vernehmen, „woruf es mit unser ordinarianweisung stet, ob er des tresoriers de l'espargne mandement erhoben und etwas darauf empfangen, oder ob es nicht geschehen und villeicht wegen eingefallenen leidigen fals aufgeschoben worden." Er erkundige sich, „wie es disfals von andern gehalten, ob einem oder mer assignationes erfolgt sind, und was sie vor mittel gebraucht, um zu dem irigen zu gelangen." Vor allem hat er Bouillons Bedenken einzuholen, „ob nicht eine staerkere und bare anweisung unsers ausstands zu erhalten, als wie eine 4, 5 oder 600,000 francken." Wird hierauf keine Hoffnung gegeben, so bemühe er sich wenigstens, „das uns dannoch eine anseliche summe erlegt und hernach die gewisse assignation gefolgt werden möge." (M. 547/12 f. 69.)

[2] Nach einem Bericht des Herzogs vom 28. Juni war es der 9/19. Juni. (M. 547/12 f. 87.)

[3] Ueber des Herzogs Ankunft und angebliche Privatgeschäfte vgl. Edmonds an Winwood. Juni 24. (Winwood III S. 182.)

[4] Vorher war die Gesandtschaft durch Buwinkhausen über die günstige Entscheidung der französischen Regirung hinsichtlich des Haller Vertrags und zugleich über ihr Friedensbedürfniss unterrichtet. Man hielt darauf für gut, „der königin wegen der nunmer fortgeschickten hülf danck zu sagen, und zu bitten, das i. k. w. mr de Boissize befelch zukommen lassen wolte, wan man verhoffentlich die eroberung der stat Gülch erhalten, neben anderer potentaten gesanten in beratschlagung ziehen zu helfen, wie man das werck erhalten und versichern könte, damit man nicht alle jar in newe ungelegenheit und krieg geraten dorfte." (Bericht Zweibrückens. Juni 28.)

[5] Man dankte auch dafür, „das i. k. w. die religionsverwanten bei dem letzt ergangenen edict verbleiben und sie darwider nicht beschweren zu lassen, sich erklert" haben. (Bericht Zweibrückens vom 28. Juni.)

220. das sie sich so guthertzig und mitleidig gegen sie erclert und sie ires guten willens also versichern wollen, solten sich auch ebenmessig ires teils anders nichts zu ir versehen, sondern das sie in dem in des verstorbenen königs fusstapfen tretten, inmassen sie auch zu solchem ent die von weilant i. M. versprochene hülf den fürsten zuschicken und volgen lassen wollen.

Wiewol nun i. f. g., nachdem sie nun dieses werck, deswegen sie auch vornemblich hienein geschickt worden, verrichtet, billich iren abschied nemmen, und zu vermeidung costens wiederumb davon ziehen können, und solches umb soviel desto mer, weiln sich sowol die königin der hilf halben gantz wol erclert, auch der her von Dhonaw, Buwingkhausen neben dem Englischen und Stadischen gesanten gute vorbereittung darzu gemacht, also das auch der zeit und wegs halber gleichsam ein schluss genommen worden, so haben sich doch täglich solche beschwerungen und verhinderungen erzeigt und ereugt, das i. f. g. nit sehen können, wie sie die andere gesanten, als Engellant und Staten, so sich des wercks angenommen, in solchen allein stecken lassen, die hant abziehen und sich mit eren davon machen können, weiln auch sonderlich sowol besagte gesanten, als der hertzog von Bouillon, Suilly und andere guthertzige i. f. g. zum höchsten ersucht und vermanet, von dannen nit zu weichen, bis das volck an- und zum wenigsten uber die Sar und Mosel gezogen.

Und ist anfenglich zu wissen, das der von Aersens, Stadischer gesant, i. f. g. zu dero ankunft berichtet, das alle sachen besagter hülf halber richtig, und nunmer eintzig und allein auf dem wege, so der marschalck von Chastre, welcher von der königin zum haupt uber das volck bestelt, nemmen solte, beruhete: man hette ime zweierlei weg vorgeschlagen, den einen dem Rein uf Bingen oder Bacherach zu, da er das volck uf den Rein setzen und sicher hienunder pringen könte, den andern durchs stift Trier uber die Mosel, und das in daselbsten die Stadische empfangen und entgegen ziehen wolten; im were die wal heimgestelt. Der hette sich aber deswegen nit ercloren, sondern es alles zu der hern Staden belieben als der ents mer erfarnen stellen wollen; und weiln er seinen hern drunder zugeschrieben, waer man der antwort täglich gewertig. — In diesem stant seind die sachen zu i. f. g. ankunft nacher Paris gewesen. Man hat aber auch damaln dem von Aersens zu gemüt zu füren und zu erinnern nicht underlassen, das sich gleichwol, ehe und zuvor man diese wege vorgeschagen, weiln dieselbe auch durch Churpfaltz und anderer fürsten land giengen, mit den-

selben sich underreden und zu vergleichen, wol gebürt hette; ist Juni 24
aber damaln zu spat gewesen. bis

Alhie hat nicht sollen umbgangen werden, das, nachdem der Aug. 3.
mareschal de la Chastre allerdings fertig gewesen, inmassen er auch den 15. brachmonats von Paris verruckt,[1] etliche Jesuiter, so im seinem vorgeben nach unbekant gewesen sein sollen, sich zu ime verfügt, ine seines alters, der catholischen religion, als zu dern fortpflantzung und befurderung er sich je und alwege, auch seines bluts ungespart, gepranchen lassen, erinnert, und das er anjetzo wider dieselbe und zu deren abbruch den ketzern dienen wolte, zu gemüt gefürt, mit ermanung, er in sich selbs gehen und von solchem unzimlichen vornemmen seiner sel und seligkeit zum besten abstehen solte: welches den alten man, wie man gesagt, nicht wenig unrichtig und ir gemacht haben sol, und das dahero die königin sowol ine als den Jesuiten, welche es anfenglich leugnen wollen, deswegen zuzusprechen, und vornemblich den Jesuiten einen guten text zu lesen, bewogen worden sei.

Als nun mergedachter mareschal, wie obgemelt, von Paris uf Metz zu verruckt und under dessen, bis die erclerung von den hern Staden einkomme, die musterung daselbst herumb zu halten vorhabens, komt erclerung von den Staden, das sie nemlich aller sachen umbstende nach den weg uf Bacharach oder Bingen und fürter uf den Rein hienunder vor den bequembsten, sichersten und besten hielten.[2] Deswegen der von Aersens solche der Staden erclerung besagtem mareschal alspalden zugeschickt,[3] mit bit, er nun

---

[1] Vgl. Maagezir an La Force. Juni 27. (La Force II S. 283.)

[2] Ueber den Operationsplan der Staaten vgl. Winwood an Salisbury. Juni 25. (Winwood III S. 185.)

[3] Am 28. Juni. (Aerssen an La Châtre. Haag. Reichsarchiv.) — Die nun folgenden Vorgänge stellen sich nach den Aerssen'schen Papieren also: Villeroy erklärt (nach einem Bericht Aerssens an Barnevelt vom 1. Juli) dem Aerssen: das Conseil fürchte bei dem Rheinweg Gefahren; „et croit on, que vueillés en ce faissant soulager vostre armée pour laisser la corvée entiere a celle de ce royaulme.“ Gegenausführungen Aerssens. Da bei dem Rheinweg von den deutschen Fürsten Lebensmittel und Schiffe (zum Transport der Truppen oder des grössern Theiles derselben) zu liefern sind, so wird immerhin beschlossen (toutesfois a esté arresté), dass die anwesenden fürstlichen Gesandten darüber an ihre Herrschaften berichten sollen. — Ueber die Einwendungen des Conseils berichtet Aerssen am 1. Juli auch an Prinz Moriz, fügt dann aber hinzu: „neantmoins la royne s'est arrestée a faire prendre le chemin du Rhin.“ — Am 5. Juli berichtet Aerssen dem Oldenbarnevelt und (in einem besondern Schreiben) dem Prinzen Moriz: La Châtre, der anfangs mit dem Rheinweg sich einverstanden gezeigt hat, erhebt plötzlich (durch Schreiben vom 1. Juli) Einwendungen gegen

220. seine sachen darnach anstellen wolle, das er ufs erste und schleunigste fortziehen möge. Daruf sich der mareschal erclert, das er sich in den lanttaffeln ersehen, auch sich mit andern solches wegs kundigen leutten underredet und soviel befunden, das solcher weg nicht one gefar und ungelegenheit were, und deswegen viel lieber den weg der Mosel zu nemmen und der hern Staden entgegenkunft erwarten wolte.

Diese ercleruug hat sowol ime Aersens, als i. f. g. und anderen gutbertzigen nit wenig nachdencken erregt, der Jesuiten vermanung möchte bei dem mareschal nit on sonderliche würckung abgangen sein, weiln es das ansehen gehapt, das man allerhand absprung, zeit zu gewinnen und dardurch allerhand verhinderung einzuwerfen, suchte. Derwegen dan Carl Paul alsbalt zu dem von Villeroy gangen und sich dieser verenderung und absprungs i. f. g. wegen zum höchsten beschwert, mit bit, er daran sein wolte, das dem mareschal, seinen zug zu befürdern, schleuniger bevelch zukommen möchte. Es hat im aber der von Villeroy zur antwort geben, das die sachen bei weitem nicht, wie der von Aersens vorgebe, sondern viel anders und also beschaffen weren: es hette nemblich die königin, sobalt sie den fürsten die vom könig versprochene hilf zukommen zu lassen entschlossen gewesen, den hern Staden darunder zugeschrieben und an sie begert, das sie das volck zu schif und uber mer abholen lassen wolten. Die hetten sich zwar dessen aus allerhant ursachen gewegert, und nicht gut befunden, aber dabeneben den vorschlag gethan, das La Chastre mit seinem volck durchs stift Trier der Mosel zu ziehen, und das sie inen mit irem volck begegnen und fürters sicher beglaitten

---

denselben. „J'ay faict intervenir l'autorité de la royne." Diese hat in einem Tags vorher abgegangenen Schreiben dem Marschall befohlen, sich für den Rheinweg bereit zu halten. Dann aber ist demselben weiter befohlen, ohne neue besondere Weisung nicht von Metz aufzubrechen. Dies ist den Nuntien und den „ministres du party d'Espagne" zu danken, die auf Vergleichshandlungen hoffen, mit dem Vorgeben, dass der Kaiser Jülich einem katholischen Fürsten in Sequester geben wolle, dass Erzh. Albert sich nicht einmischen wolle, wenn Frankreich neutral bleibe. „Je croy cependant que mr. le marechal ne lairra pas de tiror chemin, aussytost que son armée sera en estat, car les vivres sont arrestés et l'argent se conte pour quatre monstres (sic!)" — An demselben 5. Juli berichtet Karl Paul an Anhalt: „heut lauttet es etwas besser, und erkleret sich gedachter mareschal, das er zu ent dieses monats (Juni a. St.) seinen musterplatz bei Metz halten und den 14. oder 15. heumonats über den Rein ziehen wolle. Zu welchem ende wir dan vor etzlichen tagen einen courier an m. g. h. abgefertiget und haben bis dahero kein nachrichtung, ob i. chf. g. solcher durchzug, welcher ire lande zimlich beruert, auch angenem sei." (Bg VI J 16 f. 30.)

wolten. Die königin hette ir diesen vorschlag nit misfallen lassen, in summa mit dem mareschal daruf geschlossen, auch in dergestalt und anders nit abgefertigt. Dahero nicht zu verwundern, wan man solche verenderung frembd befünde und sich nit alsobalt darin richten könte. Es hette aber die königin, damit sie ja in allem, was zu befürderung dieses wercks dienet, an ir nichts erwinden liesse, sich auch in diesem bequemen wollen und dem mareschal, den vorgeschlagenen weg an die hand zu nemmen, bevelch zukommen lassen, welcher im allererst nach des von Aersens schreiben eingehändiget, und hette Aersens unrecht, das er one vorwissen und vor der königin ime mareschal zugeschrieben. Es würde aber nunmer des fortziehens halben keinen mangel haben; man solte nur bei Pfaltz anstellung thun, das der proviant halber richtige verordnung geschehe. Juni 24 bis Aug. 3.

Wiewol dieses dem von Aersens vorgehalten worden, ist er doch bei seiner meinung, und das es erzelter massen ergangen, verplieben. Wer nun recht oder nit recht, würt der her von Donaw wissen, so bei der handlung gewesen sein sol."

Die zweite Audienz des Herzogs fand wegen des königlichen Begräbnisses (29. Juni bis 1. Juli) erst am 6. Juli statt. Die damalige Werbung wurde auf Begehr der Königin schriftlich dem Villeroy übergeben. — Am 9. Juli theilte Bouillon vor seiner Abreise zur Abholung Condés vertraulich mit, dass „Spanien, Osterreich und der pabst damit umbgiengen, wie sie vermitteln möchten, das die stat und vestung Gulch dem mareschal de la Chastre als einem dritten bis zu rechtlichem austrage in die hant gelieffert, und also die hilf entweder verhindert oder ja one nutzen geschicket und kraftlos gemacht werden möchte, derentwegen sich Carl Paul auf gutachten i. f. g., des Englischen wie auch Stadischen gesanten zu dem von Villeroy, hertzogen von Suilly und praesidenten Thou verfugt, umb der sachen grund und beschaffenheit, von innen zu vernemmen, deren keiner hat nichts darumb wissen wollen; derwegen es uf das mal also darbei verplieben. Es hatte aber Villeroy, das es uf solche wege gerichtet werden möchte, gewünschet, vermeinent, ein solch mittel nicht auszuschlagen sein solte......[1]

[1] Villeroy berichtete, so wird nebenbei erzählt, über die Beschwerde des Brüsseler Gesandten wegen der von Pfalz oder Baden vorgenommenen Interception von Briefen aus Prag an Erzh. Albert. Es fanden sich darunter Abschriften zweier Briefe des Pariser an den Prager Nuntius über seine Bemühungen zur Hintertreibung der Jülicher Hülfe. (Es werden dies die n. 161 Anm. 1 citirten Briefe vom 30. Mai und 2. Juni sein.)

220. So hat auch Villeroy damaln angezeigt, das eine keiserliche botschaft vorhanden, so daselbsten zu Paris anlangen und mittel zur gütlichen handlung vorschlagen solte, und hatten i. f. g. nachrichtung, das bei solcher gelegenheit gedachter von Villeroy im rat, darinnen die königin selb sieben gewesen, vorgeschlagen, das man das volck bis zu solcher botschaft ankunft ufhalten und die mittel vernemen solte, und das ime solche vorschläg jedermeniglich gefallen lassen, die königin aber allein dieselben nit gut befunden, sondern dahin geschlossen, weiln gedachte hilf versprochen, und die fursten ire rechnung daruf gemacht und ire sachen darnach gerichtet und angestelt, das das volck nicht lenger ufzuhalten, sondern fort geschaft werden solte.

Den 4. heumonats liess Villeroy durch den von Bongarsen i. f. g. anzeigen, welcher gestalt der mareschal an die königin geschrieben und sich beclagte, Churpfaltz den durchzug verwaigerte, ine der Mosel oder Elsass zuweisen wolte, und zu dem ende den von Castillion zu ime mareschal abgefertigt hette: das were nun die dritte verenderung! Nun könte aber nicht sein, das viel besagtes volck nunmer der Mosel zu zöge, were viel zu spät, weil die Staden sich einmal uf den weg dem Rein zu erclert, auch ire sachen also angestelt, das sie inen nicht entgegen, sondern Schenckenschantz zu ziehen wolten. So wäre auch diese hülf nit uf das Elsass, sondern uf das lant zu Gülch angesehen, und were ser frembd zu vernemmen, hette auch ein seltzames ansehen, indem i. k. w. diese hülf so freiwillig und guthertzig den Teutschen fürsten zu irem eigenen besten one einigen costen und entgeltnus zuschickten, sie sich noch des wegs halber beschweren wolten, da sie doch alles bei heller und pfenningen zu bezalen urpietig weren.

Diese zeitung und verwiss ist i. f. g. uber die massen sorglich und bekümmerlich vorkommen, weil sie nicht wüsten, was sie dieses fals halber glauben und sich verhalten solten, indem sie deswegen nicht den geringsten buchstaben oder nachrichtung hetten,[1] wiewol sie hauptman Brayarten den 21., nachdem die erclerung des wegs halber von den Staden angelangt, austrucklich deswegen nacher Heidelberg abgefertigt. Und hat man die nachrichtung gehabt, das Villeroy hierdurch wiederumb anlass genom-

[1] Karl Paul schreibt am 14. Juli an v. d. Grün, dass „wir uf alle unsere schreiben bis uf die stunt keine antwort nicht haben." (M 547/12 f. 93.)

men, daruf zu tringen und zu raten, das das volck wiederumb zuruck beruffen werden möchte.[1] Juni 24 bis Aug. 3.

Den 5. hewmonats kompt ein schreiben von gedachtem Brayarten[2] neben einer verzeichnus mit dreien wegen, under welchen als man gesehen, das der eine ebenmessig uf Bacherach und also Pfaltz mitten durchs lant ginge, hat Carl Paul alspalt mit sampt der verzeichnus und schreiben sich zu dem von Villeroy, welchen er im Louvre im rat antroffen, verfügt, in herausfordern lassen und im das schreiben sampt der verzeichnus vorgelegt, bewiesen und dargethan, das Pfaltz sein lant und underthanen, gantz nit sparte, sondern des durchzugs halber geburliche anordnung zu thun urpietig were.[3] Daruf sich gedachter von Villeroy zwar etwas milter erzeigt, aber nichts destoweniger zu seiner entschuldigung uf den weg von den hern Staden vorgeschlagen, und das man das volck zu wasser den Rein hienunder füren solte, getrungen.[4] Es ist im aber von Carl Pauln daruf geantwortet worden, das man bei beschliessung dieses wegs die rechnung one den würt gemacht, indem man zuvor mit Churpfaltz deswegen sich hette underreden und vergleichen sollen. Pfaltz were nicht Niederlant, man fünde die schif daselbsten nit so heuffig und bereit, wie danieden. Schif vor 8000 man liessen sich aus dem ermel der enden nicht schütten, und weil man dan ja mit den schiffen den Rein hienunder nicht

[1] Zweibrücken berichtet am 14. Juli: „und haben wir heutigs tags von dem herzogen von Sully verstanden, das die, so diesem werck nicht wol gewogen, inen diese e. l. resolution ser zu nutz machen.“ Sie rathen: da der Weg durch die Pfalz nicht gestattet werde, bei dem Weg durch's Erzstift Trier man aber zu spät kommen werde (das Volk der Staaten sei „vermög abschiets den 10. diss (n. St.) bei Schenckenschantz alberait angelangt“), so möge man die Truppen völlig wider zurückziehen. (M. 547/12 f. 91.) Karl Paul schickte (am 14. Juli) dem Villeroy „einen zettel in den rat“ mit der Anzeige, dass der Chf. Pfalz, als er „besagten vom adel abgefertiget,“ von einer zwischen Frankreich und den Staaten geschlossenen Vereinbarung über den Weg noch nichts gewusst habe. (Karl Paul an v. d. Grün. Juli 14. f. 93.)

[2] „Inhalts, das Churpfalz La Chastre drei wege vorschlagen lassen, unter welchen auch derselbe, so man dises orts begert.“ (Karl Paul an v. d. Grün. Juli 15. M. 547/12 f. 95.)

[3] Es „hat aber, weil Pfaltz selber nicht geschrieben, ein schlecht ansehen gehabt, und umb soviel desto mer, weil er, Briart, auch an die kunigin geschrieben und zu verstehen giebt, das i. chf. g. zu dem wege, so dieses orts vorgeschlagen, gantz nicht verstehen wollen, und das er stets das wiederpart gehalten.“ (Karl Paul an v. d. Grün, Juli 15.)

[4] Er hat „etwas einret suchen wollen, wegen man noch etzlichen meilen wegs disseits Reins zihen und nicht gleich zu Bingen ubersetzen solte.“ (a. a. O.)

220. könte fortkommen, were zumal billich, das man Pfaltz des wegs halben durch dero eigen lant, als dern dessen gelegenheit besser als frembden uf mer als hundert meil wegs gesessen bekant, umb etwas vertrawete und dero nit gleichsam bis uf eine meil wegs ordnung zu geben sich understünde.

Daruf Villeroy wieder in den rat gangen. Nachdem aber er, Paul, sich noch etwas ufgehalten und den hertzog von Suilly aus dem rat gehen sehen, hat er von im vernommen, das Villeroy allerdings das gegenteil dessen, so er in berichtet, vorgepracht und derowegen im, dem hertzogen von Suilly, sowol des hauptman Brayarts schreiben, wie auch die verzeichnus des wegs in die haut gelieffert, mit welchem gedachter hertzog wiederumb in den rat gangen und gründlichen bericht gethan, wie es mit dem weg bewant. Dahero die anwesende räte abermal etwas gemiltert und uf eine bessere meinung gebracht worden.

Den 8. hewmonats bekamen i. f. g. wiederumb schreiben von Brayarten, inhalts, das Pfaltz entlich uf den weg uf Carden geschlossen und in, uf denselben mit dem mareschal zu schliessen, abgefertigt, hette ine auch dahin behandelt, das er solchen weg gut befunden, auch dem fursten von Anhalt und Boissize, umb inen entgegen zu schicken, zugeschrieben, und das sie deren antwort erwarten theten. Nachdem nun Carl Paul dem von Villeroy dieses zu verstehen gegeben, hat er sich abermaln unnütz gemacht, es wiederumb für eine newerung gehalten, doch die ursachen dieser vielfaltigen verenderungen uf den Stadischen gesanten werfen wollen.

Sonsten hat er ime auch damaln angezeigt und schreiben vorgelegt, das nunmer Chursachsen mit den fürstentumben Gülch, Cleve etc. von Kai. M. belenet: die hette auch eine ansehenliche botschaft zu könig Mathia, eine vergleichung zu treffen, abgefertigt. Weiln dan solcher vertrag, wie vermutlich, seinen fortgang leichtlich gewinnen möchte, hetten sich die Teutschen fursten vorzusehen, und möchten gewis dafür halten, das sie der Keiser alsdan mit zuthun des königs von Spannien und ertzhertzogen Alberti ernstlich angreiffen und wol zu schaffen geben würde. Hielte derwegen das sicherste und beste zu sein, dahin zu sehen, wie man diese sachen in der güte hienlegen und also der gemeinen gefar begegnen und entfliehen könte. Engellant und die Staden[1] weren auch der meinung, inmassen er, Paul, aus des von Bauderie und

[1] Vgl. Salisbury an Winwood. (Aug. 2. Winwood III S. 196.)

Bassy, beider ents königlichen gesanten, schreiben, so er im vorgelegt, zu sehen. Soviel Franckreich anlangen thete, hette man sich daselbst keine rechnung zu machen, dan in betrachtung der könig ein kint, die regentin ein schwaches werckzeug, würde ser bedencklich fallen, in solchem zustant sich in solche weitleuftigkeit und gefar zu stecken. So weren auch die grossen hern under einander uneins, das sich leicht begeben könte, man den mareschal mit seinem volck zuruckzuruffen gezwungen werden möchte. Hielte darfur, die mitel zur gütte dahien gerichtet werden könten, das die fürsten bei dem, was sie innen hetten, gelassen, die vestung Gülch aber bis zu austrag der sachen in eine dritte unparteiische hand gelieffert werden könte." Juni 24 bis Aug. 3.

Paul führte in seiner Antwort aus, dass man vor dem völligen Besitz der Jülicher Lande nicht wol in Vergleichshandlungen eintreten könne: Sachsen werde auf die bedeutungslose Belehnung hin nicht den Versuch zur Vertreibung der possidirenden Fürsten machen. Gesetzt ferner dass der Kaiser sich mit Matthias aussöhnen sollte, so „könte man doch noch zur zeit die mittel nicht sehen, mit welchen man den vereinigten fürsten den garaus machen wolte. Der Hungern, Meren, Oesterreicher, Böhemen und Schlesier halben were man versichert, das sie die waffen nicht wieder uns, sondern vielmer vor uns geprauchen wurden. Spanien und ertzhertzog Alberten anlangent, were deren zustant uns nicht so gar unbekant, und müsten darvor halten, wan es dern gelegenheit und zustant erleiden mögen, sie einen so spötlichen und schädlichen frieden oder anstant mit den Niederländern nicht gemacht haben würden. Wolten sie, die Franzosen, die hant von uns abziehen, müsten wirs Got bevehlen; würden sich auch noch leut finden, so sich unser annemmen; einmal hetten die Teutschen fürsten ein anders umb die cron verdient. Und als Villeroy damaln drein geret und gesagt, man hette umbs gelt geholfen, ist er gefragt worden, wo dan das gelt were? man zalte doch nichts; wans ufs höchste käme, so bezalte man bei weitem die zins nicht und zöge es doch an der hauptsummen ab." Die französische Regirung brauche Spanien nicht zu fürchten, könne sich den Reformirten gegenüber durch Befolgung ihrer Ausschreiben und Edicte, den Grossen gegenüber durch die ordentlichen Mittel der Regirung und den Beistand der „einen partei" (der Reformirten?) sichern.

Am 19. Juli Besuch des Herzogs bei Condé mit Bitte um Beförderung der Hülfe. „Der hatte sich zu allem gutem erbotten, mit vermeldung, das den vorigen tag, als solche sach in beratschlagung gezogen, one in, die hertzogen von Bouillon und Sully

220. das volck onzweiffelich zuruck geruffen worden were. Villeroy were uns in allem zuwieder. Er seines teils riete zur gütlichen handlung, und das zu dem ende das volck ins lant geschickt, nicht das sie bant anlegen, sondern uns zů desto bessern vertragsmitteln verholfen sein solten. Es ist aber auch wie vor geantwortet worden: und wan es die meinung haben solte, viel besser were, sie zögen nicht hienunder, als das sie darbei weren und nichts thun wolten.

Man hat aber vom hertzogen von Sully die nachrichtung gehapt, das er im rat dem zug sich allerdings wiedersetzt, mit vorgeben (inmassen er auch in seinem losament, als ine der Stadische gesant besucht, ebenmessiges uf die ban gebracht), dieser zug were der catholischen religion zuwieder, man griffe dem Keiser in sein ampt, man stiesse Spanien und den babst vor den kopf, welches bei gegenwertigem des reichs zustant gantz geferlich were; man solte das volck zuruck halten und die sachen in der güte hienlegen. Jedermenniglich, und sonderlich Villeroy, were ime beigefallen, die königin, hertzogen von Bouillon und Sully ausgenommen, und hette sonderlich die königin vorgewent: der schluss were einmal gemacht, das versprechen geschehen, auch nunmer bei freunden und feinden bekant, das volck müste fortziehen, doch mit dem austrucklichen bedinge, das das volck seinen weg uber den Rein nemmen oder zuruck ziehen solte,[1] und solches aus denen ursachen, weil La Chastre schreiben von furst Christian von Anhalt uberschickt, inhalts, er nunmer der Mosel in gottes namen zuziehen solte, hette keine gefar, wolte des durchzugs halben an Trier schreiben;[2] welches man nicht vor gnugsam gehalten, inmassen auch

[1] Aerssen berichtet über diese Dinge am 19. Juli: „sur ces irresolutions (über den Weg des La Châtre) l'archiducq Albert a faict esclatter sa batterye par les contes de Buquoy et de Colalto secondés par les ambassadeurs d'Espagne et de Florence pour faire arrester ses trouppes. Il ne luy a pas reussy, mais hier sôir m^r le prince de Condé cuida tout renverser, peut estre pour se resentir du particulier au depens du publiq." Er versammelte mit Zustimmung der Königin, die selbst erschien, den Rath und trug vor: es sei besser, die jülichsche Sache durch Vertrag beizulegen; Leopold sei dazu bereit und schlage vor, den Possidirenden das Land zu lassen, Jülich aber einem katholischen Fürsten in Sequester zu geben. Dieser Vorschlag sei billig. Folge der Jülicher Hülfe könnte Krieg in Frankreich sein; man dürfe auch den Papst nicht erzürnen noch den Kaiser; „mesmes remonstra que l'Allemaigne unie peut estre utile a la France, ou divisée elle est inutile a ses amis. Et conclut que la royne voullust contremander m^r le mareschal et requerir m^rs les Estats de mesme." Beifall der Mehrheit. Sully und Bouillon hielten den Gegenpart; die Königin unterstützte sie. (Haag. Reichsarchiv.)

[2] Erst am 20. Juli erhielt Villeroy von La Châtre zwei an letztern gerichtete Schreiben von Anhalt und Boissise mit Ausführungen gegen

der hertzog von Sully selber bekente, er seine stimme, dahin gegeben hette.[1] Deswegen man dan abermalen nicht allein durch die ordentliche post, sondern uf des von Sully sonderbares ermanen einen vom adel, Georg Wilhelmen von Berbisdorf, abgefertiget, welcher gleichwol weiter nicht als bis zum mareschal geritten, weil andere antwort von Anhalts f. g. albereit angelangt und alle sachen richtig gemacht worden.[2 3] Juni 24 bis Aug. 3.

Als man nun abermaln allerdings uber dem berg und alle sachen richtig zu sein vermeint, auch albereit umb den abschiet, welcher gleichwol Villeroyen anzeig nach lang fertig gewesen,[4]

---

die Zweckmässigkeit des Rheinwegs und Empfehlung des Moselwegs. (Aerssen an Oldenbarnevelt. Juli 22. Karl Paul an v. d. Grün. Juli 22. M. 547/12 f. 102.)

[1] Sully sagte dem H. Zweibrücken, dass er der Königin gerathen habe: wenn entweder der Rheinweg nicht genommen werden könne, oder La Châtre keine genügende Garantie bekomme, dass er an der Mosel die Truppen der Fürsten oder der Staaten treffen werde, so solle man die französischen Truppen zurückrufen. (Bericht Pauls. Juli 22. Vgl. den Bericht Aerssens. Juli 22.)

[2] Ueber die Art der Lösung berichtet Aerssen am 25. Juli: „avanthier soir arriverent des lettres de mr. le marechal du 22. de St. Arnoulx; il demanda permission a la royne pour tirer outre de dela la Moselle et s'acheminer vers Juliers sans plus tarder, mrs les princes et d'Anhalt luy ayans asseuré le chemin, les vivres et tout ce que luy faict de besoin et pour sa seureté et pour l'aysance du voyage, promettans de le venir rencontrer, sy le marquis Spinola marche: ce qu'ils luy ont envoyé par escript signé sur leur foy et parolle, dont led. marechal s'est contenté." Im Rathe gestern Morgen „plussieurs desiroient plus de seureté, mais l'autorité de la royne secondée de nos serieuses instances et poursuittes fit resouldre qu'il seroit permis a mr le marechal de passer outre." Der Befehl dazu gieng gestern Abend neun Uhr ab. „Voilà desormais ce secours hors de nostre tutele." (Haag. Reichsarchiv. Vgl. Zweibrücken an Churpfalz. Juli 25. M. 547/12 f. 112.)

[3] Während all' dieser Streitigkeiten hatte die Unionsgesandtschaft von ihren Auftraggebern keinerlei Schreiben oder Aufklärung bekommen. (Bericht Pauls. Juli 22.) Im allgemeinen bemerkt Aerssen über den Streit: „mr. le marechal, que ne connoist ne la langue ne le pays, ne sçait a qui croire. . . Le mal vient de ce que le choix qu'avés (die Staaten) faict du chemin n'a point esté concerté de commune main. J'ay opinion et le reconnoy par les ministres allemans que les princes se sont plus aheurtés a l'obmission de ceste formalité qu'a l'incommodité qui fut venue a leurs subjects de ce passage." (Bericht vom 22. Juli.)

[4] Karl Paul berichtet in dem Schreiben vom 22. Juli: die Nachricht Buwinkhausens über Englands Entschliessung hinsichtlich des Bündnisses mit der Union dürfte „dieses orts etwa auch bessere gedanken erregen, damit wir die bestettigung der Hallischen handlung davon tragen mogen. Dan ich dem herren cantzler nicht vorhalten sol, das ich so viel nachrichtung, man dieselbe zu bestettigen bis dahero nicht gemeint, mit vorwenden, inmassen mir dan Villeroy zu verstehen geben, dieselbe verbuntnus uf schrauben gestelt und uns zu nichts vor-

25*

220. angehalten, bekommen i. f. g. wiederumb gewisse nachrichtung von underschiedlichen gewissen orten, das Spannien, die päbstische botschaft und grav von Bouquoy, weiln sie die hülf nit wieder zurückbringen oder mer ufhalten können, eine sequestration uf die ban pringen und dergestalt vorschlagen, das nemlich die stat und vestung Gülch, bis so lang der hauptsachen entweder durch ire Kai. M. oder uf einem reichstage ein ausschlag gegeben würde, in eine dritte unparteiische hant, als etwa der von Betstein sein möchte, gelieffert werden solte, und im fal ertzhertzog Leopold oder die seinen nicht darzu verstehen wolten, ertzhertzog Albertus und Spanien sich dahien ercleren solten, das sie nicht allein die hand von im abziehen, sondern den fursten zu der vestung eroberung die hant bieten wolten, im fal aber die besitzende fürsten sich gedachter sequestration zu verwaigern gemaint, der mareschal de la Chastre mit seinem volck ab- und wieder zuruck ziehen solte."[1]

Auf diesen sehr bedenklichen Vorschlag drang man abermals in Aerssen, er möge die Staaten bereden, dass ihre Truppen mit denen der deutschen Fürsten, ohne auf die Franzosen zu warten, sofort zur Belagerung Jülichs schreiten möchten. „weiln man gewis damit umbginge, wie mans ufs wenigste uf die lange banck spielete und den sommer vergebens zupringen möchte, angesehen die vornembsten, als der von Condé, cantzler, Villeroy, Soissons und Espernon nit wenig zur sequestration geneigt weren." Diesen gegenüber hat jedoch vornehmlich der Herzog von Bouillon den Vorschlag bekämpft; und am Ende ist „kein anderer schluss gemacht worden, als das zwar der mareschal mittel zur güte vorschlage, aber keine dergleichen bedingungen, wie begert worden, dabei anhencken solte, inmassen dan auch die königin, als sie deswegen besprochen worden, selbst sich erclert hat.

Von den grossen hern, und sonderlich vom cantzler, wan man sie besucht, seind obige mittel der sequestration und vornemlich uf die erörterung uf dem reichstag oder am keiserlichen hof als unwiedersprechliche mittel zum rechten gar hart getrungen: es ist inen aber ebenmessig, wie der hertzog von Bouillon oben angezogen, geantwortet worden." Man führte hinsichtlich des recht-

binde. Es ist auch diese antwort albereit vorfasset, aber one vorwissen deren, so auch mit darumb wissen sollen und doch nicht darzu gezogen worden; deswegen Bouillon begert, die antwort noch innerhalb zweier tagen nicht abzufordern, sondern anstehen zu lassen, bis das er ein wenig mit leuten daraus rede."

[1] Vgl. Edmonds an Winwood. August 3. Trumbull an Winwood. Aug. 19. (Winwood III S. 199, 203.)

lichen Erkenntnisses aus, dass dasselbe dem kaiserlichen Hofrath nicht zugestanden werden könne, dass eine Entscheidung des Reichstags, falls der Kaiser dieselbe zugeben sollte, den Possidirenden sehr bedenklich sei, „angesehen Kai. M. von denselben sich zum höchsten beleidigt hält, dahero dan die urtel, weiln die geistlichen i. M. schwerlich abfallen würden und das merer machen können, leichtlich zu schöpfen. Juni 24 bis Aug. 3.

Den 24. hewmonats[1] namen i. f. g. dern abschied von dem könig und der königin, gaben derselben zu verstehen, was man der sequestration halber vernommen, und warumb dieselbe nicht könte stat haben, dan auch etliche ursachen, warumb i. k. ww. die bestettigung des Hallischen vertrags in kein bedencken ziehen solten, inmassen solches aus beigelegtem concept mit mererm zu vernemen. Uf den ersten puncten ercleren i. k. ww. sich dahien, das der mareschal de la Chastre zwar bevelch hette zu sehen, ob die sachen in der güte könten hingelegt werden, aber keineswegs in die fürsten der sequestration halber zu setzen, oder unverrichter sachen wieder zuruckzukommen.[2] Uf den andern puncten haben

[1] Vorher, am 30. Juli, erhielt die Gesandtschaft die schon vom 9. Juli datirende Resolution der französischen Regirung. (Sie findet sich bei Winwood III S. 190. M. 547/12 f. 119.) Karl Paul schreibt am 31. Juli an Dathenus: die Antwort ist mager, aber „mr de Bouillon n'a pas jugé a propos de s'amuser a repliquer par ceste fois, mais attendre quelque commodité meilleure." (M. 547/12 f. 105.)

[2] Aerssen berichtet am 30. Juli an Oldenbarnevelt: „hier matin fut prins resolution entre la royne, mr le prince, mr le conte et mr de Villeroy qu'on escrivoit aux princes d'Allemagne de souffrir que la ville de Juliers seroit . . . sequestrée es mains de mr de la Chastre pour y commettre tel gouverneur que bon luy semblera, et ou ils ne trouveroient ceste proposition a leur gré, qu'il seroit commandé aud. sr marechal de ramener incontinent son armée. Ceste depesche fut hier soir portée chez mr le prince pour estre veue et partit ce matin, ayant mr de Bassompierre esté nommé par la royne pour commander aud. Juliers. Ceste resolution est extremement secrette, car ils ont entreprins tous quatre de n'en rien descouvrir, mais tenés la pour tres asseurée." — In einem Schreiben an Prinz Moriz (Juli 31) fügt Aerssen hinzu: nach Absendung der Depesche an La Châtre entschied die Königin auf die weitere Frage „sy ceste proposition se fera, en cas que mr le marechal trouve le siege devant Juliers?" mit Nein. Hierüber wird Châtre sofort noch ein Schreiben erhalten. „La cause de ce changement nous est inconnue, sy ce n'est qu'en donnant ombrage on vueille retirer le secours, ou que par le sequestre on espere de beneficier les catholiques et faire rendre les conquestes d'Alsace." (Haag. Reichsarchiv. Gleiche Nachrichten in Pauls Schreiben an Dathenus vom 31. Juli.) Am 4. August berichtet Aerssen an Oldenbarnevelt: die Nachricht vom 30. Juli beruhte auf Mittheilung von Condé und Bouillon, welche ihn zum Stillschweigen verpflichtet hatten. Gleichwol wurde die gleiche Eröffnung den Gesandten von England und der Union gemacht und kam durch diese aus. Nunmehr hat Aerssen erfahren „qu'il a esté seulement

i. k. ww. nichts geantwort, sondern die gewönliche grüsse bevohlen und sich zu allem gutem willen gegen die chur-, fursten und stende erbotten, und ist es sonsten wegen der andern puncten bei der ersten schriftlichen antwort uf das mal allerdings verplieben.

Daruf i. f. g. sich den 28. hewmonats wieder uf der herausrais nacher Teutschlant begeben und seint den 16. Augusti zu Zweibrucken wieder glücklich ankommen, und haben diese relation zum directorio zu lieffern bevolen." — Signatum Zweibruck den 20. Augusti anno 1610.

München. Staatsarchiv 547/12 f. 137. Orig.

Aug. 4. **221.** Anspach und Baden an Churpfalz.

Haben dem Churfürsten vorher durch Rittmeister Weinschenk vertraulich eröffnet, „welcher massen wir mit grave Ernsten von Mansfelt tractirt, sich von Zabern hinweg zu uns anhero zu begeben." Am gegenwärtigen Morgen ist er „ankommen under dem praetext, als hette er einen anschlag uf Dachstein vorgehabt. Wir haben aber, wie wir seiner ankunft von ime verstendigt worden, vorsehung mit einer darzu verordneten ambuscada gethan, das wir ine alsobalt umbringen und seiner versichern können; daruf er sich dan, wie vor, bestendig erklaert und sampt vier compagnien reutter auch ongever vier hundert zu fuss sich mit uns ins quartier begeben und gutwillig in dienst eingestelt hat."[1] Sechzig Reiter unter dem Commando des Lieutenants des Herrn von Kriechingen, welche bei dem Grafen waren, sind ohne Lösegeld zurückgeschickt, „darumb das sie uf gemelten gravens wort mit kommen." Nur einige Vornehmste derselben sind als Geiseln behalten, bis dem Grafen seine zurückgelassene Bagage ausgeliefert sein wird. — Datum Molsheim den 25. Juli anno 1610.

München. Staatsarchiv pf. 116/2 f. 285. Orig.

[1] Churpfalz berichtet am 10. Aug. an Lgr. Moriz, dass Mansfeld „sich uf vorgangene tractation und gegen erlegung des anritgelts und

---

arresté que, sy ceux d'Austriche viennent a proposer le sequestre, qu'il ne seroit pas a propos de le rejetter, s'ils vuellent mettre la ville de touts points es mains de mr le marechal, qui en cas y pourroit commettre mr de Bassompierre, alleman et catholique; mais il n'a nullement esté parlé de ramener l'armée, sy les princes n'en aggreoient la proposition, qui semble y avoir esté adjousté pour rendre les conseils et actions de la royne suspects envers les estrangers." Bouquoy hat gedroht „que le roy d'Espagne a envoyé commandement exprés au marquis Spinola d'employer toutes les forces des Pays-Bas a l'assistence de l'archiducq Leopold, sy quelque prince ou estat voisin entreprend de secourir les princes possedans. Mais ceux du conseil se rient de cest advis, ils sçavent que les affaires du roy d'Espagne ne sont pas en estat d'entrer en guerre, et d'ailleurs ils croyent que c'est un conseil, que le conte a receu en ceste cour, pensant intimider la royne par ceste menasse." (Haag. Reichsarchiv.)

eines monatsolds, so sich in allem uf 12000 fl. belauffen mögen, zu beder hern marggrafen ll. geschlagen, der auch albereit gemustert und undergestelt worden. Und haben wir die fernere nachrichtung, das auch noch andere drei fanen pferd wegen nit bezalung ganz und gar widerumb zuruckgezogen sein sollen." (f. 324.) Vgl. Reuss, Graf Ernst von Mansfeld im böhmischen Krieg. S. 3.

[2] Der mit Mansfeld übergegangene Rittmeister Wassenburg kehrte am 13. August mit einem Theil seiner Compagnie zu Leopolds Truppen zurück. (Anspach an Churpfalz. Aug. 13. f. 73.)

222. Friedrich IV. an Churbrandenburg. Aug. 5.

Der Churfürst von Brandenburg hat die in Neuburg bewilligten neun Monate und die in Heilbronn bewilligten 8 Monate noch nicht erlegt. Inzwischen hat Churpfalz, damit die Unionstruppen bezahlt würden, viel mehr vorgeschossen, „als wir kraft der union im vorrat gehabt;" er hat Proviant geliefert und liefert solchen noch (zur Zeit für einen Theil der Unionstruppen in der Oberpfalz und dann für die französischen Truppen während der zehn Tage, die sie in seinen Landen zubringen) zu einem bis auf ein Drittel des wirklichen Werthes ermässigten Preise; er hat, um seine Lande gegen die Plünderungszüge des Elsasser Volks zu schützen, eine grosse Zahl von Landleuten einberufen müssen. Da nun Churbrandenburg in seinen Landen einen Angriff schwerlich zu befürchten hat (der Herzog von Teschen und Buchheim sollen wegen Mangels an Geld ihre Truppen nicht zusammenbringen können[1]), so möge er die erwähnten Beisteuern schleunigst erlegen; denn die Gefahr „hieaussen lands" ist gross, die Truppen, wenn nicht bezahlt, können meutern, und, wenn nicht alle Unirte ihre Quoten erlegen, so werden die Gelder nicht ausreichen. Sollte übrigens Churbrandenburg angegriffen werden, so wird der Churfürst von der Pfalz sich der Union und „unserer particularverwantnuss" gemäss verhalten. Die meisten benachbarten Fürsten, besonders Dänemark, werden in diesem Falle dem Churfürsten von Brandenburg gewiss beistehen. Derselbe könnte sich auch mit den Hansestädten über Hülfeleistung einigen, die böhmischen und schlesischen Stände ersuchen, dass sie den Kaiser auf friedlichere Wege bringen möchten, endlich den chursächsischen und braunschweigischen Landständen die Gefahr vorstellen, in welche sie und ihre Lande gerathen würden, wenn er angegriffen würde. — Signatum ut in literis den 26. Julii anno 1610.

München. Staatsarchiv pf. 116/2 f. 176. Cpt.

[1] In einem Schreiben vom 26. Juli stellt dagegen Churbrandenburg dem Chf. Pfalz die von Schlesien und der Lausitz seinen Landen drohende Gefahr vor und bittet um die unionsmässige Hülfe. (M. pf. 116/2 f. 259.) Gleichartiges Schreiben an Culmbach. f. 86.) Churpfalz erwidert darauf am 7. August: die Truppen der Union abzuführen und die Lande „hieaussen" den Angriffen der Truppen Leopolds preis zu geben, geht zur Zeit schwer an. Da indess im Elsass der Abschluss eines Vergleichs zu hoffen ist, so wird der Chf. Pfalz der nächstgesessenen Unirten Bedenken über des Chf. Brandenburg Begehren einholen. Inzwischen möge letzterer nach dem Beispiel von Churpfalz

seine Lande durch Aufbietung des Landvolks gegen Einfälle sichern. Uebrigens glaubt Churpfalz nicht, dass, so lange das Passauer Volk liegen bleibt (und von seinem Aufbruch verlautet noch nichts), der H. Teschen oder Buchheim einen Einfall nach Brandenburg unternehmen werden. (f. 261.) Am 12. Aug. schreibt Nürnberg an Churpfalz: laut Nachrichten von Prag hat der Kaiser dem Niederlausitzer Gesandten erklärt: er wisse nichts von Einquartierung des Buchheim'schen Volkes. Die Stände mögen sich desselben entledigen, wie sie können. Eine gleiche Erklärung (bezüglich des Volks des H. Teschen) soll der Kaiser den schlesischen Ständen gegeben haben. Bei dieser Sachlage dürfte die von Churbrandenburg begehrte Unionshülfe noch nicht erforderlich sein. (M. pf. 116/2 f. 125.)

Aug. 5. **223. Lautern und Lingelsheim[1] an Churpfalz.**

Ueber den in des Churfürsten Schreiben vom 3. August gemeldeten Einfall in „Guttenbergischer gemeinschaft"[2] haben die Gesandten ein Schreiben an die Zabernsche Regirung gerichtet. — Die Tags vorher mit dem Grafen von Hanau angekommenen lothringischen Gesandten haben die Erklärung der Zabernschen Regirung berichtet, worauf die Churpfälzer entgegneten, dass wir „uns solcher gestalt nit einzulassen wusten, sondern in der haubtsach die handlung zu continuirn befelcht werden." Demnach haben die Unterhändler beschlossen, sich nach Zabern zu begeben und den Herrn von Kriechingen zu bestimmen, dass die Zusammenkunft in Willstett, Lichtenau oder Offenburg vor sich gehe, und dass in Erwartung der Ratification des Erzherzogs Leopold die Verhandlung zum Schluss geführt werde.[3] — Datum Straspurg den 26. Julii anno 1610.

München. Staatsarchiv pf. 117/2 f. 153. Orig.

1 Die beiden Gesandten kamen am 28. Juli in Strassburg an. Der lothringische Gesandte war damals noch nicht angelangt, weil das Schreiben des Chf. Pfalz, in dem er sich für Annahme der neuen Tagsatzung erklärt, nicht rasch genug befördert war. (Bericht der Gesandten. Juli 29. M. pf. 117/2 f. 195.)

2 Es war dabei das Dorf Otterbach zur Hälfte verbrannt. Churpfalz trug den Gesandten auf, mit Repressalien zu drohen. (August 3. f. 310.) Gleichzeitig wurden in zwei verschiedenen Einfällen die Dörfer Hundsbach und Kleeburg im Zweibrückener Gebiet heimgesucht. Der dort angerichtete Brandschaden ward auf 8,115 fl. veranschlagt, die geraubten Pferde und Mobilien auf 1,100 fl. Von den Bewohnern wurden drei getödtet und sieben verwundet: für siebenzehn weggeführte Gefangene verlangten die Soldaten 3,430 Reichsthaler Ranzion. Endlich forderten sie noch von den Dörfern Kleeburg, Rot und Steinfels 3000 Reichsthaler Brandschatzung. (Bericht der Zweibrückener Räthe Aug. 6. M. pf. 117/2 f. 349.) Auf die Klagen der Räthe Lautern und Lingelsheim über die Einfälle in Guttenberg und Kleeburg erwidert Frhr. Franz von Kriechingen am 6. August: das kaiserliche Volk wird bloss wegen des Einfalls der Unirten in's Stift Strassburg auf kaiserlichen Befehl zur Vertheidigung des Stiftes zurückgehalten. Bei dieser Sachlage kann Kriechingen den Truppen nicht verbieten, die Lande der Unirten zu berühren und zu beschädigen, da diese mit Einnahme der Städte und Plünderung und Verbrennung von Dörfern und Flecken ohne jeden gegebenen Anlass den Anfang gemacht haben. Wenn frei-

lich die kaiserlichen Truppen im Dorf Otterbach Brand gelegt haben, so „beschicht solches . . on unsern befelch." Das beste Mittel, die Klagen auf beiden Seiten zu stillen, wäre, dass die Unirten das Bisthum Strassburg räumten nud ferner unangefochten liessen. (f. 316.) — Einen Raubzug in das Dorf Seebach (Amt Germersheim) vollführten die kaiserlichen Truppen schon am 21. Juli. (Bericht des Fauteiamtsverwesers. Aug. 16. f. 106.) Am 6. Aug. wurde das Städtchen Lixheim geplündert. (Bericht von Lautern und Lingelsheim. August 7. f. 320.) Einnahme von Beinheim. Vgl. n. 212.

[3] Churpfalz berichtet am 14. August an Würtemberg: die Regirung zu Zabern habe, nachdem er seine Gesandten nach Strassburg abgefertigt, unter Berufung auf mangelnden Befehl des Erzh. Leopold in der Hauptsache nicht fortfahren, sondern „nur uf einen geringen anstand handlen wollen." Sie habe überhaupt die Absicht verrathen, die Sachen „uf die lang banck zu verschieben und dardurch iren vortel zu suchen." Nachdem des Churfürsten Gesandte zehn Tage in Strassburg verweilt, „one das der vorgeschlagene anstand . . errichtet worden," seien sie „wider ufgebrochen und (haben) uns der sachen beschaffenheit umbstendig berichtet.". Am folgenden Tag nach ihrer Ankunft meldeten jedoch die Unterhändler durch einen eignen Courier, dass sie die Regirung in Zabern zur Fortsetzung der Pacificationshandlung bewogen haben: der Churfürst möge also seine Räthe nach Willstett senden. Diesem Wunsche werde er (der Churfürst) entsprechen. (M. pf. 117/2 f. 71.) Ueber diese Unterbrechung und Wideraufnahme der Verhandlung schreibt Reinhard Gr. Hanau am 11. August an Lautern: auf die Erklärung der Mgr. Anspach und Baden, „das i. f. gg. vom anstand nichts, allein in der capitulation zu handlen gedencken" haben der Graf und Myon Tags vorher die Regirung in Zabern zu dem Entschlusse gebracht, die Hauptverhandlung wider aufzunehmen. Demgemäss haben sich der Graf, Myon und Abgeordnete der besagten Regirung auf die Reise nach Willstett begeben. In Brumat angekommen, vernehmen sie, dass Lautern von Strassburg wider heimgereist ist. Derselbe wird gebeten, zurückzukehren oder eine andre pfälzische Abordnung zu betreiben. (f. 287.)

224. Der würtembergische Landhofmeister, Marschall, Kanzler, Oberst Reichau, Oberst-Lieutenant Stickel, Welling und Kielmann, Gutachten für ihren Herzog. Aug. 5.

Der Herzog hat ein Bedenken erfordert, „was uf das affigirte kaiserliche mandatum zu thuen sein möchte." Unterzeichnete haben „auch, was deren gehaimen rats Melchior Jaegers mainung dis orts seie, aus muntlicher anzaig e. f. g. rats und cammersecretarii Johan Satlers und beigelegten puncten loco voti gnuegsamb vernommen." [1] Nun lassen sich Unterzeichnete Jägers „wolbedachte mainung nicht zuwider sein." Allein im Hinblick auf die bezüglich solcher Mandate getroffenen Bestimmungen der Unionsacte und der jüngsten Haller und Heilbronner Tagsatzungen, nachdem auch der Herzog über diese Sache an Churpfalz geschrieben hat und seine Erklärung erwartet, und da endlich der Schluss der Hagenauer Verhandlung bevorsteht, hält man es für rathsamer, dass der Herzog des Churfürsten Erklärung und den Schluss der Hagenauer Verhandlung abwarte; darnach hätte er dann dem Churfürsten anzuzeigen, weshalb er seine Truppen von dem Elsasser Unternehmen abziehen und seine eigenen Lande beschützen müsse; es wäre dann ferner von den Unirten insgesammt zu bedenken, wie dem kaiserlichen Mandat zu begegnen sei, und für sich hätte der Herzog zu erwägen, „wie sie sich aus disem wesen mit fuegen zu ziehen hetten." Wenn der Herzog, ohne zu warten, sofort — sei es durch Abrufung seiner beiden Fähnlein vom Elsasser Heer, sei es auf andere Weise — „mit einiger separation einen anfang" machte, so könnte er Zwiespalt und Abfall in der Union erregen und an seinem Rufe Schaden leiden. Ohnehin bringt die in dem kaiserlichen Mandat auferlegte Parition „noch zur zeit so gross periculum" nicht mit sich. Von den dort aufgeführten Dingen hat der Herzog nur den kleineren Theil zu verantworten. Wegen des Elsasser Unternehmens wird er sich hoffentlich entschuldigen und (dann) Gehorsam leisten können; bezüglich der Union werden die Unirten sich insgesammt zu rechtfertigen wissen. Sicher hat man sobald keine Achtexecution zu befahren, zumal der Prager Fürstenconvent selber dem Kaiser ein behutsames Vorgehen anräth. — Decretum in consiliis den 26. Juli anno 1610.

Stuttgart. Unionsacta VII 647. Orig.

[1] Jäger erklärt sich also: 1. Die Union ist berechtigt; aber die derselben gezogenen Gränzen der Defensive sind weit überschritten. 2. Das Strassburger Unternehmen ist unverantworlich und gegen das Ausschreiben der Unirten. 3. Würtemberg ist der Rache der Gegner zuerst ausgesetzt. Das Hauptland ist wol gelegen für Baiern und die Geistlichen, die Elsasser Gebiete für Oestreich und den B. Strassburg, Mümpelgart ist schon von Burgund bedroht. Die Landschaft, weil nicht befragt, ist zur Hülfe nicht verbunden. 4. Die meisten Stände halten zum Kaiser; es droht ein Kampf und „ruina totius imperii." Mithin ist „dahin zu gedencken, das unser kriegsvolk förderlich abgefordert, solchs Pfatz zuvor communicirt, auch Kai. M. ad partem geantwort, und allein der Passanischen und Elsaessischen werbungen, so periculos, gedacht werde." (St. Unionsacta VII.) Hinsichtlich der Erwähnung der Landschaft vgl. die von Sattler zum Juni 1610 berichteten Verhandlungen mit den landschaftlichen Ausschüssen. (VI S. 50, 42.)

Aug. 5. **225.** Johann Zobel an Landgraf Moriz von Hessen.[1] (z. Th.)

Bericht über das Jülicher Kriegswesen. Der Proviant kommt von den Niederlanden rheinaufwärts und wird bei Grimlinghausen ausgeladen. Noch hat Rheinberg den Transport nicht gehindert „Sonst vae nobis belligerentibus. Dan die unterthanen sein schon beim frieden bis auf den letzten knochen ausgemergelt und also erschepft, das sie alles verlassen und weggelauffen. Umb dem laeger herumb wurt in 14 tagen auf 3 oder 4 meil wegs one gelt im felde kein fourage mer zu bekommen sein, vil weiniger bei den bauren zu holen, dan die aus den garnisonen bis dahero gar zu erbaermlich mit den leuten gehauset, dessen ursach einzig und alleine, das man one bezalung die disciplinam militarem nicht hat halten können oder dorfen.[2] Wie dan auch diss (inconveniens erfolget), das die beide possidirende fürsten, so gerne sie auch ins lager verreisten, sich dahin in keine weg wagen dorfen, damit inen von den unbezalten soldaten nicht etwan ein schimpf oder spot widerfare. Seint des Bredebandischen aufzugs noch eingedenck." Man beräth viel darüber, ob nach Eroberung Jülichs das „volck, so die possidierende herren zu irem beisprung anitzo bei einander haben," abzudanken sei, oder nicht. Im letztern Falle bedenkt man, dass die Jülicher Lande selber kein Winterlager ertragen können, weil sie „von allem vorrat erschöpft" sind und gegenwärtig schon, besonders im Clevischen, der „eingesessenen gemueter gantz schwürig und widerwertig" sind. Zur Abdankung aber, besonders der französischen und staatischen Truppen weiss man das Geld nicht zu beschaffen. Allein man kann das Volk gar nicht entlassen, da man vor den Nachbarn, welche den Besitz der Fürsten für ungerecht halten, noch nicht genügend gesichert ist und im Reich „von der hohen obrigkeit keines beisprungs sich zu getrösten" hat. Wirft, wie man erwarten dürfte, Erzherzog Albert die spanische Macht nicht gegen die Lande,[3] so hat man es vornehmlich mit den benachbarten Stiftern zu thun. „Es ist vor, das man die churfürsten Maintz, Cöln und Trier gegen den herbst anhero würt beschreiben und von inen vernemen, warumb sie auf die depossessionirung beider fürsten bis anhero so eifferig getrungen? Was sie dazu bewegt, das sie Kai. M. so gefaerliche, inen den fürsten, so sie doch zum geringsten nicht beleidigt, zum höchsten praejudiz, consilia suggeriret? Warumb sie sich selbst mit der Pragischen reis so ser bemühet? und warumb sie über so hochwichtige sachen, so in algemeiner reichsversamblung billicher solten ventilirt werden, absonderliche schlüsse gemacht und beliebet? Und dan: gleichwie sie gegen hochbemelte fürsten quasi requisiti iudices ein so widerig urteil gefaellet, ob es dan nochmals ire meinung were, zu der execution desselben sie vor sich zu schreiten oder aber Kai. M. die hant hirein zu bieten? . . Da nun gebürende assecuration hieruf würde ervolgen, hette es seinen gewiesenen wegk. Wo nicht, wurde der fursten volk diesen winter in den stiftern müssen ausruhen und auf den sommer gewertig sein, wer die fürsten aus dem lager würde treiben. Sonsten suchte man diser seiten nichts anders als alle freuntliche, und wie man die von alters hergebracht, nachparliche correspondentz und zusammensetzung." Man wird auch auf die Stadt Cöln, die sich parteiisch erwiesen, sein Augenmerk richten. In derselben waren kürzlich die Gesandten der Staaten und erklärten den Cölnern: warum sie Truppen würben? mit wenigen könnten sie doch ihren Feinden nicht widerstehen, und mit vielen machten sie ihre Bürger unwillig, um dann schliesslich doch nichts auszurichten. Besser sei es, wenn sie von ihrer Parteilichkeit abständen und die possidirenden Fürsten gebührend respectirten. „Könten doch mit solchem irem volck dem freunt nicht helfen und dem feint nicht schaden. Caverent canem dormientem, ut ne excitarent." Diese Worte haben, besonders in Erinnerung an öftere Drohungen des Prinzen Moriz, die Cölner sehr erschreckt, „insonderheit dieweilen sie noch dazu aller irer redituum, so inen in diesen landen faellig, anitzo nicht maechtig, zu geschweigen die schweren licenten, so inen sider kurtzem auferlegt. Sein also ser

Aug. 5.

225. betretten, und durfte wol etwas unheils in der stat daraus entstehen. . . . . Belangent die hauptsache mit dem *Ritberg*, dieweil die possidirende fürsten, sowol auch s. exc. und furst Christian für gut angesehen, das ich, bis das man von Gülich etwas gewisses judiciren könte, alhie verbliebe, und solches e. f. g. mir gnaedig gegebenem befelch gemaes, als hab ich demselben anders nicht dan unterthenig müssen nachsetzen. Erwarte derhalben von e. f. g. weitern befelch." Da die Fürsten gefragt haben, wie nach des Landgrafen Ansicht das Unternehmen auszuführen sei, und was er selber dabei thun wolle, so bittet der Gesandte um Instruction zu einer vorläufigen Antwort hierauf. „Dan sie nach eroberung Gülichs, wofern Albertus sich nicht regt, principaliter hierauf werden bedacht sein, und wil ich vermittelst gotlicher hulf ire vorschlege e. f. g. aufs eiligst und ehist müglich zu meiner ankunft entdecken." Der Gesandte gedenkt am folgenden Tag wider in's Lager zu gehen, um die Sache bei Prinz Moriz und Fürst Christian, „so allebeid dazu geneigt," zu betreiben und besonders mit Graf Wilhelm von Nassau, wenn er ankommt, Rath zu pflegen. — Datum Düsseldorf den 26. Julii anno 1610.

Marburg. Ausw. Sachen. Jülich. Orig.

1 Zobel hatte nach seiner Instruction (Juli 15) dem F. Anhalt eine Theilung seiner Armee und gleichzeitigen Angriff auf Jülich und auf Rittberg vorzuschlagen: der Graf von Rittberg, so führt die Instruction aus, hat bereits ein stärkeres Heer als der Befehlshaber von Jülich und kann in die fast entblössten Lande Mark und Ravensberg einbrechen. Zu diesem Unternehmen wird er — das ist nach allen Richtungen gewiss — „von Prag aus durch den Ober- und Niedersaechsischen creis mit einem starcken secours uf der Weser anlangen." Ehe er nun „mit dem volck von Prag" ankommt, muss man „ime das nest zum Ritberg zersteren," oder doch das Schloss einschliessen und sich bereit halten, dem Grafen, wenn er herankommt, seine mitgebrachten Truppen zu zerstreuen, oder ihm die Pässe auf der Weser zu verlegen, und dies um so eher, da der Landgraf als Unirter gegen die drohende Gewalt nicht hülflos gelassen werden darf. Der Fürst ist zugleich zu bitten, ob er nicht mit dem Landgrafen „als diesem wesen nechst gesessenen" eine lebhaftere Correspondenz unterhalten wolle. Da er endlich mit dem Stift Münster über dessen Verschonung gegen eine Entschädigung sich vertragen haben soll, so könnte er im Fall des Unternehmens gegen Rittberg einen gleichartigen Vertrag mit Paderborn schliessen, „damit dasselb (stift) entweder gantz, oder je zum wenigsten unsere schutzangehörige, und die inmittelst erscheinender gefar sich inen weitters anhengen möchten, verschonet bleiben könten." — Ist Pr. Moriz in der Nähe, so theilt der Gesandte demselben sein Anbringen an F. Christian und dessen Antwort mit, und bittet um des Prinzen Bedenken. War Anhalts Antwort abschlägig, so versucht er, ob nicht der Prinz sich bei ihm für den Vorschlag verwenden will; war sie willfährig, so bemüht er sich bei dem Prinzen, dass das Unternehmen ja keinem andern als seinem Bruder Heinrich aufgetragen, und dass vor allem nicht die französischen Truppen dazu verwandt werden. Da ferner der Landgraf die Sache seiner Paderborner Schutzverwandten gegen die Staatischen Reiter zu solchem Ende geführt hat, dass er der erstern Zuneigung wider gewonnen, und sie ihm „de novo allen beistant versprochen" haben, und da doch neue Practiken gegen den Landgrafen im Gange sind, so wird der Prinz ersucht, ihm „die hiergegen versprochene assistentz" schrift-

lich zuzusichern. Endlich sind ihm die dem Landgrafen von Sachverständigen gemeldeten Mängel des Elsasser Kriegswesens mitzutheilen, darunter folgende: Geringschätzung des Feindes, kein verschanztes Lager, unüberlegte Engagements der Führer mit dem Feinde bei geringer Truppenzahl, geringe Correspondenz und Rivalitäten mit dem gegen das Passauer Volk verordneten Gr. Johann von Nassau. Der Prinz möge darüber, ohne den Landgrafen zu nennen, dem Mgr. Anspach Vorstellungen machen. (Marburg. Ausw. Sachen. Jülich.)

[2] Am 27. Juli berichtet Zobel: die Truppen der Union sind meisten Theils bezahlt. „Brandenburcks und Neuburgks volck klagen laut. Woferne Spinola herbei rückete und er gelt gebe, solte man boese haendel vernemen; Neuburgk mangelts am vermögen, Brandenburgk an guter disposition und rat, dan es were gelts genug gekommen, wan man recht mit umbgienge." (Marburg. Ausw. Sachen. Jülich.) Am 18. Nov. berichtet der Pfgr. Wolfg. Wilhelm seiner Mutter: man sei den Truppen „noch uber die sechs monat" schuldig. (M. Reichsarchiv XXX 16/4.)

[3] Ueber Alberts militärische Anstalten vgl. Trumbull an Winwood. Juni 7, 12, August 19, 25. Winwood an Salisbury. Juni 12. Dickenson an Winwood. Sept. 21. (Winwood III S. 176, 179, 203, 207, 177, 216.)

226. Friedrich IV. an Culmbach. (z. Th.) Aug. 5.

Hat des Markgrafen Schreiben vom 21. Juli empfangen. Nach den dem Churfürsten eingekommenen Berichten geben die Bischöfe von Bamberg und Würzburg vor, dass sie ein Regiment Knechte und einige Hundert Reiter zur Vertheidigung ihrer Lande geworben haben. Der Herzog von Baiern soll, nachdem er gegen 1500 Soldaten wider entlassen hat,[1] einige Soldaten als Besatzung nach Wemding gelegt haben, denen der Herzog von Neuburg in Anbetracht ihrer geringen Zahl auf Baierns Ersuchen den Durchzug bewilligte. Immerhin muss man diesen Vorgängen gegenüber die Unionstruppen näher zusammenzulegen suchen. So ist denn auch die Hagenauer Verhandlung wider aufgenommen. — Datum Heidelberg den 26. Julii 1610.

München. Staatsarchiv pf. 116/2 f. 141. Cpt.

[1] Johann Gr. Nassau berichtet am 20. Juli: nach bestimmten Nachrichten hat der H. Baiern 1500 in und um Rain gelegene Soldaten abgedankt, er hat noch 1500 Mann in Bestallung. (f. 158.)

227. Chursachsen, Braunschweig, Hessen-Darmstadt an Churpfalz, Anspach, Würtemberg und Baden. Aug. 9.

Haben aus dem Schreiben der Fürsten vom 20. Juli (vgl. n. 207 S. 352) erfahren, dass sie das Verderben des Vaterlandes „numer augenscheinlichen entpfinden . . und nach remediis zu dencken nötig erachten. Seind auch mit e. ll. wol einig, das solch feuer durch unruige friedhessige leute aufgeblasen. Wolte got, es weren unsere treuhertzige erinnerung und erbieten in besser consideration gezogen, so würden e. ll. und wir dieser unruhe und gefar wol geübriget sein." Die Verfasser vorliegenden Schreibens haben sich oft dafür erklärt, dass die Gravamina gesammelt, und über ihre

227. Abstellung verhandelt werden solle; aber solche Verhandlungen über Sinn und Beobachtung des Religionsfriedens und über die Administration der Justiz haben nicht einige wenige Stände, sondern „zuförderst das churfürstliche collegium und alle stende des heil. reichs" ohne Rücksicht auf die Verschiedenheit der Religion zu führen. Der Kaiser, durch seine Capitulation und einen schweren Eid verpflichtet, die Angehörigen beider Religionen in gleicher Weise zu schützen, kann „den evangelischen wider die catholischen und den catholischen wider die evangelische stende nit gratificiren, es werde gleich per supplicationes, legationes oder in ander wege gesuchet." Die Reichsstände, wie sie durch den Religionsfrieden gegenseitig verpflichtet sind, sich ungeachtet verschiedener Religion nicht zu verletzen, und wie sie früher in Sachen der Religion und Justiz sich einhellig verständigt haben, und der Kaiser ihren Beschluss bestätigt hat, so sollen sie auch fernerhin „alle sachen communicato consilio und mit willen abhandeln, man wolte dan i. Kai. M. wider die capitulation oder den catholischen stenden wider den religion- und profanfrieden beschwerlich sein." Was nun aber „in genere von den unionibus zu hoffen, ist e. ll. one das bekant. In specie aber haben e. ll. zu itziger union keine erhebliche ursachen, wie wir e. ll. zuvor gnugsamb berichtet, als wir uns deroselben entschuldiget." Die Union verwahrt sich, nichts gegen den Kaiser, den Land- und Religionsfrieden vornehmen zu wollen: aber es liegt jetzt am Tage, „das solche union, aufweckung frembder potentaten und diss vorstehende krigswesen eigentlich und allein dahin gerichtet, der Kai. M. decretis nicht zu pariren und die catholischen stende heimzusuchen." Beweis: die ohne Caution gegen die Reichsgesetze erfolgten Einlagerungen und Durchzüge durch die Stifter, der Einfall in's Stift Strassburg, die Bedrohungen anderer Stände, „darunter unser selbst, die wir alhier mit so grosser ungelegenheit vor den friedlichen zustant unsers geliebten vaterlandes gesorget und gearbeitet haben, nicht allerdings verschonet worden." Das Strassburger und Passauer Volk, welches dem Kaiser zusteht, und in Leopolds Stiftern liegt, ohne einen Nachbarn zu beleidigen, kann nicht zur Entschuldigung dieser Dinge dienen. Wenn schliesslich die Unterzeichneten ersucht werden, die auf Unterdrückung der Evangelischen abzielenden Anschläge zu hindern und die Macht des Antichristes in Rom nicht zu stärken, so müssen sie dagegen dem Kaiser und den in Prag anwesenden Fürsten das Zeugniss geben, dass sie an keine Verletzung des Land- und Religionsfriedens denken. Die Unirten mögen nur erst ihr Kriegsvolk entlassen, dann wird sich der Kaiser hinsichtlich des Strassburger und Passauer Volks „dero bekantem mildem gemüt nach . . wol zu erzeigen wissen." Wenn dieses, wie man erachtet, beste Mittel zur Abwehr alles Unglücks vom Vaterlande vollzogen ist, so sind Unterzeichnete bereit, über Abstellung der Gravamina mit sämmtlichen Reichsständen zu verhandeln „und die notturft gebürlicher bescheidener weise zu suchen, guter zuvorsicht, es werden sich auch die catholischen chur-, fürsten und stende dergestalt von uns nit absondern und neben uns vor einen man stehen. . . Wan aber e. ll. also in den waffen verharren und bald einen bald den andern

stand zu uberfallen gefast bleiben, so haben wir zwar mit dem babst oder Antichrist zu Rom und seiner tyrannei, wie e. ll. schreiben meldet, nichts zu schaffen, lassen uns auch noch zur zeit an den unionibus et vinculis imperii begnügen, es können aber e. ll. leicht ermessen, das wir im gegenfal die Röm. Kai. M. als unser aller haubt, sowol die chur- und fürsten als unsere mitglieder geschworner eid und pflicht wegen nit verlassen, sondern mit und neben andern chur-, fürsten und stenden des heil. reichs, sie seind catholisch oder evangelisch, uber dem heilsamen religion- und prophanfriden vestiglich halten und auf notwendige defensionmittel vor solcher gewalt gedencken und trachten müssen, darzue es e. ll. verhoffentlichen nit werden kommen lassen. Damit wir uns darnach zu richten, bitten wir freundlichen, e. ll. wollen sich ires gemuts gegen uns richtig erkleren und alle fernere trennung zwischen den stenden fleissig verhüten helfen." — Datum Prag den 30. Julii anno 1610.

München Staatsarchiv pf. 116/3 f. 236 Orig. Auszug: Haeberlin-Senkenberg XXIII S. 293.

228. Christian Fürst von Anhalt an Graf Albrecht von Solms. Aug. 10.

Man ist Tag und Nacht in Thätigkeit. Diese Nacht hat der Fürst zwei Batterien aufgestellt; im ganzen hat er deren nunmehr drei: eine von acht, eine von sechs und eine von zwei Kanonen. Treffliche Dienste des Capitän Schönberg, „non seulement pour l'altellerie, mais aussy pour les approches, lesquelles j'ay dressé toutes par son moyen. Nous serons bientost au bord de nos ennemis. Aydez nous, je vous prie, pour avoir bientost ce moys;[1] aprés je ne vous importuneray tant, car ast'heure il gist le point de nostre reputation et salut. Pour m^r. Petsch je vous prie aussy de faire vostre mieulx; car post haec occasio calva." Hat den Vetter des Ramé, der nach Italien reisen sollte, gefangen und hofft davon grossen Vortheil. „Je m'en vais veoir m^r. le prince Maurice; c'est le precepteur de nous touts; je tiens qu'il merite que les Unis deputent expressement vers lui pour lui remercier particulierement de ce qu'il a contribué sa personne aud. secours." — Au camp ce 10. d'Aoust 1610. (praes. Heidelberg 4. Augusti 1610.)

München. Staatsarchiv 547/11 f. 194. Eigenh.

[1] Am 5. Juli schreibt Anhalt an Dathenus: er sei „reichlich zwei monat ausgekommen;" allein dabei sei nicht „abgezogen eine summa etzlicher dausent gulden, die wir aus unsern eigenen mitteln und mit grossem ungemach vorgestreckt haben." Da er nunmehr in's Feld ziehen wolle, so möge man ihm bis zum 18. oder 19. Juli mindestens weitere 30,000 fl. senden und zugleich berichten, wann „des vierten monats halber die versehung" gethan werden solle (f. 182). — Hierauf gingen am 14. Juli von Heidelberg 31,533 fl. nach den Jülicher Landen ab. (f. 180.) Eine abermalige Geldsendung ging am 30. Aug. ab. (f. 197.)

Aug. 10. **229. Johann Zobel an Landgraf Moriz von Hessen.** (z. Th.)

In Hambach werden die possidirenden Fürsten nebst den Gesandten von Frankreich, England und den Staaten zusammenkommen und berathen, „wie es nach eroberung der vestung Gülch mit dem volck, auch mit der gesampten beider fürsten regirung anzustellen." Die Gesammtregirung kann nicht länger währen „in betrachtung des hern *pfalzgrafen* eigensinnigkeit und gar zu gefaerlichen enormitet. Es würt alhie gaentzlich dafür ermessen, das die division auch aus ser erheblichen ursachen nicht könte stat haben. Derowegen man auf eine interimsregirung, so tertio cuidam in die hant geben, bedacht, und wil dises fals auf furst *Christian* gestimmet werden." Die in Düsseldorf anwesenden Stände halten noch ihren Landtag „und würt weniger als nichts geschlossen."[1] Tags vorher beschloss man eine „wachtordnung" und wird am gegenwärtigen Tag die Defensionsordnung zum Abschluss bringen. Bezüglich Rittbergs ist Winwood der Ansicht, dass durch die päpstliche Dispensation nach den Reichsgesetzen der Incest gehoben sei. Er wusste nicht, dass der Landgraf des Grafen Lehensherr sei. — Datum Dusseldorf den 31. Julii 1610.

P. s. In drei Tagen sollen die Franzosen im Lager sein. „Sie haben begert, auf den fal der eroberung die vestung in iren haenden, doch den possidirenden, ut aiunt, zum besten zu behalten. Ich gebe den Franzosen gar gute wort, weil ich besorge, das man auf den sommer irer würt bedürftig sein, aber traue inen post regis obitum gar nicht."

Marburg. Ausw. Sachen. Jülich. Orig.

[1] Am 2. Aug. berichtet Wolfg. Wilhelm seiner Mutter: der Düsseldorfer Landtag ist noch nicht zum Schluss gekommen, „dieweiln die von der ritterschaft und stetten einander ser zuwider, und sonderlich die Bergische ritterburtige fast ganz frei sein und ausser der angebottenen ritterdienst, die sie, wie sie sich privilegirt zu sein vorgeben, nur uf sechs wochen zue leisten schuldig, auf 6 monat versprochen, kein hilf und vil weniger gelt geben wollen." Der Pfalzgraf und Markgraf wollen nun, ohne weitere Schriften zu wechseln, einen Abschied verfassen lassen, um diesen langen Landtag endlich zu Ende zu bringen. Weil „ire (der Landstände) hilf noch bisher gering, auch allein des künftigen einigen successoris halben zuruck gehalten" wird, so muss das schiedsrichterliche Verfahren zur Feststellung des Nachfolgers nach Eroberung von Jülich schleunig vorgenommen werden. (München. Reichsarchiv XXX 16/4.) Am 27. Juli schreiben Mgr. Ernst und Pfgr. Wolfgang Wilhelm an Anhalt, dass auch die clevischen und märkischen Stände nur Truppen und kein Geld bewilligen wollen. (B. XXXVa n. 12.)

230. Theophilus Richius an Churpfalz. Aug. 11.

Werbung bei Rosenberg. — Conferenz mit Tschernembl. Dessen Vorschläge zu einem Angriff der Unirten gegen die Passauer und Mittheilungen über die östreichischen Dinge. — Vertraute Sendung des Kaisers an Rosenberg.

Ist in Wittingau an dem von Tschernembl ihm bestimmten Tage angelangt, wurde aber erst am folgenden Tag (21. Juli) zur Audienz erfordert, weil man gerade mit der Abfertigung eines von Prag gekommenen Hanauischen Secretärs, Namens Masan, beschäftigt war.[1] Für's erste besuchte ihn unvermerkt der Oberst Lucan und legte ein Schreiben Tschernembl's vor, „darin mir der ort und tag der zusammenkunft uf eine grosse tagraise gegen Linz zu angedeutet worden." Tschernembl hatte dem Lucan, dem er grosses Vertrauen schenkt, und den er gern bei der Zusammenkunft gehabt hätte, wenn es, ohne Argwohn zu erwecken, hätte geschehen können, „das ganze werck und intent vertraut."

Nachdem Richius seine von Churpfalz ihm anbefohlene Werbung abgelegt, erlangte er, weil seine Abfertigung sich etwas verzog, Erlaubniss, inzwischen den Tschernembl, „mit deme ich bekant und studirt, und der in der naebe seine herschaft haben solte," zu besuchen. Am 22. Zusammentreffen mit demselben in einem Dorf „Weinting, zwo meilen von der Freistat nacher Linz zu." Fortsetzung des hier begonnenen Gesprächs in dem eine halbe Tagreise entfernten Kloster „Hohenfurt, darüber der her von

[1] Am 20. Juli schreibt Rosenberg an Churpfalz: die vom Churfürsten „seithero dern rats dr. Camerarien von hier verrucken" an Rosenberg gerichteten Schreiben hat dieser empfangen. Er dachte stets den Churfürsten durch eine vertraute Person „allerhant verstendigen zu lassen. Es haben sich aber gleichsamb teglichen, wie zwar noch, des gegenteils practicken verkert, also das wir nur der verzweiffelung zusehen und diesseitige patrioten der ereugenden gegennöttigkeiten zu verstehen geben mussen." Rosenberg hat dem Rathe des Gr. Philipp Ludwig von Hanau, Simon von Massan, persönlich genügende Aufklärungen gegeben. Den Bericht desselben möge der Churfürst entgegennehmen. (M. 379/7 f. 182.) Am 27. Juli schreibt Theobald Hock an v. d. Grün: „wen man draussen lants nur nicht feuret, so kommet man allerseits zum zweck. Die k. M. in Ungarn wöllen ein vertraute correspondentz mit der hochlobl. Churpfaltz anfahen. Der lantshaubtman in Maereren und palatinus in Ungern, wie auch i. f. g. alhier thun das beste hierund zu allen andern sachen. Vom kaiserlichen verwirten regiment seint m^r. Masanen die praetensionen von Bairen, Osterreich, Spanien, babsts furgewisen und underschieden worden. Wie man nun das reich begert zu subjugiren, und woruf diese lender gehen und sehen, daruber höre der her m^r. Masanen." Einliegendes Schreiben ist an Anhalt zu befördern. (f. 186.)

230. Rosenberg die collatur hat." Da Richius plötzlich von „doloribus nephriticis" dermassen ergriffen wurde, dass er nichts mehr notiren konnte, übergab Tschernembl seine Erklärung über die von Richius kraft seiner Instruction vorgebrachten Puncte schriftlich. Diese Erklärung[1] nebst einer auf Tschernembls Wunsch eingeholten

[1] Sie enthält folgendes: Tschernembl sieht den Zweck der Conferenz mit Richius darin, dass, „weil dergleichen schwere vorhaben sollen in geheimb verbleiben und balt volzogen werden, ich mit bekanten vernunftigen der religion und des vaterlants liebhabenden ansehenlichen leuten möge in vertrauen draus reden und die gutachten i. chf. g. one verzug berichten." Des Kaisers Absicht geht dahin, mit Matthias Frieden zu schliessen, und zwar spätestens, wenn er mit seinen Rüstungen fertig ist, „damit er alsdan alle macht in das reich wider die union wenden und (welches got wölle verhütten) nach erlangter obsiegung desto leichter rat und that zue untertruckung dieserseits evangelischen finden möge." Mit seinen Truppen und den „correspondenzen" mit „pabst, Spanien, Poln, Alberto, Baiern, denen geistlichen chur- fursten und ständen im reich" kann der Kaiser leicht „die vires der hiesigen unirten landen zertrent halten und gleichwol mit dem corpore den unirten chur- und fursten gnug zu schaffen geben." Das einzige Gegenmittel dagegen ist, dass ungesäumt und vor Abschluss des Friedens mit Matthias das Passauer Volk dem Kaiser entzogen werde, „es beschehe gleich durch anstellung einer meuterei oder durch resolvirtes aufschlagen." Die vom Churfürsten angedeutete Gesandtschaft an den Kaiser würde den Unirten nur Zeitverlust einbringen; sie ist auch nicht nöthig als „verwarung oder diffida," weil die Bestallungen des Passauer Volks „wider Gülch gehen, das ist wider die unirten chur- und fursten, dadurch sich der Kaiser zum feint erclert, zue dem auch bischof zue Passau one scheuch wider unsere obristen offentlich gemelt, er welle sein kopf nit sanft sezen, bis er den Kaiser mit dem könig verglichen und alsdan beider hülf sehe wider die ungehorsamen im reich (seint des bischofs von Passau verba formalia) zu gebrauchen." Das Passauer Volk „ist nit über 7000 starck, ser ungedüldig wegen mangel der bezalung, wegen des üblen quartiers, der eingerissenen kranckheit und des langen aufzuges, zu dem sie nit wissen wer ir feint sei, eint meistens teils evangelische: also das es nit schwer zur meuterei zu bringen." Die nöthigen Anstalten dazu müssen aber ungesäumt durch „taugliche personen" getroffen werden. Zugleich muss der Unionsgeneral die örtlichen Erkundigungen einziehen für einen Angriff und die Zersprengung der Passauer. Man müsste zu dem Angriff den Weg durch Böhmen einschlagen und sich dann gegen die Böhmen wegen der nothwendigen Verletzung ihres Königreichs entschuldigen, mit Protest gegen alle feindlichen Absichten und Anerbietung von Schadenersatz. Vorherige geheime Verständigung des Churfürsten mit angränzenden böhmischen Herrn und Rittern wäre rathsam. Den Angriff vom Reich aus hätten die östreichischen Truppen von ihrer Seite zu unterstützen, doch so, „das gleichwol des königs, welcher für sich und die lande den stilstant hat zugesagt, (die lant aber meines wissens nichts eingesprochen haben) möchte verschont werden. Daraus wird mit den ansehenlichsten und vertrautisten in diesen landen zu reden und auf das ebist i. chf. g. zu berichten sein." — Betreffend den Wunsch, „das sich der könig mit der pacification nit sol ubereilen," so ist zu berichten, dass, wenn der Kaiser, die Bestimmungen der „Pragerischen tractation" anerkennt, Matthias Friede machen muss, und dass ebendeshalb

Censur Lucans[1] darüber und verschiedenen Schreiben in der Beilage. Tschernembls Absicht geht dahin, die Unirten zu einem baldigen, wo möglich ohne Zuthun der Oestreicher und Mährer zu unternehmenden Angriff gegen das Passauer Volk zu bewegen. Die Oestreicher rechnen nämlich: wenn zwischen dem Kaiser und Matthias ein Friede geschlossen werde — „wie sie dan denselben vor gewiss halten" —, so werde das Passauer Volk gegen das Reich, und speciel gegen die Unirten, verwandt werden. Allerdings zähle dasselbe zur Zeit nicht über 7000 in üblem Zustand befindliche, zur Meuterei geneigte Soldaten; allein der Kaiser werde in kurzer Zeit 28,000 Mann zusammenbringen, und dem müsse man eben zuvorkommen. — Hierauf Einwürfe des Richius bezüglich der Schwierigkeit des Anmarsches und Fragen über das in dem Fall des Angriffs einzuhaltende Verhalten der verbündeten Lande. Tschernembl empfahl darauf den Marsch durch Böhmen und bemerkte über den andern Punct: an dem vom König Matthias ohne Vorwissen der Aug. 11.

„i. chf. g. mit obbemelter resolution (nicht) feiren" mögen. Die evangelischen östreichischen Stände verlassen sich übrigens „auf irer selbsten handhabung; auf des Kaisers brief und sigel haben sie sich nit zu verlassen." Sie werden ihr Volk nicht abführen, wenn nicht mindestens die kaiserlichen Truppen von Passau abgeführt werden. „Wo aber der friet mit dem könig gemacht, und das (Passauer) volck weggefürt wird, haben alsdan wir kein fug, auf den reichsboden uns etwas zu understehen: ist demnach sich obgemelter massen one verzug zu resolviren." — Nebenbei wird der Churfürst vorbauen, „damit das Passauische volck nit vor der zeit in Böheimb sich begebe, da dan das keiserisch volck hernacher kan zusambkommen und die Gülchische sachen fast difficultiren." Er könnte auch den König und die Stände von Ungarn, Oestreich, Mähren schriftlich ersuchen, sich für die Abführung des Passauer Volks zu verwenden. „Solche schreiben, welche i. chf. g. durch aigne abgesante unverlengt werden anhendigen lassen, werden zusammenkünften unverlengt verursachen, in welchen man sich in geheimb kan füglichen entschliessen, was gestalt die assistenz, wofer solche nit eher beschicht, möge ervolgen." (M. 379/7 f. 202.)

[1]) Lucan bemerkt: das Land ob der Enns ist „zimblich offen, die macht klein und disjungirt, auch in ezlichen die disposition zu verendern." Darum kann die oberöstreichische „defension nicht unbillicher weise einer hant, so gern krazen wolte und keine nägel hat, verglichen werden." Auch gegen den Angriff der Unirten auf die Passauer ergeben sich bei näherm Nachdenken immer mehr Schwierigkeiten. „Baiern wird der Unirten zuezug schwerlichen gestatten. So wird man sich mit dem zusammenzug durch sein lant, in welchem es am füglichsten sein kan, so geschwint und stilschweigent nicht wol regen können, das die Passauischen dessen nicht solten wissent werden. Und da solches geschehen solte, hetten gewieslich entweder die Ob-der-Enser die erste furia zu gewarten, welche inen in warheit, im fal sie dieser nicht contrastiren könten, gar zu schwer fallen wurde, oder aber das volck wurde sich zweifelsone one der retraite in Bömen an ires hern lant und ort onfelbar nemen (lies: die retraite nach Bömen etc. nemen): diese nun dieses orts zu propelliren wird gefärlich sein." (M. 379/7 f. 208.)

26*

230. Stände mit dem Kaiser geschlossenen Waffenstillstand seien dieselben, obgleich sie „in etwas widersprochen," doch „etlicher massen" gebunden. Im Falle des Angriffs könnten jedoch die Oestreicher wie auch die Mährer mit ihren Truppen „pro re nata" den Angreifern beistehen und dies vor dem Könige verantworten.[1]

Weiter berichtete Tschernembl: die conföderirten Stände haben dem Könige zu den Friedensverhandlungen „keinen andern gewalt — weiln er einen an sie begert" — ertheilt, als dass die in Böhmen geschlossenen Verträge durchaus intact bleiben müssten. Sie seien auch entschlossen, keinen Frieden zu genehmigen, wenn nicht vorher das Passauer Volk aus der Gefahr drohenden Nähe entfernt werde; denn die Oberöstreicher müssen allein für ihr geworbenes Volk monatlich gegen 40,000 fl. Sold bezahlen, welche Last ihnen, da die Unteröstreicher keinen Zuschuss leisten, unerträglich falle. Auf ihre Bitte um Beistand haben der König und die Unteröstreicher ihnen unter Oberst Hager 1500 unbewehrte und ungemusterte Soldaten geschickt, welche, in Quartiere bei den Unterthanen vertheilt, mehr Schaden als Nutzen bringen. — Tschernembl klagte sehr über den Mangel an Einigkeit zwischen den unter- und oberöstreichischen Ständen, ebenso Reichard von Starhemberg in einem gerade von Wien angekommenen Schreiben an Tschernembl. Es hatten auch in dieser und andern Angelegenheiten Tschernembl und Zierotin eine Zusammenkunft anberaumt, die gegenwärtig stattfinden wird.

---

[1] Am 7. August schreibt Tschernembl an Churpfalz: „one zweifel werden e. chf. g. nunmer von deren rat Theophilo Richio allerhand relation gnedigst entpfangen haben. Und ob gleichwol, indem sich Richius zu Witignau schwacheit halber aufgehalten, i. Kai. M. gegen hern von Rosenberg sich zum friden disponiert erklert, gehört doch meines erachtens vil ein merere demonstration dazu, das man recht trauen solle. Weil dan solche affection ungezweifelt aus deme allein herfleust, das i. M. allenthalben mit gegentail umbringet sein, so ist der sicherste weg, man setze denen Keiserischen desto ernstlicher und one verlierung der zeit unverschonet zu, schlage ir das volk aller orten auf, so wird i. M. desto ehe umb den friden sich annemen. Insonderheit ist mit aufschlagung des Passauerischen volks nit zu feiren, ehe der frid mit dem könig geschlossen werde. Den so her graf von Nassau nach entpfangener e. chf. g. ordinanz nur 6 oder 7 tag zuvor die determination in vertrauen bei gewisser person hern Helmard Jörger freihern, welcher hie stetig anzutreffen, erinnert, sollen unsere succurs zu rechter zeit an der hand sein und also angestelt werden, das wir es hoffentlich gegen i. k. M. m. gg. hern werden verantworten können. Stehet also zu e. chf. g. gnedigstem gefallen, was sie sich resolviern; es leidet aber der ursach keinen verschub, weil der frid mit dem könig ehest geschlossen wierd, und nach dem frid das kaiserisch volk vileicht gegen Behem möchte gefüret werden, welches zu grossen unstatten der unierten chur- und fursten geraichen kan." (M. pf. 116/2 f. 97.)

Nach jener Unterredung mit Tschernembl wurde Richius durch achttägiges Krankliegen aufgehalten. „Demnach ich nun nach ausgestandener meiner kranckheit den 23. Julii wider zue Wittingaw vor mittag ankommen, bin ich alsbalden nacher hof eingeholet worden, und von i. f. g. von Rosenberg mündlichen mir vermeldet, wie die Kai. M. dero geheimbsten diener Hansen von Ach (welcher dan noch vor der hant war) zue deroselben in aller geheimb und eil, gleichwol one creditiv und instruction abgeordnet, s. f. g. in hohem vertrawen zu klagen, das i. M. gleich keinen menschen, dem sie zu trauen, mer hetten, wie sie dan auch in die anwesende tractirende chur- und fursten ein grosses mistrauen gesetzt und also beengstiget und confundirt, das sie aus jetzt schwebenden hochbeschwerlichen sachen nit zu emergiren oder zu kommen: wolten derwegen s. f. g. vertreuliches gutachten und rat, welcher gestalt sie doch (vermeinen), das i. M. daraus zu gelangen, vernemen: wie dan der abgesante noch vil mer hochbewegliche reden, die er zum höchsten bei s. f. g. beteuret, vorgebracht und daneben, das i. M. sich des Gülchischen wercks durchaus zu entschlagen und dasselbe paribus curiae, den fürsten des reichs, zu consultiren zu ubergeben, entlichen resolvirt were, und dem hern von Rosenberg austrucklichen referiren lassen; inmassen auch gedachter abgesanter nach der tafel vor seinem hinwegzug wolbereuschet dieses und noch andere viel sachen mer ungescheucht gegen mir und andern nit one meine verwunderung repetirt und innerhalb wenig tagen wider zue Wittingau in solcher sachen unzweiflich zu sein, vermercken lassen, auch das der herzog von Braunschweig, deme doch, wie auch andern, von dieser abordnung das geringste nit wissent, uf seine widerkonft warten müste, vorgeben, und (das) in summa balt ein gewunschter fried ervolgen wurde. Aug. 11.

Hierauf des hern von Rosenberg f. g. ser erfreuet und gleich gern gesehen, das ich so lang deren lants ufgehalten worden.[1]

[1] Rosenberg schreibt am 2. August an den Kaiser: er hat sich „mit zeigern, e. Kai. M. treuem dienern . . inniglichen wegen e. Kai. M. vertreulichen underret." Der Kaiser will Rosenbergs Meinung hören über „wichtige sachen, darin sie (e. Kai. M.) sich bisanhero nicht finden können, und doch daraus gern extriciret sehen." Nach Rosenbergs Ansicht dürfte nun, wenn der Kaiser gutem Rath folgt und ohne Verzug handelt, „noch wol alles vermittelt . . werden können." Es handelt sich aber dabei für den Kaiser darum, „aus zweien aergsten das mittel in aller eil zu treffen." In der ersten Verwicklung, der Differenz nämlich mit K. Matthias, werden die „Obersten", die Landofficiere und die Stände von Böhmen für die vor zwei Jahren geschlossenen Verträge einstehen. Wenn der Kaiser trotzdem Oestreich oder Mähren durch das Passauer Volk angreifen lässt, so wird der Krieg nach Böhmen gespielt

230. Stehen auch in denen gedancken, i. M. werden dieses werck (daran doch etliche wegen allerhant ursachen, sonderlich das i. M. deren consilia und proposita balt und leichtlich zu endern pflegen, ser zweifeln) also continuiren, s. f. g. ferner dazu gebrauchen und alles zum besten und gewünschten frieden (darumb got wol zu bitten) sich schicken. Daruf ich dan des andern tags hernacher, bis alle schreiben auf e. chf. g. verfertigt worden, warten müssen, und mir also den 25. Julii meinen weg wider fort und zurück zu nemen (neben gewönlichen gegen entbieten und curialibus gegen e. chf. g.) gnedig erlaubt worden. . .[1] — Datum Amberg den 1. Augusti anno 1610.

München. Staatsarchiv 379/7 f. 198. Orig.

---

werden, und der Kaiser setzt sich, sein Haus und „alle diese lender" in die äusserste Gefahr. Es kann auch sonst leicht kommen, dass das Passauer Volk (z. B. wegen Mangels an Geld und Proviant, oder gedrängt von den östreichischen Truppen) sich nach Böhmen zieht, wodurch dann in diesem Lande ein Aufruhr erregt werden wird. Also ist Rosenbergs Rath: der Kaiser möge, um einen Aufstand zu verhüten, „denen weit aussehenden dingen zeitlichen furkommen." In der zweiten Verwicklung, welche die Reichsanliegen, besonders die Jülicher Sache betrifft, räth Rosenberg zu Wideraufnahme des Reichstags. „Was gestalt aber bei ancipiti rerum statu drin zu verfaren, und ob jetzt nicht besser waere, das . . wegen besorgenden untergangs des schifs ichtes köstliches uberiges ins mer zu werfen . ., als sich den ungestümigen wellen und undergang zu committiren, disfals stehen e. Kai. M. mittel offen, und zweiffelt mir keineswegs, e. Kai. M. werden von andern treuen patrioten dern ding uberflussig verstaendigt worden sein." — Betheuerung seines Eifers für das gemeine Wol. In diesem Puncte und den andern ihm „entdeckten nöttigkeiten" bezieht er sich auf „zeigers, e. Kai. M. treuen dieners relation." (M. 379/7 f. 220.)

1 Mit dieser Gesandtschaft hängt zusammen eine Aufzeichnung, überschrieben „excerpta ex ore domini Hockij, welches ich muntlichen berichten sollen." — „Zu Wien ist der könig Mathias; kan sich one die stende (in) nichts inlassen. Grätz und Leopold würt vor den gebrüdern vom Kaiser vorgezogen. Uf Leopold wil der Kaiser die designation deriviren; Baiern ist vom Kaiser suspect, wie auch Cöln, jedoch aus der extremitet sucht der Kaiser confederation sowol mit Wien als auch mit Baiern, die Unirten im reich zu forciren. Attaquirt Kaiser Osterreich oder Mären, so ist Bömen sedes belli und würt den Kaiser den rest kosten. Der chur Pfalz gesuchte union mit Mären und Beheim kan allein zu dieser zeit vermittels Rosenberg, Zernembls correspondenten favirt werden; dan Böheim bei dieser lantofficierer disposition nit weiter gehen kan. Uf den fal des kriegs aber kan Pfalz solche union reassumiren. Die stärcke (des volks) des Kaisers, so in drei monaten zusammen kommen sol, ist sechs und zwantzig tausent, und weil Baiern aus forcht Donawert, auch (in kraft) der Ligue, so er wieder den Kaiser gemacht, (rüstet), und Cöln des Kaisers wie auch des königs geheimnus ausfischet, als haben die Unirten eins dahin zu sehen, das sie drunden lants mit Gülch fortrucken und ire vires colligiren: dan bindet Spanien und der pabst alle ertzherzogen, Kaiser und die pfaffen zusamen, und diese lenen sich wieder die Unirte auf, da werden sie mer als zuviel zu thun haben, wofern man bei diser zeit nicht allen müglichen vorteil zuziehet." (M. 379/7 f. 224.)

231. Johann Zobel an Landgraf Moriz von Hessen, (z. Th.) Aug. 13.

Am 11. erklärte Anhalt dem Gesandten, er befinde immer mehr, dass in der Rittberger Sache ernstlich Abhülfe zu treffen sei. Er hoffe, dass im Fall des Unternehmens der Landgraf Geschütz liefern werde. Prinz Moriz sagte am 13. August: „wan die consilia wegen eroberung Gülichs, so man in kurtzem verhofte, solten dahin gerichtet werden, das man den fursten auch pro obtinenda possessione anderwerts als eben mit Gülich solte helfen," so werde er dem Gesandten Schreiben und Aufträge an die Staaten mitgeben, um dieselben für das Unternehmen zu gewinnen. Vorläufig möge der Gesandte, wie er selber vorgeschlagen, durch Besprechungen mit den staatischen Gesandten, mit Graf Wilhelm von Nassau, der in Arnheim sei, auch mit den Staaten selbst die Sachen unterbauen. Am selbigen Tag Unterredung mit den staatischen Gesandten. Diese „klagten über die massen ser, das sie in diss spiel sich hetten füren lassen." Die Last des Krieges falle auf sie allein; die Leistungen der Union und der possidirenden Fürsten seien ganz gering trotz ihrer Versprechungen. Zobel konnte nichts darauf sagen, da in Wahrheit, „woferne s. exc. nicht kommen were, man uns aus dem lager mit der allergeringsten macht hette austreiben . . können." Sie sagten weiter, wenn in Strassburg ein der Hauptsache präjudicirlicher Vertrag geschlossen werde, „so hetten die Staten grosse ursachen, hant abzuziehen. . Insonderheit thets inen cum summa indignatione wehe, das Brandeburg eine solche wichtige sache so negligenter fure, indem man auf geltmittel so gar nicht gedencke, das auch zu befaren, inen und Churbrandenburg hirüber der verlust der gantzen sachen entstehen werde. Newburgk thet als mer, und von Brandenburg ist gar keine anordnung." Während dieser Unterredung kam die Anzeige, der Pfalzgraf gedenke am 12. sich nach dem Lager zu begeben; „der marggraf aber were dazu nicht resolviret, alles aus mangel, wie gesagt. Welches zu mitteln, sein die herren Staten in das schloss gangen. Und gehet in der pfalzgraf, wan i. f. g. wissen, das die Staten kommen wollen, bis an ir haus entgegen. Gewint also die leut auch so weit, das ich verneme, ime noch über die vorige aufs newe die summa von 100,000 fl. vorzustrecken gewilligt. Hirgegen machen die Brandenburgischen difficultet, ire wechsel, weil sie doch gelt genug haben mit guter anordnung zu bestellen. Ir volck wil oder begert in den nachtwerken sich nicht gebrauchen zu lassen, das ander wil nicht aus den guarnisonen. Würt also der unschuldige arme man über die massen geplaget, deren blut und armut gen got schreit, und dorfen sich par desespoir wol vornemen lassen, das die garnison, so ins lager gewichen, von denen orten, da sie ausgezogen, nicht wider sol eingenommen werden." Die staatischen Gesandten klagen ferner, dass die assistirenden Gesandten von Frankreich, England, den Staaten und unirten Fürsten „noch kein einziges mal ad consultandum zusammenkommen" seien. „So vil wüsten sie wol, das, wan Gülich solt über sein, ein jeder befelcht were, an seinen ort sich widerumb zu verfügen. Aber dan were das regiment beider fürsten nicht allein gantz nichts bestalt, sondern man sehe auch noch keine sicherheit, wie sie sich in den landen wollen oder können manuteniren, darauf man doch vor allen dingen anitzo solte bedacht sein und, ehe die armee sich dissipirt, hirinnen eigentlich schliessen. Es ist fast für, und dünkt mich, es werde ins werck gestelt werden, das die anwesende gesanten eine deputation zu Churbrandenburk werden thun und ime lassen remonstriren das grosse tort, ainsi parlent-ils, das man sie zu einer solchen sache aufmane und dieselbig darnach selber so nachlessig füre." Von selbst fragten dann die Gesandten, warum man nicht des Grafen von Rittberg Land und Schloss einnehme, da er sich als offnen Feind bezeige. Behutsam deutete ihnen darauf Zobel des Landgrafen Ansprüche auf Rittberg an. Winwood ist der Meinung, man solle das Schloss zerstören, die Staatischen, man solle den Grafen von Land und Leuten jagen.[1] — Datum Dusseldorf den 8. Augusti 1610.

Marburg. Ausw. Sachen. Jülich. Orig.

[1] Am 28. August berichtet Zobel: „vorgestert ist die sach mit *Ritberg* in consilio von dem von Pless proponiret worden. Ist nicht gaentzlich verworfen, aber auch nicht plene acceptiret. *Anhalt* ist gantz dazu geneigt . ., aber i. f. g. werden von der union gerne befelcht sein." Nach einem weitläufigen Berichte des Gr. Wilhelm von Nassau werden die Staaten „gar schwerlich an den reien zu bringen sein. . Sie die *Staatischen* gesanten haben selbst one erinnerung angefangen, mit mir in discursu von notwendigkeit diser sachen geredet, ebener massen *die von Frankreich* und *England*, aber der letzte eine offensione personae des *Ritberg*. Nun es aber zum streich gereicht, wil niemant mit ernst schliessen. Jedoch hab ich noch gute hofnung, sintemal in eo sie alle mit einander concordiren, das aus dem *Ritberg* diesen landen eine ewige unsicherheit verursacht und notwendig in einen anderen stant müsse gebracht werden." (Marburg. Ausw. Sachen. Jülich.)

Aug. 15. **232.** Protocoll einer churpfälzischen Rathssitzung.

Anwesend: Friedrich IV., der Markgraf Georg Friedrich von Baden. Grosshofmeister, Kanzler, Oberst Helmstätter.

Baden hat im Auftrage Anspachs über die Lage des Elsasser Unternehmens folgendes zu berichten:[1] wäre Anspach statt nach dem Elsass „hinauf gezogen," so wären die Gegner — dahin ging ihr Entschluss — verwüstend durch Baden und die Pfalz gezogen. „Solches hab auch Mansfelt confirmiert, welcher auch darbei sich verlauten lassen, sobalt er mit Gulich fertig, wolle er den protestirenden soviel lants einnemen als sein könne." Allerdings

[1] Am 8., 7. und 13. August hatte Churpfalz die Mgr. Anspach und Baden aufgefordert, die militärischen Operationen, ungehindert durch die Friedensverhandlungen, kräftig weiter zu führen. (M. pf. 117/2 f. 314.)

wurde „das werck nicht so leicht befunden, als man discurriert. Aug. 15.
Man hette am rendez-vous gefelet, und, anstat das man morgens ankommen, sei solches erst nachts geschehen. So sei man anfenglich auch nicht zur belagerung gefast gewesen. Hingegen hette sich der feint inmittelst gesterckt. Daruf geschlossen, das man Dachstein solle belagern, als darin die wenigste besatzung gewesen. Man hette mit materialien und lunten sich behelfen mussen, darbei aber befunden, das es mangel am fuessvolck und deswegen inen nicht wol zukommen kan. Nach Dachstein hette man Moltzheim belagern mussen, sonsten were Dachstein umbgefallen. Weren anfenglich gern an Zabern gewesen,[1] proviant aber were inen abgeschnitten worden, Benfelt gestercket, und gehore mer geschütz darzu. Moltzheim, so ein loses nest, wie auch Mutzig, weitleuftig; derwegen sie starcke garnison halten mussen, auch das lager bewachen, darin uf 80 schiltwachen gestelt worden. Derwegen nicht wol etwas tentiert werden kan, weiln auch der feint an cavallerie eben so starck. Zu dem hetten sie nichts hasardieren wollen, weiln an diesem lager der Unierten heil gelegen gegen so starcke werbungen, item weiln auch die friedenstractation vor verglichen gehalten, und nicht gemeint, das der schluss felen wurde; insonders aber das one ausdrucklichen Pf(alz) bevelch zur schleiffung nicht geschritten werden konnen, weiln stette uf den friden getrungen.

I. f. g. hetten etliche mal erinnert, das man sich wol vorzusehen, weiln ein jeder partei frei stehet auszuziehen, das nicht sedes belli uf der Unierten boden gefüret werde. Als wan sie zu Reinau uber solten, komme sedes belli in sein, des marggraven, lant, da diesseits, in Pf(alz) landen. Derwegen wol nachzudencken, das man in tractatione sich wol vorsehe. Secundo erinnerten sich, was

[1] Am 13. August berichten Anspach und Baden an Churpfalz: sie gedenken sich „an die ort und ende gegen Elsass-Zabern zu zu laegern, alda wir dem gegenteil das auslauffen . . gegen e. l. und anderer benachbarten Unirten landen besser . . weren mögen." Zu dem Zweck suchen sie aber erst Proviant für acht Tage zu sammeln, „sintemal wir alsdan die zufur mit der convoy in einem tag von Strassburg aus nit mer werden verrichten lassen können." Da ferner, wenn sie so Molzheim verlassen, eine kleine Besatzung zur Sicherung des Ortes nicht ausreicht, eine grosse aber nicht zurückgelassen werden kann (ihre Truppenzahl ist so gemindert, dass sie wol besetzte Orte nicht mehr belagern können), so gedenken sie die Mauren des Ortes niederlegen zu lassen und sind schon seit längerer Zeit im Begriff, die nöthigen Sachen dazu zusammenzubringen, damit die Ausführung in wenig Tagen geschehen könne. (M. pf. 116/2 f. 50.) Die Schleifung der Mauern wurde eingestellt erst durch die Willstetter Verhandlungen, dann durch den Vertrag. (Anspach und Baden an Churpfalz. August 21. M. pf. 117/2 f. 395.)

232. Pf(alz) so wol dero aigen als Zweibruckischen lande wegen geschrieben.[1] Hetten es aber vor unmüglich gehalten; weiln sie sich in underschietlichen trouppen austeilen und doch ire quartier bewachen mussen, also were es one grosse gefar nicht abgangen. Man könne keine kuntschaften vor inen haben, weiln das ganze lant wider die fursten, welche hingegen keine gewisse advisen haben könten. Wan stetteln vor petarden und escalade gesichert, können sie nichts sonderlichs ausrichten, weiln sie kein geschütz haben. Seien des raubens gewont. Wan das quartier verrucket, werden sie nicht viel ausrichten können, weiln inen one das die flugeln gekurtzet. Man konne sie in Lottringen nicht wol angreiffen, weiln sie kein stant halten, sondern geben sich nur uf beuten. Sei ein schrecken under dem lantvolck, die allezeit die anzal grosser machen.

I. f. g. weren in den gedancken geraten, das man sich anderst muss schicken, wan man frieden wil haben. Bistumb sei under mietlingen; achten irer underthanen nicht. Criechingen hette sich austrucklich vernemen lassen, er hette bevelch, kein frieden zu machen. Es sei auch ein courrier uf Rastat zukommen, welchem man nachgesetzet, in ufzuhalten, da er Pf(aelzisch) patent nicht bei sich hette. Marggraf (meint), da es wol bedacht, das in kurze der zeit durch sterkung des volcks wol etwas könne ausgericht werden, wan nur ein regiment darzu gewoben; es muste aber noch mer geschütz darbei sein. Da aber solches bedencklich, hielte er, da 50,000 gulden von den unionsverwanten spendiert, wurde man al ir kriegsvolck abfangen konnen. Es seien jungst 3 compagnien meuterisch worden, welche Cricchingen mit 2 taler und das fussvolck mit — —[2] gestillet. Es gehe sonsten doch daruf und werde mer spendiert, wan man nur 14 tage da lige. Bete, Pf(alz) wolte sich im hauptwerck erkleren. Man sehe, das Spaniolisirte Kai. M. ufs eusserste angereitzet, da sie doch kein gelt. Item, was mit dem Gulchischen volck zu thun nach einnemung der stat? und dieweiln man durch bitten nichts erlangen, das volk uf den beinen, ob nicht der friede mit gewerter hant zu suchen? Vermeinte, es were das einig mittel, darzu zu kommen. Stette wollen allein ein defensifwerck haben; sei aber schetlich."

Schliesslich Anträge über Beschaffung von Proviant.

Baden tritt ab. Die Uebrigen berathen über seinen Vortrag. Ueber die Schwierigkeit, ein weiteres Regiment aufzubringen

---

[1] Vgl. n. 208 Anm. 2.
[2] Unleserliches Wort.

und dann entscheidende Operationen vorzunehmen, bemerkt Helmstätter: die Städte werden „nicht darzu verstehen. Da man das stift einziehen[1] und Zabern belagern wollen, bedencklich, weiln es Pf(alz) und andern allein mochte ufwachsen. Die zeit auch ser kurtz. Item man werde der artellerei, pulfer, munition und lunten wegen noch wol ein monat zu thun, inmittelst der winter einfallen. Wan man schon das ganze stift ein hette, werden sie doch etliche vornemere ort inhalten und stercken. So würden auch alle provisiones von Pf(alz) gesucht werden, und da man nicht alles praestiern könte, unwillen verursachen." Der Kanzler und Helmstätter meinen: Anspach solle vorrücken, zugleich aber die Vergleichshandlung fortgesetzt werden. Der Grosshofmeister: „derwegen nachmaln ufzubrechen, nachdem Molzheim geschleift. Da hernacher nötig, das man sich stercken solle, konte es mit gemeinen zuthun geschehen. Stift zu behalten werde wider das ausschreiben lauffen, wider die declaration, so den stetten geschehen und was an Franckreich geschrieben worden, da es andere gedancken mocht verursachen." Der Kanzler und Helmstätter erinnern an die Nothwendigkeit strengerer Disciplin. Letzterer bemerkt: „Disciplin etwas schlecht gewesen. Gute edicta gemacht; allein das mit mererm ernst darauf gehalten." Aug. 15.

Als Ergebniss der Berathungen wird dem Markgrafen von Baden folgende Antwort im Namen des Churfürsten vorgetragen: „1. Bericht belangent und darbei angezogene motiven, warümb streiffen und plundern nicht gewert werden können, nemen sie in freuntschaft uf. Haben selbsten iro die gedancken wol machen können, das es nicht alles vorgesetzter massen zugehen können. Hetten allein erinnerung gethan, weiln allerhant ungleiche reden darbei vorgeloffen, ob nicht etwas remedii zu finden, solches zu hindern. 2. Zweiter vorschlag, wie sachen zu stercken mit einem regiment (und) geschütz, oder 50,000 taler (sic!) zu abkaufung des volcks: befinden solche mittel gut; weiln aber stette sich ganz allein ercierten und mit diesem werck nichts wollen zu thun haben, sehen sie nicht, wo mittel zu nemen und solche summa gelts ufzubringen. Derwegen es daran wolle anstehen, weiln man auch in kurzem gelt müss haben, das volck zu zalen. Stellen es dahin, weiln stette daruf tringen, das mit der translation (sic!) zu verfaren." Zur Besprechung über Anstellung des Proviants möge Anspach Jemanden nach Heidelberg senden. 3. „Wegen des hauptwesens befinden Pf(alz) ein solchen puncten, der notwendig wol zu

[1] oder „umziehen?" (überziehen?)

erwegen. Hetten auch mit Wurtemberg daraus communiciert. Seien aber in dem einig, das, da man die hulf, welche uf den beinen, darzu konte bringen, das sie sich darzu gebrauchen liessen, were der sachen geholfen. Furchten aber, das das volck, welches Teutsche Unierten haben, zu schwach, und zweiflen an den frembden, sonderlich dem Frantzosischen secours, welche sich dessen vernemen lassen. Bei Staden werde schwerlich zu erhalten sein, das der ganze secours erhalten. Pf(alz) wolte es furderlichst furst Christian anregen, weiln sie selbsten ein project darvon gethan, und in wenig zeiten solches i. f. g. berichten, damit disfals ein schluss genommen." Bei den Städten wird der Churfürst „underbauen, wie sie bericht gethan." Auch die Markgrafen mögen sie informiren, besonders weshalb man nicht so plötzlich aus dem Stift ziehen könne.

München. Staatsarchiv 549/7 f. 366. Orig.

Aug. 16. 233. Schweikhard Erzbischof von Mainz an Churpfalz.

In seinem Schreiben vom 28. Juli erinnert der Churfürst den Erzbischof an die sowol schriftlich als durch die dem Hofmeister des Erzbischofs gegebenen Aufträge mündlich ihm (dem Erzbischof) vor seiner Abreise vom Churfürsten gemachten Vorstellungen, dass er in Prag die „im reich vorlauffenden, sonderlich die Gulchischen sachen" auf gütlichere Wege zu bringen suchen und für Abstellung der vielen vom Reich aus in Prag angebrachten Beschwerden wirken möge. Nun hat der Erzbischof neben andern Fürsten in der Jülicher Sache in der That so viel erreicht, „das i. M. die schaerpfere mittel etwas zuruck gesetzet und sich uf lindere wege bewegen lassen." Allein ungeachtet dass die in Prag versammelten Fürsten zugleich die um die Jülicher Lande streitenden Fürsten zur Niederlegung der Waffen aufforderten, wurden die Thätlichkeiten in diesen Landen vermehrt, französische Truppen ohne irgend welche Versicherung der benachbarten Reichsstände herbeigerufen, und über die früher in den erledigten Jülicher Landen occupirten Orte auch noch die bis dahin in den Händen des Kaisers befindliche Festung Jülich belagert. Ein solches Vorgehen hat man in Prag einstimmig „der gleichmessigkeit nicht gemaess befinden können." Trotzdem bemühen sich der Erzbischof und andere friedliebende Fürsten die zur Beilegung der Jülicher Sachen bestimmte Commission zu einem guten Ende zu führen. Wenn aber der Churfürst erstaunt über ein von den versammelten Fürsten eingereichtes Gutachten, betreffend eine Execution gegen die unirten Stände, sich erkundigt, so handelt es sich dabei in Wirklichkeit um eine nach ungetheilter Ansicht wider die Reichsgesetze verstossende Einlagerung in Würzburg und Bamberg, weiter um einen darauf folgenden feindlichen Einfall in das Stift Strassburg. Der Kaiser verlangte von der Versammlung der Fürsten in Prag ein

Gutachten, wie den hierdurch verletzten Ständen zu helfen sei. „Wan dan der bericht dabei geschehen, das solche einlaegerung aus keinem andern praetext verantwortet werden wollen, als das es in obgemelten baiden stiftern die zue Hal confooderirte stende also verordnet, im stift Strassburg aber ein verdechtig kriegsvolck (onangesehen das man bericht gethan, das es ein kaiserlich kriegsvolck seie) ufgehalten werde, uber das glaubwurdig beschienen worden, wie in dem stift Wormbs und Speir vieler orten alle geistliche gefael verbotten und gesperret worden one aintzige andere anzeig, wie solche stend einen oder andern chur- und fursten im reich belaidiget, oder warin sie dieselbige offendirt haben möchten: wie mögen e. l. jemant dieser örten verdencken, das man i. Kai. M. bedenckens weis än die hand geben, das man solche stende uf vorgehende ernstliche abmanung uf befindenden ungehorsamb durch mittel der reichsconstitution von solcher ungepur abhalten, und, do bei denen jetzo im reich verlauffenden vermischten haendeln die craisstende sich selbst darin interessirt befunden, und also uf die craisshulfe keine rechnung zu machen, i. M. sonsten als das oberhaupt im reich durch ire selbst sonderbare verfassung die unschuldige beschwerte stende retten solten und möchten!" Der Churfürst möge nicht glauben, dass der Erzbischof für das erwähnte Gutachten eifriger eingetreten ist als die übrigen Fürsten. Wenn er (der Erzbischof) und andere unschuldige Stände mit Feindseligkeiten verschont bleiben, so wird der Churfürst die alte Friedfertigkeit desselben bewährt finden. Die Kriegsrüstungen in „obigen landen," nach denen sich der Churfürst erkundigt, bestehen, soweit es sich um Mainz handelt, darin, dass der Erzbischof vor seiner Abreise einige Truppen zur Beschützung seiner Stadt aufgebracht und, mit Rücksicht auf die französichen und andre nach den Jülicher Landen ziehende Truppen, befohlen hat, diese Mannschaft zu stärken. Die Absicht dabei ist lediglich Vertheidigung des Erzstiftes. Das Vorgehen benachbarter Stände mag durch gleiche Besorgnisse hervorgerufen sein. Gewiss würde, wenn die Unionstruppen „aus den Reinischen orten abgeschaft" würden, sowol des Kaisers als anderer Stände Volk „leichtlich abzuschaffen sein." — Datum Prag den 16. Augusti anno 1610.

München. Staatsarchiv pf. 116/2 f. 225. Orig.

234. Maximilian Herzog von Baiern an Churpfalz, Anspach, Würtemberg, Baden und Strassburg. Aug. 17.

Hat das Schreiben vom 18. Juli (n. 207 S. 358 Anm. 1) empfangen. Die im Eingang desselben erwähnte Darlegung über die Kriegsrüstungen der Unirten war so allgemein und nur auf die Person der Briefsteller gerichtet, dass der Herzog eine Erklärung sämmtlicher Unirten wünschte. Bei der nunmehr empfangenen Erklärung lässt er's bewenden, wie er auch sein Schreiben vom 22. April als Ausdruck seiner Gesinnung bestätigt. Betreffend die hinsichtlich der Execution gestellte Anfrage, meint der Herzog, die Unirten hätten aus seiner von ihnen angeführten Antwort an den Grafen von Zollern die Sachlage genügend erkennen sollen;

zum Ueberfluss schickt er ihnen eine Abschrift der Antwort. „Und kombt uns etwas verwunderlich für, das solche unser erclerung in ainem und anderm wolte geandet werden. Wür mechten auch die ursach vorders gern vernemmen, warumben der Röm. Kai. M. als unser aller von got fürgesetzten obristen haubt wir, gleichwol nit allain oder mit etlichen wenigen, sonder neben andern sowol catholischen als Augspurgischen confession zugethonen chur- fürsten und sterden in denen sachen, so vermog gemainer auch naturlichen recht und aus den reichsverfassungen ordenlicher rechtmessiger weis durch ain gemaines conclusum, alles zu wolfart und erhaltung des Römischen reichs Teitscher nation, für ratsam billich und notwendig gehalten und erkent werden mechte oder solte, in gebürenden schuldigen gehorsamb und ausweisung gelaister pflicht uns nit zu conformiren hetten, zuemalen e. ll. und ir sich jedesmals selbst erclert, das ir intent zue kainem andern als irer aignen defension, wie auch zue erhaltung kaiserlichen ambts, gleichen rechts, fortpflanzung guetten alten Teutschen vertrauen, frit und ainigkait, nit weniger, damit die Teutsche libertet, auch des Römischen reichs wolstant erhalten werde, alles dem gesetz der natur, allen got- und weltlichen rechten, auch dem herkommen gemess gemaint sei. — Sintemaln auch, wie e. ll. und ir recht und wol andeiten, bei dergleichen zerrittungen, und da die Christen die heut in irem aignen bluet waschen, nicht anders als gottes (zorn) zu erwarten, auch niemants mer vortail und lust als der erbfeint christlichen namens darbei haben und bei solcher unrue in der Christenheit nit würdet stil sitzen, so zweiflen wür nicht, e. ll. und ir werden inen solches, was auch zu verhiettung solchen unhails, die sich im stift Strasburg und anderer orten alberait mit deren, die es beriert, hochsten nachtl und schaden erhöbt und noch taglich sich continuieren sol, ratsamb, befürderlich und notwendig ist, neben andern wolmainenden Teitschen stenden angelegen sein lassen." — Datum . . München den 17. Augusti anno 1610.

München. Staatsarchiv pf. 116/2 f. 149. Orig.

Aug. 17. **235. Friedrich IV. an Würtemberg.**

Beiliegend ein Bericht Plessens, betreffend die Belagerung Jülichs. Da die Festung gewiss bald fallen wird, „und dan in zeiten bedacht sein wil, was etwan dem gemeinen evangelischen wesen zum besten und zu abhelfung der nun lang aber ganz vergeblich geklagten gravaminum mit disem beisammen habenden ansenlichen krigsvolk vorzunemen sein möchte, indem wir die vorsorg tragen, da man sich desselben vor dissmal zu solchem end nit gebrauchen wurde, es werde hernegsten fast schwer sein, da es die notturft erfordern solte, zu einer solchen starken armee wider zu gelangen"; so möge der Herzog sein Gutachten über die weiter zu ergreifenden Massregeln mittheilen. „Wir stehen unsers teils in den onvergreiflichen gedanken, das bei gegenwertigem zustand sich aus den obligenden beschwerden los zu machen, kein bequemer mittel, als das ein teil gedachten krigsvolks, und soviel man zur not würde bedorfen und erlangen können, nach eroberung Gulch noch lenger an der hand zue behalten, und derenwegen in zeiten bei der k. w. in Engelland und den hern Staden underbauung zu thun, auch sonsten ins gemein dahin zu sehen, wie ins kunftig der Gulchischen lant halben merere versicherung zu erlangen, damit man nit not habe, deswegen jederzeit in sorg und ungewissheit zu stehen. Was die k. w. in Franckreich belangt, wiewol dis orts bei jetzigem derselben cron zuestand schwerlich etwas zu erhalten, so wollen wir doch e. l. gedanken freundlich vernemen, ob sie vermeinen, das disfals etwas zu hoffen und zu versuchen sein solte."[1] — Datum Heidelberg den 7. August 1610. Aug. 17.

München, Staatsarchiv pf. 116/2 f. 79. Cpt.

[1] Ueber die Frage, was nach Eroberung der Festung Jülich zu thun sei, giebt auch der F. Anhalt am 12. Aug. dem Buwinkhausen ein Memorial an Churpfalz und Würtemberg: 1. da die Eroberung Jülichs hoffentlich in drei Wochen erfolgen wird, so muss man zeitig „uf die manutention desselben ganzen werks" bedacht sein. Es wäre demnach, etwa auf die letzten Tage des August (a. St.), ein neuer Unions- oder mindestens doch Fürstentag zu berufen, um „von erhaltung unsers allerseits gemeinen wesens, fortsetzung der union und in specie behauptung des Gülchischen wercks . . zu deliberiren." Ein Mittel zur friedlichen Beilegung der Dinge dürfte vielleicht dieses sein: dass die im Elsass eingenommenen Orte dem Erzh. Leopold zurückgegeben, dagegen die Jülicher Lande den Possidirenden bis zu gütlichem oder rechtlichem Austrag gelassen würden, wobei der rechtliche Austrag so zu bestimmen wäre, dass das Urtheil im Namen des Kaisers ausgesprochen, die Richter aber nach Wahl der Interessenten ernannt würden. Die Annahme dieser ;Vorschläge — und dann zugleich die Restitution Donauwörths und die Reformation der kaiserlichen Regirung — könnte Churpfalz dem Kaiser in einem beweglichen Schreiben empfehlen. An den Erzb. Mainz hat Anhalt beiliegendes Schreiben verfasst, über dessen Beförderung der Chf. Pfalz entscheiden möge, der auch im eignen Namen ein Schreiben an den Erzbischof richten könnte. 2. Man suche die Possidirenden in Eintracht zu erhalten, da nach Einnahme Jülichs zu besorgen ist, dass sie ihren Zwiestigkeiten noch mehr nachgeben. 3. Es sind, wie oft erinnert worden, noch im laufenden Monat 31—32,000 fl. zu senden, um die Truppen zu befriedigen. 4. Weil gar rasche Abdankung der Unionstruppen nicht rathsam ist, und die Possidirenden sich über die Besetzung Jülichs nicht leicht einigen werden, so könnten etliche Fähnlein von jenen Truppen in Jülich einquartiert werden. 5. Wird dagegen der Friede allerseits hergestellt, so hat man zeitig 60,000 fl. zur Bezahlung der Truppen zu beschaffen. (St. Unionsacta VII f. 680.) Das in diesem Gutachten erwähnte Schreiben Anhalts an Churmainz (Aug. 13) lautet also: „wiewol ich erwart gehabt, es würde mir dermaleins von e. l. ein vaetterliches brieflein zugekommen sein, dieweil ich aber nun lange zeit keine nachrichtung von e. l. erlanget, als hat mich doch nichts desto weniger die liebe und affection zu des gemeinen vatterlants besten und erhaltung bewogen, diss brieflein an e. l. vertreulich abgehen zu lassen und dero mit wenigen wolmeinentlich zu repraesentiren, wie das ich nemblich den gegenwertigen zustant Teutscher nation also beschaffen befinde, das, wofern nicht alsobalt und bei jetziger occasion mittel und wege gefunden werden, dem aufgegangenen fewer zu weren, das entlich nichts anders, dan der gewisse undergang unsers geliebten vatterlants dahero zu gewarten. Es wissen sich e. l. meiner wolgemeinten consiliorum und, wohin ich gegangen, noch wol zu erinnern, da dan, one sondern rum zu melden, so lang denselben gevolgt

worden, man sich darbei nicht ubel befunden; und begere hierinnen keines andern als e. l. selbst eigene zeugnuss. Damit ich aber gegen e. l. runt heransser gehe, als wundert mich nicht wenig, warumb doch der Kai. M. bei jetzigem zustant zu so geferlichen executionibus und dergleichen geraten worden, da man doch durch viel lindere wege durchkommen mögen. Es haben gleichwol die in diesen landen possedirende fürsten zwei gantzer monat lang patientz gehabt und der vertrösteten und zugeschribenen handlung mit gedult und grossen uncosten, jedoch vergeblich erwartet, bis das sie entlich gesehen, das man sie umbsonst aufhalten und sich consumiren lassen wollen, also das sie entlich guter freunt rat und that gebrauchen müssen, dergestalt das man jetzo got lob dermassen gefast und auf den beinen, das man für übertrang bestehn kan. Wil man nun dem schedlichen misstrawen, so eine zeit lang leider im reich gewesen, aus dem grunt geholfen sehen, so ist es hohe zeit, das man einander recht verstehe und bei zeiten, ja von stunt an uf stiftung und pflantzung guter vertreulichkeit mit fleiss bedacht sei. Dan wo es sonsten nicht geschicht, so würt man dieser ort für got und der gantzen welt entschuldiget sein und nicht verdacht werden können, das man den habenden vorteil nicht aus handen gehen liesse. Und mögen e. l. mir sicherlich zutrawn, das, was ich zu stiftung guter vertreulichkeit werde helfen können, an mir nichts erwinden lassen wil, und bin e. l. freundlichen widerantwort mit dem allerehesten gewertig." (M. pf. 116/2 f. 165.)

Aug. 19. **236.** Protocoll einer churpfälzischen Rathsitzung.

In Anwesenheit des Grosshofmeisters, Kanzlers, Hofrichters und des Löfenius übergibt Buwinkhausen den englischen Bundesentwurf und berichtet u. a.: „man hette in Engellant vermeinet, das alles, was zu Hal gehandlet mit Franckreich, von der königin sei confirmiert worden. Der Englische gesante, so zu Düsseldorf residiere, hette im angezeigt, das die königin bedenckens getragen sich einzulassen ausser der Gulichischen sachen. Konig hette sich erklert, das er sich nicht nach andern wolte richten. Und obwol Franckreich nicht ratificiert, hette er doch die conditiones underschrieben. . . . I. k. w. gesanter hette befelch bekommen, in dieser seche abzuhandeln und zu schliessen sowol der union als des Gulchischen wesens halber. . . . Staden belangent, hette er inen angezeigt, wessen sich Engellant erclert, sonderlich in puncto der hulf. Daruf sie sich erclert, das sie dieser handlung wegen iren gesanten zu Dusseldorf wolten befelch zukommen lassen. Engellant hette begert, das die alliantz mit Frankreich wider uf vorigen schlag gerichtet, welches auch Barnefelt geraten. Boissise hette sich auch erbotten, da etwas von chur- und fursten bei der konigin gesucht, das er solches, als er zu Hal hette helfen schliessen, wolte nochmaln helfen befurdern. Man sol sich nicht daran keren, das etliche wenige bei hof anderer meinung sein." England rathe auch zu eifrigen Verhandlungen mit Dänemark und zur Unterhaltung eines Residenten der Union am englischen Hof, „wie dan der könig alhie einen wolte underhalten." — Hierauf Uebergabe des Memorials Anhalts vom 12. August (n. 235 Anm. 1).

München. Staatsarchiv 549/7 f. 371. Orig.

237. Franz von Aerssen an Prinz Moriz. Aug. 21.

Kriegsfurcht am französischen Hofe. — Verhandlungen mit Erh. Albert über gütliche Beilegung der Jülicher Sache.

Pendant que vous battés Juliers, on combat secretement vos desseins en ceste cour. Plussieurs de ceux qui sont en authorité dient que vous pouviés seul assaillir Juliers joinct aux princes, ou que deviés attendre mr. le marechal pour luy laisser sa part du siege. Ce n'est qu'un pretexte duquel ils taschent de couvrir le desplaisir qu'ils ont que v. e. a rompu leurs menées. Ils ont tousjours traicté avec l'archiduc Albert pour vuider ce different sans guerre. Ceste esperance a esté cause qu'on a faict acheminer mr le marechal sy lentement, tant pour alarmer l'archiducq par l'acheminement de ce secours que pour allentir aussy le dessein de vostre siege. Ceux qui affectionnent le plus le bien du royaulme et la prosperité des Provinces unies louent merveilleusement la procedure de v. e. et croyent que ne pouviés interesser la royne au secours des princes qu'en hastant vostre siege. Cela toutesfois n'a peu desmouvoir nos negotiateurs de leur premiere intention, qui, craignans toutes choses par leurs suittes et desirans de vivre en paix avec tout le monde, ont continué a cercher les voies d'accord par le moyen d'un sequestre. La royne avoit desiré que l'archiducq s'en fiast a mr. le marechal, lequel, avant que d'y consentir, avoit proposé que l'armée fust entretenue sur les confins, et ne l'ayant peu obtenir, a mandé depuis quatre jours qu'il est content que Juliers soit sequestré es mains de mgr. le prince d'Orange pour le garder jusques a la decision du different, lequel a faict ses offerts pour revoquer ce secours. Mais ce consentiment est venu tard, quoyque d'ailleurs plausible, et partant ne l'a on peu accepter nuement; aussy ne l'a on point du tout rejetté, mrs. le chancelier et de Villeroy traictent cela avec l'ambassadeur dud. archiduc, et sy secretement qu'a pene y a il autre que la royne qui en ait connoissance.[1] Pour dernier effort et le faire

[1] Ueber die letzten Vermittlungsversuche (vgl. auch Edmonds an Winwood. Aug. 21. Winwood III S. 204) berichtet Cardenas folgendes. (Aug. 16) an Philipp III.: der aus Flandern kommende Courier hat des Kaisers Zustimmung zum Vergleich überbracht, worauf Cardenas in die Franzosen drang, ihre Zusagen zu erfüllen. Sämmtliche Minister und Andere machen die besten Zusagen, aus geheimer Quelle aber weiss er, dass sie nichts thun werden, weil Prinz Moriz am 6. Aug. gemeldet hat, „que esperava apoderarse de Juliers antes de los 20 o 24, y que meteria alli guarnicion suya a satisfacion de Francia, y que pasaria con lo restante del exercito por los confines del archiduque, dandole

237. reussir, s'ils peuvent, ils ont donné conseil aud. ambassadeur de prier l'archiducq d'assembler ses forces et de faire mine de voulloir secourrir les assiegés, toutesfois sans passer plus avant que Maestricht, luy promettans qu'en mesme temps ils feront proposer le sequestre a v. e. et a m.rs les princes. . . . . Et de faict ils depescherent avant hier matin un courrier expres vers m.r de la Chastre, auquel fut commandé de piquer jour et nuict.[1] Je suis

zelos y provocandole, y si sele acudia, como estava tratado con el rey, intentaria a Colonia o hazer un fuerte sobre el Rin, en la forma que se avia platicado antes, que por este camino venian aqui a tener y ser dueños de todo; pide, que sela acuda con lo que el rey le tenia offrecido.“ (P. Archives nat. Mon. hist. K 1463 n. 40.) Am selbigen Tag: „en el consejo que la reyna ha tenido sobre las cosas de Juliers, ha puesto mucha fuerza en que quiere, esto se componga, y pues el emperador viene en que se ponga la villa de Juliers en deposito, que se haga.“ Joyeuse soll diese Ansicht unterstützt haben. Mayenne war wegen Unwolseins nicht zugegen. „Biniendo a tratar del negocio, el archiduque escrive, vendrá el emperador en que se ponga en sequestre la villa de Juliers en una persona, entretanto qu'el ymvia quien la ha de tener, hasta que se determine a quien toca, y esto es contrario a lo que se a tratado, porque se a ydo con letura que la persona que se metiesse en Juliers la tuviesse, asta que por una dieta imperial se declarasse quien la avia de aver; y viendo estos despachos, Franceses se an recatado mas que nunca, y queda el negocio mas sin reparo que antes. Y si tuviera orden de v. M., sé que Franceses olgaran de acordar el negocio conmigo . . ., y yo no he avierto puerta a resolver solo por dar quenta al arch. Alberto, y dos veces a estado este negocio compuesto, y por no acavar en Flandes de resolver y dudar en lo que no importa, se a dexado de concertar.“ (A. a. O. n. 37.) August 22 (an Andreas de Prado): Erzh. Albert hat Peckius befohlen, den Vorschlag, dass Jülich bis zum Urtheilsspruch eines Reichstags einem Unbetheiligten zu übergeben sei, anzunehmen. „Si de la manera que scrive s. a. agora huviera scripto, desde que se save que el emperador a acetado este partido, estuviera este negocio compuesto ha veynte dias, y a poder de correos se saca resolucion en Flandes. Si yo tuviera orden de s. M., huviera efetuado y acomodado este negocio muchos dias ha, que la reyna lo a tenido mucha gana y lo mismo muchos de sus ministros. Quedo con mucho cuydado, temiendo que Juliers esta tan apretada, que ha de llegar este remedio tarde, pero hacese lo que se puede en abrevialle. Vase con letura a que el principe de Orange sea el que tenga essa plaça en deposito, y ansi me ha parecido mas a proposito que otros que se proponian, porque los demas solo dependian de Francia, y hallandose el conde Mauricio dueño d'esto, ayudará que sea el depositario el principe de Orange. Quedo efetuando el procurar esto, que ante ayer vino la orden de Flandes.“ (A. a. O. n. 44.)

[1] Am 28. Aug. berichtet Aerssen an Barnevelt: „Vous avés sans doute sceu les belles propositions que m.r de Boisisse a eu charge de faire a Duysseldorp, sçavoir que m.r le marechal de la Chastre avoit receu defense de ne point passer la Moselle, sy on ne luy envoyoit au devant six mil hommes de pied et douze cens chevaulx, 2. que les generaulx du camp voullussent surçoir de tirer leurs trenches, et tiercement de ne commencer leur batterye jusques a l'arrivée dud. sieur marechal.“ Seitdem hat Picaut ihm den weitern Auftrag überbracht

marry que je n'aye peu advertir v. e. plustost, mais il est certain qu'on craint icy merveilleusement que Juliers se prenne par les armes, car on veut conserver l'amitié de Rome et singulierement celle du roy d'Espagne, avec lequel on doit traicter de quelques mariages, dont le duc de Feria vient faire des ouvertures. Je vous puis asseurer que ceux qui gouvernent y inclinent merveilleusement et dient que le roy defunct, quoy qu'il hayst les Espagnols, les eust conclus. — De Paris ce 21. d'aoust 1610.

Haag. Reichsarchiv. Cop.

238. Friedrich IV. an die Staaten. Aug. 24.

Als Herzog Ludwig Friedrich von Würtemberg im Namen der Unirten den Staaten eine „besondere correspondenz" vorschlug, stand letztern der Umstand im Wege, dass von England noch keine Resolution erfolgt war. Da letztere nunmehr ertheilt ist, und auf Grund derselben die Verhandlung vorzunehmen, und der Abschluss zu hoffen ist, so hat der Churfürst „nach Dusseldorf notwendigen bevelch und verordnung gethan," dass besagte Correspondenz mit den Staaten und mit England zum Abschluss gebracht werde.[1] Die Staaten werden ihren Gesandten in Düsseldorf ebenfalls Vollmacht ertheilen. — Datum Heidelberg den 14. Augusti anno 1610.

München. Staatsarchiv pf. 102/2 f. 125. Cpt.

[1] Am 8. Sept. schlägt der Churfürst den unirten Fürsten vor, sie möchten, um Sessionsstreitigkeiten mit den Gesandten der Staaten zu verhüten, ihre Vollmacht insgesammt dem F. Anhalt übertragen. (f. 128.) Zugleich übersendet er den Entwurf einer Vollmacht und Instruction. (f. 129.)

„pour faire accepter le sequestre es mains de mr le prince d'Orenge, suivant la presentation de l'archiducq, en faveur duquel on a faict lesd. trois premieres propositions." Die Nachricht von diesen Vorschlägen, wie sie von Düsseldorf nach Paris kam, erzeugte allgemeinen Unwillen und bei den Freunden der Possidirenden die Klage, dass man ohne sie darüber beschlossen habe. Sie fanden „que mr de Villeroy seul a proposé ces ouvertures et traicté le sequestre soubs l'authorité de la royne, n'en ayant eu communication que mr le prince de Condé seul, lequel semble l'avoir promis a l'archiducq des avant son depart de Bruxelles." Villeroy entschuldigt sich u. a. damit, dass Boissise nicht beauftragt sei auf diesen Vorschlägen zu bestehen, wie man denn auch gesehen hat „qu'il (Boissise) a passé outre, acquiescant nuement au refus qui en a esté faict. Mr de Villeroy s'est chargé d'une grande hayne et ne s'en lavera pas aysement." Soissons und die Lothringer betheuren, dass sie von den Vorschlägen nichts gewusst haben; Bouillon und Sully erklären, dass sie gegen die Ehre Frankreichs verstossen. (Haag. Reichsarchiv.)

Aug. 24. **239.** **Willstetter Vertrag.**[1]

Vereinbarung zwischen unirten Fürsten und dem Strassburger Capitel über Räumung des Stiftes Strassburg und des unterelsasser Bezirks durch die Truppen Leopolds und der unirten Fürsten, über Herstellung eines friedlichen Verhältnisses und Sicherung der Religionsfreiheit der unterelsasser Ritterschaft. Bestimmung über die Ratification des Vertrags durch Erzherzog Leopold.[2] — So geben und geschehen zu Wilstet den 14. und 24. Augusti im jar .. 1610.

Gedruckt Dumont V 2 S. 147. München. Staatsarchiv pf 117/2 f. 117. Orig

[1] Am 19. Aug. berichten Lautern und Lingelsheim: sie haben bei ihrer Ankunft in Willstett am 17. die Unterhändler und als Abgeordnete des Capitels den Gr. Salm, v. Wangen und Dr. Mundersbach vorgefunden. Am 18. Beginn der Verhandlungen. Da eine Resolution des Erzh. Leopold nicht angekommen war, so erklärten sich die Pfälzer und die Gesandten der Regirung zu Zabern bereit, die Verhandlung auf Grund der von Lothringen vorgeschlagenen Obligation des Strassburger Capitels vorzunehmen. Der Entwurf dieser Obligation ist verfertigt. (M. pf. 117/2 f. 376.) Die hier und in dem Vertrag selbst erwähnte Obligation besagt: da die Ratification der zwischen dem Capitel und den unirten Fürsten vereinbarten Artikel von Seiten des Erzh. Leopold noch längere Zeit erforderen oder überhaupt Schwierigkeiten haben dürfte, das Stift Strassburg aber sich nicht durch Preisgabe der erwähnten Artikel dem Verderben aussetzen kann, so haben die anwesenden Capitularen im Namen des ganzen Capitels, „welches des stifts grund- und erbher ist," die Friedensverhandlung zum Schluss geführt und die vereinbarten Artikel zu halten versprochen. Sie werden die Ratification dieses Vertrags vor Ausgang des laufenden Jahrs bei Erzh. Leopold auszubringen suchen. Ist dieselbe dann nicht zu erlangen, so werden sie den unirten Fürsten Schloss, Stadt und Amt Dachstein (zwei Dörfer ausgenommen) bis zu schliesslicher Verständigung einräumen, mit dem Beding, dass die dort hinein zu legende Besatzung dem Stift „one newe gegebene ursachen" keinen Schaden zufügen darf. (f. 374.) — In der schliesslichen Ausfertigung würde der Termin der Ratification auf den 6. Jan. 1611 gesetzt. (f. 429.)

[2] Diese Ratification erfolgte erst am 20. November 1611. (M. pf. 117/2 f. 114.)

Aug. 26. **240.** **Bürgermeister, Schultheissen und Räthe von Zürich, Bern, Basel und Schaffhausen an Churpfalz.**

Im vergangenen Frühjahr haben die Unirten durch die Stadt Strassburg an Zürich und Bern den Vorschlag einer „naeheren correspondents" zwischen der Union und den evangelischen Schweizer Orten gerichtet. Nach gehaltener Tagsatzung erklären darauf die vier Orte folgendes: da sie und ihre Glaubensgenossen in der Schweiz immer mehr von den Widersachern angefochten werden, so müssen auch sie zusammenhalten, um sich beim Evangelium zu schützen. Gleichen Zweck hat vornehmlich auch die Union. Darum bieten die vier Orte den Unirten „in jeder zyten fürfallenden sachen alle gute correspondents und vertrauwlichkeit mit warnen und wenden alles dessen, so inen zu schaden und nachteil gereichen möchte.". Sie erwarten das Gleiche von den Unirten. Beiderseits wird man also „gegen einander thun, was nach gstalt der sachen und der etwas wyten entlegenheit .. müglich und ratsam befunden wirt," wie ja gegenwärtig die vier Orte ihr Kriegsvolk zu Gunsten der possidirenden Fürsten in Jülich in dem Dienst Frankreichs gebrauchen lassen. Von weiteren Schritten, zu denen sie sonst wol Neigung hätten, werden die Orte abgehalten durch die Rücksicht auf ihr Vermögen und besonders durch ihre Verbindung mit den katholischen Eidgenossen, welchen sie nicht Anlass geben möchten, sich um so enger an Gegner der Union anzuschliessen, die sie vielmehr durch ihr Verhalten ebenfalls in der Neutralität fest zu halten suchen. — Datum und in unser aller namen mit der stat Zürich secret insigel verschlossen den 16. August anno 1610.

München. Staatsarchiv pf. 116/3 f. 52. Orig.

241. Friedrich IV. an Tschernembl. Aug. 28.

Hat das Schreiben vom 7. August (S. 404 Anm. 1) empfangen. Den trefflichen Vorschlag Tschernembls hätte der Churfürst am liebsten schon vor einigen Wochen ausgeführt gesehen. Allein bei den vielen dazwischen liegenden Gebieten ergaben sich Schwierigkeiten, die man nicht bei Seite lassen konnte, anderer Bedenken nicht zu erwähnen. Nunmehr vollends, da nach sichern Nachrichten der Vergleich zwischen dem Kaiser und dem König Matthias geschlossen ist,[1] ist es zu spät. Da ausserdem das in Schlesien und der Lausitz gesammelte Volk sich wider verlaufen soll, so werden überhaupt die Dinge nach jener Seite hin in andern Stand kommen. — Datum Heidelberg den 18. Augusti anno 1610.

München. Staatsarchiv pf. 116/3 f. 98. Cpt.

[1] Im August (der Tag ist nicht angegeben) schreibt Tschernembl an Richius: „wir haben einen friden, aber noch nit publicirt. Mir wird von Wien und den unserigen, denen nur der schluss angedeut worden (dan von der consultatione seint die evangelischen bishero ausgeschlossen worden), geschrieben, ich sol i. chf. g. vergwissen, das i. k. M., viel weniger die unirten laender bei dieser tractation nichts gehandelt, so den unirten chur-, fürsten und staenden möchte zu praeiudicio gereichen, wie dan der könig werde ehest den graf Görg Friderich von Hardeck (nota, was ich derwegen euch vertreulich angedeuttet) zu denselben schicken. ... Die impresa, die vor disem zu wünschen gewesen, ist nun durch disen getroffenen frit ser difficultirt, man wolte dan vor publicirung was furnemen, dazu villeicht die Passauer selbst müsten ursach geben. Vernim gleichwol von Prag, es werde damit zur abdankung kommen, welches zu wünschen" (M. 379/7 f 217)

242. Nürnberger Abgeordnete (Grundherr und Dr. Burkhard), Bericht vom Nördlinger Convent. Aug. 28.

Am 25. August in Nördlingen eintreffend, fanden sie die Ulmer Gesandten, Leo Craft und Dr. Schleicher, schon anwesend. Seit dem 26. besprach man sich über das Churbrandenburger Hülfsge-

242. auch (n. 222 Anm. 1), über Bestellung eines Pfennigmeisters, die Beantwortung des kaiserlichen Mandats vom 21. Juni und endlich über die Frage, was die unirten Städte zu thun haben, wenn ein unirter Fürst wegen der Jülicher oder Elsasser Unternehmung angegriffen werde. Die Nürnberger votiren: die Ansicht des Rathes ist nach wie vor, dass die Städte alsdann keinen Beistand zu leisten haben. Jedoch hat Dr. Hübner die Schwierigkeiten dieses Punctes angeregt: am kaiserlichen Hof dürfte man die Distinction der Anlässe nicht so genau machen. Lässt man die Fürsten hülflos, so wird die Union aufgelöst, die Fürsten werden aufgerieben, und nach ihnen wird man den Städten das Schicksal der Fürsten zu bereiten suchen. Darum suche man der fraglichen Eventualität durch Mittel der Versöhnung zuvorzukommen. Die Ulmer: die Städte haben sich der Jülicher und Elsasser Unternehmungen entschlagen. Es ist sehr fraglich, ob die Elsasser Expedition „zu justificirn oder nicht." Also ist es bedenklich, sich dieser Sachen theilhaftig zu machen. Durch offene Erklärung der gegentheiligen Absicht erwirbt man an den Unirten neue Feinde und behält die alten Feinde. Das bisherige Verhalten des Prager Fürstenconvents giebt keine Aussichten auf gütliche Vermittlung. „Man habe aber an irem ort darfür gehalten, weiln irer Kai. M. ein jurament gethan, keinen stand, der recht leiden möge, mit gewalt zu überziehen, . . ob es nicht dahin zu richten, das sich diejenige fürsten, so an der Elsassischen expedition ursacher, zum recht erbietten, und daher die vergwaeltigung einzustellen, begert und erhalten werden möchte, mit dem erbietten, was das recht gebe, das alsdan demselben folg geschehen solte. Auf solchen fal nun, was das recht gebe, müste mans auch dis teils darbei bleiben lassen, und haette man die staet alsdan auf ein oder andern weg nicht zu verdencken." Diese Vorschläge nebst Mahnung zur Beförderung des Vergleichs im Elsass hätten die drei ausschreibenden Städte dem Churfürsten von der Pfalz und ihren Kriegsräthen in Heidelberg durch Schreiben vorzulegen. Die Nürnberger nehmen dies ad referendum.[1] Eine Schwierigkeit dabei sei, „das dergleichen facta als prorsus illicita dargeben werden, und das sie daher keine verantwortung oder rechtserbietten leiden, wie wir uns dan derentwegen derselben selbst entschlagen." — Betreffend die Ausgaben für die Elsasser Expedition, welche die Nürnberger nach wie vor abzulehnen erklären, bemerken die Ulmer: es werde schwer sein, diese sehr wünschenswerthe Verweigerung zu behaupten. „Man könne es noch ein weil gehen lassen. Man gebe one das die bewilligte anzal an gelt her und lasse es die fursten verantworten, wie sie es anlegen. Sich dabei verwarn mit declaration und protestation, die darwider einzuwenden." — Sambstags den 18. Augusti anno 1610.

Nürnberg. Unionsacten n. 28.

[1] Ein derartiges Schreiben an Churpfalz wurde in Nürnberg entworfen, dann aber im Einverständniss mit Ulm zurückbehalten.

243. Friedrich IV. an Ludwig von Hutten (Fauth zu Mosbach), Georg von Rothenhan (Amtmann zu Boxberg), Dietrich von Schönberg (Burggraf zu Starkenburg), Reinhard von Gemmingen (Hofgerichtsrath). Aug. 29.

Diejenigen der Adressaten, welche den auf den 30. Aug. nach Rotenburg a. T. angesetzten Tag der fränkischen, schwäbischen und rheinischen Reichsritterschaft besuchen, mögen die von Etlichen aus der Ritterschaft gegen die Union aufgenommenen Vorurtheile zu beseitigen suchen. Dieselben beruhen hauptsächlich auf folgenden Annahmen: 1. die Unirten wollen sich vor allem der Stifter und Klöster bemächtigen, die geistlichen Stände unterdrücken, die katholische Religion ausrotten „und der ritterschaft alle beneficia und fundationes entziehen." 2. Sie wollen dem Kaiser alle Autorität benehmen. 3. Sie wollen die Justizverwaltung des Kammergerichts aufheben „und veraendern." [Gegenausführungen mit Berufung auf die Instruction zu den Rittertagen von Mergentheim und Esslingen. Darunter folgendes:] die Katholischen verlangen wie von den evangelischen Ständen, so „auch von der ritterschaft," Restitution aller geistlichen Anstalten und Güter, „deren man nach angestelter reformation in rechtmessiger langwieriger wol befugter possession ist." Die Nachtheile der unbefugten Justiz des kaiserlichen Hofraths hat die Ritterschaft zum Theil gewiss auch empfunden. Hätten die Unirten sich des Stiftes Strassburg bemächtigen wollen, so würden sie wol andere Mittel gebraucht haben als bei der vergangenen Expedition. — Weil nun „bei vorhabender durcktruckung der unertreglichen beschwerungen furnemlich auf die . . trennung der evangelischen staent . . gesehen wurt, und auch zu solchem ent gemeiner ritterschaft ein sonderbare union und contribution möchte zugemutet werden," so hofft der Churfürst, die Ritterschaft werde sich in nichts Derartiges gegen die Unirten einlassen. Denn wenn die höheren Stände unterdrückt werden, so werden auch die Ritter nachher nicht verschont werden, und es wird sich das Papstthum mit voller Macht ausbreiten. Ausserdem ist die Mehrzahl der Ritter den unirten Ständen durch Eid und Lehenspflicht verbunden. Und wenn die begonnenen kriegerischen Bewegungen vorangehen, so dürften sich fremde Mächte einmischen, und das Reich schwerem Verderben ausgesetzt werden, „dabei dan die ritterschaft, als welche merer teils auf dem lant in offenen flecken wonet und ire gutter und vermögen hat, insonderheit interessirt." Die Ritterschaft möge also, statt dem Kaiser eine Contribution, zu der gar kein Grund vorhanden ist, zu bewilligen, ihn zur Herstellung des Friedens ermahnen. Bei denjenigen, bei denen es „am wenigsten verfenglich" erscheint, wäre endlich zu betreiben, dass die Ritter „uns auf den unverhoften notfal einen ritterdienst zu leisten unbeschwert sein wollen."[1] — Datum Heidelberg den 19. Augusti anno 1610.

München. Staatsarchiv. pf. 116/2 f. 237. Cpt.

[1] Rothenhan und Gemmingen berichten am 7. Sept.: sie haben sowol den Vertrautesten besonders, als auch der Gesammtheit der Ritter-

schaft die aufgetragenen Vorstellungen gemacht, so dass der Antrag der kaiserlichen Gesandten, welcher „uf zwo würcklich freiwillige gelthulf und ritterdienst gegründet gewesen," abgelehnt wurde, mit Berufung auf eine Resolution Karls V., nach der beim Schmalkaldischen Krieg der Ritterschaft der drei Kreise die Neutralität ebenso, wie der Dienst des Kaisers gestattet wird. Die kaiserlichen Commissarien wurden zugleich ersucht, den Kaiser um Erhaltung des Friedens und rascher Justiz anzugehen. Dem Churfürsten gegenüber brachten Rothenhan und Gemmingen die Ritterschaft zu keiner weitern Erklärung, da sie beschlossen hat, gegen keinen Stand, der sie bei ihrer Religionsübung und andern Freiheiten lässt, Hülfe zu leisten. Die Ritterschaft hofft auf gütlichen Ausgleich der Streitigkeiten im Reich, und will in Schreiben an den Kaiser und geistliche und weltliche Fürsten zur Erhaltung des Friedens auffordern; inzwischen sollen ihre Mitglieder gegen unversehene Nothfälle sich in gute Bereitschaft setzen. Dem Churfürsten ist die Ritterschaft unterthänig geneigt, „sonderlich wo kundbar würde, dem adel in e. chf. g. landen gesessen von iren beschwerden würcklich abgeholfen, und sie also in ruhe dero gütter und fraihaiten geniessen konten." (M. pf. 116/3 f. 8.)

Sept. 2. **244. Johann Friedrich Herzog von Würtemberg, Erklärung über das von Anhalt an Buwinkhausen übergebne Memorial (n. 235 Anm. 1).**

1. Glückwunsch zu Anhalts Hoffnung auf Jülichs baldigen Fall. 2. Es ist nöthig „auf künftige defension der Gülchischen landen und gaentzliche versicherung aller Unirten zu gedencken." Wie dies zu bewerkstelligen, dazu wird die Verhandlung in Köln Weisungen geben. Der Herzog wird inzwischen weiter nachdenken und seinen „zu Düsseldorf alsdan habenden gesanten" spezielle Instructionen ertheilen. 3. Eine neue Unionsversammlung scheint nicht rathsam. Es könnte über diese Sache bei der von Churpfalz berufenen Versammlung der Kriegeräthe berathen werden. 4. „Wie bei der possession der Gülchischen landen zu pleiben, würt obangeregter tractatus zue Cöln . . mit sich bringen." 5. Deshalb an den Kaiser zu schreiben, dürfte fast bedrohlich aussehen und vergeblich sein. Wenn Jülich gefallen ist, dann könnte man sehen, ob der Kaiser zu bewegen wäre, seinen Gesandten (nach Cöln) annehmliche Vorschläge aufzutragen; „wie dan i. f. g. die vorgeschlagene communication oder information mit den Oesterreichischen staenden zue desto besserer correspondentz wol beliebig." 6. Die Zwistigkeiten zwischen den possidirenden Fürsten werden schwerlich abzustellen sein. Die Unirten können nach Einnahme Jülichs eine ernste Mahnung an sie richten. Das von Churpfalz angedeutete „mittel der frembden potentaten halben" ist dem Herzog nicht ungenehm, falls dieselben sich darauf einlassen und dadurch nicht Herrn der Lande werden. 7. Der Herzog hat seine Quote erlegt. Bei weitern Bewilligungen wird er dasselbe thun. 8. Die Possidirenden dürften sich schwer über eine Garnison in Jülich verständigen. Die Unirten können ihr Volk auch nicht dazu verwenden; noch kann man die Bewachung der Stadt Fremden vertrauen. Es könnten die Unirten einen Gouverneur ernennen, der

beiden Fürsten zu verpflichten wäre. — Signatum Stutgart den 23. Augusti 1610.

München. Staatsarchiv 102/2 f. 134. Orig.

245. Johann Georg Markgraf von Jägerndorf an Churpfalz. Sept. 3.

Die dem Markgrafen früher berichtete Absicht des Königs Matthias „einen besondern abgesanten zu e. l. abzufertigen und wegen der hiebevor i. k. w. angetragenen correspondentz mit e. l. ferner conferiren zu lassen," wurde in Folge der Vergleichshandlung zwischen Matthias und dem Kaiser bei Seite gesetzt. Nun aber, nachdem jene Verhandlung „auf einen ort kommen," schreibt Matthias in einem vom Markgrafen eingesehenen Brief an „einen vornemen officirer" folgendes: „mit der correspondentz der fursten im heiligen reich seint wir bereit im werck und dieser tagen einen eigenen gesanten zu denselben abzufertigen entschlossen." Ein Gleiches ersieht der Churfürst aus beiliegendem vom König an die Bevollmächtigten seiner Lande, einen Tag bevor die fürstlichen Unterhändler von Wien abreisten, gerichteten Vortrag und aus deren Antwort hierauf. Da man indess in der erwähnten Vergleichshandlung den König mit allem Eifer von der Union durchaus zu entfernen und zur Unterstützung der Gegner zu gewinnen suchte, und da der Vergleich selber ohne Zuthun der Landstände des Matthias durch eifrig römisch gesinnte geheime Räthe desselben, unter denen Klesl „das factotum" gewesen, geschlossen ist, so wird der Churfürst, wenn die Gesandten des Matthias kommen, zusehen, ob sie zum Besten der Union oder nur zur Erforschung ihrer Geheimnisse abgefertigt sind. Erscheinen die Gesandten überhaupt nicht, so kann er annehmen, dass Klesl die Sache hintertrieben hat. — Datum Bresslaw an gehaltenem furstentage den 3. Septemb. sty. no. anno 1610.

München. Staatsarchiv pf. 116/3 f. 49. Orig.

246. Tagebuch, geführt während des Jülicher Kriegs.[1] (z. Th.) Juli 28 bis Sept. 4.

Stärke der deutschen Truppen.[2] — I. Reiterei. Brandenburg hat 730 Cavalleristen in sieben Fahnen (die erste mit 120,

[1] Dem Tagebuch gehen voraus Aufzeichnungen über die deutsche Armee in Jülich und deren Kosten (s. Anm. 2), sowie einige Actenstücke über die Bestallung Abrahams von Dohna zum Generalquartiermeister und Präsidenten des Kriegsraths. Ebenso schliessen sich an das Tagebuch einige Acten an, die sich theils auf den Jülicher Krieg, theils auf Missionen Abrahams von Dohna im Jahr 1610 beziehen. Der Verfasser des Tagebuchs wird in der Umgebung dieses Dohna zu suchen sein. — Von den militärischen Mittheilungen des Tagebuchs ist nur das nöthigste widergegeben.

[2] Es geht voraus ein Ueberschlag der monatlichen Ausgaben nach einzelnen Positionen. Derselbe ist abgeschlossen Mai 12. Die Angaben

246. die zweite mit 110, die andern mit 100 Mann). Oberst: Johann von Kettler. — Neuburg hat 600 Reiter in sechs Fahnen. Oberst: Graf Fritz von Solms. — Die Unirten haben 600 Reiter in fünf Abtheilungen unter dem Fürsten von Anhalt. II. Fussvolk. Brandenburg hat 2250 Mann (Garde des Markgrafen Ernst zu 200 Mann, acht Fähnlein zu 200, drei zu 150 Mann). Oberst: Graf Philipp von Solms. — Neuburg hat 2000 Mann (200 Mann Garde und neun Fähnlein) unter dem Obersten Carsilius von Palant. — Die Unirten haben zwei Regimenter zu je 2,180 Mann (in 10 Fähnlein zu 218 Mann) unter den Obersten Johann Philipp Fuchs und Meinhard von Schönburg. Unter letzterm stehen ferner 80 Dragoner.

Juli 28. Prinz Moriz trifft mit seiner Armee „bei dem dorf Mersen eine kleine stunde gehens von Gulich" ein und wird vom Fürsten Christian von Anhalt empfangen. Sein Heer zählt mit Einschluss der zwei französisch-niederländischen Regimenter und der englischen Truppen 136 Fähnlein Infanterie und 38 Fahnen Cavallerie. Die Unterredung zwischen dem Fürsten Christian und dem Prinzen Moriz bezog sich auf die Sicherung der Zufuhr von Düsseldorf, auf die von La Châtre verlangte Entgegenschickung von Geleitstruppen nach der Mosel (Graf Fritz von Solms wird mit drei Compagnien Reiter und einer Compagnie Dragoner abgesandt), die Umschliessung Jülichs und die Anlage von Approchen, dazu es dem Fürsten Christian an Geld fehlt. „Prinz Moritz hat im vertrawen meinen hern vergwisset, das reges et ordines, die uns helfen, des wesens so mude, das sie in summa gern friede hetten, mit den worten: wir seind nunmer so weit kommen, aber gewiss ich weiss nit wie; ir secours ist nicht so, das er lang könte weren. . . . Beide fürsten waren wol der meinung, erzherzog Albert wurde sich nit in diss wesen so stecken, das er die belaegerung ufzuschlagen sich würde understehen, sondern möchte eine diversion tentiren, vielleicht Dusseldorf anzugreiffen, oder sonsten ein einfal zu thun, wie dan solches an 50 oder mer orten konte geschehen. Derhalben sich vorzusehen."

In der Nacht vom 31. Juli auf den 1. August beginnen die deutschen und englischen Truppen zu approchiren in der Richtung auf das Schloss. Cecil theilte dem Fürsten von Anhalt mit: „er könte die tranchées nit bezalen, wan mein her im nit gelt liehe,

---

über die Stärke der Armee scheinen aus derselben Zeit zu sein und theilweise (z. B. hinsichtlich des Regimentes von Fuchs) eher das Soll als das Ist auszudrücken.

welches sein könig gaentzlich approbieren wurde." Am Abend des Juli 28
1. August erschien Boissise beim Fürsten Christian und erklärte: bis
„La Châtre wolte nit kommen, wo nit meines hern f. g. ime per- Sept. 4.
sonlich entgegen zöhe, oder 6000 zu fuss und 1200 pferd, ine zu beleitten, sickete zum wenigsten. Daruber dan mein her zimlich perplex worden." Am folgenden Tag führt Christoph von Dohna im Auftrage Anhalts dem französischen Gesandten das Unmögliche und das Unnütze jenes Ansinnens aus. Boisisse, Anhalt und Prinz Moriz schreiben darüber an La Châtre. Am selben Tag Ankunft Volrats von Plessen, Buwinkhausens, der würtembergischen, badischen, englischen und staatischen Gesandten. Sie werden in Hambach logirt. Daselbst finden sich am 16. August auch Markgraf Ernst und Pfalzgraf Wolfgang Wilhelm ein.[1] — Am 3. hat Anhalt „mit prinz Moritz allerlei gesprech gehabt, sonderlich wan got mit Gulich gluck geben wurde, das man den Ritberg besuchen und vielleicht gar in Deutschlant, die confoederirte zu secouriren, ziehen muste."

August 4. Beginn der Beschiessung Jülichs aus einer in den deutsch-englischen Trancheen aufgestellten Batterie von zwei ganzen und sechs halben Karthaunen. Am 10. August Errichtung einer neuen Batterie von sechs Kanonen „nah bei dem schloss." An demselben Tag wird aus beiden Batterien und dem Geschütz des Prinzen Moriz die „demy-lune oder ausserwerck," welches sich „fur der pointe des bolwercks am castel" befindet, beschossen, und dann das Werk erstürmt. Bei Besichtigung des Sturms durch den Fürsten von Anhalt trifft ein Schuss das Pferd und Seitengewehr des Fürsten. Von dem eingenommenen Aussenwerk, in welchem Niederländer und Deutsche sich festsetzen, Anlage neuer Laufgräben gegen die Stadt und das Schloss. Am 14. August errichtet Prinz Moriz eine Batterie von vier Geschützen, mit deren Hülfe er „den halben mon, so vor dem polwerck des schlosses nach der

---

[1] Ueber die Beschäftigung der assistirenden Gesandten berichten die badisch-würtembergischen Gesandten am 11. Sept.: sie sind „ein zeit lang von beden fürsten zu den gesambten deliberationibus nit gezogen," um den Präcedenzstreit mit den staatischen Gesandten zu vermeiden. Der churpfälzische Gesandte äusserte sich anfangs, „das er mit uns ein besonderes corpus oder consilium a part, wie vor disem geschechen, halten wölle." Aber hat sich „anjetzo in etwas abgesöndert," da die staatischen Gesandten ihm als dem Vertreter des Unionsdirectors die Session nicht streitig machen. (St. Pfalz E 35 fasc. 8.) Da dies Verhältniss blieb, so bat Sigmarshof den H. Würtemberg am 16. Oct. um seine Abberufung. (a. a. O.)

246. stat der Rur zu hinunterwerts liegt," einnimmt. Am 15. Einnahme des „ravelin zwischen beiden halben monen."

August 18. Fürst Christian und Prinz Moriz begrüssen beim „dorf Pier" den mit den französischen Truppen angelangten Marschall La Châtre. Die Franzosen erhalten Quartiere „zu Kasslau, Mertzenhausen, Bermen, Lintzenich, Bornem und Aldenhoven und Engelsdorf." Als am 19. diese Truppen besichtigt und dann in die Quartiere geführt wurden, befand man „anstat 8000 zu fuss nit uber 5000 an Frantzosen und Schweizern und zum höchsten 900 pfert anstat 1200. Das fussvolck ist schlecht genug gewesen, auch die carabiner, die ubrige reutterei wol beritten, aber mit pistoln und rustungen nicht zum besten versehen."[1] Prinz Moritz und Fürst Christian lassen inzwischen von den genommenen Aussenwerken aus, ersterer zur Rechten, letzterer zur Linken, Laufgräben gegen die Stadt anlegen. Am 25. sind beide Fürsten „in die tranchéen geritten, da sie in die gallerien besehen, deren etliche schon fast bis in graben fortgearbeitet." Am 26. äussert der Oberst Evessem, „das in printz Moritz quartier nunmer wol in 600 personen tot und schadhaft (seien). Er hielte es auch dafur, das in unserm weniger nit als 200 personen also beschedigt." Am 27. sind „beide gallerien, eine von prinz Moritz und eine von meinem hern (Anhalt), bis an den graben kommen, welchen man anfangen zu füllen. Unter dessen hat man die ubrigen gallerien gefertigt, unsere newe liny zur linken sambt dem corps de garde erweittert und vollendet. . . Gegen abend und die nacht haben wir den graben gefult und bis an das polwerck kommen und darin anfangen zu brechen."

Am 28. August (Samstags) hatte La Châtre die hohen Befehlshaber bei sich zu Tisch. „Prinz Moritz, als er gesehen, das nur fisch gespeiset wurden, sintemal sein brauch ist, seine meinung frei zue sagen, weil er auch nicht gern fisch isset, sprach er auf französisch zimblich laut: das ist ja eine naerrische religion, die meinen durch fischessen selig zu werden. Jederman schwieg stil dazu." — Am selbigen Tag wird Rauschenberg zur Uebergabe Jülichs aufgefordert. Er nimmt drei Tage Bedenkzeit. Es wird darauf „mit dem miniren und arbeiten" fortgefahren. Am 30. Aug. „hat man unsers teils uf die casematten noch starck geschossen. Des feinds contremine im polwerck ist los gangen und hat unsere mine gefult." Inzwischen kam Prinz Moriz mit seiner Mine der

[1] Vgl. Winwood an Trumbull. Aug. 22. (Winwood III S. 206)

Gegenmine des Feindes so nahe, „das man den feind reden hören.“ Er liess die Gegenmine durch zwei Petarden „mit einem instrument, so sie madrier heissen,“ zerstören. An demselben Tag sendet La Châtre mit vorheriger Zustimmung der Uebrigen einen seiner Leute, der mit Rauschenberg befreundet ist, zu einer Unterredung mit letzterm in die Festung. Rauschenberg erklärt, „er wolle in handlung sich einlassen.“ Juli 28 bis Sept. 4.

August 31. La Châtre, Fürst Christian, Prinz Moriz, die possidirenden Fürsten, Boissise, Christoph von Dohna und mehrere hohe Befehlshaber[1] berathen über Rauschenbergs Capitulationsbedingungen (Schutz der katholischen Religion, Restitution der Güter R.'s nebst einer Recompens und freier Abzug der Soldaten). Man beschliesst, in Verhandlung darüber einzutreten. „Unter dessen seint uber unsere zwo vorige gallerien noch drei andere in graben kommen, und hat einer mit dem andern in die wet gearbeitet. Wir haben ser starck uf die casematten geschossen. . . . Als man sowol aus unsern als prinz Moritzen stucken starck zu schiessen angefangen und in die 200 schuss gethan, ist die mauer am polwerck ser eingefallen.“ Am Nachmittag führte Graf Ernst von Nassau seine Gallerie über den Graben und begann „die mauer unden am polwerck zur mine und sprengung zu öfnen. Gegen abend zwischen 6 und 7 ur haben die soldaten in der stat von der mawren anfangen zu schreien: sie wolten sich ergeben, man solte doch nicht mer schiessen.“ Rauschenberg schickte zwei Capitäne zu La Châtre, worauf im Beisein des Fürsten Christian und Prinzen Moriz beschlossen ward, dass am folgenden Tag die Capitulation abzuschliessen sei. Dann wurde Waffenstillstand gemacht. — Es hatte im ganzen Prinz Moriz aus seinen Geschützen 4000, das Anhalt'sche Quartier 1200 Schüsse abgegeben. „Jeder schuss ist fast uf 3 reichstaler geschetzt.“ Dem Prinzen Moriz waren fünf, den Deutschen drei Geschütze geborsten.

September 1. Abgeordnete aus der Festung übergeben einen Capitulationsentwurf. An dessen Stelle wird im Kriegsrath (anwesend: die possidirenden Fürsten, Anhalt, Prinz Moriz, La Châtre, Cecil, Boissise und hohe Befehlsbaber) ein anderer angenommen, welchen „meren teils prinz Moritz — ausserhalb was die religion belangt — aufs papier bringen lassen.“ An demselben Abend wurden diese Artikel von Rauschenberg und seinen Capitänen

[1] Der englische und churpfälzische Gesandte waren nach Düsseldorf verreist zum Empfang des gefangenen Jesuiten Balduin.

246. unterzeichnet.[1] Am 2. Sept. legt Fürst Christian den Oberst-Lieutenant Pithan mit zwei Fähnlein (nachher kommen noch vier dazu) in die Festung Jülich, nachdem derselbe „in beider regirenden hern pflicht, solche vestung fur niemands als i. f. gg. und dero principain, nach austrag der sachen aber fur die halten (zu wollen), welchen das land mit recht zuerkennet wurde . . genommen worden; da dan er und zwei leutenant und fendrich den ait abgelegt." Nach Einzug Pithans in das Schloss „seind unsere in die 275 wagen, die ladungen, geret und krancken auszufuren, in Gulch kommen, da dan grosse unordnung mit pfertstelen, heuser berauben und anderm unheil vorgangen." Am selbigen Tag Auszug der Besatzung; es waren 500 Wallonen und 940 Deutsche, sämmtlich kriegstüchtig. Ausserdem hatte die Besatzung 400 Kranke und hatte nicht viel unter 200 Mann bei der Belagerung verloren.[2] In der Stadt fand man Mundvorrath nur für noch drei bis vier Tage. — Am 3. September Uebergabe Bredebands. Es zogen dort 160 Soldaten aus.

September 4. La Châtre bittet die possidirenden Fürsten um seinen Abschied.[3] — Die Fürsten nebst den assistirenden Gesandten legen folgende Fragen vor: 1. „was anzufangen nach einnemung Gulich? 2. was fur plaetz zu zerstören? 3. was fur volck abzudancken? 4. wer sol obrister zu Gulich sein? 5. wie man mit Sachsen es zu halten? 6. ob wegen der schantz bei Reinberg an erzherzog Albert etwas zu gelangen? — Als dieses erstlich mit prinz Moritzen geret, hat er lachent gegen meinen hern (Anhalt) gesagt: es könte ein nar so viel fragen, als zen klnge kaum druf antworten, doch ist endlich hierauf geschlossen worden: ad 1. weil der winter nunmer herbei, und auxiliarii abzögen, so könte weder

---

1 Die Capitulation in Relatio historica . . welcher Gestalt sich der Krieg in Gülich angefangen etc. 1610. Auch bei Dumont V 2 S. 253. Vgl. Winwood an Salisbury. Sept. 1. (Winwood III S. 210.)

2 Am Schluss des Tagebuchs wird bemerkt: nach allgemeiner Ansicht der Kriegsverständigen hat sich die Besatzung nicht tapfer genug gehalten. Zu Anfang hätte sie durch Ausfälle die Anlage der Laufgräben hindern müssen; die Aussenwerke hätten besser vertheidigt werden sollen. Etliche meinen, man habe die Soldaten „zu keinem ausfal gelts oder anders mangels halben bringen können." Andere meinen, man habe sie zur bessern Bestellung der Wachen auf den Mauren und Bollwerken schonen wollen.

3 Der Abzug der Franzosen erfolgte am 9. September. — Vgl. über denselben und Frankreichs Absichten dabei Winwood an Chambertain. Sept. 2. Beaulieu an Trumbull. Sept. 24. (Winwood III S. 211, 217.) Puisieux an Boderie. Sept. 16. (La Boderie V S. 416.) Ueber des Chf. Pfalz Bitte um einen Theil der französischen Armee zu seiner Vertheidigung vgl. Edmonds an Winwood. Aug. 28. (Winwood III S. 206.)

mit Ritberg noch mit etwas anders mer vorgenommen werden. Man solte nur acquisita conserviren. 2. Obwol etliche, auch unter andern mein her (Anhalt), der meinung gewesen, man konte unserer reuter etliche abdancken, so ist doch prinz Moritz daruf bestanden, wir solten niemand abdancken. Etliche plaetz, als Hambach, Dietz, Aldenhoven etc., weren zu schleiffen. 4. Pithan könte interimsweise zu Gulich commandiren. 5. Die interposition der konige und fürsten bei Sachsen were zu versuchen. Mit etlichen pipen weins konte auch ein versuch gethan werden. Da es mit gewalt wolte angreiffen, musten wir uns mit gewalt wiedersetzen. 6. Dem erzherzog ist geschrieben und fur gut angesehen worden, das man in ferner nit bewegen solte, weil er die neutralitet so fleissig gehalten. Juli 28 bis Sept. 4.

Der französische gesante hat auch an die hern gesonnen, die königin begerte, wan Gulich eingenommen, man solte, weitleuftigkeit zu verhuten, den prinzen von Uranien zum gubernator in Gulich ordnen. Welches die fursten mit einem glimpflichen schreiben an den gesanten abgeleint und zu verstehen geben, die sachen weren nunmer in einem andern zustant."[1]

Es folgen noch einige Notizen für die Zeit bis zum 14. September, aus denen ich nur folgende hervorhebe (zum 13. Sept.): „die Stadische gesanten haben sich erbotten, wan man es begert ongefer 2000 zu fuss und 1500 pfert den hern in irem dienst zu uberlassen, das sie in Clevischen landen oder sonsten in besatzung blieben behaften: ire hern die Staden wurden es gern, oder doch zum wenigsten das bewilligen, das solche anzal in iren landen alzeit fertig gehalten wurde, den hern zu dienen und beizuspringen; man solt doch nur sie umb etwas dergleichen ansprechen; weil man aber geschwiegen, so wolten sie reden. —

[1] Vgl. der geh. Rath an Winwood. Oct. 8. (Winwood III S. 222.) Die possidirenden Fürsten schreiben am 3. Sept. an Boissise: auf die „ouverture que vous nous avez faicte de la part de la royne regente touchant la personne de mr le prince d'Orange," erneuern die Fürsten nebst F. Christian von Anhalt die Tags vorher gegebene Erklärung, dass vor Ankunft des Couriers von Boissise die Capitulation von Jülich erfolgt war und es daher nun nicht mehr in ihrer Macht steht „de rien changer de ce qui a esté resolu pour la garde de ceste place de Juillers." Wollte man übrigens auch mit Zustimmung der assistirenden Fürsten und Mächte in dieser Hinsicht etwas ändern, so würde man die Früchte des ganzen Unternehmens verscherzen. Dieselbe Antwort werden die Fürsten dem Lgr. Hessen-Darmstadt und den andern in Cöln versammelten kaiserlichen Deputirten geben, „estants bien advertis que ces propositions ne sont qu'artifices de ceulx qui ne nous veulent point de bien et aultant (?) d'importunitez a la reine et a messieurs de son conseil." Boissise möge also die Fürsten bei der Königin entschuldigen. (München. Reichsarchiv LXXI 188/1.)

Daraus dan zu sehen, das ein vetter oder bruder nit besser bei jemant als die Staden bei den fursten thun können. Von diesen wird ferner mer geret werden."

Schlobitten. Manuscriptorum tom. XXII. Orig.

Sept. 5. **247.** Joachim Ernst Markgraf von Anspach an Churpfalz.

Die Leopoldischen Truppen sind auf Markolsheim gezogen und sollen in den umliegenden Orten in Quartier liegen bleiben. Diese Orte, obgleich zu den östreichischen Landen gehörig, liegen doch hart am bischöflich-strassburger Gebiet, ausserdem legen die Truppen ihr Magazin in dem bischöflichen Ort Markolsheim an. Dies scheint dem Markgrafen dem Willstetter Vertrag nicht zu entsprechen. Gleichwol gedenkt derselbe, „weil wir die resolution von e. l. haben," am folgenden Tag den „zug gegen die Reinbrücke zu nemen."[1] — Datum Molzheim den 26. Augusti anno 1610.

München. Staatsarchiv pf. 116/2 f. 311. Orig.

[1] Mit Bezug auf die Einlagerungerung bei Markolsheim schreibt Churpfalz am 9. Sept. an Reinhard Gr. Hanau: bei dem Zweifel über die Absicht des Gegners müssen die Unirten ihre Truppen etwas langsam abführen. Der Graf möge also den Truppen an den Orten, wo sie jetzt sind, einige Tage Quartier gestatten, und ihnen gegen billige Erstattung mit Proviant aushelfen. (f. 333) Dies Schreiben wurde auf einen Vorschlag Anspachs verfasst. (Churpfalz an Baden. Sept. 9. f. 334.) Am 11. Sept. schreibt der Churfürst an den Grafen, das nöthige an Getreide und Wein solle während der Einquartirung von Pfalz, Würtemberg und Baden geliefert werden. (M. pf. 116/3 f. 5.)

Sept. 7. **248.** Rosenberg an Churpfalz.

Der Oberst Gotthard von Starhenberg, vom Kaiser nach Oestreich und Mähren geschickt, hat dem Rosenberg angezeigt, „wie das die Röm. Kai. M. gewilt weren, sich in e. l. union zu begeben. Den s. M. weren von meisten teils conventualn in der Wienerischen tractation hindangesetzet. Dern enden were alles auf Munschen transferirt worden. Die k. M. in Ungarn wolten kurtzumb den dritten als burgerstant nicht passieren lassen. Gingen auf mittel, die furnembsten, so bis anhero in religions- und deme dependirenden sachen das beste gethan, aus dem weg zu reumen, und sonderlich hetten sie eine liga fur, daraus sie i. Kai. M. schliesseten. Aus diesem ende wöllen die Kai. M. den Wienerischen beschluss nicht ratificiren, sondern ziehen ine auf und lassen hierinnen durch besagten von Starnberg in Osterreich und Maeren furnemsten teils umb widererlangung dieser laender in aller geheim anhalten. I. Kai. M. versehen sich, wir wurden aller orten guete furbereitungen fur- und ergehen lassen. Unsern seits haben wir den von Starnberg eillents passiren lassen und ime dahin anleutung geben, wen wir seiner verrichtung progress verstendigt wurden, das wir auf der Röm. Kai. M. weitter und merers gnedigstes begeren denen dingen allermassen recht thuen wolten. Ob nun wol die Röm. Kai. M. die noch anwesende hern conventualn in Prag in suspenso halten, zwar hoch in etlichen extremaden disgustirt, und aber dern und andern seits keine furbereitungen zu einicher verbesserungen ergehen lassen, als sehe uns in warheit diese sachen fur ein besonderes werck von oben herab und so weit an, das dergleichen dem tertio zum besten gereichen, und wovern die götliche almacht die einnamb der vestung Gulch zeitlich verhengt, das e. l. in solcher bereitschaft die furstehende schröckliche unruhen ser leicht dempfen und alle teil wol zum instant leiten, bringen und schaffen können." [1] — Datum Witingaue den 7. Septembris anno 1610.

München. Staatsarchiv pf. 342/37 f. 7. Cop.

[1] Rosenberg sendet eine Abschrift dieses Briefes an Neuburg (Sept. 7 f. 6.)

249. Friedrich IV. an die Unirten. Sept. 8.

Uebersendet den Entwurf des beim Heilbronner Tag beschlossenen in Druck zu gebenden Ausschreibens mit Bitte um ein in zwei bis drei Tagen zu beförderndes Bedenken. Denn da unter den vielen Geschäften des Churfürsten es mit der Abfassung etwas spät geworden ist, „die practiken aber auf der gegenseitten gantz geschwint, und sowol vorneme staend, als die ritterschaft und der gemeine man fast allenthalben wider unsere christliche union verhetzt und verbittert gemacht werden wollen, so ist disfals summum periculum in mora." [1] — Datum Heidelberg den 29. Augusti anno 1610.

München. Staatsarchiv pf. 116/2 f. 332. Cpt.

[1] Die Aeltern und Geheimen von Nürnberg erwidern am 15. September: die Sache ist zu wichtig, als dass die Stadt sich in der angegebenen kurzen Frist entschliessen kann. Will indess der Churfürst ohne weiteren Verzug zur Publication schreiten, so möge dieselbe unter Weglassung der Namen der Städte geschehen. Denn die Schrift handelt vornehmlich von der Reformation der kaiserlichen Regirung und der Entschuldigung der Einlagerungen in Würzburg, Bamberg und Strassburg. Wie aber die Städte sich dieser Einlagerungen nie theilhaftig gemacht haben, „als erkennen wir uns auch zu wenig, i. Kai. M. oder deroselben kaiserlich regiment und hof zu reformiren." (M. pf. 116/3 f. 73.)

250. Friedrich IV. an Würtemberg. Sept. 8.

Die Erklärungen von Neuburg, Anspach, Hessen-Cassel und Baden über den Entwurf des Bündnisses mit England [1, 2] sind eingekommen und stimmen fast durchaus mit den churpfälzischen Bedenken überein. Da die Sache Eile erfordert, so übersendet der Churfürst eine auf Grund dieser Erklärungen verfertigte Instruction für Anhalt. [3] Ausstellungen möge der Herzog ungesäumt übersenden. Ist er aber mit der Instruction einverstanden, so möge er sie

250. unterzeichnen und an Anspach weiter senden.[1] – Datum Heidelberg den 29. Augusti anno 1610.

Stuttgart. Unionsacta VI f. 248. Orig.

[1] Am 12. August sendet Churpfalz an Neuburg (und zugleich wol an die andern unirten Fürsten) den englischen Bundesentwurf (n. 204 Anm. 2) und bemerkt: er sei fast durchweg einverstanden. Wegen der Worte in Art. 2 „contre quelconque que ce fust" könne in der Acte ausdrücklich bemerkt werden, dass das Bündniss Erhaltung der kaiserlichen Autorität, der Reichsgesetze, der deutschen Freiheit und besonders der evangelischen Religion bezwecke. Zu Art. 3: sei zu dem Hülfscorps auch Geschütz zu stellen? Der Churfürst sei dagegen wegen der Schwierigkeit des Transportes. Zu Art. 9: man möge den Termin auf 4–5 Jahre setzen. Der Herzog wird schliesslich gebeten, dem Churfürsten über dies Actenstück sein Gutachten unverzüglich zu geben, damit, nachdem die Unirten sich ausgesprochen haben, die Sache zum Abschluss gebracht werden könne, so lange der englische und der staatische Gesandte noch in Düsseldorf seien. Der Herzog könne seinem Sohn in Düsseldorf für den Fall Auftrag ertheilen. (M. pf. 342/5 f. 325.) Neuburg erwidert am 26. August mit folgendem Gutachten: zu Art. 2 sind die Worte „contre quelconque que ce fust" durch Vorbehalt des auf Erhaltung der Reichsgesetze, der kaiserlichen Hoheit und jeglichen Standes gehenden Zweckes des Bundes zu beschränken. Gut wäre es auch, wenn die Verpflichtung zur Hülfeleistung, falls der König oder seine Unterthanen ausserhalb der königlichen Reiche angegriffen würden, beseitigt werden könnte. Zu Art. 3: Zugabe von Geschütz zu den 6000 Mann ist wol nicht beabsichtigt und nicht wol thunlich. Ob aber die Lieferung von „kraut und lot, zundstrick etc." einverstanden sein soll, darüber hat man sich bei der schliesslichen Verhandlung aufzuklären. Es wäre, zumal da der Eintritt der Grafen und Städte in dies Bündniss zweifelhaft ist, gut, wenn man die Gegenhülfe (Art. 4) auf die Hälfte herabsetzen könnte. Doch soll man dieser Bedingung wegen dies Bündniss nicht scheitern lassen. Den Unirten ist als Hülfe Geld dienlicher als Truppen. Zu Art. 9: der Termin ist auf 4–5 Jahre zu erstrecken. Art. 11: tritt der Fall der Abberufung der Hülfe ein, so „könte man alzeit den könig als einen maechtigen potentaten umb die continuation der geschickten hülf ersuechen." Art. 13: man könnte eine Zeit, 8–10 Jahre etwa, bestimmen. Hinsichtlich der Nachfolger setze man fest, dass sie auf Begehren aufgenommen werden sollen. (M. pf. 342/5 f. 146.) An demselben Tag erinnert Neuburg den H. Würtemberg und Mgr. Baden, dass bei den Unionsversammlungen ihre Gesandten unter einander „in viel weg vertraulich correspondirt und zusamengehalten." Deshalb mögen auch die würtembergischen und badischen Gesandten bei den Schlussverhandlungen über das Bündniss zu Düsseldorf mit Wolfgang Wilhelm „vertreulich communicirn" und in Sachen, die sich auf den Kaiser, die Reichsgesetze „und sonderlich die evangelische religion Augspurgischer confession" beziehen, „mit einander also procedirn, . . damit man diser orten nicht anstosse." (f. 151.) Der Mgr. Culmbach erklärt sich in einem Schreiben vom 30. Aug. mit den Erinnerungen des Chf. Pfalz einverstanden und bemerkt ferner: die Stelle, welche von widerrechtlichen Gewaltthaten spricht, die wegen des den possidirenden Fürsten zum Schutze ihres Jülicher Besitzes und ihrer Rechte zu leistenden Beistandes verübt werden möchten, ist zu streichen oder zu „mildern," da die Jülicher Sache keine Unionssache ist, die übrigen Interessenten dadurch gereizt, und die Union als parteiisch und ihren frühern Erklärungen zuwiderhandelnd verhasst gemacht werden würde. Der Passus über die Gegenhülfe ist so zu be-

schränken, dass man dem König nur dann zur Hülfe verpflichtet ist, wenn er im eignen Königreiche angegriffen wird. Der Vorbehalt aber, dass der König und die unirten Fürsten zu keiner gegenseitigen Hülfe verbunden seien, so lange der Jülicher Krieg daure, wäre aus den oben angeführten Gründen zu streichen. Dass die Dauer des Bündnisses „nach der union ad decennium zu richten," wie es im 15. Punct näher bestimmt ist, (sic!) entspricht ganz der Ansicht des Markgrafen. (M. pf. 117/2 f. 50.) Sept. 8.

[2] Auf ein mit dem Schreiben an Neuburg (Anm. 1) gleichlautendes Schreiben des Chf. Pfalz an Würtemberg statten des letztern Landhofmeister, Marschall, Kanzler, sowie die Räthe Stickel, Jäger und Kielmann am 19. August folgendes Gutachten ab: nach der Instruction für den H. Ludwig Friedrich von Würtemberg sollte in Sachen der Vereinigung mit England „nichts gewisses geschlossen werden;" dieses sollte erst geschehen, wann England seine Gesandten nach Düsseldorf schickte. Buwinkhausen hat nach Abreise des Herzogs „über die instruction sich in weittere tractation laut überschickter articul . . eingelassen, auch darauf ein original resolution erlangt." Sich „mit auslaendischen potentaten so weit einzulassen" ist aber nach Jägers wol bedachter Erinnerung „dem jüngsten Hallischen generalabschiet gar zuwieder" und für den Herzog sehr bedeutsam, „weniger aber deroselben noch zur zeit hierzue zu raten." Ehe daher der Herzog dem Chf. Pfalz eine definitive Antwort gebe, möge er von Buwinkhausen, den er zu erfordern hätte, ausführliche Relation entgegennehmen. Nachher hat er sich nicht nur gegenüber dem Churfürsten zu erklären, sondern auch mit andern Churfürsten und Fürsten „umbstaendlich zu communiciren." (St. Unionsacten VI f. 160.)

[3] Dieselbe ist vom 7. Sept. und enthält folgendes: die unirten Fürsten nehmen die englische Resolution unter folgenden Modificationen an: 1. zur Erklärung der Worte „wider menniglich" (n. 2) wäre im Eingang zu bemerken, dass für die unirten Fürsten der Zweck dieser Verbindung einzig bestehe in Erhaltung der evangelischen Religion, der kaiserlichen Autorität, der Reichsgesetze, der deutschen Freiheit und des Friedens im Reich. 2. man möge (n. 3) bei der Bundeshülfe kein Geschütz verlangen wegen der Schwierigkeit des Transportes. Soweit es ohne Anstoss geschehen kann, suche man die Worte „soit dedans ou dehors ses royaulmes" etwas einzuschränken. Da die Fürsten statt Truppen die Hülfe auch in Geld sollen verlangen können, muss man sich vergleichen, wie hoch die Unterhaltung der 6000 Mann für einen Monat zu berechnen, wo und wann das Geld zu erlegen sei. 3. Liesse es sich ohne Anstoss erreichen, so wäre die Gegenhülfe der Fürsten — wie man es auch an Frankreich begehrt hat — wol auf die Hälfte der englischen Hülfe herabzumindern. Der Unterhalt dieser Truppen „were zu behalten, wie er bei der union gemacht" ist. 4. Erstattung von Geld und Unkosten (n. 9) hätte in 4—5 Jahren nach der Leistung zu erfolgen. — Was der Fürst „hierüber" mit dem englischen Gesandten schliessen wird, werden die unirten Fürsten ratificiren. — Die Staaten hatten in Sachen der Correspondenz erklärt, sie wollten des K. England Erklärung abwarten. Da diese nun erfolgt ist, so sind die Staaten aufgefordert, ihre Erklärung ihrem Gesandten in Düsseldorf zu schicken. Anhalt wird den Gesandten um diese Erklärung ersuchen, dieselbe den unirten Fürsten berichten, damit letztere die Verbindung mit den Staaten ebenfalls während Anwesenheit ihres Gesandten in Düsseldorf zum Abschluss bringen können. (M. Reichsarchiv LXVIII 173.)

[4] Der Herzog erwidert am 17. Sept.: er habe die Instruction, obschon es ihm schwer ankomme, „den beschluss absolute aus handen zu geben," nebst der Vollmacht unterzeichnet. Er vertraue, dass An-

28*

halt die Interessen der Unirten wahren werde, und bitte besonders, dass, wenn etwas für die Unirten Wichtiges „in tractatione vorfallen solt," Anhalt vor dem Schluss darüber berichte. Anhalt werde bedenken, wie beschwerlich es den Unirten sein werde, etwa für einen von ihnen, der sein Contingent zur Bundeshülfe nicht stelle, aufzukommen. Auf der Herabsetzung der Bundeshülfe auf 3000 Mann hätte Anhalt wo möglich zu bestehen. Wünschenswerth, aber schwerlich zu erlangen wäre auch eine Milderung des 8. Artikels, der den Unterhalt der Bundeshülfe „über jar und tag" auflegt.

Sept. 8. **251.** Friedrich IV. an Neuburg.

Es wird „zu Düsseldorf und daselbst herumb, sonderlich wegen der kaiserlichen commission in den Gülchischen sachen, wie auch tractation zu völliger schliessung der mit Engellant und den hern Generalstaden angefangenen engern correspondentz und sonsten etliche zusammenkunften und beratschlagungen mit den anwesenden auslaendischen gesanten geben." Hierbei sind Präcedenzstreitigkeiten mit den Staaten, welche die Hauptsache schwer schädigen können, zu besorgen. Um nun letzteres zu verhüten und in erstern den deutschen Fürsten keinen Nachtheil zuzufügen, scheint es am besten zu sein, den Fürsten von Anhalt allein im Namen sämmtlicher unirter Fürsten zu bevollmächtigen. Für den Fall, dass der Herzog hiermit einverstanden ist, übersendet der Churfürst ihm beiliegende Instruction zur Genehmigung resp. Verbesserung und bittet ihn, dem Fürsten seine Vollmacht sofort zuzusenden.[1] Eine Gesammtvollmacht nebst der Instruction zur Unterzeichnung herumzuschicken würde zu viel Zeit erfordern. — Datum Heidelberg den 29. Augusti anno 1610.

München. Reichsarchiv LXVIII 173. Cop.

[1] Auf Grund des Schreibens des Chf. Pfalz vom 12. Aug. (n. 250 Anm. 1) hatte der H. Neuburg seinem Sohn Wolfgang Wilhelm am 24. August eine Vollmacht geschickt, mit der besondern Anweisung, keinen Beschluss zu gestatten, der gegen den Kaiser sei oder zum Nachtheil „unser allein seligmachenden religion Augspurgischer confession." (M. Reichsarchiv LXVIII 173.) Desgleichen beauftragte er ihn, bei den Verhandlungen gutes Einvernehmen mit den würtembergisch-badischen Gesandten zu halten. (Aug. 26. a. a. O.) — Auf obiges Schreiben des Chf. Pfalz vom 8. Sept. erklärt der Herzog seinem Sohn am 12. Sept.: er erwarte, letzterer werde auf Grund der früher erhaltenen Vollmacht zu den Verhandlungen neben Anhalt zugelassen werden. Für den Fall, dass er (der Herzog) aber den F. Anhalt bevollmächtigen müsse, übersende er dem Pfalzgrafen eine solche Vollmacht, die er dem Fürsten „entweder plenarie oder substitutionsweis" übergeben möge. Zur Sache erinnere er (wie er auch dem Churfürsten geschrieben), dass er's bei seinem dem Churfürsten gesandten Bedenken (n. 250 Anm. 1) lasse. (a. a. O.)

Sept. 10. **252.** Bürgermeister und geheime Räthe zu Kempten an Churpfalz.

Beiliegendes Schreiben des Kaisers (Mahnung, gegenüber dem auf Zerrüttung des gemeinen Friedens zielenden Vorgehens der

Union sowie bisher im Gehorsam gegen die kaiserliche Regirung zu verharren) wird durch Irrthum an Kempten addressirt und für Lindau oder Isny, die bisher den Beitritt zur Union verweigert haben, bestimmt sein. Der Churfürst möge ein Gutachten geben, ob und wie das Schreiben zu beantworten sei. Zugleich erbittet man sich „copias oder ainen abtruck" der im Heilbronner Abschied in Aussicht gestellten „information von diser union aigentlichen beschaffenheit" zur Beseitigung von „widerigen gedancken, forcht und ungedult bei dem gemainen man, so dergleichen kaiserliche mandata und schreiben, auch andere taegliche betrövungen der Papisten und Neutralisten, furnemlich die jungst zu Passaw beschehne aufhaltung der Nurmberg- und Ulmischen kaufleut und derselben gueter[1] causieren." — Datum den 30. Augusti anno 1610.

München. Staatsarchiv pf. 116/3 f. 62. Orig.

[1] Vgl. darüber die Correspondenz zwischen Churpfalz und den oberöstreichischen Ständen. Kurz S. 410 fg.

253. Friedrich IV. an die Aeltern und Geheimen von Nürnberg. Sept. 11.

Hat das Schreiben vom 6. September empfangen. Da den nunmehr auf die rechte Rheinseite geführten Unionstruppen, wenn Unordnungen verhütet werden sollen „etwas besoldung" bezahlt werden muss, der erste Termin der 27 Monate aber noch nicht von allen Ständen eingesandt ist,[1] „als haben wir abermaln uf unsern credit soviel ufgebracht, das innerhalb zwen tagen gemeltem kriegsvolck ein monatsold bezalt werden sol." Um nun die nöthigen Summen zur Hand zu schaffen, hat des Churfürsten Kammermeister Koch Auftrag, das von und in Nürnberg eingelieferte Geld in Empfang zu nehmen. Der Churfürst wird sorgen, dass die Bedingungen Nürnbergs, besonders hinsichtlich Berichtigung der Rechnung, gänzlich erfüllt werden. — Datum Heidelberg den 1. Septembris 1610.

München. Staatsarchiv pf. 116/3 f. 2. Cpt.

[1] Bis zum 30. Aug. hatten erst Würtemberg und die Stadt Speier den ersten Termin der in Heilbronn bewilligten 27 Monate erlegt. Der Chf. Pfalz richtete damals (Aug. 29 und Sept. 3) ein Mahnschreiben an die Unirten. (Churpfälz. Resolution auf Helmstätters Werbung. Aug. 30. M. pf. 116/2 f. 256. Churpfalz an unirte Fürsten und Städte. Aug. 29, Sept. 3. f. 234—243.) Die badischen Räthe erwiderten dem Churfürsten am 31. August: da der Mgr. Baden nach Ausweis der jüngst übersandten Rechnung mehr ausgelegt hat, als der erste und zweite Termin zusammen betragen, so möge er der angesonnenen Zahlung überhoben bleiben. (M. pf. 116/2 f. 282.) Churpfalz entgegnet am 2. Sept.: auch er habe mehr als 100,000 fl. über seine Schuldigkeit bei der Elsasser Expedition ausgelegt. Wenn jeder auf solche Gründe seine Beisteuer zurückhalten wolle, so werde man die Truppen nicht bezahlen können. Die badische Quote möge also baldigst erlegt werden. (f. 283.) Trotzdem schreibt Baden am 14. Sept. an Churpfalz: seine Räthe haben berichtet, „das angeregte 27 monat unser teils an barer erstattung und

andern zu disem werck notwendigen ausgaben albereit bis auf 3,500 gulden erlegt." Der Markgraf hat angeordnet, dass diese Summe sofort an Dathenus oder den Pfennigmeister geliefert werde. Er würde gern ein Mehreres gethan haben; allein ein Mahnschreiben des Churfürsten vom 10. Sept. ist ihm soeben erst, da Dathenus bereits erwartet wird, übergeben. (116/3 f. 51.) Zweibrücken schickte die 8 Anticipationsmonate und das erste Ziel der 27 Monate nach Abzug seiner Pariser Gesandtschaftskosten an Churpfalz. Der Churfürst erhebt dagegen Vorstellungen am 14. Sept. M. pf. 116/3 f. 23.) Ueber Lgr. Moriz vgl. dessen Schreiben an Widemarker. Sept. 18. (Rommel VII S. 509.) Die Stadt Worms erklärt am 31. August: da die 27 Monate von den meisten städtischen Gesandten nur ad referendum und mit Bedingung bewilligt sind, so wird die Stadt nach Benehmen mit den andern Städten sich baldigst erklären. (M. pf. 116/2 f. 281.) Nürnberg schreibt am 6. September: der erste Termin der 27 Monate liegt bereit, ebenso haben Rotenburg und Windsheim denselben nach Nürnberg gesandt: alle drei Städte aber halten fest an den in Nürnbergs Schreiben vom 31. Juli (n. 217) aufgeführten Bedingungen. Nürnberg hat nun das gesammte Geld nach Amberg geschafft, nicht nur weil es an einer sichern Gelegenheit nach Heidelberg fehlte, sondern auch weil die in der Oberpfalz liegenden Unionstruppen gleichfalls bezahlt werden müssen. Die Stadt hofft übrigens, dass die erwähnten Bedingungen — besonders Berichtigung der Rechnungen und Aussetzung der ungehörigen Posten — vollständig nunmehr erfüllt werden, „angesehen wir sonsten ins künftig mit dem übrigen notwendig an uns halten müsten; dan so wenig wir und andere erb. unirte staet uns jemals anderer nebensachen, sonderlich der Elsassischen expedition, tailhaftig machen können oder wollen, also wenig sein wir es hinfüro zu thun bedacht." — *P. s.* Der Gr. Oettingen und die Stadt Kempten haben dieser Tage ebenfalls den ersten Termin der 27 Monate erlegen lassen. Dieses Geld, sowie der Rest der 8 Monate (5258 fl.) steht zur Disposition. (f. 335, 336.)

Sept. 11. **254.** Friedrich IV. an Würtemberg.

Trotz des Churfürsten Einladung vom 28. August hat der Herzog keinen Kriegsrath nach Heidelberg gesandt.[1] Da indess der Markgraf von Anspach und die Kriegsräthe von Hessen, Strassburg und Nürnberg eintrafen, und Verzögerung nicht statthaft war, so wurde die Frage, wohin die aus dem Stift Strassburg gezogenen Unionstruppen zu führen seien, erwogen, und beschlossen, die zur Zeit „umb Wilstat in dem Hanauischen gebiet" liegenden Unionstruppen dort so lange zu lassen, bis man sehe, wohin die Leopoldischen Truppen ziehen wollen.[2] Denn wenn letztere sich auf die Dauer bei Markolsheim aufhalten, so ist das Gebiet von Würtemberg, Baden, Pfalz und der Stadt Strassburg vor ihren Einfällen nicht gesichert. Da der Graf von Hanau dem Kriegsvolk nicht etliche Tage lang den Proviant liefern kann, so hielt man für gut, dass Churpfalz das Korn, Baden und Würtemberg den Hafer und Wein gegen Bezahlung liefern sollten. Der Herzog wird gebeten, diesem letztern Beschlusse gemäss die nöthigen Anordnungen zu treffen und seinen Kriegsrath zur Fortsetzung der Berathungen nach Heidelberg zu senden. — Datum Heidelberg den 1. Septembris 1610.

München. Staatsarchiv pf. 116/3 f. 7. Cpt.

[1] Am 28. August statten der churpfälzische Kanzler und Räthe folgendes Gutachten ab: da der Vergleich im Elsass zu Stande gekommen ist, wäre nunmehr der in Heilbronn beschlossene Kriegsrath zu versammeln, um zu berathen, wohin das Kriegsvolk zu führen ist, wie das Proviantwesen einzurichten, und wie die Disciplin zu bessern ist. Gut wäre es, dass auch von den beiden Markgrafen einer den Berathungen beiwohnte. (M. pf. 116/2 f. 202.) Demgemäss ergingen alsbald die erforderlichen Einladungsschreiben. In dem Schreiben an Würtemberg (Aug. 2. f. 220.) heisst es: da in den Berathungen auch politische Angelegenheiten vorkommen werden, so möge der Herzog neben dem Kriegsrath auch einen politischen Rath abordnen. Würtemberg fertigt darauf am 11. Sept. den Rath Kielmann nach Heidelberg ab, um die Ursachen der unterlassenen Abordnung eines Kriegsraths vorzutragen und den Verhandlungen „ad audiendum et referendum" beizuwohnen. (M. pf. 116/3 f. 38.) — Auf die Heidelberger Verhandlungen wird sich das Schreiben des Lgr. Moriz an Widemarker (Sept. 18. Rommel VII S. 509) beziehen.

[2] Ueber das Verhalten der Unionstruppen giebt ein Schreiben des Chf. Pfalz an Anspach vom 12. Sept Aufschluss: zu den bei Anwesenheit des Markgrafen erfolgten Erinnerungen der Strassburger und Nürnberger Kriegsräthe bezüglich der Disciplin sind, nachdem der Markgraf am gegenwärtigen Tage abgereist war, dem Churfürsten neue Vorstellungen gemacht: er möge sorgen, dass die Disciplin gebessert werde, „und die union sowol bei freunden und feinden nit mer, als sie leider albereit ist, verhast gemacht, noch auch ursach gegeben werde, das dieselbe nit etwan ganz und gar zu hochstem schimpf und schaden widerumb zerfalle." Daher bittet der Churfürst den Markgrafen auch seinerseits, er möge forthin, da die Soldaten nunmehr „mit etwas gelt versehen," ihnen keine Ungebühr ohne ernstliche Strafe durchgehen lassen. (M. pf. 116/3 f. 12.)

255. Johann Friedrich Herzog von Würtemberg an Churpfalz. Sept. 12.

Hat des Churfürsten Schreiben nebst den Entwürfen „die defensionsanstellung betreffent" erhalten und wird letztere seinen dazu verordneten Räthen zur Berathung sofort zusenden, mit dem Befehl, ihm das Bedenken unverzüglich zur Resolution zu unterbreiten. — Datum Erpach den 2. Septembris anno 1610.

München. Staatsarchiv pf. 116/3 f. 61. Orig.

256. Markgraf Ernst und Pfalzgraf Wolfgang Wilhelm an die unirten Fürsten. Sept. 13.

Einnahme von Jülich und Bredeband. Die Fürsten haben nunmehr alle ihnen von den Gegnern vorenthaltenen Orte inne, und es handelt sich darum, den Besitz zu sichern. Deshalb und um die vom Prager Convent vorgeschlagene Verhandlung zu einem günstigen Vergleich zu lenken, mögen die Unirten ihre Hülfstruppen noch eine Zeit lang, bis man den Ausgang der erwähnten Verhandlung sieht, beisammen halten. Hierdurch wird den andern assistirenden Mächten[1] zu gleichem Verhalten Anlass geboten.[2] — Datum Hambach den 3. Septembris anno 1610.

Stuttgart. Pfalz B 35 fasc. 8. Cop.

[1] Ueber die französischen Truppen vgl. n. 246 S. 430 Anm. 3. Der Abzug der staatischen Truppen wurde am 18. Sept. beschlossen, nachdem Erzh. Albert drei Tage verher den Possidirenden nochmals seine Neutralität erklärt hatte. (Bericht der würtembergisch-badischen Gesandten. Sept. 18. St. Pfalz E 35 fasc. 8.)

[2] Würtemberg erklärt mit Bezug auf obiges Schreiben dem H. Zweibrücken am 14. October: längere Unterhaltung der Unionstruppen in den Jülicher Landen sei für ihn unerschwinglich. (St. Pfalz E 35 fasc. 8.)

Sept. 14. **257. Der würtembergische Landhofmeister, Marschall, Vicekanzler und Buwinkhausen, Gutachten für den Herzog von Würtemberg.**

Der Herzog hat ein Gutachten der Unterzeichneten verlangt, betreffend das beabsichtigte Bündniss der Union mit England und den Staaten.[1] Nun steht die Union bereits mit Frankreich im Bündnisse. Frankreich sowol, wie die beiden andern Mächte werden schwerlich auf die Dauer mit Spanien im Frieden bleiben, ja es dürften Frankreich und England, „wan die Spanische factiones nicht ufhören," einem innern Kriege entgegengehen. Da solche Kriege viele Jahre zu dauren pflegen. und der Vorbehalt, dass die Bundeshülfe nicht zu leisten sei, wenn dieselbe ohnehin für einen der beiden andern Verbündeten oder zur eignen Vertheidigung verwandt werde, nur von England angeboten ist, so dürften die Lasten der Bündnisse für die Unirten sehr schwer werden. Der Herzog besonders möge darauf achten, ob durch jene Bündnisse seine Grafschaft Mömpelgart für den Fall in Schutz genommen werde, dass ihm, wegen Unterstützung der verbündeten Mächte in einem Kriege gegen Spanien, die Grafschaft als verwirktes Lehen von Spanien eingezogen werde: „bevorab dieweil anjetzo one das die souverainеté ex parte Burgund gesucht wurd, under deren schein noch viel .. verdeckt sein mocht." Bedenken endlich gegen Bündnisse mit auswärtigen Mächten im allgemeinen sind in der Instruction zum Haller Unionstag von 1609 ausgeführt. — Diesem allem gegenüber ist nun zu bedenken, wie der Kaiser in Jülich, Passau und dem Elsass Rüstungen angestellt, und man aus Leopolds aufgefangenen Schreiben ersehen hat, dass es sich hierbei und bei des Kaisers Verfahren in der Jülicher Sache darum handelte, die Jülicher Lande zur Sicherung Oestreichs den Ketzern zu entziehen, wie ferner bei diesem Unternehmen des Kaisers und des Erzherzogs Leopold die Unterstützung Spaniens und Lothringens (weil ein lothringischer Prinz Leopolds Coadjutor werden soll) zu gewärtigen war, und wie endlich „die newe Ligisten" durch Baiern zwei Regimenter Infanterie und 1000 Pferde haben werben lassen. Daraus hat man erkannt, dass es sich nicht nur um die Jülicher Sache, sondern um einen Vernichtungskrieg gegen die evangelischen Stände handle. Die Unirten sahen sich daher nach stärkerer Hülfe um, und da Frankreich diese „vor andern willig" anbot, so wurde eine Verbindung mit Frankreich abgeschlossen, und auf Grund der Beschlüsse von Hall und Heidelberg über die Verbindung mit England und den Staaten unterhandelt. Frucht dieser Unterhandlungen ist die von des Herzogs Bruder mitgebrachte englische Erklärung. Nach diesen Vorgängen wird der Herzog „dasjenig, was verabschiedet, halten" müssen. Es sind ja auch solche Verbindungen bei den Reichsständen, besonders bei Würtemberg (Beispiel: Ulrichs Verbindung mit Frankreich) nicht so gar ungewöhnlich. Da ferner die „papistische Ligisten und ire adhaerenten" im nächsten Frühjahr die im gegenwärtigen Sommer erlittene Niederlage mit besten Kräften und wol auch mit fremder Hülfe zu rächen und ihre lang gehegten Anschläge durchzuführen suchen dürften — zu welchem Zwecke alle katholischen Mächte Frankreich auf ihre Seite zu ziehen suchen —, so ist zu erwarten, dass die Unirten, wenn sie mit fremder Hülfe gefasst sein werden, gegen solche Anschläge und selbst gegen Spanien gesichert sein werden. Demgemäss haben Unterzeichnete zu der von Churpfalz für den Fürsten von Anhalt entworfenen Instruction und Vollmacht nur folgende Bemerkungen zu machen: 1. der Herzog hätte nach Ausfertigung der Instruction und der absoluten Vollmacht dem Churfürsten von der Pfalz anzuzeigen, dass Anhalt gleichwol, „wan etwas besonders erheblichs vorfiele," vor definitiver Beschlussfassung an die Unirten berichten solle. 2. Man suche die Bundeshülfe zur Erleichterung der Unirten auf 3000 Mann herabzusetzen und nachher den gleichen Ansatz bei den Staaten durchzubringen. 3. Der Termin für den Kostenersatz wäre auf fünf Jahre nach beendigtem offenem Kriege zu setzen. — In Bezug auf Frankreich bleibt es „bei vorig abgangenem schreiben, darauf man der ercleruug nochmals zu erwarten." Was der Gesandte der Staaten erklären wird, hat Anhalt den Unirten zu berichten, um alsdann die schliessliche Vereinbarung mit diesem Gesandten zu treffen. — Bei den kaum erschwinglichen Ausgaben, welche dem Herzog durch die Union, Jülicher Hülfe und auswärtige Alliancen zuwachsen, erscheint es unumgänglich, dass der Herzog seine Landschaft über diese auswärtigen Bundesverhandlungen zu Rath ziehe und um ihre Hülfe angehe, sonst könnten die Stände bei einer misslichen Wendung der Dinge ihre Beisteuer mit Berufung auf den Tübinger Vertrag, dass sie nämlich „mit dergleichen verbüntnussen, als die one ir vorwüssen geschehen, nichts zu schaffen hetten," verweigern. Ebenso könnte der Herzog darauf bedacht sein, dass der Hofstaat, wie dies die Landstände und Andere oft angeregt haben, sparsamer eingerichtet werde. — Vor Abstattung vorliegenden Gutachtens haben die Unterzeichneten übrigens erwartet, dass der Herzog den Berathungen darüber beiwohnen oder doch „deren geheime und andere raete" dazu verordnen werde, da es für sie allein bedenklich ist, in so wichtigen Dingen von zweifelhaftem Ausgang ihr Bedenken zu geben. Der Herzog möge daher jetzt auch „andere dero gehaime und die raet, so diesen deliberationibus zuvor auch beigewonet," darüber vernehmen. — In consilio 4. Septembris 1610. Sept. 14.

Stuttgart. Unionsacta VI f. 257. Orig.

[1] Schon am 2. Sept. geben Landhofmeister, Marschall, Kanzler, Vicekanzler und Kielmann ein Gutachten darüber ab, „was in der Gül-

chischen sache nach eroberung der vöstung Gülch mit dem geworbenen volck an hand zu nemen, und bei der bevorstehenden Cölnischen tractation haubtsachlich zu thun, insonderheit mit beder cronen Franckreich und Engelland, auch der hern Staden der engern correspondentz und alliance halben naher Düsseldorf abgesanten entlich zu schliessen sein möchte." Die Räthe erklären: sie haben oft gesehen, „wie weit und zue dero und deren gehorsamen lant und leuten höchster und gröster unglegenheit und beschwernus fast unerschöpflicher ausgaben durch das bishero gewerte union-, insonderheit das Gülchische wesen und daraus erfolgten underschiedlichen costbaren legationen sie (e. f. g.) eingefürt und gebracht worden, welchen die lengd neben erwartung höchster gefar und anderer unglegenheit nachzusetzen .. nicht mer müglich noch erschwinglich." So hat auch der Herzog dem vom Ausschuss der Landschaft jüngst übergebenen Bedenken das Decret beigeschrieben, auf Mittel zu denken, „wie sie (e. f. g.) sich der Gülchischen sache mit fugen entschlagen möchten." Statt aus der Jülicher Sache zu kommen, dürfte nun aber der Herzog durch das erwähnte Bündniss mit den fremden Mächten nur tiefer in dieselbe verwickelt werden. Also möge der Herzog „umb dero selbst aignen respects und deren von dem almechtigen got anvertrawten land und leut willen ungeacht anderer persuasion und frembden geniest sich dies orts wol vorsehen, und bedencken, ehe und dan sie sich in weitere verbuntnuss mit auslaendischen, weit entsessenen, zumal der waren religion widrigen potentaten inlassen. Ob und wie weit aber sich auf alberait gepflogene tractation und uberschickte articul oder puncten noch der zeit unvergriflich an seiten e. f. g. einzulassen sein möchte, seien unterzeichnete dem werck bestes ires verstants nachzusinnen schuldig und erpietig." Der Herzog möge aber der Berathung hierüber beiwohnen oder im Verhinderungsfall seinen Bruder Ludwig Friedrich dazu verordnen. (St. Pfalz E 35 fasc. 8.) Gegen dies Gutachten erklärt Buwinkhausen an demselben Tage schriftlich: er habe bisher geglaubt, dass dasjenige, was von Churfürsten und Fürsten unter Mitwirkung Würtembergs durch zwei Gesandtschaften verhandelt sei, „ernstlich gemeint und sowol von i. f. g. selbst als dero reten gut gehalten worden" sei. Doch hierüber mögen höhere Personen entscheiden. „Hab ich allein denjenigen, der dieses concipiirt, hiemit erinneren wellen, er wolle nit vergessen, wohin diese wort: 'anderer leut persuasionen und frembden geniestes' gemeint seien, damit, da etwa in künftig einer oder der ander dero auslegung und verstand begeren solte, notwendiger bericht daruber geschehen könte." (a. a. O.)

Sept. 14. **258. Der würtembergische Landhofmeister, Marschall, und Vicekanzler, Gutachten für ihren Herrn.**

Bei der Heidelberger Tagsatzung hätten die Würtemberger Gesandten auf folgendes zu achten: 1. die Abführung der Truppen der Unirten aus dem Elsass ist bedenklich, weil dadurch dem Heer Leopolds Anlass gegeben wird, sich des Rheinstroms zu bemächtigen, und weil dies Heer bereits nach den östreichisch-elsassischen Gebieten gezogen sein soll, von wo es Mümpelgart, Horburg und Reichenweiher bedroht. Jedenfalls hat man daher zu vernehmen, wie des Herzogs von Würtemberg Herrschaften gesichert werden sollen. 2. In Folge der Einnahme Jülichs dürfte man von kaiserlicher Seite die Cölner Verhandlungen zu verschleppen suchen, bis die in Jülich operirenden Hülfstruppen abgezogen waeren, damit alsdann der „gegenteil desto besser etwas anheben könte." Umgekehrt hätte man von Seiten der Unirten jene Verhandlung rasch zu annehmbaren Ergebnissen zu treiben. Um letzteres zu erreichen, wäre Anhalt zu beauftragen, „von der Stadischen und Engellaend- oder Franzoesischen assistenzvolk (deren abgesante darunder zu ersuchen) eine anzal, soviel nötig, aus dem land zu Gülch in das erzstift Cöln und Trier zu legen und darin sich noch etwas ufzuhalten": alsdann würden die kaiserlichen Commissarien sich die Erledigung der Jülicher Sache und anderer gemeiner Beschwerden eifriger angelegen sein lassen; es würden auch Leopolds Truppen im Elsass und in Passau, wenn sie sähen, dass man Mine machte ihnen entgegenzuziehen, sich leichter auflösen oder doch weniger gefährlich sein. Ueberhaupt hat man bei allen Berathungen besonders dahin zu sehen, „wie man dieser seits beder des Reins und Tonaw-strömb mechtig sein und bleiben könde." [1] — In consilio 4. Septembris 1610.

Stuttgart. Unionsacta VI f. 230. Orig.

[1] Resolution des H. Würtemberg (Sept. 16): der Oberst Reichau soll als Kriegeverständiger sofort nach Heidelberg abgehen und neben Dr. Kielmann alles ad referendum nehmen und über jegliches sofort berichten. Der Herzog wird sich alsdann entschliessen. „Und kan inen (den Gesandten) aus diesem undertheinigen bedencken etwas nachrichtung und information gegeben werden."

259. Christian von Belin [1] an Churbrandenburg. Sept. 14.

Der Gesandte wird durch Aufträge von Churpfalz und Würtemberg [2] noch aufgehalten: er soll betreiben, dass dem Boissise die Erneuerung „der Hallischen handlungen," soweit die gegenwärtige Sachlage es zulasse, befohlen werde. Nun wird dem Boissise wol Auftrag zum verhandeln, aber schwerlich zum schliessen gegeben werden. Man sagt rund, man werde zu einem Vergleich helfen und dann ein Bündniss zur Erhaltung desselben schliessen, aber mehr nicht. — Beim Abschied von der Königin erhielt Belin auf seine drei Erinnerungen folgende Resolution: 1. La Châtre bleibt so lange in Deutschland, bis Jülich erobert und wider jeden Feind genugsam befestigt ist. 2. Boissise soll den in Cöln (oder in Frankfurt) zu haltenden Verhandlungen beiwohnen. 3. Die Schulden Heinrichs IV. an Brandenburg betreffend, will man letzteres zufrieden zu stellen suchen. Villeroy rieth dem Gesandten, da eben die Nachricht von Jülichs Fall kam, dringend zum Frieden: sie könnten künftig nicht mehr helfen, „da sie alles und jedes fürchten müsten, zuvor hingegen hetten sie im geringsten nichts gefürchtet." Man müsse dem Kaiser ein wenig nachgeben „betreffent die verhör der Jülichischen sachen, nur das wir der possession versichert weren." — Aus Paris den 4/14. Septembris anno 1610.

Berlin. XXXIV 66 a.

[1] Belin war mit einer Instruction vom 8. Juni abgefertigt, um die Absichten der französischen Regirung zu erkunden und derselben die

Ausführung der Pläne Heinrichs IV., speciel des Hülfeversprechens für Jülich, zu empfehlen. (B. XXXIV 66 a.) Auf der Reise durch Heidelberg hatte der Gesandte eine Werbung anzubringen und um des Churfürsten Rath zu bitten. Er hörte, dass er nicht mehr die Hülfe für Jülich nachzusuchen, sondern für deren Gewährung zu danken habe. (Churpfalz an seine Gesandten in Heilbronn. Juli 14. M. pf. 116/2 f. 56.)

2 Am 23. August schreibt Churpfalz an Belin: da er auf Ansinnen Zweibrückens bewilligt hat, nach Verrichtung seines Auftrags noch einige Wochen am französischen Hof zu bleiben, so sendet er ihm ein von ihm (dem Churfürsten) und Würtemberg ausgefertigtes Creditif, desgleichen das Concept eines Schreibens an den König und die Königin, nach dessen Anweisung er denselben eine Werbung baldigst vortragen soll. — Das erwähnte Schreiben enthält Danksagung für die dem H. Zweibrücken ertheilte Resolution, ferner die Bitte: die Könige mögen dem Boissise Vollmacht geben, das Bündniss zwischen Heinrich IV. und den Unirten mit den Gesandten der letztern in Düsseldorf zu erneuern, wie dort zugleich das Bündniss der Unirten mit England und den Staaten geschlossen werden solle; sie mögen auch den Boissise und La Châtre zu gutem Verständniss mit allen andern assistirenden Gesandten anweisen, damit dieser Einstimmigkeit gegenüber die Commission des Kaisers und des Prager Convents um so geneigter zur Annahme billiger Bedingungen werde. (M. 547/12 f. 159.)

Sept. 14. **260.** **Villeroy an Bongars.**

Nach Beilegung des kleinen Kriegs im Elsass werden die Deutschen hoffentlich einen grössern vermeiden, da sie von jenem bereits erschöpft sind. „Juliers estant rendu a ces princes possedans, il n'est plus question que de convenir des juges pour accorder ou juger leurs differents, et la forme de laquelle l'on y procedera." Villeroy hofft, dass Jedermann nunmehr einen Ausgleich erstreben werde, „qui durera tant qu'il pourra." Denn Spanien scheut gegenwärtig den Krieg und seine Kosten, wie nur irgend einer. Der Zwist zwischen dem Kaiser und seinen Verwandten macht beide ohnmächtig. Die geistlichen Churfürsten und Baiern wollen nicht für fremde Angelegenheiten arbeiten. Die Erzherzoge von Flandern wünschen nur Erhaltung ihres gegenwärtigen Zustandes. Die Truppen im Herzogthum Mailand haben keinen andern Zweck als den Herzog von Savoyen zu demüthigen und finanziel zu erschöpfen und das Land zu ruiniren. Sachsen wird mehr Lärm als Unheil anrichten. Zur Beförderung des Friedens nun ist Boissise beauftragt, länger zu verweilen; La Châtre dagegen ist zurück beordert, „pour ne nous engager plus avant en leurs querelles et nous descharger de ceste despence non petite en ceste saison que chascun en France s'estudie a nous plumer et curer nostre bourse pour nous afoiblir et oster les moyens de conserver l'auctorité souveraine." — Ein zur Condolenz geschickter ausserordentlicher spanischer Gesandter soll, wie man sagt, „proposer certaines alliances entre ces deux roys. Mais il ne l'a encores faict, et ne ferons rien au desavantage de nos antiens alliez et amys." — De Paris le 14. de Septembre 1610.

Paris. Bibl. nat. Mém. de Bongars VII f. 175. Orig.

261. **Philipp Ludwig Herzog von Neuburg an Chur-pfalz.** Sept. 15.

Sendet ihm zugekommene Nachrichten, besonders auch „was i. M. intent zue der evangelischen union anlangt." Es ist zu erwägen, „ob und was man sich gegen i. M. zu erzaigen und zu ercleren haben möchte." — Datum Neuburg an der Tonau den 5. Septembris anno 1610.

Beilage. Bericht aus Prag. (Sept. 4.) Das in Schlesien und der Lausitz liegende Volk wird abgedankt werden. Viele, besonders Erzherzog Leopold, werden freilich dringend rathen, dass Sachsen dies Volk anwerbe und gegen Brandenburg führe; aber Mainz, Erzherzog Maximilian und Andere werden dies hoffentlich hindern. Die in Prag versammelten Fürsten haben ebenfalls zur Abdankung des Passauer Volks gerathen; allein der Herzog von Baiern hat an den Kaiser geschrieben: obgleich er einige seiner Truppen, um die Unirten zu beruhigen, abgedankt habe, so werde ihm doch das spanische Volk von Mailand bald zukommen; dazu möge der Kaiser ihm die Passauer Truppen überlassen; er werde dann 30,000 Mann beisammen haben und mit ihnen die vom Kaiser angetragene Execution unternehmen. „Ein vertrawte person" theilt dem Berichterstatter mit, dass es mit der bairischen Liga vorwärts gehe, und der Kaiser sie nicht zu hindern vermöge. Dieselbe Person „beteuret hoch, das i. M. noch ires ersten intents seien, keinen menschen zu beleidigen. Weil sie aber gar verlassen, die zu Prag geweste chur- und fürsten iro selbsten zuwieder, könig Mattias auch sich categorice erklert nichts zu restituieren, sondern vielmer die praesumption, das sie aller orten zusammen thun, dem Römischen Kaiser das schwert abzugürten, ime der Kaiser auch gentzlich eingebildet, als solten die evangelische stent im reich eben zu dem ende unirt sein: als stehe er jetzt an, wisse nicht wo hinaus, sei schier gar desperat. Were sein kleines draetl gutachten, das die evangelische staende im reich mit Kai. M. practicirten, sich zu iro schlügen: so würde alles zu wasser werden, wan sich etwa Matthias, Bairn, der Pragerisch convent, Spannien, Leopoldus und andere verglichen. Allein ist kein mittel diss in's werck zu setzen; dan i. M. kein menschen hörete. Solte auch gleich etwas tentirt (werden), so würde solches doch durch seine eigne leut gehindert werden. Und stehet bei diesem heimblichen practicieren darauf, das sich die Oesterreichische und zugehörige lant wieder in die wören, auch wieder den könig selbst auflainen dörfen; dan Bairn mit Matthia, Spannien, Cöln und Graetz guete correspondentz helt. Das beste were, da ein guetliche handlung getroffen, und wieder friet im heiligen reich möchte gestiftet werden." — In der Jülicher Sache soll Erzherzog Albert sich nur für so lange neutral erklärt haben, bis er den Erfolg der Verhandlungen zwischen dem Kaiser und Matthias sehe; hernach, heisst es, will er mit seinem Vorhaben offen hervortreten.

München. Staatsarchiv pf. 116/3 f. 87. Orig.

Sept. 15. 262. Neuburg an Churpfalz.

Aus beiliegenden Berichten ersieht der Churfürst, was „die Münchische ligisten“ bei ihrer jüngsten Tagsatzung sollen beschlossen haben, welche Antwort sie den Chursächsischen gegeben haben, und dass sie mit „dem offentlichen umbschlagen in voller arbeit“ sind. Da nun die Pläne bezüglich der verglichenen Execution gegen die Unirten plötzlich ausbrechen dürften, so hält der Herzog es für nöthig, dass die Unirten vom Herzog von Baiern über die unzeitigen Kriegsrüstungen bestimmte Aufklärungen verlangen.[1] — Datum Neuburg an der Tonau den 5. Septembris anno 1610.

Beilage. Bericht aus Augsburg. (Sept. 11.) In München sollen sich die Versammelten „auf . . 3 million erklert haben, und ein million für die Kai. M.“ Darauf lässt nun der Herzog von Baiern als Bundesoberster zu Friedberg und Lechhausen „umbschlagen.“ Der chursächsische Gesandte hat sich in München erboten, sein Herr wolle alles, was in Prag abgeredet, leisten, wenn Baiern nur einen bestimmten Termin für Donauwörths Restitution festsetze. Denn nur auf diese Vertröstung habe der Churfürst in Prag seine Hülfe zugesagt. Der Gesandte soll darauf einen schlechten Bescheid erhalten haben.

Zweite Beilage. Auszug aus der katholischen Unionsacte.

München. Staatsarchiv pf. 117/3 f. 113 Orig.

[1] Schon am 8. Sept. sendet Neuburg an Churpfalz die angebliche Relation des Gr. Zollern (n. 192 Anm. 1), deren Inhalt ihm eine Berathung der Unirten zu erfordern scheint. (M. pf. 116/3 f. 19.) Am 11. Sept. schreibt er dem Churfürsten: aus beiliegendem Passzetfel (ertheilt einem „zu behuef des hochlöb. catholischen bunts“ geworbenen Knecht) ergiebt sich, dass Baiern Truppen wirbt, die am 20. in Straubing gemustert werden sollen. Eine andre, ebenfalls beigelegte Zeitung aus Prag besagt, dass die geistlichen Churfürsten, sobald sie nach Hause kommen, ebenfalls Truppen werben wollen (jeder 3000 Mann nach Angabe der Zeitung), und dass nach Baiern an die 12,000 ausländische Soldaten kommen sollen. Obgleich die Gegenpartei dies als blosse Vertheidigungsmassregel ausgeben wird, so wird man doch gegen einen unversehenen Angriff sich wol vorzusehen haben, und es wäre nöthig, „das der Unirten kriegsvolck etwas naeher herauf gefürt werde.“ (M. pf. 116/3 f. 31.) Abermals schreibt der Herzog dem Churfürsten am 17. September: nachdem der Herzog Tags vorher auf die Nachricht vom beabsichtigten Heranzug der Leopoldischen Truppen aus dem Elsass und ihrer Musterung in Dillingen den Churfürsten um eventuellen Beistand gebeten hat (vgl. M. pf. 116/3 f. 75), kommt ihm jetzt beiliegender Bericht aus Prag vom 11. Sept. zu: die papistische Liga sei geschlossen, und Baiern und Erzh. Ferdinand seien ihre Häupter: Spanien habe schon viele Tausend Kronen durch Wechsel nach Deutschland geschickt; in Monatsfrist sollen 20,000 Mann beisammen sein, und dann der Angriff zuerst gegen Neuburg gehen; es sei „alles zue austilgung der evangelischen angesehen“ (vgl. M. pf. 116/3 f. 97). Der Herzog bittet den Churfürsten abermals, sich zur eilenden Hülfeleistung bereit zu halten, und weiterhin sein Gutachten zu geben, wie der zu befürchtende Angriff zu verhindern sei. Er erinnert an sein beim jüngsten

Heilbronner Tag übergebenes Verzeichniss, wie stark jeder Unirte dem Andern in Nothfällen beispringen solle. Der Churfürst möge auf eine baldigste Vereinbarung über solche Bestimmungen bedacht sein. (M. pf. 116/3 f. 83.) Ueber Baierns Streitkräfte und Werbungen vgl. Wolf II S. 623 fg., 632. Gindely II S. 166.

263. Friedrich IV. an Fürst Christian von Anhalt. Sept. 15.

Nachdenkend darüber, wie nunmehr, nachdem Jülich gefallen, und die beiderseitigen Truppen aus dem Stift Strassburg abgeführt sind, die Dinge weiter zu führen sind zur Erringung eines sichern Friedens und zum Aufhören der steten Kriegsbereitschaft, ist der Churfürst „neben andern in die gedanken geraten, dieweil man diser seits dem gegenteil den vortl so weit abgeloffen, das man mit einem ansenlichen krigsvolk bedes hieoben und in den Gulchischen landen gefast, ob sich nicht desselben zu erhandlung eines solchen bestendigen fridens und zu abhelfung der bisanhero billig geklagten gravaminum mit nutzen zue gebrauchen, und zu dem end der assistirenden potentaten gesanten zu ersuchen, das sie einen guten teil irer herschaften bishero in den Niderlanden underhaltenen krigsvolks volgen und entweder zu der union krigsvolk hieoben lands stossen, oder aber, weil beder possidirenden fursten possession durch die eroberung Gulch noch nit allerdings salvirt und vergwisset, dasselb in das bistumb Paderborn gegen Ritberg zue, damit der gegenteil sehen möge, das man diser seits noch uf den beinen verblibe, wie auch der graf von Ritberg selbsten hirdurch desto ehe zu einer neutralitet zu bringen, furen und daselbst ein zeit lang quartiren lassen wolten.[1] Ob wir nun wol diser tagen, als solcher punct den anwesenden krigsraeten auch proponirt worden, von den staettischen sovil wol verwerken können, das sie zu disem mittel geringen lusten und darzu schwerlich verstehen werden, so haben wir doch einen weg als den andern e. l. solches vertreulich zu erkennen geben und vernemen wollen, ob sie nit vermeinen, das solch mittel zu practisiren." Scheint dem Fürsten Hoffnung vorhanden zu sein zur Ausführung des Plans, so möge er die Gesandten der assistirenden Mächte zu gewinnen suchen, „damit sie einen guten teil ires krigsvolks den unirten chur- und fursten zum besten, gleichwol uf irer herschaften kosten und underhaltung uf ein geringe zeit und ob vorgeschlagener massen zueschicken oder quartiren lassen wollen." Ist dagegen nach Anhalts Voraussicht bei den Gesandten nichts zu erhalten, so möge er sie ersuchen, „das sie sich bei anstehender tractation zu Cöln gleichsamb vor sich und proprio motu sofern interponiren, damit durch irer herschaften autoritet nit allein in dem Gulchischen wesen ein vergleichung getroffen, sondern auch ein generalfrid im heiligen reich zu weg gebracht werden möge, und zu dem end mit abfurung des krigsvolks so lang instehen wolten, damit dadurch dem gegenteil ein forcht und nachdenken gemacht, und die sachen umb sovil mer uf leidentliche conditiones gerichtet werden. Dan wir wol davor achten, da es mit obangedeuttem ersten mittel vergeblich, man werde doch entlichen nit voruber können, sondern allen umbstenden nach sich zur guete und vergleichung, so gut man können wirt, lenken mussen." — Datum Heidelberg den 5. Septembris anno 1610.

München. Staatsarchiv pf. 116/3 f. 29. Cpt.

[1] Widemarker schreibt am 10. Sept. aus Heidelberg an Lgr. Moriz: da nach „etzlichen fligenden schreiben" man in den Jülicher Landen nicht geneigt scheint, diesen Sommer etwas zu unternehmen, also auch Ritberg ausser Acht zu lassen, so hat sich der Mgr. (Anspach) erboten, dorthin zu reisen, um „nicht alleine das krigesvolk zu der belaegerung Ritbergks soviel möglich zu disponiren, sondern auch das nach eroberung derselben festung furst Christian sich mit dem volk so starck als immer möglich hintauf verfugen wolle, ob dermaleins ein bestendiger friden von i. M. zu erbitten." Da aber der Markgraf schwerlich von den Truppen abkommen kann, so dürfte die Reise dem Gr. Johann von Nassau zugeschoben werden. (Marburg. Kriegs- und Eriedenssachen. Alliancen.)

Sept. 17. **264. Die Aeltern und Geheimen des Raths zu Nürnberg an Churpfalz.**

Haben des Churfürsten Schreiben vom 11. September (n. 253) empfangen. Danken für das Anerbieten bezüglich der Erfüllung der Bedingungen und wünschen nur, dass dieselben gleich nach dem Heilbronner Tag erfüllt wären. „Dan es einmal an deme, das wir neben den andern erb. fraenckischen staetten nicht allein aus mangel habender sicherer gelegenheit in e. chf. g. stat Heidelberg das gelt in dero stat Amberg zu verordnen begert, teils auch bereits verordnet haben, sondern . . ist es furnemblich umb die ermanglende erfullung der conditionen, wie noch, zu thun gewesen, sintemalen, weillen das bei Amberg und in der obern churf. Pfaltz in der union namen bisher gehaltene volck noch zur zeit sich in terminis defensivis continirt, wir uns von desselben unterhaltung nicht abzusondern begern." Da Nürnberg neben andern Städten bestimmt und öfter erklärt hat, dass es mit der Elsasser Expedition nichts zu thun haben wolle, auch jegliche Mitwirkung bei derselben (durch Geld, Volk, Munition u. dgl.) durch seine Gesandten in Prag vor dem Kaiser und den versammelten Fürsten in Abrede gestellt hat, so kann sich die Stadt „mit bezalung des volcks, so lang es mit mer angedeutter expedition behaftet gewesen, . . nicht beladen lassen." Die bei der Expedition betheiligten Fürsten mögen auf die Mittel zur Bezahlung der Ausstände dieses Volks bedacht sein. Der Churfürst möge aber fortan sorgen, dass die von den unirten Städten gestellten Bedingungen beobachtet, und die Berichtigung der Rechnungen vorgenommen werde; sonst muss die Stadt die weiteren Termine der Beisteuer zurück halten. — Was „an dem rest der 8 monaten bei uns noch befunden," ist dem Abgeordneten des Churfürsten abgeliefert. — Datum 7. Septembris anno 1610.

München. Staatsarchiv pf. 116/3 f. 95 Orig.

265. Buwinkhausen, „Particularvotum“ für den Herzog von Würtemberg. Sept. 17.

Nach Inhalt der Resolution des Herzogs soll in Sachen des englischen Bündnisses ein glimpfliches (d. h. ablehnendes) Schreiben an Churpfalz und Anhalt verfasst werden. Dies würde den Herzog, nachdem er die (hier in derselben Weise wie im Gutachten n. 257 ausgeführten) Präcedentien gut geheissen, bei allen unirten Fürsten in üblen Ruf bringen, es würde ihm bei Anhalt, nachdem alle andern unirten Fürsten dessen Vollmacht genehmigt, grossen Unwillen erwecken. Gegenüber der herzoglichen Resolution kann Buwinkhausen nicht votiren, ehe der Herzog erklärt hat, ob er denn seine vorher gefassten Beschlüsse und bisher geführten Verhandlungen widerrufen wolle: durch welchen Widerruf er sich, sein Haus, seine Ehre und seine Lande in höchste Gefahr setzen, bei den Feinden Spott und bei den Freunden den grössten Unwillen ärnten würde. Buwinkhausen muss bei dieser Sachlage seine oft ausgesprochene Bitte widerholen: „i. f. g. wollen doch sich, ir fürstliches haus, liebe posteritet und land und leut soviel in acht nemen, und in diesen wichtigen sachen je selbst einmal praesidieren, oder aber in einem solchen consilio status davon deliberieren lassen, aus dessen gesambten einhelligen schluss dero diener einmal wissen mögen, woran sie seien, und was dero entliche meinung seie oder nit.“ — Im übrigen bezieht sich Buwinkhausen „uf der hern deputirten gesambt bedencken“ (vom 14. September?). — Stutgart den 7. Septembris 1610.

Stuttgart. Unionsacta VI f. 285. Orig.

266. Maximilian Herzog von Baiern an Neuburg. Sept. 17.

Die von den katholischen Ständen gegenwärtig vorgenommenen Werbungen sind angeordnet wegen der im Reiche vorgehenden gefährlichen Anschläge und der vorausgehenden und noch dauernden Werbungen der Unirten. Ihr Zweck ist lediglich defensiv. Näheres wird der Herzog aus dem Gesammtschreiben vom 7. September erfahren.[1] Da ausgegeben wird, der Herzog von Baiern habe eine vom Kaiser ihm angetragene Execution gegen Neuburg und andre mit ihm verbundene Stände angenommen, so erklärt derselbe hiermit, „das wir uns angeregter execution im wenigsten nicht beladen, mit derselben auch nichts zu thuen, noch auch e. l. oder jemand anderer, so zue notwendiger gegenhandlung nit ursach gibt, sich disfals ichtwas feintlichs zu befaren hat.“ — Datum . . München den 17. Septembris anno 1610.

München. Staatsarchiv pf. 116/3 f. 179. Cop.

[1] Auszug dieses Schreibens bei Wolf II. S. 624. Das Orig. M. pf. 116/3 f. 173.

Sept. 20. 267. Philipp Ludwig Herzog von Neuburg an Baiern.

Hat des Herzogs Schreiben vom 17. empfangen. Da die Werbungen der Unirten ebenfalls nur zu ihrer Vertheidigung vorgenommen sind, so möge Baiern auf Mittel bedacht sein, wie die katholischen und protestantischen Verbündeten zu verständigen und die Eintracht im Reiche herzustellen ist. Er möge dem Herzog von Neuburg sein Gutachten darüber geben. Auf's beste würde das Friedenswerk befördert, wenn der Herzog von Baiern sich für die Entlassung der in Passau, im Elsass und sonst liegenden Leopoldischen Truppen verwendete, und desgleichen die Kriegsrüstungen der katholischen Verbündeten abgestellt würden. „Dargegen mögen e. l. vergwist sein, das alsdan an abdanckung der Unirten kriegsvolcks auch kein weiter mangl, wan man nur dero teils aller gefar . . sicher gemacht würt, erscheinen sol." [1] — Datum Neuburg den 10. September anno 1610.

München. Staatsarchiv pf. 116/3 f. 180. Cop.

[1] Der H. Neuburg theilt dieses Schreiben am 20. Sept. dem Chf. Pfalz mit und bemerkt: der Churfürst möge ein Gutachten geben, wie bei dieser Lage der Dinge zu helfen sei, ob nicht das katholische und evangelische Bündniss etliche Räthe zusammenordnen sollte, um den Frieden zwischen beiden Theilen herzustellen. (M. pf. 116/3 f. 187.) In einem Postscript widerholt der Herzog das am 17. Sept. (n. 262 Anm. 1) gestellte Gesuch.

Sept. 20. 268. Pfalzgraf Wolfgang Wilhelm an Neuburg.

Hat des Herzogs Schreiben vom 25. August empfangen. [1] Wenn Brandenburg zur Abtretung der Jülicher Lande nicht zu bewegen ist, so wird für den Pfalzgrafen die englische Heirath [2] die wünschenswertheste sein. Der Pfalzgraf hat bereits den General der englischen Hülfstruppen nebst den vornehmern Befehlshabern, desgleichen sämmtliche Aventuriers (unter ihnen Söhne der einflussreichen Grossen) und endlich die gesammten Soldaten sich „dermassen devincirt," dass alle mit ihm „gar wol zufriden" sind, und der General und etliche der Vornehmsten ihm widerholt aus freien Stücken empfohlen haben, sich um die englische Prinzessin zu bemühen. Der General hat ihm sogar dringend gerathen, im nächsten Frühjahr (spätestens Anfang März), „da man allerhand ritterspiel in Engelland anzustellen pflegt," sich zu diesen Spielen einzufinden. Wolfgang Wilhelm wird, um hierbei mit dem erforderlichen Aufwand auftreten zu können, 20,000 Reichsthaler brauchen, die ihm sein Vater zu verschaffen hat. [3] — Datum uf dem schloss Bensberg den 10/20. September anno 1610.

München. Reichsarchiv XXX 28. Cpt.

[1] In diesem Schreiben theilt Philipp Ludwig seinem Sohne mit „was abermals des d. l. vorhin wol bewusten Saechsischen hewratlichen vorschlags halben für dieselbe von Aldenburg aus an uns gelangt" ist und was er darauf geantwortet hat. Der englische Plan, wenn ausführ-

bar, scheint dem Herzog vortheilhafter. „Do wir doch ains und anders, wie zuegleich auch den bewusten dritten vorschlag wegen Brandenburg zue d. l. selbst weiterm nachdencken und erclerung gestellet sein lassen." (M. Reichsarchiv XXXI n. 28.) Ueber den sächsischen Heirathsplan schreibt Silbermann am 17. Aug. aus „Aldenburg": die verwittwete Herzogin Anna Maria habe ihm eine Heirath zwischen Wolfgang Wilhelm und Anna Maria (Tochter aus erster Ehe des verstorbenen H. Friedrich Wilhelm) vorgeschlagen, mit dem Wunsche, dass er dem H. Neuburg darüber berichte. (A. a. O.)

[2] Vgl. n. 104 Anm. 1. Die Pfalzgräfin Anna schreibt ihrem Sohn Wolfgang Wilhelm am 11. Juli: „sovil ich von dem von Huta verstehe, so hat er in bewuster sachen nicht vil ausrichten kunen, den man in an allen orten verhönt hat. Aber die bewuste person lobt er gar hoher, und wil auch darfur halten, das es gar gut were, das, wen unser herre Got den friden geben und verleihen wolte, das e. l. mit dem ebsten in der person selber hineinzugen; den er vermeint, e. l. werden gar angenemb sein. Doch vermerckt er wol darneben, das von anderen orten sich auch darumb angenomen wirt. Der liebe Got wols dirigiren nach seinem vatterlichen willen und allen geben was zu selen und leib nutzs und gut ist. Amen." (M. Reichsarchiv XXX 16/4.) Am 21. Juli bittet dieselbe den Pfalzgrafen um Bericht, „wie es mit der Engelendischen sachen stehet. . Den e. l. kunen nicht glauben, wie gern mein hertzlieber her und gemal und ich sehen muchten, das es zu gluckseliger und erwunschter vollendung kommen möchte." (a. a. O.)

[3] Nach einigen weitern Schreiben über die Reise und ihre Kosten erklärt sich H. Philipp Ludwig am 6. Dec. mit der Reise einverstanden und will das seinige thun, um die Kosten wo möglich aufzubringen. — Am 13. Dec. aber schreibt er: nach bestimmten Nachrichten soll zwischen der englischen Princessin und dem ältesten Sohne Friedrichs IV. eine Heirath beschlossen sein. Er hofft, eine Abschrift des Heirathsvertrags zu erhalten. (a. a. O.)

269. Haller an die Aeltern und Geheimen des Nürnberger Raths. Sept. 20.

Die in Heidelberg anwesenden Fürsten haben am gegenwärtigen Tag votirt, man müsse zu Erlangung eines erwünschten Friedens, besonders der neuen bairisch-liguistischen Werbung wegen, die Unionstruppen noch drei Monate beisammen halten. Um das Geld mit der nöthigen Eile zu beschaffen, solle man es bei Frankfurter Handelsleuten aufzunehmen suchen,[1] um es nachher von den Restanten und der neu zu bewilligenden Unionssteuer zurückzuzahlen. Haller und der Strassburger Abgeordnete votirten dagegen: während der Absendung und Verhandlung der Unionsgesandten mit Baiern solle man die Truppen mustern, bezahlen und dann sofort Rechnung legen, um zu sehen, ob und welcher Rest noch vorhanden sei. Die Rückstände seien innerhalb Monatsfrist einzutreiben. „Alsdan (sei) noch in diesem monat zu sehen," ob man die Truppen etwa noch einen Monat behalten müsse oder sie abdanken könne. Da die Fürsten auf dem Beschlusse bezüglich der Aufbringung einer Summe Geldes bestanden, nöthigten sie die Städtegesandten, dies ad referendum zu nehmen, obgleich sie rund erklärten, „das auf diese bede puncten fernerer contribution

29*

und geltufbringens endlich ein runde abschlaegige antwort von allen reichsstaetten erfolgen würde." — Datum Heidelberg den 10. September anno 1610.

Nürnberg. Unionsacten n. 30. Orig.

[1] Oder die drei ausschreibenden Städte sollten das Geld herschiessen gegen eine Obligation der Fürsten. (Hallers Schlussrelation.)

Sept. 22. **270. Haller, Bericht aus Heidelberg.**

Tags vorher neue Berathung uber „fernere underhaltung des kriegsvolcks." Obgleich Haller „die abdanckung ser gern befördert hette," haben die Fürsten die Beibehaltung der Truppen beschlossen. Es wurde dann „nochmals bei den fursten furgeschlagen," die Truppen nach Donauwörth hin zu legen, weil dort die Gefahr eines Einbruchs am grössten sei. Würtemberg, Strassburg und Haller erinnerten dagegen, das bei solcher Einlagerung die Offensive schwerlich werde verhütet werden. So beschloss man, die Rückkunft der Gesandtschaft an Baiern abzuwarten, mit der Hoffnung, dass auf Grund der Verrichtungen derselben man werde zur Abdankung schreiten können. — Datum Heidelberg den 12. Septembris anno 1610.

P. s. Die Absicht mehrmonatlicher Unterhaltung der Unionstruppen „lassen die fursten inen ausreden." Denn sie sehen, dass ihre Vorschläge zur Aufbringung der erforderlichen gewaltigen Geldsumme bei den Städten keinen Anklang finden. Haller hofft also, dass, „wan bei Beiern ein gute resolution ervolgt, man es noch mit einem monat unterhaltung werde bewenden lassen."

Nürnberg. Unionsacten n. 30. Orig.

Sept. 19—24. **271. Gutachten, abgestattet während der Heidelberger Tagsatzung.**

Gefährliche Lage der Union. — Vorschläge zur Sicherung vermittelst Verhandlungen mit den assistirenden fremden Mächten, mit dem Kaiser und katholischen Ständen und vermittelst Rüstungen und anderer Anstalten innerhalb der Union selbst.

„Die Unirte sind zu diesem mal in dem allergeferlichsten zustand, darin sie oder ire vorfaren jemalen gewest sein mögen. Das 1. durch Churpfaltz ableiben[1,2] ligt nit allein das directorium,

---

[1] Ueber Friedrichs IV. Tod (Sept. 19) schreibt Anhalt am 26. September an seine Gemahlin: „je ne vous sçay escrire que lamentations à cause du trepas de feu electeur Palatin. Il est vray que dans un an c'est trop de perdre deux si bons et grands patrons et amys. C'est ung coup auquel plusieurs circonstances et signes nous ont ammonesté

sonder es ist zu befaren, das Pfaltz Newburg wegen der praeterition bei der administration für sich selbst oder durch ufwicklung und practicken der widerwertigen uf andere gedancken kommen möchte. 2. So sind i. M. und alle päpstische ständ zum höchsten und also offendiert, das von inen anders nichts als das allerublist zu erwarten. 3. Haben sie bede ström, Rein und Donaw, zu irem commando, befestigen und stercken sich darauf noch teglich, welches man inen bis dato nit hat weren können, viel weniger jetz thun würt, wie noch zur zeit man sich dazu richtet hat. 4. Ligt das grosse kriegsvolck in Italien den Unirten für der tür und der gestalt (dieweil es mit Savoyn nur ein spiegelfechten und sonsten dort drinnen nichts zu schaffen), das nichts gewissers, als sie werden sich zusamen thun und die Unierte von dannen hero mit aller macht angreiffen. 5. Haben die Unierte hiegegen nit allein ires teils bei sich nit genugsamb resolutiones noch gegenpraeparationes gemacht, sonder seind noch mit anderen frembden potentaten, von denen sie sich hülf zu getrösten hetten, zu keinem schluss oder richtigkeit bestendiger hilfleistung verglichen.“ Sept. 19—24.

---

d'y nous attendre il y a des années, et advenu sans doubte en ce temps plein de troubles et de difficultez par une singuliere providence de Dieu, lequel a quasi miraculeusement conservé le Palatinat foible et peu assisté, peu aymé, peu appuyé, parlant selon les hommes et causes secondes, mais, comme l'experience a monstré, singulierement recommandé a nostre bon Dieu, lequel a voulu loger son eglise dedans ledict Palatinat et la conserver par son puissant bras, par lequel il a accoustumé d'abbattre et confondre ce qui est grand et hault et sage aux yeulx du monde.“ (Bg. I F 1; 28 f. 106.) Ueber Friedrich IV. schreibt Kolbinger am 1. Juli an Dohna: „i. chf. g. haben keine dolores podagricos mer, sondern extremam ab umbilico corporis partium debilitatem, quae nostra diaeta corrigi non potest.“ (M. pf. 113/3 f. 393.) Vgl. Häusser II S. 247.

[2] Aerssen schreibt am 1. October an Oldenbarnevelt: Tags vorher ist die Nachricht vom Tod Friedrichs IV. in Paris angekommen. Bouillon ist zwei Tage vorher auf die Nachricht seiner schweren Erkrankung nach Sedan abgereist, um Friedrich V. nach Heidelberg zurückzubringen, wenn der Vater stürbe, „et d'ayder a maintenir a mr. le duc de Deux Ponts en son administration, en quoy le royne l'assistera volontiers, comme mr. de Villeroy me declara hier matin, bien que mr. le duc de Neuburch pourra pretendre de faire valloir les constitutions de l'empire. Ceste mort vient tres mal a propos pour l'estat present des affaires. Ce prince avoit de l'authorité parmy ceux de sa ligue et manioit absoluement les occurrences de l'union de Hal. Le successeur et l'administrateur sont tous deux jeunes, et cependant leurs affaires ont plus besoin d'ordre et de conseil que jamais.“ (Haag. Reichsarchiv.) Ueber Bouillons Reise nach Heidelberg vgl. die Schreiben von Edmonds, Beaulieu und Dickenson. Oct. 16 bis Dec. 30. (Winwood III S. 225, 228, 241, 244.)

271. Man muss also alle Gegenanstalten, die man zu finden vermag, ohne eine Stunde zu verlieren, in's Werk setzen. „Und dieweil wegen jetzigen der Unierten zustants nichts gewissers, als das mit der güete beim gegenteil das wenigst nit auszurichten sein würt, sie sehen den auch einen starcken rucken oder solche gegenpraeparation dabei, das sie sich in etwas förchten müsten, so ist in alle weg vonnötten, das man den ernst und die güette zugleich gebrauche, und an die hand neme, und dis mit folgender ordnung und weis:

1. Sende man alsobald und in aller diligentz jemanden zu fürst Christian zu Anhalt mit dero uf i. f. g. dirigierten instruction, damit nit allein dieselbe one lengern verzug die alliance mit Franckreich, Engelland und Staten schliessen, sonder inen auch den geferlichen zustand für augen stellen und soviel erhalten, das zu favorisierung der handlung zu Cöln und sonsten aller anderer tractationen zur güette sie doch ir volck etwas höhers (wo mans bei inen am ratsamesten finden würde, als Paderborn, Münster, Cöln) hinuf senden, nit zwar etwas feindliches zu tentieren, sonder allein zum schrecken und erzeigung irer resolution, das sie iren freunden beistehen wollen. Werde fürst Christian heimgestelt und macht (erteilt), auch von hinnen aus zu dem end schreiben mit gegeben an printz Moritzen, die herren Staten selbsten, auch an die Französische und Englische gesanten, die consequentz dieses leidigen fals zu repraesentiren, und wa vonnötten ziche derjenig der von hie abgeferttiget würt, hinuf in den Hag. Möchte printz Moritz zugleich ersucht werden, ob i f. g. nit ufs ehist eine reis hieruffer zu vermögen, welches zum schrecken des gegenteils sonderlich dienen würde."

Fernere Vorschläge: Mahnung an die Commissarien in Cöln, für den Frieden zu wirken. Bei Fruchtlosigkeit der Cölner Verhandlungen Gesandtschaft der assistirenden fremden Mächte an den Kaiser und in's Reich. Im Fall der „heraufkunft" des Fürsten Christian Theilnahme des Markgrafen von Baden an der Cölner Verhandlung, da er bei Landgraf Ludwig und Pfalzgraf Wolfgang Wilhelm viel vermag, und auch der Graf Zollern ihm „neher zur hand gehen möchte." Bestätigung des jüngst im Namen des verstorbenen Churfürsten und des Herzogs von Würtemberg an Frankreich (n. 259 Anm. 2) und England abgegangenen Schreibens „durch die anwesende fürsten. Hievon were aber noch zur zeit den stetten nichts zu sagen, weiln sie one das mit dem Gülichischen wesen nichts zu thun, und sie, wan es wol abgehet und die notturft erfordert, damit wol zufriden sein werden." Sendung eines Abgeordneten „alsobald von hinnen aus" an König Matthias und seine Stände. Der Abgeordnete residirt dort eine Zeit lang oder bestellt einen Substituten. „Die werbung oder materia der schickung ist an ir selbst richtig." Abordnung an den Kaiser „super occasione capti Juliaci und morte electoris." Abordnung an Erzherzog Maximilian, Baiern, Salzburg und andere Katholische. Ausgabe des Ausschreibens bei nächster Messe, wo möglich lateinisch und deutsch, worauf es schon in's französische, englische und italienische wird übersetzt werden. Sept. 19—24.

„Dieweil aber dieses und obgemeltes alle nit allein nichts helfen, sondern auch nit stat finden würt, da der gegenteil oder auch die ausländischen die unvermöglichkeit, oder auch die wenigste irresolution und forcht spüren werden, als hat man sich mit newen und eifferigen resolutionen und anstellungen alsobald gleich wider zu stercken und dasjenige, darauf sie hofnung setzen möchten einer trennung zwischen den Unierten, mature et solide fürzubawen. Also were zum 7. dahin zu handlen, zu schliessen und mittel zu suchen, damit man das uf den beinen habende volck in gutter ordnung und disciplin noch zwei oder drei monat, und bis man sehe, wo die sachen hinaus wollen, beisamen behielte und, was darbei abgangen oder ubel angestelt, ergentzte und verbesserte. Wan man dessen mit einander eins sein würt, so würt hernacher auch liquidiert werden, was man hiezwischen damit thue, und wo mans hinlegen wol, mit allem so demselben anhengt.

Hette man alsobald uf mittel und weg zu gedencken, wie doch pfaltzgraf Philipp Ludwig in etwas zu contentieren und under augen zu gehen were, damit i. f. g. oder dero söne nit etwan durch widerwertige uf andere gedancken oder in desperation gebracht würden, welches, da es nit durch hieher beschreibung geschehen könte, hieoben durch Würtemberg und Ulm, drunten durch Baden ins werck könt gericht werden, jetz aber gleich durch ein gemeines schreiben aller anwesenden fürsten und stende. Da die stät durch das Strassburgisch wesen oder sonsten in etwas disgustiert, das inen alsobald drüber satisfaction geschehe. Dieweil etliche Unierte an erlegung irer quota säumig seind, daher die anderen nit allein beschwert werden, sonder one frommen sich entlössen, nichts ausgericht würt, und alle unordnungen einreissen, als müssen dieselben hiezu ernstlich erinnert und angehalten werden. Muss das consilium politicum et bellicum beim directorio, in diesem geferlichen zustand und uf alle eventus zu resolvieren, noch ein weil beisamen bleiben, auch uf mittel gedacht werden, das solches mit dem wenigsten unkosten geschehe und dem directorio nit zu schwer falle." — O. D.

München. Staatsarchiv 547/11 f. 200.

Sept. 24. 272. **Heidelberger Abschied.**

Unterzeichner: Zweibrücken, Anspach, Würtemberg, Baden.

Friedrich IV. hat den in Heilbronn vereinbarten Kriegsrath nach Heidelberg berufen und dazu die Markgrafen von Anspach und Baden und den Herzog von Würtemberg eingeladen. Als die Berufenen erschienen waren, erfolgte der Tod des Churfürsten, worauf nichtsdestoweniger „von dem directorio" folgende Puncte proponirt wurden. 1. Soll man nicht, nachdem die possidirenden Fürsten die Festung Jülich erobert haben, und das Stift Strassburg von beiden Seiten geräumt ist, die Gelegenheit benutzen, um mit Hülfe des Kriegsvolks der assistirenden Mächte, welches meisten Theils noch auf den Beinen ist, einen beständigen Frieden zu erringen und somit aus der Nothwendigkeit zu kommen, im folgenden Jahr sich wider kriegsbereit zu machen, oder die Unionstruppen im Winterlager zu halten? Man befand hierauf, dass der Friede — der auch die Abstellung der lange geklagten Beschwerden bringen müsse — zur Zeit schwerlich von den Gegnern werde angeboten werden, und dass es der Union schädlich und schimpflich sein werde, ihn von den Gegnern zu begehren. Am rathsamsten schien es zu sein, den Fürsten Christian von Anhalt zu ersuchen, dass er die in Düsseldorf anwesenden Gesandten der assistirenden Mächte bewegen möchte, „irer herschaften krigsvolk, welches sie eine zeit lang in den Niderlanden underhalten, . . noch ein zeit lang und ufs wenigst ein monat in der naehe verharren zu lassen, damit der gegenteil zu spuren, . . das, weil man dergestalt hieoben und drunden lands uf den beinen, . . ime uf den fal gnugsamer widerstand beschehen konte, und er daher verursacht . . wurde, nit allein sein intent, so er wider die Unirte, sonderlich bei jetzt vorgehenden neuen werbungen, gefast haben möchte, zu endern, sondern auch dem angedeutten friden etwas mer zu naehern." In diesem Sinne ist auch direct an die Generalstaaten geschrieben. In dem Schreiben an Fürst Christian[1] ist derselbe

[1] Das Schreiben (Sept. 23) mit den beiderlei Aufträgen. M. pf. 116/3 f. 115. Es wird darin gewünscht, dass die fremden Mächte „einen guten teil" des fraglichen Kriegsvolks beisammen halten „und etwan gegen dem stift Baderborn zue furen und daselbsten ein zeit lang und ufs wenigst ein monat, bis man sehe, was der gegenteil im schilt furet, quartiren lassen wolten." Die Gesandtschaft der fremden Mächte zur Vermittlung soll nicht nur an den Kaiser und die Unirten, sondern auch an Baiern geschickt werden, und nicht erst dann, wenn man des fruchtlosen Ausgang der Cölner Verhandlungen vorhersieht, sondern „onverzüglich." Der Fürst soll sich über diese Sache mit Buwink-

weiterhin ersucht, sich bei den Gesandten der assistirenden Mächte im voraus dafür zu bemühen, dass, wenn die Cölnische Verhandlung keinen Erfolg zu haben verspricht, ihre Herrschaften eine Gesandtschaft sowol an den Kaiser wie an die Unirten schicken mögen, um die Vermittlung zwischen beiden Theilen zu unternehmen. — Das „leztere der frembden potentaten halben" haben die Verordneten von Strassburg und Nürnberg wegen mangelnden Befehls ad referendum genommen. Der hessische Kriegsrath hat alles auf die Jülicher Sache Bezügliche wegen des Hauses Sachsen ad referendum genommen. — Um endlich über die Absichten der Gegner, besonders bei den gegenwärtigen neuen Werbungen, sich Klarheit zu verschaffen, ist die Abfertigung einer ansehnlichen Gesandtschaft an den Herzog von Baiern als Haupt des katholischen Bundes beschlossen. Instruction [1] und Creditiv sind ausgefertigt. Sept. 24.

hausen besprechen, der von seinem Herrn Auftrag hat, sich, wenn der Fürst es für gut hält, in dieser Angelegenheit zu den Staaten zu begeben. — In einem zweiten Schreiben der Fürsten und Gesandten an Anhalt (Sept. 23) heisst es: Erzh. Albert ist abermals im Begriff die Grafschaft Mümpelgard „wider ufgerichte vertraeg" anzufechten. Darum möge Anhalt im Namen der Union die Gesandten von Frankreich, England und den Staaten bitten, den Erzh. Albert zur Unterlassung dieser Anfechtungen aufzufordern unter Androhung der sonstigen Unterstützung Würtembergs durch ihre Herrschaften. Würtemberg wird einen Rath mit der nöthigen Information für die Gesandten ungesäumt abfertigen. (f. 112.)

[1] Die Instruction für Gr. Johann von Nassau, Valentin von Selbitz, Dr. Faber und „der stat Nurnberg advocat" — — spricht im Namen sämmtlicher Unirter und enthält folgendes: Dank für die Versicherung friedfertiger Gesinnung in des Herzogs Schreiben vom 17. August. Aus diesem Schreiben jedoch und aus vielen andern Zeugnissen ersieht man, dass über die Union und „alle bishero ervolgten verhandlungen" bei hohen und geringen Personen Missverständnisse entstanden sind, welche bis zu dem an den H. Baiern gerichteten Auftrag zur Uebernahme der Execution geführt haben. Die Unirten werden in einer Antwort auf das gegen sie ergangene kaiserliche Mandat, vielleicht auch demnächst durch eine gedruckte Schrift, die Beschuldigungen, die man gegen sie erhoben, widerlegen. Gegenwärtig wollen sie dem H. Baiern ihre ehrlichen Absichten darlegen. Ausführungen über den mit der Reichsverfassung harmonirenden, auf Erhaltung der Religionsfreiheit, der kaiserlichen Autorität und der deutschen Libertät gerichteten Zweck der Union. Bei den Vorgängen in Bamberg, Würzburg, Strassburg haben die Unirten nur diesen Zweck und die erlaubte Vertheidigung im Auge gehabt, und auf einseitige Berichte, ohne die Unirten zu hören, hat man ihnen offensive Absichten zugeschrieben und in Prag eine unverdiente Execution gegen sie beschlossen. Schon durch ihre frühern vielfältigen Erklärungen glaubten die Unirten den H. Baiern über ihre friedfertigen Absichten genügend beruhigt zu haben. Nun aber lesen sie in des Gr. Zollern Relation, dass der Herzog neben und trotz der schriftlichen Resolution dem Grafen „ad partem" sich zu Uebernahme der

272. 2. Sind die aus dem Stift Strassburg geführten Truppen noch länger zusammenzuhalten, und wohin sind sie zu führen? Woher sind die Mittel zu ihrer Unterhaltung zu nehmen, da die in Heilbronn bewilligten 27 Monate bei weitem nicht ausreichen, wie ja auch die Zeit von drei Monaten, auf welche man damals das Kriegsvolk noch beisammen zu halten beschloss, bald verflossen ist? Man hat befunden, dass, nachdem dem Heilbronner Abschied gemäss die pfälzischen Lehenreiter und das Regiment von Solms abgedankt ist,[1] die Unionstruppen am Rhein und in der Oberpfalz im Hinblick auf die starken Streitkräfte der Gegner und die neuen Werbungen des Herzogs von Baiern einstweilen beisammen zu halten sind. Nach den Erklärungen Baierns auf die erwähnte Gesandtschaft wird man abnehmen, ob man die Truppen ganz oder theilweise abdanken soll. Das aus Strassburg gezogene Kriegsvolk ist nach dem Heilbronner Abschied dahin zu führen, wo die Gefahr am grössten ist. Da man nun von der Seite der Donau bedroht

Execution bereit erklärt habe; sie hören, dass „deswegen zu Prag allerhand heimbliche tractatus vorgangen sein sollen.“ Bald nach jener Gesandschaft Zollerns ist in München eine starke Versammlung „von pabstischen und andern stenden“ gehalten; nunmehr sind Werbungen angestellt im Namen „des catholischen bundes,“ und es soll der Herzog von den Mailänder Truppen eine gute Anzahl Reiter verlangt haben. Darum bittet man den Herzog in seiner Eigenschaft „als bundsobrister und director“ um eine kategorische Erklärung, wessen sich die Unirten zu ihm und seinen Bundesverwandten zu versehen haben. Wird mit den Werbungen fortgefahren, und sind dieselben gegen die Unirten gerichtet, so wird der Herzog es diesen nicht verdenken, wenn sie sich zur Vertheidigung rüsten und „ursach nemen, mit hulf irer in- und auswertiger freund und verwanten das eusserste dagegen vorzunemen und sich also vor . . gewalt zu schützen.“ — Die Gesandten sollen sich ohne eine klare Erklärung nicht verabschieden lassen; sie haben „so viel zu verstehen zu geben, das, im fal uf der gegenseitten das kriegswesen nit abgestelt, und die Unirte ins künftig versichert würden, das dahero ein solch fewr im gantzen reich allenthalben ufgehen dürfte, dabei ein und der ander teil nit wol faren, vornemlich aber die geistliche es empfinden würden.“ — Wenn der Herzog auf die Donauwörther Sache kommt, so erwidern die Gesandten: es bleibe bei der vorigen Erklärung; man hoffe, der Kaiser werde gute Mittel finden, um die versprochene Restitution zu vollziehen. Wenn übrigens die aus dem Stift Strassburg gezogenen Unionstruppen „gegen die obige lande“ geführt werden sollten, so möge der Herzog daraus keinen Argwohn schöpfen. Es werde dies bloss zum Schutz der unirten Lande geschehen und verursacht sein durch die Einlagerung in Passau und die neuen Werbungen. (Sept. 23. f. 118.)

[1] Die Vollmacht Friedrichs IV. für Dieterich von Schönberg zu der besagten Abdankung ist vom 17. Sept. Schönberg soll vor der Abdankung mit den Truppen abrechnen über die empfangene und noch ausstehende Bezahlung und wegen letzterer zu erwirken suchen, dass sie erst auf Ostern und Martini berichtigt werde. (M. pf. 116/3 f. 36.)

ist durch das Passauer Volk und Baierns neue Werbungen, von der Sept. 24.
Seite des Rheins, weil die Leopoldischen Truppen dem Willstetter Vertrag zuwider bei Markolsheim gelagert sind, und eine starke Anzahl meuternder Reiter ins Stift zurückgekehrt ist, wo sie bleiben wollen, bis ihnen der Sold bezahlt ist, so soll der Markgraf von Baden 5—6 Compagnien Reiter und 1200 Mann zu Fuss in seinen Landen nach Breisach hin zur Sicherung der Rheinübergänge so lange behalten, bis die Leopoldischen Truppen das Elsass verlassen haben, und die Unirten am Rhein gesichert sind.[1] Die übrigen Truppen soll Anspach nach der Donau führen. Indem er dort „die notwendigste paess zu defension der Unirten land verwart," darf kein Unirter vor andern (mit Einquartirungen) unbillig beschwert werden. Es darf nur defensiv gehandelt werden, und es soll für strenge Disciplin und Justiz unter den Truppen gesorgt werden. Damit jedoch der Herzog von Baiern nicht meine, dieser Heranzug von Anspachs Truppen sei gegen seine Lande und die Stadt Donauwörth gerichtet, und darum die ganzen Streitkräfte der Liga aufbiete, so sollen die Truppen erst gemustert, dann in kurzen Tagesmärschen weiter geführt werden. Inzwischen werden dann die erwähnten Gesandten mit dem Herzog in Verhandlung getreten sein. Die Erklärungen des Herzogs von Baiern sind von den Gesandten, wie an das Unionsdirectorium, so auch direct an den Markgrafen von Anspach zu berichten, der dann mit den Kriegs-

---

[1] Unterm 23. Sept. machen die in Heidelberg versammelten Fürsten und der Oberst Widemarker dem Franz von Kriechingen Vorstellungen über das dem Willstetter Vertrag widersprechende Verhalten der ihm untergebenen Truppen: hieraus könne dem Stift Strassburg völliges Verderben erwachsen. Kriechingen möge sorgen, dass der gedachte Vertrag befolgt, und dass die in's Stift gezogene Reiterei zurückgeführt werde, dass man auch durch Bezahlung oder Abdankung derselben gegen ähnliche Vorfälle gesichert werde; im andern Fall werden die Fürsten thun, was die Billigkeit und der Schutz ihrer Lande erfordere. (M. pf. 116/3 f. 108.) Ein ähnliches Schreiben mit gleicher Aufforderung ergeht an das Domcapitel zu Zabern. (Sept. 23. f. 113.) Unter demselben Datum wird die Sache dem H. Lothringen, dem Gr. Hanau, der Stadt Strassburg und der Unterelsasser Ritterschaft vorgestellt, mit der Bitte, die obige Aufforderung an Kriechingen in ihrer Eigenschaft als Unterhändler des Willstetter Vertrags ernstlich zu befürworten. (f. 109, 110.) An die Ensisheimer Regirung (24. Sept.): sie möge den Leopoldischen Truppen, von denen man höre, dass sie sich mehr nach Breisach hin ziehen wollen, keinen „pass verstatten," sondern dieselben fortzuschaffen suchen, jedenfalls hinsichtlich derselben sich so verhalten, wie es die bis dahin gehaltene gute Nachbarschaft und ihr eignes Interesse erfordern. Im andern Fall werden die Fürsten die zum Schutz ihrer Lande nöthigen Massregeln ergreifen. (f. 128.)

272. räthen bedenken wird, ob der Zug nach der Donau fortzusetzen, „oder was sonsten mit dem volk vorzunemen" ist.

Bei der Frage über die Unterhaltung des Kriegsvolks der Union „ist zwar nit undienlich erachtet, das die rechnungen desjenigen, was ein oder der ander unirter stand an den bisher bewilligten monaten bezalt oder sonsten der union zum besten ausgelegt, hetten abgehört werden, und man daraus eigentlich wissen können, ob und was fur resten vorhanden, was dem kriegsvolk bezalt oder noch ausstehet, auch ob und was man noch uber die zu Hailbron verglichene 27 monat ongefer haben muste." Da dies aber „aus eingefallenen verhinderungen" nicht zu thun war, so sollen nunmehr die noch fehlenden Rechnungen vor dem 26. Oct. dem Directorium eingesandt werden. Bei dem „ongeferlichen uberschlag" ergab sich, dass man den Truppen an die 200,000 fl. schuldig ist. Die Rückstände an den Unionssteuern werden nun noch ein Erkleckliches einbringen;[1] allein da sie langsam einkommen und jedenfalls nicht ausreichen, so dürfte zur Unterhaltung der Truppen noch eine tüchtige Summe erforderlich sein. Man hat über diese Sache einen Nebenabschied vereinbart.[2]

3. Beim vorigen Heilbronner Tag berichteten die churbrandenburger Gesandten, dass, wenn man den König von Dänemark durch eine fürstliche Person zum Eintritt in die Union einladen werde (für Holstein), es wol nicht ohne Erfolg abgehen werde. Da nun der König sich gerade in Holstein aufhält, so ist Fürst Rudolf von Anhalt unter Zusendung von Instruction und Creditiv um Ueber-

---

[1] In der churpfälzischen Instruction an Strassburg (Sept. 25. f. 167) heisst es dagegen: aus den zum grössern Theil eingekommenen Rechnungen ergebe sich, das fast jeder Stand seine Quote für angebliche Unionsausgaben verrechnet habe; „dannenhero uf solche restanten fast wenig rechnung zu machen."

[2] Widemarker berichtet am 25. September an Lgr. Moriz: „in was anxietet alhier die union gewesen, kan e. f. g. ich nicht gnugksam deduciren. Den nachdeme Churbrandenburgk, Anhalt und Cullenbach eine ser ansenliche summa im rest gebliben, hat sich befunden, das man dem krigsvolck bis auf dato beinahe ein 200,000 fl. schuldigk gewesen. Und (da es) aber allen pillichen und vernunftigen rationibus nach rebus sic stantibus nicht hat abgedanckt werden konnen noch sollen, die staet aber im anfang fast zu nichts zu bringen gewesen, als hat man disseits anders nichts als der union ruptur, unserer wiedersacher aber höchstes ufnemen mutmassen können. So ist doch entlichen beigefugter schluss vorabscheidet worden, nicht zweiffelnde, e. f. g. werden one mein erinnern gnugksam die not desselben behertzigen, und das ich solches ad referendum et ratificandum angenommen, in keinen ungnaden vermercken." (Marburg. Krieg- und Friedenssachen. Alliancen.)

nahme der Gesandtschaft ersucht. Ebenso ist Landgraf Moriz ersucht, die Gewinnung der Hansastädte möglichst zu befördern.[1] — Geschehen zu Heidelberg den 14. Septembris 1610.

Nebenabschied. Um die den Unionstruppen schuldigen 200,000 fl. rasch aufzubringen und somit Unordnung und Meuterei zu verhüten, sollen die drei ausschreibenden Städte im Namen der versammelten Fürsten und durch besondere Gesandten jede um einen Vorschuss von mindestens 70,000 fl. gegen gebräuchliche Zinsen angegangen werden. Die Schuldobligationen sollen für Strassburg von Churpfalz und Zweibrücken, für Ulm von Würtemberg und Baden, für Nürnberg von Neuburg, Culmbach, Anspach und Hessen in der mit der betreffenden Stadt zu vereinbarenden Form ausgestellt werden. Culmbach, Neuburg und Hessen werden durch besondere Schreiben um Genehmigung dieses Beschlusses ersucht. — Zur Revision der Rechnungen werden Churpfalz, Neuburg, Würtemberg und die drei ausschreibenden Städte ihre Abgeordneten am 26. October in Heilbronn zusammenkommen lassen. Darnach wird ein Unionstag berufen, und dort u. a. proponirt, dass das eben beschlossene Anlehen von sämmtlichen Unirten nach Verhältniss übernommen werde. — Signatum Heidelberg den 14. Septembris 1610.

München, Staatsarchiv pf. 116/3 f. 134. Cpt.

273. Bertram von Scheid, genannt Weschpfenning, Relation an Pfalzgraf Wolfgang Wilhelm und Markgraf Ernst. Sept. 26.

Prinz Moriz antwortete auf „unser anbringen“: den Staaten scheine die Besetzung der clevischen Städte durch ihre Truppen bedenklich zu sein; denn einmal dürften alsdann Frankreich und England von Unterstützung der possidirenden Fürsten zurücktreten, sodann dürften die Städte selber die Aufnahme der Truppen verweigern, und man müsste sie alsdann zwingen. Deshalb sollten nach Ansicht der Staaten und des Prinzen die Fürsten bei Frankreich und England einige Hülfstruppen oder die Mittel zur Unterhaltung von 2—3000 Mann nachsuchen. — Die Staaten haben übrigens dem Prinzen Moriz Auftrag gegeben, seine Truppen an der Gränze einstweilen in Garnison zu vertheilen, sie können von

[1] Das Schreiben an Hessen ging nicht ab, weil man nachträglich erfuhr, „das s. f. g. in etwas geandet, das iro die behandlung der Hansestet nit allein ufgetragen worden.“ (Bemerkung auf dem Schreiben. f. 123.) Diese Ahndung in dem Schreiben des Landgrafen an Widemarker. Sept. 18. (Rommel VII S. 509.)

dort den Fürsten im Bedürfnissfalle stets zur Hülfe kommen. — Datum Bensberg den 16/26. September 1610.

München. Reichsarchiv. Jülicher Successionsacten 7/3 f. 18. Extract.

Sept. 27. 274. Johann Herzog von Zweibrücken, Revers.

Friedrich IV. hat vor seinem Tode den Herzog zum Vormund seiner Kinder und Administrator seiner Lande verordnet. Dies Amt hat der Herzog nunmehr angetreten.[1] Da Friedrich IV. bei der im Jahr 1602 für seinen ältesten Sohn eingenommenen Erbhuldigung von den Unterthanen beschwören liess, dass sie einem künftigen Administrator die Huldigung nur gegen das schriftliche Versprechen, den letzten Willen und andre Verordnungen Friedrichs IV. ungeändert zu lassen, leisten würden, so gelobt der Herzog hiermit, alles zu befolgen, was des verstorbenen Churfürsten Verordnungen in Religions- und Profansachen mit sich bringen, alle Unterthanen bei ihren Privilegien, Freiheiten und rechtmässigen Herkommen bleiben zu lassen, dieselben auch demnächst besonders zu bestätigen. — Datum Heidelberg den 17. Septembris 1610. (Aufschrift: „revers des hern administratoris anno 1610 hieobiger landschaft gegeben.")

München. Staatsarchiv 547/11 f. 198. Cop.

[1] Ueber den auf Friedrichs IV. Tod folgenden Vormundschaftsstreit vgl. Haeberlin-Senkenberg XXIII S. 333 fg., Häusser II S. 247 fg., Struv, pfälzische Kirchengeschichte S. 530, und die an beiden Orten angeführten Schriften. Belin hörte auf seiner Rückreise von Frankreich (n. 259) von den Räthen in Heidelberg u. a. folgendes: die in Heidelberg versammelten unirten Fürsten und Städte haben mit dem H. Zweibrücken „als der chur administrator und der union directorn ein abschiet gemacht und denselben nechst i. f. g. unterschrieben." Sie (sic!) haben dann, da Neuburg den Titel eines Administrators annahm, denselben in einem Schreiben ermahnt, „sich in diesem werk nicht zu ubereilen, sondern vielmer auf die algemeine so hochnotige concordiam zu sehen, und sich daneben zur interposition anerboten." Von Heidelberg selbst zeigte man (sic!) dem H. Neuburg den Tod Friedrichs IV. durch eine besondere Gesandtschaft an, mit dem Andeuten, der Herzog werde, mit besonderer Rücksicht auf die Lage der Union, des Churfürsten Testament achten. Die Antwort war entschiedener Anspruch auf die Administration. Gleichzeitig erschien Pfgr. August bei Würtemberg und Baden und erklärte: er solle sich nach Heidelberg begeben, um bis zur Ankunft seines Vaters „die regierung indessen zu bestellen." Beide Fürsten berichteten dies der Heidelberger Regirung, mit dem Rath, den Pfalzgrafen in die Stadt aufzunehmen und seine Werbung anzuhören. Zweibrücken erwiderte aber, dass er diese Aufnahme ohne Vorwissen der Mitvormünder nicht bewilligen könne. Trotzdem zeigte August seine Ankunft auf den 4. October an, worauf man ihm ein Schreiben und einen adelichen Abgeordneten entgegenschickte, mit der Anzeige, „das sie (s. f. g.) sich selber vor schimpf verwaren wolten." Auf das obenerwähnte Schreiben der Unirten hat Neuburg geantwortet: er nehme ihre Vermittlung an, falls Zweibrücken vorher von der Administration abtrete; da er am 11. October in Heidelberg einzutreffen gedenke, so mögen die Unirten sich alsdann zur Vornahme der Vermittlung gleichfalls einfinden.

Hierauf ist nun die Heidelberger Regirung entschlossen, den Herzog auf keinen Fall einzulassen. (Belin an Pruckmann. Oct. 5. B. XXXIV 66 a.)

275. Johann Graf von Nassau an Neuburg. Sept. 28.

Dankt für Uebersendung dès Schreibens Baierns an Neuburg vom 17. und der Antwort des letztern vom 20. September (n. 267). Mit diesen Schreiben ist für das Werk der Herstellung des Friedens „ein guter anfang gemacht." Bericht über die in Heidelberg beschlossene Gesandtschaft an Baiern. Der Graf wird die übersandten Schreiben sofort nach Heidelberg schicken, „nicht zweiflent, es werde noch wol zu propos kommen, und fernere instruction erfolgen. Interim würt man dieserseits, des gewissen zu spülen, armiret pleiben müssen und keine conditiones, so zum bestendigen frieden dienen, abschlagen, wie ich dan hof, das diese legation . . einen guten anfang zum bestendigen frieden machen werde." — Datum Hirschwalt den 18. Septembris anno 1610.

München. Staatsarchiv pf. 116/3 f. 211. Cop.

276. Heinrich Herzog von Lothringen an Churpfalz, Anspach, Würtemberg, Baden und Kaspar Widemarker. Sept. 29.

Die Unterhändler des Willstetter Vertrags haben dieser Tage dem Herzog geklagt, dass Unionstruppen in dem Amt Willstett gelägert seien, weil ein Theil der Truppen Kriechingens in der Umgebung des zum Bisthum Strassburg gehörigen Markolsheim und im Unterelsasser Bezirk mit offener Verletzung des Willstetter Vertrags einquartirt sei.[1] Der Herzog richtete sofort lebhafte Vorstellungen zu Gunsten des Vertrags an Kriechingen. Dieser aber erwiderte: er habe keine Truppen innerhalb des Bisthums oder des Unterelsasser Bezirks, sondern nur innerhalb des Oberelsass, wohin er stets erklärt habe sich zurückziehen zu wollen, um weitere Befehle des Kaisers oder des Erzherzogs Leopold abzuwarten.[2] Nun hat der Herzog das Schreiben der Adressaten vom 23. September erhalten, worauf er nochmals sich an Kriechingen wenden wird. Uebrigens hat letzterer sich beschwert, dass die Soldaten des Rheingrafen Otto die Dörfer des Bisthums jenseits des Rheins brandschatzen („cotisent") und von den Bewohnern von Ottenheim und der dortigen Abtei an die 6000 fl. verlangt haben. Die Fürsten mögen diese Uebelstände ihrer Seits gleichfalls abstellen. — De Nancy 29. Septembre 1610.

München. Staatsarchiv pf. 116/3 f. 235. Orig.

[1] Am 27. Sept. richten dieselben Stände die in dem Schreiben der unirten Fürsten vom 23. Sept. (n. 271 S. 459 Anm. 1) gewünschten Vorstellungen an Kriechingen. In ihrem Schreiben heisst es: die Truppen liegen „zu Marckolsheim und etlichen da herumb gelegenen und auch adenlichen dörfern." Nun gehöre das „ambt Marckolsheim in dises bis-

tumb und Underelsass" und sei „bei allen landtaegen in disen bezürck gezogen." Es seien auch „die bemelte under dem lantgraven gelegene adeliche dörfer in des ritterstants des undern Elsass matricul jeder zeit begriffen gewesen." (M. pf. 116/3 f. 206.)

2 Erzh. Maximilian erwidert den Mgr. Anspach und Baden auf ihre am 14. Sept. an die vorderöstreichische Regirung gerichteten Vorstellungen am 26. September: er habe zu der Aufnahme der fraglichen Truppen in's Vorderöstreichische nie seine Zustimmung gegeben; es sei ihm auch die Abführung derselben schon zugesagt. Die ganze Einlagerung solle aus Mangel anderer Quartiere und der Mittel zur Abdankung erfolgt sein. Er und die vorderöstreichischen Lande wollen stets friedliche Nachbarschaft halten. (f. 249.)

Sept. 29. **277. Christian Fürst von Anhalt an den Administrator der Churpfalz.**

Hat des Herzogs Schreiben vom 21. September betreffend die ihm aufgetragene Verhandlung mit England und den Staaten über eine „engere correspondenz" empfangen. Da ihm noch keine Originalvollmachten zugekommen sind, und in der Würtemberger Erklärung allerlei Schwierigkeiten gemacht werden, so ist es dem Fürsten bedenklich in einer so wichtigen Sache „bei itzigen one das verwirten zustand" den Auftrag zu übernehmen. Er hat noch nichts von einer den englischen oder staatischen Gesandten zugekommenen Instruction gehört, weiss aber, „das die gesanten one das von der zusammenkunft in Cöln ser starck eilen." England wird sich bezüglich der ihm zufallenden Hülfe nicht liberaler, als dem Buwinkhausen gegenüber, erklären. Die Staaten werden gewiss nur eine der Hülfe der Unirten gleiche Leistung bewilligen. „Und, wie wir wol gespürt, werden sie solche alliance nicht sonderlich affectiren, sondern dieselbe von uns wol an sie kommen lassen." Bei dieser Sachlage würde es vollends unrathsam sein, wenn Anhalt keine volle und klare Vollmacht hätte, so dass die Verhandlungen durch Bescheidserholen verschleppt würden. Auch werden sich die englischen und staatischen Gesandten, selbst wenn sie Instructionen erhalten, schwerlich in etwas einlassen, bis sie sehen, wie das von den Unirten in den Jülicher Landen unterhaltene Kriegsvolk bezahlt wird, und daran eine Probe des von den Unirten zu erwartenden Beistandes erhalten haben. Schliesslich giebt der Fürst zu bedenken, ob nicht die ganze Sache, da es fast scheint, „als were die occasion ezlicher massen furuber," besser im Haag verhandelt wird. — Dringende Bitte um die Mittel zur Bezahlung der Unionstruppen, an der die Reputation der Union hängt.[1] — Datum Hambach den 29. Septembris anno 1610.

München. Staatsarchiv pf. 102/2 f. 131. Orig.

1 Der H. Zweibrücken erwidert am 8. October: die Vollmachten und Instruction werden inzwischen eingekommen sein; letztere ist der Art, dass man hoffentlich mit England vollends und mit den Staaten unter Vorbehalt der in zwei Monaten zu ertheilenden Ratification zum Abschluss kommen kann. „Sub spe rati" kann Anhalt den Staaten auch den gleichen Ansatz der Bundeshülfe zugestehen. Ist Anhalt selber

verhindert, so kann er Substituten für die Verhandlung stellen. — Man spart keine Mühe, um Geld aufzubringen. Ist etwas zu erlangen, so wird der Fürst in zwei bis drei Tagen benachrichtigt werden. (M. pf. 102/2 f. 132.)

278. Christan Fürst von Anhalt an Churbrandenburg. (z. Th.) Sept. 29.

„W(olfgang) W(ilhelm) wird je lenger je selzamer.[1] Ich bin es inne worden, und es werden es alle noch weitter inne werden, die mit im umbgehen. Er macht im schon die rechnung aufs kunftige jar general zu sein, und weiss nicht anders, es seie im kriegswesen nichts mer für seinen augen verborgen. Ich kan nicht glauben, das es so werde gut thun. So wil printz Moritz und die Staden auch zuvor vernommen sein. Ich wil zwar bei diesen vorschlegen kein hindernus thun, dagegen aber werde ich mich ein zeit lang nicht ser zu diesen sachen drengen können. Aber wen ich die rechte zeit sehe, so wil ich kommen." Der Churfürst irrt, wenn er glaubt, dass in den Jülicher Landen die gesammte Armee noch beisammen sei; indess befinden sich im Clevischen noch so viel staatische Garnisonen, dass der Fürst im Nothfall stets Unterstützung heranziehen kann. Kommt ein Friede zu Stande, so ist kein Grund vorhanden, die Truppen länger beisammen zu halten. „Alhier, sobalt ich nur bezalung, wil ich mich mit abdanckung des volcks nicht seumen. Aber ich werde mich doch etzlicher wichtiger umbstende halber noch eine zeit lang hieaussen aufhalten müssen: nicht das ich das unionwesen mit Engellant und Staden auszufüren gedencke — den, gegen e. l. zu gedencken, ich werde kein wort verlieren, ich sehe den, das unser volck hierunden abgedancket sei, und habe noch andere considerationen, so ich nach Heidelberg gelangen lasse —, sondern ich muss sonsten alhier ein solch fundament legen, das es ein andermal bestant habe." Gedenkt, sich etliche Wochen bei Prinz Moriz und den Staaten aufzuhalten, „damit der winter nicht ubel angelegt werde." Will Jülich wol befestigen, „den ich traue meinen nachbarn beiden wenig." Hofft dem Churfürsten die Artikel der Pacificationshandlung senden zu können. „In effectu aber mag ich nicht grosses vertrauen in solche tractation setzen und hielte einen erlichen krieg für viel besser."[2 3] — Datum Hambach den 29. September 1610.

P. s. Erhält eben die gewünschten Artikel. Sie sind ungenügend. „Da es so bleibt, so hoffe ich, sie werden uns balt wider zum krieg helfen. Unangesehen das ich so ausgeseckelt, das ich nicht 100 taler im beuttel, so wolte ich doch der gemeinen sache halber gerne ausstehen helfen. E. l. wolten nicht bekummert sein, das die gravamina und Donawert stecken bleiben. Es ist zur union, für die staette und für uns alle, das wir in praeparation bleiben, zum höchsten nötig. Wan das gegenteil ire stücke recht verstünde, solten sie in diesen sachen allen nachgegeben haben. Poco cervello governa il mondo."

Berlin. Unionsacten XI. Eigenh

1 Am 2. Sept. übersendet Mgr. Ernst dem Chf. Brandenburg ein Gutachten der assistirenden Gesandten über die Ordnung der durch des Markgrafen und des Pfalzgrafen Wolfgang Wilhelm Zwietracht gestörten Regirung. Er bemerkt dazu: „unsers teils wolten wir . . fur das . . thunlichste erachten, wan die administration den lantraeten hieselbst, denen von beiden teilen etzliche e. l. deputirte raeta zu adiungiren, committiret würde. Oder do e. l. derselbe weg nit gefiele, wolten wir auch das erste mittel, das nemblich einem dritten die administration dieser lande, bis der rechte successor per sententiam declarirt, anvertrauet würde, nit wiederraten. Die division aber wil uns umb des pfalzgrafen wunderlichen ingenii willen, und das ime nicht leicht aus handen wieder zu bringen, was er einmal ertapt, fur ratsamb nicht ansehen." (B. XXXV a 16.)

2 Am 26. Sept. schreibt der Fürst an seine Gemahlin: „pour mon particulier, je suis bien empesché encores de ce que je doybs entreprendre a cause de ma seurté et de moyens. On traitte ici une pacification telle quelle, mais je la prevoys pleine des embusches, et singulierement pour moy, de sorte qu'il m'en fauldra bien laisser couler du temps, devant que je me puisse fier sans avoir une bonne armée a la queue. De l'aultre costé je ne suis nullement payé des princes, et tout ce que j'ay eu c'est employé pour la depence de ces princes et approches, qu'aultrement ne serions venus a bout. De demeurer ou voyager avec du traing sans moyen, c'est follie, et tant plus long temps je m'arreste, c'est s'embarquer d'avantage es depences; si fault il que je passe par la, et m'asseure que vous m'ayderez a prier Dieu, affin que ce calice, s'il m'est bon, me soyt osté, comme il a faict benignement des plusieurs aultres. Je vous laisse penser quel crevecoeur m'est vous laisser si desolée, vous jurant qu'il m'est quasi insupportable. Je ne peulx aussy pas entendre comment il avient que depuis trois moys en ça je n'ay entendu pas un mot de nostre Chrestien. Dieu le conserve gracieusement. Neantmoyens j'espere bien et a vous veoir, et a vous servir et de passer avec ayde de Dieu touttes ces difficultez et a nous resjouir a bon escient ensemble. La femme d'Erlach l'a suivi jusques au camp; mais vous ne m'eussiez pas fait de plaisir, si vous seriez estez si furwittig, sans que j'eusse ordonné expressement. Mais encores que je ne veois encores, si espere je le moyen de vous baiser effectuellement les mains etc." (Bg. I F 1; 28 f. 106.)

3 Ueber die Quellen der Cölner Verhandlungen vgl. Häberlin-Senkenberg XXIII S. 184 fg.

Sept. 29. **279. Johann Sigismund Churfürst von Brandenburg an Churpfalz.**

Ist mit der Exceptionsschrift gegen das kaiserliche Mandat (n. 219) durchweg einverstanden. Wird die Schrift am kaiserlichen Hofe übergeben, so wird sie nicht vor des Kaisers Augen kommen, noch ihm so vorgebracht werden, dass er sich zu einem bessern Verfahren bewogen findet; sie wird überhaupt unbeachtet bleiben, während das Mandat mehr als genug verbreitet ist in und ausser dem Reich, ja es dürfte diese Uebergabe die kaiserlichen Räthe in dem Wahn bestärken, man erkenne sie als Richter an: sie dürften also darauf mit noch schärfern Mandaten antworten, oder sie möchten die Schrift dem Churfürsten auch zurücksenden. Johann Sigismund hat erfahren, dass man am kaiserlichen Hof vor einer gründlichen Reformation Recht und Billigkeit nicht suchen darf.

Er schlägt daher vor, man solle die Schrift im Druck publiciren. Stimmt aber die Mehrheit der Unirten für Uebergabe der Schrift, so müsste sie durch einen Agenten geschehen, was denn nicht ohne Gefahr für denselben wäre. — Betreffend das mit des Churfürsten Schreiben vom 9. September übersandte Concept des öffentlichen Ausschreibens über die Union, so ist dessen Ausfertigung dringend nöthig. Denn auch Leute, die sich für politisch und erfahren halten, „sonderlich unsers orts," urtheilen so vielfach ungünstig über die Union, und nicht anders denkt ein Theil der evangelischen Fürsten. Daher werden dem gemeinen Mann die Unirten geschildert, als hätten sie dem Kaiser allen Gehorsam aufgesagt, wollten alle Ordnung zerrütten. Jeder will der Union übel, viele meinen, man müsse nur die Union aufheben, um wider ein goldenes Zeitalter herbeizuführen. Darum müssen durch das Ausschreiben und ähnliche Schriften solche Beschuldigungen widerlegt werden. Dieselben müssen sehr sorgfältig, um stichhaltig zu sein, abgefasst werden. (Folgen Verbesserungsvorschläge, die hauptsächlich den Ausdruck und angeführte Thatsachen berichtigen oder erweitern sollen.) — Geben . . Custrin den 19. Septembris im jar 1610.

München. Staatsarchiv pf. 117/3 f. 120. Orig.

280. Löfenius an Ducker. Sept.

Testament Friedrichs IV. Einige Tage vor seinem Tod, als er merkte, „das es mit im uf dieser welt sich zum ent schicken wurde," liess der Churfürst den Herzog von Zweibrücken nach Heidelberg kommen. Tod des Churfürsten, Einnahme der Huldigung in den obern und untern Landen für Zweibrücken als Administrator, ohne irgend einen Widerstand. Prätensionen Neuburgs und deren Widerlegung. „Welches ich deswegen etwas weitleuffiger anrege, damit neben dem herren i f. d. etwas wissens haben, was die ursach unsers strits seie." Der Administrator lässt zugleich dem Erzherzog Maximilian seinen Wunsch ausdrücken, die zwischen letzterm und dem Churfürsten Friedrich bestandene „vertreuliche freuntschaft und correspondentz" fortzusetzen. Bericht über die Elsasser Dinge, die Gesandtschaft der Unirten an Baiern und das Gerücht, dass ein Theil der Mailänder Truppen zu dem Kriegsvolk des katholischen Bundes stossen solle. Geschieht letzteres, so ist eine völlige Zerrüttung des Reichs zu gewärtigen. Der Administrator vertraut darauf, dass der Erzherzog solche Pläne werde abwenden helfen. — September 1610.

München. Staatsarchiv 547/11 f. 208. Cpt.

281. Christian Fürst von Anhalt an Zweibrücken. Oct. 1.

Hat das Gesammtschreiben vom 23. September (n. 272 S. 456 Anm. 1) empfangen. Die „occasion (ist) furüber und der assistirenden volck widerumb zuruck gefürt worden, also das man sich

30*

dieser ort nicht weiters entblössen kan." — Datum Hambach den 1. October anno 1610. (Praes. Heidelberg den 28. Septemb. 1610.)

München. Staatsarchiv pf. 116/3 f. 255. Orig.

Oct. 2. **282.** Bürgermeister und Rath zu Nürnberg an Graf Johann von Nassau.

Zu der Gesandtschaft nach Baiern hat der Rath seinerseits den Rathsfreund Wolfgang Löffelholz von Kolber bestimmt. Allein was in der Instruction über die Einlagerungen in Würzburg und Bamberg und die Elsasser Expedition gesagt wird, kann Nürnberg für sich und die übrigen Städte nicht vertreten. Ebensowenig kann es sich den eingemischten scharfen Beschuldigungen und der angehängten starken Drohung anschliessen, da dies dem Zweck und der gegenwärtigen Lage der Union nicht entspricht. Es wäre vielmehr, zumal da der Herzog von Baiern in einem Schreiben an Neuburg und in einem andern mit dem Erzbischof von Mainz zusammen unterzeichneten Briefe über die rein defensive Absicht der Werbungen der Katholischen und über ihr Verlangen nach Herstellung des Friedens im Reich sich erklärt hat, der Ton, besonders im ersten Vortrag, um so glimpflicher zu halten: man hätte den Zweck der Union „mit bester bescheidenheit zu erkennen zu geben" und schliesslich um Rückgängigmachung der Werbungen der Katholischen zu bitten, mit dem Erbieten, dass von Seiten der Union das Gleiche verfügt werden solle. In den weitern Unterredungen wird man dann wol in die Lage kommen, die erwähnten Einlagerungen und die Elsasser Expedition zu rechtfertigen; allein dies geschehe im Namen der Fürsten, die sie unternommen, mit ausdrücklicher Ausnahme der Städte. Ueberhaupt möge der Graf die Verhandlungen so leiten, dass sie zum Besten der Evangelischen, zur Herstellung des Friedens im Reich gedeihen, und dass besonders „die erb. stet nit weiters in andere sie nicht berürende und von inen bissher allerdings ausgesetzte sachen implicirt, noch hierdurch etwan zu andern widerwertigen gedancken und anderer notwendigen anstellung wider iren willen bewogen werden möchten." — Datum den 22. Septembris anno 1610.

München. Staatsarchiv pf. 116/3 f. 243. Cop.

Oct. 5. **283.** Joachim Ernst Markgraf von Anspach an Zweibrücken.

Da er sich „alhier zu lant nicht lenger aufhalten kan," ist er am gegenwärtigen Tage aufgebrochen. Es muss aber gesorgt werden, dass der Markgraf in Ulm für die Zeit der Entscheidung, ob das Volk abzudanken oder zu behalten sei, Geld vorfinde. „Dan one gelt traw ich mir das volck weder abzudancken noch unter Ulm zu furen." Deshalb hat der Markgraf auch an Würtemberg geschrieben zur Betreibung des von Ulm zu begehrenden Anlehens. Da indess das nöthige Geld zur Abdankung des gesammten Volks in Ulm nicht wird zu finden sein, so wäre nach Ansicht des Markgrafen das Regiment Helmstätters und die zwei Compagnien Obentrauts in Würtemberg abzudanken. Das Regiment von Fuchs könnte der Markgraf mit sich führen und sehen, ob es bei Nürnberg, wo auch Geld zu finden sein muss, abzudanken wäre. Sechs Compagnien könnten weiterhin mit Neuburgs Bewilligung in dessen Landen abgedankt werden. Das schlecht ausgerüstete Mansfelder Volk möchte der Markgraf je eher je lieber entlassen. Es wird bei Ulm abzudanken sein. Der Markgraf bittet um Zuordnung des Kriegsraths, um in diesen Dingen die nöthigen Beschlüsse zu fassen. — Datum im laeger bei Wielstat den 25. September 1610.

München. Staatsarchiv pf. 116/3 f. 260. Eigenh.

284. Johann Administrator der Churpfalz an Anspach. Oct. 11.

Hat des Markgrafen Schreiben vom 5. October empfangen. Da Strassburg das Anlehen verweigert hat, und von Nürnberg und Ulm vielleicht auch nicht viel zu hoffen ist,[1] so hat der Herzog sämmtliche Unirte um Erlegung der Restanten und noch ausständigen Termine ersucht.[2] Hinsichtlich der Abdankung wäre Würtemberg sowol vom Herzog als vom Markgrafen, Neuburg wegen der bewussten Differenz lediglich vom Markgrafen um Gestattung der Entlassung der angegebenen Truppen in ihren Landen anzugehen. Im Gebiete von Nürnberg und Ulm wären dagegen keine Abdankungen vorzunehmen, „damit sie nit entlich den gentzlichen absprung von der union zu nemen ursach haben." Das Regiment von Fuchs könnte Anspach etwa in seinen eigenen Landen abdanken; und vollends wäre das Mansfelder Volk, mit dem die Städte nichts zu thun haben wollen, wenn nur irgend die Mittel aufzutreiben sind, vor der Ankunft in Ulm zu entlassen. Zur Sendung der Kriegsräthe hat der Herzog Strassburg und Nürnberg aufgefordert und im Namen des Hauses Pfalz den Obersten Helmstätter beauftragt. — Datum Heidelberg den 1. October anno 1610.

München. Staatsarchiv. pf. 116/3 f. 256. Cpt.

[1] Ueber Strassburg berichtet Lingelsheim am 4. October: am 29. Sept. legte er vor den Dreizehn seine Werbung ab und machte nach derselben besondere Vorstellungen bei den angesehensten Mitgliedern derselben. Am 30. Resolution; darauf Replik Lingelsheims und abermalige Vorstellungen bei den vornehmsten Herrn. Diese aber führten mit grossem Bedauern die Unvermögenheit der Stadt aus: auch dürften die Dreizehn die geforderte Summe nicht ohne die Schöffen bewilligen, diese aber würden sicher ihre Zustimmung nicht geben. Am 2. Oct. erhielt Lingelsheim die Schlussresolution mit dem Bemerken: jedes weitere Ansuchen werde vergeblich sein. Auf seine Andeutung, ob denn die Hälfte der begehrten Summe zu erhalten sei, sagte einer der Vornehmsten: „wan man im tausend gulden vererte, so getrawete er nit, innerhalb 14 tagen treissig tausent gulden aufzubringen." Es ist also nichts erhalten. (M. pf. 116/3 f. 157) An Nürnberg und Ulm erhält Gottfried Sangenfinger (Verwalter zu Amberg) vom Administrator der Churpfalz, von Anspach und Baden am 10. Oct folgende Instruction: den Unionstruppen

ist man fast den Sold von drei Monaten schuldig. Es ist die höchste Zeit ihnen wenigstens zwei Monatssolde zu erlegen. Also Bitte um Erlegung der zwei übrigen Termine der 27 Monate, um Vorstreckung derselben Termine für diejenigen Städte des fränkischen (bei Ulm: des schwäbischen) Kreises, die sie etwa noch nicht erlegt haben, endlich um Zahlung des schon vorher nachgesuchten Anlehens von 70,000 fl. „Uf das sie nicht in die gedancken geraten, als wen wir uber die notturft und verglichene zeit das volck im felt zu erhalten gemeinet weren, hette er inen anzuzeigen, das, so balt ein leitliche resolution von Baierns l. erfolgt, auch die abdanckung an hant genomen werden sol." — Der Gesandte wird von Nürnberg aus den Mgr. Culmbach, der, so viel man weiss, weder die 8 noch die 27 Monate erlegt hat, dringend um die Zahlung angehen. Derselbe Markgraf hat von den zu Stuttgart für Jülich bewilligten 35 Monaten noch 19 im Rückstand. Da man für das in den Jülicher Landen liegende Kriegsvolk in wenig Tagen 60,000 fl. beschaffen muss, wenn es nicht mit Schimpf abziehen soll, so ist der Markgraf auch um Zahlung dieses Rückstandes anzugehen. (f. 275.) Nach einem Schreiben Würtembergs an Neuburg vom 27. Oct. wurde das Anlehen von Ulm bewilligt. (M. pf. 343/post 21 f. 28.) Von dem Nürnberger Abgeordneten zur Münchener Gesandtschaft vernahm Faber, dass die Stadt sich „wilfaerig erkleren möchte, jedoch aber das inen wurckliche einraumung geschehe." Nürnberg würde, wenn Anspach ihm „die hohe wiltban in denen orten, so in camera strittig, verkaufen wolte, ein nambaftes thun." Man könnte diese Jagden als Pfand für das Anlehen einräumen. (Faber an Würtemberg. Oct. 6. St. Unionsacten VII f. 317.)

[2] Nämlich die zwei Ziele der 27 Monate. Unter Anrechnung dieses Betrags waren von Churbrandenburg und Anhalt 44 Monate einzufordern. (f. 262.) Von den Städten hatte nur Worms den ersten Termin der 27 Monate noch nicht erlegt. (f. 267.) Ueber Culmbach s. Anm. 1 Lgr. Moriz hatte die von ihm bewilligte Pauschsumme von 50,000 fl. nach und nach erlegt und wurde nun um die 8 und die 27 Monate gemahnt. (f. 269.)

Oct 16. 285. Cardenas an Andreas de Prado.

Er hat den Courier nicht eher schicken können, weil er auf den Tod krank gewesen; erst seit fünf Tagen haben die Aerzte wieder Hoffnung. „Y cierto, señor, viendo que la salud no me dexa cumplir lo que tengo a cargo, y que ago muchas faltas en el servicio de s. M., estoy resuelto suplicalle, provea esta emvaxada, que no cumpliria yo de otra manera, y afirmo a v. m. que me pesa, porque he pasado todo lo travaxoso y aspero que fue en vida del rey, y he procurado endulcir los animos y poner vien el estado de las cosas, y tengo hecho esto por la misericordia de Dios; y aora que avia de ser todo dulce y que los negocios eran gustosos y ymportantes de tratar, que me falta la salud." Seit den zwanzig Monaten seines Aufenthaltes war er nicht fünfzehn Tage ohne Fiber, seit einem halben Jahr nicht zehn Tage nach einander ausser Bett. „Quando mas dispuestas tengo las cosas no puedo traellas a efeto por estar en la cama. . . . . Aora era quando avia d'esperar de s. M. el fruto de las borascas que aqui he pasado, y aunque de tan gran rey y tan christiano puedo esperar siempre la merced que de su grandeza me prometo, con todo esto quisiera mas pedilla y esperalla sirviendole que no pidiendo licencia. Y no escrivo luego suplicando, se provea la emvaxada, porque no parezca que el mal me tiene espantado y me obliga hacello, y tamvien por asistir lo que pueda, asta que se vaya el s'. duque de Feria." — De Paris y Otubre 16 de 1610.

Resolution des Staatsraths. „Que ha servido muy bien, y seria muy justo hazerle alli merced, para que, viendole salir por falta de salud, se eche de ver en la merced que sele hiziere que es con satisfacion de su buen servicio, y conviene a poner persona en aquel puesto, y va pensando en ello el consejo."

Paris. Archives nat. Mon. hist. K 1463 n. 93. Orig.

286. Villeroy an Bongars. (z. Th.) Oct. 18.

Boissise schreibt, man führe die Cölner Verhandlungen nur fort, um inzwischen zum Vortheil der Münchener Liga zu rüsten. In dem Glauben jedoch, dass die Deutschen nicht so unbedingt zum Kriege entschlossen seien, hat man dem Boissise befohlen, auszuharren, so lange einige Hoffnung zum Ausgleich übrig ist, und die Würde des Königs nicht darunter leidet. Trotz boshafter Ausstreuungen der „factieux qui sont parmy nous" soll Bongars fest versichern, dass die französische Regirung ihre alten Allianzen nicht mit neuen zu vertauschen gedenkt. Frankreich kennt sehr wol die Stimmung aller seiner Nachbarn, aber es braucht den Frieden mit ihnen allen: „non par crainte de leurs armes propres, mais par les raisons que nous avons trop bien fondées de nous desfier de aucuns qui sont avec nous, lesquels furetent partout et recherchent assez imprudemment toutes sortes de moyens de brouiller le royaume, descrier les actions et intentions de leurs M^tés et mesmes les mettre en desfiance de leurs amys et alliez." — De Reims le 18. de Octobre 1610.

Paris. Bibl. nat. Mém. de Bongars VII f. 177. Orig.

287. Buwinkhausen an Würtemberg. (z. Th.) Oct. 20.

Der Herzog wird darüber berichtet sein, wie Anhalt die zum Abschluss der englischen Allianzen ihm geschickten Vollmachten und Instructionen ungenügend befunden und sich deshalb jeder Verhandlung mit dem englischen Gesandten enthalten hat. Nun sind auf die vom verstorbenen Churfürsten von der Pfalz und vom Herzog zur Beförderung des Bündnissschlusses nach England gesandten Schreiben beiliegende Antworten an den Churfürsten und an den Herzog eingetroffen, und mit ihnen beiliegende Schreiben des Lord Schatzmeisters und des Geheimsecretärs, der die Sache unter der Hand hat, an Buwinkhausen.[1] Trotz dieser Schreiben hat Anhalt abermals erklärt, er könne sich den Verhandlungen nicht unterziehen, zumal da er eine Reise beschlossen habe (er hat dieselbe auch am gegenwärtigen Tage angetreten), und da der

287. englische Gesandte sich geäussert habe, dass er nach des Churfürsten von der Pfalz Tode einer besondern Vollmacht zur Verhandlung mit dem Administrator der Pfalz bedürfe.[2] Nachdem nun Churpfalz und Würtemberg im Namen der Unirten den König von England so inständig um Bevollmächtigung seines Gesandten zum Abschlusse des Bündnisses gebeten und das zeitige Eintreffen der entsprechenden Vollmacht der Unirten versprochen haben, nachdem auch nach des Churfürsten Tod Würtemberg, Anspach und Baden jenes Gesuch und Versprechen widerholt haben, und demselben von Seiten des Königs gewiss in den nächsten Tagen wird entsprochen werden, so wäre, um nicht grossen Anstoss beim König zu erregen, wenigstens eine Anordnung zu treffen, dass die Verzögerung entschuldigt, und die Verhandlungen bis zu besserer Gelegenheit in der Schwebe gehalten würden.[3] — Cöln den 10./20. Octobris 1610.

München. Staatsarchiv pf. 102/2 f. 151. Cop.

1 Vgl. Jacob I. an Churpfalz und Würtemberg. Sept. 30. Salisbury an Buwinkhausen. Sept. 29. Die Lords vom Council an Winwood. Oct. 8, 10. (Winwood III S. 220—224.)

2 Ueber Anhalts Reise nach England vgl. Anhalt an Winwood. Oct. 18. Dickenson an Trumbull. Nov. 9. Beaulieu an Trumbull. Dec. 24. Dickenson an Winwood. Dec. 30. (Winwood III S. 227. 230, 240, 243.)

3 Ueber die Stockung der englischen Verhandlung schreibt Wolfgang Wilhelm am 16. November an seinen Vater: als er in Sachen des englischen Bündnisses sich am 20. Sept. zum ersten Male an F. Christian von Anhalt wandte, erklärte dieser, keinen Auftrag erhalten zu haben. Ebenso hat der englische Gesandte erst kurz vor seiner Abreise, und als Anhalt schon abgereist war, Instruction erhalten. Da nun bei dem inzwischen erfolgten Tode des Chf. Pfalz zu besorgen war, es möchte in Folge des Administrationsstreites etwas zum Nachtheil des H. Neuburg bei den Bündnissverhandlungen versucht werden, da der Pfalzgraf auch nicht wusste, ob und was F. Christian beim K. England über das Bündniss verhandeln werde, so scheint es am besten, die ganze Verhandlung so lange auszusetzen, bis Anhalt von England zurück ist, und man über des Königs gegenwärtige Absichten unterrichtet ist, ferner bis der Streit über die Administration ausgeglichen ist (M. pf. 342 5 f. 176.) In Uebereinstimmung mit diesem Vorschlag schreibt Neuburg schon am 22. October an Würtemberg: durch Friedrichs IV. Tod ist die dem F. Anhalt ertheilte Vollmacht zur Verhandlung mit England hinfällig geworden. Eine Erneuerung derselben ist bei dem Administrationsstreit nicht möglich. Wenigstens wird der Herzog die Ausstellung der Vollmacht von Seiten Zweibrückens nicht zugeben. Würtemberg möge sein Gutachten geben, wie ohne Präjudiz für den H. Neuburg, die Behinderung der englischen Verhandlung zu vermeiden sei; ob nicht etwa das jüngst im Auftrag des H. Neuburg den würtembergischen Räthen vorgeschlagene Mittel, dass nämlich bis zu weiterem Vergleich das Unionsdirectorium „von der hinderlassenen churfurstlichen Pfaelzischen regirung" ohne Rücksicht auf Neuburg und Zweibrücken geführt werde, durchzuführen sei. (München. Reichsarchiv.)

288. Bericht über die Verhandlungen der Unionsgesandtschaft mit Baiern.[1] Oct. 28.

Der Graf Johann von Nassau, der Anspacher Rath und Oberste Valentin von Selbitz, der Würtemberger Vicekanzler Faber, das Mitglied des innern Raths zu Nürnberg Wolf Löffelholz sind am 10. October in München eingetroffen. Am folgonden Tag Audienz beim Herzog von Baiern im Beisein des Grafen von Rechberg und des Kanzlers Donnersberg. Faber hielt den Vortrag, worauf der Herzog durch Donnersberg antworten liess: hinsichtlich der kaiserlichen Execution beziehe er sich nochmals auf seine vorige schriftliche Erklärung, die übrigen Puncte werde er erwägen und sich dann weiter erklären. — Da den Gesandten erst nach ihrer Abreise von Heidelberg das Schreiben von Baiern und Mainz an die Unirten, ferner ein Schreiben Baierns an Neuburg, in dem der Herzog erklärt, dass er „mit vorhabender neuer krigswerbung niemants zu offendiren gemeint" sei, endlich beiliegendes Schreiben von Nürnberg (n. 282) mit besonderm Ansinnen zugekommen war, so machten die Gesandten von der in der Instruction ertheilten Vollmacht, je nach einfallenden Umständen ihre Werbung so zu ändern, wie es für die Absichten der Unirten am nützlichsten ist, Gebrauch und richteten den Vertrag nicht genau nach dem Wortlaut ihrer Instruction.

Auf die Nachricht, dass die Unionstruppen sich vom Elsass gegen die Donau in Bewegung gesetzt haben, liess der Herzog den Gesandten am 12. October durch Rechberg, Donnersberg und Herward anzeigen: der verheerende Anzug der Unionstruppen durch das Kinzigthal, wo sie bereits zwei Dörfer abgebrannt haben sollen, widerspreche der in dem Vortrag der Gesandten gegebenen Versicherung, dass die Unirten Niemanden angreifen wollen. Ehe daher der Herzog sich auf jenen Vortrag erklären könne, verlange er Aufschluss, was mit besagten Truppen bezweckt werde, ob die Absicht gegen ihn und andere Katholische gehe, wo die Truppen lagern sollen, ob sie getrennt oder vereint marschiren. — Die Gesandten erwiderten: allerdings sollen die Unionstruppen durch das Kinzigthal nach der Donau zuziehen, aber nicht, um den Herzog

[1] Mit dieser Relation sind zu vergleichen die Acten der Münchener Verhandlung in der Schrift: Friedenstractation . . im October 1610 zu München etc. München 1613. Ferner Wolf II S. 633 fg. Häberlin-Senkenberg XXIII S. 301 fg. Lingelsheim an Bongars. Oct. 20, 29. (Bongarsii et Ling. epistolae S. 291, 293.)

288. oder sonst Jemanden anzugreifen, sondern um „der Unirten lande und derselben paesse und oerter . . zu verwaren," im Hinblick darauf, dass das Passauer Volk beisammen bleibe, auch „die neue werbungen hieoben lauts fortgehen, und man nicht wissen könne, wessen man sich zu inen zu versehen." Der Herzog könne diese Massregel rückgängig machen, wenn er den Unirten die Ursache des Misstrauens benehme. Sollten die Truppen Uebelthaten verübt haben, so werden die Befehlshaber, da die Soldaten der Bezahlung wegen nicht zu klagen haben, die Disciplin handhaben. Ob übrigens die Truppen getrennt oder vereint marschiren, wo sie lagern sollen, darüber habe der General derselben zu befinden.

Am 13. October übergab Donnersberg dem Würtemberger Vicekanzler des Herzogs Resolution. Die Gesandten vereinbarten darauf eine Replik, bei deren Abfassung das Ansinnen des Nürnberger Abgeordneten berücksichtigt wurde, dass nämlich die Städte der Verantwortung der Jülicher, Elsasser und Würzburger Sache überhoben bleiben sollten.

Am 15. stellte der Churfürst von Cöln dem Grafen von Nassau vor: durch die Jülicher Unruhen sei sein Stift bedeutend beschädigt; auch seien vorgebliche Schuldforderungen an das Stift von den possidirenden Fürsten angekauft, und es werde auf Grund derselben dem Stifte stark gedroht. Wenn beide Uebelstände nicht beseitigt werden, so müsse er (der Churfürst) darauf bedacht sein, „wie sie solches schadens bei beiden fürsten, Neuburg und Brandenburg, hieoben lauts widerumb sich erholen möchten." Ausserdem möge der Graf von Nassau sich darum bemühen, dass im Reich die Einigkeit hergestellt, und das Kriegsvolk allerseits abgedankt werde. — In der hierauf folgenden Unterredung bemerkte der Graf: über das mit der Jülicher Sache Zusammenhängende könne die Unionsgesandtschaft nicht verhandeln, da die Union insgesammt mit der Jülicher Sache nichts zu thun habe. Herstellung des Friedens sei dagegen der eigentliche Zweck der Gesandtschaft. Obgleich nun die Union eine bedeutende Truppenmacht beisammen habe, während es mit den Rüstungen der „buntstent" nicht vorwärts gehe, so sei es doch die Absicht der Union, den Frieden anzubieten. Werde das Angebot nicht angenommen, so „würden die Unirte sich ires volcks und der guten occasion notwendig gebrauchen müssen." — Der Churfürst erwiderte: „es weren die buntstent nicht so schwach als man sichs einbildete, sondern starck und bereit genug. Der Unirten kriegsvolck hab dermassen ubel gehaust, das es gar nicht zu verantworten." Indess,

ehe man über Friede und Truppenabdankung sich recht erklären Oct. 28.
könne, müsse man die Replik der Unionsgesandtschaft haben. — Diese Replik wurde am selben Tage (Vormittags) übergeben.

Am 16. überreichte der Kanzler Donnersberg die Duplik. Da in lezterer das früher Gesagte widerholt und die Unirten in all' ihren Handlungen beschuldigt wurden, erwog man, dass man dieses ahnden müsse, anderseits aber für die fraglichen Handlungen dem bairischen Hof keine Rechenschaft schuldig sei. Und so übergab man am 17. „eine kurze contradiction." In derselben wurde das vom Herzog (durch Aeusserung Donnersbergs gegen Faber) an demselben Tag gemachte Anerbieten einer mündlichen Conferenz mit verordneten bairischen Räthen hervorgehoben. Am folgenden Tag stellten sich denn auch der Obersthofmeister Rechberg, der Feldmarschall Tilly, der oberste Kanzler Donnersberg, Dr. Jocher und der Landschaftskanzler Herwart zu dieser Besprechung ein. Sie überreichten zunächst eine schriftliche Triplik. Nach Einsicht derselben erwiderten die Unionsgesandten mündlich: ihr Entschluss, am folgenden Tag abzureisen, sei durch Gewährung dieser Conferenz geändert. Die Verhandlung selber drehe sich hauptsächlich um folgende zwei Puncte: 1. die Erklärung des Herzogs, dass er die Execution der kaiserlichen Mandate nicht zu übernehmen gedenke, werde durch den Zusatz, „wafern i. d. zue anderm nicht ursach geben werde," unklar, da „balt eine ursach, wie man sagt, von einem zaun genommen werden möge." Man bitte also um bestimmte Fassung dieses Punctes. 2. Betreffend die Abdankung der Truppen und die gewünschte Aufklärung über die Absichten des Herzogs und seiner Verbündeten, erinnern die Gesandten zunächst, dass sie nicht geschickt seien, „umb den frieden viel zu bitten, sondern denselben allein anzubieten." Nun habe der Herzog erklärt, die Abdankung der Truppen könne erst von dem auf den 7. November berufenen Bundestag beschlossen werden. Da jedoch der Herzog „das directorium und plenipotentiam" habe, und auch der Churfürst von Cöln bei ihm sei, so erwarte man auch in diesem Puncte eine kategorische Resolution. Denn die Unirten können ihre Truppen nicht bis zum 7. November „uf ein ungewisses und zwar in irem eigenen land" unthätig halten. — Hierauf die Baiern: 1. es handle sich nur um den selbverständlichen, auch stets von den Unirten gemachten Vorbehalt, dass gegen den Herzog keine „feintliche thaetlichkeit" verübt werde. 2. Hierüber solle dem Herzog berichtet werden. Da indess die Unirten bei dem Gegenerbieten bezüglich der Abdankung ihrer Truppen sich vorbehalten, einige Streitkräfte zur Vertheidigung gegen das Passauer Volk zu

288. behalten, so wünsche man zu wissen, wie viel Truppen abgedankt, und wie viele beibehalten werden sollen.

Hierauf die Gesandten: 1. man nehme des Herzogs Erklärung, dass „e. f. d. nicht gemeint, der execution wider die evangelischen sich zu undernemen," als unbedingt an. 2. Man sei „beiderseits einig, das kein teil den andern zu offendieren gemeint" sei. Folglich sei das Kriegsvolk für beide Theile unnöthig, nur dass man von Seiten der Unirten so viel Truppen behalten müsse, als zu ihrer Sicherung gegen das Passauer Volk nöthig sei. In letzterer Hinsicht wünsche man zu vernehmen, ob der Herzog den Unirten gegen etwaige Anfechtungen durch das Passauer Volk Bürgschaft leisten wolle, oder ob er zusagen wolle, dass er dies Volk nicht begünstigen noch ihm zum Schaden der Unirten den Durchzug gestatten werde, dass er sich auch beim Kaiser für dessen baldige Abdankung verwenden wolle. — Die Baiern nahmen dies ad referendum. Auf ihre nochmalige Frage, wie viel Truppen die Unirten zur Sicherung gegen die Passauer behalten wollten, wurde ihnen das bis dahin in der Oberpfalz unterhaltene Volk bezeichnet.

Am selben Tag Ankunft des Erzherzogs Leopold. Da derselbe am folgenden Morgen im Namen des Kaisers eine Werbung abzulegen hatte, so wurden die Verhandlungen erst am Nachmittag des 19. October wider aufgenommen. Die Baiern erklärten: 1. Ueber den ersten Punct sei man einig. 2. „Die abdanckung betreffend, nemen i. d. der gesanten erbietten an, das naemblich die Unierte abzudancken gemeint seien." Bei der friedliebenden Gesinnung des Herzogs sei man nun darüber einig, dass beide Theile ihre Truppen nur zur eignen Vertheidigung geworben haben. Zur Abdankung derselben erkläre der Herzog sich, so viel an ihm sei, bereit, in der Hoffnung, dass der auf den 7. November zu berufende Bundestag dieser Erklärung beitreten werde. Bis zu diesem gemeinen Schluss müssen die Truppen beisammen bleiben. Da die Unirten gegenüber dem Passauer Volk sich gerüstet halten wollen, so werde der Herzog ebenfalls einige Truppen beisammen halten. Dies sei des Herzogs bestimmte Erklärung, welche, wie er hoffe, genügen werde: „sonsten protestiren sie, dafer es zur waitterung geraichen solte, (das) s. d. als ein frietliebender fürst wolle an allen weitterungen dero teils unschuldig sein, wie dan ire schriften, resolution und erklaerungen ausweisen." — Die Unionsgesandten erwiderten: es sei stets von ihnen der Friede angeboten. Darauf aber könne man die Antwort des Herzogs, die auf einen künftigen Bundestag weise, nicht als kategorische Resolution ansehen noch diese Antwort annehmen. Auf's ungewisse können die Unionstruppen nicht so lange unthätig bleiben, zumal man nicht wisse, was das Passauer Volk vorhabe. Die Gesandten protestiren, „das man inen (den Bairen) den frieden angebotten, welchen sie aber nicht annemmen noch haben wollen. Was nun hieraus erfolgen würt, hab man leicht zu erachten; dan die Unirte ir volck nicht so lang uf iren eigenen underthanen ligen lassen können, sondern die benachbarte damit auch notwendig beladen muesten." Oct. 28.

Hierauf die Bairen: man sei mehr in Worten als in der Sache uneins. Der Herzog habe sich für die Abdankung erklärt. Wenn er in dieser gemeinen Sache „propter decorum" die Zustimmung der Bundesgenossen vorbehalte, so zweifle er nicht an deren Genehmigung. Die Gesandten selber bekennen ja, dass des Herzogs „autoritet bei den buntsstaenden so gross" sei. Für Abführung des Passauer Volks und Sicherung der Unirten gegen dasselbe wolle der Herzog sich beim Kaiser verwenden. Man könne darüber auch bei Gelegenheit der Anwesenheit des Erzherzogs Leopold unterhandeln. — Die Unionsgesandten erwiderten: die Hoffnung der Genehmigung der Bundesverwandten weise in's ungewisse. Man müsse aber Gewissheit haben, dass dieselben ihre Truppen abdanken wollen. — Hierauf die Baiern: ihre bisherigen Erklärungen hätten befriedigen sollen. „Damit aber die gesanten sehen, was i. f. d. für ein ufrecht Teutsch gemüet habe, so wöllen i. f. d. sich hiemit pure, categorice und recht Teutsch erklaeren, das sie die abdanckung für sich und ire mitbuntsverwante allerdings pure categorice versprechen, solche auch ins werck richten wollen." Man möge nun noch angeben, welche und wie viele Truppen die Unirten zu ihrer Sicherung beibehalten wollen, damit der Herzog sich darnach richte.

Die Unionsgesandten: 1. sie nehmen diese Resolution als eine vom Herzog für sich und seine Verbündeten gegebne Erklärung, dass sie abdanken wollen, an. Obgleich nun billiger Weise die Katholischen, weil sie die Unirten zu ihren Werbungen veranlasst haben, mit der Abdankung beginnen sollten, so sei man doch damit zufrieden, dass die Abdankung beiderseits gleichzeitig geschehe, und zwar am 3. November. 2. Zur Abwehr des Passauer Volks werden die Unirten wol das bis dahin in der Oberpfalz unterhaltene Volk beisammen halten. Dagegen könnte der Herzog das bei Straubing liegende Volk behalten. Ausserdem habe der Markgraf von Baden einige Truppen, die er besonders deshalb zum Schutz seiner und Würtembergs Gränzen behalten müsse, weil es

288. heisse, dass das Jülicher Volk nach dem Elsass ziehen und dort seine Bezahlung suchen werde. Im Fall der Entlassung des Passauer und Elsasser Volks seien dann die Truppen in der Oberpfalz, am Rhein und bei Straubing gleichzeitig abzudanken. 3. Obgleich man sich keines unbilligen den Bundesständen zugefügten Schadens entsinne, so sei doch festzustellen, dass Klagen wegen angerichteter Schäden nur auf gütlichem oder rechtlichem Wege verfolgt werden. 4. In dem zu schliessenden Vertrag sei die Clausel nicht zu vergessen, dass alle Personen, die dem einen oder andern Theil gedient haben, in die Aussöhnung eingeschlossen sein sollen. 5. Man habe weiter zu bestimmen, dass kein Theil dem abzudankenden Kriegsvolk „anweisung gebe," sich gegen den andern Theil anderwärts anwerben zu lassen. — Die Baiern antworteten: 1. Der Termin zur beiderseitigen Abdankung sei, „weil noch etlich volgk im lauf, und sie sobalt nicht fortkommen mögen," auf drei Wochen anzusetzen. 2. Einverstanden. Es dürfe jedoch kein Theil vom andern durch Einlagerungen und Raub beschwert werden. Dem Erzstift Cöln werde von Seiten der Jülicher Truppen kein Schaden mehr zugefügt, und die im Jülicher Land ihm arrestirten Güter herausgegeben werden. 3. Einverstanden. Es sei jedoch billig, dass das dem Bischof von Würzburg genommene Geld,[1] da die Thatsache und das Unrecht klar sei, ohne weiteres restituirt werde. 4. und 5. Einverstanden. 6. Der Herzog habe erfahren, dass das Passauer Volk meutern wolle. Es könnte sich alsdann auch das östreichische, mährische und schlesische Volk zusammenthun, um den seit 10—12 Jahren rückständigen Sold vom Kaiser zu fordern. Die Truppen im Elsass und im Jülich'schen könnten schliesslich diesem Beispiel folgen. Da somit „im gantzen heil. Römischen reich . . eine generalmeutterei zu befaren, also jammer und not entstehen möchte," so bitte der Herzog die Gesandten um ihr Gutachten, „wie solchem zu begegnen sein möchte." — Die Gesandten hatten auf diese Erklärung, die sie im wesentlichen annahmen, nur noch folgendes zu erinnern: Zu 2. Ueber die Jülich-cölnischen Sachen ohne Instruction, da die Jülicher Sache keine Unionsangelegenheit sei. Die fraglichen Dinge seien bei der Cölner Tagsatzung zu erledigen. Zu 3. Ueber die Würzburger Gelder ohne Instruction. Zu 6. Die Gesandten werden über diesen Punct, da es ihnen an Nachricht und Instruction fehle, referiren. Da der Herzog ihr Gutachten verlange, so wollen sie

---

[1] Vgl. darüber Lingelsheim an Bongars. 1610 Mai 29. (Bongarsii et Ling. epistolae S. 281.)

für sich über die Sache nachdenken, möchten aber vorher die Ansicht des Herzogs vernehmen. Oct. 28.

Am 20. October trugen die bairischen Räthe die Resolution ihres Herrn vor, durch welche im wesentlichen die Tags vorher vereinbarten Puncte genehmigt wurden. Folgendes ward hinzugefügt: Zu 2. Der Herzog werde zu seiner und seiner Verbündeten Vertheidigung ungefähr gleich viele Truppen wie die Unirten behalten. Mit Rücksicht auf die Bemerkungen über die Jülicher Lande wünsche der Herzog zu wissen, „ob man die fürsten, so die Gülchische lant inhaben, für unirte staent halte oder nicht." Zu 3. Wie und wo solle über den Schadenersatz gütlich oder rechtlich verhandelt werden? Der Herzog erwarte, dass das abgenommene Geld zur Zeit der Abdankung ohne weiteres restituirt werde. Zu 6. Der Herzog werde weitere Erkundigungen einziehen und den Unirten mittheilen. Inzwischen mögen ihm letztere ihr Gutachten mittheilen. — Die Gesandten erwiderten: Zu 2. Da es ausbedungen sei, dass mit den beibehaltenen Truppen kein Theil dem andern Schaden zufüge, so möge man ihnen, um Irrthümer zu vermeiden, ein Verzeichniss der katholischen Bundesverwandten übergeben. Die possidirenden Fürsten gehören zur Union in Bezug auf ihre ausserhalb der Jülicher Lande besessenen Fürstenthümer. Zu 3. Ansprüche auf Schadenersatz habe jeder Stand vor seinen zuständigen Richter zu bringen. Der Markgraf von Anspach werde ohne Zweifel bereit sein, sich mit dem Bischof von Würzburg wegen der Gelder zu vergleichen. Zu 6. Die Gesandten schlagen vor: es möchte im Namen der Union und des katholischen Bundes ein Abgeordneter zu dem Passauer und Elsasser Volk geschickt werden, um von den Befehlshabern zu vernehmen, was der eine und andere Theil von den Truppen zu gewärtigen habe, und um etwa eine Obligation von den Befehlshabern zu begehren, dass sie beiderlei Bundesverwandte nicht angreifen wollen. Schliesslich da Erzherzog Leopold wegen der Jülicher Sache allerhand Drohungen geäussert habe, erwarte man, dass er, falls er zu dem katholischen Bund gehöre, den gegenwärtigen Vergleich ratificiren werde, und dass, wenn er nicht dazu gehöre, der Herzog bei Gelegenheit der Anwesenheit desselben eine Sicherstellung der Union von ihm auswirken werde.

Am Nachmittag desselben Tages trugen die Baiern hierauf die Resolution ihres Herrn vor: Zu 2. Sei unnöthig, „weil man wüste, das alle, so catholische seien, sich zue solchem catholischen bunt bekennen thuen." Wenn die Possidirenden dem Stift Cöln fernerhin

288. „mit feintseliger thaetlichkeit zuesetzen," so müsse der katholische Bund dem Churfürsten von Cöln „mit gewaerter hant beispringen." An diesem Streit möge dann die Union sich nicht betheiligen, sondern sich für Abstellung jener Bedrängnisse verwenden, zumal da die Erledigung dieser Sache durch die Cölner Verhandlung ungewiss sei. Zu 3. Man möge erklären, ob unter dem zuständigen Richter „der kaiserliche hof, oder das cammergericht oder ein compromiss" verstanden werde. Nöthig sei es, „das die austraeg, als die one das nur verlaengerung geben, wie auch die revision gaentzlich abgeschnitten würden." Das Würzburger Geld, als unzweifelhafte Schuld, solle aber in drei Wochen restituirt werden, „sonst hette es das ansehen, als wolte man nur weitlaeuffigkeit suchen." Zu 6. Es scheine dem Herzog nicht reputirlich, dass Fürsten „an solche leut, welche nur gemeine privatpersonen seien," abordnen. Schliesslich: von Drohungen des Erzherzogs Leopold wisse der Herzog nichts. Derselbe sei als Bischof von Passau und Strassburg Mitglied des katholischen Bundes und werde den Vergleich ratificiren. Betreffend die vom Erzherzog in der Jülicher Sache erlittenen Schäden, könne der Herzog nach der Erklärung der Gesandten, dass diese Sache mit der Union keinen Zusammenhang habe, bei gegenwärtiger Verhandlung sich in jene Angelegenheit nicht einmischen. Uebrigens können sich die Gesandten an den anwesenden Erzherzog direct wenden. — Die Gesandten erwiderten: 1. Die Angabe über den Bestand des katholischen Bundes wollen sie referiren, obgleich sie „die gewisse anlaitung hetten, das etlich ansenliche catholische staent noch nicht in dem bunt weren." 2. Trete der angegebene Fall in den Jülicher Landen ein, so werde ihrer Ansicht nach die Union als Gesammtheit den Possidirenden nicht beistehen; aber „die chur- und fürsten würden villeicht wegen der nahen verwantnus proprio motu beistehen, doch extraordinarie per modum assistentiae." 3. Weitere Erläuterungen über den zuständigen Richter haben sie nicht zu geben. Den Fürsten ihre Austräge und das „beneficium revisionis" zu entziehen, dazu seien sie nicht bevollmächtigt; wie denn auch „die stet bei diesem puncten nichts zu thun haben wöllen." Die Frage der Würzburger Gelder müssen sie wegen mangelnder Instruction ad referendum nehmen. Sie zweifeln nicht, dass der Markgraf sich mit dem Bischof zu vergleichen wissen werde. Sei übrigens die Sache so ganz liquid, so könne man ja „solches alsobalt in camera per modum mandati anbringen." 4. Zu Verhandlungen mit Erzherzog Leopold seien sie nicht ermächtigt. Sie erwarten dass derselbe — und ebenso der Churfürst von Cöln — be

Gelegenheit seiner Anwesenheit in München den Abschied gegenwärtiger Vereinbarung mit ausfertige. Oct. 28.

Hierauf Bemerkungen der Baiern und Gegenbemerkungen der Gesandten über die in den beiderseitigen Erklärungen noch differirenden Puncte. Die Baiern erinnerten zu n. 4, dass Erzherzog Leopold und Churcöln den Abschied erst ratificiren werden, wenn bei der vorstehenden Tagsatzung die katholischen Bundesverwandten überhaupt zur Ratification aufgefordert werden. Worauf die Gesandten erinnern: es möge dann die Zustimmung beider anwesender Fürsten im Abschied besonders bemerkt werden.

Am 22. October übergab Donnersberg dem Dr. Faber einen Entwurf des Abschiedes. Da derselbe „der gesanten proposition gantz ungemess und den unirten staenden disreputirlich gewesen, auch allerhant, sonderlich aber das Gülchisch und Cölnisch kriegswesen, eingemischt, und des praetendirten schadens halben den chur- und fürsten sonderliche verbüntliche austraeg gemacht werden wolten," so gaben die Gesandten das Concept am 23. mit Correctoren zurück. Sie baten zugleich, die Sache bald zu erledigen, da sie am 25. abzureisen gedächten. — Am 24. übergab Donnersberg ein neues Concept, in welchen die meistem Correcturen berücksichtigt waren. Nur bei dem Punct, betreffend die Abwehr des Elsasser und Passauer Volks, war der Zusatz ausgelassen, „das kein teil dem andern zu schaden solch volck favorisiren noch durch sein land ziben lassen sol." Die Bestimmung ferner, „das kein teil dem andern sambtlich oder sonderlich mit keinerlei thaetlichkeiten, wie die namen haben, beleidigen sol," war insofern einzuschränken, „damit den privatirrungen, so ein stand gegen den andern haet oder noch bekommen möchte, hierdurch nicht praejudicirt würt." Demgemäss nochmalige Aenderungsvorschläge. Dem letztern Vorschlag trug Baiern Rechnung; bezüglich des erstern liess der Herzog sagen: er rechne auf baldige Abdankung des Passauer und Elsasser Volks, so dass die Vertheidigungsanstalten ohnehin überflüssig würden. Da auch der fragliche Punct in der Proposition der Gesandten nicht vorgekommen sei, so bleibe er besser aus dem Abschied.

Da man nun in der Hauptsache einig, und jederlei Beleidigung zwischen beiden Theilen ohnehin untersagt war, da der Kaiser, wie man berichtet war, zur Abdankung des Passauer und Elsasser Volks vorzugeben im Begriffe war, auch den Officieren ersterer Truppe schriftlich erklärt hatte, dass er mit den Unirten „nichts in ungutem zu thuen haben wolle," so gaben die Gesandten in

288. jenem letzten Puncte nach. Am 25. October Ausfertigung des „in duplo" verfassten Abschieds durch die Gesandten und die verordneten bairischen Räthe. Letztere hatten hierzu eine schriftliche Vollmacht. Ihr Herr unterschrieb nämlich selber nicht, weil auch von Seiten der Unirten keine fürstliche Person unterschrieb. Die erwähnte Vollmacht wurde indess den Gesandten erst nach ihrer Abreise nachgeschickt. In der Einleitung derselben fanden sie die Sache so dargestellt, „als ob die Unirten den friden und abstellung der kriegspraeparation bei des herzogen in Beiern d. insonderheit gesonnen und begert haben solten." Diese Angabe, welche mit der Proposition der Gesandten nicht stimmt und in den Verhandlungen stets von ihnen bekämpft ist, fand sich im ersten Entwurf des Abschieds und wurde auf Verlangen der Gesandten beseitigt. Gegen ihre Aufnahme in die Vollmacht schickten die Gesandten den betreffenden bairischen Räthen einen schriftlichen Widerspruch.

Abschiedsaudienz beim Herzog. Derselbe sagte unter anderm: er hoffe, „es solte dardurch (durch den Vergleich) das eingerissene mistrauen nunmer ufgehebt, und hinfüro darzu nicht mer ursach geben werden. Sonsten dürften sie (s. f. d.) sich dergleichen on vorwissen irer mitvereinigten uber sich zu nemen nicht getrawen." Ferner: bezüglich des dem Bischof von Würzburg vorenthaltenen Geldes könne er „dem bischof nichts begeben, noch solche forderung fallen lassen. Versehen sich, es werde solches restituirt werden." — Auf letzteres bemerkte Graf Johann in seiner Antwort: er zweifle nicht, dass der Markgraf von Anspach sich mit dem Bischof „wol vergleichen können" werde.[1] — Ueber die fürstliche Aufnahme der Gesandten. — Signatum den 18. October anno 1610.

---

[1] Ueber die Münchener Verhandlungen schreibt der Admin. Churpfalz an den Chf. Brandenburg, indem er auf des letztern Meinungsäusserung vom 11. und 18 Dec. 1610 antwortet, am 19 Januar 1611 folgendes: 1. man hätte vielleicht mit dem Vertrag mit Baiern „noch etwas einhalten" können. Allein als man die Rüstungen des katholischen Bundes sah, und „hingegen viel difficulteten wegen lengerer underhaltung disseits kriegsvolck" vorfielen, wurde in Heidelberg von den dort anwesenden Fürsten und Städtegesandten die Gesandtschaft an Baiern zur Aufklärung über den Zweck besagter Rüstungen und die Absichten des katholischen Bundes gegen die Unirten für gut befunden. Nun entnahmen die Gesandten aus der Antwort Baierns, „das Baiern selbst mit solcher weitleuftigkeit nit wol were, wie dan s. l. noch vor ankunft angeregter legation einen sonderbaren gesanten zu Anspachs l.. als dieselbe mit irem volk der Donau zugezogen, geschickt und sich dahin erklert, da man Unirten teils abdanken wurde, er und seine bundsverwanten gleichmessigs thun wolten." Deshalb, und weil „an underhaltung des kriegsvolcks diesseits wie vielleicht auch andern teils grosser

P. s. Durch Neuburg reisend, statteten die Gesandten dem Herzog Philipp Ludwig Bericht ab. Derselbe behielt trotz der Vorstellungen der Gesandten das Original des Münchener Abschiedes zurück, „mit vorwenden, das i. f. g. als ordentlichem administratoren der churf. Pfaltz und directoren der Union solcher gebüre, mit erbieten, den übrichen Mitunirten davon communication zu thun."

Stuttgart. Unionsacta VII f. 448. Cpt.

289. Heilbronner Unionsabschied. Oct. 29.

(Unterzeichner: für Churpfalz Peter Dathenus; für Würtemberg Sebastian Schaffelitzky; für Strassburg Peter Stork; für Nürnberg Christoph Böheim; für Ulm Sigmund Schleicher.)

Die anwesenden Gesandten haben berathen, ob sie in Abwesenheit der übrigen den Aufgaben der Tagsatzung sich unterziehen sollten. Von dem Directorium wurde dabei angezeigt: es seien nicht alle Rechnungen eingeliefert, von den eingelieferten erstrecke sich ein Theil nur bis auf den Juni, die andern „etwas ferner." Hierzu bemerkten andre Gesandte: es ergeben sich noch nachträgliche Ausgaben, die zu verrechnen seien. Ein Schreiben von Anspach kam ein, nach dem sein Pfennigmeister sich vor 5—6 Tagen nicht einstellen könne. Bei dieser Sachlage beschloss

---

mangel fürgefallen" (die Unionssteuern gingen nicht rechtzeitig ein; um die Truppen zu unterhalten, besonders um das Elsasser Volk ohne Menterei ferner beisammenzuhalten, bedurfte man der Vorschüsse, welche nur vom Chf. Pfalz verlangt wurden, diesem aber, der ausserdem in der Oberpfalz seit Monaten die Truppen in Quartier hatte, unerschwinglich fielen), ging die Unionsgesandtschaft auf Grund der bairischen Erklärung, dass, wenn die Union ihre Truppen abdanke, es anderseits auch geschehen solle, auf Verhandlungen ein, und es wurden „die sachen entlich mit eben solcher begirt Baierns l. als disseits geschehen zu dem accord gebracht." Bei Unterhandlung und später bei Ausführung des Vergleichs hat sich kein Grund zum Zweifel an Baierns Aufrichtigkeit ergeben. Von evangelischer Seite wurde der Vertrag um so eher ratificirt, da sich hier die Lage, besonders durch den Tod des Chf. Pfalz, sehr geändert hatte. Wegen der Gefahr des Verzugs, und „weil sonst niemand von den Unirten zu lengerer underhaltung des krigsvolks verstehen wollen," konnte dem Chf. Brandenburg „die annemung des vertrags nit eher und zeitlicher, auch vor der ratification bericht werden." 2. Da Baiern gegen das Passauer Volk seine Gränzen stets geschlossen hatte, auch Salzburg und Erzb. Maximilian, wie man benachrichtigt war, dieses Volks gern entledigt sein wollten, konnte der Antrag Baierns auf Beistand zur „ufschlagung des Passawischen volcks" nicht misstrauisch abgewiesen werden. Uebrigens wurde Nassau angewiesen, in dieser Sache Vorsicht zu gebrauchen. Hinterher ist die Sache ohne Folgen geblieben, da es mit dem Passauer Volk eine andere Bewandtniss bekommen, Baiern den Zuzug nicht verlangt hat, und man zu längerer Unterhaltung der Unionstruppen keine Mittel hatte. Churpfalz hat Befehl gegeben, dass die Truppen in der Oberpfalz am 14. Jan. abgedankt werden sollten. (M. pf. 116/2 f. 145.)

289. man, dass die Prüfung der Rechnungen auf eine allgemeine Unionsversammlung zu verschieben sei, einstweilen sollten die eingekommenen Rechnungen von Churpfalz,[1] Neuburg, Zweibrücken, Culmbach, Würtemberg, Baden, Hessen und den drei ausschreibenden Städten nur summarisch geprüft, und ein allgemeiner Ueberschlag entworfen werden, was die einzelnen Unirten erlegt haben und was noch ausständig sei. Allein nach Verlesung der angegebnen Rechnungen fand man aus den oben angegebnen Gründen, da auch Beilagen zu den Rechnungen fehlten, und grosse Ausgaben nicht aufgenommen waren, auch die für einstweilen gestellte Aufgabe unlösbar; man beschloss, dass zunächst die vollständigen Rechnungen allerseits beim Unionsdirectorium einzusenden und von da den Unirten zur Einsicht mitzutheilen seien. Von den Städten wurde hierbei „die vor diesem erwente exception des Gülchischen und Elsassischen wesens von newem vorbehalten." — Unter Klagen über die schweren Schäden, welche die in ihren Dörfern und Flecken einquartirten Unionstruppen anrichten, bat die Stadt Ulm, dass, wie ja auch „die Baierische tractation solches mit sich bringen sol," die Truppen abgedankt, oder von ihrem Gebiet abgeführt, oder doch verhältnissmässiger unter sämmtlichen Unirten vertheilt werden möchten. Dies Gesuch ist billig befunden, „auch von den zu Heidelberg proponirten mitteln der vorleihung geredet worden;" worauf die Ulmer erklärten, dass ihre Obern sich zufriden geben würden, wenn so von den Unirten „inen die hülfliche hant . . gebotten" werde. Da ein Theil der Gesandten indess nicht instruirt war, andre sich „uf die bereit eingewante resolution" beriefen, so musste die Sache ad referendum genommen werden. Auf die weitere Frage der Ulmer, ob das bei der letzten bairischen Werbung in Sold genommene Stirlingsche Fähnlein abgedankt oder noch ferner unterhalten werden solle, fand man, dass bei der hoffentlich bevorstehenden allgemeinen Abdankung die fernere Unterhaltung unnöthig sei. Von churpfälzischer Seite wird dieses ad referendum genommen. — So geschehen Heilbron den 19. Octobris anno 1610.

München. Staatsarchiv pf. 117/2 f. 94. Cop.

[1] Die churpfälzische Rechnung enthält folgendes: Churpfalz hatte zu erlegen: 1. zwei Monate für die Prager Gesandtschaft. 2. Sechzehn Monate nach dem Heidelberger und Neuburger Abschied. 3. Acht anticipirte Monate. 4. Drei Ziele der in Heilbronn bewilligten Steuer. Summa: 108,544 fl. Der erste Posten ist in Amberg erlegt; die übrigen „werden in der einname der rechnung gesetzet." Vermöge dieser Rechnung hat der Churfürst ferner ausgegeben: in der Rheinpfalz: 20,387 fl., in der Oberpfalz 79,300 fl. (davon abzuziehen 2390 fl., welche Culmbach erlegt hat). Diese Summe ist aus der Unionsmasse zu ersetzen. — Für die Vertheidigung der Union hat der Churfürst ferner folgende Ausgaben geleistet, auf deren Ersatz er unter der Bedingung verzichtet, dass die andern Unirten gleichartige Ausgaben auch nicht zurückfordern: 1. für vier Fahnen Lehenreiter, die vier Monate in Anspachs Lager gedient haben: 39,682 fl. 9 b. 2. Für 3000 Mann zu Fuss und 100 Mann zu Pferde, theils Werbetruppen, theils Landvolk, während des Strassburger Einfalls zwei Monate lang unterhalten: 32,000 fl. 3. Für Abordnungen und Reisen: 10,000 fl. 4. Für mehr als 140 ver-

lorene Wagen und Artilleriepferde: 5600 fl. 5. Für 8000 Mann, die im Mai auf einen Monat in Wartegeld genommen sind: 1500 fl. 6. Schaden bei Durchzügen der Unionstruppen erlitten: 10,000 Thl. (M. pf. 117/2 f. 96.)

290. Johann Administrator der Churpfalz an Würtemberg. Oct. 30.

Anhalt hat Bedenken getragen „die tractation der Engelländischen engern correspondentz über sich zu nemen, weiln sie (s. l.) die überschickte volmacht vor insufficient geachtet.“ Nun ist von Churpfalz, Anspach, Würtemberg, Hessen-Cassel und Baden sowol Instruction als Vollmacht ausgefertigt und gemäss hessischem Bericht vom 27. September an Anhalt geschickt. Schon im voraus hatte der Administrator dem Fürsten Copien dieser Actenstücke gesandt mit der Weisung die Verhandlung in Erwartung der Originalien in Angriff zu nehmen. Der Mangel muss an Churbrandenburg, Culmbach oder Neuburg liegen, welche, da Vollmacht und Instruction zur Gewinnung der Zeit nicht allseitig circuliren sollten, zur directen Einsendung ihrer einzelnen Vollmachten ersucht waren. Um nun des Königs von England Neigung zu dem Bündnisse nicht zu verscherzen, hätte man dem englischen Gesandten in Düsseldorf die Stockung der Verhandlungen mit der nach des Churfürsten von der Pfalz nöthig gewordenen neuen Instruction und Vollmacht zu entschuldigen: da dies „jetzmals wegen kürtze der zeit nit beschehen könte, were man gemeint hiernegst bei i. k. w. die volnziehung zu suchen.“ Instruction und Gewalt zur Verhandlung mit Frankreich ist unterblieben, weil Zweibrücken bei seiner französischen Gesandtschaft merkte, dass man in Frankreich „die continuation dieser engern correspondentz vor unratsamb erachtet“ wegen der vielen Verwicklungen, in denen in Deutschland die Unirten stecken, und in welche die französische Regirung „wegen ires jetzigen königreichs zustant“ sich nicht einmischen will. Theils durch die Instruction, theils durch ein Schreiben Zweibrückens an Anhalt vom 8. October ist bestimmt, Anhalt solle das Bündniss mit den Staaten auf Ratification, die in zwei Monaten zu erfolgen habe, schliessen. Das Unterbleiben dieser Verhandlung kann mit der Einstellung der englischen Verhandlung entschuldigt, und für den Abschluss derselben eine besondere Sendung an die Staaten in Aussicht gestellt werden. Diesen Vorschlägen gemäss ist der Administrator im Begriff seine Gesandten in Düsseldorf zu instruiren. Er giebt dem Herzog anheim, den seinigen die gleichen Aufträge zu geben. — Datum Heidelberg den 20. Octobris anno 1610.

Stuttgart, Unionsacta VI f. 295. Orig.

291. Kammermeister, Gugel, Held, Olhafen, Burkhard, Hübner, Fetzer, Rathschlag.[1] Nov. 12

1. Die Kosten des Elsasser Kriegs gehen die Städte nichts an. Gründe dafür. Die schwierige Aufgabe diese Kosten auszusondern,

291. muss bei Revision der Rechnungen gelöst werden. 2. Sich „dieser zeit und zwar so plötzlich von der union zu separirn oder sich dessen vermercken zu lassen," scheint „keineswegs ratsam oder müglich." Denn die Gründe des Eintritts in die Union sind noch vorhanden. Die Nürnberger Gesandten haben in Prag die Absicht der Stadt, in der Union zu bleiben, bestimmt erklärt. Die Uebelstände der Union werden von dem Guten aufgewogen, wie denn auch „nicht alle unirte höhere staende mit den . . excessibus zufrieden" sind. Eine Folge des Austrittes aus der Union dürfte für Nürnberg sein, dass es die Rückzahlung seines jüngsten Darlehens sehr schwer oder gar nicht erlangte. Wenn auch sämmtliche Städte aus der Union austräten, so würden sie, wenn die Fürsten sich gegen sie wendeten, oder der Kaiser plötzlich stürbe, oder andere Unfälle sich ereigneten, für sich allein vielleicht nicht stark genug zum Widerstand gegen ihre Feinde sein. Darauf, dass es den Fürsten ohne die Städte an Geld mangeln werde, darf man sich hierbei nicht verlassen; man muss vielmehr befürchten, „das sie leichtlich einen militem nur auf die beut und verderbung des lants zusamenbringen möchten, wie die exempla noch wol vor augen." Man hat also in der Union zu verharren. „Das man aber auch noch weiter gegen die unirten staet oder etlich wenig derselben, wie bishero geschehen, verfaren wolle, das hab man auch keineswegs nachzugeben." Darum hat man bei vorstehendem Unionstag oder bei Abhörung der Rechnungen mannhaft dafür einzustehen, „das nicht allein die praeterita corrigirt, sondern auch futura exorbitantia abgewendet werden." Wenn dann die in vorstehender Schrift aufgeführten Uebelstände und andere Beschwerden, die vielleicht andere Städte vortragen werden, nicht beseitigt werden, so mag man „darauf bedacht sein, wie man sich derselben durch andere mittel entschütten und certo modo bei der unionsverfassung bleiben oder sich derselben gar entschlagen könte." 3. Zur Berathung dieser Dinge eine Versammlung der unirten oder auch nur der drei ausschreibenden Städte anzustellen, ist nicht rathsam. Es würde dies Misstrauen bei den höhern Ständen und „bei vorstehendem unionstag . . allerlei alterationes verursachen." Am besten kommen die Gesandten der Städte zwei Tage vor dem Unionstag ein, und beschliessen unter einander, „was man solcher gravaminum halber proponirn wolle." — Datum Freitags den 2. November anno 1610.

Nürnberg. Unionsacten n. 39. Orig.

1 Den genannten Nürnberger Räthen war unter dem 9. November folgender Rathsverlass zugegangen: aus den gesammten Vorgängen der Union erhellt, dass die höhern Stände ihre Majorität der Voten „ser misbrauchen und dardurch al ir vorhaben, auch mit der erbarn staet schaden . . hinauszufüren vermainen." Jeder von den höhern Ständen sucht mit Hülfe der Union seine Privatinteressen zu befriedigen. Die Fürsten beschliessen unter sich allein und setzen in's Werk die wichtigsten Sachen, und machen den Städten erst hinterher Mittheilung. Die Bundessteuern werden von Etlichen sehr langsam oder wol gar nicht erlegt. Die ganze Last der Union sucht man einigen Städten aufzulegen, „wie dan jetzo das kriegsvolck den erb. von Ulm und

meinen hern auf den hals gefurt, und inen das gelt gleichsam abgenötiget worden, und zwar zu abzalung desjenigen volcks, so zum Elsassischen kriegswesen gebraucht worden." Trotz alles Anhaltens hat man es noch zu keiner ordentlichen Rechnungslage bringen können: man will eben bloss den Städten das Geld aus der Hand bringen. Dazu kommen die schweren Schäden des Verkehrs, und die Thatsache, dass man im allgemeinen die Unionsverfassung sehr wenig respectirt. Demgemäss haben die „Hochgelehrten" ihr Gutachten zu geben: 1. ob die Städte zu den Elsasser Kriegskosten beizusteuren schuldig sind; wie, wenn man in den Rechnungen sie zu denselben heranziehen will, sie sich dessen zu erwehren haben. 2. „Ob auch meinen hern und den erb. staetten ratsam sein werde, bei solcher union zu verharren, und ob nicht eine notturft sein werde, das die staet sambtlich, so der union zugethan, zusamenschicken und sich mit einander vergleichen, was hierunder zu thun, und was sonsten an einem künftigen unionstag von der staet in gemain halben zu proponiren sein werde, damit sie entweder solcher beschwerungen gesichert werden, oder aber mit gutem glimpf und fugen sich wider aus der union thuen mögen, oder ob meine hern zuvor mit Ulm allein davon conversirn wollen." (Nürnberg. Unionsacten n. 39.)

292. Paul Schwarz an Michael Reichshöfer und Michael vom Berg in Rothenburg. Nov. 16.

Das Regiment von Fuchs ist vorige Woche auf dem Anspacher Gebiet in Roth abgedankt. Zur Abdankung hat man von Nürnberg aus 30,000 fl., die in der Unionscasse waren, gegeben und noch 80,000 fl. dazu geliehen, für welche Churpfalz, Neuburg, Culmbach und Landgraf Moriz innerhalb zweier Monate genügende Caution zu leisten haben. Das Helmstättersche Regiment und das Mansfelder Volk ist bei Ulm grössten Theils abgedankt.[1] Ulm hat dazu 100,000 fl. geliehen gegen Caution von Anspach und Würtemberg. Von Strassburg kommt Bericht vom 30. October, dass nicht nur die alten Leopoldischen Truppen noch bei Markolsheim liegen, sondern dass auch die aus Jülich gezogenen Truppen sich dorthin gewandt haben und im Weilerthal nahe beim städtischen Gebiet Quartiere nehmen. — Datum Nürnberg den 6. November anno 1610.

Nürnberg. Archiv. Unionsacten n. 34. Orig.

[1] Gleichzeitig mit den Regimentern von Fuchs und Helmstätter wurde Anspachs Reiterei abgedankt (wo?). Das Reiterfähnlein von Helmstätter und die hessischen Reiter zogen nach der Pfalz und wurden hier abgedankt, nachdem sie für einen Theil ihres Ausstandes bis nächsten Ostern laufende Restzettel angenommen hatten. (Admin. Churpfalz an Ulm. 1610 Dec. 18. Nürnberg. Unionsacten n. 39 f. 256.)

293. Nürnberg an Graf Johann von Nassau. (z. Th.) Dec. 3.

Die Bestandtheile der in Cham unter des Grafen Befehl liegenden Truppen sind: die beiden Fähnlein von Ulm und Nürnberg, welche von diesen Städten neben 40 „zur munition bestellten pferden" selbst besoldet wurden; dazu das übrige „nicht so hoch sich erstreckende geworbene volck" und die Reiterei.[1] — Datum 23. November anno 1610.

Nürnberg. Unionsacten n. 34. Cop.

[1] Verhandlungen über Abdankung der oberpfälzischen Truppen bei Wolf III S. 2 fg. Als der Admin. Churpfalz den Befehl zur Abdankung der oberpfälzischen Truppen (vgl. n. 288 S. 483 Anm.) ertheilte, wurde die Amberger Reg'rung angewiesen, zu den unter ihrer Disposition stehenden Unionsgeldern „von den droben eingenommenen und zwar anticipirten steuern und amptsgefellen, auch dem mit schlechter der churf. Pfaltz reputation uf pension uf- und zusamengebrachten gelt" soviel zuzulegen, dass den Soldaten zwei Monatssolde ausgezahlt werden könnten. Für den dritten ausständigen Monatssold, desgleichen für die den Officieren schuldigen Gelder sollten auf Johannis 1611 laufende Verschreibungen ertheilt werden. (Churpfalz an Johann Gr. Nassau. 1610 Dec. 30. f. 115.) Die Soldaten nahmen die Verschreibung indess nicht an, und so musste Churpfalz sich auch zur Bezahlung des dritten Monats verstehen. (Der Administrator an Baden. 1611 Jan. 22. M. pf. 119/2 f. 46.)

Dec. 7. **294. Speirer Abschied.**[1]

1. Da die Truppen des Erzherzogs Leopold, statt abgedankt zu werden, täglich verstärkt werden, auch im Widerspruch mit dem Willstetter Vertrag sich „in die stift nehern und betrolichen sich vernemen lassen sollen, so mögen der Administrator der Churpfalz, der Herzog von Würtemberg und der Markgraf von Baden durch eine unverzüglich abzufertigende Gesandtschaft im Namen der Union die Ensisheimer Regirung und das Strassburger Capitel zur Abdankung der besagten Truppen und jedenfalls zur Sicherung der Nachbarn gegen dieselben zu bestimmen suchen, desgleichen die Obersten und Befehlshaber zur Entlassung der Truppen ermahnen und jedenfalls die eigentliche Absicht derselben zu erfahren suchen.[2] Nach Befinden können die drei Fürsten auch den Herzog von Lothringen zur Handhabung des Willstetter Vertrags auffordern. 2. Es sollen die noch auf den Beinen befindlichen Unionstruppen — nämlich des Markgrafen von Baden Compagnie zu 150 Pferden und die zwei Compagnien Obentrauts zu je 100 Pferden — beisammen behalten werden, bis man sieht, wohin die Leopoldischen Truppen sich wenden. Da diese Macht aber nicht ausreicht, so soll jeder Unirte seine Unterthanen kriegsbereit halten, um auf Erfordern dem Angegriffenen beizustehen. Nähere Bestimmungen für diese Landrettung sind auf einer baldigen Zusammenkunft kriegsverständiger Räthe zu treffen. Ob einstweilen der vom badischen Gesandten übergebene Entwurf gelten soll, haben zwei Tage nach Rückkehr der Gesandten deren Herrschaften dem Directorium und den interessirten Ständen mitzutheilen. Bestimmungen über Sicherung der Pässe und über Kundschaft. 3. Zur Bezahlung der Ausstände der Truppen und zur Besoldung des nicht entlassenen Volks sollen die „in cassa noch vorhandene 7 monat

deretwegen auch die übrige unirte staent ersucht worden, one defalcation desjenigen, so einig oder anderer stant bis dato möchte ausgegeben haben," innerhalb vierzehn Tagen dem Directorium eingeliefert werden. Da ein Unionsconvent baldigst zu versammeln ist, „als sein die ubrige 11 monat wie auch die fernere contribution dahin . . ausgestelt worden." Hierbei ist aber bemerkt, dass die abzudankenden Truppen — die „fanen reuter des hern marggraven," das Fähnlein Helmstätters und die Truppen in der Oberpfalz, denen man fast zwei Monate Sold schuldig ist — mit der bewilligten Summe, zumal die weit entfernten Stände die 7 Monate nicht so bald erlegen werden, nicht befriedigt werden können. Es sind darauf die Gesandten von Strassburg, Worms und Speier ersucht, sich bei ihren Herrschaften für Bewilligung des vom Administrator und Baden nachgesuchten Anlehens zu verwenden und die Erklärung darüber drei Tage nach ihrer Rückkunft bei Churpfalz einzusenden. 4. Betreffend die Werbung des Herzogs von Baiern beim Administrator (Anfrage, ob er und seine Verbündeten dem Herzog und seinen Verbündeten gegen Gewaltthaten des Passauer Volks Beistand leisten wollen; Vorschlag, falls das Volk sein Winterlager in Passau nehmen wolle, durch ein gemeinschaftliches Schreiben an den Kaiser und das Volk selbêr zur Auflösung desselben aufzufordern) und des Administrators Antwort darauf (muss die Unirten befragen, hat aber dem Grafen von Nassau sofort befohlen, auf Erfordern des Herzogs Zuzug zu leisten. Nov. 30), soll das Gutachten der vertretenen Stände acht Tage nach Rückkehr der Gesandten eingeschickt werden. — Geschehen zu Speier den 27. Novembris anno 1610.

Nürnberg. Archiv. Unionsacten n. 34. Cop.

[1] Die Tagsatzung wurde vom Admin. Churpfalz berufen mit Rücksicht auf die Leopoldischen Truppen. Er lud ein Würtemberg, Baden, Strassburg, Worms und Speier. (Strassburg an Nürnberg. Dec. 6.) Ueber Würtembergs Instruction Sattler VI S. 49.

[2] Ueber den Erfolg dieser Sendung vgl. Sattler VI S. 49 fg.

295. Ernst Markgraf von Brandenburg an Churbrandenburg. Dec. 19.

Am 9. December hat Anhat seine Bestallung aufgekündigt:[1] es sei ihm „unvorantwortlich, den sachen langer beizuwonen." Der Markgraf erwiderte, er erwarte täglich Antwort von Churbrandenburg, „wie es ferner mit i. l. zu halten." Er räth, dass der Churfürst den Fürsten auf andere Wege zu bringen suche, „dan da wir i. l. alhier missen solten, so wurden die sachen ser geferlich und misslich stehen." — Datum Düsseldorf den 9/19. Decembris anno 1610.

P. s. Haupturſache der Kündigung Anhalts ist, „das der pfaltzgraf wieder sein versprechen seine reutterei uber Rain hat

295. ziehen lassen, auch fürst Christian von Anhalt den Munsterischen zugesagt, das sie den winter uber mit einlaegerungen sollen verschonet werden."

Berlin. XXXV a 6. Eigenh.

1 Ueber Anhalts Abschied vgl. Dickenson an Winwood. 1610 Dec. 30. (Winwood III S. 244.)

Heinrich IV. und Italien.

1610.

296. Gutachten des spanischen Staatsraths. (z. Th.) Jan. 2.

Cardenas übersendet am 2. December 1609 eine Nachricht, nach der Savoyens ältester Sohn mit einer Tochter Heinrichs IV. verheirathet werden soll, unter der Bedingung, dass der König dem Herzog bei einem Unternehmen gegen Mailand helfen solle: man streite noch über den General für das Unternehmen, da Savoyen den Herzog von Nemours, Frankreich aber den Lesdiguieres wolle. Darauf bemerkt der Staatsrath: „que el aviso del confidente, aunque breve, no va fuera de camino, pues es en conformedad de lo que por otras vias se ha entendido. Y será bien avisar don Iñigo de lo que el duque de Saboya ha escrito de su mano, avisando que el casamiento de su hijo con la hija del rey de Francia no está hecho ni se hará sin dar quenta a v. M., y que para esto quedava despachando un cavallero, para que lo tenga entendido y, si le pareciere que es bien que allí se entienda, lo diga a quien le pareciere." — En Madrid a 2. de Enero 1610.

Paris. Bibl. nat. Ms. fr. 16114 n. 1. Cop.

297. Champigny an Villeroy. (z. Th.) Jan. 5.

Je ne passeray plus avant que[1] votre avis, monsieur, en discours avec mr. le nonce. Je ne vous desguiseray pas toutefois qu'en ayant communiqué une partie avec mr. de Breves, et luy par rencontre quelque chose assez generalement avec le pape, s. S. a fait contenance de le prendre de fort bonne part, luy ayant respondu en ces propres termes, ainsy que led. sr. de Breves m'a escrit: 'nous sommes obligez a la bonne volonté que le roy nous tesmoigne et a celle de ses ministres. C'est nostre devoir de penser a ce qui est du bien de la religion. A ce propos nous desirerions sçavoir ce qu'il fault que nous facions et nous ne manquerons de le faire. Partant si mr. de Champigny sçait quelques voyes particulieres, et qu'il vous envoye quelques memoires pour nous communiquer, nous l'agreerons.' Je n'ay pas voulu passer plus avant du depuis, et me semble que c'estoit quelque advancement d'avoir fait gouster telles parolles et donné subjet a s. S. d'y penser quelquesfois et en prouffiter peutestre. C'est le premier biaiz a mon advis par lequel on pourroit faire a Rome ouverture de ligue, en laquelle il y eust quelque prince protestant, comme en celle de Laquette (?) des — —[2] et du Sage (?) ou de l'un ou l'aultre. Car vous voyez, monsieur, que Laquette a desiré au commencement et Thibault (?) et le Sage. C'est aussy un autre moyen de faire prendre de bonne part a Rome les intelligences du roy avec les princes protestans. Et en effet s'il estoit bien mesnagé, seroit de grande utilité enfin a la religion, laquelle autrement ne peut pas recevoir grand remede. Je me garderay bien de passer plus avant; mais la glace est rompue soubs mon nom, et partant, si vous trouvez quelques ouvertures pour acheminer telles affaires et advantager avec telle occasion le service du roy en quelque chose, sans en faire porter l'envie a son nom, tout se pourroit mettre en avant comme venant de moy. — A Venize ce V. Janvier 1610.

Paris. Bibl. nat. Ms. fr. 16083 n. 2. Orig.

1 lies: „sans."

2 Unleserliches Wort.

Jan. 7. **298. Verzeichniss der Anträge des Herzogs von Savoyen betreffend den Krieg gegen Spanien und der Antworten Bullions, genehmigt von Heinrich IV. am 7. Januar 1610.**

1. Que s. M. rompra ouvertement et le premier contre l'Espagne. — Réponse: s. M. sur les belles occasions proposées d'affoiblir la puissance des Espagnols s'est du tout resolu d'entrer en la guerre, non par aucune necessité ou precipitation, mais par jugement et meure deliberation pour y avoir honneur et proffit, et que ce sera vers le printemps prochain, prenant s. M. l'occasion de l'affaire de Clèves, et se servant d'icelle, attirera la pluspart des forces Espagnolles de ce costé la, faisant estat s. M. de faire rupture generalle. 2. Quelle fera rompre du costé de Flandres. — R.: s. M. se promet et s'asseure que les estats des Provinces unies se joindront entierement en ses conseils lors de l'ouverture de la guerre, et qu'ils rompront a leur costé. 3. Qu'elle fera que les Venitiens, Grisons et autres qui pourront ayder a lad. guerre romperont et attaqueront avec le plus de leurs forces sur l'estat de Milan, et principallement lesd. Venitiens, sans l'entremise desquels l'intreprise sera impossible. — R.: elle s'asseure aussy des Grisons qu'ils en serviront en cette occasion pour son argent. 4. Que s. M. traittera avec eux les advantages qui leur demeureront a la conqueste. — R.: quant aux Venitiens le roy a desia faict parler a leur ambassadeur pour sonder les volontez de la republique, de quoy elle attend responce non seulement de ce qui est de la guerre, mais des advantages qu'ils y pourront pretendre. 5. Quelle fera, s'il peut, que les cantons catholiques ne donneront secours au comte de Fuentes ou a qui commandera aud. estat de Milan. — R.: s. M. fera aussy tout ce qu'elle pourra avec les cantons catho-

liques pour les rendre neutres ou les tenir entre[1] jalousie par les autres, qu'ils ne puissent envoyer leurs gens dehors. Jan. 7.

6, 7, 8. 9, 10, 11. Der Herzog verlangt vom König zur Eroberung Mailands 20,000 Mann zu Fuss, 2000 Mann zu Pferde, 2000 berittene Arquebusirer, 20 Canonen mit Munition für 30—40 Schüsse, die Pferde für die Artillerie, und die Pionire. — R.: der König wird dem Herzog alle nöthige Hülfe gewähren. Der Herzog möge erklären, welche Macht er in's Feld stellen kann, damit darnach die Hülfe des Königs bemessen werde. 12. Die Befehlshaber der französischen Truppen sollen dem Herzog genehm sein. — R.: der König wird den Herzog zufrieden stellen. 13. Der Herzog lässt dem König durch Bullion vorstellen:

que la despence des gens de guerre tant de pied que de cheval, mesmes celles des troupes de s. a., comme encores pour les fortifications qu'il conviendra faire sera entierement payée des deniers de s. M., se remettant neantmoins s. a. a la volonté de s. M. pour la paye desd. troupes, lesquelles du moins elle est suppliée payer pour six mois. — R.: tout ce qui sera envoyé de par s. M. sera payé et maintenu a ses despences, et pour le surplus fera le sr. Bullion entendre au roy l'intention de s. a. 14. Que toute la conqueste dud. estat et duché de Milan demeurera entierement a s. a., sans que s. M. luy en doive demander aucune part ny proffict. — R.: l'intention de s. M. n'est pas d'avoir part a la conqueste qui se fera de ça les monts, au contraire elle entend qu'elle demeure entiere a s. a. et aux princes ses enfans, si on peut se passer d'en departir quelque chose aux Venitiens et autres princes qui entreront a la confederation. Mais comme telle conqueste doibt estre faicte principalement aux fraiz du roy et avec ses forces, il est raisonnable aussy que s. M. soit recompensée d'ailleurs, sur quoy il est a propos qu'il plaise a s. a. declarer sa volonté et deliberation, bien entendu que s. M. ne desire chose quelconque de s. a. pour ce regard, qu'il ne soit devenu maistre et possesseur de la ville et chateau de Milan. Estant aussy necessaire, puisque s. M. engage ses forces et moyens auxd. entreprises, qu'elle soit asseurée que s. a. perseverera en bonne amitié et intelligence avec s. M., et qu'elle ne pourra faire aucun traicté avec Espagne sans le sceu et contentement de s. M., de quoy elle engagera sa parole et donnera caution non vulgaire, comme de mesme s. M. s'obligera de ne traicter sans y comprendre s. a.

[1] lies: „en telle."

Sur lesquelles deux dernieres reponces faictes par led. s[r]. de Bullion de la part de s. M. a esté proposé de s. a. qu'elle suplie s. M. de prendre pour toute recompense le tres humble service que luy et les princes ses enfans desirent rendre en toutes occasions a s. M. et a m[r]. le dauphin, et que s. a. n'a aucun moyen de donner des estats dela les monts, n'y ayant autre que le duché dont il porte le nom, qui luy donne la preseance par dessus tous les princes d'Italie, que s'il plaist neantmoins prendre part a la conqueste, s. a. a pour agreable que le duché de Milan demeure au roy, a la charge que s. M. luy remettre les pays eschangés de Bresse, Bugey et de Veromey et Gex avec toute la conqueste de Bourgogne et avec pretentions dites a bouche par s. a. aud. s[r]. de Bullion. Pour la caution non vulgaire s. a. offre de donner a. s. M. un ou deux des princes ses enfans et engagera sa foy a. s. M. tant de bouche que par escrit.

Le roy ayant veu lesd. responces faictes par led. s[r]. de Bullion aux presents articles proposez par s. a. les a approuvés suivant ce que fera plus particulierement entendre a s. a. le s[r]. Desdiguieres mareschal de France, que s. M. envoyera bientost vers s. a. exprés pour cet effect.[1] — Faict a Paris le VII. Janvier 1610. Signé Henry.

Le decret du roy mis au pied des articles touchant la guerre proposée par s. a. de Savoye respondus par le s[r]. de Bullion, faict en la presence de m[r]. de Vendosme, le connestable, chancellier, de Sully, le grand escuyer. — A Paris le VII jour de Janvier 1610.

Paris. Bibl. nat. Ms. fr. 24,175. Cop. Auszug (fast wörtlich): Siri II S. 138.

Jan. 13. **299.** Bullion an den Herzog von Nemours.

Si un autre que m[r]. Trouillons[1] estoit porteur de cette depesche, je m'estendrois en un long discours, pour vous faire entendre tout ce qui s'est passé depuis mon arrivée a la court. Mais je vous asseure qu'il est mieux instruit que moy de toutes choses et s'en retourne vers s. a. avec une depesche aussi favorable qu'il la pouvoit souhaiter pour le service de son maistre. Je vous jure sur mon honneur que le roy est extremement content de toute la procedure de s. a., et ne vous sçaurois assez particulierement exprimer l'estime qu'il faict de la generosité de ce prince. Je n'ay peu y apporter chose quelquonce pour luy eschauffer cette

---

[1] Vgl. über die gleichzeitigen Verhandlungen zwischen Heinrich IV. und Troglio den Bericht Foscarinis. Januar 2. (Barozzi. Francia I S. 325.)

affection, bien vous diray je que tout ce qu'une personne de ma condition peult apporter pour rendre tesmoignage de l'affection et franchise de s. a. et de m^grs les princes envers s. M. je l'ay faict, comme je debvois, en disant la verité de ce que j'ay recogneu des actions de s. a, lors que j'ay eu l'honneur d'estre auprés d'elle pour le service de s M. Tout se portera tres bien Dieu aydant, mesmes le faict des entreprises et tout ce qui en depend. L'intention du roy est que m^r le mareschal Desdiguieres voye s. a. affin de resoudre toutes choses. S. M. juge aussi a propos que cette entreveue se fasse en votre pressence, affin que vous mettiez toutes choses en leur perfection, et qu'acheviez ce que vous avez si heureusement conduict jusques icy, de quoy s. M. est tres contente et satisfaicte, et m'asseure que jamais elle ne vous a faict si bonne chere que vous recepvrez lors que vous viendrez de deça. Le depart de m^r le prince ne nuit point a nos affaires, au contraire il nous donne du courage plus que jamais de venir aux effects." Dem Prinzen Filibert wird die Freigiebigkeit des Königs den Herzogstitel und eine ehrenvolle Stelle übertragen. Bullion wird Alles thun, um die Angelegenheit der Pension des Herzog von Nemours vor dessen Ankunft zu Ende zu bringen. „Pour l'advis des quatrevingt et cent mil escus sur vos debtes j'espere que nous en viendrons a bout dans peu de temps. . . . J'espere que nous aurons l'honneur de traitter avec vous et du proffit et de la seureté de la guerre, ayant faict entendre au roy ce qu'il vous a plu m'en dire, ce que s. M. n'a eu desagreable. Cette affaire est si importante, qu'elle merite estre traittée a bouche. Elle apportera tant de contentement a s. a., qu'il ne se peult dire davantage, puis qu'elle est toute pleine d'honneur et de proffit. Je n'ay parlé a personne du monde de ce que m'avez dit qu'au roy seul." — A Paris ce XIII. Jan. mil VI^C X.

Paris. Bibl. nat. Ms. fr. 3651 f. 54. Orig.

[1] Villeroy schreibt am 10. Januar an Nemours: „comme je puis vous asseurer que le roy a receu tout contentement de ce que m^r Bullion luy a rapporté de la part de s. a., je desire que m^r Trouilloux reçoive le semblable de ce qu'il vous porte presentement de s. M., en attendant que vous voyez m^r le mareschal Desdiguieres qui vous exposera toutes choses et les esclaircira encores mieux que nul autre, comme s. M. a dict et promis aud. s^r de Trouilloux." (P. Bibl nat. Ms. fr. 3651 f. 44.)

300. Breves an Heinrich IV. (z. Th.) Jan. 19.

Da der spanische Gesandte den Papst drängt, sich zum Haupte der von den deutschen Geistlichen vorgeschlagnen Liga zu machen, stellte Breves dem Cardinal Lanfranco, der diese Sache zum Theil zu behandeln hat, vor, dass der spanische Gesandte den Papst nur zum Diener der ehrgeizigen Absichten seines Herrn machen wolle, dass trotz seiner gegentheiligen Versicherungen man dem Papst, wenn er einmal sich engagirt habe, seinen Beutel leeren werde. Da der König seiner protestantischen Unterthanen wegen und andre katholische Fürsten der Liga nicht beitreten können, so werde der

300. Papst, wenn er deren Haupt und somit Diener der spanischen Pläne werde, nicht mehr Schiedsrichter der Christenheit sein. Der Cardinal erwiderte: der Papst denke noch nicht an so nachtheilige Entschlüsse. Folge man seinem (des Cardinals) Rath, so werden die Spanier unter diesem Pontificate ihre alte Absicht, die Kirche zu verarmen, nicht erreichen. ,Breves widerholte dieselben Vorstellungen einige Tage darauf dem Papste. Derselbe erwiderte: durch seine in der letzten Audienz gesprochenen Worte habe er den König nicht zum Eintritt in die Liga verpflichten wollen — er wisse ja, dass der König innere Unruhen fern halten solle —, sondern ihn bitten, den katholischen deutschen Fürsten unter der Hand einigen Beistand zu leisten. Er selbst denke nicht Haupt der Liga zu werden, wol aber, wenn ein Krieg der Religion wegen entstehe, „d'y contribuer nostre ayde[1] sans nous y engager autrement." Darauf Breves: handle es sich nur um die Religion, so werde sein König den Papst stets unterstützen; den Uebergriffen der Spanier aber werde er sich auf jede Weise, auch thätlich, widersetzen. Der Papst sagte: das Haupt der Liga solle Baiern sein; dessen und der Andern Agenten werden dem Breves selber Rechenschaft über ihre Anträge geben. — Der Tod des Johann Baptist Borghese wird die Verhandlung über die Heirath seines Sohnes und über Ferrara für einige Zeit begraben. Gleichwol sagte der Gesandte dem Cardinal Borghese: der König wünsche, dass der Papst die Absichten auf Neapel und Mailand ausführe, und er sei bereit, ihn zu unterstützen. Borghese möge, was er (der Gesandte) über diese Sache mit ihm gesprochen, dem Papste mittheilen. Der Cardinal versprach das und erklärte sich und sein Haus dem König für sehr verpflichtet. Er sagte: bei Erwähnung der tyrannischen Behandlung der Neapolitaner habe er dem Papst erklärt, dass wenn er sich nicht Neapels bemächtige, sein Nachfolger diesen Ruhm erwerben werde. Der Papst sei aber nicht unternehmend genug, er (der Cardinal) suche seine Unternehmungslust allmählich zu stärken.[2] — Kommt der Heirathsvertrag mit Savoyen zu Stande, so wird man eher einen grossen Entschluss zu Wege bringen. Man spricht kaum über Condé's Flucht. Niemand glaubt, dass die Spanier im Stande seien, den Prinzen zu einem Unternehmen gegen den König zu benutzen, und dass Erzherzog Albert nichts eifriger wünsche, als mit Frankreich in Frieden zu leben. — De Rome ce 19. Janvier 1610.

Paris. Bibl. nat. Ms. fr. 16005 f. 28. Orig

[1] d. h., wie er den Gesandten der Geistlichen selbst zugesagt haben soll, nicht aus dem eignen Beutel, sondern von einer Zehntauflage auf den italienischen Clerus. (Breves an Puisieux. Jan. 19. a. a. O. f. 15.)

[2] In dem Schreiben gleichen Datums an Puisieux kommt Breves ebenfalls auf die Absichten der Borgheses auf Neapel: man werde sie nicht in Bewegung bringen, bevor Savoyen Mailand angegriffen habe. Man sollte dem Beispiel der Spanier folgen und aus allen Misständen ihres Staats Nutzen ziehen. Die Gelegenheit der Morisken sei versäumt. Die von den Spaniern beherrschten Italiener seien tyrannisirt und verlangen nur sich zu empören. „Je ne m'estends pas beaucoup

sur ce discours, parceque j'ay remarqué que nos pensemens ne buttent qu'a conserver le repos du royaume et non a l'agrandir. (a. a. O.)

301. Vaucelas an Heinrich IV. (z. Th.) Jan. 27.

Aus Furcht vor den Türken oder um die Morisken besser im Zaum zu halten, ist vor sechs Tagen den Bischöfen, Herzogen, Marquis und Commendadoren („commendeurs") befohlen, die ihnen obliegenden Lanzen Ende Februar bereit zu halten. Ebenso ist den Hauptleuten der schon seit lange geworbenen sechzig Compagnien Infanterie (8000 Mann) befohlen, sich marschbereit zu halten. Der Herzog Feria ist zum Befehlshaber über 12000 Mann zu Fuss, die bei Perpignan und Roussillon stehen, ernannt, spricht aber noch nicht von seiner Abreise zu der Armee. Juan Pacheco ist vor sechs Tagen abgereist, um den Oberbefehl über 10,000 Mann zu Fuss in Andalusien zu übernehmen, ebenso Franc. Pizarro Navarra, um in Estremadura die gleiche Truppenzahl zu commandiren. Gegen den Monat März sollen in der Mancha 3000 Lanzen zusammengebracht sein. Man sagt, man müsse auf der Hut sein vor den Türken, welche rüsten und mit den Morisken Einverständnisse gehabt haben. „Je croy, sire, que tous ces grands appareils plus en apparence qu'en effect ne sont que pour empescher ces Maurisques d'entreprendre ce a quoy le desespoir les ait peu porter. De ceste occasion ils se pourront aprés servir en leur entreprise de l'Arrache qu'ils esperent tousjours vers ceste fin de Febvrier. Cela faict ou failly, renvoyant leurs galleres, ils pourront envoyer en Italie et surtout vers le Milannois quelque nombre plus grand que de coustume. De Disongnes (?) je sçay qu'ils ont des apprehensions non petites que le feu s'allume de ce costé. Ils retirent d'Oran la vieille garnison pour l'envoyer aussy en Lombardie, et encor que quelques personnes veuillent dire que ces preparatifs sont pour de grands desseings vers ce printemps, je le croy plustost pour la deffensive qu'aultrement. . Leurs necessitez sont grandes, les plus clairs revenuz de cest estat engagez jusques a l'an 1613." Die Verbindung Frankreichs und Savoyens hält man für geschlossen und schreibt die Schuld derselben im Stillen dem Herzog von Lerma zu: er habe die Söhne des Herzogs, als sie am spanischen Hofe waren, und dann nach ihrer Rückkehr den Herzog selbst nicht gut behandelt.[1] Oñate hat berichtet, er habe Savoyen aufgefordert, die Heirathsverhandlungen bezüglich der Infantin Anna zu erneuern: „a quoy il l'auroit presque fait resouldre, mesmes sur les demandes dud. duc, luy ayant offert 500[m] escus contant, qu'il fourniroit plustost sur son credit a Milan, au cas que le comte de Fuentes y manquast;[2] qu'il le vit lors resolu de donner congé a ceulx qui traitoyent de la part de v. M., mais qu'en fin les partiaulx de France l'avoyent fait changer, et que la lettre que led. duc luy avoit promis d'escrire au roy de l'Espagne touchant les articles du mariage avec la princesse Anne l'aisnée, qu'il avoit veu lad. lettre beaucoup plus reservée que n'avoyent été les parolles, et qu'enfin, aprés luy avoir remonstré que sa grandeur despendoit entierement d'estre joint au service du roy d'Espagne, qui avec tres large main le pourroit tousjours secourir, qu'il l'avoit neantmoins trouvé fort penchant du costé de France, dont il sembloit craindre les menaces; que toutesfois led. duc luy avoit assuré au partir que rien n'estoit arresté et qu'il envoyeroit vers s. M. cath." Oñate berichtet auch über die Bedingungen der Heirath (Mitgift, Nutzungen für des Herzogs übrige Söhne, Beistand des Königs zur Eroberung von Genua). „Enfin led. comte dit que, si led. duc estoit asseuré que l'on luy voulust bailler l'infante doña Anna avec moyens pour se deffendre et oster du peril evident de la part de France, qu'il y entendroit, mais que pour la petite princesse Marie, qu'il a tousjours dit que son fils attendroit trop long temps, et qu'il eust voulu en ce cas estre assuré de recompense des pertes qu'il fait des estats que luy possedent les François. Et conclud led. comte, ainsi que l'on m'a assuré, que led. duc cherche son advantage et s'alliera a qui mieux le traictera. Depuis il semble, sire, qu'ils soyent assurez de l'entiere resolution, laquelle ils esbranleront et romperont, s'ils peuvent." — A Madrid ce XXVII. de Janvier 1610.

Paris. Bibl. nat. Ms. fr. 16114 n. 5. Orig.

[1] Diese Stelle bei Perrens, les mariages espagnols S. 242 Anm. 1.

[2] Diese Stelle bei Perrens S. 243 Anm. 1.

Jan. 27. 302. Cardenas an Philipp III.

„Dizenme por cierto, se va apretando mucho la platica entre este rey y el duque de Saboya para ofender al estado de Milan. Y de nuebo meten al duque de Mantua, y su agente anda aquí con este rey y sus ministros muy ordinario hablando retiradamente." Mit Savoyen Verhandlung über die Artikel eines Vertrags. Savoyen verlangt von Frankreich 20,000 Mann zu Fuss und 4000 zu Pferde, will selber 10,000 Mann zu Fuss und 2000 Mann zu Pferde stellen. „Propone el duque que vea este rey lo que quiere: o tomar el estado de Milan y dar al duque la Borgoña suya, o dar el estado de Milan al duque y que sea para este rey todo lo que el duque posee agora. Franceses, me afirman, no estan hasta agora resueltos y se temen de bariedad y engaño en el duque de Savoya, pero assegura tanto Ladiguera y ofrece a este rey pagar a su costa por seys meses los 20,000 hombres y 4000 cavallos, que esto tiene a este rey confuso y le da gana de capitular y embarcarse en estas cossas."[1]

Paris. Archives nat. Mon. hist. K 1462 n. 23. Dechiffr. Cop.

[1] In einem andern Schreiben von gleichem Datum macht Cardenas Mittheilungen über den Inhalt des Entwurfs des französisch-savoischen Heirathsvertrags. (a. a. O. n. 17.) Wider in einem andern Brief berichtet er: „dizenme, ha estado este rey cuydadoso y temeroso mucho estos dias que el duque de Saboya trataba de acordarse con v. M., y que de seys acá ha tenido cartas del duque de Nemurs que le asegura, está tan firme el duque como antes, y lo que trata con v. M. es solo para mejor asegurar lo que trama este rey." (a. a. O. n. 18.)

303. Cardenas an Philipp III. Jan. 28.

Es handelt sich gegenwärtig vor allem darum, Zeit zu gewinnen. Dem Herzog von Savoyen nämlich ist es nicht um die französische Heirath, sondern um einen Krieg in Italien zu thun. Hält man nun den König Heinrich mit der Hoffnung hin, dass er den Prinzen Condé bekommen wird, so werden die Franzosen nicht so bald zum Beschluss kommen, und „con esto la condicion del duque hará lo que ha mostrado siempre de inconstancia, y la razon dará a conocer lo que pierde y puede perder.“ Auch wenn Heinrich die Fürsten vom Haus Oestreich in Deutschland bewaffnet und die Gefahr einer Huguenottenbewegung wachsen sieht, so kann ihn dies zurückhalten. „Pero estas dos cosas no penden solo de v. M., y el pajaro que esta en la mano, si los que servimos a v. M. sabemos encaminarlo, es contar al cierto.“ Die Franzosen wollen vermittelst des Herzogs von Savoyen das Mittel in der Hand haben, in Italien Krieg zu erregen, ohne dass sie doch denselben sofort erregen möchten. Vielmehr möchten sie den König von Spanien auf diese Weise nöthigen „a effectuar casamientos como ellos quieren.“ Indess die Furcht, den Herzog von Savoyen zu verlieren, drängt sie vorwärts. „El fin deste rey, quanto puedo juzgar, es comencar la guerra en Italia, donde le parece v. M. pondrá fuerza, juntar el la que pueda, como que es para aquella, y dar sobre Flandes, donde espera coger un pedaço, sino es mas, fiando mucho en que no está muy prevenido y los subditos poco contentos y el archiduque deseoso de paz, y que las Islas le acudiran.“ So lange aber Heinrich Hoffnung hat, Condé zu bekommen, wird er den Krieg nicht beginnen; für gewiss aber hält Cardenas denselben, wenn er den Prinzen hat, oder klar darüber geworden ist, dass er ihn nicht bekommen wird. Es handelt sich also darum, dass in Flandern nach der einen und andern Seite nicht gefehlt werde. „Sé muy cierto, despues que salió de Francia el principe de Condé, ha estado el rey tres vezes resuelto de romper, y la fuerza de lo que apunto le ha detenido.“

Paris. Archives nat. Mon. hist. K 1462 n. 27. Dechiffr. Cop.

304. Cardenas an Andreas de Prado. Jan. 28.

Konnte den Karl Roca nicht dazu bestimmen, dass er ihm (dem Cardenas) selber, wie der König angeordnet, seine Eröffnungen machte. Also schickt er denselben an den Hof. — En Paris 28. de henero de 1610.

Paris. Archives nat. Mon. hist. K 1462 n. 28. Orig.

305. Breves an Heinrich IV. Jan.

Condé.[1] Liga. Jülicher Sachen. Der Papst brachte schliesslich die Rede auf die von ihm vorgeschlagne Heirath zwischen einem spanischen Prinzen und einer spanischen Prinzessin. Auf

Breves' Entgegnung, dass die Umstände dem Plane sehr ungünstig seien, erwiderte der Papst: er werde gleichwol von seinen Bemühungen nicht ablassen; er wünsche nur zu wissen, ob die Heirath dem König nicht unangenehm sei. Der Gesandte erwiderte: sein König werde stets auf den Vorschlag eingehen, wenn die Spanier mit derselben Aufrichtigkeit wie er darin verfahren. Der Papst: ob er dies den Dienern des Königs von Spanien, mit denen er über die Sache handeln werde, mittheilen dürfe? Breves: der Papst könne sich seiner Worte mit Klugheit und Rücksicht auf des Königs Würde bedienen.[2] — De Rome ce — Janvier 1610.

Paris. Bibl. nat. Ms. fr. 18005. f. 3. Orig.

[1] Ueber Breves Berichte bezüglich des Prinzen Condé vgl. Notices et extraits des manuscrits de la bibliothèque nationale VII S. 316 fg.

[2] Am 27. Februar berichtet Cardenas: er wisse aus sehr zuverlässiger Quelle, dass der K. Heinrich seinem Gesandten in Rom dringend aufgetragen habe, Gelegenheit zu suchen, um dem Papst doch nur wie aus eigenem Antrieb — zu sagen, „quanto conviene apretar materias de cassamiento entre v. M. y este rey." (P. Arch. nat. Mss. hist. K 1462 n. 44.)

Febr. 3. **306.** **Breves an Heinrich IV.**

Condé. Auf Breves Vorstellungen hat der Papst den Cardinal Lanfranco beauftragt, an den Nuntius in Brüssel zu schreiben: er möge die Erzherzoge warnen, dem Prinzen länger den Aufenthalt zu gewähren, ferner an den Prinzen selbst: er möge zu seiner Pflicht zurückkehren. Der Papst verfährt in der Sache offen und ohne böse Absicht. Er hat dem Gesandten ferner den rein defensiven Charakter der beabsichtigten deutschen Liga vorgestellt, und dass dieselbe des Beistandes des Königs dringend bedürfe. Diese Hülfe, entgegnete der Gesandte, sei ihr stets bereit, wenn es sich nur um ihre Erhaltung und die der Religion handle. Als Breves die Möglichkeit eines spanisch-französischen Krieges in Folge des dem Condé in Flandern gewährten Schutzes andeutete, und der Papst für den Frieden sprach, redete der Gesandte von seines Königs Lebenskraft und Freude am Kriegsleben. Der Papst sollte den Krieg des Königs mit Spanien wünschen, da er ihm Gelegenheit biete, sich inzwischen Neapels zu bemächtigen. Dort strecke das Volk die Hände nach ihm aus, die italienischen Fürsten verlangen nur nach der Gelegenheit, das ihnen auferlegte Joch abzuschütteln, er aber (der Papst) thue nicht, was er könne; er sollte mehr für seinen Nachruhm sorgen. Der Papst nahm das nicht ungern auf, zeigte aber nicht, dass er Lust habe „de mordre a la pomme." Nichts wird ihn zu diesem Entschluss bringen als ein Angriff auf die Spanier in Mailand. Nirgends sind die Spanier leichter zu schlagen als in Italien. Man sagt, der König wolle den Possidirenden 10,000 Schweizer und 8000 Franzosen zur Hülfe schicken. Wäre er aber des Herzogs von Savoyen sicher und stellte diesem 20,000 Mann, so würde dieser sich Mailands bemächtigen, von dem alle Fürsten Italiens zugleich ein Stück abzureissen suchen würden, und das wäre die beste Hälfe für die possidirenden Fürsten.[1] — De Rome ce 3. Febvrier 1610.

Paris. Bibl. nat Ms. fr. 18005 f. 37. Orig.

[1] Ueber die in derselben Depesche erwähnten Aeusserungen bezüglich des französisch-savoischen Heirathsplanes vgl. Perrens, les mariages Espagnols S. 246.

307. Champigny an Heinrich IV. (z. Th.) Febr. 3

Die Spanier thun alles, um des Königs Verbindung mit Savoyen zu vereiteln oder sich wenigstens der Ergebenheit der andern Fürsten Italiens zu versichern. „Et encores que pour la rupture il y ait peu d'apparence a present, si est ce que la seule execution du traitté en peut lever la mesfiance a ces seigneurs et aux autres princes voysins; et les Espagnols ne laissent tous les jours de fomenter cette incertitude par divers bruits et de ce vanter que les principaux ministres du duc sont a leur devotion, que les princes mesmes tiennent leur party, n'ayant contraire que la seule personne du duc.[1] Et bien qu'ils soyent assez coustumiers de se donner des vaines esperances et advantages controuvez, si est ce que le duc au jugement commun de ceux qui cognoissent l'air du païs et la procedure de telles gens, s'il est bien resolu, faira sagement pour la seureté de sa personne de couper broche a touttes semblables esperances par une prompte exequution de sa part de l'honneur que luy fait v. M." Der Gesandte hat mit dem Cardinal Delfino sich unterredet „de l'humeur de cette republique; et en somme tant que le traitté de Savoye se puisse descouvrir par compliment public, nous ne jugeons pas qu'il y ait lieu de tenter autre chose quelconque. Aprés cela il se promet davantage."[2] — A Venize ce 3. Febvrier 1610.

Paris. Bibl. nat. Ms. fr. 16083 n. 8. Orig.

[1] Ueber die Ausstreuungen der Spanier vgl. die Berichte von Breves vom 8. Februar und 20. März. (Perrens S. 246. 248 Anm. 1.)

[2] Ueber die offenen Vorstellungen Heinrichs IV. an Foscarini vgl. dessen Bericht vom 9. Februar. (Barozzi. Francia I S. 326.)

308. Vaucelas an Heinrich IV. (z. Th.) Febr. 17.

Don Sancho de Luna, maistre de camp du regiment de Naples, peut avoir en XVII compagnies 15^c hommes, don — — de Cardona, maistre de camp de celuy de Lombardie, en ses XX compagnies ont tient qu'il a 18^c hommes, et en celuy de Sicille, ou il n'y a maistre de camp, mais seulement un gouvernador, nommé don Manuel Carillo, frere du vicerey de Vallence, peut y avor mille ou 12^c hommes. Il ne se parle encores du temps asseuré que ces forces retourneront en Italie, avec lesquelles out parle d'envoyer lors les LX compagnies levées il y a ja quelques mois. Il se parle tousjours du bataillon qu'ils estiment monter a plus de LX mil hommes. En chaque contrée on a envoyé un sergeant major vieux capitaine avec deux adjutantes, pour commander auxd. soldats du bataillon avec le corregidor de la principale ville de la contrée, et a on promis auxd. sergents majors et adjutantes qu'ils seront payez sur les alcavales des lieux.... Quatre cens L mil escuz (sont) ordonnez a l'archiduc pour l'affaire de Cleves, ainsi qu'on dit, et se doivent payer a trois fois: Mars, Apvril et May.[1] Ce sont la, sire, les bruicts communs de Madrid, qui ne sont moindres, quand on parle icy des preparatifs que faict v. M. pour le secours de Cleves. C'est de long temps que le peuple s'est attribué ceste liberté, qui ne semble gueres moindre icy qu'en France depuis quelques jours. Les lettres venans d'Italie leur font parler de ceste façon. Ce sont quelques ennemis de la paix qui sement ces discours. J'entends de ce qu'ils disent v. M. se preparer avec telles forces. Quoy qu'ils croyent de tout cela, icy le bruict est qu'ils ont mandé vers les frontieres de Navarre et Arragon, vers Jacque que l'on pourveust aux chasteaulx et forteresses, comme s'ils avoyent advis que l'on y voulust entreprendre. — A Madrid ce 17. Febvrier 1610.

Paris. Bibl. nat. Ms. fr. 16114 n. 10. Orig.

[1] Am 1. März berichtet Vaucelas dem König: „on m'a assuré qu'il y a de plus IV^c mil escuz, qui font huict cens mille, envoyez a l'archiduc Albert par lettre de change.“ (n. 16.)

Febr. 18. **309.** Breves an Puisieux. (z. Th.)

Wollen die Spanier Condé bewahren, um Frankreich zu beunruhigen, so sollte man sie das bereuen lassen, so lange es noch so viele Morisken bei ihnen giebt.[1] Leichtigkeit, die Spanier mit Hülfe Savoyens aus Italien zu entfernen. „Ce seroit tout a fait nous oster l'ombrage de la puissance qu'ils ont du costé de Flandres et nous ouvrir la porte pour nous en rendre maistres.“ Der Papst drängt sehr auf einen Ausgleich in der Jülicher Sache. Es ist nicht der Vortheil der Franzosen, weder dass die Jülicher Lande an Oestreich fallen, noch dass sie mit Frankreichs Geld und Soldaten für Andre erobert werden. Immerhin ist das letztere das kleinere Uebel. Muss man indess, weil ein gütlicher Vergleich nicht zu bewirken ist, zu diesem greifen, „ce seroit assez aider a ces princes protestans de donner des moyens au duc de Savoye d'attaquer le Milan.“ La Boderie wird beim König von England schwerlich viel ausrichten. — De Rome ce 18. Fevrier 1610.

Paris. Bibl. nat. Ms. fr. 18005 f. 65. Orig.

[1] Am 8. Februar schreibt Breves an Puisieux: „les affaires du Turc sont restablies. Si je n'estois bon a Rome, je serois aussy prest que jamais de l'aller solliciter de faire une bonne armée de mer pour aller au secours des Morisques. Tant j'ayme le service de mon prince.“ (A. a. O. f. 56.)

310. Cardenas an König Philipp III. Febr. 21.

Seit dem französisch-savoischen Heirathsvertrag hat der Herzog von Savoyen gedrängt auf die „capitulaciones secretas para mover armas contra el estado de Milan. Quiso embiar este rey a verse con el duque y resolber a La Dighera; y el duque entendiendolo despachó pidiendole, no fuese agora, que seria hazer mucho ruydo; y despues de dares y tomares determinaron que el duque embiase al embaxador que tenia aqui en el Delfinado, y que llevase poderes suyos, y el rey embiaria a La Dighera." Lesdiguieres soll, wie man sagt, demgemäss in sechs Tagen nach Grenoble abgehen. „En estas capitulaciones, me dizen, se ha hablado aqui estos dias, y el duque haria y no quiere dar la Saboya, sino que el estado de Milan sea para este rey, que el dará las plaças que le piden por seguridad, y que a el sele dé la Bresa y Borgoña que la tomará en feudo." Ansinnen des Herzogs bezüglich der aufzustellenden Streitkräfte, der Eröffnung des Kriegs von Seiten Frankreichs. Gegenanerbietungen und Forderungen der Franzosen.[1]

Gutachten des Staatsraths: „que estas cosas obligan a poner bien las cosas del estado de Milan, y si se haze con brevedad, todos estos homores se aquietarau, y sino, se puede creer que passaran muy adelante, y tenga mayor dificultad el remedio, y assi supplica el consejo a s. M., se sirva de que no se pierda punto por esto."

Paris. Archives nat. Mon. hist. K 1462 n. 39. Dechiffr. Cop.

[1] Vgl. Berichte von Foscarini. Februar 9, 14, 23, März 4 (Barozzi Francia I S. 326 fg.) La Force an seine Gemahlin. Februar 20. (La Force II S. 254.)

311. Cardenas an Philipp III. Febr. 27.

Dizenme que havrá diez dias que vino correo de Turin que, sin embargo de lo que el duque avia embiado a dezir, escrive, dando mucha priesa, que vaya La Dighera, y ofrece que, por quitar la dificultad de lo que se puede ofrecer y entender en Turin, saldrá a Chamari, y allí se juntará con La Dighera, que quiere ser el mismo quien lo trate y resolverá con el. . . La Dighera partió ayer con mucho acompañamiento y ruydo.[1] Asseguraseme, lleva orden de no resolver sin bolver a comunicar a este rey, y que lo que mas sele encarga es aver las cinco plaças en resguardo. Franceses hazen ruydo con esta yda de La Diguera, y aunque los particulares corren con mucho secreto el que va a verse con el duque, lo saben y hablan en ello los principales ministros y señores desta corte, y son pocas semanas que no aya correo de Turin y de aquí allá.

Paris. Archives nat. Mon. hist. K 1462 n. 45. Dechiffr. Cop.

[1] An demselben Tag berichtet Cardenas: die Absendung des Lesdiguieres solle beschleunigt sein auf einen Bericht des Vaucelas, dass

Savoyen in ernsten Verhandlungen mit Spanien stehe. Lesdiguieres sei von den Aussichten seiner Verhandlung wenig erbaut „respeto de las dificultades que vee en este rey de gastar.“ (A. a. O. n. 46.)

März 1. **312.** Vaucelas an Villeroy.

Je ne puis croire qu'ils (les Espagnols) poursuivent la folie a descouvert que le plus tard qu'ils pourront. S'ils ont tant de jugement, comme l'on dit, ils jugeront que les fraiz, peines et travaulx (si je ne dy pis) leur seront prompts, et le fruict de leurs foibles esperances si esloigné, qu'oultre ce qu'ils doivent a Dieu, au bien general de la Chrestienté, ce qu'ils se doivent a eux mesmes les doibt retenir. Leurs moyens et abondances les y poussent aussy peu. De tous costez je n'entends que misere. Icy l'on ne paye personne faulte d'argent, en Sicile ils n'ont pas un soul, a Naples le peuple se plaint tellement de sa misere, que c'est pitié, leurs gens de guerre par tous leurs estats tres mal payez. Je n'ignore pas qu'en un besoing ils ne trouvent credit de quelque bonne somme. Mais ces efforts s'employeroyent mal a propos en ceste querelle de gayeté de coeur.[1] — A Madrid ce premier Mars 1610.

Paris. Bibl. nat. Ms. fr. 16114 n. 15. Orig.

[1] Am 24. März berichtet Vaucelas: „le menu peuple“ spricht frei über die italienisch-savoischen Verhältnisse. „La pluspart tient l'estat de Milan perdu, si on l'attaque, veu leur necessitez. Je m'estonne de ceste liberté de dire si franchement leurs mauvaises esperances. Je me ris de tout cela, sachant bien qu'ils n'auront mal dont ils pensent.“ (n. 21. Vgl. Perrens S. 250.)

März 2. **313.** Champigny an Heinrich IV.

• „Le renfort des garnisons de la frontiere de Piedmont et le bruit aussitost espandu par les lettres de Flandres et de France du peu de proffict que le marquis de Coeuvre reportoit de sa negotiation de Bruxelles, des preparatifs que v. M. faisoit pour s'en ressentir commencent d'esbranler toute l'Italie, ainsy que v. M. pourra voir par la copie des lettres que j'ay encloz en ce pacquet. Ces seigneurs ont ja parlé de faire un proveditour general de terre ferme, et leur conseil est de tenir quelques gens de guerre et de pied et de cheval retirez dans les garnisons de Bergamo, Crema et autres frontieres du Milanois, regarder quelque temps faire les autres et, s'ils reussissent, se mettre de la partie pour en recouvrer quelque chose et non autrement. Toutesfois ils ne commenceront a faire leurs levées que celles de Milan, qui ne font pas encores grand bruict, ne leur monstrent le chemin.“[1] Bei dem grossen Verlangen der „seigneurs“ nach Nachrichten aus Frankreich, und um nicht zu kalt in seinen Beziehungen zu ihnen zu erscheinen, trug der Gesandte ihnen Tags vorher die Absicht des Königs vor, den Marquis Coeuvre aus Brüssel zurückzurufen und sich an Jedem zu rächen („ressentir“), der die durch Condés Abwesenheit erzeugten Gehässigkeiten zu nähren suche. Der Doge antwortete mit allgemeinen Freundschaftsversicherungen, dem Ausdruck des Bedauerns über Condé's Benehmen, berührte dann die savoische Heirath, „adjoustant sur cest article qu'ils desiroient que le succez n'en troublast point le repoz d'Italie. . . . J'ay ouy parler icy des principaux chefs de guerre de cest estat et particulierement affectionnez au service de v. M., qui tiennent veritablement les affaires d'Espagne en fort mauvais estat en Italie et aisées a esbranler et ruiner. Ils disent que v. M. y pensant doibt prendre garde premierement a se bien asseurer et plus que de parolle, s'il y a moyen, du costé de Savoye, secondement aux succez des premiers efforts, suivant le reussissement desquels tous les princes d'Italie indubitablement prendront part, qui se tiendront aux escoutes en attendant. Mais ils adjoustent que, si v. M. pouvoit assembler quelques gallions ou aretons (?) de ses mers de ponant et des estats des Pays-bas et rompre une flotte, ce qui ne seroit pas trop difficille, qu'elle ruineroit en ce seul coup toutes les affaires des Espagnols en Italie. . . ." — A Venize ce 2. Mars 1610.

Paris. Bibl nat. Ms. fr. 16083 n. 14. Orig.

[1] Vgl. Heinrich IV. an Champigny. März 24. (Siri II S. 176.)

314. Breves an Heinrich IV. März 4.

Condé wird bei seiner, wie man sagt, beabsichtigten Reise durch Mailand und Rom nach Spanien vom Papst nicht empfangen werden, wenn der König es nicht wünscht. Die Spanier werden, wie die Kundigen glauben, den Condé mit dem König zu versöhnen suchen, zugleich aber ihn wol instruiren, um bei späterer Gelegenheit durch ihn einen Brand in Frankreich anzufachen. Dagegen soll der König die von Gott ihm gebotenen Mittel benutzen „de ruiner ceux qui ont des mauvais pensemens contre elle et ses successeurs." Beunruhigt durch die, wie man erzählt, vereinbarte savoisch-französische Heirath, hat Fuentes bei seinem Geldmangel den Mailänder Kaufleuten Zwangsanlehen aufgelegt. Gleich ihm rüsten alle kleinen italienischen Fürsten, denen indess er mehr misstraut als sie ihm. Alle Anhänger Spaniens gestehen, dass der König die Gelegenheit hat, die Spanier leicht aus Italien zu verjagen. Der Papst erkundigte sich beim Gesandten über die savoische Heirath und erhielt von diesem die Antwort: er habe keine bestimmte Nachricht, aber er glaube daran. Der Papst: hoffentlich werde der König den Frieden Italiens nie zu stören gedenken. Der Gesandte: der König bezwecke durchaus den Vortheil des heiligen Stuhls und des Papstes insbesondere. Er (der Papst) solle die Befreiung Italiens von dem spanischen Joche wünschen. Der Cardinal Borghese sagte dem Gesandten, dass, wenn der König Mailand angreifen lasse, der Papst zum Entschluss, sich Neapels zu bemächtigen, dadurch werde bewogen werden. Die spanische Tyrannei ist so gross, dass man sagt, wenn eine türkische Flotte an der Küste Calabriens erscheine, so werde das ganze Volk dort den

Türken zufallen. Der Gesandte versichert auf Ehre und Leben, dass, wenn der König dem Herzog von Savoyen Mittel zu einem Unternehmen auf Mailand giebt, so viele Erhebungen in ganz Italien ausbrechen, dass der König von Spanien sie vielleicht nie mehr unterdrücken wird. Ohne die „bonne part en Italie" hätte Spanien seinen Besitz in Flandern nicht so lange bewahren noch die jüngsten Unruhen und Bürgerkriege Frankreichs unterhalten können. „Toutes ces raisons doivent obliger v. M. a ne point perdre le temps, je dis si elle est bien asseurée de l'obeissance de ses subjects." Lesdiguieres soll nach Turin gekommen sein. Käme er mit einer Armee nach Italien, so würde er, da er protestantisch ist, den Absichten des Königs das Glück entfremden. — Der Papst wünscht sehr einen gütlichen Vergleich in der Jülicher Sache: denn sonst, fürchtet er, möchte die Lage der Katholischen in jenen Ländern verschlimmert werden. Beabsichtigt aber der König ein Unternehmen in Italien, „je ne jugerois pas hors de propos de laisser decider ce different par les armes," indem sodann ein Theil der spanischen Macht zur Vertheidigung Leopolds verwandt werden müsste. — Um den Papst abzuhalten, dem von den katholischen Churfürsten unter dem Vorwand der Religion veranstalteten Bunde Hülfe zu leisten, hat Breves ihm gesagt, die Türken denken daran, dies Jahr eine Flotte nach der Berberei zu senden, um von dort die vertriebenen Morisken zurückzuführen. — Intriguen und Vorschläge, um Cardinäle für die französische Partei zu gewinnen (den Cardinal von Mantua z. B soll der König gewinnen, indem er seine bescheidenen Einkünfte aufbessert), um die französischen Cordeliers von der spanischen Partei abzuziehen. Auszahlung der Pensionen an die Cardinäle und andre Diener des Königs in Rom zu besorgen. — De Rome ce 4. Mars 1610.

Paris. Bibl. nat. Ms. fr. 19005 f. 89. Orig. Bruchstück bei Perrens, les mariages espagnols S. 247.

März 6. **315** Der Herzog von Nemours an Villeroy.

Umtriebe des spanischen Gesandten in Turin. Bemühungen und Erfolge Nevers in Abführung der Grossen am Hofe Savoyens von der spanischen Partei. Der Herzog von Savoyen erwartet gegenwärtigen Abend den Grafen von Martinengo, um sich über seine Reise nach Savoyen zum Zweck der Unterredung mit Lesdiguieres schlüssig zu machen, welche Reise Nemours nach Kräften befördert.[1] — A Turin ce sixiesme jour de Mars 1610.

Paris. Bibl. nat. Dupuy 46 f. 71. Cop.

[1] Vgl. das Schreiben Villeroys an Savoyen. März 18. (Philippson. Heinrich IV. und Philipp III. B. III S. 461.)

März 16. **316.** Champigny an Heinrich IV. (z. Th.)

Am 10. Audienz vor den „seigneurs": Verhandlung über den Prinzen Condé, Bericht über des Königs Vereinigung mit den deutschen Ständen, den Niederlanden und England gegen die Uebergriffe der Spanier. „Je commence a sentir que ces seigneurs non obstant leur froideur se pourroient esmouvoir avec le temps, principallement quand ils verront des forces en Italie, dont ils se puissent asseurer. Ils ont resolu d'exclure les papalins de toutes les deliberations qui concernent ces nouveaux mouvements, et particulierement les affaires qu'ils traitteront par occasion d'iceulx avec v. M. J'en ay veu la prattique ces deux dernieres fois que j'ay traitté avec eux. Ceste exclusion a faict rumeur, et finalement, le senat ne s'en pouvant accorder, elle a esté rejettée au conseil de' dieci. Ils se fondent sur ce qu'ils tiennent le pape Espagnol, et qu'il n'est pas raisonnable que ceux qui deppendent de luy ayent communication de voz affaires ny des leurs pour ce regard. Cette consideration neantmoings ne touche pas tant a mon advis le particulier de v. M. que l'esperance que les plus actifs d'entre eux ont conceue, en traittant avec elle, de traitter avec les estats d'honneur[1] et les princes protestans d'Allemagne, a quoy ils sçavent que les papalins ne pourroient estre tirez. L'agent desd. princes, qui s'est tousjours tenu couvert jusques a present, hier presenta au college ses lettres et a esté bien receu. L'ambassadeur esleu pour les estats des Pays-bas s'est aussy acheminé depuis quelques jours.[2] Toute ceste negotiation ira lentement; mais je la sens au coeur aux plus entenduz qui procederoient plus chaudement possible, s'ils ne craignoient l'humeur de leurs compagnons. Mais il y a fort grande esperance qu'ils en viendront a bout. Un peu de communication des affaires de v. M. pour les rendre plus asseurez de son secours et de la confiance de son amitié tiendra l'affaire cependant en vigueur, ce qui a esté mon but en ces deux dernieres audiences." — A Venize ce 16. Mars.

Paris. Bibl. nat. Ms. fr. 16063 n. 18. Orig.

1 „de Hollande?"
2 Vgl. De Jonge, Nederland en Venetie S. 47 fg.

317. Breves an Heinrich IV. (z. Th.) März 21.

Unterredung des Gesandten mit dem Papste, in der letzterer die Unterstützung der possidirenden Fürsten durch Frankreich im Interesse der Religion widerräth, ersterer erklärt, es handle sich dabei nur um die Zurückweisung der Uebergriffe der Spanier. Weitere Erklärung des Papstes, dass er nicht Haupt der deutschen Liga werden wolle, wol aber zur Abwehr der Usurpation der Kirchengüter durch die Protestanten nach Kräften helfen werde. Der Papst klagte, dass Boississe der Versammlung zu Hall erklärt habe, der König werde ihre Freiheiten stets vertheidigen: von jenen Freiheiten komme die Ketzerei der Fürsten. Indem man sodann über den gütlichen Ausgleich der Jülicher Sache sprach, stellte Breves als Bedingungen auf: Entfernung Leopolds aus Jülich, Einwilligung des Kaisers in die rechtliche Entscheidung nach den Reichsgesetzen oder in ein Schiedsgericht. Der König, sagt er, werde die Unterwerfung der Possidirenden unter eins dieser Gerichte besorgen. Der Papst erwiderte: nicht nur die Festung Jülich, sondern die gesammten Lande müssten in die Macht unverdächtiger Personen gegeben werden, die sie dann dem, für den das Urtheil ausfiele, zustellten. Der Papst wird hierüber dem Nuntius in Paris Aufträge geben und den Kaiser und Spanien beschwören, das Ihrige für den gütlichen Vergleich zu thun. Auf die Mittheilung von des Königs Entschluss, zum Kriege zu rüsten, gleichwol aber die Mittel zum gütlichen Vergleich, die sich bieten, zu ergreifen, rieth der Papst dringend vom Kriege ab. — Breves hat dem Cardinal Borghese gesagt: finde er den Papst für den Entschluss zur Einnahme Neapels stark genug, so möge er ihn bewegen, dass er den Spaniern den Schutz Condé's anrathe, denn alsdann werde Heinrich den Angriff auf die Spanier eröffnen. Bezwecke der Papst aber nur den Frieden, so möge er ihm rathen, dass er die Spanier mit allen Kräften von der Usurpation Cleves abhalte und sie zur Rücksendung Condé's zum König bewege. — Dem von Villeroy erhaltenen Auftrag gemäss hat Breves vom Papste das Versprechen erwirkt, dass er dem Condé sagen lassen wolle, er wünsche nicht seinen Eintritt in seine Lande. Abermalige Bitte um Bezahlung der Pensionen des Cardinals Borghese und andrer Cardinäle. — De Rome ce XXI. Mars 1610.

Paris. Bibl nat. Ms. fr. 16005 f. 168. Orig.

März 24. 318. **Vaucelas an Heinrich IV.**

Friedensstimmen im Rath des Königs Philipp. — Rüstungen. — Angelegenheit Condés. Zerrüttete Verhältnisse Spaniens.

. . . Depuis mes dernieres du premier de ce mois *j'ay sceu* que le *comte Fuentes* avoit commendement reiteré *de bien recepvoir le prince de Condé. L'ambassadeur* qui estoit pres *les archiducs* arriva un peu eschauffé *sur les propos que luy* avoit tenuz v. *M. Mais* s'estant un peu reposé, *il est allé trouver le roy d'Espagne avec bien meilleure intention et ne conseillera que paix, comme aussy j'ay creu que l'opinion du connestable de Chastille est qu'elle ne rompe avec v. M. Led. conseiller est icy*, le conseil d'estat et de guerre ayant esté des la sepmaine passée contremandez, *et si la malice n'est plus forte que la raison*, je croy que ces deulx ne seront seuls *de cest advis. Leur necessité est si grande, qu'elle est presque incroyable et* font *avec peine leurs preparatifs cy dessoubs*.

Vier von den vierzehn Schiffen die seit einiger Zeit von Dünkirchen nach den spanischen Küsten gekommen sind, waren am 28. Februar in Cadix eingetroffen, nachdem sie in San Sebastian eine Ladung von Waffen und Munition eingenommen hatten. In Malaga werden alle Galeren versammelt „en intention de tenter l'entreprise de l'Arrache." Nach diesem Unternehmen könnten sie, wie man wol meint („il y a quelque opinion"), 3—4000 Mann nach Dünkirchen schicken. Man hält für sicher, dass die 60 Compagnien nach Andulusien marschiren sollen, um nach Italien oder Flandern eingeschifft zu werden. Schon sind seit einigen Tagen 14—15 Compagnien in der Umgegend von Madrid angekommen: der Mann erhält per Tag einen Real und hat noch keine andren Waffen als den Degen. Vier Compagnien sind letzthin zu Verstärkung der Garnisonen in Navarra gesandt, aber den Hauptleuten derselben ist befohlen, die entsprechende Truppenzahl alsbald wider aufzubringen. Nach wie vor spricht man von der in der Mancha aufzustellenden Cavallerie und von dem „bataillon", aber so kühl, dass davon für lange nichts Schlimmes zu gewärtigen ist Der Graf Fuentes hat Genua um ein Darlehen von 200,000 Ecus angegangen „sur la rumeur qu'il y a la du renfort que mr. de Savoye a mis en ces garnisons de ce costé la, et mesmes disent led. duc avoir chassé ce qu'il avoit d'Espagnols en ses guarnisons. . . . . ."[1] März 24.

Je ne sçay quelle aura esté la responce ***de ce roy a v. M. Bien ay je sceu que le le connestable de Chastille et un autre,*** parlant ***ensemble, ont dict qu'il*** estoit bien plus a propos ***parler de mariage***, et qu'ils ne sçavoyent encores au vray ***si celuy de Savoye estoit du tout conclu***, qu'il falloit oster ***les occasions de soupçon a v. M.***, et non seulement les presentes ***du prince de Condé, mais*** asseurer des a present ***a l'un de leurs jeunes princes leurs estats de Flandres***, sachant bien, (ainsi qu'ils disoient) ***que la France*** ne souffrira doresnavant en patience ***ces estats a celuy qui sera roy d'Espagne***. Ceulx la jugent sans passion et comme sages, et croy que selon Dieu et raison ***et leurs forces presentes le roy d'Espagne se doibt resouldre***, ***ce que*** faisant aultrement ***et offençant v. M. si mal a propos sans raison***, semble que ***la justice de la cause et la debilité*** presente ***de ses ennemis promettent un juste chastiment de leur arrogance***. Il y a long temps que le ***corps de leur estat*** ne

[1] Am 5. April berichtet Vaucelas über die Rüstungen weiter: aus Biscaya kommen durch Madrid Sendungen von Waffen; man schickt sie „par les eveschez pour estre separées, lors qu'ils vouldront armer ce bataillon, ce qu'ils disent devoir faire en bref." Die Galeren werden ungewöhnlich verproviantirt, besonders mit Weinschläuchen, „ce qui tesmoigne vouloir faire descente en quelques lieux mal garnis d'eaulx, comme ces costes de Barbarie." Man sagt noch immer, es geschehe „pour l'entreprise de l'Arrache." Man armirt auch einige „vaisseaux ronds." Der Gesandte hat dem ersten Präsidenten von Toulouse geschrieben, man möge auf die Küsten von Languedoc und der Provence Acht haben. „Je ne croy pas qu'ils eussent ***desseing en Bretagne. Il est tousjours bon de ne s'endormir***. . . Le comte de Fuentes demande icy gens et argent. On tient qu'il fait lever un regiment de landsquenets. De Naples il demande cinq ou six mille hommes. Le viceroy luy a repondu, n'avoir argent, que toutesfois il fera ce qu'il pourra. Cela despend de ***la resolution de deça***." (A. a. O. n. 22.)

fut si en desordre. Je suis trompé si *le chef le redresse* bien aisement. *Un homme de qualité m'a assuré que les Maurisques se promettent que v. M. les employera, et qu'elle* ne negligera *ceste occasion.* Mais cela ne me semble de telle consideration qu'il estime. *Toutesfois a pis pis, on se sert de tout*; *tousjours seroit ce (sic!) de bons guides*, que possible *les recentes injures animeroyent* a faire mieulx que l'on n'espereroit. . . . On cherche moyen *de trouver deux cens mil escus pour* les frais *du voyage ou est le roy d'Espagne*, et croy qu'enfin on les prendra *sur le pain et le vin de ce lieu.* Il n'est pas croyable la misere *que souffrent tous ceux a qui il est deub, personne n'est payé, non pas mesmes les officiers de ce roy*, dont aulcuns *m'ont dict estre comme au desespoir.* Plusieurs *grands et autres mesprisent ce gouvernement*, et de beaucoup *le duc de Lerme est hay.* Une chose ont ils louable, que la jalousie *de la grandeur de leur nation* les tient comme attachez *a la fidelité. Le duc de Lerme*, avant que partir, fit venir *parler a luy les capitaines* plus pratiqués *du pays de Cleves*, et ce diverses fois. *Ils* regrettent n'avoir prevenu *v. M d'avoir eu si mon danser*[1] *et luy feront parler*, et craignent que *par la mer v. M. un jour leur face du mal.* . . . . . . Presentement on me vient d'asseurer que par ce courrier de Milan le comte de Fuentes demande estre assisté de six cens mille escuz. . . . . . — A Madrid ce 24. Mars 1610.

Paris. Bibl. nat. Ms. fr. 16114 n. 20. Orig.

März 28. **319. Heinrich IV., Instruction für Bullion und Lesdiguières an Savoyen.**

Von Savoyen um die Verheirathung des Prinzen von Piemont mit seiner (des Königs) ältesten Tochter ersucht, hat der König, indem er sich darüber entschloss, zugleich die Grösse des Herzogs und seines Hauses ganz wie die eigne zu fördern gedacht. Auf des Herzogs Bitte an den König: er möge, wenn er „de son costé pour autres considérations" den Krieg gegen Spanien eröffnen wolle, ihm (dem Herzog) zur Eroberung Mailands beistehen, hat daher der König ihm diese Hülfe nach Massgabe der beiderseitig unterzeichneten Memoirs versprochen. Da es sich nun um die Ausführung des in dieser Hinsicht Projectirten handelt, so sollen Lesdiguieres und Bullion mit dem Herzog „resouldre ce qu'il convient faire pour cest effect." Ueber des Königs Absichten und die Mittel, die er für das Unternehmen aufwenden will, sind die Gesandten genügend unterrichtet; sie sollen mit dem Herzog wol

---

[1] so dechiffrirt im Orig. Die Chiffern ergeben: „Simon Dance."

vereinbaren „les moyens d'assurer de part et d'aultre ceste commune guerre, affin qu'elle prospere," und zwar durch ein Offensiv- und Defensivbündniss ohne jede Ausnahme, von dem sich der König, der Herzog und ihre Kinder ohne beiderseitige Zustimmung nicht sondern können, und in welchem „la qualité et temps du secours reciproque . . distingué en cas de guerre offensive et deffensive" sogleich zu bestimmen ist. Dieser Bündnissvertrag muss jeder andern Vereinbarung vorausgehen, sei es dass man den Krieg noch in diesem Jahre beginnt, sei es dass man ihn verschiebt; denn Spanien wird früher oder später die Gelegenheit suchen, sich am König und Herzog ihrer Heirathsverbindung wegen zu rächen. Die zum Abschluss des Bündnisses nöthige Specialvollmacht wird der König den Gesandten schicken, sobald sie sich über die Bedingungen mit dem Herzog geeinigt und dieselben dem König zur Genehmigung berichtet haben. — O. D.

Paris. Bibl. nat. Colbert 107 f. 117. Cop. Auszug (fast wörtlich): Siri II S. 130.

320. Fragen und Antworten zur Instruction für Lesdiguieres und Bullion. März 28.

1. Ist der König noch entschlossen, den Krieg gegen Spanien in diesem Frühjahr zu beginnen? — R.: verpflichtet die Sache der wahren Erben des Herzogs von Jülich zu vertheidigen, wird der König zu diesem Zwecke im Mai eine mächtige Armee bereit haben und wird, da Spanien und sein Haus die entgegengesetzte Partei vertheidigen will, auch Spanien bekriegen müssen. Die interessirten Reichsstände und die Staaten haben erklärt, bei diesem Unternehmen sich mit dem König verbinden zu wollen, ihre Gesandten werden stündlich erwartet, um die letzte Entschliessung mit dem König zu fassen. 2. Aufschlüsse über den Stand der Jülicher Sachen. 3. Werden die Staaten „lors de l'ouverture de la guerre rompre de leur costé?" — R.: sie haben versprochen, dasselbe wie der König für den Krieg zu thun. Die diesjährigen Ueberschwemmungen erschweren die Ausführung. 4. Wie steht man hinsichtlich des Kriegs mit Venedig? — R.: auf des Königs Andeutungen gab die Republik allgemeine Antworten mit Bezeugung guten Willens, vornehmlich wol, weil sie an der Ausführung der Kriegspläne zweifelt. Sie wird gewiss auf des Königs Seite treten, wenn der Krieg begonnen, und besonders wenn der Anfang glücklich ist, und dies um so mehr, da sie wegen des Empfangs des staatischen Gesandten und des „exploit sur la riviere de l'Oglio entre Bresse et Cremone" die Rache Spaniens zu gewärtigen hat. 5. Von Graubünden dem König 10,000 Mann versprochen, wenn er sie besolde. 6. Die mit Spanien verbündeten Cantone der Schweiz dürften für Bezahlung diesem auch dienen. Dasselbe hat Frankreich zu gewärtigen, das übrigens der spanischen Unterstützung nach Kräften entgegenarbeiten wird. 7. Englands Hülfsversprechen von 4000 Mann. Unterhandlung zwischen ihm und Frankreich über ein Defensivbündniss. 8. Weil Condé Absichten gegen den König, seinen Sohn

320. und Frankreich verfolgt, wird er von Spanien geschützt, welches damit die Friedensverträge mit Frankreich verletzt. Der König wird alles thun, um jene Pläne zu zerstören und rechnet dabei auf des Herzogs Beistand, zumal die spanischen Minister den Prinzen fallen lassen zu wollen erklären, wenn der König die Heirathsverbindung mit Savoyen fallen lasse. 9. Soll man die dem Herzog vom König bestimmte Hülfsarmee bestimmt angeben (nämlich 12000 Mann zu Fuss, 1200 Mann zu Pferde, 400 Carabiniers)? — R.: der König erkennt die vom Herzog an Bullion geschriebenen Gründe, dass das Unternehmen zu beschleunigen sei, an. Der König verspricht dem Herzog im allgemeinen seine Hülfe nach all' seinem Vermögen, falls der König von Spanien oder dessen Angehörige etwas gegen ihn unternehmen, und wenn der Herzog durch die im Schreiben an Bullion bezeichneten Unternehmungen den Anfang zu dem Krieg gegen Mailand machen will und sich darüber mit Lesdiguieres einigt, so bietet dieser, wenn er genügende Aussichten auf Erfolg sieht, ihm des Königs Beistand an in einer Form, die ihm geeignet scheint „pour l'encourager de passer outre.“ Der König hat für das italienische Unternehmen 100,000 Ecus[2] monatlich bestimmt. Allein wenn jene dem Herzog bezeichneten drei Unternehmungen oder nur zwei davon gelingen, so braucht der Herzog eine starke Truppenmacht „pour les (sic!) garnir et tenir la compagne a mesme temps“ Und dann wird der König den Herzog schon verstärken sei es vermittelst der Graubündner, sei es auf dem dem Bullion mündlich eröffneten Wege. Damit Lesdiguieres die erwähnten Unternehmungen mit dem Herzog beginnen könne, überbringt Bullion ihm eine Summe[3] auf Abzug von den 1,200,000 Ecus,[4] die der König für den italienischen Krieg bestimmt hat. 10. Statt der vom Herzog verlangten 20 Kanonen etc. kann der König ihm nur Kugeln liefern. 11., 12. Die Eroberungen jenseits der Berge erhält der Herzog, der nach Gutdünken die Venetianer und andern Verbündeten daran Theil nehmen lassen kann. Um aber den französischen Truppen Sicherheit und Rückhalt zu geben, sollen Stadt und Schloss Pinerolo einem Diener des Königs von katholischer Religion übergeben werden, und zwar wenigstens bevor das Gros der französischen Truppen die Alpen überschreitet. Wenn dann die verbündeten Heere in Mailand siegreich vorschreiten, so verlangt der König, dass der Herzog, falls er Savoyen ihm nicht abtreten will, ihm wenigstens Stadt und Schloss Montmelian zustelle. 15. Der König hat dem Lesdiguieres befohlen, in seine Armee so viele katholische Soldaten und Officiere als möglich einzustellen. Der Herzog und seine Leute werden nichts zum Nachtheil der katholischen Religion thun. „Qui est tout l'ordre que s. M. peult apporter a la desfiance, led. mareschal conduisant ses forces, comme sad. M. juge qu'il est necessaire pour le bien et advantage dud. duc.“ 16. Die Erziehung von Madame an einem andern Orte als bei ihren Eltern kann nicht gewährt werden. 17—19. Die Ernennung zum Herzog von Chartres soll dem Prinzen Filibert gewährt werden, ebenso eine hohe Stelle und wo möglich eine Heirath in Frankreich. 20. Nemours, Lulin und die andern Deputirten mögen baldigst nach Frankreich kommen

zur Ausfertigung des Heirathsvertrags. 21. Pension für Nemours. 22. „Escrits du marq. d'Olliani." — Finden die Gesandten den Herzog in seinen Kriegsplänen erkaltet, so berichten sie dem König, versichern aber dem Herzog, dass darum der König nicht weniger bereit sei, den Heirathsvertrag abzuschliessen. Er wird seinen Kindern die versprochenen Pensionen auszahlen lassen. — Faict a Paris le 28. Mars 1610.

Paris Bibl. nat. Colbert 107 f. 118. Cop. Auszug (fast wörtlich): Siri II S. 151—158. Z. 11. (Das folgende ist widerholt aus der Instruction für Bullion.

[1] Unrichtig widergegeben bei Siri.

[2] Siri: 100,000 lire. Ebenso die von Herrn Prof. Philippson mir mitgetheilte Copie des Turiner Archivs.

[3] Siri: 100,000 scudi. Ebenso (300,000 livres) die Turiner Copie. In meiner Vorlage: — — W.

[4] Siri: 400,000 scudi. Ebenso (1,200,000 livres) die Turiner Copie.

321. Matteo Botti Marchese von Campigla an den Grossherzog von Toscana. März 30.

Berichtet über Verhandlungen in Paris über französisch-spanische Heirathsverbindungen, gepflogen auf Anregung des Beichtvaters der Königin von Spanien.[1] — De' 30. Marzo 1610.

Auszug im Archivio storico italiano III 14 S. 5 fg. Ausführlicher bei Siri II S. 164. Vgl. Bassompierre (Petitot II 19) I S. 429 fg.

[1] Ueber den Fortgang der Verhandlungen vgl. H. Cosimo II. an Heinrich IV. und Philipp III. nebst Aufträgen an Botti und Orso. April 12. (Archivio S. 8. Siri II S. 168.) Gr. Orso d'Elci an Cosimo. Mai 1. (Archivio S. 15.) Derselbe an denselben. Mai 17. (Siri II S. 169—175. Archivio S. 18.) Derselbe an Vinta. Mai 17. (Archivio S. 16.)

322. Champigny an Heinrich IV. März 30.

Tags vorher trug der Gesandte auf des Königs Befehl den „seigneurs" vor, weshalb der König genöthigt sei zum Kriege, wie glücklich er bei der Versammlung zu Hall die Interessen der katholischen Religion und das Ansehen des Reichs gewahrt: um nun seine Freunde gegen die fortdauernden Gewaltsamkeiten zu schützen, stelle der König in der Champagne eine Armee von 20—30,000 Mann auf, und „pour la seureté des provinces voysines des monts et tous autres bons respects" lasse er eine zweite von 18—20,000 Mann in der Provence und Dauphiné. „Que si par la suyte presque inevitable de ces premiers mouvements il se passoit plus avant au prejudice des traittez de paix, la charge en retomberoit sur ceulx qui en estoient les premiers auteurs. . . Que de tout ce qui arriveroit v. M. leur en fairoit part comme a ses meilleurs amiz desquels elle estimoit autant la prudence et le sage jugement." —

33*

322. Der Doge antwortete, indem er die in der Jülicher Sache bewiesene Weisheit und Frömmigkeit des Königs pries. Er sagte: er habe noch nichts näheres von der Armee in Südfrankreich gewust: „que Dieu ne voulust qu'il s'attaquast la quelque feu qui seroit mal aisé a esteindre.“ [1] — Die Ausschliessung der Papalinen aus dem Senat ist in Folge mangelhafter Abfassung des Decrets wider aufgehoben. Diese Ausschliessung hat aber die Folge gehabt, dass die Papalinen dem Papste haben vorstellen lassen „le tort qu'il se faisoit et a toute l'Italie de s'aller partializer avec les Espagnols et ces autres Allemans qui estoient suscitez par eux pour solliciter des levées et autres semblables demoustrations, affin d'engager s. S. peu a peu entierement de leur costé, au lieu que pour sa reputation elle devoit conserver esgalement son autorité et chercher le moyen de rasseurer les deffiances qui alloient croissans entre les deux couronnes au dommaige de la paix publique. Ils ont tant fait que le pape, ainsy qu'ils ont certain advis, s'est comme retiré du tout d'avec ces Allemaus et monstre se repentir d'avoir accordé cette levée de cent mil escuz sur le clergé d'Italie . . ., si qu'ils se promettent qu'ils auront fait recognoistre a s. S. *qu'ils ne sont jamais pour avoir intelligence avec les Espagnols, et aussy tost qu'elle se declarera pour eulx, elle forcera la republique de faire* declaration contraire et remplira l'Italie de division.“ — Man kann nicht glauben, dass die Spanier es der Jülicher Sache wegen zum Bruche kommen lassen, noch dass sie den Herzog von Savoyen ganz aufgegeben haben. Man gründet sich dabei auf die geringen Vorbereitungen, die in Mailand getroffen werden. Zwar sprachen die Spanier seit lange von 6000 Deutschen, die Gaudenzio Madruzzi herbeiführen soll. Aber Madruzzi ist noch ruhig in seinem Hause in Riva, und noch ist kein einziger Mann angeworben. Der Graf Franz Martinengo General der leichten Cavallerie ist ohne Urlaub der Signori nach Turin gereist. Er wird den Krieg gegen Spanien aufsuchen. „*Il m'a faict asseurer par uny sien confident* . . que m^r de Savoye estoit tres disposé a la conclusion et execution du mariage traitté, que le fils n'avoit point d'autre inclination que celle du pere, et que pour luy il avoit fait dire a ces seigneurs, quand ils l'avoient rappelé, *que, sy ils vouloient estre de la partie et rompre avec les Espagnols*, il estoit prest de retourner, *si non, qu'il demeureroit avec m^r. de Savoye.*“ Die „seigneurs“ haben einige Compagnien aufgebracht, scheinbar um sie nach Candia zu schicken, in Wahrheit um sie nöthigen Falls gleich an die mailändischen Gränzen zu schicken. Sie rüsten auch in Candia einige Galeren aus. Anwerbungen im eignen Lande, Eintritt der Unterthanen in fremden Kriegsdienst haben sie bei Todesstrafe verboten. — A Venice ce 30. Mars 1610.

Paris. Bibl. nat. Ms. fr. 16083 n. 19. Orig.

1 Vgl. Heinrich IV. an Champigny April 6. Puisieux an Champigny. April 6, 20. (Siri II S. 178, 179.)

323. Karl Emanuel Herzog von Savoyen an Villeroy. März.

Man muss Spaniens Rüstungen durch plötzlichen Angriff zuvorkommen. — Lesdiguieres' Commando bedenklich bei den katholischen Gefühlen der Italiener. — Unternehmen auf Genua.

Der Herzog erzählt, wie Spanien ihn von der Annäherung an Frankreich abwendig zu machen suche durch Versprechungen (Sabionetta, Montferrat, Heirath seines ältesten Sohnes mit der ältesten Infantin [1]) und Drohungen.

Je recognois qu'ils ont une extreme peur. Car ils ne desirent que gaigner temps pour s'armer et attendre l'armée d'Espagne, qui ne peult tarder d'arriver, comme vous verrez par les advis que je vous envoye et aussy par la lettre du cardinal Aldobrandino. Car tout son but n'est qu'a gaigner deux ou trois mois de temps, pendant lesquels ils pensent se pouvoir armer. Qui me faict mettre en consideration que, les prevenant, c'est gaigner le coup de la partie. Car ayant une puissante armée et dedans des places fortes, vous pouvez juger la difficulté qu'il aura. Puis touttesfois s. M., qui est si grand capitaine et par sa prudence et experience, nous sçaura trop mieulx commander ce que nous aurons a faire de vous proposer [2] ce qu'il nous semble se debvoir faire, sy ne veux je laisser de vous dire, comme s. M. sçaura par qui l'a veu, que les places sont comme on les pourroit desirer pour les surprendre. . . Mais on ne [3] tarde, je veux perdre la vie, si en peu de temps s. M. n'est contente de ce que nous ferons. Mais de touttes ces choses s'entretiendra plus particulierement s. M.,[4] puis je luy asseure de tout et a la verité. Il retarde un peu, car touttes les choses portent temps.

Nos voisins ont esté en une extreme alarme, car le bruict a couru qu'il [5] est venu icy incognu. Mais pour cela (?) est peu. Mais tous les catholicques de nos voysins en sont fort formalisez et non pour autre que pour la religion catholicque. Pour le reste ils desirent les François comme le Messie. Et ce poinct seul m'a faict de nouveau vous prier de supplier s. M. qu'il considere bien

---

1 Dies bei Siri nicht bemerkt, bei dem im übrigen der erste Theil des Briefes nachzusehen ist.

2 lies: „pour qu'il faille vous proposer."

3 lies: „si l'on ne."

4 Siri: „di tutte quelle cose se ne rimetterebbe al maresciallo dell' Esdiguieres per informarla (s. M.) tritamente."

5 Gemeint ist sichtlich Lesdiguieres.

le mal qu'en ceste entreprise se peult faire. Car pour le reste je voudrois supplier s. M. de nous faire cette faveur que de nous l'envoyer pour cette entreprise, puis que mon pere et moy[1] serions bien aises que d'estre son soldat, tant pour son experience que pour recognoistre que c'est le goust de s. M.

L'entreprise de Gennes est plus que necessaire. J'en discourray aussy avec m^r. Desdiguieres. Mais pour gaigner temps il faudroit avoir prest une quantité de vaisseaux ronds des mers de s. M. ou de Hollande pour cette execution la; car cela sera la porte au secours et bride de toutte l'Italie du costé de cette mer. . .[2] — O. D. (Zu Anfang des Actenstückes von gleichzeitiger Hand bemerkt: Savoye 1610 Mars.)

Paris. Bibl. nat. Dupuy 46 f. 68. Cop. des eigenh. Orig. Auszug (fast wörtlich): Siri II S. 160.

April 2. **324.** Breves an Villeroy.

Der Papst und ganz Italien fangen an zu glauben, dass der König wirklich den Krieg will. Ersterer möchte ihn gern ver-

---

[1] Hiernach sollte man eher den Pr. Piemont als Verfasser des Briefes annehmen. Indess die Copie ist sehr unzuverlässig; vielleicht war die Stelle chiffrirt und ist schlecht aufgelöst.

[2] Cardenas hat über den Inhalt dieses Schreibens folgendes erfahren: „el duque, me dicen, scribe al rey que, aunque v. M. le dará su hija y le offrece pagar el Monferrato al duque de Mantua para darselo y junto con el al Final y Monaco, que el, cumpliendosele lo que el consegero Bullon en nombre deste rey le dió intencion, cumplirá con este rey lo que le tyene offrecido sin apartarse punto, y que, por no causar mas gelosia agora, deseava se dilatase la junta con La Diguera. — Esta respuesta a dado a este rey mucho cuydado y a mi mucho contento, pues muestra que el duque comiença a mudar con decir 'cumpliendosele lo que el consegero de Bullon le ha offrecido,' y esto ya sabe el duque, no salen acá a ello, porque, haviendo yo apurado que era esto, es los 20000 hombres y 4000 cavallos que yo tengo avisado a v. M. y pagados por tres años, y aqui no salen mas de a 12000 y 2000 cavallos por un año. Fuera desto dió intencion el Bullon que los Sguizaros confederados con v. M. no se moverian a defensa, como los Sguizaros confederados de Francia no se moviesen a ofensa, y esto tampoco sele assegura, antes este rey sabe que no lo puede conseguir." Auch das hat dem König Heinrich Argwohn erregt, dass, als er die dem Agenten Savoyens gezahlte Summe von 7000 Ecus auf 25000 Ecus, das erste Viertel der den Söhnen des Herzogs bewilligten Jahrespension erhöhen wollte, derselbe die Annahme verweigerte. (Paris. Archives nat. Mon. hist. K. 1462 n. 77.) Am 7. April schreibt Cardenas: Savoyen hat, wie er hört, dem König Heinrich erklärt, Bedingung des Abschlusses des Vertrags sei für ihn, dass Lesdiguieres nicht das Commando erhalte: er wünsche den H. Nemours als General. Der König soll sich darüber lustig machen. „Yo procuro que lo sepa La Dighera, y espero que tendrá nueba dello dentro de pocos dias." (n. 108.)

mieden sehen, vor allem in Italien, da er seine Ruhe überaus liebt. Breves hat ihm indess gesagt: sehe er des Königs Waffen siegreich, so werde er wol die Gelegenheit ergreifen, sich Neapels zu bemächtigen, wozu ihm der König stets helfen werde. Des Kaisers Verfahren in der Jülicher Sache schreibt der Papst dem Eifer desselben nicht für die Religion, sondern für seine Autorität zu: da letztere aber bereits zu Grunde gerichtet sei, so werde er der Religion in ganz Deutschland nur schaden. Im Auftrag Villeroys hat Breves dem Papste gesagt: sein König werde der deutschen Liga gerne beitreten, falls man die Jülicher Sache nicht in dieselbe hineinziehe. Mit grosser Befriedigung erwiderte der Papst, er werde sich dieser Erklärung bedienen „pour ranger led. empereur et ses associez a raison." Ueberhaupt wird der Papst alles thun „pour esteindre ce feu, mais trop tand." — Condé's Sache. — „Je suis bien de vostre opinion que, si nous avons d'avoir la guerre, qu'il n'y a que de la commencer au plustost." Aber man beschliesse den Vertrag mit Savoyen, denn die Spanier thun alles, um den Herzog abzuziehen. Seit hundert Jahren hatte man keine bessere Gelegenheit, die Spanier aus Italien zu jagen. — De Rome ce 2. Apvril 1610.

Paris. Bibl. nat. Ms. fr. 15005 f. 138. Orig.

325. Champigny an Villeroy. (z. Th.) April 9.

Martinengo bittet in einem Schreiben aus Turin den Champigny, er möge den König schleunigst berichten „que, s'il ne luy plaist du remedier au peu de contentement qu'a receu m^r. de Savoye de la venue de m^r. le mareschal de Lesdiguieres, s. a. va de nouveau se precipiter sans aucune ressource entre les bras des Espagnols qui l'en convient estroittement tous les jours. Le malcontentement est fondé sur ce que le duc dit que par ses articles il est convenu expressement que s. M. envoyera quelque chef qui luy soyt agreable, or que led. s^r. de Lesdiguieres ne le peut estre premierement a cause de sa religion, et que par l'article il l'avoit voulu exprimer particulierement, mais que m^r. de Bullion le pria de ne faire point mention de religion ny du particulier de mond. s^r. le mareschal pour ne l'offenser ny tout ce party la, et qu'il s'en estoit contenté, ne croyant jamais que s. M. se voulut servir en Italie d'un chef de cette religion la. Mais led. comte m'escrit qu'ayant retenu encores l'esprit du duc par esperance du contentement qu'il pourroit recevoir du roy sur ce premier article, le duc s'estoit encores plus offensé d'une autre lettre escrite par mond. s^r. mareschal au colonel Purpurat, par laquelle il le prioit de faire envers le duc qu'il se contentast que m^r. de Crequy fusi employé en cette guerre, et qu'il le recent en sa bonne grace. Sur quoy neantmoins le duc n'avoit pas laissé de vouloir traitter avec led. s^r. mareschal, jusques a ce qu'il ayt receu une autre lettre de luy, par laquelle il luy mande, qu'avant le venir trouver, il attend m^r. de Bullion ou quelque autre de la part du roy qui apporte l'entiere et finale resolution de s. M. et de la confederation d'Angleterre. Que ces delays font croire au duc que l'on ne le veut qu'entretenir de parolles, et que cependant les Espagnols ne peuvent pas seulement munir le duché de Milan, mais le venir assaillir dans son pays mesme, et qu'il est necessité de prevenir son mal. Le comte d'autre costé est tellement rapellé de ces seigneurs, qu'il fault qu'il retourne et quitte la partie a Turin, qui s'en va perdue (sic!) en ce faisant par les prattiques de ceux qui fomentent l'Espagne auprés du duc. Il dit qu'il n'y a que la diligence qui y puisse remedier, diligence et a faire advancer celuy qui sera porteur de la volonté du roy, qui devra user et de douceur et de bravade envers le duc, et faire advancer les troupes mesmes dont le roy se veut servir du costé des monts, tant pour entretenir l'esperance du duc que pour le tenir en crainte mesmes en cas de malcontentement du roy" — Ce 9. Avril 1610.

Paris. Bibl. nat. Ms. fr. 16083 n. 20. Orig.

April 13. **326.** Champigny an Heinrich IV. (z. Th.)

„*Tous les jours ils* (les seigneurs) *diminuent de l'opinion qui avoit couru de rupture du costé de Piedmont.* Or quelque demonstration qu'ils facent en leurs langages . ., si est ce que je croy que la pluspart desireroient aussy bien en ces quartiers comme ailleurs *veoir une bonne et forte meslée de laquelle ils esperoient proffiter* et descharger l'antienne rancune qu'ils couvent de long temps sur leur coeur *contre l'Espagnol. Mais la crainte de la faulte leur faict tenir* autre langage *pour faire les bons valets,* sachant qu'ils sont espiez fort diligemment.[1] Et pour ce ils commencent aussy a s'ennuyer *du voyage de Turin du comte Martinengue, general de leur cavallerie legere,* et pressent son retour davantage, *se mesfians que le duc de Savoye enfin renouera son antienne pratioque avec l'Espagne,* et que l'intention de v. M. ayt esté plustost *d'engager ce prince par une esperance de rupture qui l'a tousjours eschatouillé sur toute autre consideration que d'en venir a l'effect.* J'ay rejetté bien loing tel artifice, sur ce que le *secretaire du comte Martinengue m'a dict en estre advisé par quelques uns de ces principaux seigneurs amys particuliers de son maistre, pour l'advertir de ne s'y engager trop avant. Quant au comte il y est porté* avec outrance." Nach den genauesten Nachforschungen die dem Gesandten möglich waren, arbeitet man im Mailändischen an der Sammlung einer Armee von acht Regimentern zu je 3000 Mann. Auf das Zusammenkommen von drei Regimentern kann wenig gerechnet werden, „si la prattique *du duc de Savoye s'entretient.* Ils comptent *deux regiments de Napolitains.* L'on doubte s'ils oseront beaucoup desgarnir ce païs la. Pour les Allemans de Madrucci je ne voy pas plus davance que j'ay cy devant escrit a v. M." — A Venize ce 13. Apvril.

Paris. Bibl. nat. Ms. fr. 16083 n. 21 Orig.

[1] Vgl. Villeroy an Champigny. April 21. (Siri II S. 180.)

327. Breves an Heinrich IV. (z. Th.) April 13.

Ankunft Condés in Mailand. Der Gesandte erinnerte darauf den Papst an seine in des Königs Namen vorgebrachte Bitte: er möge den Prinzen in seine Lande nicht aufnehmen, wenn er sich nicht ganz in seine Macht geben wolle, damit er ihn mit dem König versöhne. Der Papst entgegnete, er glaube nicht, dass der Prinz kommen werde. Wolle derselbe sich aber seiner Vermittlung bedienen, so müsse er sich entschliessen, den König zufrieden zu stellen. — De Rome ce 13. Apvril 1610.

Paris. Bibl. nat. Ms. fr. 16005 f. 143. Orig.

328. Breves an Heinrich IV. (z. Th.) April 14.

Gewiss hat der Papst den Spaniern und Condé ihre Fehler und deren schlimme Folgen für den Frieden im Falle ihrer Hartnäckigkeit vorgestellt, und zwar nur aus Sorge für den Frieden, nicht für den Prinzen. So heiss er jenen aber verlangt, so hat er nicht *„les ressorts assez forts pour guider, estant de nature lente et endormie."* Uebrigens werden des Königs Feinde den Prinzen in seinem Ungehorsam fest halten, um mit der Zeit in Frankreich die Empörung anzufachen. Darum wird der König gut thun, sich seiner Macht und Mittel zu bedienen, um sich für solche Absichten zu rächen. — Die Jülicher Sachen werden sich nur durch die Waffen des Königs entscheiden lassen. Denn jeder Vorschlag zur Güte wird vom Papst und von Oestreich zum Nachtheil der wahren Erben aufgenommen werden. Will der König den ihm wolgesinnten Cardinal von Mantua für seinen Dienst gewinnen, so muss er durch eine Bewilligung seiner Noth zur Hülfe kommen. — De Rome ce 14. Apvril 1610.

Paris. Bibl. nat. Ms. fr. 16005 f. 150. Orig.

329. Breves an Puisieux. (z. Th.) April 15.

Quant au langage que vous me mandez que le nonce a tenu a s. M., la pryant d'avoir compassion de la religion catholique en Allemagne, croyant comme les autres que les princes protestans ne se sont liguez que pour mal faire, l'on ne peust oster ceste opinion de la pluspart des ecclesiastiques de ceste cour, lesquels voudroyent obliger tous les princes catholiques d'abandonner leurs interests propres pour servir a celuy de la religion, non pour le grand zelle qu'ils y portent, mais par ce qu'icelle religion fait bouillir leur marmite, apprehendants que la puissance des protestants ne la renverse. . . . Encore qu'iceux Espagnols soyent cause du feu et de la flamme que ceste succession de Cleves va semer par toute la Chrestienté, si n'en recevront ils pas la blasme. Ce sera nous qui aurons faict le mal, et ceux auront servy a la religion. — De Rome ce 15. Avril 1610.

Paris. Bibl. nat. Ms. fr. 18005 f. 156. Orig.

April 18. 330. Vauçelas an Heinrich IV.

Friedensbemühungen eines spanischen Grossen. — Spanische Rüstungen. — Zerrüttung der spanischen Verhältnisse. — Savoyen. — Spanische Finanzen.

Par les miennes du 24. du passé j'avois donné advis a v. M. de quelques propos tenuz chez le connestable de Castille. J'ay sceu depuis que c'estoit le comte de Saulre lequel, tres desireux que les choses ne s'alterent, proposoit aud. connestable, qui ne les reprouva, comme j'ay sceu de celuy qui entendoit partie du discours. Led. comte s'en allant a Vailladolit me vint voir et me dist assez franchement ces propos que ja je sçavois, que, si tost qu'il seroit a Vailladolit, il les proposeroit au duc de Lerme, et que soudain il me donneroit advis en quelle disposition il l'auroit trouvé, que par lettres ou par son frere le marquis de Falces j'aurois advis a point nommé. Jusques icy je n'ay veu ny son frere ny lettres, de quoy je m'estonne, aultant que je le voyois souvent auparavant. J'ay tousjours trouvé ce comte fort desireux que tout fust en paix. Il reviendra bientost, et s'il les a trouvez disposez a contenter v. M., il ne manquera de m'en donner advis.

Die Arbeiten zur Ausrüstung der Galeren gehen voran, und man giebt aus „que c'est pour executer ceste entreprise de l'Arrache." Wären die Galeren recht tauglich für den Ocean, so würde Vaucelas rathen, auf die Häfen der Bretagne Acht zu haben. Er ist einem Bretonen auf die Spur gekommen, der unter falschem Namen in Spanien war. Der Gesandte erwartet die baldige Einschiffung der 40 Compagnien. Dreissig davon sollen, wie man ihm sagt, in die drei Regimenter von Sicilien, Neapel und Mailand eingestellt werden, um die Lücken auszufüllen, die während des Aufenthalts derselben in Spanien in sie gekommen sind. „Le comte de Fuentes crie a l'argent. Ils ont faict un parti d'un milion et presentement ils luy en ont ordonné cinq cens mille ducats. On luy permet aussy d'engager quelques revenuz de Milan. Je sçay de bon lieu que led. comte a escrit a l'empereur pour avoir un regiment de lansquenets. On tient qu'a Naples ils y feront levée de trois mil hommes, aulcuns disent jusques a cinq." Man glaubt, dass von Genua eine

Anleihe von mehr als 2 Millionen[1] nur mit grossen Schwierigkeiten zu erlangen sei, dass man aber im Nothfall 100—200,000 Ecus Renten aus Indien verpfänden werde. April 18.

Je ne croy pas qu'aux Indes, ou le traffic n'est grand, ils puissent trouver telle somme qui reviendroit a environ trois millions. De Milan, Naples et Sicile ils n'en peuvent plus rien tirer, et d'icy fault qu'ils fournissent tout ce qu'ils despendront d'extraordinaire, puis qu'a l'ordinaire de ces pays la mesmes ils sont contraints d'y suvenir. J'envoye a v. M. l'estat entier de leurs finances, tant mise que recepte, que durant l'absence du president de hazienda par un amy j'ay faict copier, ayant esblouy un de ses clercs avec un peu de satin, et toutesfois ne sçait pour qui c'est. Je desirerois que cela fust plus utile et voudrois pouvoir representer a v. M. l'Espagne au naif. Elle me semble debile depuis la teste jusques au pieds. Ils se croyent (comme l'on dit) pris sans vert, et si v. M. les attacque promptement, ils tiennent Milan perdu, voire plus, et ce non du commun seulement, mais creu de gens de qualité qui savent leur defauts. Donc ce qu'ils apprehendent le plus, c'est la promptitude, de laquelle v. M. usant, ils confessent qu'ils seront en grand desordre. Ils ne sont ignorans que ceux de Milan desirent mutation selon leur ancienne coustume, sur laquelle s. M. ne se fondera gueres, si non pour fascher ses ennemys, si par cest endroict elle le trouve a propos, a quoy le passage facille de Savoye et aultres commoditez de cest estat seroyent tres utiles.

Par les lettres dernieres du comte de Fuentes a son maistre il luy mande, comme si le mariage n'estoit du tout conclud. Tant plus ils en desirent la rupture, plus serré le fault il nouer. Ils perdent contenance, lors qu'ils en oyent seulement parler. Je ne puis croire qu'en ceste extremité, soit par le pape ou aultre voye, ils n'essayent de ralentir les progrés de v. M. Mais quelque fois l'orgueil offusque la raison. Quelque façon que v. M. procede en ceste affaire, tousjours ceste alliance leur causera soucy, travail et despence, veu leur defiance extreme qui ne leur permet repos. C'est ce que je puis representer a. v. M. pour ce coup. . . . . .

J'oubliois de dire a v. M. que par les dernieres au comte de Fuentes le roy d'Espagne luy commande de ne rien entreprendre, ains seulement se mettre sur la deffensive. Mais je crois que, s'il se presentoit occasion, il ne la perdroit. Ils disent aussy que le

[1] Die Münze nicht genannt.

330. grand duc, estant obligé de servir le roy d'Espagne de quatre cens chevaux et de quatre mil hommes de pied pour la deffence des estats qu'il a en Italie, que led. duc en cas de necessité leur prestera un million,[1] et que l'interest leur demeurera au lieu desd. forces qu'il fourniroit. Voila comme ils ramassent tout. Je ne voy plus qu'il leur reste gueres a engager que quelque reste de leur flotte, lequel est destiné de longue main pour mille debtes particulieres, desquelles encores a tous coups se retranchent ce qui vollontiers sert pour les menuz plaisirs de ce roy, lesquels reduits presque seulement au jeu, le duc de Lerme et quelques autres font estat assuré de cela comme de quelque pension, ne permettront jamais que cela soit diverti et diront pour leurs raisons que de retrancher les plaisirs d'un tel roy, ce seroit desroger a la honra y a la gravedad. C'est, dis je, comme ils le mennent. La royne d'Espagne quelque fois esclatte et encores depuis peu. Mais pour cela il fault qu'elle ne laisse d'aller faire ses couches a Lerme.

Ein spanischer Courrier ist in Frankreich angehalten, und es sind ihm, wie man sagt, einige Briefe abgenommen. Obgleich der Gesandte das nicht glaubt, so wagt er nun doch nicht, den oben erwähnten Etat der Einnahmen und Ausgaben zu übersenden, und will nur den Inhalt summarisch angeben:

tous les revenuz de ce roy tant des Indes que mesmes de Flandres, generallement de tous ses estats, montent a dix sept millions, cent cinquante mille ducats, desquels il y en a d'engagé unze millons soixante mille ducats au denier vingt, et de plus il y en a deux millons neuf cens trente mille ducats engagez jusques a l'an six cens douze et six cens treize, de sorte que pour le payement de tous leurs gens de guerre tant de mer que de terre, garnisons, fortifications, voyages, dons et despences de leur maison royable leur reste trois millions cent cinquante mil ducats, et selon l'estat que tout est ceste presente année. Or sans les dons il s'en fault bonne somme qu'il n'y ayt de quoy fournir. Ce qui surviendra de despence extraordinaire le fauldra chercher ailleurs. . . . — A Madrid ce 18. Apvril 1610.

Paris. Bibl. nat. Ms. fr. 16114 n. 23. Orig. Grössten Theils chiffrirt.

---

[1] Breves berichtet dem K. Heinrich, dass der Grossherzog dem K. Spanien 400,000 Ecus leihe: nur seine Mutter halte ihn, wie man glaube, ab, sich ganz auf die Seite Spaniens zu stellen. (April 13. Ms. fr. 18005 f. 148)

331. Breves an Heinrich IV. April 25.

Der Papst und sämmtliche Cardinäle haben nicht geglaubt, dass der König Lust zum Krieg habe, sei es um die Succession der Possidirenden zu behaupten, sei es um die auf Condés Ansprüche gebauten schlimmen Absichten der Spanier gegen des Königs Land und legitime Nachfolger zu bestrafen. In den beiden letzten Audienzen des Gesandten aber zeigte sich der Papst voll Furcht vor einer Störung des Friedens. Vorstellungen des Papstes gegen den Krieg (Bedrohung der Christenheit durch die Türken, Anwachsen der Ketzerei in Folge des Kriegs): seine sämmtlichen Nuntien haben Auftrag alles zu thun „pour ranger l'empereur, le roy d'Espagne et les archiducs a leur debvoir.“ Den Erfolg dieser Bemühungen möge der König abwarten. Der Gesandte begründet des Königs Friedensliebe (Niederländische und venetianische Vermittlungshandlung) und gegenwärtige Kriegsrüstung (er dürfe die wahren Erben in Jülich nicht verlassen, noch dulden, dass Condé unter dem Schutze und auf Antrieb der Spanier sich als den rechten Erben seiner Krone erkläre): wolle der Papst diese Wirren abstellen, so müsse er zunächst sorgen, dass Condé dem König zurückgestellt werde, und dass Leopold Jülich verlasse. Auch müssen dem König die Kosten seiner Rüstung (12—1500,000 Ecus) von denen, die daran Schuld seien, ersetzt werden. Könne der Papst die Spanier zur Vernunft bringen, so müsse das sofort geschehen, denn Heinrich werde den Krieg nicht aufschieben und so den Spaniern Zeit zur Rüstung geben. Am 24. Berathung der Cardinäle Lanfranco, Borghese, Melino, Barbarino über diese Sachen. Der auf ihr Gutachten gefasste Entschluss noch nicht bekannt. Man wird wol Melino nach Spanien und Barbarino an den König senden. Der spanische Gesandte hat sich gegen den von Venedig beklagt, dass der Papst mit der Sendung der Legaten zu lange zögere, und, als dieser die Zögerung der Scheu vor den Kosten zuschrieb, gesagt, Spanien werde, wenn es sich nur darum handle, die Kosten schon übernehmen. Diese Rede des Spaniers hat Breves dem Papst hinterbracht, der sehr unwillig darüber war und selbst erzählte, er habe gegen die Person dieses Gesandten vor seiner Ernennung Vorstellungen gemacht. Der Gesandte erzählte weiter, Castro besuche Nachts die spanisch gesinnten Cardinäle, um die Mittel zur Begünstigung der schlechten Absichten Condés zu erfahren: einige von ihnen aber haben dieselben weit von sich gewiesen. — In Bezug auf die angefochtene Legitimität der Kinder des Königs sind überhaupt der Papst und sämmtliche Cardinäle entschieden gegen die Spanier; so zeigte sich besonders Aldobrandino. Diesem sagte Breves, man erzähle von einem Schreiben von ihm an den Herzog von Savoyen, in dem er diesem rathe, den Heirathsvertrag mit Frankreich um 2—3 Monate aufzuschieben, da er ihm inzwischen vom König von Spanien weit vortheilhaftere Anerbietungen, die ihn jener Allianz überhöben, zu erwirken hoffe. Etwas verwirrt erwiderte der Cardinal: er habe dem Herzog von Savoyen seit seiner Anwesenheit in Turin vielmehr gerathen, den Vertrag mit Frankreich einzugehen, aber nur wenn man ihm Bresse oder einen Theil davon abtrete. Uebrigens habe sein Haus von jeher sich mehr nach Frankreich als nach Spanien geneigt. Allein der gegenwärtige Papst habe ihn verfolgt, sein und der Seinigen Besitzthum liege ausschliesslich in Italien, und Frankreich habe, um dorthin zu kommen, keinen freien Weg. Darum habe er sich von der Abneigung Spaniens gegen ihn befreien müssen, ohne darum dem Dienste Frankreichs zu entsagen. Der Verlust des freien Durchgangs nach Italien, die Abwendung der französischen Politik von Italien nach Flandern habe überhaupt die meisten italienischen Fürsten genöthigt, sich freundlich mit Spanien zu stellen. Verbinde sich der König nun durch den Heirathsvertrag mit Savoyen, so werde er sich den Weg nach Italien wider öffnen und die alten Verbindungen seiner Vorgänger in diesem Lande erneuren. Da aber die Tochter des Königs noch so jung sei, so dürfte der Herzog, wenn man ihn nicht durch Abtretung eines Theils von Bresse binde, den Vertrag vielleicht nicht halten. — Der Cardinal von Mantua (Gonzaga) hat nach eingeholter Erlaubniss seines Vaters erklärt, er wolle das im Falle der Erledigung vom König ihm angebotene Bisthum Cominges annehmen „et par consequent se declarer serviteur et partisan de v. M." Doch bitte er auch um seine Ernennung zum Mitprotector der französischen Angelegenheiten neben Joyeuse. Der Gesandte räth, dem Cardinal alles zu bewilligen und dazu noch eine ordentliche Pension. Der Cardinal von Montalto wäre bei seiner engen Verbindung mit dem Cardinal von Mantua und seinem aus der Heirath des Connetable Colonna mit einer mantuanischen Prinzessin entstandenen Zerwürfnisse mit dem spanischen Gesandten wol zu gewinnen. — Gespräch mit dem venetianischen Gesandten über die Befreiung Italiens von den Spaniern. — Der Cardinal Gimnasio sagte dem Breves: er wisse vom spanischen Gesandten, dass der König von Spanien sich schliesslich, um aus den gegenwärtigen Verwicklungen herauszukommen, zur Auslieferung des Prinzen Condé entschliessen und einem gütlichen Ausgleich der Jülicher Sachen zustimmen werde. Man müsse aber neben diesen Sachen auch die Verhandlung über die Heirathen zwischen den spanischen und französischen Prinzen und Prinzessinnen wider aufnehmen. Breves antwortete: die beiden ersten Puncte müssen erledigt sein, ehe man zum dritten komme. Der spanische Gesandte hat an seinen König und an Lerma geschrieben, er möge ihn bevollmächtigen, über diese Dinge mit Breves direct oder vermittelst des genannten Cardinals zu verhandlen. Darum bittet Breves den König, ihm hierüber seinen Willen zu erkennen zu geben. Hat der spanische Gesandte die gewünschte Vollmacht, so sollte man jedenfalls nichts thun, ohne die Vermittlung des Papstes hineinzuziehen. — De Rome ce 25. Apvril 1610.

Paris. Bibl. nat. Ms. fr. 18005 f. 160. Orig.

April 25. **332.** Breves an Puisieux. (z. Th.)

Hat dem Papst und allen, die es hören wollten, des Königs „resolution genereuse" erklärt. Hätte er weniger eifrig gesprochen, so würde der Papst den Glauben an den Krieg wider aufgegeben haben. Der spanische Gesandte in Rom fürchtet sehr eine weitere Verwicklung; folgt man ihm in Spanien, so würde man den Prinzen Condé dem König zurückschicken und Leopold aus Jülich entfernen. „Il est homme de paix. Pour moy, encores que je cognoisse qu'elle nous soit necessaire et que nous la devons desirer, je n'en faicts pas le semblant pour ne desadvantager le service du roy mon maistre." — De Rome ce 25. Avril 1610.

Paris. Bibl. nat. Ms. fr. 18005 f. 158. Orig.

333. Verträge von Brusol, abgeschlossen zwischen dem Herzog von Savoyen und den französischen Bevollmächtigten Lesdiguieres und Bullion.[1] April 25.

I. Erneuerung der alten Verträge zwischen Frankreich und Savoyen und Bestimmung eines neuen Defensiv- und Offensivbündnisses zwischen beiden Mächten, welches durch Gewinnung Anderer zu erweitern ist und eine Armee zum Angriffe gegen die spanische Macht aufstellen wird, speciel zum Angriff gegen das Herzogthum Mailand kraft besonderer Vereinbarung zwischen Frankreich und Savoyen. — II. Bestimmungen der Leistungen Frankreichs und Savoyens zu dem, gleichzeitig mit dem Angriff der von Heinrich IV. geführten Armee gegen Spanien, zu unternehmenden Eroberungskrieg gegen Mailand. Feldzugplan und Führung der Armee. Ansprüche Frankreichs auf Abtretung Savoyens und Anerbietungen des Herzogs. Garantien. Ueber Vollziehung des Heirathsvertrags.[2] — Faict a Brusol le 25. Avril 1610.

Gedruckt Siri II S. 286. Dumont V 2 S. 137. Paris. Bibl. nat. Ms. fr. 24175. Cop.

[1] Ueber die letzten Verhandlungen mit Savoyen vgl. Foscarini an Venedig. April 20. (Barozzi. Francia I S. 330.) Lesdiguieres an Heinrich IV. April 21. (Siri II S. 235. Daselbst über Mantua.) Villeroy an Boderie. April 28. (La Boderie V S. 210. Gegen Ende.) Puisieux an denselben. April 28. (A. a. O. S. 216.)

[2] Ueber den Vertrag und die Verhandlungen mit Heinrich IV., die sich an den Vertrag von Brusol anschliessen sollten, vgl. die Einleitung der Instruction für Bullion an Savoyen vom 30. Juni. (Siri II S 294. P. Bibl. nat. Ms. fr. 23027 und 24175.) Foscarinis Berichte vom 18. Mai und 2. Juni. (Barozzi. Francia I S 333, 337.) Aeusserung Villeroys in dem Schreiben an Boderie vom 24. Sept. (La Boderie V S. 419.) Ueber Savoyens Verhältniss zu Spanien vgl. Ubaldini an Borghese. Mai 12. (Perrens S. 231 Anm. 2 Philippson III S 461.) Aerssen berichtet am 11. Mai: m^rs de Crequi et de Bullion arriverent avanthier avec la finale resolution du duc de Savoye, et sy ample, que la guerre depend de la disposition seule de s. M. moyennant la contribution de quelques deniers . . S. M. en fait peu de bruict et semble en tirer la declaration en longueur, attendant soit l'arrivée du nonce, que m^r de Suilly dit venir pour calmer nos esmotions, recerché par ceux qui craignent en la guerre l'establissement et aggrandissement de ceux de la religion, soit quelque declaration favorable de vostre part

pour l'accompagner en une rupture generale. Ce neantmoins l'ordre des levées est envoyé a mr. de Lesdiguieres, qui les haste tout ce qu'il peut." (Haag. Reichsarchiv.)

April 26. 334. **Breves an Heinrich IV.**

Am 25. erfuhr der Gesandte den mit dem Rath des ganzen Cardinalscollegium gefassten Beschluss des Papstes, zwei Nuntien an Frankreich und Spanien zu schicken, damit die Könige noch von Gewaltsamkeiten abstehen und ihm Zeit zu gütlicher Vermittlung geben. Zu dem am gegenwärtigen Tage gehaltenen Consistorium instruirte Breves den Cardinal von Rochefoucaut, damit er die Sendung des Nuntius an Frankreich widerrathe: an Spanien als den Angreifer solle man einen Nuntius schicken, damit es seine Fehler wider gut mache. König Heinrich werde, da er die Waffen schon in der Hand habe, seinen Feinden keine freie Zeit zu Rüstungen geben. Dieselben Vorstellungen machte Breves nach dem Consistorium dem Papste in nachdrücklichster Weise: wenigstens solle er den nach Spanien bestimmten Nuntius vierzehn Tage vor dem andern abschicken, damit dieser bei seiner Ankunft die Entschliessung der Spanier vorfinde. Sonst werde der König in seinem kriegerischen Vornehmen keine Stunde verlieren wollen. Der Papst bemerkte: ohne feste Zusagen der Spanier zu haben, sei er gleichwol versichert, dass er friedliche Concessionen von ihnen erlangen werde, vor allem verspreche er sich die Auslieferung Condé's. Breves sagte: ausserdem müsse Leopold Jülich räumen, der Jülicher Streit einem Schiedsgericht übertragen werden, und vom Ersatz der Rüstungskosten des Königs gehandelt werden. Der Papst erwiderte mit Betheurungen seiner Affection für den König, und dass er die Nuntien schicken werde, wenn es ihm nach Erkenntniss der Absicht beider Könige nöthig erscheine. — Wenn die Spanier fortfahren, Condé in seinen Ansprüchen gegen die Legitimität der Ehe Heinrichs zu unterstützen, so dürfte der Papst sich nachdrücklich für Heinrich gegen sie erklären. Der König darf keine Zeit verlieren. Er wird von den Spaniern seinen Willen leichter erhalten, nachdem sie den Nachdruck seiner Waffen gefühlt, als gegenwärtig. Ist der Vertrag mit Savoyen abgeschlossen, so werden die meisten italienischen Fürsten auf des Königs Seite treten. Die Flotte, welche die Türken ausrüsten, wird den Absichten des Königs nicht schaden. Die Spanier haben vor derselben einige Besorgniss. — De Rome ce 26. Apvril 1610.

Paris. Bibl. nat. Ms. fr. 18005 f. 172. Orig.

April 27. 335. **Cardenas an Philipp III.**

El duque de Mantua[1] a embiado á este rey grandes quexas de que se an hecho grandes agravios sobre Sabioneta, y que quiere pender en todo deste rey y estar en sus manos y intervenir en los tratados del duque de Saboya, y dicenme que se alarga mucho en esto, pidiendo que, si se capitulare algo, intervenga el acudille a sus pretensiones, que el por su parte quiere hazer todo lo que pudiere por este rey y todas sus cosas.

Paris. Archives nat. Mon. hist. K 1462 n. 109. Dechiffr. Cop.

1 Vgl. n. 338 Anm. 1.

336. Verzeichniss der für den Krieg in Italien ausgerüsteten Streitkräfte (vgl. n. 136 Anm. 3.) Mai 8.

Die französische nach Italien bestimmte Armee zählt 9 Regimenter Infanterie, eins zu 2000, die andern zu 1000 Mann. Summe: 10,000 Mann. Dazu kommen 7 Compagnien Reiter zu 100 Mann, 8 Compagnien „chevaux legers" zu 100 Mann und 400 Carabiniers. Summe: 1900 Mann. Die savoische Armee zählt 6000 Schweizer, ein Regiment von 2000 Savoyarden und eins von 2000 Piemontesen, ferner sechs Ordonnanzcompagnien zu je 100 Reitern, 2 „compaignies de cormes" zu je 50 Reitern und 400 savoyardische „chevaux legers." Die Armee des Fuentes zählt fünf Regimenter (von Leon, Sardinien, Neapel, Sicilien und die „vieilles bandes de Milan") zu je 2000 Mann, dazu 6000 Mann des Grossherzogs von Florenz, 4000 Landsknechte aus Tirol, 10,000 Italiener und 4000 „chevaux legers."

Stuttgart. Pfalz B 35 fasc. 7. Cop.

337. Breves an Heinrich IV. Mai 12.

Erzählt, wie er dem Papst einiges aus der Relation des Abbé Daumalle mitgetheilt, besonders dass Condé gern aus den Händen der Spanier wäre, dass die Angaben bezüglich der Nichtigkeit von Heinrichs Heirath von den Spaniern aufgebracht seien, um Condé mit Heinrich unversöhnlich zu verfeinden und das Ansehen der Kirche und der Päpste zu erniedrigen, dass die Spanier die von ihnen besorgte Absicht Condé's, sich dem Papste in die Hände zu geben, zu hintertreiben suchen, indem sie ausgeben, der Papst sei muttherzig, er habe ihnen seine Gunst entzogen, seitdem ihr König die Protection Aldobrandinos übernommen habe. Der Gesandte schloss: der Papst habe eine gute Gelegenheit, die Spanier Lügen zu strafen und seinen Muth zu bezeugen, indem er sich mit Heinrich verbinde, um sie aus Italien zu jagen. Der Papst zeigte sich sehr unwillig über den Vorwurf der Muttherzigkeit. Breves machte darauf die gleichen Mittheilungen mit der gleichen Schlussbemerkung den Cardinälen Borghese und Angelo Toti. „Il semble que les choses s'y (zur Verjagung der Spanier) disposent assez bien, et que v. M. commençant sera assistée et secondée de ceux desquels moins elle espere. Toutesfois, comme je luy ay ja escrit, elle ne doit pas tant regarder a la bonne fortune que ses armes luy promectent hors de son royaume, qu'elle ne prenne garde au dedans." Ist der König der Treue seiner Unterthanen sicher, so werden seine Armeen alle Wege offen finden. — Daumalle sollte

337. auf Wunsch des Grafen Fuentes einen Brief Condé's an den Papst mitnehmen, in welchem des Prinzen Abreise als Gebot seiner Ehre, d. h. um seine Frau nicht zu prostituiren, dargestellt ward. Der Abbé weigerte sich, und Condé gestand, dass er darin den Befehlen der Spanier gehorche. Condé sagte ferner dem Daumalle mündlich: wäre er nicht entflohen, so würde seine Frau den seit zwei Jahren angestellten Verführungskünsten des Königs erlegen sein. — Der Papst soll, nachdem er die Antwort Condé's an Daumalle gehört, den König von Spanien sofort ersucht haben, den Prinzen ihm (dem Papste) zusenden zu lassen. Doch hat er den Breves am 7. bloss um seinen Rath, was er zur Beseitigung des Kriegs thun solle, gefragt. Breves erwiderte: der König denke, nach seinem Schreiben vom 13. April zu urtheilen, nur an die Bestrafung seiner Feinde. Gleichwol würde der Papst wol den Frieden erhalten können, wenn er die Spanier zur Rücksendung Condés zum König und den Kaiser zur Rückberufung Leopolds aus Jülich bewege. Der Papst: das letztere werde das schwerste sein. Leopold denke daran, nach Einnahme der Jülicher Lande sich zum römischen König wählen zu lassen. Die Spanier wünschen auf's dringendste, dass Leopold aus Jülich sich entferne, und dass der Jülicher Streit friedlich und zur Zufriedenheit der Prätendenten ausgeglichen werde; darauf dringe ihr Gesandter in Prag. Die kaiserlichen Räthe aber seien der Welthändel wenig kundig. Der bevorstehende Fürstentag in Prag werde hoffentlich in der Jülicher Sache einen friedlichen Ausweg finden, zumal der Erzbischof von Köln, der fähigste unter den Churfürsten, dies wünsche. Schon habe der Nuntius in Paris dem König einige von ihm gebilligte Vorschläge gemacht und sie den Erzherzogen nach Brüssel gesandt. Diese, ebenfalls einverstanden, haben darüber gleich nach Prag und Madrid geschrieben. Bezüglich Condés hoffe er (der Papst) den König Heinrich zufrieden zu stellen. — Der nach Spanien bestimmte und am gegenwärtigen Tage abreisende Nuntius hat vorher auf Befehl des Papstes sich mit Breves unterredet. Er ist seiner Aufgabe wol gewachsen und hat versichert, dass er, obgleich Mailänder, also spanischer Unterthan von Geburt, nur den Absichten des Papstes dienen werde. Ueberhaupt will der Papst alles thun, um den Krieg zu beseitigen: „ce que ne pouvant, elle (s. S.) sera pour *prendre party plustost a l'advantage de v. M. que des Espagnols.*" Gebot des Papstes an seine Unterthanen, sich für ein Kriegsaufgebot bereit zu halten und keine fremden Dienste anzunehmen. — Gespräch mit dem Papst über die vermuthliche Politik Venedigs: wenn der König in's Mailändische eindringe, so werden sie sich mit ihm verbinden, um Theil an der Beute zu haben; und das solle der Papst auch thun, besonders in Anbetracht der steten Verletzung kirchlicher Gerechtsame durch die Spanier. Beispiel jüngster Zeit aus Neapel, wo der Vicekönig eine Kirche erbrechen lässt, um Edelleute gefangen zu nehmen. — De Rome ce XII. May 1610.

Paris. Bibl. nat. Ms. fr. 16005 f. 185. Orig.

338. Breves an Puisieux. (z. Th.) Mai 12.

Der Papst glaubt fest, dass die Spanier an eine Usurpation der Jülicher Lande nicht gedacht haben, weil sie daraus einen für sie nachtheiligen Krieg entspringen sehen. Er sagt: sie suchen nach Kräften den Kaiser und Erzherzog Leopold zu einer friedlichen Beilegung des Jülicher Streits zu bewegen „selon les propositions du roy, assçavoir de faire sortir de Juliers l'archiduc Leopold et remettre ce differend a la chambre imperiale pour estre jugé juridicquement." In der That werden die Spanier gewiss noch aus Furcht vor einem französischen Kriege den Prinzen von Condé dem Papst schicken, Leopold aus Jülich entfernen und die gerichtliche Entscheidung des Jülicher Streites zugeben. „Mais le roy se doit garder de desarmer qu'il n'aye tout ce qu'il demande." Auf die Kunde von Savoyens und Lesdiguieres' Unterredung beginnt man zu glauben, dass der König die Befreiung der Italiener unternehmen will; sie erwarten seine Truppen nur, um die ihrigen damit zu verbinden. — Breves sucht sein Hauptverdienst darin, dass er alles („toutes les inventions possibles") benutzt hat, um dem Papst zu zeigen, dass die Macht der Spanier dem Besten der Kirche und seiner eignen Person schädlich ist. „J'y ay meslé aussy son interest particulier." — Beiliegend ein Memorial betreffend das Anerbieten eines vornehmen wegen Mordes „in contumaciam" verurtheilten Sicilianers, dem König, wenn er den Krieg gegen die Spanier eröffnet, durch Erregung eines Aufruhrs und Einnahme der Citadelle von Palermo zu helfen. Derselbe ist bereit, dem König seine Mittel zur Ausführung des Planes persönlich zu eröffnen. — De Rome ce 12. May 1610.

Paris, Bibl. nat. Ms. fr. 16005 f. 195. Orig.

339. Vaucelas an Villeroy. (z. Th.) Juni 3.

Tod des Königs Heinrich. „La grandeur du coup m'a causé tel estourdissement, qu'a peine puis je rallier le peu que j'ay de sens . . . Le connestable de Chastille selon l'ordre qu'il eut des roys et reyne d'Espagne m'est venu visiter il y a trois jours avec offre de leur part de leurs conseils, armes et toutes assistances a nostre roy, me priant de leur faire sçavoir lesd. offres et les en assurer. Tous les grands (avec pareil ordre, comme je crois) me sont venus visiter et offrir tout secours et assistance en ceste affliction. Les dames ont usé le semblable envers vostre niepce. On dit icy que lesd. roys d'Espagne ont eu sentiment de ce miserable coup, beaucoup de ces messieurs veulent que l'on croye d'eulx le semblable. Mais la lenteur dont ils ont procedé a mettre la main aux armes, leurs remises et dilayements tant a nommer les capitaines de ces compagnies nouvelles que a faire passer leurs gens de guerre en Italie et en Flandre, de quoy je vous ay tenus advertiz, me faisoyent croire ou *qu'ils avoyent quelques remedes* incognuz *aux hommes*, *ou que par ces nunces* nouveaulx ils esperoyent ralentir les progrez de s. M.

34*

Dez le jour mesme que cette malheureuse nouvelle arriva icy le Limaçon (?) me vint trouver, et passant legerement cest acte survenu me dit soudain qu'il falloit establir une bonne paix entre ces deux couronnes. Le cardinal de Tolede me tint aussy presque pareil langage. Je leur respondis ce que je creus a propos *et ne voulus rien aigrir. Nos petits princes et princesses sont encores trop sanglants de ce digne sang de leur pere nostre bon roy et Majesté pour* les mener si tost *au moustier et au bal.* Il n'est pas *jusques aa Jesuistes* qui ne m'ayent tenu semblables discours, comme si maintenant tous obstacles estoyent hors. *La peur a la verité est grandement* diminuée a l'opinion."[1] — A Madrid ce III. Juing 1610.

Paris. Bibl. nat. Ms. fr. 16114 n. 30. Orig.

[1] Am 21. Juli berichtet Vaucelas: er macht seine Besuche bei den Granden, „ou nous nous gouvernons le mieulx du monde et avec toute la bonne intelligence que l'on peut avoir. Mais pour leur bien tesmoigner comme nous sommes desireulx de leur amitié il fauldroit *leur parler de mariage.* C'est ce qu'ils desiroyent, et surtout que cela *procedast de nous.*" Der H. Feria dürfte gegen Mitte September nach Paris kommen, „et tient on icy que *par dela il se joindra fort avec le nonce, l'ambassadeur d'Espagne et celuy de Toscane* sur le subject dont je vous ay touché cy dessus (sc. le mariage)." A. a. O. n. 41.

Juni. **340.** Vaucelas an Puisieux.[1] (z. Th.)

Fuentes hat in Briefen vom 18. und 19. Mai widerum seinen grossen Mangel an Geld und spanischen Soldaten vorgestellt: es möge dem schleunig abgeholfen werden; denn alle Nachrichten stimmen darin überein, *„que le roy de France et le duc de Savoye* se hastent pour prevenir *par la guerre et qu'ils* mettront *en campagne deux armées, chacune de vingt et quatre mil hommes de pied et trois mil chevaux, qu'il* y a quelques jours qu'il eut advis que *douze galleres s'armoyent a Marseille* et aussy quelques autres *vaisseaux* en intention d'empescher *ce passage aux Espagnols et faire* courre *fortune a l'argent qu'on luy envoyoit.* Que depuis que *les Venitiens* avoyent *refusé passage aux Allemans du colonel du Madruze*, il avoit eu volonté de *les faire passer a la file* et avoit envoyé pour cest effect vers led. *colonel; que les rebelles de Veronne luy* avoyent dict qu'il n'en fist rien, *d'aultant qu'ils avoyent ordre de l'empescher. Que* joignant a cecy les pratiques de *ligue que le duc de Savoye traicte avec les Venitiens, ainsi* qu'avise *don Alonso de la Cueva*, *se* peult juger combien il est necessaire de *pourvoir a la conservation de cest estat.*" Darauf Gutachten des Staatsraths am 19. Juni: der König möge dem Fuentes Geld und Truppen schicken, obgleich zu hoffen ist, dass der Wechsel der Regirung in Frankreich die Bewegungen stillen wird. Tritt hinsichtlich der Armirung der Schiffe in Marseille in Folge desselben Regirungswechsels keine

Aenderung ein, so muss man an Gegenanstalten denken. Die Truppen des Madruzzi können durch Tirol oder Graubünden marschiren. — O. D. (Der Juni ist im Eingang des Briefes als der gegenwärtige Monat bezeichnet.)

Paris. Bibl. nat. Ms. fr. 16114 n. 35. Orig.

[1] oder Villeroy. (Denn die Adresse ist ausgefallen, und an beide Minister sind des Vaucelas Briefe gerichtet.)

341. Vaucelas an die Königin Maria. (z. Th.) Juli 3.

Seit dem Bericht vom 20. Juni (n. 340?) „ils se sont advisez pardeça de continuer ceste levée de leur bataillon, et combien que des le XXIIII. dud. mois ils ayent chaque jour battu le tambour, ils n'ont encores enrollé que fort peu de soldats, d'aultant qu'il ne s'en presente. Aussy ont ils ordonné que les lances deues par certains seigneurs particuliers seroient assemblées, mais ce avec beaucoup de lenteur, qui me faict croire que c'est plustost pour la reputation ou bonne mine que pour s'en servir.“ Verunglücktes Unternehmen des Marquis St. Germain mit 14 Galeren und einigen andern Schiffen und etwa 2000 Mann auf El Araisch. Es wird gut sein, Marseille in Acht zu haben, obgleich man glaubt, dass die 14 Galeren nach Italien abgehen werden, „ainsi que l'on croit de aultres qui ja sont advancées aux Alfacques de Tortose en Arragon.“ — A Madrid ce III. Juillet 1610.

Paris. Bibl. nat. Ms. fr. 16114 n. 38. Orig.

342. Vaucelas an die Königin Maria. (z. Th.) Juli 21.

Seit dem 10. Juli „ils ont nommé 44 capitaines pour lever aultant de compagnies. L'on continue aussy la levée de ce bataillon, mais a peine trouvent ils gens qui si veuillent enroller. Et au lieu de 18 cents hommes qu'ils esperoyent en un moment assembler en ce lieu de Madrid comme au plus peuplé d'Espagne, c'est la verité que tant icy qu'en tout le territoire de six lieues a la ronde jusques a present il n'y a plus (de) soixante dix mille hommes enrollez. Ce pays est de longue main despeuplé d'hommes, ces terres deshabituées de Maurisques, ou l'ont tient que quantité d'Espagnols des plus miserables se sont mis a faire váloir, ayde (sic!) bien a ceste rareté avec le bruit commun que doresnavant *leurs gens de guerre ne seront bien payez.* Quant a ces compagnies des regiments de Sicile, Naples et Milan qui sont encores en ces ports, sur le bruit qu'ils faisoyent courre *d'assaillir la France, lors qu'elle seroit desarmée*, je me suis enquis le plus particulierement qu'il m'a esté possible quel nombre de gens il y pouvoit avoir, *et ay sceu d'un capitaine qui m'a confessé franchement* qu'elles estoyent tellement desbandées a faulte de payement et diminuées a cause du pourpre qui

342. s'est mis parmis eulx, que toutes ensemble elles ne font que six cens hommes, comme aussy les 60 compagnies qui furent levées l'hiver passé et reduittes a douze ne font au plus que IIIIe 50 hommes. Sur leurs vaisseaulx de hault bord il y a environ sept cens hommes. Voila, madame, le nombre auquel sont aujourd'huy reduittes les forces qu'ils ont en pied en ce pays."[1] — A Madrid ce 21. Juillet 1610.

Paris. Bibl. nat. Ms. fr. 16114 n. 45. Orig.

[1] Ueber die spanischen Rüstungen im ganzen vgl. Philippson III S. 457 fg.

I. Actenregister.

Nr.	Act	Jahr	Monat	Tag
1.	Würtemberg, Instruction zum Haller Unionstág	1609	December	29.
2.	Hessen-Cassel, Instruction zum Haller Unionstag	1610	Januar	3.
3.	Friedrich IV., Instruction zum Haller Unionstag	"	"	5.
4.	Churbrandenburg, Instruction zum Haller Unionstag	"	"	5.
5.	Russy an Heinrich IV.	"	"	14.
6.	Villeroy an Boissise	"	"	18.
7.	Bongars an Villeroy	"	"	21.
8.	Aerssen an Oldenbarnevelt	"	"	24.
9.	Philipp III. an Cardenas	"	"	27.
10.	Cardenas an Philipp III.	"	"	27.
11.	Cardenas an Philipp III.	"	"	27.
12.	Cardenas an Philipp III.	"	"	27.
13.	Cardenas an Philipp III.	"	"	27.
14.	Mgr. Ernst und Pfgr. Wolfgang Wilhelm an Hessen-Cassel	"	"	28.
15.	Villeroy an Boissise	"	"	29.
16.	Heinrich IV., Instruction für Coeuvre	"	Januar.	
17.	Lgr. Moriz an Mgr. Ernst und Pfgr. Wolfgang Wilhelm	"	Februar	5.
18.	Aerssen an Oldenbarnevelt	"	"	7.
19.	Protocoll des Haller Unionstags	"	Jan.12-Febr.14.	
20.	Schwäbisch-Haller Abschied	"	Februar	13.
21.	Erster Schwäbisch-Haller Nebenabschied	"	"	14.
22.	Zweiter Schwäbisch-Haller Nebenabschied	"	"	15.
23.	Boissise an Heinrich IV.	"	"	1—15.
24.	Jakob I., Instruction für Winwood	"	"	18.
25.	Aerssen an Oldenbarnevelt	"	"	20.
26.	Philipp III. an Cardenas	"	"	21.
27.	Cardenas an Philipp III.	"	"	21.
28.	Cardenas an Philipp III.	"	"	21.
29.	Cardenas an Philipp III.	"	"	21.

30. Heinrich IV. an Boissise . . . . 1610 Februar 23.
31. Villeroy an Boissise . . . . „ „ 24.
32. Christian F. Anhalt, Instruction für Löfenius an Nürnberg . . . . „ „ 25.
33. Winwood, Proposition an die Staaten . . . . „ „ 26.
34. Russy an Heinrich IV. . . . . „ „ 27.
35. Sachsen an die Unirten . . . . „ März 2.
36. Die würtembergisch-badischen Gesandten in Düsseldorf an ihre Herrn . . . . „ „ 3.
37. Christian F. Anhalt an Neuburg . . . . . . „ „ 3.
38. Neuburg, Instruction zum Heidelberger Tag . „ „ 5.
39. Aerssen an Oldenbarnevelt . . . . „ „ 9.
40. Wolf Dietrich Erzb. Salzburg an Anhalt . . „ „ 10.
41. Gabriel Lehmann an Pruckmann . . . . . . „ „ 11.
42. Boissise an Heinrich IV. . . . . „ „ 12.
43. Friedrich IV. an Heinrich IV. . . . . „ „ 12.
44. Heidelberger Abschied . . . . „ „ 13.
45. Heidelberger Nebenabschied . . . . „ „ 13.
46. Christian F. Anhalt an seine Gemahlin . . „ „ 13.
47. Friedrich IV. an Churbrandenburg, Neuburg, Zweibrücken, Culmbach die Fürsten von Anhalt (ausser Christian), Oettingen . . . . . „ „ 14.
48. Cardenas an Philipp III. . . . . „ „ 14.
49. Die Dreizehner der Stadt Strassburg an Baden „ „ 15.
50. Maximilian H. Baiern an Anspach . . . . „ „ 16.
51. Friedrich IV. an die Amberger Regierung . „ „ 16.
52. Friedrich IV. an Anspach und Würtemberg . „ „ 18.
53. Churpfalz und Würtemberg, Instruction für den H. Ludwig Friedrich, Colli und Buwinkhausen an England und die Staaten . . . . . . „ „ 18.
54. Cardenas an Philipp III. . . . . „ „ 18.
55. Cardenas an Philipp III. . . . . „ „ 18.
56. Die Dreizehner der Stadt Strassburg an Churpfalz „ „ 20.
57. Pfgr. Wolfgang Wilhelm an Anhalt . . . . . „ „ 21.
58. Boissise an Heinrich IV. . . . . „ „ 21.
59. Die drei evangelischen Stände von Oestreich ob der Enns an Churpfalz . . . . „ „ 22.
60. Joachim Ernst Mgr. Anspach an Churpfalz . „ „ 23.
61. Ein Ungenannter an die chursächsischen geheimen Räthe . . . . „ „ 26.
62. Cardenas an Philipp III. . . . . „ „ 27.
63. Cardenas an Philipp III. . . . . „ „ 27.
64. Cardenas an Philipp III. . . . . „ „ 27.
65. Friedrich IV. an Anspach . . . . „ „ 28.
66. Otto Gr. Solms an Churpfalz . . . . „ „ 30.
67. Russy an Heinrich IV. . . . . „ „ 31.

Nr.	Acte	Jahr	Monat	Tag
68.	Heinrich IV., Instruction für de la Clielle an Lothringen	1610	März.	
69.	Christian F. Anhalt, Gutachten für Churpfalz (?)	„	März.	
70.	Otto Gr. Solms an Churpfalz	„	April	2.
71.	Otto Gr. Solms an Churpfalz	„	„	2.
72.	Aerssen an Oldenbarnevelt	„	„	2.
73.	Otto Gr. Solms an Churpfalz	„	„	4.
74.	Heinrich IV., Erklärung auf das Anbringen Anhalts	„	„	4.
75.	Heinrich IV. an Boissise	„	„	5.
76.	Aerssen an Oldenbarnevelt	„	„	5.
77.	Cardenas an Philipp III.	„	„	5.
78.	Cardenas an den H. Lerma	„	„	5.
79.	Cardenas an Philipp III.	„	„	5.
80.	Cardenas an Philipp III.	„	„	5.
81.	Friedrich IV. an Churmainz	„	„	5.
82.	Camerarius, Werbung an Lgr. Moriz	„	„	6.
83.	Lgr. Moriz, Erklärung auf die Werbung des Camerarius	„	„	6.
84.	Otto Gr. Solms an Churpfalz	„	„	6.
85.	Neuburger Abschied	„	„	6.
86.	Neuburger Nebenabschied	„	„	6.
87.	Joachim Ernst Mgr. Anspach an Churpfalz	„	„	6.
88.	Cardenas an Philipp III.	„	„	7.
89.	Joachim Ernst Mgr. Anspach an Neuburg und Culmbach	„	„	9.
90.	Johann Friedrich H. Würtemberg an Churpfalz	„	„	10.
91.	Friedrich IV. an Anspach	„	„	11.
92.	Schweikhard Erzb. Mainz an Churpfalz	„	„	12.
93.	Friedrich IV. an den Kaiser	„	„	12.
94.	Friedrich IV. an den Kaiser	„	„	12.
95.	Die Aeltern und Geheimen von Ulm an Churpfalz	„	„	12.
96.	Johann Friedrich H. Würtemberg an Churpfalz	„	„	13.
97.	Ubaldini an Borghese	„	„	14.
98.	Friedrich IV. an Baiern	„	„	15.
99.	Friedrich IV. an Anspach	„	„	16.
100.	Friedrich IV. an Würtemberg	„	„	16.
101.	Philipp Ludwig H. Neuburg an Anspach	„	„	16.
102.	Boissise an Heinrich IV.	„	„	17.
103.	Buwinkhausen, Bericht an Würtemberg	„	„	17.
104.	Buwinkhausen an Würtemberg	„	„	17.
105.	Johann Friedrich H. Würtemberg an Churpfalz	„	„	18.
106.	Joachim Ernst Mgr. Anspach an Churpfalz	„	„	19.
107.	Friedrich IV. an Würtemberg	„	„	19.
108.	Friedrich IV., Instruction zum Speirer Tag	„	„	20.
109.	Speirer Abschied	„	„	22.

Nr.	Inhalt	Jahr	Monat	Tag
110.	Maximilian H. Baiern an Churpfalz, Neuburg, Anspach, Würtemberg, Baden, Oettingen .	1610	April	22.
111.	Relation über die Sendung des Mgr. Baden an Sachsen	„	„	23.
112.	Anspach und Baden an Churpfalz	„	„	25.
113.	Heinrich IV., Instruction für Bethune an die Staaten	„	„	26.
114.	Friedrich IV., Erklärung auf die Werbung des hessen-cassel'schen Gesandten	„	„	26.
115.	Friedrich IV. an Anspach	„	„	27.
116.	Friedrich IV. an Würtemberg	„	„	27.
117.	Cardenas an Philipp III.	„	„	27.
118.	Cardenas an Philipp III.	„	„	27.
119.	Cardenas an Philipp III.	„	„	27.
120.	Buwinkhausen an Würtemberg	„	„	28.
121.	Die Unionsgesandtschaft, Vortrag an Jacob I.	„	„	28.
122.	Friedrich IV. an Anspach	„	„	28.
123.	Die würtembergisch-badischen Gesandten in Düsseldorf an ihre Herrn	„	„	28.
124.	Joachim Ernst Mgr. Anspach an Churpfalz .	„	„	30.
125.	Heinrich IV. an Boissise	„	Mai	2.
126.	Heinrich IV. an Anhalt	„	„	2.
127.	Friedrich IV. an Jägerndorf	„	„	3.
128.	Maximilian H. Baiern an Churpfalz . . .	„	„	3.
129.	Anspach und Baden an den B. Würzburg .	„	„	4.
130.	Boissise an Heinrich IV.	„	„	4.
131.	Boissise an Villeroy	„	„	4.
132.	Friedrich IV. an die B. Speier und Worms .	„	„	5.
133.	Cardenas an Philipp III.	„	„	7.
134.	Cardenas an den H. Lerma	„	„	7.
135.	Cardenas an Philipp III.	„	„	7.
136.	Heinrich IV. an Erzh. Albert	„	„	8.
137.	Die würtembergisch-badischen Gesandten in Düsseldorf an ihre Herrn	„	„	8.
138.	Pleikard Landschadt, Relation an die churpfälzischen Räthe	„	„	8.
139.	Christian F. Anhalt an seine Gemahlin . .	„	„	9.
140.	Aerssen an Buwinkhausen	„	„	12.
141.	Russy an Heinrich IV.	„	„	13.
142.	Aerssen an Du Plessis-Mornay	„	„	14.
143.	Landeshauptmann und evangelische Stände von Mähren an Churpfalz	„	„	15.
144.	Volrat von Plessen an Churpfalz	„	„	15.
145.	Friedrich IV., Instruction für Gr. Johann von Nassau an Anspach und Baden	„	„	16.
146.	Boissise an Heinrich IV.	„	„	18.

147.	Aerssen an Oldenbarnevelt	1610	Mai	19.
148.	Aerssen an Oldenbarnevelt	"	"	22.
149.	Moriz Lgr. Hessen an Churpfalz	"	"	22.
150.	Friedrich IV. an Würtemberg	"	"	23.
151.	Friedrich IV. an Lgr. Moriz	"	"	23.
152.	Churpfalz an den B. Speier	"	"	24.
153.	Mgr. Ernst und Pfgr. Wolfg. Wilhelm, Instruction für Dohna und Hess	"	"	25.
154.	Friedrich IV. an Erzh. Leopold	"	"	26.
155.	Friedrich IV., Instruction für den Gr. Johann von Nassau an Neuburg und Nürnberg	"	"	30.
156.	Friedrich IV. an Baiern	"	"	30.
157.	Dohna an Mgr. Ernst und Pfgr. Wolfg. Wilhelm	"	"	30.
158.	Pfgr. Wolfg. Wilhelm an seine Mutter	"	Juni	1.
159.	Friedrich IV. an die Unirten	"	"	3.
160.	Aerssen an Oldenbarnevelt	"	"	4.
161.	Cardenas an Philipp III.	"	"	6.
162.	Georg Thurzo an Churpfalz	"	"	6.
163.	Tschernembl an Neuburg	"	"	6.
164.	Gutachten der zu Unionssachen deputirten Nürnberger Räthe	"	"	6.
165.	Maximilian H. Baiern an Churpfalz	"	"	9.
166.	Neuburg, Resolution auf die Werbung des Gr. Johann von Nassau	"	"	11.
167.	Johann Gr. Nassau an Churpfalz	"	"	12.
168.	Otto der jüngere Gr. Solms an Churpfalz	"	"	14.
169.	Strassburg an Churpfalz	"	"	15
170.	Anspach und Baden an die Regierung zu Zabern	"	"	15.
171.	H. Ludwig Friedrich, Werbung an die Generalstaaten	"	"	16.
172.	Nürnberger Räthe, Gutachten	"	"	16.
173.	Friedrich IV. an Anspach und Baden	"	"	17.
174.	Johann Zobel, Relation an Lgr. Moriz	"	"	17.
175.	Friedrich IV. an Würtemberg, Anspach und Baden	"	"	18.
176.	Wilhelm B. Worms an Churpfalz	"	"	18.
177.	Dohna und Hess, Bericht über ihre Verrichtungen in Frankreich	"	"	18.
178.	Buwinkhausen an Churpfalz und Würtemberg	"	"	18.
179.	Cardenas an Philipp III.	"	"	18.
180.	Kaiserliches Mandat an die Unirten und ihre bestallten Kriegsleute	"	"	21.
181.	Otto der jüngere Gr. Solms an Churpfalz	"	"	22.
182.	Friedrich IV., Instruction zum Heilbronner Unionstag	"	"	26.
183.	Christian F. Anhalt an Churpfalz	"	"	27.

218.	Bericht der Nürnberger Gesandten aus Prag	1610	Juli	31.
219.	Die Unirten an den Kaiser	„	„	31.
220.	Verhandlungen des H. Zweibrücken mit der französischen Regirung	„	Juni 24-Aug.	3.
221.	Anspach und Baden an Churpfalz	„	August	4.
222.	Friedrich IV. an Churbrandenburg	„	„	5.
223.	Lautern und Lingelsheim an Churpfalz . .	„	„	5.
224.	Würtemberger Räthe, Gutachten	„	„	5.
225.	Johann Zobel an Lgr. Moriz	„	„	5.
226.	Friedrich IV. an Culmbach.	„	„	5.
227.	Chursachsen, Braunschweig, Hessen-Darmstadt an Churpfalz, Anspach, Würtemberg und Baden	„	„	9.
228.	Christian F. Anhalt an Gr. Albrecht von Solms	„	„	10.
229.	Johann Zobel an Lgr. Moriz	„	„	10.
230.	Theophilus Richius an Churpfalz	„	„	11.
231.	Johann Zobel an Lgr. Moriz	„	„	13.
232.	Protocoll einer churpfälzischen Rathssitzung	„	„	15.
233.	Schweikhard Erzb. Mainz an Churpfalz . .	„	„	16.
234.	Maximilian H. Baiern an Churpfalz, Anspach, Würtemberg, Baden, Strassburg	„	„	17.
235.	Friedrich IV. an Würtemberg	„	„	17.
236.	Protocoll einer churpfälzischen Rathssitzung	„	„	19.
237.	Aerssen an Prinz Moriz	„	„	21.
238.	Friedrich IV. an die Staaten	„	„	24.
239.	Willstetter Vertrag	„	„	24.
240.	Zürich, Bern, Basel, Schaffhausen an Churpfalz	„	„	26.
241.	Friedrich IV. an Tschernembl	„	„	28.
242.	Nürnberger Abgeordnete, Bericht vom Nördlinger Convent	„	„	28.
243.	Friedrich IV., Instruction zu dem Reichsrittertag in Rotenburg	„	„	29.
244.	Johann Friedrich H. Würtemberg, Erklärung auf Anhalts Memorial	„	September	2.
245.	Johann Georg Mgr. Jägerndorf an Churpfalz	„	„	3.
246.	Tagebuch, geführt während des Jülicher Kriegs	„	Juli 28-Sept.	4.
247.	Joachim Ernst Mgr. Anspach an Churpfalz .	„	September	5.
248.	Rosenberg an Churpfalz	„	„	7.
249.	Friedrich IV. an die Unirten	„	„	8.
250.	Friedrich IV. an Würtemberg	„	„	8.
251.	Friedrich IV. an Neuburg	„	„	8.
252.	Bürgermeister und geheime Räthe zu Kempten an Churpfalz	„	„	10.
253.	Friedrich IV. an die Aeltern und Geheimen von Nürnberg	„	„	11.
254.	Friedrich IV. an Würtemberg	„	„	11.

Nr.	Inhalt	Jahr	Monat	Tag
255.	Johann Friedrich H. Würtemberg an Churpfalz	1610	September	12.
256.	Mgr. Ernst und Pfgr. Wolfgang Wilhelm an die unirten Fürsten	"	"	13.
257.	Würtemberger Räthe, Gutachten	"	"	14.
258.	Würtemberger Räthe, Gutachten	"	"	14.
259.	Christian von Belin an Churbrandenburg . .	"	"	14.
260.	Villeroy an Bongars	"	"	14.
261.	Philipp Ludwig H. Neuburg an Churpfalz .	"	"	15.
262.	Philipp Ludwig H. Neuburg an Churpfalz .	"	"	15.
263.	Friedrich IV. an Anhalt	"	"	15.
264.	Die Aeltern und Geheimen des Raths zu Nürnberg an Churpfalz	"	"	17.
265.	Buwinkhausen, „Particularvotum" für den H. Würtemberg	"	"	17.
266.	Maximilian H. Baiern an Neuburg	"	"	17.
267.	Philipp Ludwig H. Neuburg an Baiern . .	"	"	20.
268.	Pfgr. Wolfgang Wilhelm an Neuburg . . .	"	"	20.
269.	Haller an die Aeltern und Geheimen des Nürnberger Raths	"	"	20.
270.	Haller, Bericht aus Heidelberg	"	"	22.
271.	Gutachten, abgestattet während der Heidelberger Tagsatzung	"	"	19 – 24.
272.	Heidelberger Abschied	"	"	24.
273.	Weschpfenning, Relation an Mgr. Ernst und Pfgr. Wolfgang Wilhelm	"	"	26.
274.	Johann H. Zweibrücken, Revers	"	"	27.
275.	Johann Gr. Nassau an Neuburg	"	"	28.
276.	Heinrich H. Lothringen an Churpfalz, Anspach, Würtemberg, Baden und Widemarker . .	"	"	29.
277.	Christian F. Anhalt an Zweibrücken . . .	"	"	29.
278.	Christian F. Anhalt an Churbrandenburg . .	"	"	29.
279.	Johann Sigismund Chf. Brandenburg an Churpfalz	"	"	29.
280.	Löfenius an Ducker	"	September.	
281.	Christian F. Anhalt an Zweibrücken . . .	"	October	1.
282.	Bürgermeister und Rath zu Nürnberg an Gr. Johann von Nassau	"	"	2.
283.	Joachim Ernst Mgr. Anspach an Zweibrücken	"	"	5.
284.	Johann Admin. Churpfalz an Anspach . . .	"	"	11.
285.	Cardenas an Andreas de Prada	"	"	16.
286.	Villeroy an Bongars	"	"	18.
287.	Buwinkhausen an Würtemberg	"	"	20.
288.	Bericht über die Verhandlungen der Unionsgesandtschaft mit Baiern	"	"	28.
289.	Heilbronner Unionsabschied	"	"	29.
290.	Johann Admin. Churpfalz an Würtemberg .	"	"	30.

Nr.	Acte	Jahr	Monat	Tag
291.	Nürnberger Räthe, Gutachten	1610	November	12.
292.	Paul Schwarz an Michael Reichshöfer und Michael vom Berg in Rotenburg . . .	„	„	16.
293.	Nürnberg an Gr. Johann von Nassau . . .	„	December	3.
294.	Speirer Abschied	„	„	7.
295.	Mgr. Ernst an Churbrandenburg	„	„	19.
296.	Gutachten des spanischen Staatsraths . . .	„	Januar	2.
297.	Champigny an Villeroy	„	„	5.
298.	Anträge des H. Savoyen und Antworten Bullions	„	„	7.
299.	Bullion an den H. Nemours	„	„	13.
300.	Breves an Heinrich IV.	„	„	19.
301.	Vaucelas an Heinrich IV.	„	„	27.
302.	Cardenas an Philipp III.	„	„	27.
303.	Cardenas an Philipp III.	„	„	28.
304.	Cardenas an Andreas de Prada	„	„	28.
305.	Breves an Heinrich IV.	„	Januar.	
306.	Breves an Heinrich IV.	„	Februar	3.
307.	Champigny an Heinrich IV.	„	„	3.
308.	Vaucelas an Heinrich IV.	„	„	17.
309.	Breves an Puisieux	„	„	18.
310.	Cardenas an Philipp III.	„	„	21.
311.	Cardenas an Philipp III.	„	„	27.
312.	Vaucelas an Villeroy	„	März	1.
313.	Champigny an Heinrich IV.	„	„	2.
314.	Breves an Heinrich IV.	„	„	4.
315.	H. Nemours an Villeroy	„	„	6.
316.	Champigny an Heinrich IV.	„	„	16.
317.	Breves an Heinrich IV.	„	„	21.
318.	Vaucelas an Heinrich IV.	„	„	24.
319.	Heinrich IV., Instruction für Bullion und Lesdiguières an Savoyen	„	„	28.
320.	Fragen und Antworten zur Instruction für Lesdiguières und Bullion	„	„	28.
321.	Matteo Botti Marchese von Campiglia an den Grossherzog von Toscana	„	„	30.
322.	Champigny an Heinrich IV.	„	„	30.
323.	Karl Emanuel H. Savoyen an Villeroy . .	„	März.	
324.	Breves an Villeroy	„	April	2.
325.	Champigny an Villeroy	„	„	9.
326.	Champigny an Heinrich IV.	„	„	13.
327.	Breves an Heinrich IV.	„	„	13.
328.	Breves an Heinrich IV.	„	„	14.
329.	Breves an Puisieux	„	„	15.
330.	Vaucelas an Heinrich IV.	„	„	16.

II. Namen- und Sachregister.

35*

Berichtigungen und Nachträge.

Zu n. 9 ist hinzuzufügen: vgl. Gutachten des spanischen Staatsraths vom 13. Febr. (Duc d'Aumale, hist. des princes de Condé II S. 551.)

Das Actenstück n. 19 S. 64 Anm. 3 ist gedruckt bei Dumont V 2 S. 126.

Zu n. 67 Anm. 2 und 113 Anm. 2 ist zu verweisen auf Motley, life of Barnevelt I S. 179 fg., 194 fg.

Nr. 183. Das dort angegebene Datum „Heidelberg" muss auf einem Irrthum der Vorlage oder der Abschrift beruhen.

Nr. 256. Das Datum „3. Septembris" wird, wie in den meisten Schreiben der possidirenden Fürsten aus jener Zeit nach dem neuen, nicht nach dem alten Stil gerechnet sein.

Nr. 285, 304. Statt de Prado lies de Prada.

Beim Abdruck der Berichte des Cardenas habe ich nicht bemerkt, dass einige derselben theils ganz theils stückweise bei d'Aumale, hist. des princes de Condé gedruckt sind. (Vgl. n. 9, 26, 54, 55, 88 Anm. 1, 133, 134 mit II S. 549—569. Ueber das Stück S. 568 vgl. n. 117.) Eine Vergleichung wird ergeben, dass durch die Abschriften des Herrn Dr. Stieve viele Fehler der Aumale'schen Edition verbessert werden. Zu corrigiren ist nur das Excerpt n. 26 Z. 2—5 durch Vergleichung mit d'Aumale S. 559.

Zeitfracht Medien GmbH
Ferdinand-Jühlke-Straße 7
99095 Erfurt, Deutschland
produktsicherheit@kolibri360.de